中国国家赔偿法律制度创立二十周年 (1995—2015)

中国国家赔偿论

Theory of China's national compensation

绪论、本体论、环境论、结论
冤假错案：佘祥林、赵作海、于英生、呼格吉勒图……

陈春龙 ◎ 著

中国社会科学出版社

图书在版编目（CIP）数据

中国国家赔偿论 / 陈春龙著 . —北京：中国社会科学出版社，2015. 9
ISBN 978 - 7 - 5161 - 6412 - 9

Ⅰ. ①中…　Ⅱ. ①陈…　Ⅲ. ①国家赔偿法 - 研究 - 中国　Ⅳ. ①D922. 114

中国版本图书馆 CIP 数据核字（2015）第 146918 号

出 版 人	赵剑英
责任编辑	许　琳
责任校对	石春梅
责任印制	何　艳

出　　版	中国社会科学出版社
社　　址	北京鼓楼西大街甲 158 号
邮　　编	100720
网　　址	http：//www. csspw. cn
发 行 部	010 - 84083685
门 市 部	010 - 84029450
经　　销	新华书店及其他书店

印刷装订	北京市兴怀印刷厂
版　　次	2015 年 9 月第 1 版
印　　次	2015 年 9 月第 1 次印刷

开　　本	710 × 1000　1/16
印　　张	40
插　　页	2
字　　数	672 千字
定　　价	98. 00 元

凡购买中国社会科学出版社图书，如有质量问题请与本社营销中心联系调换
电话：010 - 84083683

序

自 1995 年 1 月 1 日中华人民共和国历史上第一部《国家赔偿法》正式施行以来，已经二十年了。二十年是一个不短的时间：对一个人来说，已步入精力充沛、血气方刚的青年时代，充满对人生美好未来的理想；对一部法律来说，已进入立法与司法经验的积累阶段，公民大众对之充满更多期盼。

**1995 年时任北京高级法院
副院长的作者**

国家赔偿法律制度的建立，是一个国家从人治走向法治的重要标志。回首《国家赔偿法》创建之初，"超前说"、"不合国情说"之声不绝于耳，立法者对国家赔偿立法"摸石过河"、探索求证，司法者对国家赔偿司法陌生无助、举步维艰。误解、曲解与期待、亢奋之情充斥坊间，创制之艰辛与苦楚历历在目。但无论如何，以宪法规定为依据、以《国家赔偿法》为核心、以其他法律、法规相关规定为辅佐的中国国家赔偿法律制度，终于在拥有数千年"官贵民轻"、"民不告官"、"官无悔判"、"官官相护"封建传统的神州大地确立起来。

如同任何新生事物的成长不可能一帆风顺、一蹴而就一样，国家赔偿这一来自异域的法律制度适应中国独有气候和水土，需要一个过程。《国家赔偿法》实施数年后，立法缺陷纷纷暴露，司法困局难以破解，社会不满情绪高涨，专家学者非议频频。在千呼万唤声中，立法机关终于在 2005 年启动了《国家赔偿法》修改工作。经过五年举国上下努力，于 2010 年通过了《关于修改〈中华人民共和国国家赔偿法〉的决定》，肯定成绩，正视问题，创新修改。

修改后的《国家赔偿法》取消 1994 年《国家赔偿法》单独前置的确

认程序，将司法赔偿的确认权与决定权合为一体，一并交由法院赔偿委员会处理；引进诉讼理论的举证责任倒置原则和民事侵权赔偿的精神损害赔偿；明确支付赔偿金的具体时限；增加赔偿决定的质证和监督程序。将中国国家赔偿法律制度向前推进一步，为丰富和发展第二次世界大战后蓬勃兴起的世界国家赔偿法律制度，作出了自己的贡献。

但与此同时，对程序合法、结果错误的刑事拘留仅在超期羁押时才予以赔偿的限定，无论从理论或实践上都不能不说是一次倒退。尽管"政治挂帅"年代已经过去、法治年代已经开启，但立法仍是政治，是妥协，有得有失、有进有退是其规律。作为学者，只能寄望于社会日趋稳定的前提下，对此一限定予以逐步放松以至最终取消，尽快回归国家赔偿理论基础。另外，自修改后的 2010 年《国家赔偿法》施行已来，预计国家赔偿案件大幅上升的现象未曾出现，个中缘由亦值得思考。

作者不才，有幸于 1992 年参与了《国家赔偿法》立法研讨，与同仁一起向全国人大常委会提交"关于《国家赔偿法》（试拟稿）的意见"；1994 年出任北京市高级人民法院副院长，组建国家赔偿处理机构，筹备《国家赔偿法》实施；1995 年 1 月 1 日《国家赔偿法》正式施行后，主管全市国家赔偿处理工作；2009 年《国家赔偿法》修改研讨之际，向全国人大常委会法制工作委员会提交"关于修改《国家赔偿法》的十项建议"。

在长期理论关注和司法实践中，作者先后写作了《中国司法赔偿》（法律出版社 2002 年版）、《冤假错案与国家赔偿——佘祥林案的法理思考》（中国检察出版社 2007 年版，内部发行）两部专著和十余篇论文。值此《国家赔偿法》实施二十周年之际，作者在上述论著基本理论和文字表述基础上，结合二十年国家赔偿立法与司法实践，增删修改出此一《中国国家赔偿论》拙著，曰"论"或有拔高之嫌，实为积累资料而已，且内容以司法赔偿为主，兼顾行政赔偿。

《国家赔偿法》实施二十年来，国内众多专家学者对之进行了全面、深入、细致研究，在不少合理化建议被立法机关吸收采纳同时，提出了各自独到的学术见解，出版了诸多理论著作，奠定了国家赔偿法学在中国和世界法学体系中的地位。作者试图在国内外学者已有研究成果基础上，于绪论中记叙中国国家赔偿法律制度确立、发展与健全过程；将中国国家赔偿论分为本体论与环境论两大部分：本体论归纳研究国家赔偿法基本内容之理论价值，环境论分析探讨国家赔偿司法之外部因素；就国家赔偿法制健全进行思索，冒昧得出国家赔偿法律制度是人类法治文明共同成果之结论。为贯彻理论与实际相结合精神，在附录部分附上十年来从佘祥林杀妻案到呼格吉勒图杀人案共9个冤假错案与国家赔偿典型案例，供读者分析参考。

国家赔偿是世界法学园地的新兴领域，其理论和实践尚处初创阶段，前景辉煌，参与其中，吾辈幸甚。作者才疏学浅，一家之言，乖谬难免，诚盼法学界、立法界和司法界诸君教我。

本书写作过程中得到最高人民法院副院长兼国家赔偿委员会主任陶凯元大法官和最高人民法院国家赔偿办公室主任杨临萍高级法官、王京法官的支持和帮助，仅致衷心谢忱！

是为序。

陈春龙

公元二〇一五年一月一日于北京

目　录

绪　论
中国国家赔偿法律制度确立、发展和健全

本　体　论

环　境　论

结　　论
国家赔偿法律制度是人类法治文明的共同成果

附　　录

绪　　论

中国国家赔偿法律制度确立、发展和健全

一 中国国家赔偿法律制度确立

1. 《国家赔偿法》制定前国家赔偿

中国法律制度源远流长，内容丰富，自成体系。独具特色的中华法系为人类政治文明做出过重要贡献。

中国历代封建王朝均设有监察机构，以"掌律令、察冤狱"。惩治贪官污吏、平反冤狱错案的典型事例，充斥典籍正史，见诸戏剧文艺，民间称道流传。但这只对加强封建法制有一定积极意义，不涉及国家责任。封建法律没有任何对受冤狱之人给予经济补偿的规定。"有时受害人释放后，会得到皇帝或官吏的一点赏赐，但这只是出于封建帝王的慈悲或其他目的，而并没有成为受害人的法定权利，同时也不是国家机构的法定义务，与现代意义上的国家赔偿制度是两回事。对于中国封建社会的臣民来说，在遭受冤狱之后，如能平反，实属皇恩浩荡，对青天大老爷感恩戴德唯恐不周，遑论取得赔偿?"①

1912 年孙中山领导的中华民国宣告成立，标志着封建制度灭亡和民主共和制度诞生。随后而来的国民党政权，虽然在宪法和有关法律中对国家赔偿做了一些规定，但来不及实行，就在隆隆炮声中结束了在大陆的统治，退居台湾。

1949 年中华人民共和国成立后，共产党和国家曾就司法赔偿问题制定过一些政策和法规。如 1953 年中共中央发布了《关于处理各级人民法院过去时期所发生的错捕、错判、错杀问题的指示》。第二届全国司法工作会议决议规定："冤狱平反以后，应当向当事人或家属认错。对于遭受重大损害的当事人或家属，除认错外，应对于生活困难者，酌情予以必要的补助。"1954 年宪法则第一次明确规定："由于国家工作人员侵犯公民

---

① 皮纯协、何寿生：《比较国家赔偿法》，中国法制出版社 1998 年版，第 34 页。

权利而受到损失的人，有取得赔偿的权利。"根据这一原则，1957 年中央清案小组在《关于冤案补偿问题的通知》中规定："对冤案、错案的处理，除了主要应从政治上做好善后工作外，对少数因冤狱而遭受人身和经济上严重损失的，应从经济上予以补偿。"针对"文化大革命"十年动乱中的问题，1981 年中共中央在有关指示中指出："对于'文化大革命'中冤假错案被停发、被扣发的工资，原则上应予补发。"

1982 年宪法即现行宪法重申了 1954 年宪法关于国家赔偿的原则并有所发展。宪法第 41 条规定："由于国家机关和国家机关工作人员侵犯公民权利而受到损失的人，有依照法律取得赔偿的权利。"同 1954 年宪法相比增加了两项内容：第一，增设了"国家机关"对其侵权行为应负赔偿责任之规定。这一规定是对马克思主义传统国家观念的突破，承认"人民当家作主的国家"也可能侵犯人民自身的权利。第二，增加了"有依照法律取得赔偿的权利"，而当时并无专门规定赔偿的"法律"。这就以根本大法名义提出了制定专门确认国家赔偿责任的法律要求，为随后《国家赔偿法》的制定提供了宪法依据。

在 1982 年宪法精神指引下，1986 年颁布的民法通则第 121 条，规定了国家机关及其工作人员侵权行为的赔偿责任。1988 年，最高人民法院关于贯彻民法通则意见进一步规定："国家机关工作人员在执行职务中给公民、法人的合法权益造成损害的，国家应当承担赔偿责任。"1989 年颁布的行政诉讼法规定了国家行政机关的赔偿责任。在一些单行法规中，如治安管理处罚条例、海关法、民用航空器适航管理条例、草原法、商标法、森林法、国家建设征用土地条例等法律、法规中，也都从不同角度和层次规定了国家承担赔偿责任的具体规定。司法实践中，也审结了一批涉及国家赔偿的案例。这一切，为我国国家赔偿法的诞生，提供了相应的理论、政策和法制环境。

2.《国家赔偿法》制定

1989 年行政诉讼法的制定和颁布，为我国国家赔偿法的出台做了最后的准备。行政诉讼法在总结四十年司法实践经验、借鉴国际通行做法基础上，对行政侵权赔偿责任作了专章规定，确立了行政赔偿的要件、主体、程序和追偿的基本规则，规定了赔偿费用来源等问题。

但是，行政诉讼法的规定只限于行政诉讼中可以受理的具体行政行为的侵权赔偿责任。对不属于具体行政行为的侵权，如国家行政人员在行使职权时以暴力、警械等殴打公民的事实行为，受害人不能依据行政诉讼法起诉和请求国家赔偿。在具体赔偿方式、赔偿金计算及一些特殊程序方面，行政诉讼法也没有规定。此外，国家司法赔偿还是一个急待立法的空白领域。

行政诉讼法的颁布，不仅打开了中国几千年法制史上民不可告官的禁忌，理顺了人民和国家的主仆关系，而且规定了国家因行政侵权应负的赔偿责任。而在如何具体承担赔偿责任上，又顺理成章地引出了国家赔偿法的制定问题。

正是凭借行政诉讼法颁布的东风，全国人大常委会法制工作委员会不失时机地组织起草行政诉讼法的原班人马——行政立法研究组开始国家赔偿法的起草准备工作。在进行广泛调查研究、总结国内外经验教训基础上，于1992年10月起草了国家赔偿法（试拟稿），分发中央和地方有关部门、各民主党派和法律专家征求意见，并做反复修改。

1993年10月22日，全国人大常委会法制工作委员会副主任胡康生向八届全国人大常委会第四次会议，作"关于《中华人民共和国国家赔偿法（草案）》"的说明，全面介绍立法依据、立法宗旨、赔偿范围、赔偿程序、赔偿义务机关、计算标准和方式等草案内容，并特别指出拟不纳入国家赔偿范围的三个方面：军事赔偿；邮电、医院等国有企事业单位及国有公共设施的设置、管理欠缺赔偿；法院民事、行政审判中错判赔偿。全国人大常委会第四次会议进行了初步审议。会后，全国人大相关机构邀请有关方面召开座谈会，并将草案印发各省、自治区、直辖市和中央有关部门征求意见后，对草案进行了12处重大修改。

1994年5月5日，全国人大法律委员会就12处重大修改向全国人大常委会第七次会议，作"关于《中华人民共和国国家赔偿法（草案）》审议结果的报告"。

1994年5月11日，全国人大法律委员会主任委员薛驹，又在全国人大常委会第七次会议上作国家赔偿法（草案修改稿）修改意见的汇报，对草案进行了5处修改。

1994年5月12日，第八届全国人大常委会第七次会议审议通过了《中华人民共和国国家赔偿法》，并由中华人民共和国主席令第23号公布，自1995年1月1日起实施。

国家赔偿法的正式公布实施，是中国民主法制建设的一座里程碑。它不仅从法律上肯定了作为公法人的国家与作为被管理者的公民在法律地位上的平等，明确了违法侵权的国家与任何违法侵权的个人一样必须承担赔偿责任，改变了长期以来习以为常的被平反者向平反者党和国家千恩万谢、感恩戴德、诚惶诚恐的思维定式，而由平反者以国家名义向被平反者承认错误、赔礼道歉、赔偿损失。如果说，1949 年中华人民共和国的成立，让中国人民从政治上站立起来的话，那么 1994 年国家赔偿法的颁布，又使中国人民从法律上站立了起来。

3. 中国国家赔偿法律制度构成

《中华人民共和国国家赔偿法》的正式公布实施，标志着以国家赔偿法为基本内容，以宪法规定为根本依据，以其他法律、法规中相关规定为辅助的中国国家赔偿法律制度正式确立。

宪法是国家的根本大法，是公民与国家间就权利与权力区分界定签订的契约。公民让渡部分权利给国家以换取对自身权利的全面保护，其中即包含国家权力异化侵犯公民权利时的救济条款。

1982 年宪法即现行宪法第 41 条第 3 款规定："由于国家机关和国家工作人员侵犯公民权利而受到损失的人，有依照法律规定取得赔偿的权利。"这一规定与 1954 年宪法"由于国家工作人员侵犯公民权利而受到损失的人有取得赔偿的权利"相比，增加了"国家机关"之内容。

这一增加十分重要，既从实践上总结、记叙了"文化大革命"十年浩劫及以前时期国家机关侵犯公民权利之事实，又从理论上明确了国家机关作为侵权主体的法律地位和赔偿责任，驱散了人民当家做主的国家不可能侵犯人民权利的迷雾，表明国家侵权无社会主义与资本主义之分，为我国制定《国家赔偿法》提供了理论支撑。

当然，作为根本大法的宪法只能规定原则精神，将其落到实处还需具体法律规定。所以，上述第 41 条第 3 款规定的"依照法律规定"之"法律"，即应为专门制定的国家赔偿法及其他法律、法规中相关国家赔偿之条款。宪法规定的不少应"依法"行使的公民权利，如言论、出版、集会、结社等，至今仍无专门法律加以具体规定。幸运的是，保障公民获得国家侵权救济的《国家赔偿法》，却在等待 40 年后于 1994 年得以颁布。

1982 年宪法施行后，迄今已经历 4 次修改，每次修改均对公民基本权利有所扩展，为《国家赔偿法》制定与实施提供进一步保障。如 1988 年宪法修正案改革了中国经济制度，允许私营经济存在和发展，给公民权利提供经济基础，成为 30 余年来中国公民实际权利显著提升的物质条件；1993 年宪法修正案规定"国家实行社会主义市场经济"，把大部分配置资源的国家权力转化成了公民的经济权利①；1999 年宪法修正案进一步提高了私营经济的宪法地位，并宣布国家实行法治；2004 年宪法修正案则在中国社会主义历史上破天荒地提出"国家尊重和保障人权"，救济被国家侵犯之人权则首先成为"尊重和保障人权"的重中之重。2004 年宪法修正案还规定国家为了公共利益需要可以依法对土地实行征收或征用，但要给予补偿和赔偿；再次强调国家赔偿意识，并将"国家补偿"载入宪法。经过 4 次修正后的宪法，为《国家赔偿法》的制定、修改和健全，提供了根本大法之依据。

除宪法规定外，以宪法为依据制定的其他法律、法规中关于国家赔偿的相应规定，亦是中国国家赔偿法律制度的有机组成部分。这是因为社会生活纷繁复杂，一部《国家赔偿法》不可能囊括所有侵权行为，而必须要有规范社会生活其他具体领域的法律、法规加以配套，并在《国家赔偿法》的原则、范围、标准、程序指引下，共同保障公民、法人和其他组织被侵害的合法权益。

例如 1986 年通过的《民法通则》第 121 条规定："国家机关或者国家机关工作人员在执行职务中，侵犯公民、法人的合法权益造成损害的，应当承担民事责任。"第 120 条规定："公民的姓名权、肖像权、名誉权、荣誉权受到侵害的，有权要求停止侵害，恢复名誉，消除影响，赔礼道歉，并可以要求赔偿损失。法人的名称权、名誉权、荣誉权受到侵害的，适用前款规定。"第 119 条规定："侵害公民身体造成伤害的，应当赔偿医疗费、因误工减少的收入、残废者生活补助费等费用；造成死亡的，并应当支付丧葬费、死者生前扶养的人必要的生活费等费用。"第 134 条规定："承担民事责任的方式主要有：（一）停止侵害；（二）排除妨碍；（三）消除危险；（四）返还财产；（五）恢复原状；（六）修理、重作、更换；（七）赔偿损失；（八）支付违约金；（九）消除影响、恢复名誉；（十）赔礼道歉。以上承担民事责任的方式，可以单独适用，也可以合并

---

① 童之伟："八二宪法与宪政"，《炎黄春秋》2013 年第 12 期。

适用。"

例如 1989 年通过的行政诉讼法第 67 条规定:"公民、法人或者其他组织的合法权益受到行政机关或者行政机关工作人员作出的具体行政行为侵犯造成损害的,有权请求赔偿。公民、法人或者其他组织单独就损害赔偿提出请求,应当先由行政机关解决。对行政机关的处理不服,可以向人民法院提起诉讼。赔偿诉讼可以适用调解。"第 68 条规定:"行政机关或者行政机关工作人员作出的具体行政行为侵犯公民、法人或者其他组织的合法权益造成损害的,由该行政机关或者该行政机关工作人员所在的行政机关负责赔偿。行政机关赔偿损失后,应当责令有故意或者重大过失的行政机关工作人员承担部分或者全部赔偿费用。"第 69 条规定:"赔偿费用,从各级财政列支。各级人民政府可以责令有责任的行政机关支付部分或者全部赔偿费用。具体办法由国务院规定。"①

例如 2005 年通过、2012 年修正的治安管理处罚法,针对日常社会生活中打架斗殴、寻衅滋事、散布谣言、卖淫嫖娼、吸食毒品、非法携带武器、损毁公共设施、围堵国家机关等扰乱公共秩序,妨害公共安全,侵犯人身权利、财产权利,妨害社会管理,具有社会危害性依照刑法规定尚不够刑事处罚的行为,规定了相应的行政处罚措施。由于这些"尚不够刑事处罚的行为"天天都在发生,消耗公安机关和人民警察的很多精力,情况千差万别,案情琐碎纠缠,社会关系复杂,极易造成差错误判、滥用职权、打击报复、徇私枉法、侵犯人权,所以该法第 117 条明确规定:"公安机关及其人民警察违法行使职权,侵犯公民、法人和其他组织合法权益的,应当赔礼道歉;造成损害的,应当依法承担赔偿责任。"此处"依法",即依国家赔偿法中行政赔偿的相关规定。

又如 1987 年通过、2000 年修正的海关法第 4 条规定,国家在海关总署设立专门侦查走私犯罪的公安机构,配备专职缉私警察,负责对其管辖的走私犯罪案件的侦查、拘留、执行逮捕和预审职责,按照刑事诉讼法规定向有管辖权的人民检察院移送起诉。第 95 条规定,海关违法扣留货物、物品、运输工具,致使当事人的合法权益受到损失的,应当依法承担赔偿责任。从上述规定中可以看出,设置在海关的公安机关和缉私警察如有错

---

① 因上述规定与后来制定的《国家赔偿法》有关规定重复,经 2014 年 11 月 1 日十二届全国人大常委会十一次会议《关于修改〈中华人民共和国行政诉讼法〉的决定》删除。

误拘留、错误逮捕侵犯公民人身权之情形造成后果的，违法扣留货物、物品、运输工具，使当事人权益受到损失的，应适用《国家赔偿法》刑事赔偿规定进行赔偿。2003 年 3 月 24 日，海关总署还公布了《中华人民共和国海关行政赔偿办法》。

再如 2011 年施行的国有土地上房屋征收与补偿条例第 30 条规定，市、县级人民政府及房屋征收部门的工作人员在房屋征收与补偿工作中不履行本条例规定的职责，或者滥用职权、玩忽职守、徇私舞弊的，由上级人民政府或者本级人民政府责令改正，通报批评；造成损失的，依法承担赔偿责任；第 31 条规定，采取暴力、威胁或者违反规定中断供水、供热、供气、供电和道路通行等非法方式迫使被征收人搬迁，造成损失的，依法承担赔偿责任；此处“依法”所指之法，即依国家赔偿法中行政赔偿的相关规定。

综上所述，经过改革开放 36 年、尤其是《国家赔偿法》颁布实施 20 年来的立法与司法实践，我国国家赔偿法律制度已基本形成，并在保障人权、依法治国、建设社会主义法治国家过程中，发挥着不可替代的作用。

二 中国国家赔偿法律制度发展

（一）1994年《国家赔偿法》实践

1. 基本成绩

《中华人民共和国国家赔偿法》自1995年1月1日正式实施至2010年修改之前，在国家权力机关全国和地方各级人民代表大会的监督下，在各级中共党委、政府的支持和行政机关、司法机关的配合下，经过国家赔偿法的实施机关——全国四级人民法院的艰苦努力，这部在中华大地首次出现的调整国家与公民侵权领域关系法律的贯彻实施工作，取得了初步进展。行政赔偿在既有行政审判框架内进一步规范和发展，司法赔偿也在从无到有一步步向前推进。具体表现在：

第一，依照国家赔偿法和司法解释规定，在全国法院系统设立了最高法院、高级法院和中级法院的赔偿委员会。由各法院从事刑事、民事、行政审判和审判监督、纪律监察等业务的资深法官组成。在赔偿委员会下设立赔偿办公室，作为赔偿案件的办理机构。基层法院设立理赔小组。各赔偿委员会及其办公室正常开展审判工作。

第二，各级法院及其赔偿委员会在情况复杂、政策性强、没有任何经验可资借鉴情况下，克服困难，排除干扰，严肃执法，深入细致地开展工作。1995年1月至2010年3月，全国法院共受理国家赔偿案件93342件，审结85279件，结案率90.59%。其中，受理刑事和非刑事司法赔偿案件29581件，审结28800件，决定赔偿9716件，获得赔偿的比例为33.74%；受理行政赔偿案件63761件，审结56479件，判决赔偿（1998

年以后）8396 件，获得赔偿的比例为 14.87%；① 依法保护了公民、法人和其他组织的合法权益，维护了法律尊严，取得了社会效果。

第三，加强司法解释，建立规章制度。国家赔偿法实施 15 年来，最高法院和最高检察院根据赔偿法规定先后做出司法解释和规范性文件共 7 件。其中最高法院 4 件，最高检察院 1 件，联合发布 2 件。各地高、中级法院及检察院结合本地实际，制定了一些规章制度，规定了司法赔偿案件的办案规则和法官、检察官职责。使司法赔偿工作逐步规范化、制度化。

第四，为弥补国家赔偿决定程序不公开不透明之缺陷，在总结审判经验基础上，在国家赔偿案件审理中引入"听证"程序，实行确认程序与赔偿程序分离，健全国家赔偿案件的审判监督制度。

第五，经过 15 年不间断的专业知识培训和法制宣传教育，使法院系统从事国家赔偿审判工作的法官初步掌握了赔偿法的实体和程序规定，培养了一批能依法审理国家赔偿案件的业务骨干；增强了一些行政机关和司法机关依法行使职权、侵权即应赔偿的自觉性；提高了公民、法人和其他组织维护自身合法权益的法律意识，有效推动了国家赔偿工作的开展。

2. 存在问题

关于对国家赔偿法实施 15 年情况的评价，国内理论界和实务界有许多热烈的议论。上述"基本成绩"中对国家赔偿法实施的肯定评价，基本代表了以司法界为主体的官方观点，与此观点并存的则是理论界部分学者、部分人大代表政协委员和群众的相左看法。

有学者认为，"环顾现实，赔偿案件之少，赔偿数额之低，获赔之困难，已经让不少人对这部法律失去了信心"②。更有学者认为，国家赔偿法已"成为口惠而实不至，可望而不可及的摆设和花瓶"、"画饼充饥的样子货"，甚至被人称为"国家不赔偿法"。对国家赔偿现状的不满和加

---

① 最高人民法院副院长江必新："国家赔偿审判工作的回顾和展望"，2010 年 5 月 6 日。

② 全国人大内务司法委员会委员、国家行政学院法学部主任应松年教授谈话，《人民政协报》2001 年 3 月 12 日。

速修改国家赔偿法的呼声此起彼伏，成为社会热点。① 截至 2008 年 10 月十一届全国人大常委会第五次会议，全国人大代表共有 2053 人次提出了 61 件修改国家赔偿法的议案和 14 件建议。② 不少专家学者和法官还在调查研究基础上自行起草了多份《中华人民共和国国家赔偿法》修改建议稿，提交立法机关参考。专家学者和人大代表政协委员提出的设想和建议③涉及赔偿原则、赔偿范围、赔偿标准、赔偿费用、赔偿程序等诸多方面：

（1）赔偿原则

国家赔偿法第 2 条确立的是违法责任原则。违法责任范围过于狭窄，将行政机关和司法机关虽不违法但明显不当、不公平、不人道行为的赔偿责任排除在外，同时与赔偿法司法赔偿的条款相冲突。如赔偿法第 15 条关于错拘、错捕、错判应予赔偿的规定，就与违法责任原则不相符合。建议：①行政赔偿适用违法责任原则，适当扩大解释范围；②刑事赔偿适用结果责任原则，即不论司法机关有无过错、是否违法，只要行为结果给公民造成损害，这种损害又无法律依据，均应进行赔偿。

（2）赔偿范围

国家赔偿法现行赔偿范围过窄，仅限于公民、法人和其他组织受到国家侵害的特定的人身权、财产权。建议扩大：

行政赔偿方面，建议：①将某些抽象行政行为，如规章以下具有普遍约束力的规范性文件造成的损害；②将严重不当的具体行为，如治安管理处罚条例第 42 条规定的违法行为造成的损害；③公民劳动权、受教育权

---

① "国家赔偿法亟须修改"，《人民政协报》2001 年 3 月 12 日；"国家赔偿看上去很美"，《人民公安》2001 年第 5 期。全国性法律专业报纸《法制日报》于 2001 年 1 月 14 日以整版篇幅刊发"国家赔偿法三人谈"；公安部机关刊物《人民公安》编辑部在 2001 年第 5 期头版组织专家学者、公安民警谈国家赔偿的专篇报道，即反映了这种热烈议论的状况。

② 全国人大常委会法制工作委员会主任李适时，2008 年 10 月 23 日在十一届全国人大常委会第五次会议上，"关于《中华人民共和国国家赔偿法修正案（草案）的说明》"。

③ 袁曙宏："《国家赔偿法》亟须完善"，《检察日报》2001 年 4 月 3 日；张春莉："《国家赔偿法》亟须修改"。《人民政协报》2001 年 3 月 12 日；马怀德、陈瑞华、袁曙宏："国家赔偿法三人谈"。《法制日报》2001 年 1 月 14 日；"国家赔偿法看上去很美——专家学者、公安民警谈国家赔偿"，《人民公安》2001 年第 5 期；马怀德主编：《完善国家赔偿立法基本问题研究》，北京大学出版社 2008 年版，第 70、95、132、206、239、308 页；付洪林：《国家赔偿法新论》，广东人民出版社 2009 年版，第 26、35、42、53、65、86、104、142、172 页。

等受到损害；④公有公共设施设置、管理不善造成的损害；⑤国家机关合法行使职权过程中造成的损害等纳入国家赔偿范围。

司法赔偿方面：①应与刑法、刑事诉讼法的相关规定适应，扩大刑事赔偿范围，如轻罪重判；违法搜查侵犯人身权或财产权，司法人员侮辱、体罚、虐待或纵容他人殴打、侮辱、体罚、虐待犯罪嫌疑人、被告人、服刑人员造成严重后果的；对有犯罪事实但不应逮捕而逮捕的；再审改判轻罪而实际服刑已超过改判刑期的；对无罪之人错误定罪但未予羁押的；无罪之人被判处管制、有期徒刑缓刑、剥夺政治权利或被监视居住、取保候审的，国家应承担赔偿责任；②在人民法院民事诉讼、行政诉讼和执行过程中，对审判人员故意造成错判，导致当事人无法执行回转的损失，应纳入国家赔偿范围；③赔偿法第17条规定的国家免责条款太多、太宽，有的不够明确、含混不清，应当予以减少或加以限制。考虑到当前刑讯逼供比较严重，应适当增加司法机关责任，规定犯罪嫌疑人、被告人出于非自愿作出有罪供述而被羁押的，应列入赔偿范围。

（3）赔偿标准

国家赔偿法立法时，考虑经济发展水平和财政支付能力，将赔偿标准定得偏低。多年司法实践表明，问题不在于国家财力能否负担，而在于赔偿标准过低，受害人损害远远不足弥补，实现不了慰抚受害人、消除不稳定因素、促进国家机关依法行使职权的初衷。

世界各国国家赔偿标准一般分为慰抚性、弥补性和惩罚性三种。我国目前采用慰抚性标准——对侵犯人身自由、生命健康权的损害，仅赔偿身体所受损害和限制自由期间的工资损失，不赔偿精神损失和间接损失，并且对身体损害赔偿有最高额限制。对侵犯财产权损害只赔偿直接损失，不赔偿可得利益损失，如：对于违法罚没、征收的，只返还本金、不计利息；财产已经拍卖的，只给付拍卖价款，不考虑拍卖价明显低于实际价格；吊销许可证和执照、责令停产停业的，只赔偿停产停业期间必要的经常性费用开支，不赔偿可得利益和预期利益损失。

建议：①对侵犯公民生命健康权的，可参照民法通则规定按受害人的实际损失予以赔偿。对侵犯公民人身自由的，应赔偿其工资损失和间接损失并应考虑精神赔偿；②对侵犯财产权的，应赔偿直接损失和间接损失，包括可得利益、预期利益损失；③对国家机关及工作人员的故意或重大过失造成的侵权行为增设惩罚性赔偿，以与民事立法中现有的惩罚性赔偿规定相适应，遏制重大违法侵权事件的发生；④增设对行政机关和司法机关依法应予赔偿而不予赔偿承担法律责任的规定，比照行政诉讼法，加收滞纳金、给予行政处分，追究其经济责任甚至刑事责任。

（4）费用支付

赔偿法和赔偿费用管理办法规定，国家赔偿费用，由赔偿义务机关先从本单位预算经费和留归本单位使用的资金中支付，支付后再向同级财政机关申请核拨。但实践中，义务机关大多从本单位经费或"小金库"中支付后不向财政部门申请。据报道，某开放城市1995年设立的5000万元赔偿经费至2000年尚无人问津。某自治区财政单列国家赔偿专用资金数百万元，六年来只有一家单位申请核拨，而该区仅1999年就有赔偿案件76件，赔偿金额47万元，外加全区一审行政诉讼案件1100件中很大一部分附带行政赔偿。赔偿义务机关出于各种考虑宁愿本单位解决也不去财政核拨。这种赔偿费用暗箱操作的情况既增加了受害人获赔的难度，又使国家赔偿的监督功能丧失。建议：

①对赔偿费用的预算列支加强监督。同级人大及其常委会在审议预算时，发现赔偿费用未列入预算或数额过低时，应不予通过。对财政收入困难地区应由中央财政拨付赔偿补助金；②赔偿费用支付方式上，赔偿请求人可凭赔偿决定书直接向财政部门申领赔偿金；③或将财政单独列支的赔偿金设为独立的国家赔偿基金，平时按市场资金运作取得收益，有赔偿申请时，赔偿请求人凭决定书直接从该基金中申领；④采取政府向保险公司投保的方式，请求人凭决定书向保险机构申领赔偿金。

（5）赔偿程序

虽然赔偿范围窄，赔偿标准低，但如果赔偿程序合理，至少还能保障"低水平的正义"，反之，连"低水平的正义"都可能无法实现。现行赔偿法规定的行政赔偿程序比较合理，但刑事赔偿程序在设计和构造中存在着严重缺陷。

①关于确认程序。当事人要求司法赔偿，必须先确认有关机关行为违法，未经确认不能进入申请程序。确认已经成为受害人获得赔偿的重大障碍。此种规定的立法原意是给违法机关一个"有错必纠"的机会，以维护其形象和威信。但在缺少制度依托的情况下，容易异化为"有错不纠"的护身符。事实说明，此种"自己任自己案件法官"的做法难以保证确认结果的公正性，甚至有专家认为"简直是与虎谋皮"。加上法律未对确

认期限和不确认责任作出规定，赔偿委员会及其办公室没有确认权，使得相当多的司法侵权事实行为得不到确认。关于刑讯逼供、以殴打等暴力或唆使他人以殴打等暴力致人伤亡的确认，更因受害人举证困难而难于确认。举证责任的分配原则是强者承担、弱者免除，从而使弱势地位的公民能与强大的国家机器有平等对话的可能。而赔偿法中的确认程序只能使强者更强、弱者更弱。建议规定统一的确认主体，使确认权相对集中。从目前现实需要看，统一由人民法院管辖较为适宜，但法院本身的确认应由另一主体承担。②关于期限和代理。赔偿法规定义务机关自收到申请之日起两个月内给予赔偿。如果侵害已被确认违法，没有必要拖延两个月，应当规定得短一些；应当增加申请人委托律师进行代理及向有关机关调查取证的权利。③关于赔偿委员会的性质和设置。国家赔偿法关于赔偿委员会的性质没有定位。赔偿委员会是否为法院的审判机构、有何权力不清楚。这种既不是审判委员会、也不是合议庭的机构是否常设、单独设置还是合并设置等涉及司法赔偿案件审判机构的根本问题极不明确。赔偿法关于由中级以上法院内设的赔偿委员会审理司法赔偿案件的规定，与我国现行司法体制不相协调。下级法院经常就案件审理中的疑难事项向上级法院请示汇报。当法院作为赔偿义务机关时，赔偿委员会审理案件的公正性难以保证，也不符合任何人不得成为自己案件的法官的法治原则。审判机关与检察机关在目前司法体制中的地位与职权关系微妙，赔偿委员会也不适于审理检察机关作为赔偿义务机关的案件。作出的赔偿决定也无法强制执行。赔偿委员会设置在法院系统内导致其功能丧失，影响司法赔偿案件的合理解决，必须考虑从根本上改变。④关于赔偿案件的决定程序。赔偿法规定，司法赔偿采用非诉方式是极不公正的，基本属于民主集中制为原则的行政程序。实行"一审终审"的不公开审理，双方当事人不见面、不开庭，一切不透明。既无双方质证、辩论，也无上诉、申诉，采用书面开会式、讨论式的少数服从多数的典型行政程序，实际上同行政复议并无多大区别，还缺少复议的听证环节，与公正、公平、公开的诉讼程序相距甚远。建议进行根本性的改革。

3. 修改情况

正是在专家学者、人大代表、政协委员、司法官员和人民大众的强烈要求和热切呼唤下，十届全国人大常委会将修改国家赔偿法列入了五年立法规划。根据立法规划要求，法制工作委员会从 2005 年年底开始着手国家赔偿法的修改工作，向最高人民法院、最高人民检察院、公安部、司法部、财政部、国务院法制办等中央有关部门及部分地方发函征求修改意见，并先后召开了领衔提出修改国家赔偿法议案和建议的全国人大代表座谈会、中央有关部门座谈会、法学专家座谈会以及国际研讨会，还分别到十个省市进行了调研。此外，对一些国家的国家赔偿法律制度进行了比较研究。2008 年，按照常委会立法工作计划，法制工作委员会加紧了修改研究工作，在深入调研并认真研究各方面意见的基础上，经同最高人民法院、最高人民检察院、公安部、司法部、财政部、国务院法制办等部门协商沟通，起草了国家赔偿法修正案（草案），于 2008 年 10 月 23 日提交十一届全国人大常委会第五次会议审议。

十一届全国人大常委会第五次会议初次审议后，法制工作委员会将草案印发各省（区、市）、中央有关部门、部分企事业单位、社会团体和法学教学研究机构等单位征求意见，并召开座谈会，听取最高人民法院、最高人民检察院、公安部、司法部、财政部、国务院法制办等有关部门以及部分专家学者的意见。中国人大网站全文公布草案，向社会征求意见。

法律委员会于 2009 年 5 月 31 日召开会议，根据常委会组成人员的审议意见和各方面的意见，对草案进行了逐条审议。内务司法委员会和国务院法制办的有关负责同志列席了会议。2009 年 6 月 15 日，法律委员会召开会议再次进行审议。2009 年 6 月 22 日，全国人大法律委员会副主任委员洪虎，向十一届全国人大常委会第九次会议作"全国人大法律委员会关于《中华人民共和国国家赔偿法修正案（草案）》修改情况的汇报"。

十一届全国人大常委会第九次会议对国家赔偿法修正案（草案）进行第二次审议后，法制工作委员会就有关问题与最高人民法院、最高人民检察院、公安部、司法部、财政部、国务院法制办等部门交换意见，共同研究，并召开了部分法学专家座谈会，进一步听取意见。法律委员会于 2009 年 10 月 10 日召开会议，根据常委会组成人员的审议意见和各方面的意见，对草案进行了审议。内务司法委员会和国务院法制办的有关负责同志列席了会议。2009 年 10 月 20 日，法律委员会召开会议再次进行审议。2009 年 10 月 27 日，全国人大法律委员会副主任委员洪虎，向十一届全国人大常委会第十一次会议作"全国人大法律委员会关于《中华人民共和国国家赔偿法修正案（草案）》审理结果的报告"。

十一届全国人大常委会第十一次会议在审议中，有些常委委员提出，考虑到刑事案件情况复杂，公安机关对拘留的犯罪嫌疑人，特别是流窜、多次、结伙作案的重大嫌疑人，需要一定时间进行侦查甄别，因此，对犯罪嫌疑人依法采取刑事拘留措施后予以释放的，是否应予以国家赔偿，建议慎重研究。会后，全国人大法律委员会就这一问题与内务司法委员会、最高人民法院、最高人民检察院、公安部、司法部、财政部、国务院法制办等部门作了研究，并与公安部反复沟通。2010年4月6日，法律委员会召开会议，对决定草案进行了审议，内务司法委员会和国务院法制办的有关负责同志列席了会议。2010年4月19日，法律委员会召开会议再次进行了审议。2010年4月26日，全国人大法律委员会副主任委员洪虎，向十一届全国人大常委会第十四次会议作"全国人民代表大会常务委员会关于修改《〈中华人民共和国国家赔偿法〉的决定（草案）》修改情况的汇报"。

全国人大常委会第十四次会议于2010年4月27日上午，对关于修改国家赔偿法的决定（草案）进行了分组审议。普遍认为，修改决定草案已经比较成熟，建议进一步修改后，提请本次会议表决通过。同时，有些常委委员还提出了一些修改意见。法律委员会于4月27日下午召开会议，逐条研究了常委会组成人员的审议意见，对草案进行了审议。内务司法委员会和国务院法制办的负责同志列席了会议。2010年4月29日，全国人大法律委员会主任委员胡康生，向十一届全国人大常委会第十四次会议作"全国人民代表大会法律委员会关于《全国人民代表大会常务委员会关于修改〈中华人民共和国国家赔偿法〉的决定（草案）》修改意见的报告"。十一届全国人大常委会第十四次会议以128票赞成、6票反对、15票弃权、1人未按表决器的表决结果，通过了《全国人民代表大会常务委员会关于修改〈中华人民共和国国家赔偿法〉的决定》。

至此，历时5年经过举国上下反复讨论修改的《关于修改〈中华人民共和国国家赔偿法〉的决定》正式诞生，1994年颁布、在激烈争议中实施15年的《国家赔偿法》终于翻开了新的一页，中国国家赔偿法律制度的新时代终于到来！

（二）2010 年《国家赔偿法》发展

《关于修改〈中华人民共和国国家赔偿法〉的决定》全文 27 条，对 1994 年《国家赔偿法》，从归责原则到赔偿范围，从确认程序到举证质证，从赔偿标准到经费保障，从审理机构到法律监督，作了全面系统的修改。

尽管在"积极稳妥、不求一步到位"[①] 立法思想局限下，还有应改未改、改非所愿等不如人意之处，但客观地看，在中国当时政治格局、司法体制、社会环境等现实状况下，修改后的《国家赔偿法》确实在保障人权，救济公民、法人和其他组织被侵害的合法权利上有了切实进步，中国国家赔偿法律制度有了新的发展。这一发展作者认为体现在下述 6 个方面：

1. 归责原则

1994 年《国家赔偿法》第 2 条规定："国家机关和国家机关工作人员违法行使职权侵犯公民、法人和其他组织的合法权益造成损害的，受害人有依照本法取得国家赔偿的权利。"这就明确宣示，我国国家赔偿采用违法原则。

由于我国国家赔偿法的架构与外国主要指行政赔偿不同，还包括司法赔偿，所以，赔偿法总则中规定的违法原则，应该既是行政赔偿又是司法赔偿的原则。但从第二章行政赔偿和第三章刑事赔偿规定的赔偿范围看，行政赔偿的赔偿范围全部以违法为前提，而司法赔偿则部分以违法为前提，部分以结果为前提。

1994 年《国家赔偿法》总则关于违法归责原则的不严谨、不准确之表述，给国家赔偿法的贯彻实施，特别是司法赔偿审判工作带来许多困惑和不解。司法实践中经常存在无违法行为有损害结果的给予赔偿，而既有违法行为又有损害结果如超期羁押、轻罪重判等却不予赔偿的情况，当事人纠缠不休，机关之间摩擦不断，法理依据讲不清楚，严重影响国家赔偿

---

① 2008 年 10 月 23 日，全国人大常委会法制工作委员会主任李适时，在十一届全国人大常委会第五次会议上作 "关于《中华人民共和国国家赔偿法修正案（草案）》的说明"。

立法宗旨的实现。

根据实务界和理论界大多数人的意见，这次修改国家赔偿法时对第2条第1款的表述进行了修改，去掉了"违法"二字，规定："国家机关和国家机关工作人员行使职权，有本法规定的侵犯公民、法人和其他组织合法权益的情形，造成损害的，受害人有依照本法取得国家赔偿的权利。"

修改后的《国家赔偿法》在总则中明确取消了单一的违法归责原则，确立了以违法归责为主、辅之以结果归责的复合归责原则。既完善了我国国家赔偿理论，又给予司法实践以明确指引。

2. 确认程序

1994年《国家赔偿法》规定，请求人要求国家赔偿，必须先经过有关机关确认自己行为违法，未经确认不能进入赔偿程序，使确认成为受害人获得赔偿的"拦路虎"，成为赔偿程序启动的重大障碍。

此种规定的立法原意，是在既保障公民、法人和其他组织合法权利又促进国家机关依法行使职权的立法宗旨下，给违法机关一个"有错必纠"的机会，以维护其形象和威信。

但在缺少相关制度依托的情况下，容易异化为"有错不纠"的护身符。事实证明，此种"自己任自己案件法官"的做法难以保证确认结果的公正性，大量应该确认而不予确认的案例层出不穷，以至于有专家感慨"简直是与虎谋皮"！

同时，1994年《国家赔偿法》未对确认期限和不确认责任作出规定，赔偿委员会及其办公室又没有确认权，使得相当多的侵权事实行为得不到确认。关于刑讯逼供、以殴打等暴力或唆使他人以殴打等暴力致人伤亡的确认，更因受害人举证困难而难于确认。

修改后的《国家赔偿法》顺应民意，取消了单独设置的确认程序，由法院赔偿委员会处理赔偿请求同时处理确认问题，使确认权统一由人民法院行使，畅通了国家赔偿请求渠道。这是本次修改的一大亮点，为真正保障人权，迈出了直接、具体、切实的一步。

3. 举证质证

1994年《国家赔偿法》只是笼统规定刑事赔偿和非刑事司法赔偿，

由赔偿委员会"作出赔偿决定",至于"决定"如何作出、如何举证等一概没有规定,致使赔偿委员会办案困难,赔偿义务机关推卸责任,当事人和社会非议不断。

修改后的《国家赔偿法》正确引进了诉讼法理论中的举证责任顺置和倒置原则,在肯定"谁主张、谁举证"的总原则下,又明确规定了受害人死亡或丧失行为能力与赔偿义务机关行为是否存在因果关系,由赔偿义务机关举证。为因刑讯逼供和暴力致使伤亡的受害人难于举证提供方便,从而使弱势地位的公民能与强大的国家机器有平等对话的可能,符合"强者承担、弱者免除"举证责任分配原则。

为使举证顺利进行,修改后的《国家赔偿法》还大胆引进现行诉讼制度的重要内容,明确规定赔偿委员会必要时"可以"自行调查取证、"可以"进行质证。这一规定,是对多年来法院试行的"听证"作法的肯定和发展,对于司法赔偿案件公开、透明、公正处理,保障案件质量和"案结事了、服判息诉",具有重要意义。

4. 精神赔偿

在国家赔偿方式中正式增加规定"精神损害抚慰金",是修改后的《国家赔偿法》的又一大亮点。

社会实际生活表明,国家机关及其工作人员错误对公民拘传、拘留、逮捕、判刑、羁押,不仅会对公民的人身自由权、健康权、生命权造成侵害,还会在一定范围内对受害人的名誉和荣誉造成恶劣影响。这种影响首先会造成受害人沉重的精神负担和心理压力,妨碍其正常的工作、生活和社交,同时也会传递给其父母、子女、配偶甚至亲戚朋友,使之受到牵连和干扰。

这种负面影响之所以会产生,是因为法律的功能是多方面的。除了作为人们具体的行为尺度之外,还是人们进行道德评判的工具。凡是法律所禁止的,即是道德所不容的;凡是法律所惩罚的,必是道德所谴责的。对某一公民采取了某种法律措施,本身便意味着对该公民的操行和人格的否定和谴责。而且在我国不少地方,侦查机关采取上述措施一般都公开进行,违法采取上述措施往往对受害人的名声、荣誉造成非常恶劣的影响。

因此,在对受害人的违法行为被纠正以后,对因此造成的对公民的名誉、荣誉的损害,必须予以切实的补救。这种补救,不仅有利于弥补受害公民的合法权益，使之免遭或减轻世俗偏见的歧视，而且有利于形成尊重他人名誉的社会风气。

1994 年《国家赔偿法》未对"精神损害抚慰金"作出明确规定，使得冤假错案受害人的巨大精神创伤难以平复，造成佘祥林案及类似案件在国家赔偿数额上的巨大争议，社会舆论沸腾。

这次修改后的《国家赔偿法》明确增加了"精神损害抚慰金"的规定。虽然这一规定只是重复 2001 年 3 月 10 日最高人民法院《关于确定民事侵权精神损害赔偿责任若干问题的解释》中的相关规定，但毕竟是国家从立法高度肯定和吸收了司法解释的合理内容，从法理上论证了国家赔偿法与民法的渊源关系，对冤假错案受害人权益的救济具有现实意义。

5. 费用支付

执行难一直是困扰中国司法的一大难题，国家赔偿决定执行亦逃不出此种窘境。而国家赔偿决定执行难比起普通民事纠纷执行难对当事人的伤害更深更烈。但化解执行难又非一朝一夕所能办到。

过去在我国一些比较贫困的地区，财政预算中没有把国家赔偿的费用列进去。在以前国务院出台的国家赔偿费用管理办法中，规定赔偿经费先由赔偿义务机关垫付，垫付之后再由国家财政进行支付。但近年来推进的财政预算体制改革，细化了部门预算，国家机关已经没有这种垫付的资金，这样就影响了赔偿费用的支付。

这次修改规定了国家赔偿的费用要列入各级财政预算。支付环节也规定了两个明确期限：赔偿义务机关收到申请之日起 7 日内应向财政部门申请，财政部门应在 15 日内支付赔偿金。使得赔偿费用的管理和支付更加完善。

6. 法律监督

1994 年《国家赔偿法》规定"赔偿委员会作出的决定是发生法律效力的决定，必须执行"，但对赔偿决定确有错误之情形未有相应监督之规定，使得国家赔偿程序很不完整，对当事人的权利救济存在缺陷。

修改后的《国家赔偿法》，借鉴诉讼理论中的审判监督程序规定，建立了比较健全的权利救济和权力监督制约机制，使得国家赔偿在取得"一决终局"方便快捷的同时，得以化解其不受制约的副作用。

这种新增加的制约监督由三种程序构成：赔偿请求人和赔偿义务机关的申诉程序，法院系统的自我纠正程序，检察系统的监督程序。在三种程序的监督制约下，国家赔偿当事人的实体权利和程序权利，必将得到更健全的维护。

综上所述，2010 年《国家赔偿法》在上述 6 个方面推动了中国国家赔偿法律制度的新发展。这种发展理应在国家赔偿案件数量、尤其在刑事赔偿和非刑事司法赔偿立案数量上，应该有大幅上升的趋势。但几年司法实践表明，这种上升趋势未有出现。[①] 此种情形值得国家赔偿理论界和实务界深思。个人认为，上述立法对程序合法、结果错误的刑事拘留赔偿作了不当限定，是一重要原因。此外，部分公检法司及相关行政机关知错"私了"，不走国家赔偿程序，以免影响形象；正规司法渠道不畅，公民对赔偿法了解不够，信"访"不信"法"；国家赔偿审理机构混淆请求权与胜诉权、立案审查标准与实体审查标准的区别，对立案标准的把握过于严格[②]，等等，也许是重要因素。当然不可否认的是，经过长期不懈的努力，我国司法水平确有明显提高，防范冤假差错案件意识显著增强，亦是国家赔偿案件数量未大幅上升的原因之一。

但总体来看，国家赔偿案件数量与我国司法实际状况并不相符，国家赔偿理论与实践在中国的发展与实行，还任重而道远。

---

① 2013 年全国各级法院审结国家赔偿案件 2045 件，同 1999 年审结 2113 件相比，基本持平。见《最高人民法院工作报告》（2014 年 3 月 10 日在第十二届全国人民代表大会第二次会议上）。

一位多年从事国家司法赔偿审判实践的法官，"深深感到《国家赔偿法》的真正价值还远远没有实现。例如 2006 年度，全国法院共审理国家赔偿案件 2323 件，涉案赔偿金额 3484 万元。与此同时，全国法院 2006 年度共审结一审刑事案件 701379 件，一审民事案件 4382407 件，一审行政案件 95052 件。两相比较，国家赔偿案件的数量几乎少到可以忽略不计的程度，足以反映出国家赔偿制度目前所面临的窘境"。"1996 年至 2006 年，全国法院共计宣告 5 万余人无罪，平均每年宣告无罪人数约为 4600 人，而全国法院每年办理的全部司法赔偿案件不到 2000 件，未及每年宣告无罪人数的一半，《国家赔偿法》价值的发挥状况由此可见一斑"。付洪林：《国家赔偿法新论》，广东人民出版社 2009 年版，第 17 页。

② 江必新："创新理论研究，促进学术交流，进一步推动人民法院国家赔偿工作科学发展"，2012 年 10 月 18 日，《国家赔偿审判前沿》（第一卷），法律出版社 2013 年版，第 4 页。

附：1995—2014 年全国司法赔偿案件受理、审结、赔偿情况表 单位：件

年度	1995	1996	1997	1998	1999	2000	2001	2002
受理	197	398	531	1632	2154	2447	2674	2818
审结	154	291	425	1431	2113	2430	2705	2642
赔偿	64	74	226	482	817	925	910	879

年度	2003	2004	2005	2006	2007	2008	2009	2010
受理	3016	3298	3056	2333	1658	1535	1840	1681
审结	3124	3134	2991	2323	1709	1634	1531	1419
赔偿	1065	932	941	782	585	534	450	355

年度	2011	2012	2013	2014
受理	2370	2402	2387	2831
审结	2035	2065	2045	2708
赔偿	420	351	342	482

注：2015 年 1 月 8 日，最高人民法院与最高人民检察院联合召开《国家赔偿法》实施 20 周年座谈会。据统计，20 年来，全国法院共受理国家赔偿案件 13.4 万余件，审结 12.5 万余件。20 年来，全国检察机关依法决定给予国家赔偿 1.3 万余件。《法制日报》2015 年 1 月 8 日。

三 中国国家赔偿法律制度对世界的贡献

尽管中国国家赔偿法律制度和国家赔偿诉讼与决定工作，尚处于"起步阶段"，还需经历较长时期的发展与健全过程，但二十年来中国国家赔偿立法与司法实践，已清楚无误地向世界表明，中国国家赔偿法律制度已经对世界国家赔偿法律制度有所增添、发展和贡献。这种贡献既是克服意识形态偏见、虚心向世界学习借鉴的结果，又非生搬硬套、全盘照搬，而是结合中国实际有所具体发展、有所创新。

1. 国家赔偿立法

将行政赔偿与司法赔偿（外国称冤狱赔偿）合为一体的国家赔偿立法体例，即是这种创新的一种表现。

与多数国家将冤狱赔偿单独立法、国家赔偿法主要规定行政赔偿不同，我国将二者规定在一部法律之中，而且刑事赔偿与行政赔偿的篇章结构一样，实体与程序篇幅同等。这是我国立法工作者在总结世界各国和地区行政赔偿与司法赔偿（冤狱赔偿）立法经验基础上采取的一种立法方式。

这主要是因为我国国家赔偿立法较晚，没有其他国家因探索形成的历史包袱。另外，司法赔偿和行政赔偿均由国家承担赔偿责任的共同性质和我国的具体情况，决定二者在赔偿主体、赔偿标准、赔偿方式上适用相同规定。将两者规定在一部法律中，既符合立法原理，又便于公民了解掌握；既具有中国特色，又是对世界国家赔偿立法体例的一种发展与创新，朝着国家赔偿立法法典化方向迈进一步。

2. 国家赔偿原则

国家赔偿归责原则是指国家承担赔偿责任的根据，即确定在什么情况下国家必须承担赔偿责任。这是国家赔偿制度设计的根本问题，反映国家赔偿的价值取向，决定赔偿构成要件，对于赔偿范围和赔偿程序亦具有重要影响。

我国立法者在国家赔偿立法时对国家赔偿归责原则的重要性，一开始就有着清醒认识。在1994年《国家赔偿法》总则中即明确规定，我国国家赔偿实行违法责任原则，即国家机关及其工作人员违法行使职权侵犯公民、法人和其他组织的合法权益造成损害的，国家承担赔偿责任。这与许多国家，如美国、奥地利、日本、韩国等以违法过错为赔偿原则有很大不同，避免了主观过错和客观违法的双重标准，实践中易于把握。反映了立法者从中国实际出发的务实态度。

诚然，人们对客观事物的认识与把握需要一个过程，中国国家赔偿法律制度的健全需要实践经验的积累。正是在1994年《国家赔偿法》实施15年过程中暴露出的问题，促使中国立法者认真思考，与时俱进，于2010年果断决定对1994年《国家赔偿法》总则中规定的、理论上指导全部法律的、唯一的"违法"归责原则进行修正，规定为"国家机关和国家机关工作人员行使职权，有本法规定的侵犯公民、法人和其他组织合法权益的情形，造成损害的，受害人有依照本法取得国家赔偿的权利"。

这一规定去掉了"违法"二字，改为"有本法规定的"字样。这一改动，加之改动时不同学术观点的交锋和司法实践与理论的碰撞，以及新法颁布后的各种阐释，正式明确了我国国家赔偿实行以违法归责为主、辅之以结果归责的复合归责原则。

复合归责原则的最终确立，既是对世界国家赔偿立法理论的丰富，其由违法单一原则到违法与结果复合原则的修正过程，也为世界其他国家提供了难得的经验与借鉴。

3. 国家赔偿范围

同经济发展领域的"后发优势"一样，中国国家赔偿领域的后发优势，就在于综合归纳其他国家赔偿范围基础上，扩展了中国司法赔偿的范围。同大多数其他国家只规定冤狱赔偿即刑事司法过程中的错拘、错判赔偿不同，我国还增加了民事司法赔偿、行政司法赔偿和执行司法赔偿，扩大了对公民、法人和其他组织合法权益的保护范围和力度。

更为重要的是，在1994年《国家赔偿法》规定了一些其他国家没有的对名誉权、荣誉权损害的补救措施后，2010年《国家赔偿法》规定：

"造成严重后果的，应当支付相应的精神损害抚慰金。"

因受到国家行政机关、司法机关及其工作人员违法错误拘留、错捕、错判后，在侵权行为影响范围内为受害人消除影响，恢复名誉，赔礼道歉，既是执政党和国家在历次政治运动后平反时的传统做法的延续，又有利于受害人在社会形象和道德评价上得到恢复和弥补。

而精神损害抚慰金的支付，则是中国国家赔偿法律制度学习借鉴其他国家正确作法的产物。早在1900年，德国民法典在世界上率先确立了"非财产损害"（即精神损害）赔偿制度。此后，非财产损害的金钱赔偿即成为西方国家民法典的普遍规定，并逐步将此一规定扩大适用到国家赔偿领域之中。如日本、韩国、美国、法国和我国台湾地区的国家赔偿法均有规定。

在我国民事立法中，过去一直拘泥于意识形态教条，拒绝给予精神损失以物质补偿。诚然，精神财富、名誉、人格是无法用金钱来计算的，但在世界发展的现阶段，物质补偿对于精神的慰藉作用却又客观存在。物质可以变精神，精神可以变物质。在改革开放实行社会主义市场经济环境下，中国民法终于在2001年确立了精神损害赔偿责任，为国家赔偿法精神损害抚慰金的出台铺平了道路。这是中国经济制度和法律制度学习借鉴人类优秀文明成果的典型事例。

中国国家赔偿法在扩大赔偿范围时，既注意吸收人类优秀文明成果，又正确而科学地划分国家赔偿与国家补偿之间的联系与区别，未将外国国家赔偿范围中的立法赔偿、军事赔偿和公共设施损害赔偿等列入我国国家赔偿范围。

对于这些国家机关及其工作人员因在行使职权过程中的合法行为或因疏于职守、粗心大意等过失行为给相对人造成损失，由国家进行物质弥补，即以国家补偿方式加以解决。理论上对国家赔偿与国家补偿进行区分，实践上仍同样以物质方式加以救济。这或许算得上中国国家赔偿法律制度区别于世界其他国家的一个特色，尽管这种特色也许只是阶段性的。

4. 国家赔偿程序

同其他国家一样，我国国家赔偿法亦采用实体与程序合于一身的立法模式，但关于具体程序的规定，我国则比任何国家都更加详细和规范。在总体框架上，规定了请求、协商、复议、决定、执行、监督、追偿七大程序，并对每一程序中的细节均作了具体规定。如请求程序中，规定了赔偿请求人的资格及资格转移，赔偿申请书的方式及应该载明的事项，赔偿请求人要求赔偿应先向赔偿义务机关提出，可以提出一项或数项赔偿要求，赔偿义务机关接收申请书时应出具书面凭证等具体做法。在决定程序中，明确规定了立案审查、案件处理、作出决定、处理期限的具体事项。

我国国家赔偿法关于赔偿程序的详细具体、操作性强的规定，符合我国现阶段基本国情、公民素质和司法水平，对于救济受公权力侵害之人权具有现实作用。

同其他国家相比，我国国家赔偿法在赔偿程序中明确引进了举证责任理论。规定赔偿请求人和赔偿义务机关对自己提出的主张，应当提供证据，适用民事诉讼中"谁主张、谁举证"的原则。

但考虑被羁押人在羁押期间死亡或丧失行为能力的特殊情况，又适用行政诉讼中的举证责任倒置原则，由赔偿义务机关承担其行为与被羁押人在羁押期间死亡或丧失行为能力无因果关系的举证责任。有力地缩小了处于强势地位的赔偿义务机关和处于弱势地位的赔偿请求人之间，在收集证据方面能力与手段的差异。

更为重要的是，修改后的《国家赔偿法》明确规定赔偿委员会必要时"可以"自行调查取证、"可以"进行质证，对于司法赔偿案件公开、透明、公正处理，保障案件质量和"案结事了、服判息诉"，具有重要意义。

在对1994年《国家赔偿法》实施15年经验总结基础上，2010年《国家赔偿法》取消了单独设置的确认程序，由法院赔偿委员会处理赔偿请求时同时处理确认问题，使确认权统一由人民法院行使，畅通了国家赔偿请求渠道。这种对确认程序反复研讨，并经司法实践检验决定取消的做法，对其他有类似情况的国家也许有某种借鉴作用。

5. 国家赔偿机构

从上到下设置全国统一的司法赔偿处理机构，受理与决定司法赔偿案件，是中国国家赔偿法律制度区别于世界其他国家的一大亮点。

中国国家赔偿法律制度将行政赔偿与司法赔偿合为一体，规定进一部《国家赔偿法》中。但考虑到中国现行的刑事、民事、行政三大既定诉讼程序与司法赔偿程序的差异，考虑到世界其他国家审理国家赔偿案件大多适用非诉程序的特点，中国国家赔偿中的行政赔偿案件适用行政诉讼程序，由人民法院行政审判庭审理判决。中国国家赔偿中的司法赔偿案件适用非诉决定程序，由在全国中级法院、高级法院、最高法院新设立的三级赔偿委员会处理决定。

关于受理国家赔偿案件的机构，世界各国做法不一：如韩国在法务部设立本部审议会，在各地检察厅设立地区审议会，在国防部设立特别审议会受理相关案件；保加利亚设立专门的国家保险局，受理国家赔偿请求；日本的刑事赔偿由作出无罪判决的法院受理；美国联邦索赔法院受理对联邦政府提起的刑事赔偿，威斯康星州的刑事赔偿由救济无辜判罪委员会受理，加利福尼亚州则由主计局受理刑事赔偿案件。

我国在制定和修改《国家赔偿法》时，关于司法赔偿的受理机构有过许多争论，提出过多种方案。经反复权衡，考虑到增加国家机构编制的难度，法院作为国家审判机关拥有几十年成熟的办案经验、健全的组织机构和相当素质的办案队伍，行政赔偿由人民法院行政审判庭依据行政诉讼程序审理、判决，司法赔偿由人民法院新设立的赔偿委员会按照决定程序受理、审查、决定。经过 20 年实践证明，中国这一做法既全国统一，又成功可行。

6. 国家赔偿宣传

纵观当今世界各国，在国家赔偿法的普及宣传方面，不能不说中国做得相当出色。

这首先得归功于制定与修改《国家赔偿法》时的全民参与。1994 年《国家赔偿法》制定时，曾历经 4 年上上下下反复就《国家赔偿法（试拟稿)》和《国家赔偿法（草案)》做了无数次讨论、修改。

自 2005 年年底立法机关开始着手国家赔偿法修改工作始，截至 2008 年 10 月，全国人大代表共有 2053 人次提出了 61 件修改国家赔偿法的议案和 14 件建议，不少专家学者和法官还在调查研究基础上自行起草了十多份《中华人民共和国国家赔偿法》修改建议稿。2008 年 10 月，经十一届全国人大常委会第五次会议审议后，法制工作委员会将《国家赔偿法（草案)》在中国人大网站全文公布，向社会征求意见。专家学者、普通百姓，街谈巷议，观点交锋，各抒己见；音频视频、新老媒体，连篇报道，累牍宣传，气氛之热烈，关注之深度，在中国当代法制史上，实属罕见，使得国家赔偿基本知识深入人心。

另外，中国目前的社会状况亦给国家赔偿知识普及提供了土壤。我国正处于改革发展的变动时期，社会矛盾尖锐突出、错综复杂，司法体制与机制改革不断，司法人员素质参差不齐，各种不当诱惑难以抵挡，以致司法腐败、司法不公现象频发，冤假错案经常出现之比例高于其他法治发达国家。尽管暴露宣传并非执政者本意，但新媒体、互联网，防不胜防，客观上起到了普及宣传之效。

"中国的即是世界的"，这句适用于地区性与普世性、民族性与世界性关系的哲理表述，同样适用于国家赔偿法律制度。正如佛教由"西天"印度输入，却在"东土"大唐发扬光大、为世界佛教发展作出贡献一样，由西方输入的国家赔偿法律制度进入中国后，在中国独有的政治制度、文化传统、道德习俗、公民素质等雨水浇灌下，独树一帜，茁壮成长，为世界国家赔偿法律制度园地结出了一朵奇葩。尽管对这朵奇葩有不同评价和认识，但对它的存在，却是客观一致、极少分歧的。

我国国家赔偿法之所以制定得比较详细、具体、规范，是因为既全面深入地总结了四十年立法和司法实践，充分考虑中国经济发展和社会安定的实际情况，又广泛借鉴、参考了世界各国赔偿法理论和实践的优秀成果。而且我国尽管受封建意识影响较深，但基本没有西方主权豁免或国家豁免的观念，建立国家赔偿制度的阻力不是国家主权豁免，而是官僚主义、本位主义和特权思想，加之我国一直采用成文法的立法方式，这样，我国国家赔偿法的制定，一开始就站在一个比较高的起点上，原则明确，体系完整，语言规范。与大陆法系国家相比，我国国家赔偿与之各有所长，不分上下；与普通法系国家如英国、美国相比，我国国家赔偿甚至略胜一筹，比较先进。

当然，客观地看，我国国家赔偿法律制度尽管拥有"后发优势"，取人所长，避人之短，少走弯路，但同其他已实行国家赔偿法律制度近一个世纪的国家相比，的确尚处于"起步阶段"。同中国政治经济文化整体情况一样，我们仍属于发展中国家，虚心向法治发达国家学习，进一步发展健全中国国家赔偿法律制度，切实救济公民、法人和其他组织被侵害的合法权利，还任重而道远。

四 中国国家赔偿法律制度健全研究

尽管 2010 年《国家赔偿法》确实在保障人权，救济公民、法人和其他组织被侵害的合法权利上有了重大进步，使中国国家赔偿法律制度有了新的发展，对世界国家赔偿法律制度作出了贡献，但从国家赔偿理论和实践需要上看，中国国家赔偿法律制度还急需发展。作者认为，尤其在下述几个方面需要进一步健全：

1. 扩大刑事赔偿范围

2010 年《国家赔偿法》在国家赔偿方式中正式增加了"精神损害抚慰金"的规定，扩大了受害人刑事赔偿的范围。但总的看，2010 年《国家赔偿法》赔偿范围不够宽，赔偿标准不够高，法定赔偿不足以弥补实际损害，引起受害人不满和社会关注。

《国家赔偿法》第 33 条规定："侵犯公民人身自由的，每日的赔偿金按照国家上年度职工日平均工资计算。"此项规定虽然属于国际通行的对受害人给予同等标准补偿的作法，但未考虑到不同受害人的不同情况，对其中的一部分人，如民营企业家、个体工商户及自由职业者等可能不够公平。国家赔偿的计算标准，应该考虑到他们的合同损失、经营损失和预期收益等。

《国家赔偿法》第 34 条规定，侵犯公民生命健康权的，只在"造成身体伤害"、"造成部分或者全部丧失劳动能力"、"造成死亡"三种情况下，才支付医疗费、护理费、康复费、误工费、被扶养人的生活费、残疾赔偿金、死亡赔偿金等，而对于因长期关押产生、诱发器质性或精神性疾病，或加重原有疾病造成的健康损失、工作损失和连带损失等，一概不予考虑。

我国国家赔偿采行法定赔偿原则，即《国家赔偿法》明文列举的赔偿事项，赔偿义务机关才予以赔偿，未列举的一概不赔。这样，就将受害人及其亲属在申诉平反过程中支出的交通费、住宿费、律师费、资料费、误工费，以及亲属因冤屈引起的器质或精神性疾病治疗费甚至死亡丧葬费，和住宅房屋破败垮塌修理重建费等，均被排斥在赔偿之外。

如福建念斌投毒杀人案再审改判无罪后，念斌申请福州中级法院赔偿侵犯人身自由赔偿金、医疗费、精神损失费及其他物质损失共计人民币1500余万元。福州中级法院决定，支付念斌人身自由损害赔偿金58.9万元，精神损害抚慰金55万元。至于医疗费、误工费、伤残赔偿、被扶养人生活费，8年申冤期间开支的交通费、住宿费、律师费、材料费及自家房屋损毁修建费，其姐姐的误工费、其儿子的心理治疗费等等，均无法律依据不予支持。念斌及其姐姐十分不满，抱怨说，连"为申冤所借的外债还有100多万没还清。"

另外，《国家赔偿法》第36条规定，"对财产权造成其他损害的，按照直接损失给予赔偿"，不赔偿间接损失，将许多可以预期的、必然可得的利益排除在赔偿之外。

因此，作者认为，现行《国家赔偿法》应该扩大刑事赔偿范围，提高赔偿标准，将目前实行的"抚慰性标准"，提高到"补偿性标准"，不以法定赔偿为限，应以实际损害为准，力争实事求是地弥补受害人的全部损失。

此外，《国家赔偿法》还应考虑受害人回归正常社会生活所必需的培训、就业费用。2015年3月，在冤案平反10年之后，佘祥林接受记者采访时说，"适应社会比适应监狱要难得多"，因为在监狱里待久了，而社会高速发展，导致我们与社会脱节很严重，变成一个弱势群体，"希望政府和社会主动接触我们，并提供一些帮助，比如就业培训和指导。因为牢狱也导致我们失去了一些社会关系，这就需要心理疏导，使我们逐渐融入这个社会，而不是孤立我们"①。

作者在此希望国家赔偿立法者能尽量从受害人角度考虑，即使赔偿再多的钱财，失去的岁月补偿不了，离婚的伴侣回归不了，死去的亲人复活不了，荒废的仕途重走不了，错过的机遇再现不了，精神的伤痛愈合不了！与其采取目前通用的各种变通的"补助"办法，不如修改、健全法律规定，以合法方式，名正言顺地给冤假错案受害人以充分地法律救济，

---

① 《法制晚报》2015年3月12日。

何况国家的经济实力也已经达到满足此种需要的程度。①

2. 刑事赔偿改司法赔偿

2010 年《国家赔偿法》在"积极稳妥、不一步到位"立法思想局限下，对 1994 年《国家赔偿法》不够严谨科学的概念表述未进行修正，"第三章刑事赔偿"即为一例。

我国在进行国家赔偿立法时，一改西方国家将行政赔偿与冤狱赔偿分别立法的形式，将行政赔偿与冤狱赔偿一并规定在一部《国家赔偿法》中，将冤狱赔偿更名为刑事赔偿。

但考虑到我国实际状况，除重点规定刑事赔偿外，还应规定其他司法侵权行为造成的赔偿，所以在第五章其他规定第 38 条中规定："人民法院在民事诉讼、行政诉讼过程中，违法采取对妨害诉讼的强制措施，保全措施或者对判决、裁定及其他生效法律文书执行错误，造成损害的，赔偿请求人要求赔偿的程序，适用本法刑事赔偿程序的规定。"

这样，在同一部《国家赔偿法》中就有了行政赔偿、刑事赔偿和第 38 条规定的民事诉讼、行政诉讼和执行工作违法错误的赔偿。

上述三类赔偿是从我国国情出发为解决实际问题而规定的，必要而实用，但从立法技术上看，仅仅是客观现实的罗列，缺少理论归纳，形不成体系，不够严谨完整。

因此，包括作者在内的不少学者，将《国家赔偿法》中规定的刑事赔偿和民事诉讼、行政诉讼、执行工作中违法侵权行为赔偿综合表述和理论概括为"司法赔偿"，并将司法赔偿划分为刑事赔偿和非刑事司法赔偿两大类，既全部涵盖了《国家赔偿法》规定的内容，又从理论高度赋予《国家赔偿法》以科学完整体系，即：

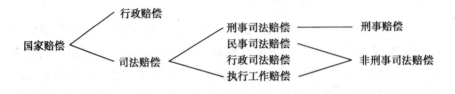

---

① 部分人大代表和法律专家亦主张扩大刑事赔偿范围。参见朱列玉："扩大冤假错案受害人的国家赔偿范围"，《新京报》2015 年 3 月 12 日；梅双："伸冤费应列入国家赔偿"，《法制晚报》2015 年 3 月 30 日。

而且，第38条规定的民事诉讼、行政诉讼和执行工作违法错误赔偿，应属于非刑事司法赔偿范围，将其放在第五章其他规定中，明显不当。

另外，在实施《国家赔偿法》的实践中，刑事赔偿案件，民事诉讼、行政诉讼和执行中的赔偿案件，均由人民法院赔偿委员会统一受理。从赔偿委员会审理此类案件的需要看，在《国家赔偿法》中明确使用司法赔偿概念，对赔偿委员会行使职权亦会起到促进作用。

因此，建议将第三章刑事赔偿改为"司法赔偿"，将第38条从第五章其他规定中归入第三章第一节赔偿范围。

作为国家赔偿司法的机关最高人民法院，亦赞同将国家赔偿分为行政赔偿与司法赔偿两部分的主张："我国1994年制定的国家赔偿法将赔偿案件的类型划分成三大类：行政赔偿、刑事赔偿和非刑事司法赔偿。虽然学者们从法理上一直主张将国家赔偿分为行政赔偿和司法赔偿即可，本次国家赔偿法修改讨论过程中，人民法院也建议将非刑事司法赔偿单设一章，增加必要的程序内容规定，并将刑事赔偿和非刑事司法赔偿概括为司法赔偿，但这个修改建议未被采纳。主要原因是，立法机关对本次赔偿法修改原意是准备采用修正案的模式，未考虑对赔偿法的体例格局做很大的改动，所以，国家赔偿的程序设置，在现行法上仍然保持原立法体例，存在行政赔偿、刑事赔偿和非刑事司法赔偿三套程序。"[1]

3. 被动赔偿改主动赔偿

2010年《国家赔偿法》第22条第2款规定："赔偿请求人要求赔偿，应当先向赔偿义务机关提出。"这里的"要求"是赔偿请求人必须作出的意思表示。在此一意思表示下，才可启动司法赔偿程序。如果受害人不作此意思表示，自愿放弃赔偿请求权，依据赔偿法精神应当许可，赔偿义务机关不予赔偿亦不违法；如果受害人明确作出此意思表示且符合法定条件，赔偿义务机关即负有不可推卸的赔偿责任。

这里存在一个司法赔偿义务机关应否、能否主动赔偿的问题。根据《国家赔偿法》关于请求程序的规定，请求是权利人必须作出的意思表示，放弃赔偿请求是受害人的权利。因此，主动赔偿不能成为赔偿义务机

---

① 江必新、胡仕浩、蔡小雪：《国家赔偿法条文释义与专题讲座》，中国法制出版社2010年版，第177页。

关的法定义务，未主动赔偿并不违法。

作者认为，国家赔偿立法理念，应是切实保障国家向公民兑现宪法权利，使公民在权利受到损害后获得有效救济。国家赔偿作为国家机关及其工作人员对自己违法或错误行使职权行为的检讨和补救，理应表现出应有的度量和积极主动性。在普通民事侵权纠纷中，不少侵害人尚能在侵权行为发生后主动向受害人赔偿损失，作为国家赔偿义务机关，在侵害行为发生后，能否也借鉴和遵循这种主动赔偿的精神呢？

按照现行法律规定，受害的公民、法人和其他组织要求赔偿，须自行提出赔偿请求、提交相关申请手续并履行一定的程序规则。这样规定确实有助于赔偿义务机关赔偿工作的开展，但从另一个角度看，受害人在经受了违法侵害后，本身就已经处于"身心俱疲"的状态，在这种情况下仍要为索赔而疲于奔命，至少不是完善国家赔偿机制的理想选择。

所以作者建议，修改后的《国家赔偿法》能否转换一下思路，在国家赔偿义务机关违法或错误行使职权造成损害之行为确凿无误情况下，将受害人自行提起赔偿请求，变为由国家赔偿义务机关主动给予受害人相应赔偿，并将其作为一项法定义务，而不必"坐等"受害人登门索赔。

只有秉承这样一种积极作为的精神，才更有助于减少受害人的"讼累"，体现国家机关积极纠错的决心及对国民的关怀和体恤。这也有助于打消赔偿申请人的某些顾虑，比如实践中有些被错误关押的受害人，在释放后却不敢提出赔偿请求，原因就是害怕有关办案人员会"找后账"，以致甘愿息事宁人，觉得"能放出来就不错了"。而国家机关主动赔偿原则将能有效弥补这一缺陷。

4. 严格限定刑拘不赔范围

2010 年《国家赔偿法》对错误刑事拘留的赔偿范围作了严格限制，其第 17 条规定："行使侦查、检察、审判职权的机关以及看守所、监狱管理机关及其工作人员在行使职权时有下列侵犯人身权情形之一的，受害人有取得赔偿的权利：（一）违反刑事诉讼法的规定对公民采取拘留措施的，或者依照刑事诉讼法规定的条件和程序对公民采取拘留措施，但是拘留时间超过刑事诉讼法规定的时限，其后决定撤销案件、不起诉或者判决宣告无罪终止追究刑事责任的。"这就是说，程序合法、结果错误的刑事拘留，只在超期羁押时才予以赔偿，未超期羁押的一概不赔。

这样规定的道理是：在对赔偿法（草案）三审稿进行审议时，曾有人大常委会委员提出突发事件、群体性事件和严重打砸抢烧事件时的紧急情况下，该抓的抓了，抓了以后，通过甄别，该放的就放，最后受法律制裁的是很少一部分，如果都赔那还了得。这么规定是为了维护祖国统一、民族团结和稳定大局。①

其实，从现代国家法律体系看，对付大规模突发性骚乱等紧急状况应以紧急状态法加以规范，届时依法暂时剥夺公民人身自由不产生赔偿问题。而对于规范正常社会状态下的国家赔偿法而言，程序正确、结果错误的剥夺公民人身自由必须给予赔偿，否则即不公正。

在 2010 年《国家赔偿法》修正案通过后，立法机关在记者招待会上就此规定讲了另外一个道理："因为刑事拘留是一种刑事强制措施，而且刑事拘留和逮捕有一个比较大的区别，它是在紧急情况下采取的一种强制措施，而逮捕是有一定的证据证明有犯罪事实的情况下才能采取的一个刑事强制措施。刑事拘留的条件，比逮捕的条件明显较低。而且公安机关在刑事侦查过程中，对于多次作案、流窜作案、结伙作案的情况，需要一些时间进行侦查，收集证据来进行甄别。"②

冒昧地说，这个道理并未回答为什么对程序正确、结果错误的刑事拘留不予赔偿的问题，有些"顾左右而言他"。因为第一，刑事诉讼法"对于多次作案、流窜作案、结伙作案的情况，需要一些时间进行侦查，收集证据来进行甄别"的情况，早已明确规定了延长 30 天的期限。不顾已有延长

---

① 周声涛："国家赔偿法对群体事件突发事件有难度"，人民网北京 10 月 27 日电（记者常红、高星）。今天，十一届全国人大常委会第十一次会议对国家赔偿法修正草案进行三审。周声涛委员指出，对于群体性事件、突发事件以及打砸抢烧事件，适用国家赔偿法，操作起来有难度。周声涛委员解释说，在一般情况下，可以利用国家赔偿法进行赔偿。其他一些情况，特别是突发事件、群体性事件和严重的打砸抢烧事件，当时为了平息事态，为了维护社会稳定，为了国家的安全，在那种紧急情况下，该抓的抓，抓了以后，通过甄别，该放的就放。这种人如果要求国家赔偿，该怎么处理？http：//www. sina. com. cn 2009 年 10 月 27 日 21：06 人民网。

此外，行使侦查权的司法机关一直对 1994 年《国家赔偿法》错误拘留一律赔偿规定有意见，主张对程序合法、结果错误的刑事拘留不予赔偿。

② 2010 年 4 月 29 日，全国人大常委会法制工作委员会国家法室副主任武增在全国人大常委会办公厅举行的新闻发布会上答记者问。

30 天期限规定，还强调什么"需要一些时间"，涉及的是刑事诉讼法修改问题，而与程序正确、结果错误刑事拘留不予赔偿问题无关；第二，赔偿法（草案）三审稿中，明确程序正确、结果错误刑事拘留给予赔偿，只是因为四审时个别人大常委提出"突发事件"理由，才作出不予赔偿重大改变；第三，在过去国家赔偿司法的实践中，只要是错误刑拘，不管程序是否合法，一律赔偿。举个例子，杀人现场有一具尸体，你就在现场，身上有血，甚至手上还拿着凶器，警察一到肯定把你抓了。依据刑事诉讼法这种情况一定要拘留。但后来深入侦查，原来你是路过的，救死扶伤、见义勇为或者中圈套被陷害。但到最终弄清事情原委时，你已被羁押相当时日，已给你造成物质和精神损害。如果不赔偿，于情于理于法都说不过去。

另外，从世界其他国家处理错拘、错捕的实践看，对程序正确、结果错误的刑事拘留，一般均采取结果责任原则，即如果被限制人身自由的公民确系无辜，无论司法机关是否违法、有无过错，该公民均有权要求赔偿。如法国刑事诉讼法第 149 条规定："在诉讼程序中被临时拘禁的人，如果在程序结束时不予起诉、免予处罚或无罪释放的决定已确定，而且羁押已给他造成显然不正常的损害或特别重大的损害，可以请求赔偿。"德国刑事追诉措施赔偿法规定："如果当事人已被释放，或者针对他的刑事追诉措施已被终止，或者法院拒绝对他开庭审判，当事人由于受羁押或其他刑事追诉措施而遭受的损失，由国库予以赔偿。"

当然，2010 年《国家赔偿法》已经通过了，只能想办法补救。作者建议：第一，立法机关或司法机关尽快作出相关解释，将程序正确、结果错误剥夺公民人身自由不予赔偿的情况，严格限定在极小范围内，仅限于分裂国家、分裂民族、危害国家安全等极个别情况，以保证此种情况的绝大多数能得到国家赔偿。第二，抓紧在《突发事件应对法》基础上制定紧急状态法。紧急状态下国家有权暂时限制公民人身自由不予赔偿，此乃世界通例。第三，作为过渡办法，对于符合刑事诉讼法程序、条件、时限三要素的合法刑事拘留，其后决定撤销案件、不起诉或者判决宣告无罪终止追究刑事责任的，可参照《国家赔偿法》予以国家补偿。既维护司法权威，又给受侵害权利以切实救济。①

---

① 付洪林："如果我国有国家补偿法律制度，对这类'合法行为侵犯了合法权益'的问题就可通过国家补偿加以解决。"《国家赔偿法新论》，广东人民出版社 2009 年版，第 16 页。

5. 增加惩罚性赔偿

2010 年《国家赔偿法》在赔偿方式和计算标准上比 1994 年《国家赔偿法》增添了一些具体规定，但最高限额仍在"国家上年度职工年平均工资二十倍"之内，而且对于情节恶劣、后果严重、屡禁不止的侵权行为，缺少惩罚性赔偿的规定。这里涉及的是国家赔偿标准问题。

国家赔偿标准，指根据侵权损害程度和国家财政状况确定的赔偿金额准则。它是国家赔偿得以实现，受害人被损权益得以弥补的前提。有了这一标准，就会避免国家赔偿争议陷入胶着状态，尽快在双方当事人之间达成共识。

国家赔偿标准的确立，是各国从本国实际状况出发作出的法律选择。各国国情不同，赔偿标准各异。从近百年国家赔偿实践看，可将这些标准基本归纳为三种类型：

第一，惩罚性标准。即赔偿额度对侵害方具有惩罚性，除足以弥补受害方蒙受的实际损失外，还应付出对自己侵害行为负责的惩罚性费用。赔偿额度等于损失金额加上惩罚金额，是一种比较高的赔偿标准。常为发达国家所采用。

第二，补偿性标准。即赔偿额度足以弥补受害人所受的实际损失，使受害权益恢复到侵害前之状态，赔偿金额等于实际损失金额，常为中上等发展中国家所采用。

第三，抚慰性标准。即赔偿额度不足以填补受害人的实际损失，仅以国家名义进行象征性、抚慰性的赔偿，赔偿金额低于受害人的实际损失。采用此种标准的国家认为："国家赔偿不可能对受害人的实际损失作完全充分的救济。国家机关本身的性质和特征决定了国家赔偿只宜作象征性的抚慰，赔偿额只能限制在实际所受损失额的范围之内，虽然国家尽可能予以赔偿，但不一定要进行完全充分的弥补。"①

我国在制定《国家赔偿法》时，关于赔偿标准有过热烈的讨论。一种观点认为，应当从根治违法侵权出发，把赔偿标准定得高一些，通过支付高额赔偿金以对那些违法侵权的国家机关及工作人员进行警戒，即实行惩罚性标准；

---

① 皮纯协、何寿生：《比较国家赔偿法》，中国法制出版社 1998 年版，第 173 页。

另一种观点认为，上述观点的出发点是好的，但目前国家赔偿要解决的主要问题，是规范国家机关的行为，使其职务行为重新纳入正规轨道，而不是对受害人给予完全充分的损害赔偿。目前国家行政机关和司法机关的执法、司法水平整体不高，如果马上采用惩罚性标准，会感到难以承受和适应，难以达到逐步提高执法、司法水平的目的。

至于补偿性标准，在国家赔偿制度的初创时期，各方面经验不足，在侵权损害的确认、计算、统计等具体操作上存在一定困难。所以，从当前的实际出发，我国国家赔偿在现阶段还是采取抚慰性标准为宜。

1994 年《国家赔偿法》基本采纳了后一种观点，即既要使受害者的损害得到适当弥补，也要兼顾国家经济、财政和其他现实状况，基本上采用抚慰性标准。但在实行此一标准的具体计算上，不采用法国、日本和我国台湾地区损益相抵办法，即当受害人因同一损害从不同渠道获得赔偿时，国家在支付赔偿金时并不扣除从其他渠道得到的数额。因此，尽管我国的赔偿标准不高，但由于受害人有可能从社会保险、个人劳务等其他渠道获取收益，在相当程度上能保障受害人得到可靠的赔偿。

1994 年《国家赔偿法》采行抚慰性标准，从当时情况看是适宜的。但 20 年来中国经济的迅速发展和国家执法、司法水平的提升，使国家赔偿已经具备了采行补偿性标准的条件。而且，20 年实施《国家赔偿法》的实践中，的确存在少数国家机关及其工作人员玩忽职守、贪赃枉法、侵犯人权的行径十分卑劣，令人发指，屡戒屡犯。为了加大对此行径的惩戒力度，作者认为，《国家赔偿法》应该适度增加一些惩罚性标准之规定，以增加法律威慑力度，执行时可加以严格控制。这在国家经济实力有所提升的今天，是可以办到的。而且也可与民事立法中现有的惩罚性赔偿规定相适应。

6. 增加落实追偿规定

2010 年《国家赔偿法》关于司法赔偿的追偿规定，与 1994 年《国家赔偿法》完全一致。作者认为，从二十年司法实践中追偿难于落实的情形看，应该增加规定"追偿的具体办法由最高人民法院制定，报全国人大常委会备案"，以尽快促使追偿规定落到实处。

司法追偿，指司法赔偿义务机关在向受害人履行赔偿义务后，依法责令负有责任的司法人员承担部分或全部赔偿费用的制度。

对于赔偿义务机关来说，司法追偿既是其权力，又是法定职责。只要符合法定条件，司法赔偿义务机关必须追偿，不得放弃。否则，即违反法定职责，因为此一职责是由国家授权并代表国家进行的。

国家为什么有权对其工作人员进行追偿？司法追偿的性质是什么？对此，理论上有两种解释：一种为代位责任说。司法人员理应正确、合法、及时行使其职权，如违法行使职权造成受害人损失，应该承担赔偿责任。国家为方便受害人求偿先行承担赔偿责任，即对该司法人员取得了债权人身份，作为债务人的该司法人员如不赔偿即构成民法上的不当得利。司法追偿类似于民事法律关系中的不当得利请求权。

另一种观点为国家监督权。司法追偿的性质不是民事权利，而是公权力，是国家监督权。国家对具有故意或重大过失的司法人员追偿的目的，主要不在于挽回一定的经济损失，而在于严肃法纪，整顿队伍，使国家司法机器的运转保持正常、有序状态，有效实现国家的总体目标。

在国家赔偿制度建立初期，代位责任说比较流行。随着历史发展和政治、经济、人文状况的变化，国家监督说已基本取代代位责任说成为司法追偿的理论基础。

司法赔偿的主体应该是国家，而不是司法人员个人。因为司法人员执行职务是国家授权的，国家在授权时就应该对司法人员违法行为承担风险责任。所以，司法损害发生后，无论司法人员有无故意或重大过失，国家应首先承担赔偿责任，支付赔偿费用。然而另一方面，司法人员在履行职务时应尽奉公守法之责。如果违反职务义务后完全不负责任，就会放纵违法行为。

大陆法系国家对司法追偿一般均作出明确规定。如瑞士 1958 年国家赔偿法规定：如果联邦已经支付赔偿金，则联邦对故意或重大过失造成损害的公务员，包括联邦法院及联邦保险法院法官和候补法官等所有被授权行使公共职务的人员有追偿权，即使职务关系已经解除也不例外。意大利司法官责任法规定："根据判决或者庭外协议向受害人进行补偿之后，国家必须在一年之内向违法的司法官提起索赔之诉。"

司法追偿是一种惩戒性的法律责任，是对司法人员违法行为的否定和谴责。其目的之一是遏制司法人员行使职权的随意性、特权性、违法性，督促其奉公守法，兢兢业业，尽职尽责，努力学习，不断提高司法水平，慎重行使法律赋予的职权。因此，司法追偿是国家对司法人员进行监督和惩戒的一种方式。但是这种惩戒应控制在科学合理的范围内。

因为，第一，司法侵权行为是在履行职务过程中发生的，之所以能够发生，说明国家在对司法人员的监督和管理上存在疏漏，国家亦有过错；第二，司法人员本人的经济能力有限；第三，惩戒的目的是为了教育现实责任者，警戒潜在责任者，鼓励忠于职守者。将司法追偿控制在合理范围内，有利于调动和促进全体司法人员的积极性和主动性。

司法职务的特点，是在某一特定事实发生以后去查明事实真相并对其做出法律上的判定。社会现象的复杂多变，客观证据的损毁灭失，证人证言的主观因素，业务水平的参差不齐，有时即使司法人员极尽注意，仍难免在事实认定和法律适用上发生错误，造成司法侵权。因此，各国对司法追偿的范围控制较严，多以司法人员构成职务犯罪为限。罗马尼亚和苏联曾规定追偿标准不得超过被追偿人3个月的工资总和。法国和德国已出现用纪律处罚，如罚款、不予晋升、撤职等替代对法官的金钱追偿。英美法系国家实行司法豁免原则，对司法赔偿进行严格限制，对司法追偿则无法律规定。我国国家赔偿法对司法追偿也持更加谨慎的态度，如在追偿范围和追偿对象上，司法追偿比行政追偿狭窄而严格。

2010年《国家赔偿法》第31条规定的司法追偿范围和对象是：

（1）在行使职权时刑讯逼供或者以殴打、虐待等行为或者唆使、放纵他人以殴打、虐待等行为造成公民身体伤害或者死亡的司法人员；

（2）违法使用武器、警械造成公民身体伤害或者死亡的司法人员；

（3）在处理案件中有贪污受贿，徇私舞弊、枉法裁判行为的司法人员。

对有上述三种情形的司法人员，赔偿义务机关在赔偿损失后应向其追偿部分或者全部赔偿费用，并依法给予处分，构成犯罪的，应当依法追究刑事责任。

至于2010年《国家赔偿法》第17条、第18条规定的侵犯人身权和财产权的其他5种情形，即违法刑事拘留，错误逮捕，错误判决，违法对财产采取查封、扣押、冻结、追缴等措施，再审改判无罪原判罚金、没收财产已经执行的案件中，司法人员只要没有贪污受贿、徇私舞弊，枉法裁判行为，就不应该对其司法追偿。但并不排除各个司法机关依据错案责任追究制对有关责任人员进行各种处分。这里必须明确划分司法追偿与各司法机关的行政、纪律处分的严格界限，有的著述中混淆了此种界限，则误导了司法追偿的范围。

《国家赔偿法》关于司法追偿的规定已有二十年，但由于各种原因，此一规定很难落到实处，成了被法学界戏称的"休眠条款"。①

尽管全国有少数法院曾做出《关于人民法院落实国家赔偿追偿制度若干问题的规定（试行）》，使司法追偿从纸上规定走向实际执行的道路上迈出了一步，但由于《国家赔偿法》本身对如何追偿未作出具体规定，致使"休眠条款"在大多数地方未被唤醒，因此，在《国家赔偿法》第31条后明确规定"追偿的具体办法由最高人民法院制定，报全国人大常委会备案"，实有必要。

2013年12月19日，北京9名律师联合上书全国人大常委会，建议落实和完善《国家赔偿法》对错案责任人追偿制度：①对《国家赔偿法》第31条的实施情况组织执法检查，并向社会公布执法检查报告及纠正意见；②对第31条进行修改，增加对由于重大过失、严重不负责任的办案人员导致的国家赔偿，国家向他们进行追偿的规定。如此，才能保障纳税人的财产不被滥用，树立公安、检察、审判机关及其他司法人员对宪法和法律的敬畏感，惩戒违法行为和重大过失行为，挽回冤案造成的恶劣影响，起到切实的惩戒、教育作用。②

2014年7月24日，北京市人大代表、北京市律师协会副会长高子程等16名律师再次上书全国人大常委会，建议：一是将刑事诉讼中不作为、不负责致使非法证据得以审核通过和采纳的渎职和玩忽职守的行为，增加为应当追偿的情形，由此提升公检法机关及工作人员的责任心，并且真正形成相互监督的机制，防止冤假错案的发生。二是不能仅追偿于赔偿义务机关的直接责任人，而要启动冤假错案的倒查机制，将刑事诉讼整个链条中公检法各个环节中的直接责任人、起辅助作用的间接责任人、负有领导监督责任的部门领导人等均列为追偿对象，并明确地将此规定以法律形式列明。三是鉴于目前存在追偿渠道不畅，追偿义务机关、赔偿决定机关设置不尽合理的问题，须建立专门国家赔偿追偿机关。该机关可由全国人大常委会设立，或者授权司法部设立，负责统筹、监督、实施国家赔偿的追偿事宜。律师还建议，督促、监督最高人民法院、最高人民检察院、公安部在系统内部对《国家赔偿法》相关实施情况组织执法检查，向全社会

① 调查显示：湖南省2002—2004年核拨赔偿费用1109万元，追偿仅29万元，追偿率2.64%。黑龙江省发生的61起国家赔偿案件中，只有1起得到追偿。核拨的447.9万元赔偿费中只追偿了9.4万元，追偿率2.1%。《新京报》2014年2月18日。

② 《法制晚报》，2013年12月20日。

公布执法检查报告及审议意见。①

7. 直接领取赔偿费用

2010 年《国家赔偿法》第 37 条对 1994 年《国家赔偿法》第 29 条作了修改，明确了 7 日和 15 日两个期限，这是一个进步，但还不够。作者建议：赔偿请求人凭生效的判决书、复议决定书、赔偿决定书或者调解书，直接向有关财政部门提出支付申请。财政部门应当自收到支付申请之日起十五日内支付赔偿金。

赔偿义务机关对法院赔偿委员会做出的发生法律效力的赔偿决定，必须执行，自觉积极地履行赔偿义务，以恢复和弥补受害的公民、法人和其他组织被非法侵害的权利，改进司法机关工作，改善司法机关形象。以任何借口拖延甚至拒不执行赔偿决定的行为，都是违法行为，是对公民、法人和其他组织合法权益的再次侵害。

实践表明，大多数赔偿义务机关通常情况下都能如期履行赔偿义务，但也确有少数赔偿义务机关以确认错误、决定错误、缺少经费等各种借口拖延履行义务，甚至公然顶住不赔。此种情况下，如无强制执行措施，不予强制执行，人民法院赔偿委员会的赔偿决定将成为一纸空文，作为赔偿请求人的公民、法人和其他组织的合法权益就会得不到保护，《国家赔偿法》就无法真正贯彻落实。而现行《国家赔偿法》并无强制执行之规定，

---

① 上书活动发起人，中国法律咨询中心刑事业务委员会主任谢炳光表示，我国现行的《国家赔偿法》存在追偿针对的对象范围过小，追偿渠道不畅，追偿义务机关设置不科学等问题。根据目前规定，在刑事诉讼中只要不刑讯逼供、不受贿、不舞弊，就不能对其错案追偿。即使存在刑讯逼供，从河南赵作海和浙江张辉案看，不管当事人亮出再多的伤痕，无论辩护人提出再多的抗议，"打出来"的证据在检察院审查和法院审理中，都一路"绿灯"，"睁一只眼闭一只眼"导致冤假错案。目前占比例很少的追偿也只能针对具体的责任人，比如直接刑讯逼供的警察，而更多情况是，这个警察是在直接上级的指令下，在其他同事协助配合下取得的非法证据。那么该警察的警长、队长、所长和协助他的同事，是否也应列入被追偿的名单？同样，在检察院和法院，除了审查、审理案件的直接检察官、法官外，其直接领导是否应为未审慎履行职责而买一份单？此外，当法院是赔偿义务机关时，该法院仅能向自己的工作人员即具体办案的法官追偿，而最初"打出"证据的警察和未尽审查义务的检察官很难被追偿。同样，检察机关作为赔偿义务机关时，也几乎不可能去公安机关找警察追偿。而一个错案的形成是一个"系列工程"，公检法每个环节都是原因之一。追偿中放过任何一个环节，都是不公平的。因此，他们建议全国人大常委会设立专门的国家赔偿追偿机关，或授权司法部设立专门国家赔偿追偿机关，负责国家赔偿追偿事宜。《法制晚报》，2014 年 7 月 24 日。

使不少赔偿决定书难以兑现。

2010 年《国家赔偿法》第 37 条规定："赔偿费用，列入各级财政预算"，"赔偿费用预算与支付管理的具体办法由国务院规定"。国务院 2010 年 12 月 29 日发布的《国家赔偿费用管理条例》办法第 6 条规定："国家赔偿费用由各级人民政府按照财政管理体制分级负担。各级人民政府应当根据实际情况，安排一定数额的国家赔偿费用，列入本级年度财政预算。当年需要支付的国家赔偿费用超过本级年度财政预算安排的，应当按照规定及时安排资金。"司法实践表明，上述规定比较适合经济发达地区，而对于经济不发达地区，由于地方财政收入很低，不愿或无法将赔偿费用列入财政预算，使国家赔偿费用成为无源之水。①

针对国家赔偿费用来源方面存在的问题，作者建议应对赔偿费用的预算列支加强监督。同级人大在审议预算时，发现赔偿费用未列入预算或数额显然过低的，应不通过对预算的审议。该地区经济确实困难的，国家财政可拨付赔偿补助金，但严禁挪用。同级人大及上级财政机关对该项资金的使用应加强监督。为了减少中间环节，方便请求人早日领到来之不易的赔偿金，作者建议赔偿请求人凭生效的判决书、复议决定书、赔偿决定书或者调解书，直接向有关的财政部门领取赔偿金。

行政赔偿案件执行难的情况同样存在。由于行政诉讼被告的强势地位，一些败诉的行政机关拖延甚至拒不履行赔偿判决，法院实施强制执行困难且顾虑重重。而与此同时，每年大量的行政赔偿金闲置未用。对此，作者同意专家建议：专门建立国家赔偿专项准备金制度和法院支付令制度。规定各级人民政府设立国家专项赔偿、补偿准备金，存入指定银行，由各级财政直接统一管理。法院行政赔偿判决生效后被告于法定期限内不予履行的，原告可向法院申请支付令，指定银行按支付令向被告支付赔偿金。②

8. 设立司法赔偿委员会

中国国家赔偿由行政赔偿和司法赔偿两部分组成。行政赔偿由各级法院行政审判庭审理判决，司法赔偿由依据《国家赔偿法》规定在法院系统内新设立的赔偿委员会"处理决定"。行政赔偿由行政审判庭审判，大

---

① 参见"国家赔偿久拖不赔，'官赖'也得治"，本书第 260 页。
② "政府应为赔偿设立专款"，《法制晚报》2014 年 2 月 25 日。

家习以为常，无有异议；但司法赔偿由法院系统内新设立的赔偿委员会"处理决定"，则议论纷纷，莫衷一是。

作者冒昧认为，司法赔偿由法院赔偿委员会"处理决定"，只能作为目前的权宜之计，从长远看，赔偿委员会应该独立于任何可能成为赔偿义务机关的单位之外。故建议，在将来条件成熟之时，将目前设立在中级法院、高级法院、最高法院的三级国家赔偿机构和人员，成建制划归中央、省、市三级人民代表大会内务司法委员会（或法制委员会等相关机构），在内务司法委员会下设立司法赔偿委员会，统一"处理决定"司法赔偿案件：

（1）将赔偿委员会设在人民法院，是在当时社会环境下不得已采取的折中作法。如何处理司法赔偿纠纷，将解决此纠纷的裁决权赋予何种机关，是当年起草《国家赔偿法》时争议颇大的一个问题。当时反复讨论过几种方案：

①复议程序终局解决。由侦查、检察、审判、监狱管理机关的上一级机关复议甚至再复议。复议决定为终局决定，不得由法院享有独家终局权。有人认为，此方案"自己作自己案件法官"，欠缺公正性；有人认为可以实现公正。因为经过复议、再复议，最终可能由最高法院、最高检察院、公安部、安全部、司法部解决赔偿问题。由国家的最高司法机关和部委解决，难道还不能公正？

②多方代表组成的赔偿裁决委员会解决。代表由侦查、检察、审判、监狱管理机关、专家、律师组成，地位超脱，可以实现公正。但有人认为，至少存在两个问题：（一）劳动仲裁委员会、劳动教养委员会等由各方代表组成，委员隶属不同机关，各有自己的任务，会议都难以召集，效率低下；（二）委员会能否实现公正，把握不大。也许会成为各方相互照顾、协调部门利益的组织。对甲案照顾了检察院，以此为条件，审查乙案时照顾法院。

③法院审判程序解决。适用不同于普通案件的特殊程序，如特殊的审判机关或组织、无被告程序等。

④由法院审判员组成的赔偿委员会决定，赔偿委员会决定为终局决定。除法院作为赔偿义务机关的情况外，在赔偿委员会作出决定前，以复议为必经程序，以发挥侦查、检察、监狱管理机关各自解决自身问题的积极性。作为一项制度，也符合法院终局解决的原则。

最后，经反复权衡，考虑到增加国家机构编制的难度，法院作为国家审判机关拥有几十年成熟的办案经验、健全的组织机构和相当素质的办案队伍，行政赔偿由人民法院行政审判庭依据行政诉讼程序审理、判决。司法赔偿尽管存在自己当自己法官和检察院与法院关系等问题，但从当时实际出发，为使《国家赔偿法》能尽快出台，全国人大常委会征求各方意见，最终决定采取第四个方案，由人民法院新设立的赔偿委员会按照决定程序受理、审查、决定司法赔偿案件。

在从 2005 年起对 1994 年《国家赔偿法》修改讨论过程中，对设在法院系统内的赔偿委员会受理司法赔偿案件问题，一直争论不断。但最终经多方协商认为，此次修改仍应在原来框架内进行，不宜突破。而且十余年国家赔偿司法实践表明，法院赔偿委员会发挥了应有的作用。在目前中国国情下，尚无更好的替代选择。所以，2010 年《国家赔偿法》仍坚持由法院赔偿委员会处理司法赔偿案件的格局不变。

（2）将赔偿委员会设在人民法院，与"任何人不能担任自己案件法官"基本原则相违背。《国家赔偿法》明文规定，除违法的行政机关和其他司法机关是赔偿义务机关外，人民法院自己亦是法定的赔偿义务机关。即在刑事诉讼过程中，法院做出的错误司法拘留和错误逮捕决定，错误的刑事一、二审判决和终审判决；刑讯逼供、以殴打等暴力或唆使他人以殴打等暴力或违法使用武器、警械造成公民伤亡；违法对财产采取查封、扣押、冻结、追缴等措施的，再审改判无罪，原判罚金、没收财产已经执行的；在民事诉讼、行政诉讼过程中，违法采取对妨害诉讼的强制措施、保全措施；在司法执行过程中，对判决、裁定及其他生效法律文书执行错误，造成损害的，有关法院均应依法进行国家赔偿。

这样，就出现法院既当"被告"又当"法官"的情况。尽管违法行为致害人与违法行为审理人不会是法院同一机构甚至也不是同一法院，但从法理上、特别是从受害人和老百姓的具体感受上看，"自己当自己法官"的悖论，是无法排除的，由此带来的不满、怨恨、申诉、缠诉、上访，必然对司法机关形象和社会安定带来不必要的负面影响。

赔偿法关于由中级以上法院内设的赔偿委员会审理司法赔偿案件的规定，与我国现行司法实践亦不协调。下级法院经常就案件审理中的疑难事项向上级法院请示汇报。当法院作为赔偿义务机关时，即使由设在上级法院的赔偿委员会进行审理，其案件的公正性亦难保证。

（3）将赔偿委员会设在人民法院，与我国现行法院与检察院并行设置的司法体制相抵触。审判机关与检察机关在目前司法体制中的地位与职权关系微妙，法院赔偿委员会不适于审理检察机关作为赔偿义务机关的案件。做出的赔偿决定也无法强制执行。赔偿委员会设置在法院系统内导致其功能丧失，影响司法赔偿案件的合理解决，必须考虑从根本上改变对赔偿委员会的设置。

司法赔偿是继 1990 年实施《行政诉讼法》将行政机关具体行政行为是否合法的裁决权赋予人民法院之后，将检察机关的违法、错误检察行为的赔偿决定权赋予人民法院。依据国际通行的行政诉讼制度，作为国家行政机关的政府与公民发生行政纠纷时，一律由法院依据事实和法律居中裁决。经过 20 余年司法实践，我国政府各部门已经比较熟悉行政审判制度，适应了以被告身份与原告对簿公堂，主张自己合法权利，尊重法官裁决地位，接受败诉客观现实，提高依法行政水平。

但承袭苏联模式的我国检察制度，却与世界通行做法不同，它除行使正常公诉权、侦查权外，还行使对审判在内的整个司法活动的法律监督权，包括法院赔偿委员会司法赔偿审理、决定活动的监督权。

在这种司法体制下，如何设计中国司法赔偿制度，着实让立法者颇费周折。经各方反复协商权衡后确定的我国司法赔偿程序，将检察机关错误拘留和逮捕，刑讯逼供、以殴打等暴力或者唆使他人以殴打等暴力或者违法使用武器、警械致人伤亡，违法对财产采取查封、扣押、冻结、追缴等措施的赔偿决定权，赋予人民法院，并为此在法院内新设立一个专门审理机构——赔偿委员会。在法院赔偿委员会办理赔偿案件的程序中，赔偿请求人和检察机关是赔偿案件的双方当事人，虽不以原告、被告相称，但双方诉讼地位平等，赔偿委员会法官居中裁判。作为赔偿义务机关的检察院，应该接受赔偿委员会的调查、询问，提供相关证明材料，举证、质证，并应自觉履行赔偿委员会作出的赔偿决定，给付赔偿金等。

国家赔偿法实施 20 年的实践表明，司法赔偿案件的这种审理决定体制，尽管比较方便，节省审理成本，但法院与检察院两家在对《国家赔偿法》作出的司法解释、制定的规章制度、具体司法实践和检察机关如何既当"被告"又当监督者的微妙关系中，经常发生种种矛盾、摩擦，影响《国家赔偿法》的实施。

客观地说，在司法赔偿中造成检察机关和审判机关关系不协调的根本原因，不是认识上的，而是制度上的。我国宪法明文规定，人民检察院是国家法律监督机关，刑事诉讼法、民事诉讼法、行政诉讼法将监督权进一步落实到三大诉讼之中，国家赔偿法亦明确规定检察机关法律监督职责。尽管从理论上说，监督者也应被监督，但法律明确具体规定的审判活动的法律监督机关，却要在"审判"活动中处于"被审判"的地位，似乎找不出任何一条法理来加以解释。现行司法体制解决不了这一问题，问题的出路只得寄希望于深化司法体制改革。

（4）《国家赔偿法》关于赔偿委员会的性质和设置，一直存在争论。1994年《国家赔偿法》关于赔偿委员会的性质没有定位。赔偿委员会是否为法院的审判机构，有何权力，赔偿法并没有明确。这种既不是审判委员会，也不是合议庭的机构是否常设、单独设置、还是合并设置等，涉及司法赔偿案件审理机构的根本问题极不明确。1994年和2010年立法和修法参与者甚至认为赔偿委员会"不是审判组织"[1]。

2010年《国家赔偿法》尽管取消了赔偿委员会组成人员最多7名的上限，专门增加了四个条文对赔偿委员会处理赔偿请求的书面审查、调查情况、收集证据、举证、质证、处理期限、法院监督、检察院监督作出具体规定，但对赔偿委员会与审判委员会关系未作规定，亦未提及实际承担司法赔偿案件处理工作的赔偿委员会办公室。尽管2012年中央机构编制委员会办公室，批准最高人民法院赔偿委员会办公室单独列入内设职能部门序列，最高法院规定赔偿委员会办公室职责，是"依法审理国家赔偿案件"，但其与《国家赔偿法》规定的"赔偿委员会处理赔偿请求"、"作出赔偿决定"如何衔接，依据修改后的《国家赔偿法》对赔偿委员会进行实体化改造如何实施等，亦值得探讨。[2]

（5）将目前设立在审判机关的国家赔偿机构和人员成建制地划归中央、省、市三级人民代表大会内务司法委员会（或法制委员会等相关机构），工作难度不大，基本不涉及增加编制、增设机构问题，不会影响司法赔偿工作的正常进行。

20年来，依据《国家赔偿法》和最高法院司法解释，在全国法院系

---

[1]　胡康生主编、全国人大常委会法制工作委员会民法室著：《〈中华人民共和国国家赔偿法〉释义》，法律出版社1994年版，第63页。

[2]　关于修改1994年《国家赔偿法》时对赔偿委员会性质和设置的争论，参见江必新、梁凤云、梁清著《国家赔偿法理论与实务》，中国社会科学出版社2010年版，第1173页。

统已经设立了最高法院、高级法院和中级法院的赔偿委员会。各级法院赔偿委员会依法处理了一大批司法赔偿案件，培养了一批能依法处理国家赔偿案件的业务骨干。在全国法院系统设立的三级赔偿机构，正好同中央、省、市三级人民代表大会相匹配，将其划归人民代表大会后，国家赔偿委员会组成人员在仍以审判机关资深法官为主的前提下，可适当吸收检察、公安、安全、监狱、监察、纪检、财政、政协、律协等机关人员参加，增强其权威性。具体案件仍由从法院划归过来的赔偿办公室办理。

这样，将上述机构和人员成建制地划归中央、省、市三级人民代表大会内务司法委员会后，司法赔偿能照样正常开展，不会因设置调整而对国家赔偿工作造成不利影响。

（6）将国家赔偿机构和人员成建制地从法院划归人民代表大会，不仅不会对司法赔偿工作造成不利影响，而且会因此理顺最高法院同最高检察院对立法理解差异而作出不同司法解释的非正常关系，提高司法赔偿决定的权威。

我国现行司法解释制度，赋予最高法院和最高检察院对国家法律同等进行解释的权力，双方的司法解释具有同等法律效力。这样，由于双方立场、角度不同，对同一立法事项有不同理解而作出不同的司法解释。尽管法律规定有解决此种司法解释冲突的规定，但由于启动程序复杂、工作效率低下、人员配备不足等因素，使得司法实践中经常发生因"两高"解释差异而使得司法人员无所适从、影响司法赔偿案件审理的尴尬局面。如能将国家赔偿机构和人员成建制从法院划归人民代表大会相关机构，则人大作为国家权力机关和立法机关的地位，这一问题即会迎刃而解，彻底解决法律监督机关在审判机关当"被告"的尴尬，提高司法赔偿工作效率和水平。

（7）将国家赔偿机构从法院划归人民代表大会，还为解决国家赔偿决定执行难创造条件。当前国家赔偿工作的难点之一，是国家赔偿决定不易执行。国家赔偿决定执行难，与法院其他生效判决执行难相比，其性质与后果更加严重：其他判决执行难，主要发生在平等民事主体之间，胜诉人甚至可以采取街头叫卖判决书的极端方式。而国家赔偿决定，是发生在不可能平等的两个主体之间，一方是孤立无助的公民个体，另一方是拥有无比权力的国家机器。对受害公民的侵害，不是来自普通公民，不是来自受到道德谴责和法律制裁的违法犯罪分子，而是来自代表人民行使公权力的国家，来自以道德和法律的神圣名义给予的非法侵害，这种侵害对受害人的物质和精神摧残远非其他摧残可比。好不容易经过漫长的上访、申诉、求爷爷、告奶奶，历经千辛万苦，盼来了冤狱平反和国家赔偿决定，却还是不能兑现的一纸空文，这对受害人的打击、对党和国家诚信的损害、对构建和谐社会的嘲弄，其恶劣影响程度实在难以估量。因之，解决国家赔偿决定执行难的问题，应该得到非比寻常的重视。

如果将国家赔偿机构从法院划归人民代表大会，人民代表大会拥有对国家财政预算、决算的决定权和监督权。同级人大在审议预算时，发现赔偿费用未列入预算或数额显然过低的，应不通过对预算的审议。该地区经济确实困难的，国家财政可拨付赔偿补助金。同级人大及上级财政机关对该项资金的使用应加强监督。或者将单独列支的赔偿金设为独立的国家赔偿基金，赔偿请求人凭赔偿协议书、决定书或判决书直接从该基金中申领，或直接向财政机关申领，国家赔偿决定执行难的问题，或可基本解决。

综上所述，现行《国家赔偿法》将赔偿委员会设在人民法院的规定，是由当时历史条件决定的，既有其合理性，也存在理论和体制障碍。将来条件合适时，将目前设立在审判机关的国家赔偿机构和人员成建制划归中央、省、市三级人民代表大会内务司法委员会，必将对促进国家机关及其工作人员依法行使职权、保障受害人基本人权、推进依法治国、构建和谐社会起到积极作用。

本 体 论

　　《国家赔偿法》颁布实施 20 年来，国内众多专家学者对之进行了全面深入细致研究，在不少合理化建议被立法机关吸收采纳同时，提出了各自独到的学术见解，出版了许多理论著作，奠定了国家赔偿法学在中国和世界法学体系中的地位。作者冒昧在此基础上，将中国国家赔偿论分为本体论与环境论两大部分。本体论归纳研究国家赔偿法基本内容的理论价值，环境论分析探讨国家赔偿司法的外部因素，奢望从理论与实践结合上为中国国家赔偿法学添砖加瓦。

一 国家赔偿概念、基础与功能

（一）国家赔偿概念

在诸多法律术语中，赔偿是人们较为熟悉、使用频率较高的术语之一。现实生活中，时时都有各种侵犯公民合法权益的事件发生，赔偿的基本功能就是使受到损害的权利和利益得到恢复或弥补。

这种恢复和弥补是人们的有意识行为，因无意识行为或自然规律作用使受损权益得到恢复，构不成法律意义上的赔偿；这种恢复和弥补的主体，不能是受害人，而必须是致害人及其相关人。至于致害人是在良心谴责、舆论压力下主动进行恢复和弥补，还是在国家法律、规章制度制裁下被动进行恢复和弥补，不影响赔偿的法律属性；这种恢复和弥补既具有物质含量，也具有精神内容。① 物质含量是赔偿的主要方面。只有当致害人返还财物、恢复原状、支付赔偿金付诸实现时，受损害的权益才能基本上得到弥补。与此同时，从精神方面进行赔偿，如致害人向受害人赔礼道歉、消除影响、恢复名誉、支付精神损害抚慰金等，也是恢复和弥补不可或缺的内容。随着社会物质产品逐步丰富，精神慰藉作用日益增强；这种恢复与弥补通常是有限的、不完全的。从物理学上看，被损害的物体不可能完全恢复原貌；从心理学上看，因损害造成的精神创伤难以愈合；从法律上看，损害赔偿的法律规定从来都是有限的。

因此，赔偿只是作为损害行为发生后的一种有限的补救手段，它不可避免地会留下缝补创面的痕迹和损失，只是一种亡羊补牢、治标不治本的权宜之计。保护公民、法人和其他组织合法权益的根本措施，在于预防和

---

① 有专家认为，不具有经济内容的其他救济手段，不能作为赔偿手段使用。见皮纯协、冯军《国家赔偿法释论》（修订本），中国法制出版社1998年版，第2页。

减少一切侵权行为的发生。

侵权行为的主体，一般有公权力主体和普通民事主体之分，随之产生的赔偿也就有国家赔偿与民事赔偿之别。

1. 国家赔偿

国家赔偿是指国家对自己的侵权行为承担赔偿责任的总称。从赔偿依据的不同法律出发，国家赔偿可以分为国际法上的国家赔偿、民法上的国家赔偿和国家赔偿法上的国家赔偿。

在国与国之间频繁交往的政治、经济、文化、外交、军事等领域中，依据国际法和双边、多边条约协定进行的赔偿；在世界大战或局部战争结束后，依据战争法和国际法庭裁定，战败国向战胜国作出的战争赔偿，即是国际法上的国家赔偿。

国家在国内民事经济活动中，以与公民、法人和其他组织平等民事主体地位作出的民事行为，侵犯对方合法权益的，依据国内民法、经济法，向对方作出的赔偿，即为民法上的国家赔偿。

除上述两类国家赔偿外，近百年来尤其是第二次世界大战后在国际上蓬勃兴起的以保障人权为己任的专门法律——国家赔偿法的出现，开启了国家赔偿的新时代，即以国家赔偿法为依据，追究国家侵犯其公民合法权益的时代。

国家赔偿法上的国家赔偿，是对国家权力活动中的侵权行为，由国家代替致害人作为赔偿主体，以国库收入承担损害赔偿责任的法律制度。当今世界各国国家赔偿制度不尽相同，其具体法律属性也各有区别。我国国家赔偿的特征是：

第一，赔偿责任由国家承担，赔偿事务由义务机关负责。国家是一个责任实体，又是一个抽象概念，由若干具体机关组成。国家承担赔偿责任，指国家机关及其工作人员侵权行为发生后，不以侵权机关或侵权人名义，而以国家名义承担法律责任，赔偿费用列入各级财政预算，由国库开支。只是从方便受害人索赔出发，具体赔偿事务由法律规定的赔偿义务机关办理。

第二，致害侵权人，目前仅限于部分国家机关及其工作人员。与西方多数国家相比，我国未将立法机关和军事机关列为赔偿义务机关。国家赔偿目前仅限于国家行政机关，法律、法规授权行使行政权的组织，和国家司法机关及其在上述机关或组织中的工作人员。

第三，提起国家赔偿的原因，必须是上述国家机关及其工作人员行使职权时的违法行为或适法行为。这里强调的是行为，包括作为与不作为，对因国有公共设施设置管理不善造成的损害，暂未列入赔偿范围。而外国的国家赔偿一般均包括此项内容。

第四，我国国家赔偿包括两部分：行政机关及其工作人员违法侵权形成的行政赔偿，司法机关及其工作人员侵权形成的司法赔偿。另外，我国对法院在民事诉讼、行政诉讼和执行中的部分违法行为所致损害亦纳入赔偿范围，西方国家大多无此项赔偿。

2. 行政赔偿

行政赔偿是我国国家赔偿法规定的国家赔偿的重要组成部分，即行政机关及其工作人员和法律法规授权或受行政机关委托的组织和个人，在行使行政权力时，违法侵犯公民、法人和其他组织合法权益造成损害而引起的国家赔偿。

国外大多数国家的国家赔偿法，均仅仅规定行政赔偿，但其行政赔偿范围十分广泛。同我国仅限于行政命令行为、行政处罚行为、行政强制行为不同，它们将国家作出的不具有命令服从性而以增进公益提供服务为目的的公务活动，如国有邮政、铁路服务，国立学校、医院活动违法侵权造成损害的，纳入国家赔偿范围。把国家军事机关和军人执行职务侵权，纳入国家赔偿范围。把道路、河流、桥梁等国有公共设施设置与管理欠缺引起的损害，纳入国家赔偿范围。

我国国家赔偿法根据中国国情，未将上述非权力性违法行为造成的损害划入行政赔偿，而以国家补偿等方式解决。我国将行政赔偿的重点，放在行政机关及其工作人员行使行政职权时，违法侵犯公民、法人和其他组织人身权和财产权的违法情况，这是从目前中国实际状况出发，切实保障公民权益的有效做法。

3. 司法赔偿

我国司法赔偿，是指依据国家赔偿法规定，司法机关及其工作人员在行使司法权过程中，违法或适法侵犯公民、法人和其他组织合法权益造成损害时，由国家作为赔偿责任主体进行的赔偿。这一概念包括下述内容：

（1）司法赔偿中的侵权主体是国家司法机关及其工作人员。行政机关、立法机关、军事机关及其工作人员不是司法赔偿的侵权主体。依据宪法和法律规定，我国司法机关及其工作人员包括：公安机关、安全机关、军队保卫部门及其工作人员；检察机关及其工作人员；审判机关及其工作人员；监狱管理（含看守所、劳改队、少年犯管教所等）机关及其工作人员。

（2）司法机关及其工作人员在行使司法权过程中有违法侵权行为。此种行为通常由两部分组成：一是行使司法权时违法作出的司法决定，如逮捕决定、刑事判决、财产保全裁定、强制执行裁定等；二是行使司法权时实施的事实行为，如刑讯逼供、殴打虐待人犯、违法使用武器警械等。此外，在有些情况下，未违法的司法行为其结果错误的，也能引起司法赔偿。

（3）违法或适法侵权行为给公民、法人和其他组织造成实际损害。这种损害既包括由于错拘、错捕、错判造成的人身自由损害，由于暴力行为造成的健康损害，也包括由于错误刑事司法、民事司法、行政司法和执行司法造成的财产损害。

（4）司法赔偿责任的主体是国家，不是实施致害行为的司法机关和司法人员。因为司法机关和司法人员行使的是国家赋予的权力，其司法决定和事实行为无论正确与否，均是以国家名义代表国家作出的，其行为造成的后果应该也只能由国家承担。国家作为赔偿责任主体，表现在以国家名义向受害人致歉，以国库开支赔偿受害人损失，具体赔偿事务则委托赔偿义务机关办理。

（5）司法赔偿案件的受理由司法侵权的机关和专门设立的法院赔偿委员会负责。司法赔偿案件由何种机构负责受理，世界各国做法不一。考虑到我国的实际情况和现行司法体制，国家立法机关决定将司法赔偿案件的处理决定权交由人民法院组建的赔偿委员会的做法，经历 20 年实践检验，证明是切实可行的。

司法赔偿概念的成立

这里需要指出的是，尽管我国《国家赔偿法》中至今仍未使用"司法赔偿"的概念，但作者认为，将国家赔偿法中规定的刑事赔偿和民事诉讼、行政诉讼、执行工作中违法侵权行为赔偿，综合表述和理论概括为

"司法赔偿"，在理论上是站得住的[1]：

第一，从国家赔偿法的篇章结构看，除第一章总则、第四章赔偿方式和计算标准、第五章其他规定、第六章附则外，其核心内容是第二章行政赔偿和第三章刑事赔偿，没有出现"司法赔偿"的概念。这是因为，尽管我国未采取世界多数国家将行政赔偿和冤狱赔偿分别立法而将二者统一规定在一部法律之中的做法，但并未因此降低刑事赔偿的地位和分量。在国家赔偿法中，将冤狱赔偿的概念规范化为刑事赔偿，并与行政赔偿并列构成我国整个国家赔偿制度，既便于与世界接轨，也便于国内公民掌握，马上出现司法赔偿概念则不易突出冤狱赔偿（刑事赔偿）的重要性，降低冤狱赔偿（刑事赔偿）在人们心目中的熟悉程度[2]。

第二，考虑到我国实际状况，除重点规定刑事赔偿外，还应规定其他司法侵权行为造成的赔偿，所以在第五章第 38 条中规定："人民法院在民事诉讼、行政诉讼过程中，违法采取对妨害诉讼的强制措施，保全措施或者对判决、裁定及其他生效法律文书执行错误，造成损害的，赔偿请求人要求赔偿的程序，适用本法刑事赔偿程序的规定。"

这一规定中有三点值得注意：①该条规定的违法侵权行为全部属于司法侵权行为；②由于这些行为造成损害的，受害人有权请求国家赔偿；③请求赔偿的程序适用刑事赔偿程序。这就是说，第 38 条规定的违法侵权行为与刑事赔偿中的违法侵权行为，同属于司法侵权行为，二者适用同一个赔偿决定程序。因此，如果用司法赔偿这个能包含、容纳二者的科学术语加以概括的话，是科学、准确的。

国家赔偿立法，是从现实社会状况、公民法律素质水平、国内国际诸多因素出发，为解决实际问题而制定的，不能苛求它在完成如此繁重任务的前提下，又是一部体系完整、概念准确、论述全面的学术著作。而这正是法学研究者的职责。国家立法并不限制法学研究者的理论思维，相反，它为法学研究者提供必需的素材和原料的目的，是寄望于法学研究成果，反过来促使其自身完善和发展。

第三，能否使用司法赔偿概念的理论根基，是对司法权的认识和理

---

[1]　陈春龙：《中国司法赔偿》，法律出版社 2002 年版，第 3 页。

[2]　我国台湾地区 1959 年制定《冤狱赔偿法》，2010 年对该法进行第三次修改时，将《冤狱赔偿法》更名为《刑事补偿法》。

解。也就是说，我国国家赔偿法中规定的除行政赔偿之外能引起国家赔偿的违法侵权行为的权力，如侦查权、检察权、审判权、司法执行权、监狱管理权等，能否均算作司法权。

从法理上看，司法权应该具有中立性、被动性和终局性的特征。但我国不采用三权分立的政治体制，我国宪法也未使用"司法权"、"司法机关"的概念。有学者认为司法权即是裁判权，只有法院才是司法机关。有学者认为，检察权和审判权属于司法权范畴，但侦查权与行政职能联系密切，应从属于行政权，公安机关是行政机关，不能与检察院和法院并列为司法机关；监狱管理也属于司法行政管理；法院对刑事、民事、行政案件的执行工作，也不应算作司法权的管辖范围。应该说，从来源于西方的传统法学理论上看，这种观点有其合理之处。

但作者认为，我国公安机关具有行政机关和司法机关的双重性质，其进行社会治安、户籍、交通、消防管理时行使行政权，介入刑事诉讼活动的侦查行为，则是正规的司法权。这已为我国宪法、刑事诉讼法等明文规定，并在大多数学者中达成共识。监狱管理既有行政事务也有涉及减刑、假释、保外就医等司法问题。至于目前我国法院担负的繁重的案件执行工作，既是我国目前司法体制下的产物，理论上也可视为审判权的延伸和落实。

第四，在多年来已出版的研究国家赔偿法的著作中，不少专家学者正式使用"司法赔偿"概念，并将它与行政赔偿并列作为我国国家赔偿的两大部分。此外，司法赔偿概念也在国家审判机关的司法解释中得到应用。

第五，在贯彻实施国家赔偿法的司法实践中，刑事赔偿案件、民事诉讼、行政诉讼和司法执行中的赔偿案件，均由人民法院赔偿委员会统一受理。从赔偿委员会审理此类案件的需要看，法学研究者从司法赔偿的理论角度，就司法赔偿的实体和程序问题进行全面系统地研究，亦会对国家赔偿法的实施起推动和促进作用。

4. 行政赔偿与司法赔偿

我国国家赔偿由行政赔偿和司法赔偿两部分组成。二者都是国家机关行使职权时引起的国家责任，其责任性质、赔偿方式、赔偿标准都是相同的，但在其他方面，二者又存在明显区别。了解这些联系和区别，对于正确审理国家赔偿案件，具有实际意义。

（1）行使的国家权力不同。行政赔偿是违法行使行政权引起的赔偿责任，司法赔偿则是违法或适法行使司法权引起的赔偿责任。行政权和司法权都是国家权力的重要组成部分，但行政权的行使涉及国家事务的方方面面，事项众多，情况复杂，权力重大，容易发生违法侵权行为；相比之下，司法权的性质则比较单一，只涉及社会群体中与法律事务有关的一部分人，司法机构和人员专业性强。但由于司法权的行使，直接关系公民的人身权利和财产利益，一旦发生违法侵权，其危害程度和社会影响甚烈。

（2）赔偿义务机关不同。行政赔偿的义务机关是产生致害行为的国家各级行政机关，或法律、法规授权的组织，或受行政机关委托的组织；司法赔偿的义务机关，则是行使侦查、检察、审判、监狱管理职权的国家各级司法机关。

（3）赔偿原则不同。行政赔偿实行违法归责原则；司法赔偿则在实行违法归责原则前提下，辅之以结果责任原则。

（4）赔偿范围不同。行政赔偿与司法赔偿都对受害者的人身权和财产权进行赔偿，但在赔偿范围上，行政赔偿范围较宽；在司法赔偿中，只对无罪被羁押者给予赔偿，对轻罪重判一般不予赔偿。在民事诉讼、行政诉讼和执行工作中，只对违法采取对妨害诉讼的强制措施、保全措施或者对判决、裁定及其他生效法律文书执行错误，并造成损害的予以赔偿，对错判造成的损害不予赔偿。

（5）赔偿程序不同。行政赔偿依据行政诉讼法规定，实行合议、回避、公开审判、两审终审的行政诉讼程序，受害人既可以单独提起，也可在行政复议和行政诉讼中一并提起；司法赔偿不适用诉讼程序，适用非讼决定程序。法院赔偿委员会的决定为一次性终局决定，赔偿义务机关和赔偿请求人无上诉权。

如何界定公安机关的司法行为与行政行为

在正确理解行政赔偿与司法赔偿的联系和区别时，如何界定公安机关的司法行为与行政行为，是一个现实问题。

我国公安机关是国家的治安保卫机关，是国家行政机构的组成部分。保障社会治安、维护社会秩序是其基本职责，而惩罚犯罪是社会治安的重要方面。为了直接有效地保卫社会安全，国家授权公安机关参与刑事诉讼活动。公安机关因此又具有司法机关的性质。这样，公安机关在其履行职务中具有双重职能：依据刑事法律授权的刑事司法职能与依据行政法律施行的行政管理职能。如何正确行使这两种职能、界定公安机关的司法行为与行政行为，是区分司法赔偿与行政赔偿的关键。

（1）公安机关的双重职能易被混淆。

司法行为与行政行为的表现形式相同或相近，使双重职能易被混淆。如行政传唤与刑事传唤，行政没收、查封、扣押、冻结财产与刑事查封、扣押、冻结财产、追缴赃物等均是针对人身权或财产权的强制措施，尽管二者法律性质不同，但表现形式相似。

违法与犯罪的标准不易把握，使双重职能易被混淆。如公安人员常以拘留、罚款、吊销许可证等行政管理手段，纠正和处罚相对人的违法行为。但随着调查深入，发现相对人的违法行为相当严重可能构成犯罪，行政相对人进化为犯罪嫌疑人。此时，如不采取刑事措施，由行政拘留改变为刑事拘留，可能放纵犯罪分子，如果采取刑事措施，进一步侦查未掌握确实充分的犯罪证据，又构成错误刑事拘留，应予司法赔偿。

司法行为与行政行为由同一公安机关行使，使双重职能易被混淆。虽然公安机关内部对司法行为与行政行为的行使有组织分工，如刑警大队负责刑事侦查，治安大队负责行政管理，但对外行使职权均以公安机关为权利主体，而且在人力不足时还经常存在"分工不分家"的交叉办案情况。

此外，公安人员业务素质参差不齐和极少数以行政处罚代替刑事侦查、以刑事侦查为名插手经济纠纷等故意混淆的情况，更增加了双重职能的混淆程度。①

（2）公安机关在刑事侦查过程中违法采取行政处罚措施造成损害的，应认定为司法行为，按司法赔偿案件受理。

公安机关依法拥有两种职权：刑事侦查权和行政管理权。侦查权是由刑事诉讼法明确授予的权力，其人身强制措施有拘传、取保候审、监视居住、刑事拘留、逮捕。其财产强制措施有扣押物证、追缴赃款赃物等。刑事侦查行为的法律表现形式一般有刑事案件审批表、拘留证、赃物扣押清单等。如果公安机关的刑事侦查司法行为被诉成具体行政行为，公安机关可举证证明其行为属于侦查行为。确属侦查行为的，法院应中止或终结行

---

① 王达："刑事侦查行为与行政行为的界定"，《人民法院报》2000 年 5 月 11 日。

政诉讼。

如果公安机关在刑事侦查过程中采取行政处罚措施造成侵权损害的，则应认定为司法行为，按司法赔偿案件受理。例如某经济犯罪案件在未侦查终结前，公安机关即对所谓"赃款赃物"给予没收处罚，侦查终结后否定了犯罪事实，引起国家赔偿。此类国家赔偿应属行政赔偿还是司法赔偿，实践中存在争议。

作者认为，尽管公安机关只在行政执法中才有没收的职权，表面上看，应属于行政赔偿案件，但是：第一，此类案件的前提是公安机关依据刑事诉讼法授权立案侦查的刑事案件，其行使的是刑事侦查权；第二，被没收的财物是作为刑事案件中的"赃款赃物"没收的，不是作为行政案件中相对人违法财物没收的；第三，尽管刑事案件中的赃款赃物不能没收、侦查尚未终结不能确认是否属于"赃款赃物"，确属赃款赃物也应作为证据随案移送，但此一错误是由公安人员的业务水平或其他因素所致，其错误本身不能改变刑事案件的性质。所以，对此类在刑事侦查过程中滥用行政执法手段造成损害的，应认定为司法行为，按司法赔偿案件处理。

（3）公安机关在查处行政违法案件时采取刑事强制措施造成损害的，应认定为行政行为，按行政赔偿案件受理。

如公安机关在查处一起赌博案件中，以行政案件立案后，对相对人给予行政罚款处罚并采取监视居住的刑事强制措施。经调查核实，行为人的行为纯属节日家人之间娱乐，不构成违法。行为人遂提起国家赔偿。此案中对错误行政罚款按行政赔偿案件处理没有争议，对监视居住是按行政赔偿还是刑事赔偿案件受理颇有争议。作者赞同下述观点："公安机关对此案基于同一事实对同一行为人均以行政违法案件立案并处罚的。这些客观外在的形式足以证明公安机关行使的是行政职权，而非侦查职权，其采取的监视居住是公安机关的行政越权行为。"[①] 此类案件应按行政赔偿案件处理。

5. 国家赔偿与国家补偿

有些国家和地区未严格区分国家赔偿与国家补偿，将国家补偿内容规定进国家赔偿中的行政赔偿范围。我国国家赔偿法未采取此种形式。

我国国家补偿，主要指国家机关（含军事机关）及其工作人员因在

---

① 王启庭、王凤红："谈行政赔偿受案范围"，《人民法院报》1999 年 4 月 20 日。

行使职权过程中的合法行为或因疏于职守、粗心大意等过失行为给相对人造成损失，由国家进行物质弥补的制度。它与国家赔偿的区别在于：

（1）产生原因不同。国家赔偿基于国家侵权行为而产生，主要由国家机关及其工作人员的违法行为引起，即以违法为前提；而国家补偿一般由国家机关的合法职权行为或过失行为引起，不以是否违法为前提。如对军事训练和演习中造成损害的补偿，有关科研、医疗单位未妥善保管放射物质造成损害的补偿等。

（2）发生时间不同。国家赔偿发生在损害产生之后，受害人只能就现实存在的损害请求赔偿，对可能发生尚未发生的损害，一般不予赔偿；而国家补偿既可在侵害发生后进行，也可在侵害发生前进行，如征用土地、房屋拆迁等应先支付补偿费。我国土地管理法、野生动物保护法明确规定，因国家建设征用土地造成土地所有权及土地上附着物和青苗损失，因保护重点野生动物造成农作物或人畜损失的，由国家给予补偿。

（3）弥补性质不同。国家赔偿是对国家机关及工作人员违法行使职权行为的否定和谴责，是国家对国家侵权行为承担的一种补救性法律责任。如不履行赔偿责任，就是继续其违法行为，就是对公民权利的再一次侵犯；国家补偿则是基于民事损害赔偿法律关系，对因公共利益而遭受特定损失的相对人提供补救，以体现公平负担精神。

（4）适用对象不同。国家赔偿的对象是特定的；国家补偿的对象通常情况下是不特定的，带有某种普遍性。

（5）适用领域不同。我国国家赔偿既包括行政领域，也包括司法领域，如刑事司法，民事司法、行政司法和执行司法领域；国家补偿一般存在于行政领域和军事领域，至于有时因刑事犯罪分子在公众场合以自杀爆炸方式炸死炸伤周围无辜群众、政府给伤亡公民及家属以补偿的做法，则是政府从保护公民人身安全、维护社会治安是其法定职责的高度作出的补救，是国家补偿的延伸。

这里需要注意的问题是，不可滥用补偿形式放纵追究有关人员违法责任①，亦不可明确责任后由"政府代赔"后不了了之②。

---

① 广西阳朔县在押嫌疑人莫某在看守所内死亡，公安机关协议补偿90万元，并要求此事"莫张扬"。《新京报》2014年2月18日。

② 2014年2月17日，广西南平枪杀孕妇警察一审被判死刑，政府前期已代其向受害者家属赔偿73万元。《新京报》2014年2月18日。

应该说，"赔偿"与"补偿"，在中文词义上的区别是比较明确的，前者偏重主体的过错性，后者偏重主体的救济性。故法律意义上的"赔偿"以不法为前提，"补偿"多以合法为依据。但有时二者的区别亦呈现模糊状态。①

如我国台湾地区 1959 年制定的《冤狱赔偿法》，其标题即标明"赔偿"以"冤狱"为前提。其内容更是列举种种"冤狱"的具体表现及相应"赔偿"之规定。然而 2010 年对该法进行第三次修改时，却将《冤狱赔偿法》更名为《刑事补偿法》，并于 2011 年 9 月生效。新法之于旧法，除依形势变化有所发展之外，其架构和内容大致承袭于旧法。而台湾地区法学家对"赔偿"与"补偿"的理解与我们大致相同："历来台湾地区'国家责任法制'，依'国家'负担责任之原因，区分为'国家'不法行为之赔偿，以及'国家'合法行为之补偿"，"合'法'的救济称补偿，不'法'的救济称赔偿。"②

大陆地区亦有专家主张将刑事赔偿改为补偿："在取消刑事赔偿义务机关的前提条件下，可以考虑将违法拘留羁押、无罪逮捕羁押、再审改判无罪羁押赔偿修改为一定范围的无罪补偿制度。同时，可以考虑根据我国国情，适当扩大补偿范围。"③

作者认为，尽管同一个"赔偿"概念，使用于行政侵权行为时无异议，使用于司法侵权行为时感觉不适，其根源在于对司法权的尊重优于行政权，"司法权与行政权的重要区别是司法权具有不可诉性，因而司法机关的重要特征就是其不应因为审理案件而成为被告"④。这一根植于西方法治文化土壤的传统，尚未在有中国特色的东方扎根，又赶上"司法腐败"、"司法不公"之批评甚嚣尘上。此种情势下的中国司法侵权行为，使用"赔偿"概念恰逢其时。"赔偿"与"补偿"在中文词义上的区别

---

① 从词义上看，"赔偿"与"补偿"亦存在词义重叠、互为解释的情况：据《现代汉语词典》（修订本）解释，"赔偿"指："因自己的行动使他人或集体受到损失而给予补偿：照价赔偿，赔偿损失。""补偿"：抵消（损失、消耗）；补足（缺欠、差额）；补偿损失。

② 高雄大学教授张永明："台湾'国家责任法制'体系"，《国家赔偿审判前沿》第一卷，法律出版社 2013 年版，第 504 页。

③ 刘志远主编：《中国刑事赔偿原理与实务》，中国人民公安大学出版社 2011 年版，第 3 页。

④ 同上书，第 218 页。

是明确的，"赔偿"内含过错与否定，"补偿"内含救济与弥补。坚持二者的准确词义，严格区分"国家赔偿"与"国家补偿"的法律含义，有助于立法上的科学准确，有助于公民人权的救济保障。[①]

这里需要强调的一个问题是，在目前国家赔偿标准不高、范围不宽、不能完全弥补受害人损失的情况下，必须充分发挥国家补偿作用。在法定国家赔偿数额之外，对确有困难的赔偿请求人依法依规、合情合理给予补偿，如生活困难补助金、失业救济金、住房补助金等，把国家机关及其工作人员职务侵权之负面影响降到最低，最大限度地救济和保障基本人权。

（二）国家赔偿基础

1. 国家赔偿理论基础

包括行政赔偿与司法赔偿在内的整个国家赔偿制度的产生，是一场政治思想领域的深刻革命。任何能称之为革命的变革，都是在一定理论指导下发生的。没有革命的理论，就没有革命的行动。18 世纪资产阶级启蒙思想家的人民主权论，点燃了向封建统治宣战的革命之火，为国家赔偿制度的建立和发展扫清了道路。

在人民主权论出现之前盛行的是国家主权论。这种理论认为，主权是绝对的、至高无上的、不受任何限制的，它是一切法律和权利的来源。拥有此种主权的是国家和国家的代表者君王或政府。国家、君王和政府是高高在上的主权者，人民只是仆从。国家即使侵犯了人民的合法权益，亦是主权应有之义，谈不上赔偿不赔偿的问题。16、17 世纪占据统治地位的国家主权论，受到法国激进民主主义者卢梭的人民主权论的批判。卢梭认为，主权尽管是绝对的，不受法律限制的，但主权不能转让给私人，它永远属于人民。政府"就是在平民与主权者之间建立的一个中间体，以便

---

① 近现代中国的许多法律用语和法律概念，如法学、法律、法庭、权利、义务等词语都直接来自日语词汇，日文中的"赔偿"与"补偿"词语对我国亦有影响。这里应该注意的是：日语中与我国的"国家赔偿"相对应的概念是"损害赔偿"，与我国的"国家补偿"相对应的概念是"损失补偿"，同时，日文中"国家补偿"是"损害赔偿"与"损失补偿"的上位概念。参见马怀德主编《完善国家赔偿立法基本问题研究》，北京大学出版社 2008 年版，第 474 页。

使两者互相适应，它负责执行法律并且维持社会的以及政治的自由"①。

国家、政府和官吏必须遵守人民制定的法律并接受法律的约束，违法时应同人民一样承担相应法律责任。人民主权论的确立为建立行政行为和司法行为的国家赔偿制度奠定了理论基础。

后来出现的公法人论和人权保障论在此基础上又作了重要的发展和补充。公法人论认为国家是一个公法人，它与人民间不是权力与服从关系，而是一种法律上的权利义务关系，当其侵害人民权益时，应当像其他法人一样用自己的财产（国库）对人民承担责任，从法理上肯定了国家赔偿的合法性；人权保障论又从民主法治国家职能在于保护人权出发，论证其他组织和个人侵犯人权时国家出面干预，国家自己侵犯人权岂有不赔之理？

那么，为什么少数国家行政、司法机关及其人员侵权行为造成的损失，应由国库即全体人民共同负担呢？公共负担平等论和保险责任论对此作出理论解释。公共负担平等论认为，国家活动的受益者是全社会成员。国家在创造收益的同时亦可能带来风险。既然利益共享，风险也应共担；保险责任论则把国家比作保险人，人民视作投保人。人民向国家纳税类似向保险机构投保。国家在行使行政、司法、立法权时给人民造成损失，属于正常的保险事故，使用大家的保险费弥补少数事故损失，是保险制度的当然结果。

行使国家行政、司法等权利时侵害人民权益的事件，毕竟是少数，而且由国家工作人员违法或过错构成，为什么不能由这些侵权者本人承担赔偿责任呢？公平正义论的回答是：在实施国家赔偿制度以前，国家工作人员执行公务时侵害公民权益，受害人可依据普通法原则或民法规定对作出侵权行为的官员起诉，要求其对侵权行为承担个人赔偿责任。流行于历史一个时期的此种做法之所以最终被历史淘汰，是因为无论从致害人角度还是从受害人角度看，都是不公正的。致害行为是在国家官员依据国家指令、为了国家目的、行使国家权力的公务活动中产生的。公务活动在创造国家效益的同时存在侵权风险，效益国家享有，风险个人独担，对国家官员是不公平的，而且公务活动愈积极，风险比例愈大，只会诱导国家官员消极职守；美国最高法院指出："政府官员的法定职责要求他行使自由裁

---

① 卢梭：《社会契约论》，商务印书馆1962年版，第66页。

量权，如果要他自负其责……是不公正的。"① 从受害人角度看，国家官员的个人收入有限，依民事原则赔偿受害人的数额与受害人所受损失的数额不成比例。为维护社会公平正义，国家应当替代其工作人员履行赔偿责任，否则，受侵权行为损害的人得不到充分救济，就会导致对受害人的不公正。

一代代专家学者以对人类高度负责的精神，从不同角度对国家赔偿制度的必要性、科学性、合理性进行的理论探索，为以行政赔偿和司法赔偿为主的国家赔偿制度在世界范围内的确立和推广，作出了不可磨灭的贡献。

2. 国家赔偿社会基础

理论来源于实践。没有社会实践的深刻要求，产生不了任何有价值的理论和制度。行政赔偿和司法赔偿的产生与发展，源于实践的需要，具有深厚的社会基础。

随着人类社会的进步和发展，生产力水平的提高，要求生产关系与之相适应，并进而要求包括政治制度在内的整个上层建筑的发展变化。社会的发展促使人们的思想观念更新。公民的权利意识和自我保护意识的觉醒，是国家赔偿产生的内在动力。国家赔偿是公民的一项基本人权，但只有认识并积极主张这一权利，才能争取并实现此项人权。否则，国家赔偿在实践中仍然是无源之水、无本之木。

人类社会生活的复杂化，使得行政权、司法权等国家权力日益膨胀，渗透到人们生活的每个角落。国家侵权给公民造成损害的可能性随之激增，社会矛盾和冲突的程度日益加剧，对作为缓冲剂的国家赔偿的需求，也就愈益迫切。另外，社会进步又带来经济实力的发展和国家财政能力的提高。国家有能力偿付自己造成的损失，以非常小的物质代价换得国家权力的巩固和社会秩序的安宁。

我国是人民当家做主的社会主义国家。人民是国家的主人，国家按照人民意志行使行政权、司法权，为人民谋取利益。如果国家机关及其工作人员侵犯公民合法权益，以国家名义进行赔偿，在政治上不仅不存在任何障碍，反而是我国国家政权人民性的体现和必然要求。

---

① 《美国最高法院判例汇编》第 416 卷，第 232、240 页。

改革开放以来，我国经济的飞速发展和人民生活水平的空前提高，为我国国家赔偿制度的建立提供了物质基础。在我经济实力大大增强，国库较为充实的情况下，抓住机遇，适时解决与行政诉讼法配套的国家赔偿立法问题，既是中国作为一个国际大国的政治需要，也体现社会主义财政取之于民、用之于民的精神。当然，我国仍是发展中国家，处于社会主义初级阶段，国家承受能力有限，在赔偿的范围和数额上不能与发达国家相比，但落实现有法律规定，并随着国家经济实力增强逐步扩大赔偿范围和数额，还是符合我国社会实际状况的。

3. 国家赔偿法制基础

行政赔偿与司法赔偿等国家赔偿法律制度，只是组成一个国家法律体系架构的一部分。这个体系的根本是国家的宪政体制。

从世界主要国家赔偿制度的发展历史看，宪法是国家赔偿产生的法律渊源和合法性基础。世界上最早为国家承担赔偿责任提供宪法依据的，是1919年德国魏玛宪法，该宪法第131条规定："公务员行使职务上之公权力，违反对第三人所付之义务时，原则上由公务员所属之国家或者公共团体负赔偿责任，但对该公务员有求偿权。上述损害赔偿之请求，依通常诉讼程序为之。"该条规定虽然没有明确国家赔偿的法律性质，但明文规定由国家而不是公务员承担赔偿责任，从而为国家赔偿作为一个独立法律门类的发展奠定了宪法基础。后来的1949年德国基本法也承继了此一规定，成为1981年德国国家赔偿法的宪法依据。

我国第一部宪法即1954年《宪法》第97条规定："中华人民共和国公民对于任何违法失职的国家机关工作人员，有向各级国家机关提出书面控告或者口头控告的权利。由于国家机关工作人员侵犯公民权利而受到损失的人，有取得赔偿的权利。"这就以根本大法形式确立了公民的赔偿请求权。

现行宪法即1982年《宪法》第41条承继了此项规定，并增添了具有重大意义的"国家机关"作为赔偿主体，规定："由于国家机关和国家工作人员侵犯公民权利而受到损失的人，有依照法律规定取得赔偿的权利。"这一规定成为我国1994年国家赔偿法最直接的宪法依据。

同时，我国《宪法》第2条规定的人民主权原则，第5条规定的法治国家原则，第11条规定的个体经济、私营经济的法律地位，第13条规定的公民合法私有财产不受侵犯，第 33 条规定的国家尊重和保障人权及法律面前人人平等原则等，共同构成了我国国家赔偿法律制度的基本支柱。

不仅我国宪法为国家赔偿法的制定提供了根本大法的支撑和依据，而且我国的民法、行政法、行政诉讼法、刑法、刑事诉讼法等部门法，也为我国行政赔偿、司法赔偿的确立，提供了广阔的法制基础。

《民法通则》第 121 条规定："国家机关或者国家机关工作人员在执行职务中，侵犯公民、法人的合法权益造成损害的，应当承担民事责任。"《行政诉讼法》第 68 条规定："行政机关或者行政机关工作人员作出的具体行政行为侵犯了公民、法人或者其他组织的合法权益，造成损害的，由该行政机关或者该行政机关工作人员所在的行政机关负责赔偿。"治安管理处罚法、海关法、草原法、森林法、商标法等法律和法规，也都从不同角度、不同程度地对国家赔偿责任作了一些规定。

此外，我国刑法规定的罪刑法定原则，罪刑相适应原则，对任何人犯罪在适用法律上一律平等的原则；刑事诉讼法规定的疑罪从无原则，非经法院判决对任何人不得定罪原则，为我国司法赔偿提供了重要的原则依据。

正是在上述我国宪法和各部门法提供的法制基础之上，我国的行政赔偿和司法赔偿法律制度，才能顺利建立，并随着其他法律的修改完善而不断吸收新的营养，使我国国家赔偿制度逐步发展与健全。

（三）国家赔偿功能

1. 国家赔偿立法形式

由于世界各国和地区政治、经济架构和法律传统的差异，国家赔偿的立法形式多种多样：

（1）在宪法中以根本大法形式确认国家赔偿的基本原则，这是世界多数国家的通行做法。普通法系国家在其宪法性文件或宪法惯例中，对公民人身、财产等基本人权加以严格保护。大陆法系国家则在宪法中对包括行政、司法人员在内的所有国家公务人员的侵权行为规定国家赔偿责任。

如意大利宪法第 24 条规定，公民有取得司法赔偿的权利，"法律规定纠正错判的条件和方法"。第 28 条规定："根据刑事法律、民事法律和行政法律，国家和公共事业机关的官员和职员应对侵犯权利之行为直接负责，在此种情况下，国家和公共事业机关也应负民事责任。"日本宪法第 17 条规定："任何人因公务员的不法行为而受到损害时，均得根据法律规定，向国家或公共团体要求赔偿。"第 40 条规定："任何人在拘留或拘禁后被判无罪时，得依法律规定向国家要求赔偿。"西班牙宪法第 106 条规定了国家行政赔偿责任："在法律规定的条件下，私人有权因其财产和权利所交公共机构运转造成的任何损害而得到赔偿，因不可抗拒的原因所造成的损失除外。"我国 1954 年宪法和现行宪法的规定更加具体明确。宪法的原则规定为国家赔偿立法提供了根本依据。

（2）制定专项国家赔偿法律。德国在 1910 年制定《公职责任法》（又称"联邦责任法"），1971 年制定《刑事追诉措施赔偿法》。奥地利于 1948 年制定公职责任法，1969 年制定刑事赔偿法。日本于 1947 年制定国家赔偿法，1950 年制定刑事补偿法。韩国于 1967 年制定国家赔偿法。我国台湾地区 1959 年制定了冤狱赔偿法，1980 年制定国家赔偿法。

（3）在刑事或民事法律中对司法赔偿作出规定。1895 年法国在刑事诉讼法中规定了国家对再审改判无罪的被告人承担赔偿责任。1972 年法国在建立执行法官和关于民事诉讼程序改革法中规定，国家对民事审判中的重公务过错和拒绝司法造成的损害承担赔偿责任。东欧一些国家也常在刑事诉讼法中规定冤狱赔偿。

（4）以判例为主、成文法为辅的方式处理司法赔偿问题。普通法系国家由于判例法的主流地位和受司法豁免论影响较深，对于司法赔偿争议，一般由法官根据判例和具体情况自由裁量解决，但也有制定成文法的趋势。如美国一些州的法律规定了司法赔偿。美国法典第 28 编第 1495 条中规定："根据被不公正地宣判为对美国犯有罪行并被监禁的人要求赔偿损失的请求，赔偿法院具有管辖权。"

（5）将司法赔偿与行政赔偿统一规定在一部国家赔偿法中。这是我国立法工作者在总结世界各国和地区司法赔偿立法经验的基础上，采取的一种立法方式。司法赔偿和行政赔偿均由国家承担赔偿责任的共同性质和我国的具体情况，决定二者在赔偿主体、赔偿标准、赔偿方式上适用相同的规定。将二者规定在一部法律中，既符合立法原理，又便于公民了解掌握。司法赔偿在归责原则、赔偿范围、赔偿程序方面的不同特点，也可以在国家赔偿法中另行规定。

2. 国家赔偿法律关系

法律关系是法律确认和调整的社会生活关系，即法律关系主体基于一定的法律事实而形成的法律上的权利义务关系。法律关系由主体、客体、内容和法律事实四部分组成。"主体是权利义务之所属，客体是权利义务之所附，法律事实是权利义务之所成"①。

国家赔偿法律关系，是指由我国国家赔偿法确认和调整的，国家同公民、法人和其他组织之间以行政和司法领域的权利义务为内容的社会关系。

（1）国家赔偿法律关系的主体，即国家赔偿权利义务的承担者、当事人，包括国家和公民、法人及其他组织。

国家赔偿法律关系的一方当事人是国家。国家是拥有一定地域、人民和制度的固定政治实体。国家虽由人民组成，但一旦成立，即成为一个独立的具有权利能力、行为能力和责任能力的法律主体。人民既通过法律规定授予国家组织管理全社会事务的权力，又依据法律规定对国家进行监督和制约。司法赔偿和行政赔偿就是"人民根据法律对国家的否定和谴责，是国家因违反人民授权而承担的违约责任"②。

国家赔偿法律关系的另一方当事人是人民，即法律意义上的公民和由公民组成的法人及其他组织。人民集体在组成国家的合约中，只是把自己的一部分权利让渡给国家，还保留着人身自由、生命健康、私有财产等基本人权，没有丧失独立的法律人格。法律上国家和人民的地位是平等的，并在政治上保持国家主人的性质。

但在具体的国家赔偿法律关系中，国家和人民的地位是否对等，应视具体情况而定。如在行政诉讼、行政赔偿法律关系中，双方法律地位对等；在司法赔偿法律关系中，其地位是不对等的。国家既是司法赔偿责任主体，又是赔偿责任决定机关。人民可以通过司法机关向国家主张司法赔偿，但这种主张对国家没有决定性，是否赔偿、如何赔偿的决定权在国家手里，其是非对错标准就是体现人民意志的国家赔偿法。理论上明白这一

---

① 张志铭："法律关系"。载《法理学》，经济科学出版社 2001 年版，第 209 页。

② 高家伟：《国家赔偿法学》，工商出版社 2000 年版，第 47 页。

点，就能增强我们执行国家赔偿法的使命感和自觉性。

在国家赔偿法律关系中，国家的法律地位既是行政与司法侵权行为的致害人、国家赔偿的责任人、赔偿程序中的被请求人，又是赔偿责任的决定人。公民、法人和其他组织的法律地位，则是行政与司法侵权的受害人、国家赔偿的请求人和赔偿程序中的参与人。

有学者认为："国家赔偿法律关系的主体有四个，即承担赔偿责任的主体——国家、赔偿义务机关，受损害的公民或组织，以及最终解决国家赔偿争议的权力机关——法院或专门设置的委员会。"[①]

这种观点反映了国家赔偿法律关系中的现实状况，有其合理性。但是，赔偿义务机关是以国家名义代行赔偿义务，法院及其赔偿委员会更是以国家名义行使司法权的机关，理论上和法律上它们都是国家的组成部分。作者认为，将它们划归国家这一个主体之内，与另一个主体人民相对应，更能反映国家赔偿法律关系的特殊性。

（2）国家赔偿法律关系的客体，指国家赔偿权利义务指向的对象、中介或纽带。任何法律上的权利义务，都是基于对社会生活主体的利益的确认和界定而形成的。利益不会虚幻存在，必然有其载体。不同主体之间的利益之争，都是针对同一事物或行为提出的不同利益主张。该事物或行为要成为法律关系的客体，必须对主体具有价值，能够满足主体需要，同时又要受法律规定和调控。

国家赔偿法律关系的客体包括物和行为两类。法律上的物既指遭受行政与司法侵权侵害的公民、法人和其他组织的财产及赔偿金数额和恢复原状的物品，也指生命、健康、精神受到侵害的自然人。行为则包括行政与司法侵权行为、赔偿请求行为和履行赔偿义务的行为。

（3）国家赔偿法律关系的内容，指法律关系主体所享有的权利和所承担的义务。任何法律关系都是权利和义务的统一体，二者密切关联，相辅相成，高度统一。没有无义务的权利，也没有无权利的义务。法律关系中的权利和义务以共同客体为指向，以各自的履行为前提。

国家赔偿法律关系中，作为当事人一方的国家拥有行政与司法侵权行为的确认权，调查取证权，就赔偿方式和数额同对方当事人协商，协商不

---

① 肖峋：《中华人民共和国国家赔偿法的理论与实用指南》，中国民主与法制出版社1994年版，第28页。

成时，依据国家赔偿法单方作出决定的决定权。与此相适应的义务则是无论侵权行为和赔偿责任是否成立，均应该及时依法受理当事人的赔偿请求，依法审理赔偿请求，及时履行赔偿义务；作为当事人另一方的公民、法人和其他组织享有受到行政与司法侵权损害的赔偿请求权，赔偿程序中提供证据、聘请代理人等的参与权和赔偿决定作出后的申请执行权，以及对违法失职行政与司法人员的检举、控告权。与此同时，公民、法人和其他组织也必须如实提供案件的真实情况，不得伪造、捏造证据材料，在赔偿程序中，按照法定的期限、方式、手续进行，遵守法定规则。

（4）国家赔偿法律关系的法律事实，是指造成此种法律关系形成、变更和消除的原因。对于法律事实，可依据不同标准作出不同分类，如肯定的法律事实和否定的法律事实，主体作出的行为和非主体形成的行为等。其中，行为又可细分为有意识的行为和无意识的行为，合法行为和违法行为，积极的作为和消极的不作为，故意行为、过失行为和无过错行为，自然人的行为和法人的行为，主体明确的行为和主体不明确的行为等等。

国家赔偿法律关系形成的原因，是行政与司法机关及其工作人员的侵权行为。随着赔偿方式、数额的协商和决定的变化，国家赔偿法律关系也在变更。随着国家履行了赔偿义务，或当事人主动明确放弃赔偿请求权，国家赔偿法律关系也就终止和消灭。

3. 国家赔偿社会功能

（1）救济被行政与司法侵权行为侵害的合法权益

国家赔偿由行政赔偿与司法赔偿两部分组成。采用司法手段救济由行政侵权行为侵害的合法权益，是各国通用做法。但对于司法侵权行为侵害的合法权益如何救济，情况有所不同。

由于司法权的独立性和对社会纠纷终局裁决的作用，为保证其公正行使和应有权威，许多国家都对司法过错的追究采取严格限制的态度。如英国法官享有独立行使职权的权力，英王不能干预法官执行职务，法官对司法过程中造成的损害不负赔偿责任。我国历史上也一直保持"官无悔判"的传统。

但是，任何制度和做法都是利弊相伴的。随着时代发展变化，司法侵权现象日益增多，公民合法权益受到侵害而得不到赔偿，与"有侵权就有救济"法制原则的冲突日益突出，司法赔偿的做法逐渐普及并形成制度。对于司法机关和司法人员行使职务时造成的损害给予救济，是司法赔偿的基本功能，也是国家实行包括司法和行政赔偿在内的国家赔偿制度的根本目的。司法赔偿的其他功能都是从权利救济功能中派生出来的。因此，评价一个国家国家赔偿的优劣得失，主要应考察其救济功能的大小及在现实生活中的实现程度。[①]

国家司法活动的受害人，可以合法正当地从国家那里得到相应赔偿，就能缓解或消除国家与个人之间的矛盾，防止公民、法人和其他组织对司法活动产生不满或对立情绪，阻挠司法活动进行，有利于国家稳定和社会进步。

（2）促进行政与司法机关及其工作人员依法行使职权

国家赔偿是以国家名义向受害人承担法律责任的赔偿，国家是赔偿责任主体。同时，国家赔偿又是对行政与司法机关及其工作人员违法不当行使职权行为的法律否定和制度谴责，是国家、社会、受害人对行政与司法机关及其工作人员的工作监督和惩处威慑。

国家赔偿法规定作出违法侵权行为的行政与司法机关为赔偿义务机关。这样即可以根据各机关受理赔偿案件的数量和赔偿数额评价该机关的工作。在开始实施国家赔偿法初期，国家赔偿案件不多，大部分司法机关尚未成为赔偿义务机关的情况下，不少机关"怕当第一"即担心在本地区成为第一个赔偿义务机关的心理，正是从消极方面对这种监督的反映。

另外，国家赔偿法还明文规定赔偿义务机关赔偿后，应当向违法乱纪工作人员追偿部分或全部费用。把执行职务的优劣与行政和司法人员个人利益挂钩，也将进一步提高国家工作人员的责任感，加强自律，促进国家机关内部监督和管理，确保行政权与司法权行使的准确性与合法性。

但另一方面，这种监督和威慑必须控制在一定限度内。如果追究个人经济责任的面过宽，就会损害国家机关和国家工作人员执行国家公务的主动性、积极性和创造性，损害工作效率，情况严重的还可能造成局部工作瘫痪。因此，如何在保护公民合法权益与维持国家机关工作效能之间实现一种合理平衡，是正确有效实施国家赔偿法的关键。

促进国家机关和国家工作人员依法行使职权，是国家赔偿的重要社会

[①]　参见皮纯协、冯军《国家赔偿法释论》（修订本），中国法制出版社1998年版，第11页。

功能。这一功能除体现在上述对国家工作人员的监督和约束外,更主要体现在国家保护工作人员不因其职务行为受到被侵害人起诉,一般不对损害后果承担个人赔偿责任。世界各国国家赔偿制度的这一通例的目的,就是为国家机关和国家工作人员创造一个不受各种干扰的工作环境,保障国家行政权与司法权合法、适当、正确、高效行使。

(3)摆正国家与公民间的法律地位,促进法治国家目标的实现

依据现代法治国家理论,国家是基于公民意志产生的政治实体。公民让渡自己的一部分权利给国家形成国家公权力,以给自己提供安全和秩序,创造社会福利。国家因此而成为高踞于所有社会成员之上的管理者地位,只是表面现象和形式,其实质,国家只是为全体社会成员提供服务的手段和工具。如果国家因此侵犯公民权益,那不是公民选举政府组成国家的初衷,而是权力的异化和变质。

但现实生活却十分遗憾地一再表明,这种异化和变质却是时时发生的。为此,确认国家责任是法治的基本要求。为使社会处于有序状态,任何人都必须对自己的行为负责,国家也不例外。而且,由于国家享有公民集体赋予的优越于任何单个公民的权力,其所承担的义务和责任,也就应相应地加重。组成国家的司法机关、行政机关和其他机关是否同人民一样履行守法义务,是否在违法后承担相应的法律责任,是一个国家是否实行民主和法治的重要标尺。

从法理上看,国家是一个具有独立法律人格的法律主体,发生侵权事件时,它与其他主体处于平等的法律地位。履行国家赔偿义务,既是法律面前人人平等原则的要求,又通过赔偿个案,使公民集体与国家之间主从关系的本质得以具体展现。包括司法赔偿和行政赔偿在内的国家赔偿制度的确立和实施,从法律高度肯定了国家与个人各自独立意志和独立权益存在的合法性,否定了个人利益永远绝对无条件服从国家利益的观点,加重了行政机关依法行政、司法机关依法司法的责任,促进依法治国、建设社会主义法治国家目标的实现。

二 国家赔偿产生

（一）行政赔偿出现

尽管资产阶级在革命时期提出的人民主权论动摇了国家主权论的根基，为国家承担赔偿责任从理论观念上扫清了道路，但掌权后的资产阶级出于巩固政权的需要，以法律是国家创制的、如有侵权应予豁免的主权豁免论为其开脱。例如美国联邦最高法院大法官霍尔姆斯说："对于制定法律、设置法院的国家，对于权利赖以存在的国家，不可能有起诉的权利。我认为，控告国家如同对天挥拳一样，正是天空滋养了人的精力，使人能够挥拳。"①

但是，随着国家权力日益扩张造成侵权损害的扩大，世界范围的民权保障运动蓬勃兴起，应运而生的自然法学理论对主权豁免说发起攻击。其代表人物狄翼认为："法学上有一个重要原则，就是国家也要受法律的限制。国家主权说的缺陷，不仅因为它可受攻击的地方太多，而且也因为同这个最重要的法学原则绝对相反。"②

面对发展变化了的政治、经济和社会条件，19世纪末，欧洲一些国家陆续出现了以各种名义最终由国家承担责任的赔偿案例，其中1873年法国勃朗戈案件首次明确承认了国家对因公务活动引起的损害承担赔偿责任，宣告国家行政赔偿的诞生。

法国格龙德（Gronde）省国营烟草公司雇员在驾驶翻斗车作业时，不慎将勃朗戈（Blanque）先生的女儿撞伤。勃朗戈以该省省长为被告向普通法院提起诉讼，要求经营烟草公司的格龙德省赔偿损害。其法律依据

---

① 《美国最高法院判例汇编》第205卷，第353页。

② 转引自曹竞辉《国家赔偿之理论与实务》，台北新文丰出版公司1981年版，第11页。

有二：一是自己造成损害自己负责的原则。法国民法典第 1382 条规定：
"任何行为使他人受损害时，因其过失致使损害发生之人，对他人负赔偿
责任。"第 1383 条规定："任何人不仅对因其行为所引起的损害，而且对
因其过失或疏忽造成的损害，负赔偿责任。"二是由自己负责的他人造成
损害亦由自己负责的原则。法国民法典第 1384 条规定："任何人不仅对自
己的行为造成的损害，而且对应由其负责的他人的行为或在其管理下的物
体造成的损害，均应负赔偿责任。"

在普通法院依据民事诉讼程序对此案审理过程中，格龙德省省长提出
管辖异议。省长认为，既然原告不以直接致害人驾驶员为被告，而以国家
派驻该省的代表、省行政机关首脑为被告，则涉及国家公务管理，此案应
由行政法院管辖。普通法院则坚持遵照民法规定和司法惯例对此案享有管
辖权。根据处理普通司法和行政司法管辖权纠纷的规定，此案被提交权限
争议法庭裁决。

1873 年 2 月 8 日，法国权限争议法庭就勃朗戈案正式作出裁决。裁
决认为："因国家在公务中雇佣的人员对私人造成损害的事实而加于国家
本身之责任，不应受民事法典中调整私人和私人之间关系而确立的原则所
支配。这种责任既不是普遍责任，也不是绝对责任。此种责任有其固有的
特殊规则，这种规则依公务需要和调整国家权力与私人权利之必要而确
立。"裁决排除普通法院对此类公务案件的管辖权，确定行政法院为审理
此类案件的唯一权限机关。

这样，权限争议法庭在现行法律没有具体规定的情况下，以判例形
式，首次确认三项原则：第一，承认国家行政赔偿责任，把行政主体的赔
偿责任和行政人员（含受委托人员）的个人责任区分开来，由国家对其
公务人员的过错负责；第二，行政赔偿责任不再适用民法规则，适用不同
于民法的特殊规则；第三，涉及行政赔偿的诉讼由行政法院管辖。

勃朗戈案件从法律原则和审判实践两方面正式放弃了主权豁免理论，
宣告真正意义上的由国家承担赔偿责任的行政赔偿的出现，开创了以行政
赔偿为主体的国家赔偿时代的到来。

（二）司法赔偿出现

司法赔偿的出现，没有行政赔偿出现时的生动和鲜明，难以找出一个

如勃朗戈案件般的案例给人留下里程碑式的印象。但它与行政赔偿出现时面临的思想观念和政治制度上的阻力是同样的，并且因司法权与行政权的不同性质，而具有自己的特点。

同国家行政行为应享受主权豁免一样，国家司法行为享有豁免权的理论当时在绝大多数国家十分盛行。根据三权分立理论，司法权是国家主权的重要组成部分，而且，因为它在解决包括立法权、行政权在内所有社会纠纷的终局地位和作用，使其更具有神圣性。任何对某一司法判决的挑战，都会影响整个判决的既判力，动摇和削弱司法权威。授予司法机关和法官豁免权，可以保证其公正适用法律，自由作出裁判。美国联邦最高法院认为："对于公正的司法而言，最重要的基本原则是司法官在行使他的职权时，必须自由作出他的判决，而不必担心判决对他个人的后果。如果法官对每个自认为受到法官行为损害的人负责，那就与法官这种自由权不相一致，就会破坏司法的独立性。如果没有这种独立性，司法机关就既不能得到尊重，又起不了什么作用。"

但是，一个不易处理的理论和实践问题是：保障公民人身自由，是自1215年英国大宪章和1816年人身保护令以来确立的基本人权原则。这一原则采取排除法概括承认人身自由，即只要不妨碍他人自由，或违反人身自由法律原则的根本目的，人身自由就不受限制。这样，对刑事犯罪的合理怀疑而采取恰当方式对人身自由加以剥夺即为合法，但受到刑事犯罪指控而被拘留、逮捕和审判之人有权获得最低限度的保护。由于司法行为的复杂性，"合理怀疑"、"恰当方式"和"最低限度保护"的界限经常被突破，故意或过失侵犯人身自由的司法行为时时发生。

尽管有关刑事法律对此类侵权行为也有纠正和赔偿的规定，英国早在1455年就有冤狱赔偿案例，但较早以特别法形式专门规定国家司法赔偿责任的，当推1898年德国再审无罪赔偿法和1904年羁押赔偿法。此后，西方国家陆续制定和颁布了司法赔偿的专项法律或在刑事法律中作出专项规定，如1918年奥地利羁押赔偿法，1932年法国和1933年意大利的刑事诉讼法中关于刑事赔偿的全面规定，1938年美国对于人民受联邦法院错误判决之救济法以及1959年我国台湾地区的冤狱赔偿法等。

司法赔偿作为国家赔偿的重要组成部分，在世界范围内得到肯定和认可。

（三）外国国家赔偿

1. 法国国家赔偿

法国是资产阶级革命最彻底的国家。1786 年人权宣言确立的人民至上原则在国家政治生活中的切实贯彻，使法国不仅以 1873 年勃朗戈案件为标志开创了国家行政赔偿的先河，而且进一步将国家赔偿推进到立法和司法领域。

国家对立法行为负赔偿责任，是从法国最高行政法院对小花牛奶公司案的判决确认的。1938 年，生产人工奶制品的小花公司以 1934 年制定的禁止生产人工奶制品法律侵犯其合法权益为由，向行政法院请求赔偿。最高行政法院认为，国家不能为一部分公民利益保护牛奶产业，而牺牲特定少数人利益，而且 1934 年法律中没有不予赔偿的禁止性规定。根据公平负担原则，判决国家赔偿该公司损失。这一案例与勃朗戈案一样，开创了立法赔偿的先例。

司法赔偿方面，法国不仅规定冤狱赔偿，而且对其他司法侵权行为也规定相应的国家赔偿责任。1895 年刑事诉讼法列有冤狱赔偿内容，规定被告经高等法院判决无罪后，对原审作出的有罪判决所发生的损害，有权申请赔偿。1979 年刑事诉讼法在此基础上进一步作出规定。现行 1992 年刑事诉讼法的规定则更加具体，基本内容是：（1）任何人如能证明因无辜定罪受到损害，均有权要求赔偿。但本人对新证据未及时出示、新事实未及时了解负有部分或全部责任的除外；（2）赔偿金由国家开支并依法律规定发放。如因民事当事人、检举人、证人的错误致其受到损害的，赔偿金由这些人员作为审判费用缴纳；（3）应受害人要求，宣告无罪的判决或裁定应在原定罪地、犯罪地、住所地、出生地张贴，在官方公报上刊登，并在有关报纸上摘要发表。公布判决或裁定的费用由国库开支。①

除再审宣告无罪赔偿外，法国还对其他司法侵权行为作出国家赔偿规定。1956 年，最高法院在吉里案件的判决中首次确认国家对司法警察活动承担赔偿责任。1970 年刑事诉讼法将司法赔偿的范围扩大到刑事追诉

---

① 参见高家伟《国家赔偿法学》，工商出版社 2000 年版，第 266 页。

的全过程，对错误拘禁、不起诉、起诉后无罪释放的人受到损害的，国家承担赔偿责任。1972 年制定的建立执行法官和关于民事诉讼程序改革法，规定国家赔偿因在民事诉讼中重过错和拒绝司法产生的损害。

法国已建立起一套比较完整的司法赔偿制度，是西方国家中国家赔偿制度和理论最发达的国家。

2. 德国国家赔偿

1910 年，德国制定了为其公务员承担赔偿责任的公职责任法，在第一条即开宗明义规定："如果德国公务员在行使委托于他的公权力时，故意或过失违背其相对于第三人所担负之公职义务，则由德国取代该公务员承担民法典第 839 条规定的责任。"1937 年，德国颁布的公务员法，重申公务员行使公共权力因故意或过失对第三人加以损害时，国家或其他公法人应对第三人负赔偿责任，但保留对公务员个人的求偿权。

德国也是建立国家司法赔偿制度较早的国家。其司法赔偿范围经历了由再审程序扩大到整个审判程序、由侵犯自由权损害赔偿扩大到财产损害赔偿的发展过程。

尽管司法赔偿的实例和规定在 18、19 世纪就已出现，但较早以特别法形式就司法赔偿专门作出规定的，当推 1898 年德国的再审无罪赔偿法。该法规定如果通过再审程序撤销原生效判决、宣告被告人无罪或者减轻原判刑罚，而原判决已经全部或部分执行的，被告人有权请求赔偿。此时的司法赔偿还仅限于再审程序范围。

1904 年的羁押赔偿法则在再审无罪赔偿的基础上，将赔偿范围扩大到刑事诉讼的全过程。该法规定，刑事被告在审判程序过程中，因无犯罪事实被宣告无罪，或经法院判决犯罪嫌疑证据不足免予追诉者，有权就其羁押所受之损害请求国家赔偿。但此时的赔偿范围还限于自由权损害赔偿。

1971 年 3 月 8 日，联邦德国众议院和参议院在总结前两部法律实施经验基础上，制定了刑事追诉措施赔偿法，将司法赔偿范围进一步扩大到财产权损害赔偿。其基本内容是：

赔偿范围：（1）因一项刑事判决遭受损失者，如果该判决在再审或其他刑事诉讼中被取消、被减轻，由国库予以赔偿。没有作出判决而处以矫正或保安处分等措施的，适用上述规定。（2）如果已被释放，或者终止其刑事诉讼，或者法院拒绝对其开庭审判，当事人由于羁押或其他刑事追诉措施遭受的损失，由国库予以赔偿。"其他刑事追诉措施"包括暂时留置、监视留置，依据刑诉法 111d 条规定的诉讼保全、没收、扣押、搜查等。

不赔范围：（1）已折抵刑期的候审拘留；因被处以剥夺自由的矫正及保安处分措施而被剥夺自由的，或者只有剥夺自由才能达到保安处分目的的；因被责令没收或扣押而被没收和扣押的。（2）因被告故意或严重过失而对其采取刑事追诉措施的；因被告自己的过错未按法庭合法传唤到庭或未按刑事诉讼法有关指令行事而对其采取刑事追诉措施的；被告在关键问题上作伪证或者证词前后矛盾，或者对能减免罪责的情节不予提供，由此引起刑事追诉处分的。

赔偿标的物：（1）赔偿标的物可以是由刑事追诉措施造成的财产损失，在根据法院判决剥夺自由的情况下，也可以是非财产性的损失。（2）对财产损失，只负责赔偿经证明损失数额超过 50 马克的。对非财产损失，每羁押一日赔偿 20 马克。对非因刑事追诉措施造成的损失，不予赔偿。

3. 日本国家赔偿

日本的法律制度由于历史和战争因素，受到大陆法系和普通法系的交叉影响。这一特点也反映在国家赔偿方面。

1947 年，日本颁布以行政赔偿为内容的国家赔偿法，规定国家或公共团体对公务员行使权力加害于他人者负赔偿责任，但对该公务员有求偿权。其行政赔偿范围，不仅包括身体、生命和财产赔偿，而且还包括"因道路、河川或其他公共营造物之设置或管理有瑕疵，致使他人受损害时，国家或公共团体对此应负赔偿责任"。

在司法赔偿方面，第一次世界大战后，在学习和借鉴德国法的基础上，日本于 1930 年公布了刑事补偿法。这部司法赔偿的特别法经过 20 世纪 50 年代、60 年代、70 年代、80 年代的多次修订，适用至今。第二次世界大战后，日本在盟军干预下进行社会改革，制定新宪法。宪法第 40 条规定任何人受到拘留或监禁后，获得无罪判决时，可依法要求国家补偿。为刑事司法赔偿提供了宪法根据。

日本的刑事补偿，虽然名称叫补偿，但不是现代意义上的补偿，而是国家承担赔偿责任的刑事司法赔偿。赔偿原则采取无过失责任，即结果原则。如果法院裁判的结果无罪，即使在拘留、监禁过程中不违法，但从客观结果看也是一种违法，受害人有权要求刑事赔偿。

刑事补偿法规定，取得刑事赔偿的条件有两个：第一，必须受到无罪判决。第二，必须已经受到关押、拘禁或已经执行了刑罚。即因为国民无罪而司法机关使其人身、财产、名誉等受到损害，国家应予赔偿。如果国民有罪，则不发生赔偿问题。如果所犯数罪中，一部分受到无罪判决，其余部分受到有罪判决；或者本人故意做出虚伪供述、制造有罪证据，致使其被起诉、拘禁和有罪判决的，赔与不赔及赔偿份额，由法院全面衡量决定。

关于赔偿数额，刑事补偿法规定，限制人身自由的赔偿金，在考虑关押种类、时间长短、财产损失程度、精神与身体损伤状况、司法机关有无故意过失等情形下，按照天数以每日 1000 日元至 7200 日元支付。已被执行死刑的赔偿金，不得超过 2000 万日元。如能证明因本人死亡造成财产损失的，另加财产损失额。由于执行罚金、罚款而给予的赔偿，应在原款金数额上加上年息 5 厘的利息。由于执行没收给予的赔偿，能返还原物的返还原物，不能返还的，按该物当时价格赔偿。

刑事补偿法还规定，受到刑事补偿的人，仍有权根据国家赔偿法和其他法律规定，请求损害赔偿。这就产生刑事补偿责任与行政赔偿责任竞合问题。受害人出于同一理由，已按刑事补偿法受到赔偿的，如再根据其他法律要求赔偿，应在扣除原赔偿金后，核定赔偿数额，反之亦然。

4. 英国国家赔偿

英国的法律传统中没有国家的概念，英国国王即是国家。"国王不能为非"的传统理念，使得英国长期不承认国家赔偿责任。虽然后来不得不逐步建立起国家赔偿制度，但这一传统理念的影响，在行政赔偿和司法赔偿方面仍然根深蒂固。

1947 年颁布的王权诉讼法，明确规定对公务员的不法行为，国家原则上应负赔偿责任，但同时又作了许多比其他国家严格很多的限制规定。

英国的刑事赔偿，也不同于一般的冤狱赔偿和司法赔偿，而是一种所谓基于王权的"特惠"。王权诉讼法虽然规定任何人对王权有控诉请求权，肯定了国家赔偿责任，但同时又明确规定，"任何人当履行或准备履行其司法上应负之责任，或与司法上执行程序有关之责任，就其作为或不作为之行为"，不能对君权提起诉讼。

　　其理论根据是，法官虽是英国国王的仆人，司法职务也以英国国王名义执行，但法官与行政官员不同，英国国王不能操纵或影响法官，因此，国家对司法职务造成的损害不负赔偿责任。对侵犯公民人身自由的救济，一是通过法律确保在恰当条件下使人从监禁状态重新获得自由，二是按照普通法传统通过侵权之诉向受害人提供赔偿。因司法机关的错误判决造成的损害，可向内政大臣提起诉愿。内政大臣审查后采取两种办法处理，一是指示上诉法院就此案进行部分或全部重审，二是根据补充调查和举证后，提出一项建议，给予被误判的人一项授予自由的"原谅"或"宽恕"。

　　这就是说，被告并未犯罪，但得到的结果不是明白无误的平反昭雪，而只是一项宽恕。最终按司法途径推翻原错误判决后，也不产生赔偿问题，而是受到错误判决被纠正的当事人可以申请一笔"特惠"支付。支付数额由刑事伤害赔偿委员会提出，内政大臣作出支付决定。赔偿数额没有标准，司法侵权救济得不到法律制度保障。

　　同其他国家相比，英国的司法赔偿相当保守和落后。

5. 美国国家赔偿

　　美国法律制度深受英国普通法影响，与英国法并称普通法系。长期沿袭英国"国王不能为非"的传统，奉行主权豁免原则。如遇国家侵权问题，公民只能请求国会特别立法，或由国会直接处理，或由侵权公务员个人赔偿。随着政府管理社会事务的日益增多，公民请求国家承担责任呼声高涨，美国法院判例逐渐减免公务员个人赔偿责任，联邦政府也逐渐放弃主权豁免特权，行政赔偿与司法赔偿制度才得以逐步确立，但仍留下深深的历史痕迹。

　　如1946年颁布的美国联邦侵权赔偿法第2672条规定："基于行政机关之人员，于执行职务之范围内，因其过失、不法行为或不行为所导致之财产或人体之损害或损失或死亡，而美国联邦政府，如处于私人地位，依据行为地或不行为地法，应对求偿人负赔偿责任时，对美国联邦政府提出之金钱损害之赔偿请求，每一联邦行政机关之首长或其指定人，依据司法行政部长所颁订之法规，得加以考虑、估计、调解、决定、妥协或和解，但对超过25000美元之裁决、妥协与和解，应事先获得司法行政部长或其指定人之书面批准始为有效。"

关于司法赔偿，1938 年，美国制定了对于人民受联邦法院错误判决之救济法，规定对于因不公正判决有罪或拘押所受侵害或被判徒刑已全部或部分执行，因上诉或重新审理而认为对所判之罪不正确或事后认为无辜而获赦免者，允许其向国家请求赔偿。赔偿方式为支付金钱，但最高限额不得超过 5000 美元。

美国是实行联邦制的国家，在冤狱赔偿方面，不少州走在联邦前面，但在赔偿金限额上一般都比联邦低。如加利福尼亚州和威斯康星州 1913 年、北达科他州 1917 年就颁布了这方面的法律，规定凡因为错误拘禁、监禁、错判而招致损害者，均有权向州主计局或救济无辜判罪委员会或诉愿法庭请求赔偿。但由于州的财力不如联邦雄厚，州的赔偿额一般均比联邦低。如北达科他州规定，错误拘禁之赔偿额每年不超过 1500 美元，任何案件的赔偿总额不得超过 2000 美元。威斯康星州和加利福尼亚州规定不超过 5000 美元。总起来看，美国的赔偿金额比其他国家高，但其赔偿范围远比其他国家窄。[①]

（四）　中国国家赔偿

1.《国家赔偿法》特点

我国国家赔偿法的制定，既全面深入地总结了我国数十年立法和司法实践，充分考虑中国经济发展和社会安定的实际情况，又广泛借鉴、参考了世界各国赔偿法理论和实践的优秀成果。而且我国尽管受封建意识影响较深，但基本没有西方主权豁免或国家豁免的观念，建立国家赔偿制度的阻力不是国家主权豁免，而是官僚主义、本位主义和特权思想，加之我国一直采用成文法的立法方式，这样，我国国家赔偿法的制定，一开始就站在一个相当高的起点上，原则明确，体系完整，语言规范，与大陆法系国家相比，我国国家赔偿与之各有所长，不分上下；与普通法系国家如英国、美国相比，我国国家赔偿还略胜一筹，比较先进。其基本特点是：

第一，赔偿原则明确。我国国家赔偿法实行以违法责任原则为主、辅

---

① 张正钊：《国家赔偿制度研究》，中国人民大学出版社 1996 年版，第 256 页。

之以结果责任的复合归责原则。违法责任原则是国家赔偿基本原则，即国家机关和工作人员违法行使职权侵犯公民、法人和其他组织的合法权益造成损害的，国家承担赔偿责任。这与许多国家，如美国、奥地利、日本、韩国等以违法过错为赔偿原则有很大不同，避免了主观过错和客观违法的双重标准，实践中易于把握。反映了立法者从中国实际出发的务实态度。

违法责任原则主要指行政赔偿领域。考虑司法赔偿领域对基本人权的危害程度，赔偿法又规定辅之以结果责任原则，即只要诉讼程序的终局结果错误，即使诉讼过程中不违法，国家同样承担赔偿责任（但错误刑拘有所限制）。这样规定，又与世界各国保持一致。

第二，将行政赔偿与司法赔偿规定在同一部赔偿法之中。与多数国家将冤狱赔偿单独立法、国家赔偿法主要指行政赔偿不同，我国将二者规定在一部法律之中，而且刑事赔偿与行政赔偿的篇章结构一样，实体与程序内容篇幅同等。这主要因为我国赔偿立法较晚，没有其他国家因探索形成的历史包袱。行政赔偿与司法赔偿都是因行使职权引起的国家责任，其责任性质、赔偿方式和赔偿标准相同，将二者规定在一部法律之中，既符合立法原则，又便于贯彻执行。

立法者将司法赔偿纳入统一的国家赔偿范畴时，并没有将一些国家规定的立法赔偿划入国家赔偿范围，也未将公共设施损害、军事赔偿等列入行政赔偿范围。将这些有争议、暂不成熟或者可用其他方式解决的问题，留待今后实践中解决，是从目前实际出发的比较稳健的做法。

第三，与其他法律、法规协调一致，共同组成我国统一和谐的法律体系。例如违法责任原则既以宪法为根据，又与行政诉讼法对具体行政行为合法性进行司法审查相一致；关于赔偿请求人、赔偿义务机关、赔偿费用来源的规定，与民事诉讼法、行政诉讼法有关规定一致；关于刑事赔偿的规定，与刑法、刑事诉讼法也相吻合；关于时效的限定，也与民法时效规定一样。

第四，突破我国实体法与程序法分别立法格式，将实体与程序集于一身。这既是因为国际上早就有此做法，更主要的是，行政赔偿适用诉讼程序，在行政诉讼法中已有具体规定，在赔偿法中只作相应补充。也因为司法赔偿适用非讼决定程序，这是一种新的、从未有过的非刑事、非民事、非行政的诉讼程序，在某种意义上，是现行司法体制矛盾和妥协的产物，需要经过实践检验加以改进，对这种程序的规定不可能具体成熟，而实践中又急需此种程序。因此，采取将实体法与程序法规定在一部国家赔偿法中，是尽快建立起中国国家赔偿制度的现实选择。

第五，司法赔偿的范围较宽。同其他国家主要只规定冤狱赔偿即刑事司法过程中的错拘、错判赔偿不同，我国还吸收法国经验增加了民事司法赔偿、行政司法赔偿和执行司法赔偿，扩大了对公民、法人和其他组织合法权益的保护范围和力度。

第六，增加了一些其他国家没有的对名誉权、荣誉权损害的补救措施。国家赔偿法规定，因受到国家行政机关、司法机关及其工作人员违法拘留、拘禁、错捕、错判，并造成受害人名誉权、荣誉权受到损害的，应当在侵权行为影响的范围内，为受害人消除影响，恢复名誉，赔礼道歉。这既是党和国家在历次政治运动后平反时的传统作法的延续，又有利于受害人在社会形象和道德评价上得到恢复和弥补。而且在2010年国家赔偿法修正时，增加了"精神损害抚慰金"，以物质形式弥补受害人之精神损失。

第七，赔偿金额的计算比较科学，标准统一，便于执行。赔偿法规定，侵犯公民人身自由的，每日的赔偿金按照国家上年度职工日平均工资计算，随着国家经济水平提高和物价状况变化，取得比较稳定而又合理的社会效果。这比有的国家硬性规定每羁押一日赔偿20马克，或任何案件的赔偿总额不得超过2000美元的规定较为科学合理。

第八，外国国家赔偿主要指行政赔偿，中国国家赔偿则主要指司法赔偿。这是目前中外使用国家赔偿概念时最明显的差别。

外国国家赔偿的产生，最早是在突破国家豁免理论前提下从行政赔偿领域开始的。所以，几乎所有西方国家的国家赔偿法都规定了国家行政机关及其工作人员行使职权时侵犯公民权益予以赔偿的内容，司法赔偿则另以冤狱赔偿法作出规定。外国法学家亦在行政赔偿意义上使用国家赔偿概念。如日本法学教授南博方认为："所谓国家赔偿，是指国家或公共团体对因行政上的违法行为造成的损害进行的赔偿。"[①]

中国情形则与此不同。中国凭借"后发优势"，将行政赔偿与司法赔偿规定进一部国家赔偿法中。但因在此部国家赔偿法颁布前的立法和司法

---

① ［日］南博方著，杨建顺译：《日本行政法》，中国人民大学出版社1999年版，第100页。

实践中，已有大量关于行政赔偿的规定和案例，公民大众和司法机关对此比较熟悉。而国家赔偿法中司法赔偿的内容是第一次公之于众，起草和修改时关注度高，争论激烈。加之司法赔偿适用的程序为过去未有的决定程序，处理机关为新设立的赔偿委员会，公民大众和司法机关对此相当陌生。因之，新闻媒体大量报道的国家赔偿事例中，几乎全是冤假错案的司法赔偿内容。司法机关在司法解释、指示批复和文章讲话中，都涉及我国国家赔偿法包括有行政赔偿与司法赔偿的双重内容，在使用国家赔偿概念时亦应在双重意义上使用。目前着重在司法赔偿意义上使用的情况，有其暂时的客观因素。随着我国国家赔偿法基本知识普及和全社会法律意识提高，此种情况会逐步改变。其中一个具体事例是，法院赔偿办公室在未单独设置时，最初大多将其挂靠在审判监督庭，后来改变为挂靠在行政审判庭。院领导工作分工时，也逐步将赔偿办公室和行政审判庭划归同一位领导分管①。

综上所述，我国国家赔偿法的确有其自身特点，但总起来看尚处于初级阶段。国家赔偿的理论与实践缺乏深厚基础，国家经济体制改革正在深入，包括司法体制在内的政治体制改革尚在起步之中，一些深层次问题一时难以解决。反映在赔偿立法上，尽管经过一次重大修改，仍不可避免地存在原则性强、操作性差、审判机关与检察机关的关系不便协调等问题。尽管如此，在我国目前政治、经济、社会、文化条件下，国家赔偿法应算作一部适合社会需要的、在国际上比较先进的赔偿法。"中华人民共和国建国后仅用45年时间即完成了英国用了300年、美国用了170年才完成的国家赔偿的立法任务，它是我国社会主义制度优越性的一个标志。"②有关专家的这一评价，应不为过。

2.《国家赔偿法》学科性质

以1873年法国勃朗戈案件为标志开创国家赔偿先河，经第二次世界大战后蓬勃发展至今的国家赔偿法，在世界法学体系中已经无可置疑地确立了一席之地。现在问题是，国家赔偿法在法学体系中的学科性质到底是

---

① 作者曾为此专门提过建议，见拙著《中国司法赔偿》，法律出版社2002年版，第55页。

② 肖峋：《中华人民共和国国家赔偿法的理论与实用指南》，中国民主法制出版社1994年版，第89页。

什么？是属于公法、私法性质，属于国家法、行政法、刑事法性质，还是属于民法性质？

　　法学体系，是指在一定的法学思想和原则指导下，由各部门法学组成的一个科学的、有机联系的统一整体。1983 年作者在论证法学体系与法系、法律体系的相互关系后，提出法学体系由理论法学、历史法学、应用法学、边缘法学四大类三个层次组成的观点，得到了法学界的重视和采纳。① 据此，作者认为，国家赔偿法学学科性质，应属于应用法学中具有宪法性质即国家法性质的部门法学。宪法与刑法、民法等部门法一起，构成一个国家的现实法律体系。我们说，中国法律体系已经基本形成，就是说，以宪法为根本大法，以刑法、民法、经济法、行政、社会保障法、国家赔偿法等部门法为框架、涵盖社会生活方方面面、内部和谐一致有机统一的法律规范，已经齐备，基本做到了"有法可依"。

---

　　① 参见北京大学法律系主任张国华教授："评《法学通论》"，载《法制建设》1986 年第 3 期；中国社科院法学所法理室主任吴大英研究员："关于我国法学学科分类的有益尝试——评《法学通论》总论部分中新的分类法。"中国社科院副院长张友渔教授主编、中国社科院法学所所长王叔文研究员副主编：《中国法学四十年》，上海人民出版社 1989 年版。

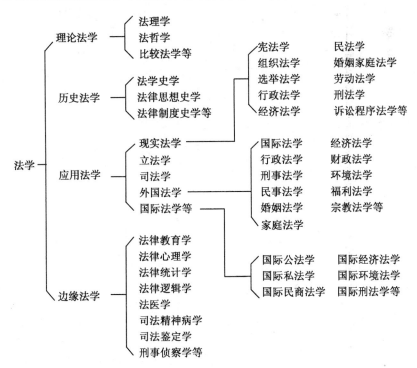

宪法是规定国家基本政治、经济、文化、社会制度和公民权利与义务的根本大法。宪法性法律，是指除宪法文本以外涉及国家制度与公民权利等根本问题，带有根本性、全局性、指导性的法律规范。学界公认，规定国家机构产生和形成的选举法、组织法等属于宪法性法律。同样道理，规定公民基本权利受到国家侵犯后如何保护的国家赔偿法，既涉及国家权力又涉及公民权利，应该属于宪法性法律。只是因为国家赔偿法诞生时间不长，在我国法律体系中的地位和作用尚未被重视，以至有些学者认为："宪法性法律必须是宪法文件本身不可缺少的部分，其效力应高于部门法。国家赔偿法尚不具备这些特征，它应该是一个部门法，而不是宪法性法律。"①

我国宪法在第一章总纲之后紧接着的第二章，规定了公民的基本权利与义务。之所以将公民权利列于国家机构之前，就是强调宪法只是公民让渡自己部分权利给国家形成国家权力的目的，是为了保护公民权利不受非法侵犯。而据此制定的国家赔偿法，即规定公民权利受到国家非法侵犯后的各种具体救济措施。这些措施既涉及行政法律，又涉及刑事法律，其中一些原理、原则还来自民事法律。对于这种在宪法中占有重要地位又涵盖包括其他几个法律部门相关内容的国家赔偿法，仅仅以其包括的某一法律部门而定性，似有偏颇。我国法律已有 232 部，其中冠以"国家"头衔的极少。这就从法律命名上肯定了国家赔偿法的宪法性即国家法的学科性质。

人类社会发展到今天，规范人类行为的法律法规众多，对其如何分类亦有多种作法。如从规定内容划分，有实体法与程序法；从普遍性与特殊性划分，有普通法与特别法；从适用领域划分，有公法与私法；等等。这些划分不是同一个层面、同一个领域、同一个标准的问题，因之不具有可比性。

主张国家赔偿法属于公法、私法性质的观点，其可取之处，在于国家赔偿法既有涉及国家权力滥用的公法领域，又有涉及个人权利的私法领域，但仅以此将其划入哪一个领域，似乎都未抓住事物的本质，而采用兼容说将其划入同属公私两个领域，则其科学性与实用性又有所欠缺。

---

① 转引自江必新等著《国家赔偿法条文释义与专题讲座》，中国法制出版社 2010 年版，第 103 页。

　　将国家赔偿法划归行政法性质的观点，看起来很有道理。国家赔偿最早起源于行政赔偿，而且我国国家赔偿法的诞生，即来自于起草行政诉讼法的同一批行政法专家。但国家赔偿还包括司法赔偿，行政侵权仅仅是国家侵权的一部分。

　　综上所述，作者以为，还是将国家赔偿法学学科性质，界定为属于应用法学中具有宪法性质即国家法性质的部门法学为宜。

　　这里应该注意的一个问题是，从已经公开发表的有关国家赔偿的著述看，20年来从事国家赔偿法学科研究的专家学者，绝大多数是行政法学专业领域。如果能有从事刑事法专业领域的学者参加进来，则对国家赔偿法学学科发展、特别是司法赔偿研究，将大有裨益。

3. 国家赔偿法律规定

　　国家赔偿法就我国的行政赔偿与司法赔偿均作出了全面系统之规定。这些规定既包括在赔偿范围、赔偿请求人和赔偿义务机关、赔偿程序方面行政赔偿与司法赔偿不同的规定，也包括在赔偿方式、计算标准、诉讼时效、诉讼费用、征税、涉外等方面，行政赔偿与司法赔偿的相同规定。

　　根据国家赔偿法"赔偿费用预算与支付管理的具体办法由国务院规定"的规定，2011年1月17日，国务院公布了《国家赔偿费用管理条例》。

　　（一）行政赔偿的法律规定

　　（1）关于行政赔偿范围

　　第一，侵犯人身权：行政机关及其工作人员在行使行政职权时，违法拘留或者违法采取限制公民人身自由的行政强制措施的；非法拘禁或者以其他方法非法剥夺公民人身自由的；以殴打、虐待等行为或者唆使、放纵他人以殴打、虐待等行为造成公民身体伤害或者死亡的；违法使用武器、警械造成公民身体伤害或者死亡的；造成公民身体伤害或者死亡的其他违法行为的，受害人有取得赔偿的权利。

　　第二，侵犯财产权：行政机关及其工作人员在行使行政职权时，违法实施罚款、吊销许可证和执照、责令停产停业、没收财物等行政处罚的；违法对财产采取查封、扣押、冻结等行政强制措施的；违法征收、征用财产的；造成财产损害的其他违法行为的，受害人有取得赔偿的权利。

第三，下列情形之一的，国家不承担赔偿责任：行政机关工作人员与行使职权无关的个人行为；因公民、法人和其他组织自己的行为致使损害发生的；法律规定的其他情形。

（2）关于行政赔偿请求人

受害的公民、法人和其他组织；受害的公民死亡，其继承人和其他有扶养关系的亲属；受害的法人或者其他组织终止的，其权利承受人，有权要求赔偿。

（3）关于行政赔偿义务机关

行政机关及其工作人员行使行政职权侵犯公民、法人和其他组织的合法权益造成损害的，该行政机关为赔偿义务机关。

两个以上行政机关共同行使行政职权时侵犯公民、法人和其他组织的合法权益造成损害的，共同行使行政职权的行政机关为共同赔偿义务机关。

法律、法规授权的组织在行使授予的行政权力时侵犯公民、法人和其他组织的合法权益造成损害的，被授权的组织为赔偿义务机关。

受行政机关委托的组织或者个人在行使受委托的行政权力时侵犯公民、法人和其他组织的合法权益造成损害的，委托的行政机关为赔偿义务机关。赔偿义务机关被撤销的，继续行使其职权的行政机关为赔偿义务机关；没有继续行使其职权的行政机关的，撤销该赔偿义务机关的行政机关为赔偿义务机关。

经复议机关复议的，最初造成侵权行为的行政机关为赔偿义务机关，但复议机关的复议决定加重损害的，复议机关对加重的部分履行赔偿义务。

（4）关于行政赔偿程序

第一，赔偿义务机关有本法第三条、第四条规定侵犯人身权或财产权情形之一的，应当给予赔偿。

第二，赔偿请求人要求赔偿，应当先向赔偿义务机关提出，也可以在申请行政复议或者提起行政诉讼时一并提出。

第三，赔偿请求人可以向共同赔偿义务机关中的任何一个赔偿义务机关要求赔偿，该赔偿义务机关应当先予赔偿。

第四，赔偿请求人根据受到的不同损害，可以同时提出数项赔偿要求。

第五，要求赔偿应当递交申请书。赔偿请求人当面递交申请书的，赔偿义务机关应当当场出具加盖本行政机关专用印章并注明收讫日期的书面凭证。申请材料不齐全的，赔偿义务机关应当当场或者在五日内一次性告知赔偿请求人需要补正的全部内容。

第六，赔偿义务机关应当自收到申请之日起两个月内，作出是否赔偿的决定。赔偿义务机关作出赔偿决定，应当充分听取赔偿请求人的意见，并可以与赔偿请求人就赔偿方式、赔偿项目和赔偿数额依照本法第四章的规定进行协商。

第七，赔偿义务机关决定赔偿的，应当制作赔偿决定书，并自作出决定之日起十日内送达赔偿请求人。赔偿义务机关决定不予赔偿的，应当自作出决定之日起十日内书面通知赔偿请求人，并说明不予赔偿的理由。

第八，赔偿义务机关在规定期限内未作出是否赔偿的决定，赔偿请求人可以自期限届满之日起三个月内，向人民法院提起诉讼。赔偿请求人对赔偿的方式、项目、数额有异议的，或者赔偿义务机关作出不予赔偿决定的，赔偿请求人可以自赔偿义务机关作出赔偿或者不予赔偿决定之日起三个月内，向人民法院提起诉讼。

第九，人民法院审理行政赔偿案件，赔偿请求人和赔偿义务机关对自己提出的主张，应当提供证据。赔偿义务机关采取行政拘留或者限制人身自由的强制措施期间，被限制人身自由的人死亡或者丧失行为能力的，赔偿义务机关的行为与被限制人身自由的人的死亡或者丧失行为能力是否存在因果关系，赔偿义务机关应当提供证据。

第十，赔偿义务机关赔偿损失后，应当责令有故意或者重大过失的工作人员或者受委托的组织或者个人承担部分或者全部赔偿费用。对有故意或者重大过失的责任人员，有关机关应当依法给予处分；构成犯罪的，应当依法追究刑事责任。

（二）司法赔偿的法律规定

国家赔偿法就我国的司法赔偿第一次全面系统地作出立法规定。其基本内容是：

（1）关于司法赔偿范围，包括三部分：

刑事赔偿；民事诉讼、行政诉讼过程中违法采取对妨害诉讼的强制措施、保全措施的赔偿；对判决、裁定及其他生效法律文书执行错误的赔偿。

（2）关于刑事赔偿范围，包括人身权和财产权两项内容：

即因错拘、错捕、错判、刑讯逼供或以殴打等暴力或唆使他人以殴打等暴力或违法使用武器、警械造成公民伤亡而使人身权受到侵犯的受害人有取得赔偿的权利；

因违法对财产采取查封、扣押、冻结、追缴等措施，或再审改判无罪原判罚金、没收财产已经执行而使财产权受到侵犯的，受害人有取得赔偿的权利。

但因公民自己故意作虚伪供述或伪造其他有罪证据被羁押或被判刑的；依照刑法规定不负刑事责任的人和依据刑事诉讼法规定不追究刑事责任的人被羁押的；司法人员与行使职权无关的个人行为；因公民自伤、自残故意行为致使损害发生的以及法律规定的其他情形，国家不承担赔偿责任。

（3）关于司法赔偿请求人：受害的公民、法人和其他组织；受害公民死亡后的继承人和其他有抚养关系的亲属；受害的法人或其他组织终止后承受其权利的法人或其他组织。

（4）关于司法赔偿义务机关：违法行使职权并造成损害的侦查、检察、审判、监狱管理机关；作出违法拘留决定的机关；作出错误逮捕决定的机关；再审改判无罪时作出原生效判决的法院；二审改判无罪时作出一审判决的法院；在民事诉讼、行政诉讼过程中，违法采取对妨害诉讼的强制措施、保全措施或者对判决、裁定及其他生效法律文书执行错误，造成损害的法院。

（5）关于司法赔偿程序：

第一，赔偿义务机关有本法第十七条、第十八条、第三十八条规定情形之一的，应当给予赔偿。

第二，赔偿请求人要求赔偿，应当先向赔偿义务机关提出。赔偿请求人提出赔偿请求，适用本法第十一条、第十二条的规定。

第三，赔偿义务机关应当自收到申请之日起两个月内，作出是否赔偿的决定。赔偿义务机关作出赔偿决定，应当充分听取赔偿请求人的意见，并可以与赔偿请求人就赔偿方式、赔偿项目和赔偿数额依照本法第四章的规定进行协商。赔偿义务机关决定赔偿的，应当制作赔偿决定书，并自作出决定之日起十日内送达赔偿请求人。赔偿义务机关决定不予赔偿的，应当自作出决定之日起十日内书面通知赔偿请求人，并说明不予赔偿的理由。

第四，赔偿义务机关在规定期限内未作出是否赔偿的决定，赔偿请求人可以自期限届满之日起三十日内向赔偿义务机关的上一级机关申请复议。赔偿请求人对赔偿的方式、项目、数额有异议的，或者赔偿义务机关作出不予赔偿决定的，赔偿请求人可以自赔偿义务机关作出赔偿或者不予赔偿决定之日起三十日内，向赔偿义务机关的上一级机关申请复议。赔偿义务机关是人民法院的，赔偿请求人可以依照本条规定向其上一级人民法院赔偿委员会申请作出赔偿决定。复议机关应当自收到申请之日起两个月内作出决定。赔偿请求人不服复议决定的，可以在收到复议决定之日起三十日内向复议机关所在地的同级人民法院赔偿委员会申请作出赔偿决定；复议机关逾期不作决定的，赔偿请求人可以自期限届满之日起三十日内向复议机关所在地的同级人民法院赔偿委员会申请作出赔偿决定。

第五，人民法院赔偿委员会处理（**注：不是"审理"**）赔偿请求，赔偿请求人和赔偿义务机关对自己提出的主张，应当提供证据。被羁押人在羁押期间死亡或者丧失行为能力的，赔偿义务机关的行为与被羁押人的死亡或者丧失行为能力是否存在因果关系，赔偿义务机关应当提供证据。人民法院赔偿委员会处理赔偿请求，采取书面审查的办法。必要时，可以向有关单位和人员调查情况、收集证据。赔偿请求人与赔偿义务机关对损害事实及因果关系有争议的，赔偿委员会可以听取赔偿请求人和赔偿义务机关的陈述和申辩，并可以进行质证。人民法院赔偿委员会应当自收到赔偿申请之日起三个月内作出决定；属于疑难、复杂、重大案件的，经本院院长批准，可以延长三个月。中级以上的人民法院设立赔偿委员会，由人民法院三名以上审判员组成，组成人员的人数应当为单数。赔偿委员会作赔偿决定，实行少数服从多数的原则。赔偿委员会作出的赔偿决定，是发生法律效力的决定，必须执行。

第六，赔偿请求人或者赔偿义务机关对赔偿委员会作出的决定，认为确有错误的，可以向上一级人民法院赔偿委员会提出申诉。赔偿委员会作出的赔偿决定生效后，如发现赔偿决定违反本法规定的，经本院院长决定或者上级人民法院指令，赔偿委员会应当在两个月内重新审查并依法作出决定，上一级人民法院赔偿委员会也可以直接审查并作出决定。最高人民检察院对各级人民法院赔偿委员会作出的决定，上级人民检察院对下级人民法院赔偿委员会作出的决定，发现违反本法规定的，应当向同级人民法院赔偿委员会提出意见，同级人民法院赔偿委员会应当在两个月内重新审查并依法作出决定。

第七，赔偿义务机关赔偿后，应当向有下列情形之一的工作人员追偿部分或者全部赔偿费用：有本法第十七条第四项、第五项规定情形的；在处理案件中有贪污受贿，徇私舞弊，枉法裁判行为的。对有前款规定情形的责任人员，有关机关应当依法给予处分；构成犯罪的，应当依法追究刑事责任。

（三）行政赔偿与司法赔偿共同的法律规定

（1）关于赔偿方式。赔偿方式以支付赔偿金为主，还可返还财产，恢复原状；侵犯人身权致人精神损害的，应当在侵权行为影响的范围内，为受害人消除影响，恢复名誉，赔礼道歉；造成严重后果的，应当支付相应的精神损害抚慰金。

（2）关于计算标准。侵犯公民人身自由的，每日赔偿金按国家上年度职工日平均工资计算；造成身体伤害的，支付医疗费、护理费、误工减少的收入、残疾赔偿金、残疾生活辅助具费、康复费等；造成死亡的，支付死亡赔偿金、丧葬费、死者生前扶养的无劳动能力人的生活费；侵犯财产权的，返还财产，恢复原状，支付赔偿金，原则上按直接损失给予赔偿。

（3）关于时效、费用和纳税。赔偿请求人请求国家赔偿的时效为两年；受理赔偿案件不收取请求人任何费用；取得的赔偿金不予征税。

（4）关于对等原则。在互惠对等条件下，外国人、外国企业和组织可向中国请求国家赔偿。

4. 国家赔偿司法解释

最高人民法院：

（1）关于适用《中华人民共和国国家赔偿法》若干问题的解释（一）
（2011 年 2 月 28 日）；

（2）关于人民法院赔偿委员会审理国家赔偿案件程序的规定
（2011 年 3 月 17 日）；

（3）关于人民法院赔偿委员会适用质证程序审理国家赔偿案件的规定

（2013 年 12 月 16 日）；

（4）关于人民法院办理自赔案件程序的规定（2013 年 4 月 1 日）；

（5）关于国家赔偿案件立案工作的规定（2012 年 1 月 13 日）；

（6）关于国家赔偿案件案由的规定（2012 年 1 月 13 日）；

（7）关于印发《人民法院国家赔偿案件文书样式》的通知

（2012 年 9 月 20 日）；

（8）关于在文书中如何引用修正前、后国家赔偿法名称的通知

（2011 年 2 月 25 日）；

（9）关于赔偿委员会办公室主要职责的通知（2012 年 12 月 14 日）；

（10）关于加强国家赔偿法律援助工作的意见（2014 年 1 月 27 日）；

（11）关于人民法院赔偿委员会审理国家赔偿案件适用精神损害赔偿

若干问题的意见（2014 年 7 月 29 日）；

（12）关于进一步加强国家赔偿司法公开工作的若干意见

（2014 年 11 月）；

（13）关于进一步加强国家赔偿司法便民工作的若干意见

（2014 年 11 月）；

（14）关于民事、行政诉讼中司法赔偿若干问题的解释

（2000 年 9 月 14 日）；

（15）关于审理行政赔偿案件若干问题的规定

（1997 年 4 月 29 日）；

（16）关于裁判文书引用法律、法规等规范性法律文件的规定

（2009 年 10 月 26 日）；

（17）关于加强司法建议工作的意见（2012 年 3 月 15 日）；

（18）最高人民法院赔偿委员会工作规则（2014 年 12 月 4 日修订）。

最高人民检察院：

（1）人民检察院国家赔偿工作规定（2010 年 11 月 11 日）；

（2）关于适用修改后《中华人民共和国国家赔偿法》若干问题的意

见（2011 年 4 月 22 日）。

公安部：

（1）关于贯彻执行国家赔偿法有关问题的通知（2010 年 9 月 18 日）；

（2）关于印发《公安国家赔偿法律文书（式样)》的通知
　　　（2010 年 9 月 18 日）；

（3）公安机关办理国家赔偿案件程序规定（2014 年 4 月 7 日　公安
　　　部令第 130 号）。

司法部：

（1）司法行政机关行政赔偿、刑事赔偿办法（1995 年 9 月 8 日）。

三 国家赔偿原则与构成

（一）归责原则

国家赔偿的归责原则是指国家承担赔偿责任的根据。侵权损害事实发生后，根据什么把赔偿责任归到国家身上，是以行为人的过错为根据，以客观发生的损害结果为根据，还是以该行为是否违法为根据，存在着很大的选择空间。而选择何种根据作为国家赔偿的原则，反映了一个国家某一时期的法律价值判断，此一判断不仅对赔偿责任的构成起决定作用，而且对国家赔偿范围和赔偿程序设计具有指导意义。

归责原则反映国家赔偿的价值取向。如采用结果归责原则，亦称无过错原则，无论国家行为有无过错，只要给相对人造成损害结果，就应承担赔偿责任。这一原则不以制裁惩罚为价值取向，而以切实保护基本人权为目的；如采用违法归责原则，意味着国家赔偿在救济受害人权益的同时，着重规范国家机关及其工作人员的行为标准，使其必须在法定范围内活动，超出法定范围的致害行为要导致国家赔偿和个人追偿的后果。

归责原则决定赔偿构成要件。国家赔偿构成要件以归责原则为核心，是归责原则的具体化，不同的归责原则决定构成要件的不同形式。例如，违法原则必须以致害人行为违法为基本要件，合法行为致害只引起补偿不产生赔偿；而过错原则则以行为人是否有过错为基本要件。主观过错还是客观过错导致国家赔偿范围产生差别。

归责原则影响国家赔偿程序。如在确认方面，采用违法归责原则，必须首先对致害行为是否违法进行确认，采用结果原则就无须确认致害行为是否违法；在举证责任方面，采用违法原则时，只要求受害人就损害事实及该事实与行为间因果关系初步举证，其他举证责任则一律由国家机关承担。采用结果原则的举证责任则主要由受害人承担。

国家赔偿归责原则对处理国家赔偿案件具有重大的指导意义。行政机关、司法机关及其工作人员在处理国家赔偿纠纷时必须切实领会认真遵循。

国家赔偿最初借鉴的是民事赔偿的归责原则。但由于国家行为的法定性、组织性、强制性和公益性，使得不少国家或者在民事赔偿原则基础上辅之以其他原则，或者干脆使用他种归责原则。当今世界各国关于国家赔偿归责原则的采用大致分为四种情况：一是法国采用的以公务过错为主，结果责任（即无过错责任）为辅的归责原则；二是德、日、英、美等国实行的以主观过错为主、逐渐辅之以结果责任的归责原则；三是瑞士、奥地利等国采用的违法原则；四是我国采用的以违法责任为主，辅之以结果责任的复合归责原则。

1. 过错原则

国家赔偿责任从民事侵权责任演绎而来，民事侵权理论的过错原则也就成了国家赔偿的归责原则。致害行为人存在故意或过失，或致害行为本身存在某种缺陷，即成为承担赔偿责任的根据。肯定过错原则在国家赔偿中的地位，是由其功能和作用决定的。

第一，过错原则确立了对侵权行为进行评价的道德和法律标准，有助于规范国家机关及其工作人员的行为。过错是对公务行为的价值判断，存在过错意味着公务行为不符合既定的行为模式或标准。对过错的否定和惩戒，有助于促使国家机关及其工作人员按照法定程序或标准行事，从而达到规范公务行为、减少国家侵权事件的发生。

第二，过错原则有助于明确国家赔偿的范围。国家机关及其工作人员在行使职权过程中有过错的，国家承担赔偿责任，没有过错的，国家不予赔偿。这样既能为受过错致害的相对人提供救济，又能避免国家财政的过重负担。

第三，过错原则可以从理论上解决共同侵权行为和混合过错的责任承担问题。任何侵权机关都必须对自己的过错负责，承担责任的大小则以过错程度按比例分摊。侵权人与受害人有混合过错的，亦按此办理。

民事侵权理论中，过错有主观过错与客观过错之分，国家赔偿中亦有主观过错与客观过错之别。

主观过错原则

主观过错，指国家机关工作人员在实施侵权行为时主观上存在的故意或过失的心理状态。这种状态之所以应受非难，在于行为人意识到自己行为的后果，并由行为人内在意志所决定，具有道德上应受非难性。[①]

自从德国法学家耶林提出"客观不法与主观不法"概念后，主观过错说在德、日、英、美、韩等国民法中逐渐占据主导地位，后来即成为这些国家国家赔偿的主要归责原则，并常与违法原则一起使用。如日本国家赔偿法规定："行使国家或公共团体权力之公务员，就其执行职务因故意或过失不法加害于他人者，国家或公共团体对此应负赔偿责任。"韩国国家赔偿法规定：公务员执行职务，因故意或过失违反法令致使他人受损害，发生损害赔偿之责任时，国家或地方自治团体应赔偿其损害。我国台湾国家赔偿法规定："公务员于执行职务行使公权力时，因故意或过失不法侵害人民自由与权利者，国家应负损害赔偿责任。"

过错原则实行"谁主张谁举证"的规则。但由于国家与公民不是处于民事法律关系中的平等地位，要求受害人对致害人的过错举证实属困难。考虑到此种情况，德、日等国实行初步证明理论，即受害人应先提出初步证据，这些证据虽不能直接证明致害人的故意或过失，但应足以推定事实的真伪，如致害人不能提出反证，则应承担赔偿责任。[②]

主观过错原则奠定了国家机关及其工作人员必须对自己行为负责的理论基础，也易于分清责任之大小，对保障公民基本权利起到了促进作用。但从实践情况看，国家赔偿中适用主观过错原则也产生不少问题：一是确定侵权人困难。主观过错原则首先要求受害人确定具体的有过错的行为人，但公务活动大多是一个连续过程，致害行为往往不仅出自一人之手。在集体决策且决策程序复杂、不公开、不透明或者公务行为系经上级批准或执行上级命令等情况下，难以做到这一点；二是如何认定致害人主观上有无过错，从心理学或证据学上看，对于法官和受害人都不易作出准确判断。因此，有专家认为："采取主观过错原则，实际上是国家避免自己承担赔偿责任的一把保护伞，不利于公民、法人或者其他组织行使赔偿请求

---

① 王利民：《侵权行为法归责原则研究》，中国政法大学出版社1992年版，第181页。

② 皮纯协、冯军：《国家赔偿法释论》（修订本），中国法制出版社1998年版，第69页。

权。"①

客观过错原则

客观过错，指致害行为不符合规定的模式和标准。主观过错注重致害人的心理状态，客观过错则着重于客观存在的致害行为本身是否有过错。此项原则产生于法国行政法院的玻勒提埃案例，称之为未达正常标准的公务过错。

法国的公务过错主要表现为三种形式：（1）公务实施不良，如警察追捕犯人时误伤路人；（2）不执行公务，如海港当局不维修航行标志造成船舶损伤；（3）公务实施延迟，国家机关及其工作人员执行职务时不得疏忽怠惰，无故迟延。即使法律未明确规定时限，也必须在合理期间内作出决定，否则即有过错。②

总之，公务过错是用一个客观标准，即公务活动的中等水平作为国家是否承担赔偿责任的标准，低于中等水平并使相对人权益受到损害的，国家即应承担赔偿责任。

公务过错与主观过错的区别十分明显：

第一，公务过错与个人过错相分离，它来源于公务人员，但不归责于公务人员，完全从个人主观过错中摆脱出来，以公务活动是否达到中等水平为客观标准来衡量公务过错存在与否，便于实际操作。

第二，公务过错强调客观方面，淡化、虚拟主观因素。法国学者贝努瓦指出，主观和道德方面的过错在行政法的过错概念中只起第二层次的作用，这里的过错只意味着不当履行公务，对这种过错进行拟人的定义，只会是蹩脚的模仿。③

第三，公务过错的范围不仅包括违法行为，还包括某些合法行为，扩大了受害人的保护面，同时还辅之以危险责任原则弥补公务过错的不足，使得法国国家赔偿范围宽广。

第四，为减轻举证负担，法国还采用过错推定技术，实行举证责任倒置，由被告负全部举证责任。即受害人只需证明损害是行政机关行为所

---

① 高家伟：《国家赔偿法学》，工商出版社 2000 年版，第 65 页。

② 王名扬：《法国行政法》，北京大学出版社 2007 年版，第 699、702 页。

③ 周汉华、何峻：《外国国家赔偿制度比较》，警官教育出版社 1992 年版，第 92 页。

致，法院即推定行政机关有过错，如行政机关不能证明自己无过错，就应负赔偿责任。① 法国的公务过错原则，从理论到实践都具有独到性和优越性，受到许多西方学者的好评。

2. 无过错原则（结果责任原则）

无过错原则，是以损害结果的发生作为国家承担赔偿责任唯一根据的归责原则，即只要损害结果发生，致害人就应承担赔偿责任，无须考虑致害人是否具有过错。而侵权行为与损害结果之间的因果关系，则是决定国家赔偿责任的基本条件。

无过错原则是为了弥补过错原则的缺陷而设立的制度，与过错原则相比，具有如下特点：

（1）过错原则中的主观过错从故意或过失的主观心态出发，客观过错从行为有无欠缺出发，而无过错原则则从结果出发，有损害结果即导致赔偿，不以主观过错或行为欠缺为前提。所以无过错原则又称结果责任原则。

（2）过错原则具有规范和救济双重功效，重在规范国家机关及工作人员的行为，而无过错原则主要是为了救济受害人。

（3）过错原则的适用范围宽泛，在国家赔偿归责原则中居于核心地位，而无过错原则由于条件限制适用范围较小，目前主要适用于公务活动造成的危险状态导致公民合法权益的损害，所以无过错原则又称危险责任原则，仅仅作为过错原则的补充，在国家赔偿归责原则中，始终处于辅助和从属地位。

3. 违法原则

违法原则，指国家机关及其工作人员在公务活动中违反法律规定造成他人权益损害时，国家承担赔偿责任。违法原则以公务行为是否违法为客观标准，不问有无过错。瑞士、奥地利、意大利、比利时等在国家赔偿中实行违法原则。

采取违法原则的国家首推瑞士。1959 年瑞士联邦责任法规定："联邦对于公务员执行公务时，不法侵害他人权利者，不问该公务员有无过失，

---

① 王名扬：《法国行政法》，北京大学出版社 2007 年版，第 699、702 页。

应负赔偿责任。"这一规定与此前的瑞士债法典规定一致。1911 年瑞士债法典规定:"任何人以一种违法的方式给他人造成损害,不管是蓄意的,还是出于疏忽大意,都必须赔偿损害。"

何谓违法?各国理论和立法上对此尚无一致、明确的界定。瑞士联邦责任法中规定的违法,包括违反法律秩序、违反有关内部业务规定和滥用自由裁量权三种情形。日本学者则有狭义、广义、折中三种说法。狭义说认为国家赔偿意义上的违法应指违反法规和公序良俗。广义说认为除上述外,凡行为在客观上欠缺正当性者均是违法。折中说认为,违法不仅指违反严格意义上的法规,还应包括法律原则。至于欠缺客观正当性行为,一般情况下应视为违法,但如在自由裁量权范围内者,不构成违法。

我国学者对违法的理解也有两种解释:狭义解释指致害行为违反法律、法规之规定①,广义解释认为除上述外,还应包括违反诚信原则、尊重人权原则及公序良俗原则干涉他人权益;滥用或超越行使自由裁量权,提供错误信息、指导及许可批准,造成他人权益损害;未履行对特定人的法律义务或尽到合理注意。②

由于各国具体情况和发展阶段的差异,在不同国家的不同时期对违法的不同解释,即是对此种客观情形的主观反映,也正是法律服务于国家民族的具体反映。

违法原则与过错原则相比,具有如下特点:

(1)违法原则的标准相对明确,基本是法律、法规;而客观过错如法国的公务过错原则的标准则比较灵活,同一事实结合不同的情况,可以认为具有过错,也可以认为不具有过错,由法官自由裁量。③

(2)过错原则在处理共同侵权行为和混合过错责任时,根据过错程度按比例分摊,而违法原则在解决此类问题,则不如过错原则科学、简洁。

(3)过错原则是一种主观归责,而违法原则是客观归责,它以公务行为违法为归责标准,实现了认定标准的客观化,彻底摆脱了过错原则的主观羁绊,是一项比较合理、简便易行的归责原则。

---

① 肖峋:《中华人民共和国国家赔偿法的理论与实用指南》,中国民主与法制出版社 1994 年版,第 90 页。

② 应松年主编:《国家赔偿法研究》,法律出版社 1995 年版,第 84 页。

③ 王名扬:《法国行政法》,北京大学出版社 2007 年版,第 700 页。

4. 国家赔偿原则研究

国家赔偿归责原则是事关一国国家赔偿法律制度的根本问题，任何国家在制定国家赔偿法时都予以郑重对待、反复斟酌。我国在制定 1994 年《国家赔偿法》时，尽管白手起家、缺乏经验，但在国家赔偿归责原则这一事关国家赔偿法律制度的根本问题上，却百花齐放、意见纷呈、争论激烈，充分反映了我国法学界博采众家之长的深厚知识底蕴，反映了立法机关的民主立法胸怀。这些不同观点，大致可归纳为七种①：

（1）国家赔偿法应以过错原则为归责原则。理由是：过错原则具有淳化道德风尚、确定行为标准、预防损害发生、协调利益冲突等多种功能；我国司法已经确立国家机关及其工作人员承担民事责任以过错为原则；国家赔偿是一种替代责任，只有当工作人员有过错时，国家才有义务承担赔偿责任；目前我国财力还不雄厚，采用过错原则可以有效合理地限制国家赔偿责任。

（2）国家赔偿应采用广义的无过错责任原则，或结果责任，即无论国家机关及工作人员主观上是否有故意或过失，国家均应对其造成的损害承担赔偿责任。理由是：我国《宪法》规定："由于国家机关和国家工作人员侵犯公民权利而受到损失的人，有依照法律规定取得赔偿的权利。"《民法通则》规定："国家机关及其工作人员在执行职务中侵犯公民、法人合法权益的，应当承担民事责任。"上述规定均无过错或违法等限定，可以理解为结果责任；采取无过失责任原则可以使国家赔偿法具有更大的包容性，即可将国家补偿有关内容纳入其中，以免重新另外制定国家补偿法；可以采取但书或免责规定等方式解决国家责任范围太宽的问题。

（3）国家赔偿应采用过错违法原则。即是说，只有在国家机关工作人员既有故意或过失、又违法的情况下，国家才能承担赔偿责任。理由是：过错是行为人的主观要件，违法是行为的客观要件，归责原则应体现主客观的统一；奥地利、日本、韩国、中国台湾等国家和地区都采用这种归责原则。

（4）国家赔偿应以违法或明显不当（或显失公正）为归责原则。理由是：这种归责原则符合行政诉讼法和我国宪法的精神；可以适当拓宽赔

---

① 江必新：《国家赔偿法原理》，中国人民公安大学出版社 1994 年版，第 115 页。

偿范围，以切实保障公民权利得到救济。

（5）国家赔偿应以违法为归责原则，即是说，只要致害行为违法，国家就应当承担赔偿责任。理由是：采用这一原则与宪法的规定相一致，也与行政诉讼法的规定相协调；单一归责，简单明了，操作性强；能避免过错原则中的主观方面认定困难；避免过错违法原则的双重标准；国外越来越多的国家采用单一的违法归责原则。

（6）国家赔偿应以过错或违法为归责原则。具体地说，在致害行为为决定、判决、裁决等法律行为时，适用违法归责原则；在致害行为为事实行为时，采用过错归责原则。理由是：我国目前法制尚不健全，一律采用违法原则，可能会使大量受损害的权利得不到赔偿；法律不可能对所有事实行为都设定行为模式，应对这一部分采用过错原则以济其穷；这种原则不属于双重归责，而是不同的原则适用于不同领域。

（7）国家赔偿宜采用多元化归责体系，具体地说，在刑事裁判领域应采用结果责任原则；在其他赔偿领域应采用违法归责原则。

上述 7 种观点各自从不同角度阐述了一定道理，但终因时代局限，立法机关不得不以简单方式，在 1994 年《国家赔偿法》总则中规定了违法责任原则，而在其后的具体规定中又突破了这一原则。立法上的概念不清、模糊含混既在学科理论上造成混乱，更给司法实践带来困难。

经历十余年专家学者、司法工作者和人民大众的热切呼唤，2010 年《国家赔偿法》终于将 1994 年《国家赔偿法》第 2 条"国家机关和国家机关工作人员违法行使职权侵犯公民、法人和其他组织的合法权益造成损害的，受害人有依照本法取得国家赔偿的权利"，修改为"国家机关和国家机关工作人员行使职权，有本法规定的侵犯公民、法人和其他组织合法权益的情形，造成损害的，受害人有依照本法取得国家赔偿的权利"。

此一修改将"违法行使职权侵犯"改为"有本法规定的侵犯"。这就是说，总则中不再明确规定我国国家赔偿统一实行某种归责原则，而在分则中视具体情况规定具体的归责原则。在其后第二章行政赔偿列举的侵犯人身权和财产权的情形中，均明确以"违法"、"非法"为前提；第三章刑事赔偿和第五章非刑事司法赔偿中列举的侵犯人身权和财产权的情形，既有以"违法"为前提，也有不以"违法"为前提而以结果或过错为前提的。这样，总则规定的精神既能统率分则，使法律内部篇章结构和谐一致，科学准确，又给行政赔偿和司法赔偿预留了自己的独立空间。

2010 年《国家赔偿法》在总则中不规定统一的归责原则、而在分则中视具体情况加以规定的作法，是有宪法为依据并和行政诉讼法保持一致的。我国《宪法》第 41 条第 3 款规定："由于国家机关和国家工作人员侵犯公民权利而受到损失的人，有依照法律规定取得赔偿的权利。"这里规定的"侵犯公民权利"，前面未有"违法"与否的限定，即不论违法与否，侵犯即赔。《行政诉讼法》第 2 条规定"公民、法人或者其他组织的合法权益受到行政机关或者行政机关作出的具体行政行为侵犯造成损害的，有权请求赔偿。"此处亦未指明是"违法"侵犯，还是"合法"侵犯。亦即不论违法与否，侵犯即赔。当然，行政赔偿一般均为违法侵犯，但此处不予标明，也许为今后行政诉讼法修改、增加抽象行政行为的可诉性，留下余地。

2010 年《国家赔偿法》同 1994 年《国家赔偿法》一样，明确了我国国家赔偿中的行政赔偿仍然采用单一的违法原则。因为在行政赔偿列举的全部赔偿事项中，均以"违法"作为前提，没有任何例外。

而司法赔偿既有采用违法原则的，如第 17 条第 1 款"违反刑事诉讼法的规定对公民采取拘留措施的，或者依照刑事诉讼法规定的条件和程序对公民采取拘留措施，但是拘留时间超过刑事诉讼法规定的时限，其后决定撤销案件、不起诉或者判决宣告无罪终止追究刑事责任的"，受害人有取得赔偿的权利；又如第 38 条"人民法院在民事诉讼、行政诉讼过程中，违法采取对妨害诉讼的强制措施、保全措施"造成损害的，受害人有取得赔偿的权利；也有采用结果责任原则的，如第 17 条第 2、3 款"对公民采取逮捕措施后，决定撤销案件、不起诉或者判决宣告无罪终止追究刑事责任的"、"依照审判监督程序再审改判无罪，原判刑罚已经执行的"，受害人有取得赔偿的权利；也有采用过错责任原则的，如人民法院"对判决、裁定及其他生效法律文书执行错误"造成损害的，受害人有取得赔偿的权利。

在归责原则问题上，2010 年《国家赔偿法》对 1994 年《国家赔偿法》作出了重大修改，科学而明确地确立了我国国家赔偿实行以违法责任为主、辅之以结果责任和过错责任的复合归责原则。法言法语规范，内部结构和谐，理顺了法律内部关系，为国家赔偿法的正确实施铺平了道路。这是国家赔偿法发展进程中值得肯定的一件大事。

但是，立法者在作出这件大事同时，却又产生一个大的失误：将

1994 年《国家赔偿法》规定的"对没有犯罪事实或者没有事实证明有犯罪重大嫌疑的人错误拘留的"受害人有取得赔偿的权利，修改为"违反刑事诉讼法的规定对公民采取拘留措施的，或者依照刑事诉讼法规定的条件和程序对公民采取拘留措施，但是拘留时间超过刑事诉讼法规定的时限，其后决定撤销案件、不起诉或者判决宣告无罪终止追究刑事责任的"，受害人有取得赔偿的权利。即将"错误拘留"改为"违法拘留"。也就是说，将对刑事拘留的国家赔偿，由结果责任原则改为违法责任原则。这一改动的重大失误在于：

第一，立法宗旨上的倒退。为何制定国家赔偿法？就是为了保障和救济公民被侵害的权利。这是国家赔偿立法首要的、第一位的宗旨。法律的任何规定，都必须遵循此一宗旨。对法律任何规定的评判，都要看是否有利于此一宗旨的实现。刑事拘留是事关公民人身自由的严厉强制措施，是社会生活中侵犯人权的高发领域，其结果正确或错误，事关人身安全与社会稳定。规范此一领域的法律条款，必须严格实施有利于保障和救济基本人权的立法宗旨。故 1994 年国家赔偿法对错误刑事拘留的救济，实行结果责任原则，即只要结果错误，无论采取拘留措施时是否违法，一律赔偿。而 2010 年国家赔偿法对此实行了颠覆性修改，实行违法责任原则，即不管结果是否错误，只要采取拘留措施时不违法，一律不赔。这就很可能将一大批程序正确、结果错误的刑事拘留，排除在国家赔偿之外，严重背离保障和救济基本人权的立法宗旨。而且此一背离，发生在长期实行结果责任原则取得良好社会效果之后，其后果愈发严重。

第二，司法实践中的倒退。为贯彻 1994 年《国家赔偿法》关于错误拘留的法律规定，最高法院作出了一系列司法解释和个案批复，从立案、案由，到程序、审理，从内部统一认识，到外部协调关系，十余年来做了大量深入细致工作，处理了一大批案件，切实救济和保障了公民人身自由，改进了相关机关工作作风，提高了侦查人员素质和水平，杜绝减少了可能的冤假错案，取得了显著的社会效果，积累了宝贵的处理经验，健全了一批规章制度，得到普通民众和专家学者好评。

对于实施了 15 年之久的成功做法，现在要从观念到制度全改过来。将一大批应予赔偿的情形排除在国家赔偿之外。对于性质相同、情节近似的同类案件，过去决定国家赔偿，现在却决定国家不承担责任，无论是对司法人员还是受害人，都难以接受，可能造成"言而无信"、"朝令夕改"

的负面影响，妨碍稳定大局。

当然，立法机关也有苦衷：公安机关长期坚持程序正确不能赔偿观点，① 个别全国人大常委提出暴乱、动乱等敏感问题，以至于将国家赔偿法（草案）前三次审议稿中确认的、眼看就要通过的赔偿错误拘留的正常规定，一夜之间推倒重来，以对错误拘留赔偿实行严格限制的违法拘留取而代之。国家立法作为国家政治的组成部分，也应遵循有进有退、谅解协商的妥协原则，但无论从国家赔偿基本理论还是从国家赔偿司法实践上看，这都不能不说是一次大倒退。

（二）行政赔偿原则

1994 年《国家赔偿法》第 2 条规定："国家机关和国家机关工作人员违法行使职权侵犯公民、法人和其他组织的合法权益造成损害的，受害人有依照本法取得国家赔偿的权利。"这就明确宣示，我国国家赔偿采用违法原则。

但由于此处的"违法"列入总则之中，应统率其后全部法律条款而未能统率，故 2010 年《国家赔偿法》第 2 条将其修改为："国家机关和国家机关工作人员行使职权，有本法规定的侵犯公民、法人和其他组织合法权益的情形，造成损害的，受害人有依照本法取得国家赔偿的权利。"

此一修改将"违法行使职权侵犯"改为"有本法规定的侵犯"。这就是说，总则中不再明确规定我国国家赔偿统一实行某种归责原则，而在分则中视具体情况规定具体的归责原则。在其后第二章行政赔偿列举的侵犯人身权和财产权的情形中，均明确以"违法"、"非法"为前提，即行政赔偿实行违法归责原则。

我国行政赔偿之所以实行违法原则，其道理在于：从法治精神看，宪法和行政诉讼法均规定，由于国家机关及其工作人员侵犯公民、法人和其

---

① 也有专家认为："我国的刑事赔偿以至于整个司法赔偿的归责原则是违法原则"，"如果国家宣布刑事赔偿以至司法赔偿的归责原则是无过错责任原则，那就意味着司法工作人员的行为是否合法是没有意义的，司法赔偿的范围也会不适当地扩大。所以我国司法赔偿的归责原则只能采用违法原则，这样才能符合立法宗旨，避免赔偿范围不适当地扩大。在传统上，我们就是这样做的。"肖峋：《中华人民共和国国家赔偿法的理论与实用指南》，中国民主与法制出版社 1994 年版，第 160 页。

他组织合法权益造成损害的，有依法取得赔偿的权利。实行违法原则与宪法、行政诉讼法的规定协调一致，符合依法治国、依法行政的精神；从受害人角度看，违法原则能避免过错原则对故意或过失认定的困难，减轻受害人的举证责任，更有利于保护其合法权益；从审理角度看，违法原则标准明确，易于理解，可操作性强，有利于行政赔偿案件的及时审理。

1. 违法原则界定

我国行政赔偿实行违法原则，违法是对行政侵权行为实施赔偿的基本依据。什么是违法，违法的含义究竟何指，在目前国家立法解释和司法解释尚无具体规定情况下，我们认为不能从狭义上理解违法，如《行政诉讼法》第52条规定的违反严格意义上的法律，而应该从广义上解释违法，主要是因为：

第一，我国行政法制尚不健全，有些领域无法可依。而且国家正处于改革开放时期，一些法律法规不符合变化了的形势，国际通行的某些合适规则必须引进来，新旧法制的更替中容易形成新的法律真空状态。如果采用严格的违法概念，将不利于国家赔偿法的贯彻实施。

第二，行政机关的管理活动涉及社会的方方面面，造成公民、法人和其他组织损害的行为，既有法律行为，又有事实行为。国家不可能对所有事实行为进行明确规定，预设统一标准，至多也只能设定一些法律原则以供遵循。如果对违法理解过窄，使大量的事实行为致害排除在国家赔偿之外，将会使相当一批受害人失去法律救济的机会。

第三，从国外行政赔偿实践看，尚无一个国家对违法概念作严格狭义解释的。虽然各国违法标准不尽相同，但采用违法归责原则的国家均毫无例外地对违法作扩大解释。①

因此，作者认为违法的内涵应包括如下方面：行政机关及其工作人员所

---

① 我国专家学者对"违法"的理解有狭义、广义两种观点。一些专家认为，"从行政诉讼法第54条规定的精神看，违法应指违反严格意义上的法律。"见皮纯协、冯军：《国家赔偿法释论》（修订本），第76页；肖峋：《中华人民共和国国家赔偿法的理论与实用指南》，中国民主与法制出版社1994年版，第90页；张正钊：《国家赔偿制度研究》，中国人民大学出版社1996年版，第34页；但另一些专家认为，对违法应作适当扩大解释。如江必新《国家赔偿法原理》，中国人民公安大学出版社1994年版，第128页；薛刚凌：《国家赔偿法教程》，中国政法大学出版社1998年版，第49页；高家伟：《国家赔偿法学》，工商出版社2000年版，第68页。

实施的职务行为违反法律、行政法规、规章、地方性法规及其他规范性文件和我国承认或参加的国际公约、条约等；行政机关及其工作人员的事实行为违反法律规定，或在法律无明文规定情况下违反法律一般原则，如尊重和保障人权原则、公益原则、信赖保护原则、诚实信用原则、比例原则等；行政机关及其工作人员具有法律规定义务应该作为而不作为；行政机关及其工作人员滥用职权或在行使职权过程中失职应该注意而未尽合理注意。

违法原则的界定，是涉及国家行政赔偿的根本问题。我们殷切期望国家立法机关和司法机关对此尽快作出立法或司法解释。从事国家赔偿工作的人员在法制尚不健全情况下，要解放思想，"从法律规定的基本原则中去找出路，不能一味要求修改法律，坐等完善的法律来解决问题"[1]。

对于行政机关违反法律基本精神和原则的行为，要勇于判案，以保障公民、法人和其他组织的合法权益。

2. 违法原则适用

在行政赔偿中具体适用违法原则，必须注意下列问题：

第一，必须区分行为违法在国家赔偿中和行政诉讼中的不同内涵。依据行政诉讼法规定，行政诉讼中的违法仅指具体行政行为，不含事实行为。事实行为对相对人没有拘束力，即使违法，也无须提起行政诉讼；而国家赔偿中的违法，不仅指具体行政行为，也含事实行为。事实行为违法或违反法律原则时能引起行政赔偿。这一差别正是在行政诉讼法颁布以后，亟须制定国家赔偿法的重要原因之一。

另外，违法中的"法"，在行政诉讼中仅指严格意义上的法律、法规；在国家赔偿中则作扩大解释，除前述外，还应包括法律原则、法律精神和事实行为的正常标准等。

第二，必须正确把握自由裁量中的违法问题。自由裁量权是行政机关及其工作人员行使职权时具有的判断权和选择决定权。违法归责原则能否适用于自由裁量范围，国家赔偿法和相关法律解释均未明确。法学界对此有两种观点：一种认为违法原则不应适用于自由裁量领域，[2] 一种认为行

---

① 李国光："深入钻研国家赔偿理论　不断推进国家赔偿工作"，《人民法院报》2001年3月25日。

② 肖峋：《中华人民共和国国家赔偿法的理论与实用指南》，中国民主与法制出版社1994年版，第98页。

使自由裁量权时的一般不当行为，不能适用违法原则，但如果滥用到显失公正程度，则应依据违法原则承担赔偿责任①。

作者认为，我国行政领域行使自由裁量权的幅度很大，存在许多无法律规定的空白地带，有的方面虽有规定，但也规定得相当原则。如果没有一个追究滥用责任的标准和要求，不利于依法行政和公民权利保护，而且法国、德国、奥地利等国也有追究滥用自由裁量权赔偿责任的情况。对于明显超越法律规定，具有主观恶意，或虽无主观恶意但裁量行为显失公平，造成社会后果的，应视为违法，国家承担赔偿责任；对于一般性的自由裁量不当，则不应作违法看待，以保护和发挥行政人员的积极性。

第三，违法是指致害的行为本身违法，而不指损害结果违法。如果损害结果由合法行为引起，不产生赔偿只引起补偿。这是国家赔偿与国家补偿的本质区别。

违法原则在解决行政赔偿纠纷时具有原则明确、简便易行的优点。但在解决共同侵权和混合过错时，有些力不从心。这时只能根据各方过错程度分担或者平均承担责任。

（三）司法赔偿原则

1. 外国司法赔偿原则

司法赔偿原则，是指国家确认和承担司法侵权行为赔偿责任的依据和标准。从国外司法赔偿立法和实践看，大多数国家实行以无过错原则为主、辅之以过错原则或公平原则的做法。

法国在司法赔偿领域实行无过错原则辅之以过错原则。其中，刑事赔偿实行无过错原则，非刑事司法赔偿实行过错原则。1970 年法国刑事诉讼法规定，在刑事诉讼程序中被临时拘禁、预审后决定不起诉、起诉后法院判决无罪之人，如果因此受到重大损害的，可以请求赔偿②。这里显然实行无过错原则，不问有无主客观过错，一律赔偿。

---

① 应松年：《国家赔偿法研究》，法律出版社 1995 年版，第 80 页。薛刚凌：《国家赔偿法教程》，中国政法大学出版社 1998 年版，第 51 页。

② 王名扬：《法国行政法》，北京大学出版社 2007 年版，第 716 页。

但在非刑事司法赔偿中，法国实行过错原则。如 1972 年建立执行法官和关于民事诉讼程序改革法规定，国家必须赔偿由于司法公务活动的缺陷而产生的损害，该缺陷只在重过错和拒绝司法时才发生。① 法国民事诉讼法亦规定："司法官因诈欺、渎职、拒绝裁判或其他职务上的重大过失而受有罪判决确定的，被害人得依本法规定，请求国家赔偿。"

德国在刑事赔偿中实行无过错原则兼顾公平合理原则。1971 年《刑事追诉措施赔偿法》关于对错误判决的赔偿和错误刑事追诉措施的赔偿，均实行无过错原则。如第 1 条规定，一项刑事判决在再审或其他刑事诉讼程序中被取消或减轻后，因该判决遭受损失者，由国库予以赔偿。第 2 条规定，如果当事人已被释放，或终止对其刑事诉讼，或法院拒绝开庭，当事人由于受羁押和其他刑事追诉措施而遭受的损失，由国库予以赔偿。

为了更好地保护被错误刑事追诉者的权益，第 4 条又专门增设公平合理原则作为补充。该条规定，只要符合公平、合理的情况，如果法院没有判刑，如果刑事追诉措施的结果大于刑事法庭判决的结果，如果刑事法庭认为该行为只属于扰乱社会治安范围，均可以对第 2 条所指的刑事追诉措施进行赔偿。

我国台湾学者何孝元认为："近代各国立法之趋势，正由过失赔偿责任主义进入无过失赔偿责任主义。换言之，行为人似无过失，但若其行为结果损及他人，亦须赔偿。'无过失赔偿责任'之所以成为各国冤狱赔偿法立法之共同趋向者，乃因冤狱赔偿除为昭雪冤枉外，并寓有对于无辜之受害人施于救济之重大意义。"②

从刑事司法侵权行为给受害人及社会造成的严重影响和恶劣后果看，无过错赔偿原则的实行，的确具有重大的进步意义。

2. 中国司法赔偿原则

根据我国《国家赔偿法》第一章总则第 2 条，第三章刑事赔偿范围第 17 条、第 18 条和第五章其他规定第 38 条之规定，作者理解，我国司法赔偿的原则是违法兼结果责任和过错责任原则。

从法律规定看，《国家赔偿法》第 2 条明确规定："国家机关和国家机

---

① 王名扬：《法国行政法》，北京大学出版社 2007 年版，第 716 页。

② 何孝元：《损害赔偿之研究》，台北商务印书馆 1983 年版，第 316 页。

关工作人员行使职权，有本法规定的侵犯公民、法人和其他组织合法权益的情形，造成损害的，受害人有依照本法取得国家赔偿的权利。"接着在其后第三章刑事赔偿范围第 17 条、第 18 条和第五章其他规定第 38 条列举的侵犯人身权和财产权的 11 种情形中，明确规定以"违法"为前提的有 7 种，规定以"错误"为前提的 1 种，规定以法定程序终止或改判的有 3 种。

这 3 种中又区分两类情况：一是逮捕后决定撤销案件、不起诉已侵犯人身权的，二是依审判监督程序再审改判无罪已侵犯人身权和财产权的。作者理解，这里的逮捕或判刑，应该包括"违法"和"合法"两种情况，但国家赔偿法在这里不再作区分，而以结果认定，所以这 3 种侵犯人身权和财产权的情形，适用的是结果责任原则。

所以，总起来看，将我国司法赔偿原则表述为违法兼结果责任和过错责任原则，应该是适当的。即：刑事赔偿实行违法兼结果责任原则，非刑事司法赔偿实行违法兼过错责任原则。

民间一般将刑事赔偿概括为错拘、错捕、错判赔偿。准确地说，错拘的"错"赔偿法明确规定为"违反刑事诉讼法"；错捕、错判的"错"，则应指违反刑事诉讼法或违反刑法，或二者兼而有之；刑讯逼供、违法使用武器警械、违法对财产采取查封、扣押等措施的赔偿，也是指违反刑事程序法和实体法的行为；至于赔偿法规定的在民事诉讼、行政诉讼和司法执行中的赔偿，亦是因违法采取对妨害诉讼的强制措施，保全措施和对生效法律文书执行错误而产生的国家赔偿责任。

司法实践中，有些刑事司法行为在司法人员依照法定程序办事时，很难确认是否有具体的违法事实。如根据《刑事诉讼法》第 61 条规定，对有人指认犯罪嫌疑人，犯罪嫌疑人拒不讲明真实姓名、住地，或在其身边、住处发现犯罪证据时，侦查机关可对其先行拘留。拘留时侦查机关的行为并不违法，但如最后确实没有犯罪事实的，是否应予赔偿，有两种截然相反观点：侦查机关认为其拘留行为合法不应赔偿；而法院赔偿委员会依据相关司法解释决定赔偿，其法理依据是：此处不适用违法原则，而适用结果责任原则。

但是，在经过多年争论之后，尤其是在审议《国家赔偿法》（草案）第三稿时，全国人大常委会委员提出不同意见后，情况发生根本变化。2010 年《国家赔偿法》对此明确规定："违反刑事诉讼法的规定对公民采取拘留措施的，或者依照刑事诉讼法规定的条件和程序对公民采取拘留措施，但是拘留时间超过刑事诉讼法规定的时限，其后决定撤销案件、不起诉或者判决宣告无罪终止追究刑事责任的"，受害人有取得赔偿的权利。

赔偿法的这一规定，一改十余年来国家赔偿司法实践做法，对错误拘留赔偿由结果责任原则，改为违法责任原则。

作者认为，这一改变尽管立法机关有其道理，但总体上属于立法宗旨服从"维稳"需要的范畴，无论从理论或实践上都不能不说是一次倒退，同司法赔偿一般采用无过错原则（即结果责任原则）为主做法的世界潮流背道而驰。（详见本书第 34 页：严格限定刑拘不赔范围，本书第 152 页：现行违法拘留规定之不当）

（四）国家赔偿构成要件

国家赔偿构成要件，是指国家承担侵权赔偿责任时，必须具备的条件。它与国家赔偿归责原则紧密联系，相辅相成，缺一不可。

国家赔偿归责原则是国家承担赔偿责任的根据，反映国家赔偿的价值取向，决定赔偿构成的具体要件和赔偿程序的设计。有什么样的归责原则，才有什么样的构成要件。归责原则是构成要件的基础和前提，构成要件是归责原则的具体细化。审理或处理国家赔偿案件时，必须遵循归责原则的指导，但仅仅依据归责原则不足以解决具体问题，还必须运用构成要件从主体、行为、结果和因果关系等方面，对案件进行全面分析，以最终确定国家是否承担行政或司法赔偿责任。因此，构成要件是国家赔偿的重要问题，其重要性与刑事诉讼中的犯罪构成理论相当。

从实践角度看，如果不具备国家赔偿构成要件的全部内容，国家赔偿请求人请求国家赔偿的要求将得不到满足，赔偿义务机关有权依法不予赔偿，法院行政审判庭和赔偿委员会亦不能判决或决定国家承担赔偿责任。

我国国家赔偿将行政赔偿与司法赔偿规定写进同一部国家赔偿法中，二者适用的归责原则除有共同的违法原则外，司法赔偿还有自己的结果责任原则。因之在国家赔偿构成要件上，二者在基本相同的前提下，司法赔偿还有一些特殊的规定。

根据《国家赔偿法》第 2 条规定的精神，作者理解，我国国家赔偿的构成要件应由职务行为主体、职务违法行为或适法行为、损害事实、因果关系四部分组成。只有全部具备该四要件的侵权行为，国家才承担赔偿责任。

1. 职务行为主体

关于职务行为主体的规定，世界各国作法不一。在一些国家赔偿制度较为发达的国家，国家赔偿范围较宽，对侵权行为主体的限制较少，主体要件以被行为要件吸收的方式不予单列。因为"根据分权原则，一定的行为只能由一定的机关实施，确定了国家对哪些行为所造成的损害负责，事实上也就确定了对哪些机关的行为所造成的损害负责。"①

而在实行国家赔偿制度不久的国家，一般均十分强调主体要件的设计，以合理确立主体范围，与国家财力和社会环境适应，达到既保障公民权利又利于国家机器运作的双重功效。

职务行为主体的五种方案

我国在20世纪90年代初起草国家赔偿法过程中，关于国家承担侵权赔偿责任的主体范围方面，曾提出过五种方案：

第一种方案：国家应当为所有国家机关和公共团体的侵权行为承担赔偿责任。这里的国家机关不仅包括依法行使国家职能的国家权力机关、行政机关、审判机关、检察机关、军事机关，而且包括某些准国家机关，如中国共产党组织以及某些主要社会团体。理由是，这些机关及其工作人员都不同程度地执行着一定的国家职能，并由国家财政提供经费，如果造成他人损害，反正都是国家拿钱赔偿，不如统一按国家赔偿法承担赔偿责任。此外，公共团体包括公立学校、公立医院等事业单位，还有一些社团，其经费都依赖国家财政拨款，如造成他人损失，实际上也只能由国家出钱赔偿，不如纳入国家赔偿法的调整范围，以统一赔偿标准。

第二种方案：将主体范围限定在国家机关范围内，公共团体的赔偿问题仍按民法通则的规定执行。理由是，在民法通则生效之后，公共团体的侵权赔偿责任问题已经得到解决。根据人大常委会对该法草案的说明，悬而未结或有待于专门法律加以规定的是国家机关的侵权赔偿责任问题。因此主体范围应限定为国家机关为宜。

第三种方案：主体范围应限定在除立法机关以外的国家机关范围内。理由是：立法机关行使国家的立法权，在我国还没有建立起违宪审查机

---

① 江必新：《国家赔偿法原理》，中国人民公安大学出版社1994年版，第55页、51页。

制，因此，立法行为说不上违法问题，即使它制定的法律有时会使某些人的权益受到损害，但这不是违法问题，最多也只能是补偿问题，因而不宜纳入国家赔偿法的调整范围。

第四种方案：主体范围应限定在除立法机关和军事机关以外的国家机关范围内。理由是，军事机关所造成的损害，大多数情况下属于补偿问题，应当由特别法加以调整，不宜纳入国家赔偿法的调整范围。

第五种方案：主体范围不宜完全按国家机关一刀切，而应以职能为标准进行划分，例如，行使侦查权、检察权、审判权的军事机关应纳入国家赔偿法的调整范围，行使其他职能的军事机关则不宜纳入国家赔偿法的调整范围。对司法机关也是如此，只将行使某些职能的司法机关纳入国家赔偿法的调整范围。[①]

我国国家赔偿法基本采用了第五种方案。

职务行为主体"国家机关"的规定存在问题

我国《国家赔偿法》第 2 条规定："国家机关和国家机关工作人员行使职权，有本法规定的侵犯公民、法人和其他组织合法权益的情形，造成损害的，受害人有依照本法取得国家赔偿的权利。"这就开宗明义、明确无误地宣布，国家机关和国家机关工作人员是我国国家赔偿的职务行为主体。

所谓"国家机关"，在现代社会指享有一定权力、执行国家一定职能的国家机构系统，包括国家立法机关、国家行政机关、国家审判机关、国家检察机关、国家军事机关等。所谓"国家机关工作人员"，指纳入上述国家机关编制、在国家机关担任一定职务、依法执行公务、从国库领取相应报酬的人员。

依据现代国家理论，"国家机关和国家机关工作人员"的法律内涵和外延，是清楚明确的。但是，在我国《国家赔偿法》的法条规定和司法实践中，却都出现问题：

第一，从《国家赔偿法》的法条规定看，《国家赔偿法》尽管在总则第二条明确规定了整体意义上的"国家机关"，但在其后的具体规定中，则仅仅列举了国家行政机关、国家审判机关和国家检察机关。其中国家行

---

① 江必新：《国家赔偿法原理》，中国人民公安大学出版社 1994 年版，第 55 页、51 页。

政机关包括"法律、法规授权的组织"、"受行政机关委托的组织"、"行使侦查职权"的公安机关、安全机关和军队保卫部门、看守所及监狱管理机关，排除了国家立法机关和国家军事机关，与总则规定的整体意义上的"国家机关"内涵与外延不相符合。

这也许不是立法者一时疏忽、使用概念不当，可能是有意为之。因为在立法者向全国人大常委会关于《国家赔偿法（草案）》说明中，已有"关于军事赔偿……不宜列入国家赔偿的范围"的明确解释。至于为何未将立法机关列入侵权赔偿责任的主体范围，未见到官方解释；也许立法者认为，我国立法机关同时又是权力机关，制定国家赔偿法是在行使自己的权力，哪有自己规定自己承担侵权责任的道理！如果立法者真是如此思维，与我们大家一起共同提高国家赔偿理论水平实有必要；也许立法者认为，我国宪法既然规定"由于国家机关和国家工作人员侵犯公民权利而受到损失的人，有依照法律规定取得赔偿的权利"，在国家赔偿法中套用"国家机关和国家工作人员"概念应顺理成章，而忘记了宪法的原则规定需要具体法律落实，其中即包括落实"国家机关"的具体内涵。

总之，无论基于什么情况，出于何种考虑，为使我国国家赔偿法文字表述科学准确，减少"假大空"不良政治风气在立法上之影响，如实反映我国现阶段国家赔偿职务行为主体现实，作者希望在今后国家赔偿法修订时能予以改正，将国家赔偿法第二条规定的"国家机关和国家机关工作人员"，修改为"国家行政机关和司法机关及其工作人员"。等到以后如果有一天我国国家赔偿法修改，将国家立法机关和国家军事机关列入国家赔偿职务行为主体时，再在第二条恢复"国家机关和国家机关工作人员"的准确表述。

第二，从国家赔偿法的司法实践看，由于国家赔偿法未规定执政党中国共产党的各级组织机构是国家赔偿的职务行为主体，致使其参与、决定而形成的冤假错案无法追究其国家赔偿责任。其中案例之一如佘祥林"杀妻"冤案，就是在高级法院指出5大疑点被驳回后，由中共党委政法委员会拍板决定的。但在再审平反和国家赔偿时，承担责任的只是司法机关而没有行使冤案决定权的中共党委政法委员会。

有司法专家认为，这样做是有道理的，"中国共产党的各级组织、机关，不应作为国家赔偿法中的侵权主体，因为它不属于国家机关"①。其具体论据是：

①宪法序言指出："全国各族人民、一切国家机关和武装力量、各政党和各社会团体、各企业事业组织，都必须以宪法为根本的活动准则。"在这里，国家机关与各政党（当然包括中国共产党）在逻辑上是并列关系，不是从属与包容关系，各政党未包容在国家机关之中。《宪法》第三章"国家机构"中，亦未列入共产党的各级组织和机关。可见，我国宪法未将党的组织机构作为或者视为国家机关纳入其内。

②从外国国家赔偿法立法看，无论是资本主义国家还是社会主义国家，均未将执政党或在野党列为国家侵权主体。

③中共十三大报告指出：党的机关与国家政权机关的性质不同，职能不同，组织形式和工作方式不同。应当改革党的领导制度，划清党组织和国家政权的职能，理顺党组织与人民代表大会、政府、司法机关、群众团体、企事业单位和其他各种社会组织之间的关系，做到各司其职能，并且逐步走向制度化。今后，各级党委现在管理的行政事务应转由政府有关部门管理。根据此报告，亦不应把党的机关混同为国家机关。

应该承认，为解释执政党党权和国家司法权关系这一有中国特色的我国司法实践中的难题，有关专家和司法者费尽心思作出的论证，从中国现实政治格局看不能说没有道理。但问题是，按照现代宪政基本理论，政党只是一部分公民组成反映其政治意愿的集体代表，它要参与国家政权行使国家权力必须履行一系列政治程序后、其代表人物以全民名义而不是以仅代表一部分公民名义的政党身份进行。所有政党，无论其执政或在野，其性质都只能是民意组织，与行使政权职能的国家机关完全是两回事，当然不可能成为国家赔偿法意义上的国家侵权主体，只能成为与被侵权对象处于平等地位的民事侵权主体。

但这一现代世界的通行理论和通行做法，在中国却截然不同。自1949 年中国共产党将国民党政权逼至台湾，在全中国绝大部分地区实行共产党一党领导，"多党合作"中八个民主政党也必须在共产党领导下才能活动。中国共产党自第二代领导集体后，尽管不再采用"绝对领导"

---

① 江必新等著：《〈国家赔偿法〉条文释义与专题讲座》，中国法制出版社 2010 年版，第112 页

（对司法机关除外）、"一元化领导"、"作党的驯服工具"等旧提法，而"要坚持发挥党总揽全局、协调各方的领导核心作用"①，但在国家权力实际运作中，中国共产党从中央到地方的各级组织，除了该管的本党事务外，立法、行政、司法、政治、经济、军事、文化、社会等一切都管。每年一次的中央经济工作会议，党委政法委统管司法，党内纪律检查委员会与国家行政监察机关合署办公，政府机关党委班子与行政班子高度重合，许多领导干部一身兼任几个党内和政府职务而在宣传报道中均将党内职务置于最前，党内和国家军事领导机关完全一体，等等。尽管理论上一再强调"党要管党"，党的十三大报告强调"党政分开"，但实践中基本还是原来的一套。理论与实际反差巨大，学者与民众反应强烈，以至于有的学者认为"党政分开"本身就是一个伪问题，建议干脆实行"党政一体"②。

在我国此种政治体制和司法现实下，如何解决执政党组织干预具体个案造成冤假错案和国家赔偿问题，理论上能否自圆其说处于次要地位，重要的是如何在实践中尽量弥补受害人的损失，如何挽回对执政党形象的不良影响。依据党的十八届三中全会关于政治体制改革和党的领导体制改革的精神，作者建议：在不能完全否认党委政法委协调公检法和"维稳"作用的情况下，执政党组织对疑难案件的参与只能起参谋和协调作用，决定权一定要实实在在地由司法机关行使。对于已经形成的自身在错案中的责任，要勇于承担。虽不必承担国家赔偿责任，但应采取某种公开形式承担其道义责任，对相关责任人应依据不同情况给予党纪或政纪处分。并随着政治体制改革和司法体制改革的深入进行，最终形成检察机关和审判机关真正独立行使检察权和审判权的司法格局。

我国国家赔偿由行政赔偿与司法赔偿两部分组成。行政赔偿的职务行为主体是国家行政机关及其公务员，司法赔偿的职务行为主体是国家司法机关及其工作人员。

我国司法机关，指行使国家侦查、检察、审判、监狱管理职权的机关，即享有刑事侦查权的各级公安机关和安全机关，享有检察权和部分侦查权的各级检察院和专门检察院，享有审判权的各级法院和专门法院，享

---

① "胡锦涛在庆祝中国共产党成立九十周年大会上的讲话"，《人民日报》2011 年 7 月 2 日。

② 李林：《法治与宪政的变迁》，中国社会科学出版社 2005 年版，第 258 页。

有侦查权、检察权和审判权的军事机关。享有刑罚执行权的监狱管理机关。

其中，公安机关具有行政和司法双重职能，既行使治安管理权，成为行政赔偿的职务行为主体，又行使刑事侦查权，成为司法赔偿的职务行为主体。监狱管理机关虽属于行政机关系列，但负有执行刑罚职能，是司法赔偿的职务行为主体。

从宏观上看，包括司法机关在内的所有国家机关均具有双重法律身份。当它们以机关法人身份作为民事主体从事民事活动时侵犯公民合法权益的，由机关自身独立承担民事责任，国家不负赔偿责任。

国家机关工作人员

"国家机关工作人员"是我国国家赔偿法规定的职务行为主体中，与"国家机关"并列的重要方面。所谓"国家机关工作人员"，从严格意义上讲，应指纳入国家机关编制、在国家机关担任一定职务、依法执行公务、从国库领取相应报酬的人员。

但从西方法治国家立法例看，一般都在此基础上作出扩大性解释。如德国行政法院通过判例表示，只要行使某种行政职权实施的行为违法，该当事人即使未获国家正式任命，国家亦应为其承担赔偿责任。[①] 法国则明确规定，行政赔偿的职务行为主体除严格意义上的公务员外，还包括私法意义上的合同雇佣人员、征用人员、事实上行使公务的人员，甚至包括志愿自动担当行政主体工作的人员。[②]

我国国家赔偿法关于何谓"国家机关"，列举了国家行政机关、国家审判机关和国家检察机关。其中国家行政机关包括"法律、法规授权的组织"、"受行政机关委托的组织"、"行使侦查职权"的公安机关、安全机关和军队保卫部门、看守所及监狱管理机关。与此相对照，国家赔偿法关于何谓"国家机关工作人员"，则未作任何明确。作者理解，这种作法同上述西方法治国家的立法本意相通，即从保障基本人权出发，尽量根据具体情况，作出扩大性解释。

从我国国家赔偿司法实践看，所谓"国家机关工作人员"，既包括行

---

① 　M. P. 赛夫：《德国行政法—普通法的分析》，台湾五南图书出版公司，第333页。

② 　周汉华、何峻：《外国国家赔偿制度比较》，警官教育出版社1992年版，第127页。

政机关、检察机关、审判机关中行使行政权、侦查权、检察权、审判权的工作人员，还包括未在上述机关工作但依据法律、法规授权、委托或聘用，行使一定行政权力的人员。如工商、城管部门聘用的管理市场、市容的聘用人员，公安交通部门聘用的交通协管员，环境卫生部门聘用的环境卫生监督人员。涉及司法赔偿时，还包括公安机关聘用的配合警察行使侦查权的治安巡逻员、联防队员，等等。

这里应注意，作出扩大性解释时必须遵循一条基本原则，那就是该人员是否行使国家职权？如果不是行使国家职权，即使在国家行政机关和司法机关工作，如汽车司机、技术工人、炊事人员、图书档案资料人员等，也不能成为我国国家赔偿法规定的职务行为主体。这一点，我国比其他国家更加严格。至于"志愿自动担当行政主体工作的人员"，如某公民自愿协助消防队救火造成侵害，能否视作"国家机关工作人员"纳入国家赔偿职务行为主体，有专家主张应该纳入。① 但实践中一般不通过法律程序，而由当地政府酌情以经济方式处理，这种处理类似犯罪分子放火爆炸引起无辜群众人身财产损害、由政府酌情补助一样，可看作为国家补偿的延伸。

国家赔偿法规定，受行政机关委托的组织在行使委托的权力时侵犯公民合法权益，由国家承担行政赔偿责任。司法权的行使没有委托的情况，我国法律从未允许司法机关将其享有的侦查权、检察权、审判权、刑罚执行权委托给其他任何组织。如果司法机关委托或变相委托，例如检察机关将检察权委托某企业保卫部门行使，那就是违法的，应追究有关人员责任。如果受委托的组织行使职权时造成损害后果国家是否承担责任？国家赔偿法未做规定。有专家认为，"对于司法机关的这种委托行为，国家理应监督，如果国家不监督，那么，就应当对自己的不作为行为的后果承担责任。所以，可以推定为国家承担赔偿责任。"②

2. 职务违法或适法行为

此一构成要件包括四项内容：致害行为必须是执行职务的行为；执行

---

① 皮纯协、冯军：《国家赔偿法释论（第三版）》，中国法制出版社 2010 年版，第 85 页。

② 肖峋：《中华人民共和国国家赔偿法的理论与实用指南》，中国民主与法制出版社 1994 年版，第 109 页。

职务的行为违法；职务行为适法但客观造成侵权损害后果；法定免责行为。

何谓执行职务的行为，国外存在两种不同的认定标准。一种是英国、美国等的主观标准，根据雇佣人的主观意思判断。执行职务的行为范围仅限于雇佣人命令受雇佣人办理的事项；另一种是法国、德国、日本和我国台湾地区的客观标准，根据行为的外在表现判断。只要行为从外观上属于社会观念认可的执行职务范畴即可。例如，身着制服的警察，以执行职务为名抢劫他人财物而伤人，尽管纯粹出于个人目的与职务毫不相干，但客观上具有执行职务的外形，应认定执行职务的行为。

我国《国家赔偿法》第2条规定的"国家机关和国家机关工作人员行使职权，有本法规定的侵犯公民、法人和其他组织合法权益的情形"的行为，就是执行职务的行为。执行职务的行为，是以某一国家机关的名义行使国家赋予该机关的某项职权、履行该机关职责的公权力行为。这就把国家机关工作人员在执行职务以外的行为排除在外。国家机关工作人员首先是普通人，其在社会生活中的非职务行为，当然应该同普通人一样地承担民事、刑事责任，或党纪、政纪处分，而不是承担国家赔偿责任。

执行职务的行为从行为人主观角度看，有积极行为与消极行为。国家行政机关负责社会生活的方方面面，其社会管理职能的实施，大多是积极主动的职务行为。如对违反工商管理的企业实施罚款、没收财物等行政处罚中，如果违反法律规定，则此种积极执行职务的行为，即应承担行政赔偿责任。相反，如果基于法律规定有作为之义务而不作为，例如消防人员接到火警后故意拖延时间不出警致使损失扩大，则属于消极执行职务的行为。

执行职务的行为从与职务关联度看，有属于职务本身的行为和与职务有关联的行为。构成职务行为本身的行为，如工商管理部门在其职务范围内违法吊销许可证和执照、责令停产停业行为等，应承担行政赔偿责任。不是职务本身但与职务内容密不可分的行为，如讯问嫌疑人或被告时，采取威逼、利诱、体罚、虐待等刑讯逼供行为。

执行职务的行为从法律性质上看，有法律行为、事实行为和抽象行为。大量的执行职务的行为，如侦查、讯问、搜查、拘留、逮捕、起诉、不起诉、审判等是法律行为，还有使用暴力或违法使用武器致人伤亡的事实行为，均属于司法赔偿中的执行职务的行为。至于行政机关作出的规范性文件、审判与检察机关依法进行司法解释的抽象行为，目前尚未列入行政赔偿和司法赔偿的范围。而且就法律行为和事实行为而言，能引起司法赔偿的执行职务的行为，目前也仅限于国家赔偿法明文列举的范围。与导致行政赔偿的执行职务的行为相比，作为司法赔偿构成要件的执行职务行为的范围比较狭小。

关于执行职务的行为违法问题，行政赔偿与司法赔偿要求之程度有差异：司法赔偿中执行职务的行为违法，主要指严格意义上的违法，即违反刑事、民事、行政三大诉讼法及相关司法解释等明文规定的行为，而行政赔偿对违法的解释则要宽泛得多。

职务行为适法但客观造成侵权损害后果，如对于无罪之人被错捕、错判的，即使司法机关执行职务的行为并未违法，亦应承担国家赔偿责任。

尽管从理论上看，国家应对一切违法行使公权力造成损害后果的行为承担赔偿责任，但从现实看，几乎每一个建立国家赔偿制度的国家都规定有免除国家赔偿责任的条款。我国《国家赔偿法》第 5 条、第 19 条对行政赔偿和刑事赔偿的免责范围作了规定。第 38 条对民事诉讼、行政诉讼和司法执行中的赔偿范围作了规定，未予规定的，即属免责范围。

3. 损害事实

国家赔偿的功能在于对损害的救济。损害是赔偿的前提，没有损害结果，即使存在违法职务行为，亦不予赔偿。司法实践中，对能否引起国家赔偿的损害结果的认定，需从下述三方面进行分析：

第一，损害必须是现实的、确定的。"现实的"指损害结果已经发生并客观存在，凡虚构设想，主观臆造的损害均不能引起国家赔偿责任；"确定的"指尚未发生但有证据证明利益的获得已经确定，或未来的损害现在即可以作出评估的，凡缺少证据证明利益的获得已经确定，或未来的损害目前无法评估的，不予赔偿。

尽管国家赔偿的损害应具有现实性质，但欧共体国家对某些损害在实际发生前，受害人也可以提起赔偿。当损害的原因即共同体采取的行为已经发生，而因此产生的结果还没有完全发生或者没有完全被认识时，当事人可以请求法院宣告其有权获得欧共体的某种赔偿。[①]

① 皮纯协、何寿生：《比较国家赔偿法》，中国法制出版社 1998 年版，第 96 页。

第二，损害必须是特定的、异常的。"特定的"指受到损害的个体为一人或少数人，不是普遍人群；"异常的"指根据公平负担原则，享受社会公益的个体应承受相应社会负担，但这种负担必须是合理、正常的，如果超出正常范围处于异常状况，则有权请求赔偿。如警察围捕逃犯时，处于围捕区域内的一切交通工具暂时停驶，因此遭受的损失不能请求赔偿，但警察误将路人当嫌疑犯枪击致伤，该路人受到的损害超出了正常负担，应予国家赔偿。

第三，损害的必须是合法利益。如果损害的是非法利益，则不受法律保护。

损害的形态多种多样，包括人身损害与财产损害，物质损害与精神损害，直接损害与间接损害等。我国国家赔偿制度处于初创阶段，国家赔偿目前只将损害范围确定为人身权损害（包括精神损害）和财产权损害，不包括间接损害。

人身权损害包括对人身自由的侵害和对生命健康权的损害及由此造成的精神损害。如刑事诉讼中对没有证据证明有犯罪嫌疑的人错误逮捕、错误判刑并已执行等对当事人人身自由的损害；刑事诉讼中违法对财产采取查封、扣押、冻结、追缴、变卖等措施，民事诉讼、行政诉讼和司法执行中违法采取保全措施和错误执行，行政活动中违法拘留、违法征收征用财产等。

4. 因果关系

我国国家赔偿责任的另一构成要件，是行政或司法侵权行为与损害事实之间存在因果关系，即侵权行为是原因，损害事实是结果。

自然界和人类社会中，普遍存在各种因果关系，国家赔偿因果关系是其中之一。如果某一行政或司法侵权行为与损害事实不存在内在联系，不承担赔偿责任；如果某一侵权行为是造成损害事实的原因，或者存在内在联系，则可能要承担赔偿责任，最终是否承担赔偿责任，还必须依赖于对其他构成要件，如职务行为主体、职务违法或适法行为要件的分析。

国家赔偿因果关系取材于民法理论中的因果关系。民事侵权因果关系理论主要有三种观点：（1）条件即原因说，认为凡是导致损害事实发生的条件，都是结果的原因。由于缺少其中任何一个条件，损害都不会发生，所有条件均具有同等价值；（2）重要条件即原因说，认为应该从全部条件中确认一个或几个重要条件作为原因，原因的制造者承担赔偿责任，其余条件制造者不承担责任；（3）相当因果关系说，认为如果某种原因仅在特定情况下产生某种结果时，不能认定二者之间有因果关系，只有在通常情况下，社会通行观念认为也能发生同样结果的，才能认定有因果关系。不少学者认为上述三种观点均有其不完善性，应采用其他标准或参照过错理论加以修正。

考虑到民事侵权因果关系理论尚在探索之中，而国家侵权行为常与民事侵权、犯罪行为交织，作者认为，以此为来源的国家赔偿因果关系的确认，可以选择多元办法，即根据国家赔偿案件的不同情况，采用不同的标准来判断国家侵权行为与损害事实之间是否存在因果关系。采用不同标准时既要防止扩大责任范围的倾向，又要防止缩小责任范围的倾向。如果采用某一标准可能扩大责任范围时，应辅之以其他标准加以缩小；如果采用某一标准可能缩小责任范围时，应辅之以其他标准加以扩大。一切以符合国家赔偿归责原则的精神为归宿。① 也有学者主张，考虑到国家活动的特殊性，倾向于重要条件即原因说，同时辅以相当因果关系说②。

---

① 参见江必新《国家赔偿法原理》，中国人民公安大学出版社 1994 年版，第 100 页；薛刚凌：《国家赔偿法教程》，中国政法大学出版社 1998 年版，第 65 页。

② 高家伟：《国家赔偿法学》，工商出版社 2000 年版，第 81 页。

四　国家赔偿范围

我国国家赔偿范围，指国家行政机关和司法机关及其工作人员在行使行政权或司法权过程中，给公民、法人和其他组织的合法权益造成何等损害国家予以赔偿、造成何等损害不予赔偿的法律界定。

明确并掌握这个界定，对于国家侵权受害人、赔偿义务机关、法院行政审判庭和赔偿委员会，均具有现实意义：受害人了解这个界定，知道其享有的国家赔偿请求权的范围，可以在法定范围内就自己所受损害请求赔偿，不提出法外之要求，法外要求被驳回后，能知法服气；赔偿义务机关了解这个界定，可以在国家赔偿范围内积极、主动承担其赔偿义务，给受害人以及时、切实的法律救济；法院行政审判庭和赔偿委员会熟悉这个界定，就能把握好赔与不赔的合适尺度，既合法保护公民、法人和其他组织受侵害的合法权益，又严格执行法律规定，不在法定赔偿范围之外予以赔偿。

国家赔偿范围的确定，第一，取决于国家的法治状况。国家赔偿制度诞生时间不长，一时还难以摆脱"国家豁免"理论的影响。在政治独裁、权力专横的社会，不可能有国家赔偿制度，因为"专制的国家是无所谓法律的"①。法治状况越良好的国家，国家赔偿的范围越宽泛。

第二，国家赔偿范围的确定，与采用何种国家赔偿理论有关。我国与许多西方国家不同，采用国家赔偿与国家补偿二元理论，即造成损害事实的侵权行为违法的予以国家赔偿，不违法的予以国家补偿。因此，未将外国国家赔偿范围中的立法赔偿、军事赔偿和公共设施损害赔偿等列入我国国家赔偿范围。

对于这些国家机关及其工作人员因在行使职权过程中的合法行为或因疏于职守、粗心大意等过失行为给相对人造成损失，由国家进行物质弥

---

① 孟德斯鸠：《论法的精神》上册，商务印书馆1961年版，第76页。

补，即以国家补偿方式加以解决。理论上对国家赔偿与国家补偿进行区分，实践上仍同样以物质方式加以救济。

第三，国家赔偿范围的确定，受到政治体制和司法体制的制约。在一些实行三权分立的国家，司法权对行政权的干预受到限制，行政执法的自由裁量权行使不当造成损害时，法院不得裁判赔偿。英国上议院迪普罗克（Diplock）议员对此的解释是："议会授予执行法律的行政机关在法定限度内享有绝对的决定特定手段方式的权力，以最好的实现立法目的。法院没有权力，也没有这种职责通过民事诉讼对因自由裁量权之行使而受到不良影响的公民予以救济的方法，将自己所认为适当的手段方式强加给行政机关。"①

第四，国家财力充裕程度也是影响赔偿范围的重要因素。由于财力局限，国家不可能对所有侵权行为一概承担损害赔偿责任，只是有选择地通过法律规定哪些侵权应该赔偿，即通常所说的"法定赔偿原则"。如美国规定，联邦政府官员违法赔偿责任，援 1971 年最高法院毕恩斯判例处理，其他政府性质赔偿责任，依联邦侵权法处理。如果法律没有规定，并不是任何损害都能进入诉讼程序得到赔偿②。

我国亦采用法定赔偿原则，法律或司法解释未明文规定应由国家承担赔偿责任的事项，赔偿义务机关、法院行政审判庭和赔偿委员会不得依据违法归责原则扩大赔偿范围。

第五，司法实践中，国家侵权数量的多寡，对国家赔偿范围的确定，也是一个不得不考虑的现实因素。如果行政与司法队伍整体素质不高，权力监督和制约机制不健全，执法社会环境和外部因素不理想，国家提供的物质保障不充裕，刑事、民事、行政诉讼中的违法侵权数量较高，此种情况下，国家赔偿范围的确定就不可能宽泛。我国在 20 世纪 90 年代初起草国家赔偿法时曾就赔偿费用作过测算，每年大致需 20 亿元，而国家财政当时仅能承受 2 亿。尽管事实证明这项预测很不准确，2 亿预算也远未使用，但法定国家赔偿范围却只能是有限的。

第六，国家赔偿范围的确定还与国家赔偿采行何等原则密切相关。总的讲，国家赔偿应当适用违法责任原则，但是，司法赔偿又有其特殊性，

① 皮纯协、冯军：《国家赔偿法释论（第三版）》，中国法制出版社 2010 年版，第 93 页。

② ［美］乔治·贝尔蒙："美国国家赔偿制度"，载《行政立法参考资料》第 14 辑。

即在适用违法责任原则前提下辅之以结果责任原则，即刑事司法赔偿采行无罪赔偿原则，民事司法与行政司法赔偿采行限制原则。

无罪赔偿原则，指在刑事诉讼过程中发生错捕、错判的，只有在受害人完全无罪情形下，国家才承担赔偿责任。如果属于轻罪重判或犯此罪而判成彼罪等情形，虽也属于错判，但由于被处刑人存在犯罪事实，依据目前规定，国家不承担赔偿责任。在此问题上，德国、奥地利与我国不同。1971 年联邦德国刑事追诉措施赔偿法规定："对于因一项刑事法庭判决遭受损失者，如其判决在再审程序的刑事诉讼中被取消或者被减轻，或者在能使该判决有效的其他刑事诉讼中被取消或减轻时，由国库予以赔偿。"奥地利 1969 年刑事赔偿法规定："受害人经国内法院判决后……经重新判决并因此被判处较轻刑罚的，赔偿请求成立。"

这里存在一个值得研究的问题：如果被处刑人有罪，但依法不应判处死刑，却被判死刑并已执行的，国家是否应该赔偿。依据目前规定，此种情形不在赔偿范围之列。作者认为，从法理上看，被处刑人的犯罪事实不足以处死，依据罪刑适应理论，在其依法服刑之后，仍然享有生命权。现已被处死，是对其依法享有生命权的非法剥夺，不予赔偿，于理不合。

我国国家赔偿法对民事司法与行政司法赔偿采行限制原则，即将其赔偿范围限制在法律明示列举的违法采取对妨害诉讼的强制措施、违法采取保全措施、对生效法律文书执行错误三个方面，排除了对民事司法和行政司法过程中的其他错误，如错误判决、错误裁定等的赔偿。

（一）行政赔偿范围

行政赔偿范围，是指国家行政机关及其工作人员在行使行政管理职权时，违法侵犯公民、法人和其他组织的合法权益，造成损害时，由国家承担赔偿责任的具体范围。《国家赔偿法》第 3、4、5 条对此作了明确规定。

1. 侵犯人身权的行政赔偿范围

根据国家赔偿法第 3 条规定，下列 5 种侵犯人身权的行政侵权行为，国家承担行政赔偿责任：

（1）违法拘留或者违法采取限制公民人身自由的行政强制措施

①违法行政拘留

行政拘留，是指公安机关、安全机关对违反行政法律规范尚不构成犯罪的人，短期剥夺其人身自由的行政处罚措施。它是所有行政处罚措施中最严厉的一种，相关法律对其作出明确的实体和程序规定，违反这些规定，即属违法行政拘留。

综合我国行政处罚法、治安管理处罚法、公民出境入境管理法、外国人出境入境管理法、国家安全法（2014年11月1日，第十二届全国人民代表大会常务委员会第十一次会议将其修改为反间谍法）等规定，合法行政拘留必须同时具备下列条件：

第一，只有县级以上公安、安全机关有权作出拘留决定，如果其他机构如乡联防队对参与赌博的村民实施拘留，则处罚主体不适格，属违法行政拘留。第二，从实体上审查，对违反行政法律规范的行为，适用法律、法规必须正确。第三，从程序上审查，作出行政拘留的程序必须符合法定程序规定，行政拘留的期限不能超过15日。第四，实施行政拘留，必须以事实为依据，与违法行为的事实、性质、情节以及社会危害程度相当。综合违法行为、实体规定和法定程序总体判断，不存在显失公正情形。凡违背上述任何一个条件的，即属违法行政拘留。

②违法采取限制公民人身自由的行政强制措施

劳动教养

限制公民人身自由的行政强制措施有许多种，其中最主要的形式劳动教养，在争议声中实施56年后，于2013年12月28日十二届全国人大常务会第六次会议上，通过了关于废止有关劳动教养法律规定的决定。根据决定，在劳教制度废止前，依法作出的劳动教养决定有效。劳教制度废止后，对正在被依法执行劳动教养的人员，解除劳动教养，剩余期限不再执行。

劳教制度是主要由公安机关决定并执行的一种行政处罚，本是针对社会上屡教不改的小偷小摸、卖淫嫖娼、吸毒及有劣迹的无业人员等，但在长期实践中逐渐被异化和扩大化。由于劳教制度限制公民人身自由期限较长，其严厉程度有时超过轻微刑罚。而其决定过程简便，不经法院审理，没有辩护救济，极易侵犯人权。及时废除这一行政强制措施，对弘扬法治精神具有积极意义。

收容教养

我国《刑法》第 17 条规定："因不满 16 周岁不予刑事处罚的，责令他的家长或监护人加以管教；在必要的时候，也可以由政府收容教养。"依据此条规定，只有政府才有权决定和实施收容教养，被教养人必须已满 14 周岁不满 16 周岁、已经犯罪但依法不需要追究刑事责任，家长管教达不到效果必须由政府收容管教。不符合上述条件的，属违法收容教养。

收容教养与收容教育、劳动教养有近似的地方但又有所区别：第一，适用法律不同。收容教养的法律依据是刑法，劳动教养的依据是行政管理的法律法规，收容教育是依据《卖淫嫖娼人员收容教育办法》；第二，教养对象不同。收容教养的对象为 16 周岁以下的人，劳动教养对象则为 16 周岁以上的人，收容教育对象为 14 周岁以上的人；第三，教养方式不同。对收容教养人员，重在教育、挽救，对劳动教养人员则实行强制劳动改造，对收容教育人员进行法律、道德教育和生产劳动，使之改掉恶习。

收容教育

《卖淫嫖娼人员收容教育办法》于 1993 年 9 月 4 日国务院公布施行；2010 年 12 月 29 日修正，于 2011 年 1 月 8 日施行。收容教育，是指对卖淫、嫖娼人员集中进行法律教育和道德教育、组织参加生产劳动以及进行性病检查、治疗的行政强制教育措施。

该《办法》第七条规定，对卖淫、嫖娼人员，除依照《中华人民共和国治安管理处罚法》第六十六条的规定处罚外，对尚不够实行劳动教养的，可以由公安机关决定收容教育。第九条规定，收容教育期限为六个月至二年。

第二十条规定，被收容教育人员对收容教育决定不服的，可以依法申请行政复议；对行政复议决定不服的，可以依照《中华人民共和国行政诉讼法》的规定向人民法院提起诉讼。

20 世纪 80 年代，随着市场经济的高速发展，嫖娼卖淫现象迅速蔓延。据公安部门统计，1984 年全国查处嫖娼卖淫人员 12281 人次，到 1989 年突破 10 万人次，1991 年突破 20 万人次。为查禁愈演愈烈的嫖娼卖淫活动，1991 年《全国人大常委会关于严禁卖淫嫖娼的决定》提出，对卖淫、嫖娼的，可以由公安机关会同有关部门强制集中进行法律、道德教育。1993 年，国务院据此颁布《卖淫嫖娼人员收容教育办法》规定。据媒体报道，1987—2000 年全国累计收容教育 30 多万人，截至 2002 年，全国已建立收容教育所 200 个。

但是，收容教育规定与立法法不协调。《立法法》第八条规定："对公民政治权利的剥夺，限制人身自由的强制措施和处罚，只能制定法律。"立法法的规定充分体现了我国对人身自由提供充分保护的意图，从而明确把限制人身自由的手段列为法律绝对保留事项。然而，现行收容教育制度是通过严禁卖淫嫖娼决定确立的，其关键性制度是通过该决定授权国务院制定行政法规得以建立，与立法法不协调。

同时，根据 2006 年实施的《治安管理处罚法》第 66 条规定，对卖淫、嫖娼行为，仅给予拘留、罚款的行政处罚，并未规定收容教育。按照新法优于旧法原则，应当适用治安管理处罚法，严禁卖淫嫖娼决定的相关内容不应再适用。

所以，收容教育制度废止之声再起。2014 年 6 月 7 日，江平、应松年、樊崇义等法学家在京都律师事务所"从黄海波案谈收容教育制度之存废"联署《关于废止收容教育制度的建议书》，呼吁废除收容教育制度。联名者还包括杨立新、阮齐林、王敏远、王麟、杨伟东、彭新林、田文昌等法学学者、律师，约 20 人，建议书送全国人大常委会。①

行政扣留

我国《海关法》第 6 条规定，海关有权依法对走私罪嫌疑人暂时限制其人身自由，移送司法机关处理。此处扣留的主体必须是海关，被扣留人必须是有事实证明有走私犯罪嫌疑，扣留措施须经关长批准，扣留时间不超过 24 小时、特殊情况不超过 48 小时。

强制治疗与戒毒

我国《传染病防治法》第 39 条规定，医疗机构对甲类传染病（鼠疫、霍乱）人和病原携带者，依据医学检查结果，有权对其强制隔离治疗。拒绝隔离治疗或隔离期未满擅自脱离隔离治疗的，可以由公安机关协

---

① 《新京报》2014 年 6 月 9 日。

助医疗机构采取强制隔离治疗措施。

强制治疗与戒毒，也是公安机关对卖淫妇女和吸毒人员，采用的教育与治疗的重要行政强制措施。

除上述限制公民人身自由的行政强制措施外，还有强制遣送、强制传唤、强制搜身、强制带离现场、遣送出境等。国家行政机关及其工作人员、特别是公安机关及其人员，对相对人采取行政强制措施时，一定既要遵守实体法又要遵守程序法要求和相关具体规定，耐心细致、兢兢业业做好工作，时刻以国家赔偿警惕自己，既要履行职责，又要合规合法，尽量减少行政赔偿案件的发生。

应该注意的是，对违法拘留或者违法采取限制公民人身自由行政强制措施，实施行政赔偿的前提条件，是该行政强制措施不仅违法，而且已经实施，已经造成公民人身自由受侵犯的既成事实后，国家才承担行政赔偿责任。

（2）非法拘禁或者以其他方法非法剥夺公民人身自由

此类行为是行政机关及其工作人员在执行职务中，在不具备实行上述行政拘留和其他限制人身自由强制措施条件下，故意采取的违法行为。

上述"行政拘留和其他限制人身自由行政强制措施"，均有法律、行政法规或部门规章作依据，行政人员仅仅在执行过程中未严格依法办事。而"非法拘禁或者以其他方法非法剥夺公民人身自由"，则是没有任何法律、法规依据的公开的违法行为。

行政机关及其工作人员采取此种行为时，是故意违法，明知故犯，主观恶意明显，社会危害性大，而且发生频率高，造成影响面大，给依法行政、建设法治政府带来经常性冲击。发生此类行为后，必须迅速处置，及时给受害人行政赔偿。

（3）以殴打、虐待等行为或者唆使、放纵他人以殴打、虐待等行为造成公民身体伤害或者死亡

此类行为一般是行政机关工作人员的个人行为，与行政机关没有关系。因此，在国家赔偿制度先行国家中，一开始由工作人员个人赔偿。理由是：第一，国家法律不可能授权任何工作人员有殴打他人之权力，打人行为不是职务行为而是个人行为，应由个人承担责任。第二，个人承担责

任有利于提高其文明执法水平，有利于遏制和防止行政执法中经常出现的粗暴、野蛮、暴力等不人道、不文明的非法行为。

但随着社会发展，此种做法之负面问题逐步暴露：首先，国家工作人员是在执行职务时出于履行职责之愿望实施的非法行为，不是普通社会生活中出于个人目的的殴打行为。国家完全不承担责任，不够公正。其次，国家工作人员的个人经济能力有限，常常使受害人权益得不到充分救济。因此，此类行为的性质认定，逐步由完全的个人过错向个人过错与公务过错兼有的混合过错转变；其赔偿责任，也从完全由个人承担发展到国家与公务员承担连带责任，最后发展到完全由国家承担行政赔偿责任。

作为发展中国家的我国，其"后发优势"就在于不用重复他人走过的弯路，而明确规定此类行为的国家赔偿责任，同时配以追偿和惩戒制度。

这里要强调的是，1994年《国家赔偿法》的规定仅限于"以殴打等暴力行为或者唆使他人以殴打等暴力行为造成公民身体伤害或者死亡的，受害人有取得赔偿的权利"。后来不少学者专家和全国人大常委委员建议，应增加虐待和监管人员放纵他人实施殴打、虐待的情形。2010年《国家赔偿法》吸收了这一建议，进一步扩大了此类行为的赔偿范围。

（4）违法使用武器、警械造成公民身体伤害或者死亡

武器、警械是人民警察执行职务、制止犯罪、保护人民的重要工具。人民警察法、海关法、军事设施保护法等法律、法规对此均有规定。为防止武器、警械之滥用，人民警察使用警械和武器条例、海关工作人员使用武器和警械的规定均对之作了明确界定。但现实生活中，违法使用武器、警械造成公民身体伤害或者死亡的情形时有发生。极个别害群之马随意拔枪射杀无辜百姓之恶劣事例，亦偶见诸报端，引起民愤。

但此处所指的作为侵犯人身权行政赔偿范围的"违法使用武器、警械造成公民身体伤害或者死亡"的情形，应具有如下特征：

第一，实施者必须是法律规定的行政机关工作人员，如人民警察、海关工作人员和军事设施管理单位的值勤人员，其他行政机关工作人员无权使用武器、警械。第二，必须是违反条例规定的"不得使用"武器、警械、"立即停止使用"武器、警械或不当使用约束性、驱逐性、制服性警械的行为。如警察对于抗拒行政拘留之人可以使用警棍，但某人仅仅出言不逊就用电棍将其击伤致残的行为。第三，"违法使用武器、警械"必须

在执行职务之中，如在围堵犯罪分子时误伤路人。但如在执行职务之外，违规携带、使用武器造成公民身体伤害或者死亡的，则由其个人负责，国家不承担行政赔偿责任。

（5）造成公民身体伤害或者死亡的其他违法行为

这一规定即为通常称之"兜底"条款。社会生活纷繁复杂，违法侵权行为举之不尽，除上述 4 种以外的所有未列举出来的违法致人伤亡的情形，均囊括其中。例如追捕逃犯之警车闯红灯将正常过马路之行人撞死等。

此处还有一种情形，国家应否承担行政赔偿责任，法律规定不明确，专家学者意见分歧，但最高法院通过个案批复，确认应该承担行政赔偿责任。[①] 这就是争论已久的"不作为"能否构成国家赔偿，即国家行政机关（主要是公安机关）不履行法定保护公民人身权的"不作为"行为，能否算作此处规定的"造成公民身体伤害或者死亡的其他违法行为"，予以行政赔偿。

支持者认为，公安机关对被行政拘留或其他形式被限制人身自由的人，负有保护其生命、健康之职责。有此职责而"不作为"未尽责，导致其人身受到他人侵犯致伤亡或延误救治而伤亡。此种不履行法定职责的行为，应属于此处规定的"造成公民身体伤害或者死亡的其他违法行为"，予以行政赔偿。

反对者认为，依据国家赔偿法，由行政机关违法行使职权的行为造成损害的，国家才承担行政赔偿责任。"行政机关违法行使职权的行为"是积极行为，不是消极的不作为。而且，此处造成受害人伤亡的，不是公安机关工作人员，而是违法犯罪分子的行为，或者自身病因造成的。国家不应承担行政赔偿责任。

作者认为，第一，此处受害人已失去人身自由，一切权利均不能自主，均听命于公安机关。其违法行为的相对处罚，依照法律规定仅限于人身自由，罚不能及于其生命和健康。作为国家权力机关的公安机关，既有权对之实施行政拘留限制其人身自由，同时更有责任保障其生命和健康安

[①] 见最高人民法院（1998）行他字第 19 号批复、（1999）行他字第 11 号批复、法释字〈2001〉23 号批复。

全。这种责任，是不可推卸的法定义务，任何"不作为"都只能是一种违法行为。

第二，反对者认为，依据国家赔偿法"行政机关违法行使职权的行为"是积极行为的观点，应该说可以成立。但是，正因为考虑到侵权行为的多样性，国家赔偿法才又明确规定了"造成公民身体伤害或者死亡的其他违法行为"的"兜底"条款。将公安机关"不作为"的消极行为算入该"兜底"条款之中，亦应是国家赔偿法应有之义。

第三，国家赔偿法的立法宗旨是保障人权。如果在行使国家强制力的公安机关的围墙内，连最基本的生命权和健康权都得不到保障，一个轻微违反行政法规的人员走着进去、抬着出来，公安机关却作为一个旁观者，不承担任何责任，这种情形于法于情于理都说不过去，依法行政，建设法治政府的目标从何实现？

所以，作者支持最高法院三个批复的观点和做法：由于公安机关不履行法定职责，含未尽监管职责，致使公民合法权益遭受损害的，应当承担行政赔偿责任。当然，在确定赔偿数额时，应分清主次，综合考虑多种因素，合理界定不履行职责行为在损害发生过程和损害结果中所起的作用。

2. 侵犯财产权的行政赔偿范围

《国家赔偿法》第4条规定，国家行政机关及其工作人员在执行职务中，有下列侵犯公民、法人和其他组织财产权的行为，国家应承担赔偿责任：

（1）违法实施罚款、吊销许可证和执照、责令停产停业、没收财物等行政处罚行为

罚款，是指行政机关依法强迫违反行政法规者交纳一定数额现金的行政处罚方式。它是日常行政管理中使用最普遍的一种处罚手段。其立法本意是：针对违法者违法取得不当经济利益之行为，强制其额外承担金钱损失，达到惩罚、警诫与教育之目的，减少或杜绝其行政违法行为。

这里要注意"罚款"与"罚金"两个法律概念的区别：尽管二者均以金钱所有权之转移为表现形式，但二者法律性质不同，实施机关有别。罚款是违反行政法规的行政处罚措施，罚金是触犯刑事法律处以刑罚附加刑之一；罚款由主管行政机关作出，罚金则只能由审判机关判处。因之，

如果发生违法或错误之情形，违法罚款属于行政赔偿范围，无罪错判罚金，则属于刑事赔偿范围。

许可证和执照，是主管行政机关依法向申请人发放的允许从事某项经济活动获取相应权益具有法律保障的正式文书。如各种营业执照和食品卫生许可证、捕捞许可证、烟草专卖许可证等。许可证和执照的发放与吊销、注销，均有相关实体和程序规定，违法吊销，必然使申请人无法继续其行业活动而蒙受直接和间接的经济损失，行政赔偿则是对其损失进行补救的一种措施。

工商企业登记管理条例规定有责令停产停业之行政处罚，处罚违法时，亦可申请行政赔偿。

没收财物的范围，通常指违禁物品、违法工具、非法所得等，是对实施违法生产、经营的行为人，将上述财物无偿收归国家和销毁的一种行政制裁。

除上述罚款、吊销许可证和执照、责令停产停业、没收财物等行政处罚行为外，主管行政机关还有权作出停止贷款、停止供应原材料、停止侵害、禁止人员或货物入境等职权范围内的种种行政处罚措施。

根据国家赔偿法规定，上述种种行政处罚措施的采用，必须同时具备下述条件才能合法，否则，应该进行政赔偿：第一，作出行政处罚的机关必须具有行政处罚权，并不能超出其权限范围。第二，认定被处罚人的违法事实，必须事实清楚明了，证据确实充分。第三，行政处罚决定适用的实体法与程序法正确无误。第四，处罚必须罚当其错，不能显失公平。

另外，适用国家赔偿法进行行政赔偿时，还必须注意两个问题：其一，违法行政处罚已经实行并已经造成损害结果。其二，该行政处罚之违法性已被国家行政机关或司法机关认定。

（2）违法对财产采取查封、扣押、冻结等行政强制措施

查封，是指行政主体对某些动产或不动产就地封存，财产所有人等不得使用或处分的行政强制行为。扣押，是指行政主体将有关财物就地扣留，防止相对人转移、损毁的行为。冻结，是指行政主体要求金融机构对存款、汇款及股票等有价证券暂停支付，不准相对人提取或转让的强制行为。此外，划拨、扣缴、抵缴等强制措施，也经常被行政主体依职权采用。

　　尽管法律、法规、规章对采用上述诸种行政强制措施，规定了具体条件和程序，但因为国家行政管理事项烦琐复杂，涉及社会生活方方面面，而有权实施强制措施的行政主体众多，如各级政府及其税务、海关、公安、审计、工商行政、卫生行政、外汇管理、食品药品监管等机关，均有实施权力，其违法实施的情形也就相对较多，给予受害者以行政赔偿，以尽量救济其被侵犯之权益，十分必要。

　　（3）违法征收、征用财产

　　征收，指国家行政机关依照法律规定，将公民、法人和其他组织的金钱或财物，收归国有的行为。一般包括征收税款、征收规费、征收土地三种形式。

　　征收土地，指国家行政机关为经济、文化、国防等建设需要，依据国家发展计划，履行严格审批手续，将集体所有制的土地或使用全民所有制土地单位的土地，以有偿方式收归国有的行政强制行为。

　　由于国家经济蓬勃发展和城镇化建设规模扩大，有限的土地资源难以满足人民日益增长之物质文化需要，征收土地的相关法规不够健全，以致近年来由征地拆迁引发的社会矛盾十分突出。国家除采取其他措施外，对其中符合行政赔偿条件的及时予以赔偿，是维护社会稳定的重要方面。

　　征用，指国家行政机关依法在其职权范围内，强制取得公民、法人和其他组织的财产所有权、使用权或劳务，并给予经济补偿的行政行为。征用财产之强制行政行为必须在战争、暴乱、抢险救灾、控制瘟疫等紧急状态下，由国务院或省级政府授权的行政机关进行，征用之财产必须用于国家紧急需要。违反上述规定造成损失的，国家承担行政赔偿责任。

　　（4）造成财产损害的其他违法行为

　　凡未包括在上述三种违法行为之外的其他违法行为，如违法干涉承包人经营权，非法强迫转让商标权、著作权，违法不履行义务的不作为等造成损害的，均属于"造成财产损害的其他违法行为"，必须予以行政赔偿。

3. 不予行政赔偿的范围

　　同任何其他法定赔偿一样，行政赔偿的范围也是有限的。下述三类情形，我国国家赔偿法明确规定，不予赔偿。

（1）行政机关工作人员与行使职权无关的个人行为

职务违法或适法行为，是我国国家赔偿四大构成要件之一。行政机关工作人员的职务违法行为，是构成行政赔偿的基本要素，其与行使职务无关的个人行为，当然被排除在行政赔偿之外，由其个人自行承担赔偿责任。

行政机关工作人员个人自行承担与行使职务无关的个人行为的赔偿责任，是世界各国行政赔偿的通行做法。如美国联邦侵权赔偿法第 2680 条（h）项规定，对于公务员实施的人身加害、诬告、诽谤、欺诈、侵害债权等行为，属于个人行为，应由本人承担，国家不承担赔偿责任。法国法学界尽管对公务过错与个人过错区分有多种观点，但司法界实行的仍是公务员纯粹私人过错由个人承担赔偿责任。

我国行政赔偿实行违法归责原则，其责任构成要件以是否与"行使职权"有关：无关的，个人负责；有关的，国家赔偿，而不再强调行使职权时公务员的主观过错如何。

（2）因公民、法人和其他组织自己的行为致使损害发生

国家赔偿原理来源和借鉴于民法理论。因受害人过错而免除或分担责任，是世界各国民法之原则。我国《民法通则》第 131 条亦规定："受害人对于损害的发生也有过错的，可以减轻侵害人的民事责任。"其他国家的国家赔偿法和我国国家赔偿，也普遍采用此一原则。如奥地利国家赔偿法规定，受害人故意或过失不依法律救济途径对损害之发生或扩大加以阻止的，其对此后果应负责任。法国在行政赔偿案例中，亦认定受害人有过错时，可以全部或部分免除国家赔偿责任。

司法实践中，对"因公民、法人和其他组织自己的行为致使损害发生"国家不承担赔偿责任的情形，需要视具体情况作出不同处理：

损害事实发生完全由受害人自己引起，国家不承担赔偿责任。如行政机关依法对其行政拘留时，受害人自伤、自残行为。

损害事实发生完全由受害人自己引起，同时行政行为违法。如警察违法入室查抄夫妻二人观看黄碟，受害人气愤将播放设备砸毁。尽管播放设备毁坏与警察违法入室有关，但仅是间接因果关系，无直接因果关系，国

家不承担赔偿责任。

损害事实发生由受害人自己行为与行政机关工作人员行为共同造成，不能免除国家赔偿责任，但可根据责任大小酌情减轻赔偿责任。

行政相对人无过错，损害完全由行政机关及其工作人员违法行使职权造成，但造成后，行政相对人故意或过失放任其损害扩大，其扩大之损害应由相对人承担。如工商机关违法扣押一车水果后及时通知相对人处理，相对人未及时处理导致损失扩大，其扩大之损害不应由国家承担。

行政机关违法裁决公民之间的损害赔偿，致使应得赔偿一方未能及时得到赔偿。其扩大之损害应由国家承担责任。[①] 行政机关实施的行政处罚畸重、显失公平，致使合法权益损害的，畸重部分造成之损害，国家承担赔偿责任。

（3）法律规定的其他情形

此项规定，是指除国家赔偿法规定的上述 2 种情形外，其他法律规定的免除国家赔偿责任的情形。

这里应注意两点：第一，此处所指的"法律"，应指严格意义上的法律，即由全国人大或其常委会有权制定的法律，不包括行政法规和地方性法规等其他法律规范。这样限定的本意，是尽量缩小国家免责范围，充分保护公民权利。第二，到目前为止，在我国现行法律规范中，尚未发现有除国家赔偿法外、规定免除国家行政赔偿责任的法律。随着我国法制建设向纵深发展，今后可能出现的免除国家赔偿责任的法律，也许是紧急状态法等规范国家处于非常时期的法律规范。

（二） 司法赔偿范围——刑事赔偿

刑事赔偿，是指司法机关及其工作人员在行使国家刑事司法权时，侵犯公民、法人和其他组织的合法权益，依法进行的赔偿。由于各国情况不同，刑事赔偿的立法形式和名称各异。如日本称刑事补偿，制定了专门的刑事补偿法；法国称再审无罪和羁押赔偿。法国刑事诉讼法规定，被告经

---

① 有专家认为国家不应承担责任。见江必新等著《国家赔偿法条文释义与专题讲座》，中国法制出版社 2010 年版，第 132 页。

高等法院判决无罪后，对原审有罪判决所致损害，有请求赔偿权。民事诉讼法规定，因法官存在欺诈、渎职、拒绝裁判或其他职务上重大过失而被判有罪者，有权请求国家赔偿；美国联邦法律未作统一规定，由各州对无辜受刑或赦免造成的错误拘禁、监禁执行赔偿；德国和奥地利则在国家赔偿法之外，制定单行的羁押赔偿法和再审无罪法；我国台湾地区则称冤狱赔偿，除国家赔偿法外，制定有专门的冤狱赔偿法（2010 年将冤狱赔偿法更名为刑事补偿法）。

我国国家赔偿法规定的刑事赔偿，根据国家立法机关全国人大常委会法制工作委员会《关于〈中华人民共和国国家赔偿法（草案）〉的说明》中的表述："刑事赔偿是指公安机关、安全机关、检察机关、审判机关在刑事诉讼中，侵犯当事人人身权、财产权造成损害而给予的赔偿。"这一刑事赔偿的概念无疑是正确的，但还应补充两点：侵权机关中应有监狱管理机关，侵权主体中应列入上述机关的工作人员。①

刑事赔偿来源于刑事司法侵权。刑事司法侵权行为的存在，是构成刑事赔偿的基本要素。

刑事司法侵权行为通常由刑事司法决定和刑事司法程序中的事实行为两部分组成。刑事司法机关就某一个案作出决定后，经法定程序确认该决定错误，该机关对该个案的处理即是错误的刑事司法决定。如公安机关对犯罪嫌疑人刑事拘留后提请逮捕，检察机关以不构成犯罪为由不批准逮捕，公安机关作出的拘留决定即为错误的司法决定。错误的司法决定包括在整个刑事诉讼过程中依法作出的所有决定，无论是阶段性的还是终局性的，无论是程序性的还是实体性的。

刑事司法程序中的违法事实行为，是构成刑事赔偿的要素之一。该行为一般是在没有司法决定的情况下，司法人员执行职务时对公民、法人或其他组织作出的违法侵权行为，如暴力伤害、刑讯逼供、违法使用武器等。这里有两个问题需要注意；一是司法决定和事实行为，只有经过法定程序被确认为违法，才是能够产生赔偿后果的刑事司法侵权行为；二是司法人员的事实行为中，必须是行使职权的行为，与职权无关的个人行为，

---

① 作为法制工作委员会向人大常委会提交国家赔偿法草案的报告中，对刑事赔偿作出如此简明扼要的表述，是适当可行的。但在有的国家赔偿法著作中，却将此一表述作为刑事赔偿的概念，则不够准确、科学。

国家不承担赔偿责任。

构成刑事赔偿的要素之二，是司法侵权行为的损害后果已经发生。所谓损害后果已经发生，既包括已客观存在的实际的损害，也包括不可避免的、可清楚预见的未来损害。而且，在侵权行为和损害后果之间必须存在直接的因果关系。

构成刑事赔偿的要素之三，是必须符合司法侵权行为人的主体资格。只有行使侦查、检察、审判、监狱管理职权的机关及其工作人员，实施了刑事司法侵权行为，国家才承担刑事赔偿责任。国家司法机关及其工作人员一般具有双重法律身份。当其以机关法人或自然人身份作为民事主体参与民事活动时侵犯公民、法人合法权益（如法院拖欠建筑单位盖办公楼施工费、民警借钱未还等）造成损害的，不由国家赔偿法调整，应由民法调整，由机关法人或司法人员个人独立承担民事责任。另外，司法机关中不行使司法权的其他人员（如后勤服务人员等）发生的侵权行为，亦应由其自身承担民事责任。

构成刑事赔偿的三要素互相关联，缺一不可。同时具备上述三要素，国家刑事赔偿责任才能成立。

我国在《国家赔偿法》中设立专章就刑事赔偿作出规定。其中第17条、第18条规定国家承担刑事责任的积极事项，第19条规定国家不承担刑事责任的消极事项。

我国刑事赔偿包括三个方面：侵犯自由权的刑事赔偿，侵犯生命权、健康权的刑事赔偿，侵犯财产权的刑事赔偿。

关于侵犯自由权的赔偿，各国做法不一。有的国家如德国不以是否有罪而以刑事追诉是否被纠正为原则，不仅无罪羁押应赔，轻罪重判也应赔；有的国家和地区，如日本和我国台湾地区只赔偿无罪被羁押。我国采行后一种原则，有罪被羁押、轻罪重判和超期羁押（违法拘留时的超期羁押例外），原则上不予赔偿。

生命权、健康权是公民的基本人权，受国家法律的严格保护，与对自由权的相对保护不同，对生命、健康权的保护是绝对的。任何公民的生命、健康权都一视同仁地受到保护，不受任何机关和个人的非法侵犯，侵犯了即应赔偿，毫无例外。

财产是人们赖以生存和发展的物质基础。随着我国由计划经济向市场经济转变，财产的基础作用越来越突显，成为我国公民最基本、最重要的人权。《国家赔偿法》第 18 条规定，司法机关及其工作人员在刑事诉讼中违法对财产采取查封、扣押、冻结、追缴等措施，或依审判监督程序再审改判无罪，原判罚金、没收财产已经执行的，受害人有取得赔偿的权利。

刑事赔偿与行政赔偿

不少国家将行政赔偿和刑事赔偿分别用两部法律加以规定，我国则将二者同时规定在一部国家赔偿法中。无论采取何种立法形式，刑事赔偿与行政赔偿除在违法侵权、国家承担责任等方面有相同之处外，二者的区别是明显的：

（1）侵权行为主体不同。行政赔偿侵权行为主体，是机构众多、涉及面广、权力重大的国家各级行政机关及其工作人员；刑事赔偿侵权行为主体，则是权力性质比较单一的国家司法机关及其工作人员，包括各级公安机关、安全机关、军队保卫部门、人民检察院、人民法院、监狱（看守所、劳动改造队、少年犯监管所等）及其工作人员。

（2）赔偿范围不同。行政赔偿与刑事赔偿尽管在赔偿项目上都赔偿受害人的人身权和财产权，但在赔偿的具体范围上，由于行政侵权和刑事侵权的不同性质而呈现差别。

人身权方面，行政赔偿的范围是违法行政拘留、违法采取限制公民人身自由的行政强制措施，非法拘禁或以其他方法非法剥夺公民人身自由，以殴打等暴力或唆使他人以殴打等暴力、违法使用武器警械或以其他违法行为造成公民身体伤害或者死亡的；而刑事赔偿的范围则是错拘、错捕、错判，刑讯逼供或以殴打等暴力或唆使他人以殴打等暴力或违法使用武器警械造成公民身体伤害或死亡。

财产权方面，行政赔偿的范围，是违法实施罚款、吊销许可证和执照、责令停产停业、没收财物等行政处罚，违法对财产采取查封、扣押、冻结等行政强制措施，违反国家规定征收征用财物，或造成财产损害的其他违法行为；刑事赔偿的范围，则是刑事诉讼过程中违法对财产采取查封、扣押、冻结、追缴等措施，再审改判无罪原判罚金、没收财产已经执行。

（3）赔偿程序不同。在赔偿义务机关不予赔偿或赔偿请求人对赔偿数额有异议的情况下，刑事赔偿请求人须向复议机关申请复议，未经复议直接向法院赔偿委员会申请则被驳回，而提出行政赔偿的可以经过复议也可以不必经过复议，请求人可以直接单独或一并向法院提起诉讼。

刑事赔偿案件被受理后，履行决定程序，法院赔偿委员会作出的赔偿决定为一次性终局决定。而行政赔偿履行诉讼程序，实行两审终审制。在国家赔偿法起草过程中，亦曾设想履行诉讼程序，后考虑刑事赔偿以国家为责任主体，不能因承担赔偿责任影响国家机关正常工作，检察机关如在赔偿案件中做被告，其法律监督地位在法理和实践中不便处理，才设计出现在这样一种相对简单、比较特殊的决定程序。

司法实践中，一些案件的处理往往既涉及行政赔偿又涉及刑事赔偿，从理论上分清二者的联系与区别，对正确处理此类案件十分重要。

刑事赔偿与刑事附带民事诉讼赔偿

《刑事诉讼法》第七章规定，被害人由于被告人的犯罪行为而遭受物质损失的，有权在刑事诉讼过程中同时提起附带民事诉讼，追究被告人的民事责任。此种情况下，被告人除受到刑罚惩罚外，还应赔偿受害人的经济损失。这种刑事附带民事赔偿与国家赔偿法规定的刑事赔偿是有区别的：

第一，赔偿的主体不同。刑事附带民事赔偿除未成年人或无行为能力者外，依据罪责自负、不株连无辜原则，一般应由被告人本人赔偿受害人损失。刑事赔偿中，国家是赔偿主体。司法机关及其工作人员造成的侵害，不由致害人赔偿，而以国家名义用国库开支赔偿受害人的损失。

第二，赔偿的前提不同。刑事附带民事诉讼中，被告人的行为构成犯罪，是提起民事诉讼的前提案件。在刑事赔偿中，不论司法机关及其工作人员是否犯罪，只要其行为违法、侵权造成实际损害，国家均应负赔偿责任。即使在国家因司法人员故意或重大过失对其行使追偿权时，仍然不能免除国家的赔偿责任。

这里存在一个从受害人角度看，如何在二者之间进行选择的问题：如果司法人员的行为构成犯罪（如刑讯逼供致人重伤），受害人是提起附带民事诉讼，还是要求国家赔偿。

提起刑事附带民事诉讼的条件有两个，一是被告人的行为构成犯罪，二是受害人受到实际经济损失。至于构成犯罪的主体是国家工作人员或非国家工作人员，法律规定并未明确。因此，受害人可以通过附带民事诉讼，弥补所受损失。但司法人员执行职务犯罪，同一般犯罪毕竟不同，他是以国家名义在"合法"形式下实施的。从受害人角度出发，此种情况下，受害人最好提出国家赔偿。这样既可以比较快地得到赔偿，也可以使赔偿请求得到较好满足。而提起附带民事，要受到诉讼程序一、二审的耽搁，还要考虑被告人有无赔偿能力。这就涉及刑事赔偿与刑事附带民事诉讼赔偿的第三个区别。

第三，赔偿的程度不同。刑事附带民事赔偿时，必须充分考虑被告人的偿付能力，否则只是"空判"。而且只能以被告人个人财产为限，原则上不能由他人代付。除非被告人是未成年人或无行为能力者，否则，不能由其家庭成员承担赔偿责任。而刑事赔偿不同，原则上，国家应赔偿受害人一切法定损害。对国家而言，不存在偿付能力不足或减免赔偿数额问题。

1. 侵犯人身权的刑事赔偿范围

马克思主义认为，世间万事万物中，人是最可宝贵的。无产阶级唯一现实可能的解放，是从宣布人本身是人的最高本质这个理论出发的解放。这种解放"不能再求助于历史权利，而只能求助于人权"①。人权包括公民权利、政治权利、社会、经济与文化权利等内容，其中最根本也最容易受到侵犯的是公民权利中的人身权。

人身权，是指公民与生俱来、不可让与、依法享有并与自身不可分离的一种基本人权。我国宪法和法律规定的人身权有：生命权、健康权、人身自由权、姓名权、肖像权、婚姻自主权、性自主权、住宅不受侵犯权、通信自由和通信秘密不受侵犯权等。目前被国家赔偿法列入司法赔偿范围的有生命权、健康权和人身自由权。

生命权指公民有依法保全自己生命、排除他人侵害的权利。生命只能由本人占有，不得让渡给他人。任何组织或个人都不能非法剥夺他人的生命，包括国家司法机关在内所有国家机关和个人概莫能外。公民在自己的生命受到侵害时，有权进行正当防卫和紧急避险，有权向国家和社会请求保护。《公民权利和政治权利国际公约》第6条规定："一、人人有固有的生命权。这个权利应受法律保护。不得任意剥夺任何人的生命。二、在

---

① 《马克思恩格斯选集》第1卷，人民出版社1972年版，第14页。

未废除死刑的国家，判处死刑只能是作为对最严重的罪行的惩罚。判处应按照犯罪时有效并且不违反本公约规定和防止及惩治灭绝种族罪公约的法律。这种刑罚，非经合格法庭最后判决，不得执行。……五、对十八岁以下的人所犯的罪，不得判处死刑；对孕妇不得执行死刑。"

我国法律不仅规定了公民享有生命权，而且在刑法、民法通则、劳动法、消费者权益保护法、国家赔偿法等法律、法规中规定了侵犯生命权应承担的法律责任。如《刑法》第 232 条规定，故意杀人的，处死刑、无期徒刑或者十年以上有期徒刑；情节较轻的，处三年以上十年以下有期徒刑；第 233 条规定，过失致人死亡的，处三年以上七年以下有期徒刑；情节较轻的，处三年以下有期徒刑。《民法通则》第 119 条规定，因民事侵害行为致人死亡的，应赔偿医疗费、丧葬费、死者生前扶养的人必要的生活费等费用。

健康权指公民有依法保护其身体组织完整、维护正常生理机能的权利。它包括健康维护权、劳动能力保护权和健康利益支配权等内容。《经济、社会、文化权利国际公约》第 12 条规定："本公约缔约各国承认人人有权享有能达到的最高的体质和心理健康的标准。"公民的身体健康受法律的严格保护，任何组织和个人都无权损害他人的身体健康。不管这种损害从受害人看是普通公民还是嫌疑人和罪犯，从表现形式看是"非法"还是"合法"，从致害人看是一般组织和个人还是国家机关及其工作人员。也就是说，健康权与生命权相比，其不受侵犯性更是绝对的。只要是损害他人身体健康的行为，一定是违法的。司法机关对嫌疑人和被告人采取强制措施或者使用械具时，虽然会在一定程度上给其身体造成强制，但应以不损害其身体健康为原则。审讯嫌疑人和被告人严禁刑讯逼供。对服刑改造中的罪犯严禁体罚虐待。同保护生命权一样，公民有通过正当防卫和紧急避险来保护自己健康的权利，有请求国家和社会保护的权利。

我国法律对侵犯公民健康权的不法行为，如故意伤害罪、过失伤害罪，因犯其他罪而故意或过失致人伤害，损害他人身体健康的违反治安管理处罚的行为，因民事侵害行为而侵害他人身体健康等，都规定了明确的法律责任，其中特别规定，司法工作人员对犯罪嫌疑人、被告人实行刑讯逼供或者使用暴力逼取证人证言的，处三年以下有期徒刑或者拘役。致人伤残死亡的，依照故意伤害罪、故意杀人罪从重处罚。

人身自由权指公民依法享有人身活动自由，不受他人约束、妨碍、强迫和控制的权利。古代法律没有人身自由概念，直到近代人权意识觉醒以后，才有人身自由的规定。最早关于人身自由的法律规定，首推 1215 年英国大宪章。该宪章第 39 条规定："凡自由民除经其贵族依法判决或遵照国内法律的规定外，不得加以扣留、监禁、没收其财产、褫夺其法律保护权、或加以放逐、伤害、搜查或逮捕。"到了现代，关于人身自由的规定更加明确。《公民权利和政治权利国际公约》第 9 条规定："一、人人有权享有人身自由和安全。任何人不得加以任意逮捕或拘禁。除非依照法律所确定的根据和程序，任何人不得被剥夺自由。二、任何被逮捕的人，在被逮捕时应被告知逮捕的理由，并应被迅速告知对其提出的任何指控。三、任何因刑事指控被逮捕或拘禁的人，应被迅速带见审判官或其他经法律授权行使司法权力的官员，并有权在合理的时间内受审判或被释放。……五、任何遭受非法逮捕或拘禁的受害者，有得到赔偿的权利。"我国《宪法》第 37 条规定："中华人民共和国公民的人身自由不受侵犯。任何公民，非经人民检察院批准或者决定或者人民法院决定，并由公安机关执行，不受逮捕。禁止非法拘禁和以其他方法非法剥夺或者限制公民的人身自由，禁止非法搜查公民的身体。"《刑法》第 238 条和 239 条对非法拘禁罪和绑架罪作了具体处罚规定，《国家赔偿法》第 17 条规定被错拘、错捕、错判的受害人，有取得赔偿的权利。错判涉及国家审判权的行使、错拘、错捕则涉及国家刑事强制措施的滥用。

同时应当指出的是，同一切权利的享有和行使都是相对的不是绝对的一样，公民的人身自由，也是相对的不是绝对的。它是指公民在法律允许范围内的人身活动自由，并不是指公民的任何活动都不受限制，可以为所欲为。任何公民都必须严格遵守宪法和法律，遵守公共秩序，尊重社会公德。另外，国家对犯罪嫌疑人、被告人和罪犯等特定公民，有权依法实行拘留、逮捕和监禁，这些公民不得以保护人身自由权为名进行抗拒，即使真的受到非法侵犯，也只能事后通过法定程序提出。这是守法公民必须遵循的准则。

刑事诉讼中强制措施的使用和限制

我国刑事诉讼法规定，在刑事诉讼中可以使用的强制措施有拘传、取保候审、监视居住、拘留、逮捕五种。由于现行犯、被告人或重大嫌疑人在预备犯罪、实施犯罪和犯罪以后，往往采取各种手段毁灭、转移、掩盖、伪造证据或者串供、逃跑、自杀和继续犯罪，或者可能发生其他意外事件干扰、阻碍和破坏侦查、起诉和审判活动，准确、及时地采取适当的强制措施，就能有效地揭露犯罪、证实犯罪和打击犯罪分子。因此，强制措施是国家为维护社会主义法制，保障公民权利，维护社会秩序，保证刑事诉讼顺利进行的有力武器。现代国家，概莫能外。

但是，另一方面，由于强制措施是限制人身自由的严厉方法，必须严格依照法律规定，严肃谨慎使用：

第一，我国刑事诉讼中的强制措施，是国家赋予公安（安全）机关、人民检察院和人民法院的一项特有权力，必须严格按照法律规定的条件和程序正确执行。其他任何机关、党派、团体和个人，都无权使用，否则，将依法追究法律责任。

第二，采取强制措施时指导思想上一定要明确两点：既要有利于打击犯罪，又要保护被告人、嫌疑人的基本人权。二者不可偏废。

第三，对某一具体案件而言，是否需要采取强制措施，采取哪一种强制，必须充分考虑每一案件的不同情况，如嫌疑人、被告人犯罪行为的危害大小，人身危险性程度，是否有逃避、阻碍侦查、起诉和审判活动、是否继续犯罪或发生其他意外情况的可能，嫌疑人、被告人的家庭、职业和健康状况等。其中，从国家赔偿角度考虑，尤其要审查和分析所掌握的嫌疑人、被告人的罪证，是否可靠和充分。

第四，强制措施的暂时性和可变性。必须明确，强制措施只是为保障诉讼进行采取的临时性措施，如果发现不应当追究犯罪嫌疑人或被告人的刑事责任，或者继续采取强制措施已无必要，或者强制措施期限届满，或者诉讼终结的，应当及时撤销、解除或者变更强制措施。拘传、取保候审、监视居住、拘留和逮捕虽同为强制措施，但其对人身自由的强制程度存在明显区别。我国国家赔偿法只对其中的拘留和逮捕两种措施的违法滥用规定了赔偿责任，是从当前中国国情和这两种措施的严厉程度出发的适当规定。根据案件情况的变化，适时由重而轻地变更强制措施的种类，尽量减少对公民人身自由的限制，同时也就减少了违法侵权和国家赔偿的发生。

第五，必须明确强制措施只是刑事诉讼中的强制方法，不是一种处分。它与刑事处罚和行政处罚有着原则区别。必须坚决杜绝连续拘传、以拘代侦、以拘代执、以拘代刑、变相拘禁犯罪嫌疑人的现象，切实维护犯罪嫌疑人的合法诉讼权力，维护法律的严肃性。

强制措施是根据刑事诉讼法规定，由公安、检察、法院在法院判决生效之前，为防止嫌疑人、被告人逃避侦查、起诉和审判，保证诉讼顺利进行而采取的暂时限制人身自由的强制方法；而刑罚则是根据刑法规定经法院审理判决、确定被告人应负刑事责任、为惩罚犯罪人而使用的一种刑事处分；治安管理行政处罚则是公安机关根据治安管理处罚条例为惩罚和教育违反治安管理的人而采取的一种行政处分。尽管三者在限制人身自由的表现形式上有类似之处，但三者的法律性质不同，适用的目的和程序有别，决不能将三者混淆或相互代替。如果说有些老百姓一时弄不清它们的区别还可以理解的话，作为司法机关的执法者这样做，就只能被认为知法犯法。

刑事诉讼中审判权的行使和监督

人民法院是国家的审判机关，代表国家行使审判权。无论刑事案件、民事案件、行政案件还是国家赔偿案件，只有人民法院才能进行审判。审判独立进行，只服从法律。

人民法院审判刑事案件的任务，在于查明犯罪事实，根据刑法规定确定被告人是否有罪，应否判处刑罚，判处何种刑罚。这是国家赋予人民法院的职权，其他任何机关、团体和个人都无权行使。任何一个公民，非经人民法院依法审理，并作出判决，不能认定、宣告其有罪。1996年修改的刑事诉讼法明确规定了这一法制原则，同时取消了检察机关曾经部分享有审判权的定罪免刑的"免予起诉"制度。这从立法上进一步强化了对公民权利的法律保护，加重了人民法院的审判责任，提升了法院的司法地位，加快了国家的法治进程。

人民法院在刑事诉讼中如何正确行使审判权，从国家赔偿法角度看，应该注意四个问题：

第一，惩罚犯罪、保护公民是人民法院的首要任务。为此，必须在公安和检察机关大量工作的基础上，准确、及时地查明犯罪事实。这是惩罚犯罪的前提。既要准确，又要及时。准确就有打击力度，不准确则造成侵权。其次，在查明犯罪事实的基础上，还必须正确适用法律。这是惩罚的关键。正确适用法律，既包括实体法，又包括程序法，二者同样不可偏废。当前尤其要克服"重实体、轻程序"的错误倾向。通过正确运用刑事诉讼程序，保证正确运用刑罚手段同犯罪行为做斗争，保护公民的人身权利、财产权利和其他权利。不可因国家赔偿制度的确立而降低惩罚犯罪的力度。

第二，惩罚犯罪的目的在于保护公民权利。这里的"公民"，既指绝大多数遵纪守法、在各自岗位上生产、工作、学习和生活的人群，也包括有违法犯罪行为、正在或已经被法律追究的特殊人群。一方面，只有积极同各种犯罪行为进行有效的斗争，惩罚犯罪分子，才能使公民的合法权益得到保护；另一方面，只有严格依照刑事诉讼程序办案，才能使无罪的人不受刑事追究，一旦被错误追究能及时得到救济和赔偿。同时，使有罪的人受到与其罪行相适应的追究，并使其不应受到剥夺和限制的权利，不被违法剥夺和限制。

第三，不仅要重视对公民人身权利、民主权利的保护，而且要重视对公民、法人和其他组织财产权利的保护。在我国社会主义市场经济形成和发展过程中，运用刑罚手段保护公民、法人和其他组织的财产权利，对调动和保护各种市场主体参加改革开放和现代化建设的积极性，促进经济发展，具有重要意义。财产所有权，即所有人依法对自己的财产享有占有、使用、收益和处分的权利，是公民的一项基本人权，在法律上具有绝对性、对世性和排他性。根据合同约定或法律规定产生的特定权利义务关系而形成的债权，是财产权的重要组成部分。在我国目前从计划经济向市场经济转变、人治向法治转变的特定历史时期，贪污、挪用、侵占和抢劫、盗窃、抢夺、诈骗等涉及财产的犯罪活动十分突出，在整个刑事犯罪案件中所占比例很大，严重侵害国家、公民、法人和其他组织的财产权利，对社会危害很大，必须依法严厉打击。

重视对财产权利的保护，还应体现在刑事诉讼中对错拘、错捕、错判的受害人，被违法查封、扣押、冻结、追缴、变卖的财产上。一旦拘留、逮捕、判刑被确认为违法，受害人在刑事诉讼中受侵害的财产，包括再审改判无罪、原判已经执行的罚金和没收财产，均应该以国家名义予以赔偿。

第四，没有监督的权力必然走向滥用。正确行使刑事审判权，必须加强法定监督。这些监督包括上诉审监督、再审监督和死刑复核监督。严格履行二审程序、审判监督程序和死刑复核程序，就能把冤假错案降低到最小程度，减少以法院作为赔偿义务机关的国家赔偿案件的发生。

国家赔偿制度，则是对经过上述各种程序之后仍然错判的极少数案件的一种补救，因此也可以说是一种最后的监督。刑事案件的正确处理与社会秩序的稳定关系极大。对犯罪分子打击不力、有罪不罚、重罪轻判，使其逍遥法外，就会使人们没有安全感，就会给社会增加不稳定因素。反之，对没有犯罪或不应追究刑事责任的人定罪科刑，或程序违法，轻罪重判，被错判的人及其亲属不服，四处告状，八方申诉，也不利于社会安定。法律设立二审程序、审判监督程序、死刑复核程序和国家赔偿决定程序，正是为了从制度上避免、减少冤假错案，一旦发现即坚决纠正，予以赔偿，及时消除因错判引起的矛盾激化，化解社会不稳定因素，促进社会安定团结。

(1) 违法拘留

刑事诉讼中的拘留，指公安机关在侦查过程中，在紧急情况下，对现行犯或重大嫌疑分子依法采取的临时限制人身自由的一种强制措施。

除公安（安全）机关外，检察机关和审判机关也可行使刑事拘留权。

《刑事诉讼法》第163条规定，在检察机关直接受理的案件中符合本法第79条、第80条第4项、5项规定情形，即犯罪后企图自杀、逃跑或者在逃、有毁灭、伪造证据或者串供可能需要拘留犯罪嫌疑人的，由人民检察院决定。

《刑事诉讼法》第194条规定，在法庭审理刑事案件过程中，如果诉讼参与人或旁听人员违反法庭秩序、不听制止，情节严重的，法庭可对其实施15日以下的拘留。

此外，军队保卫部门和监狱也享有一定的拘留权。《刑事诉讼法》第290条规定："军队保卫部门对军队内部发生的刑事案件行使侦查权。对罪犯在监狱内犯罪的案件由监狱进行侦查。军队保卫部门、监狱办理刑事案件，适用本法的有关规定。"

《国家赔偿法》第17条第1款规定："违反刑事诉讼法的规定对公民采取拘留措施的，或者依照刑事诉讼法规定的条件和程序对公民采取拘留措施，但是拘留时间超过刑事诉讼法规定的时限，其后决定撤销案件、不起诉或者判决宣告无罪终止追究刑事责任的"，受害人有取得赔偿的权利。依据此款规定，违法拘留由两种情况构成：违法采取拘留措施，违法超过法定时限。

违法采取拘留措施

《刑事诉讼法》第80条对实施拘留的7种情形，第81条、83条、84条、85条、89条对出示拘留证、拘留时限、告知家属、异地拘留、提请逮捕程序等均作出明确规定。理解和执行上述规定时有四个问题必需注意：

第一，被拘留的人必须是现行犯或重大嫌疑分子。所谓"现行犯"，指正在预备犯罪、实施犯罪或犯罪后被及时发现的人；所谓"重大嫌疑分子"，指已有证据证明很有可能是实施犯罪行为的人。认定"重大嫌疑"必须有一定的证据可以证明，不能是公安人员的主观想象和猜测；

第二，必须有《刑事诉讼法》第80条规定的七种紧急情形。如果不具有七种情形之一，应当报请批准逮捕，或者查清犯罪事实后采用其他强制措施；

第三，必须严格遵守对被拘留的人应在24小时内送看守所羁押、应在24小时内进行讯问、在发现不应当拘留时立即释放并发给释放证明；对需逮捕而证据还不充足的、可以取保候审或者监视居住的规定。

第四，拘留下列有特殊身份的人士，需向有关部门报告或审批：（1）为对人民代表大会代表和政治协商会议委员实施必要的司法保障，全国人民代表大会和地方各级人民代表大会代表法规定，拘留人大代表的，应当立即向该代表所属的人大主席团或常务委员会报告，经批准后方可执行；1996年7月8日，中央政法委员会关于对政协委员采取刑事拘留、逮捕强制措施应向所在政协党组通报情况的通知规定，对有犯罪嫌疑的政协委员采取刑事拘留措施前，应向该委员所在的政协党组通报情况，情况紧急的，可同时或事后及时通报。（2）决定对不享有外交特权和豁免权的外国人、无国籍人实施刑事拘留时，要报请有关部门审批，边缘地区来不及报告的，可以边执行边报告，同时要征求省、直辖市、自治区外事办公室和外国人主管部门的意见。对外国留学生采取刑事拘留的，在征求地方外事办公室和高教厅、局的意见后，报公安部或安全部审批。

违反上述刑事诉讼法规定的条件和程序实施拘留，其后决定撤销案件、不起诉或者判决宣告无罪终止追究刑事责任的，属于违法拘留，国家应承担刑事赔偿责任。

违法超过法定时限

刑事诉讼法规定的拘留期限较短，一般情况下拘留期限不超过 3 天，特殊情况可延长 1 日至 4 日。只是对于流窜作案、多次作案、结伙作案的重大嫌疑人，拘留期限可以延长至 30 日。

所以，依照刑事诉讼法规定的条件和程序对公民采取拘留措施，但是拘留时间超过上述规定时限，其后决定撤销案件、不起诉或者判决宣告无罪终止追究刑事责任的，受害人有取得赔偿的权利。

这里有一个问题必须注意，那就是：对"违反刑事诉讼法的规定对公民采取拘留措施的，或者依照刑事诉讼法规定的条件和程序对公民采取拘留措施，但是拘留时间超过刑事诉讼法规定的时限"予以刑事赔偿的，有一个前提条件，即"其后决定撤销案件、不起诉或者判决宣告无罪终止追究刑事责任的"。

这一条件的意思是：对被拘留人尽管实施了违法拘留或超期拘留，但只要其有犯罪事实需要追究刑事责任的，国家不承担此种违法刑事拘留的赔偿责任。换句话说，程序违法，实体不违法的，不赔；程序违法，实体也违法的，才赔。

而这一点又带出一个 2010 年《国家赔偿法》的此一规定是否科学、正确、适当的问题。

另外需要注意的是，此处案由的提法"违法拘留"，与过去使用的案由提法"错误拘留"的差别：1994 年《国家赔偿法》第 15 条第 1 款规定："对没有犯罪事实或者没有事实证明有犯罪重大嫌疑的人错误拘留的"，受害人有取得赔偿的权利。所以最高法院命名的案由是"错误刑事拘留"。但修改后的 2010 年《国家赔偿法》将此条变更为"违反刑事诉讼法的规定对公民采取拘留措施的，或者依照刑事诉讼法规定的条件和程序对公民采取拘留措施，但是拘留时间超过刑事诉讼法规定的时限"两种情况。第一种属于违法拘留，第二种违反《刑事诉讼法》第 89 条关于时限规定，同样属于违法拘留。把除此两种情形之外，1994 年《国家赔偿法》"错误拘留"的不少内容排除在外。所以，最高法院根据 2010 年《国家赔偿法》规定，此处案由命名以"违法刑事拘留"取代原来"错误刑事拘留"命名。

现行违法拘留规定之不当

上述对违法拘留的界定，是修改后的 2010 年《国家赔偿法》的明文规定。它与修改前的 1994 年《国家赔偿法》的规定相比，把程序不违法但结果错误的拘留排除在外，大大缩小了错误拘留的赔偿范围，不利于保障公民人身自由权利。

1994 年《国家赔偿法》第 15 条第 1 款规定："对没有犯罪事实或者没有事实证明有犯罪重大嫌疑的人错误拘留的"，受害人有取得赔偿的权利。该项规定包括两种情况：没有犯罪事实被拘留和没有证据证明有犯罪重大嫌疑被拘留。

作者认为，1994 年《国家赔偿法》关于"错误拘留"的上述规定是正确的：

第一，"没有犯罪事实被拘留"，是指这种"犯罪事实"根本不存在，或者虽存在犯罪事实，但不是该公民所为，公安、检察、审判等人员因工作失误、违法乱纪等原因，对这种没有实施危害社会、违反刑法规定、应受刑罚惩罚的行为的人进行的拘留，是一种典型的错误拘留。它粗暴地侵犯了无辜当事人的合法权利，严重损害司法机关的形象，必须立即、主动、积极地进行国家赔偿。

"没有犯罪事实被拘留"一般可分为三类情形：①工作失误。如因姓名、性别相同，年龄相近，在案发地打过工，被张冠李戴错误拘留的。②违法乱纪。如公安干警为泄私愤，利用职权公报私仇的。③确属案件疑难、情况复杂被错误拘留的。

上述错误拘留之情形，也许算得上 2010 年《国家赔偿法》"违反刑事诉讼法的规定对公民采取拘留措施"的情形，但这一规定远不及 1994 年《国家赔偿法》"没有犯罪事实被拘留"清楚明确。

第二，"没有事实证明有犯罪重大嫌疑"，是指没有相当确实、可靠的证据证明行为人可能实施了某种犯罪行为。[①] 当时一些公安机关认为，只要犯罪嫌疑人在被拘留时，有符合原《刑事诉讼法》第 61 条（现行《刑事诉讼法》第 80 条）规定的条件之一的，均应是合法拘留，即使以

---

① 1994 年《国家赔偿法》第 15 条第 1 项规定：对"没有事实证明有犯罪重大嫌疑的人错误拘留的"，受害人有取得赔偿的权利。作者认为，此处"没有事实证明"中的"事实"，用词欠妥，不够规范，似应改为"证据"二字为好。

后因为证据不足或其他原因被释放，也不应影响当时拘留的合法性，不存在国家赔偿问题。①

但审判机关认为，一切应以事实为根据、以法律为准绳，既然最终查清"没有事实证明有犯罪重大嫌疑"，对其采取的拘留措施即属错误拘留，应予赔偿。15 年的司法实践表明，这种认定是符合实际的，是正确的。

然而，2010 年《国家赔偿法》在其草案第四次审议时，未能坚持住前三次审议的正确主张，而不当规定程序正确、结果错误的拘留，仅对其超出时限部分进行赔偿，其余的一概不赔，剥夺了错误拘留受害人的大部分赔偿权利。作者认为，2010 年《国家赔偿法》的此项规定是不适当的。

从实践上看，此种程序正确、结果错误拘留不予赔偿规定之不当，是显而易见的。例如，杀人现场一个尸体躺着，你就在现场，身上有血，甚至手上还拿着凶器，警察一到肯定把你抓了。依据刑事诉讼法，这种情况一定要拘留。但后来深入侦查，原来你是路过的，救死扶伤，见义勇为，或者中圈套被陷害。但到最终弄清事情原委时，你已被羁押相当时日，已给你造成物质和精神损害。如果不赔偿，于情于理于法都说不过去。而且更重要的是，十余年来，最高法院的司法解释、相关批复，均明确规定无论程序是否正确只要结果错误的刑事拘留，一律赔偿。司法实践中依此作出了大量决定，产生好的法律效果和社会效果。而在执行 2010 年《国家赔偿法》的新规定后，刑事拘留赔偿案件大幅减少，赔偿请求人实际获得的赔偿更为少见。

从理论上看，这种规定的不当之处在于：

①不能孤立静止地适用法律的某一条款而忽视通盘的法律规定。原《刑事诉讼法》关于拘留的规定近十条。在规定公安机关对于现行犯或重大嫌疑分子如果有所列七种情形之一可先行拘留的第 61 条之后，第 65 条明确规定："公安机关对于被拘留的人，应当在拘留后的 24 小时以内进行讯问。在发现不应当拘留的时候，必须立即释放，发给释放证明；对需要逮捕而证据还不充足的，可以取保候审或者监视居住。" 24 小时是合法拘留的硬性规定。超过 24 小时没有释放，需要继续搜集证据又不改变强

---

① 王永："说说错误拘留的国家赔偿"，《人民公安》2001 年第 5 期，第 14 页。

制措施而继续羁押的，即为错误拘留。

②国家赔偿中刑事赔偿的立法本意，是无罪即应赔偿，即国外通称的冤狱赔偿。这里的"无罪"，并不是指公安机关在拘留时一点证据都没有，而是有一定的证据，但不充足；或者仅凭这些证据不能确凿无误地证明嫌疑人有罪，在法律上就不能认定其有罪，就只能按无罪处理。无罪就应赔偿。赔偿法在这里采用的是无罪原则，亦称结果原则，而不是违法原则。即拘留时不违法，但结果错了，应该赔偿。

③从法理上看，正确刑事拘留必须符合两个条件：一是罪该逮捕，二是情况紧急。罪该逮捕是基本条件，情况紧急是次要条件。如果没有紧急情况，就不必"先行拘留"，应该履行正常的逮捕报批、决定手续。正是因为情况紧急，才临时采用先行拘留的临时措施，但拘留正确与否的基本条件是罪该逮捕。如果违反了这一条件，即使拘留期限与程序符合法律规定，实质上还是违法拘留，应该承担国家赔偿责任。

司法实践表明，"没有事实证明有犯罪重大嫌疑被拘留"，一般有三类情况：第一类，不构成犯罪，如带资进厂并非在社会公开集资，错误以涉嫌集资诈骗罪为由被拘留；第二类，证据不足被拘留；第三类，超时拘留。2010 年《国家赔偿法》仅明确超时拘留予以赔偿，显然是不够的。

当然，立法机关这样修改也有其道理。有人大常委会委员在审议时提出突发事件、群体性事件和严重打砸抢烧事件时的紧急情况下，该抓的抓了，抓了以后，通过甄别，该放的就放，最后受法律制裁是很少一部分，如果都赔那还了得。这么规定是为了维护祖国统一、民族团结和稳定大局。这个问题应该这样看，在现代国家法律体系中，对付大规模突发性骚乱等紧急状况应以紧急状态法加以规范，届时依法暂时剥夺公民人身自由不产生赔偿问题。而对于规范正常社会状态下的国家赔偿法而言，程序正确结果错误的剥夺公民人身自由必须给予赔偿，否则即不公正。

在 2010 年《国家赔偿法》已为既成事实情况下，为了防止大量错误刑拘不予赔偿局面之出现，作者建议：

首先，立法或司法机关尽快作出相关解释，将程序正确、结果错误剥夺公民人身自由不予赔偿的情况，严格限定在极小范围内，仅限于分裂国家、分裂民族、危害国家安全等极个别情况，以保证此种情况的绝大多数能得到国家赔偿。其次，抓紧在突发事件应对法基础上制定紧急状态法。紧急状态下国家有权暂时限制公民人身自由不予赔偿，此乃世界通例。

有专家认为，1994 年《国家赔偿法》关于"对没有犯罪事实或者没有事实证明有犯罪重大嫌疑的人被错误拘留的，实际上就是，行政机关违反了《刑事诉讼法》规定对公民采取拘留措施，后者的表述比前者更为科学"[①]。

作者认为，不能说"后者的表述比前者更为科学"。因为错误拘留既涉及程序问题，也涉及实体问题，而且涉及实体问题更多，对于是否错误拘留之定性更加重要。例如上述有无犯罪事实被拘留、有无事实证明有犯罪重大嫌疑被拘留，涉及的就是实体问题。实践中经常发生错误拘留的情况，如涉嫌聚众赌博罪被拘留、涉嫌非法集资罪被拘留、涉嫌贪污受贿罪被拘留等，其要害均是罪与非罪界限的实体问题，程序是第二位的。而1994 年《国家赔偿法》关于"犯罪事实"的规定，则抓住了罪与非罪的实体要害。

《刑事诉讼法》规定的内容，是"为了保证刑法的正确实施"而制定的具体操作程序，它是程序法而不是实体法。原《刑事诉讼法》第六章强制措施第 61 条规定了 7 种可以先行拘留的情形，每一种都与"犯罪"相关。可什么是犯罪、是否真正犯罪，不是公安人员在犯罪现场紧急情况下，能马上从法律意义上准确查清的，法律并不将这一要求作为先行拘留的条件。只要求公安人员从程序上判断，符合第 61 条规定的 7 种情形之一，先行拘留即为合法。至于是否真正犯罪，是接下来一系列工作所追求的目标和结果。

所以，仅仅以"违反了刑事诉讼法规定对公民采取拘留措施"，来涵盖现实生活中错误拘留的各种情形，是不可能的。它仅仅能涵盖其中违反程序法的部分，不能涵盖违反实体法的部分，而且后者所占比例明显比前者大得多。

当然，需要肯定的是，2010 年《国家赔偿法》从法条上明确规定，拘留时间超过法定时限的应予赔偿，较 1994 年《国家赔偿法》是一个进步。

---

① 江必新等：《国家赔偿法条文释义与专题讲座》，中国法制出版社 2010 年版，第 132 页。

　　以往司法实践中，有的公安机关拘留犯罪嫌疑人几天、十几天、几十天、几个月甚至几年以后，仍没有查出嫌疑人有罪的证据，既不以证据不足予以释放，也不采取取保候审或监视居住的方式继续侦查，听之任之。尽管有社会环境复杂，证据寻觅不易，犯罪分子狡猾，无固定住所，无人担保，抓之不易，"放虎归山"又危害社会等让公安机关头疼的诸多考虑，但超期羁押对基本人权的侵犯十分严重，虽经多次专项整治，仍未能绝迹。虽然在国家赔偿实践中，一直对超期羁押情形决定给予国家赔偿，但法律条文上未有体现仍是一大缺陷。此次 2010 年《国家赔偿法》从法条上单独、明确列出拘留时间超过法定时限的应予赔偿，对彻底根治超期羁押问题会大有裨益。

　　当然，1994 年《国家赔偿法》关于"对没有犯罪事实或者没有事实证明有犯罪重大嫌疑的人错误拘留的"受害人有取得赔偿权利的表述中，亦有不够准确、科学之处，需要改进。例如"没有事实证明"中的"事实"一词不够规范严谨，用"没有证据证明"的表述也许更好些。①

　　2010 年《国家赔偿法》第 17 条第 1 项关于违法刑事拘留的规定内容，亦不科学准确。其内容分为"违反刑事诉讼法的规定对公民采取拘留措施的"和"依照刑事诉讼法规定的条件和程序对公民采取拘留措施，但是拘留时间超过刑事诉讼法规定的时限，其后决定撤销案件、不起诉或者判决宣告无罪终止追究刑事责任的"两部分。其实，后一部分应该包含在前一部分之中，将其并列。尽管可对超期羁押予以强调，但"时限"仅是刑事拘留法定三要素条件、程序和期限之一，违反其中任一要素均是"违反刑事诉讼法的规定"。所以，第 17 条第 1 项的两部分内容，从逻辑上看，是大概念与小概念的包含关系，而不是平行的并列关系。

　　另外，有专家认为，从采取刑事拘留措施后还可能发生逮捕与有罪判决的情形看，依据 2010 年《国家赔偿法》规定，无罪逮捕和改判无罪的赔偿适用结果归责原则，之前的刑事拘留天数被当然纳入人身被羁押期间，刑事拘留本身亦依结果归责原则获得赔偿。而单纯的违法刑事拘留，即其后未发生逮捕或判决有罪的，却不能依结果归责原则获得赔偿。同一情形适用同一部法律，却出现两种截然不同的结果，其立法科

① 陈春龙：《中国司法赔偿》，法律出版社 2002 年版，第 253 页附注⑥。

学性值得研究。① 作者认为，处在国家赔偿司法第一线的审判专家，从实践中进行的理论思考，值得国家立法机关重视。

（2）错误逮捕

刑事诉讼中的逮捕，指人民检察院、人民法院和公安机关为防止犯罪嫌疑人和被告人逃避或妨碍侦查和审判，防止其危害社会，依法采取的暂时剥夺其人身自由予以羁押的强制方法。《刑事诉讼法》第 60 条规定："对有证据证明有犯罪事实，可能判处徒刑以上刑罚的犯罪嫌疑人、被告人，采取取保候审、监视居住等方法，尚不足以防止发生社会危险性，而有逮捕必要的，应即依法逮捕。"

逮捕是各种强制措施中最严厉的一种强制措施，它不仅完全限制了嫌疑人、被告人的人身自由，而且羁押时间一般都要到法院判决生效为止。因此，它是保障刑事诉讼顺利进行的一种最有效的手段。对那些依法必须逮捕的人应当坚决地予以逮捕。当捕不捕，就会贻误时机，危害社会。但是，如果错捕、滥捕，就会伤害无辜，严重侵害公民人身权利和民主权利及相关权益，败坏司法机关形象，破坏社会主义法制。因此，必须正确地使用逮捕措施，做到不枉不纵：既不能该捕不捕，也不能以捕代侦，任意逮捕。其中的关键是严格按照刑事诉讼法规定的逮捕条件办事。

《刑事诉讼法》规定了依法逮捕的三个条件：有证据证明有犯罪事实，可能判处徒刑以上刑罚，有逮捕的必要。其中"有证据证明有犯罪事实"，是逮捕条件中最基本的条件，也是实践中较难掌握的条件，错误逮捕之错大多源自于此。

什么是"有证据证明有犯罪事实"？首先要"有犯罪事实"。刑事诉讼阶段的不同，对"犯罪事实"的要求也不同。在侦查阶段考虑是否采取逮捕措施时，只要求两个最基本的内容：发生了犯罪行为和该行为是犯罪嫌疑人所为。前者解决为什么要适用逮捕措施的问题，后者解决对谁适用逮捕措施的问题。至于在起诉、审判阶段，所要考虑的与定罪、量刑有关的事实，在考虑逮捕措施时通常来不及证明。如有证据证明更好，但不应强求证明。

---

① 汪澜、戴洪斌："社会管理与私权保护的冲突与衡平：对刑事拘留赔偿的法律思考"，《国家赔偿审判前沿》，法律出版社 2013 年版，第 43 页

其次，这里的"犯罪事实"既可以是单一犯罪行为的事实，也可以是数个犯罪行为中任何一个犯罪行为的事实；既可以是主要的犯罪事实，也可以是次要的犯罪事实。只要有一个犯罪事实，即符合逮捕条件的实体要求。

再次，"有证据证明"中的证据，必须符合"质"的规定又符合"量"的要求。只有证据本身具有一定的为证明"有犯罪事实"所必备的质的规定性即"证明力"，并辅之以一定数量的证据，可以相互印证时，才能算"有证据证明"。一般情况下，孤证不能作为采取逮捕措施的依据。《刑事诉讼法》第 65 条、第 133 条规定：公安机关和检察院对被拘留的人，需要逮捕而证据还不充足的，可以取保候审或监视居住。这一规定表明逮捕犯罪嫌疑人时，从证据的"质"和"量"上都要求"充足"，否则，即是错误逮捕。

适用逮捕的三个条件中，"有证据证明有犯罪事实"是最根本的，违者即成错捕。其余两个条件："可能判处徒刑以上刑罚"和"有逮捕必要"，在适用逮捕时也必须同时考虑，严格遵守。但由于刑事诉讼不同阶段的不同要求，目前实践中，不将违反者视为"错捕"。①

---

① 最高人民检察院原副检察长朱孝清从检察实践中提出的观点值得参考："1. 这里的事实和证据是'审查逮捕当时的事实和证据'，而不是诉讼最终查明的事实和证据，也不是看案件最终是否作了有罪判决。因为逮捕是在侦查初始阶段为了保证诉讼顺利进行而采取的强制措施，随着侦查的深入和诉讼程序的推进，原来的事实、证据以及犯罪嫌疑人的社会危险性可能发生变化，逮捕的事实、证据条件是'有证据证明有犯罪事实'，而不是'犯罪嫌疑人已构成犯罪'，故不能要求逮捕的案件都被判有罪。对于捕后被判无罪的案件，我们同样要高度重视，认真分析，看当时在案的事实和证据是否符合逮捕条件。2. 这里的事实和证据是'在案的事实和证据'，而不仅仅是'在卷的事实和证据'。当前披露的重大冤假错案，如凭当时在卷的事实和证据，估计多数都符合逮捕条件。但这些案件有个共同的特点，就是犯罪嫌疑人都因遭到刑讯逼供而作了有罪供述，而批捕人员对刑讯逼供却没能发现，或者虽然发现了但没有引起足够重视。'在案的事实和证据'，除了案卷里的事实、证据外，还应包括犯罪嫌疑人等所知道的事实和证据。审查逮捕时除审阅案卷以外，如果该注意的问题注意到了，该发现的问题发现了，该讯（询）问的犯罪嫌疑人、证人作了讯（询）问，也没有发现与卷内相反的事实和证据，那就不属于错捕；如果该注意的问题没有注意，该发现的问题没有发现，该讯（询）问的犯罪嫌疑人、证人没有问，结果被判无罪，那就属于错捕。也正因为如此，修改后的《刑事诉讼法》第 86 条规定了审查逮捕应当讯问犯罪嫌疑人的三种情形，还规定'可以询问证人等诉讼参与人，听取辩护律师的意见；辩护律师提出要求的，应当听取辩护律师的意见'。3. 这里的错捕是衡量批捕人员工作质量的错捕，而不是衡量应否对犯罪嫌疑人、被告人赔偿的错捕。衡量应否对犯罪嫌疑人、被告人赔偿的错捕，应当以诉讼的最终结果为标准。如果案件最终被撤销、不起诉或判无罪，只要不具有免赔的情形，就都属于错捕，应当予以刑事赔偿。"（朱孝清："对'坚守防止冤假错案底线'的几点认识"，《检察日报》2013 年 7 月 8 日）

"有证据证明有犯罪重大嫌疑"和"有证据证明有犯罪事实",是对拘留和逮捕的不同的实体要求。二者不能混淆,更不能以前者代替后者,降低逮捕条件。

1996年修改刑事诉讼法时,为取消"收容审查",将逮捕条件从"主要犯罪事实已经查清"适当降低到"有证据证明有犯罪事实"。这是逮捕条件的底线,到此为止,不能再降了。不能凭想当然错误理解立法精神,更不能以自己的认识代替法律的明文规定。如果将"有证据证明有犯罪事实"解释为"有证据证明有犯罪重大嫌疑",就大大降低了证明对象的实体标准,大大降低了对证据的质和量的基本要求,就会造成逮捕的滥用,严重侵犯公民人身权利,增加国家赔偿案件的发生数量。①

什么是"犯罪事实"

回答"什么是犯罪事实"的前提,必须明确什么是犯罪。《刑法》第13条规定,一切危害国家主权和领土完整,危害人民民主专政政权和社会主义制度,破坏社会经济秩序,侵犯国家、社会、集体和公民利益的行为,依法应受刑罚处罚的,都是犯罪。其中,社会危害性是犯罪的本质特征。一个人只有实施了危害社会的行为,才谈得上犯罪。是否所有危害社会的行为都是犯罪?否,只有触犯刑事法律的行为,才是犯罪。是否所有触犯刑事法律的行为都要以犯罪论处?亦否,只有刑法规定应给予刑罚惩罚的行为,才构成犯罪。社会危害性、刑事违法性和刑罚惩罚性是犯罪的三要素。三个要素统一而不可分割。

区分犯罪和非犯罪的关键在于社会危害程度的不同。这种不同的危害程度在实践中如何具体掌握和区分?现实生活的繁纷复杂和变化莫测,的确给这种区分造成困难,冷静分析和认真解决这些困难,正是司法工作者的日常任务。这里存在一个基本判断标准:刑事法律的明文规定和相关的司法解释。为什么刑法规定这类行为是犯罪,另类行为不是犯罪;此时规定为犯罪,彼时又不规定为犯罪?因为从法理视角观察,所谓刑法,就是掌握政权的统治阶级,为维护其阶级利益和统治秩序,通过国家立法程序规定什么行为是犯罪和如何惩罚犯罪的法律。统治阶级的意志通过立法工作者的操作,根据国

① 参见张穹主编《人民检察院刑事诉讼理论与实务》,法律出版社1997年版,第110页;周道鸾、张泗汉主编:《刑事诉讼法的修改与适用》,人民法院出版社1996年版,第141页。

家一定时期的客观情势和社会发展状况，权衡利弊作出之决定。准确了解立法宗旨，掌握立法精神，是司法工作者适用法律的必备素质。

现实生活中人的行为多种多样，既有有益于社会的行为、有害于社会的行为，也有既无益也无害的行为。在危害社会的行为中，危害程度又各有不同：有违反道德的行为；违反党纪、政纪、财经纪律、劳动纪律等各种违纪行为；违反行政法、民法、婚姻法等一般违法行为；违反刑法构成犯罪的行为。行为的性质不同，该行为所产生的事实互有区别，由此而承担的后果则各不相同。

社会主义道德是目前社会生活中人人必须遵守的共同生活准则。宪法规定遵守社会公德是公民的义务。对于违反道德的各种社会不良现象，可以而且应该进行揭露和鞭挞，但它依靠的不是国家强制力，而是舆论和社会压力，依靠人的信念、习惯、传统和教育的力量，使做出违德事实的人进行内心谴责，以减少或杜绝此类事情的发生。道德与法律的关系互相促进、相互补充。凡是法律禁止的必然是道德所谴责的；凡是法律所提倡的必然是道德所赞许的。依法治国必须以德立国为基础。但是，不是任何道德上的义务都是法律上的义务，不是任何遭受道德谴责的行为都要受到法律制裁。混淆道德谴责和法律制裁的界限，就会扩大打击面。以国家公权力干预公民私生活，既违背法治精神，又于事无补。因此，只能以德立国、依法治国。道德是立国之本，但治国方略必须是依法治国。如果将"依法治国"与"依德治国"并提，都作为"治国方略"，则极有可能重蹈过去"要人治不要法治"的错误，混淆人治与法治的根本界限，冲击依法治国的治国方略地位，不利于中共十八届四中全会全面推进依法治国基本方略的贯彻实施。

人们在生产和工作中，除了遵守道德和法律外，还应遵守有关机关、单位、工矿、企业和党派、团体的各种规章制度和纪律。尽管有些违纪事实（如违反财经纪律，违反党纪、政纪受到"两规"查处）与犯罪事实容易混淆，但是否达到法律或司法解释规定的犯罪标准，是划清违纪与违法的明确界限。

违反社会发展需要的行为，都对社会具有危害性。但危害的性质和程度差别很大。因此，作为调整人们行为规范的法律，必须分门别类根据各种不同的危害情况制定出不同门类和不同性质的法律规范，以便行为人能根据事先明示的法律，预测出其行为将应负担的恰如其分的法律责任。违反非刑事法规（如违反行政法、民法、婚姻法等一般违法行为）与违反刑事法规的法律责任迥然不同。违法与犯罪有着明确界限，违法事实与犯罪事实的认定后果截然不同，混淆不得。

犯罪事实，不是一般的违法事实，更不是违纪事实和违德事实，而是具有社会危害性、刑事违法性和刑罚惩罚性，并由刑法明文规定的犯罪事实，是符合犯罪构成要件的事实。以为什么认定某甲"没有挪用公司资金罪的犯罪事实"为例：某甲从某乙公司的预付款中提取 8. 18 万元用作个人开办公司、家庭开支和借给他人购房的事实清楚，是具有社会危害性的行为，但并非所有危害行为都构成犯罪。根据刑法规定和犯罪构成要求，挪用公司资金罪的犯罪主体必须是公司董事、监事或职工。这是构成挪用公司资金罪的主体要件。而本案中，某甲不是某乙公司职工，仅接受某乙公司委托为其组织货源。某甲与拥有该资金的公司形成民事代理关系。代理人违反被代理人意志从事民事代理活动，是一种超越代理权限的民事侵权行为，应由民事法律规范调整，不受刑法规范。因此，从犯罪构成和法律规定上看，某甲是"没有犯罪事实"的人。检察机关对某甲实施逮捕行为，就是国家赔偿法意义上的错误逮捕，检察机关应当承担国家赔偿责任。[①]

"不构成犯罪"与"不认为是犯罪"

什么是犯罪，属于犯罪概念问题。而具体分析判断行为人的某一行为是否构成犯罪时，还必须适用犯罪构成理论。

犯罪构成与犯罪概念二者既有联系又有区别。犯罪概念从犯罪本质角度揭示犯罪的社会政治特征，从宏观上把犯罪与其他行为区别开来；犯罪构成则在犯罪概念基础上具体分析犯罪结构及成立要件，为准确认定犯罪提供可操作的规格和标准。因此，犯罪构成是犯罪概念的具体化、个性化。

犯罪构成包括四个要件：犯罪客体和客观方面，犯罪主体和主观方面。犯罪客体指犯罪分子的行为作用于犯罪对象时，侵犯了该对象所涉及的何种社会关系；犯罪客观方面指犯罪行为的外在表现，包括危害行为、危害结果以及危害行为与危害结果之间的因果关系；犯罪主体指实施危害行为、达到法定刑事责任年龄并具有刑事责任能力的自然人（或单位）；犯罪主观方面指行为人在实施危害行为时主观心理状态是故意或过失。

---

① 参见《人民法院案例选》，中国法制出版社 2000 年版，第 515 页。

　　准确掌握犯罪构成理论，有助于区分罪与非罪界限、此罪与彼罪界限、轻罪与重罪界限，是正确认定犯罪的理论基础。认定某一行为构成犯罪，就必须确定在该行为中具有刑法明文规定的某种犯罪构成要件，这是追究刑事责任的前提。如果在行为不具备或不完全具备犯罪构成情况下，追究行为人的刑事责任，是对公民自由的侵犯。最容易出现此种侵犯的情形，就是未把握好违法行为和犯罪行为在犯罪构成意义上的严格区别，把不符合犯罪构成要件的违法行为当作犯罪行为加以认定，并追究刑事责任，从而出现国家赔偿案件。

　　上述不构成犯罪的情况，在司法过程中一般不难理解。分歧和争论比较大的，是对"事实不清、证据不足"是否构成犯罪的认识上。检察机关一些同志认为，只要逮捕时有一些证据证明有犯罪事实，即使以后因证据不足而释放，也不影响逮捕的合法性。这种看法不够正确。国家赔偿的立法宗旨是无罪就应赔偿，并不是检察机关批准逮捕时一点证据都没有才构成赔偿案件。有一定证据，但经过一段时间后，仍未搜集到更充分的证据，以致事实不清，证据不足；或仅凭这些证据不能证明嫌疑人有罪，在法律上不能认定有罪，应按无罪处理。国家赔偿法规定，无罪就应赔偿。

　　刑法第 13 条在明确表述什么是犯罪之后，紧接写上的"但是"部分指出：

　　"但是情节显著轻微危害不大的，不认为是犯罪"。这是对什么是犯罪的重要补充，是犯罪概念的有机组成部分。它从什么行为不应该认为是犯罪的角度，进一步界定什么是犯罪。以便司法实践中更好地划清犯罪与非犯罪的界限，扩大教育面，缩小打击面。

　　对这里规定的"不认为是犯罪"的理解，自 1979 年《刑法》颁布以来，法学理论界和司法实务界一直存在不同认识。有人认为这里规定的"不认为是犯罪"，是指某种行为符合犯罪构成要件，客观上已经构成犯罪，仅仅为缩小打击面、主观上不认为是犯罪而不作犯罪处理。

　　但多数人认为，"不认为是犯罪"，就是指情节显著轻微、危害不大的行为，刑法确定这种行为不是犯罪。[①] 理由是：

---

　　① 如杨春洗、高铭暄、周道鸾、祝铭山等。杨春洗等：《刑法论》，北京大学出版社 1981 年版，第 92 页；高铭暄等：《中华人民共和国刑法的孕育和诞生》，法律出版社 1992 年版，第 37 页；周道鸾等：《刑法的修改与适用》，人民法院出版社 1997 年版，第 72 页、83 页；祝铭山等：《中国刑法教程》，中国政法大学出版社 1998 年版，第 40 页。

　　第一，在 1979 年《刑法》起草过程中，对"不认为是犯罪"的表述曾经多次变动：有的讨论稿中表述为"不以犯罪论处"，有的表述为"可不以犯罪论处"，或"可不认为是犯罪"。这些表述方法容易使人理解为已经构成犯罪，仅仅是不按犯罪处理。最后颁布的刑法没有采用这些表述，而采用"不认为是犯罪"的表述方法。

　　第二，这里的"不认为是犯罪"，是刑法根据"情节显著轻微、危害不大"的情形作出的非罪界定。它要解决的是罪与非罪的界限，而不是"以犯罪论处"与"不以犯罪论处"的界限。这里的"不认为是犯罪"，是刑法认为"不是犯罪"，而不是某个司法人员的主观意思表示。

　　第三，关于"不以犯罪论处"的内容，刑法中另有规定。如 1979 年《刑法》第 32 条（1997 年《刑法》第 37 条）规定："对于犯罪情节轻微不需要判处刑罚的，可以免予刑事处分，但可以根据案件的不同情况，予以训诫或者责令具结悔过、赔礼道歉、赔偿损失，或者由主管部门予以行政处分。"这条规定表明，该种行为已经构成犯罪，只是情节轻微，不给予刑事处罚。这与"不认为是犯罪"即不构成犯罪而不应当受到刑罚处罚，在性质上完全不同。

　　第四，应该承认，从法言法语表述规范性上看，"不认为是犯罪"的表述有不确切之处，具有较大的主观意向色彩，不是非罪标准的科学表述。易被误认为本是犯罪而不作犯罪处理，从而有悖于"但书"作为划分罪与非罪原则界限的立法精神。因此，1997 年修改刑法时，有人建议，应当用反映客观事物的准确语言表述为"不是犯罪"，使之与前述犯罪概念的规定"都是犯罪"相对称。但最后考虑，表述为"不认为是犯罪"或者"不是犯罪"，同样属于非罪含义，用词稍有不同，实质并无差别。鉴于 1979 年《刑法》如此表述且沿用至今，这次刑法修改本着不是原则性差误、可改可不改尽量不改以保持法律稳定的精神，未作修改。

　　因此，《刑法》第 13 条"但书"规定的"情节显著轻微危害不大的，不认为是犯罪"，是指该行为虽然有一定的社会危害性，但情节明显不恶劣，危害性质不严重，危害后果比较小，因而不构成犯罪，不能理解为不以犯罪论处或免予刑事处罚。

　　但是，国家赔偿法规定的"不认为是犯罪"，应理解为已构成犯罪、而不以犯罪论处。这是由国家赔偿法的具体内容决定的。

　　《国家赔偿法》第 19 条第 3 项规定：依照《刑事诉讼法》第 15 条、

第 173 条第 2 款、第 279 条规定不追究刑事责任的人被羁押的，国家不承担赔偿责任。

《刑事诉讼法》第 15 条规定："有下列情形之一的，不追究刑事责任，已经追究的，应当撤销案件，或者不起诉，或者终止审理，或者宣告无罪：

（一）情节显著轻微、危害不大，不认为是犯罪的；

（二）犯罪已过追诉时效期限的；

（三）经特赦令免除刑罚的；

（四）依照刑法告诉才处理的犯罪，没有告诉或者撤回告诉的；

（五）犯罪嫌疑人、被告人死亡的；

（六）其他法律规定免予追究刑事责任的。"

首先，应该明确承认，《刑事诉讼法》第 15 条规定的"情节显著轻微，危害不大，不认为是犯罪的"内容，不仅在文字表述上与刑法第 13 条犯罪概念中"但书"部分的文字表述一样，而且无论从学理上还是法律规定上看，程序法都是为保证实体法的实施而制定的，二者的立法精神完全一致。《刑事诉讼法》第 1 条开宗明义规定："为了保证刑法的正确实施……根据宪法，制定本法。"这就是说，刑法和刑事诉讼法中规定的"不认为是犯罪"都应理解为不构成犯罪。那么，为什么同一个"不认为是犯罪"在国家赔偿法中却应该理解为已构成犯罪，但不以犯罪论处呢？

第一，刑法、刑事诉讼法与国家赔偿法的立法角度不同，解决问题不同。一个从惩罚犯罪、保护公民角度，一个从惩罚犯罪中发生差误、如何补救角度。角度不同，对同一事物的理解和运用即有区别。

第二，尽管从宏观上讲，刑法、刑事诉讼法、国家赔偿法以及其他法律总的立法宗旨，都是为了保护公民的合法权益不受非法侵犯，但一旦公民权益受到非法侵犯时如何赔偿，在考虑总的立法宗旨前提下，还要从一定时期的实际状况出发，实事求是地作出具体规定。从目前国家财力看，还不能对所有非法侵犯公民合法利益的职务行为都作出赔偿。目前国家赔偿法对司法赔偿的范围、方式、程度的规定，都是有限的。在赔偿原则上，只能实行"无罪赔偿"原则，即完全无罪才予以赔偿。所以，同样的"不认为是犯罪"，从刑法角度理解为不构成犯罪，而从国家赔偿法角度，则只能理解为已构成犯罪但不以犯罪论处，国家不承担赔偿责任。是否存在将来随着国力增强和法治深化，使国家赔偿法的理解统一到刑法的理解上来的可能呢？作者对此持乐观态度，但毕竟不是目前的现实。

第三，国家赔偿法实行"无罪赔偿"原则，有罪不赔。《刑事诉讼法》第15条规定的6种情形中的5种，都属于有罪的情况，只是因超过追诉时效期限、特赦、受害人不起诉、致害人死亡等特殊情形，而不追究其刑事责任。立法者将"情节显著轻微，危害不大，不认为是犯罪的"内容与上述5种有罪情形相并列，也反映了对此种情形应视为有罪的认识。

不能在认定事实时确认"不构成犯罪"、在处理时却引用"不认为是犯罪"的免责条款规避国家赔偿责任。正因为认识上和立法上对"不构成犯罪"和"不认为是犯罪"之间的联系、区别和界定存在上述诸多因素，必然给司法工作者适用法律、特别是适用国家赔偿法这种较新的法律带来困难。但只要认真学习，切实按照法律规定和相关司法解释执行，这些困难都是可以克服的。

目前存在另外一种情形：明知该行为不构成犯罪，为逃避错捕、错判赔偿责任，有意在处理时引用国家赔偿法第17条第3项不认为是犯罪的免责条款。这是公正司法所不能允许的。

"存疑不起诉"的刑事赔偿

不起诉是人民检察院在审查起诉阶段，对不构成犯罪或者依法不应当追究刑事责任的嫌疑人作出的终止诉讼的决定。司法实践中，不起诉案件一般分为四种类型：

第一，犯罪嫌疑人没有犯罪事实，或者存在犯罪事实但并非该嫌疑人所为。

如果在审查起诉阶段发现此种情况，检察机关应将案卷退回原移送审查起诉机关。如果嫌疑人被逮捕，检察机关应当撤销逮捕决定，通知公安机关立即释放，并承担国家赔偿责任。

第二，法定不起诉。凡具有《刑事诉讼法》第15条规定的6种情形之一的犯罪嫌疑人，检察机关必须作出不起诉决定，没有自由裁量余地，但依据国家赔偿法，可以免除国家赔偿责任。

第三，酌定不起诉。凡具有《刑事诉讼法》第173条第2款规定情形，即"对于犯罪情节轻微，依照刑法规定不需要判处刑罚或者免除刑罚的"，检察机关可以自由裁量作出起诉或不起诉决定。对其中做出不起诉决定的,国家不承担赔偿责任。

第四,证据不足不起诉,即"存疑不起诉"①。《刑事诉讼法》第 171 条规定:"人民检察院审查案件,对于需要补充侦查的,可以退回公安机关补充侦查。""对于二次补充侦查的案件,人民检察院仍然认为证据不足,不符合起诉条件的,应当作出不起诉的决定。"对于此类不起诉案件是否应予国家赔偿,存在不同认识。

有人认为,对存疑不起诉案件国家是否承担赔偿责任,应视具体情况而定,有的赔偿,有的不赔偿。其理由是:

第一,尽管证据不足,但不能完全排除嫌疑人事实上曾有犯罪行为或违法行为。

第二,"对于二次补充侦查的案件,人民检察院仍然认为证据不足,不符合起诉条件的",是指不符合《刑事诉讼法》第 168 条规定的起诉条件,而不能依法向人民法院提起公诉的情形,并不能完全排除被不起诉人曾实施一定的能证实的违法行为。

第三,从上述两点出发,"对于有些案件,从全案看证据不足,但有一定证据证实犯罪嫌疑人实施一定的违法行为的,国家不应承担赔偿责任"。

"对于存疑不起诉案件中全案证据不足,既不能证实被不起诉人无罪,也不能证实有犯罪行为或违法行为而被羁押的,国家应当承担赔偿责任。"②

有人认为,尽管"存疑不起诉"案件的具体情况不尽相同,但根据"疑罪从无"原则,存疑不起诉者应是无罪之人,不起诉决定书即为错捕确认书,对此类案件应予刑事赔偿。③ 理由是:

第一,应结合《刑事诉讼法》第 174 条规定正确理解"存疑不起诉"。第 174 条规定:"如果被不起诉人在押,应当立即释放。"这就说明

---

① 法学理论界和司法界对不起诉的类型存在不同的划分方法,有两分法、三分法、四分法等,划分的名称表述也各不相同。其中如张穹、赵汝琨、陈国庆等认为:不起诉应当划分为三类,即绝对不起诉、相对不起诉和存疑不起诉。张穹、赵汝琨、陈国庆主编:《人民检察院刑事诉讼理论实务》,法律出版社 1997 年版,第 269 页。

② 张穹、赵汝琨、陈国庆主编:《人民检察院刑事诉讼理论实务》,法律出版社 1997 年版,第 443 页。

③ 沈德咏主编:《国家赔偿法律适用与案例评析》,新华出版社 2000 年版,第 843 页。

检察机关决定"存疑不起诉"，就是不能确定犯罪嫌疑人构成犯罪和需要追究刑事责任的情形，而对案件侦查终结作出终止或终结的决定，实质上是对无法证明犯罪嫌疑人有犯罪事实而作出的最终确认。

第二，作出存疑不起诉决定，就是没有证据证明嫌疑人有犯罪事实而作出的无罪结论。此种情况下，如果检察机关仍推定被不起诉人实际上有犯罪事实、只是尚未侦查出证据加以证明，那就与《刑事诉讼法》第6条规定的以事实为根据的基本原则相悖。

第三，"存疑"并不是指批准逮捕时没有任何证明犯罪事实的证据，而是指仅凭这些证据不足以定罪，这样在法律上就不能认为有罪。不能认为有罪，即是无罪，无罪即应赔偿。

第四，认为"存疑不起诉"案件可能存在未被证明的犯罪事实，进而得出不能赔偿的结论，是没有任何法律依据的。现行法律倒是明确规定了与这一精神完全相反的罪刑法定和判决定罪的原则。《刑法》第3条规定："法律明文规定为犯罪行为的，依照法律定罪处罚；法律没有明文规定为犯罪行为的，不得定罪处罚。"《刑事诉讼法》第12条规定："未经人民法院依法判决，对任何人都不得确定为有罪。"经过公安、检察机关一系列的侦查、补充侦查，未能找出确定充分的证据，却仍认定嫌疑人有罪，是与现行法律相悖的，容易让人联想到"文革"中事出有因、查无实据，又不作结论，让人背一辈子黑锅的侵犯人权的情形。

第五，《国家赔偿法》第19条第3款关于"情节显著轻微、危害不大，不认为是犯罪的"不予国家赔偿的情况，与"存疑不起诉"案件的情况是完全不同的两回事。前者事实清楚，证据确实，只是情节轻微、危害不大，所以才从宽处理，不认为是犯罪，国家不予赔偿；后者则连事实都未查清，缺少证据，怎么能认定情节是否轻微，危害是否不大呢？因此，既做出证据不足不予起诉的决定书，又引用《国家赔偿法》第19条作为不予国家赔偿的法律依据，应属于适用法律错误。

第六，在存疑不起诉不一定都应赔偿的观点中，混淆了"违法行为"与"犯罪行为"的原则界限和本质区别，这是完全错误的。

最高法院已就"存疑不起诉"案件应予国家赔偿问题作出个案批复。2000年3月8日，最高人民法院在〔1999〕赔法字第31号文中就甘肃省高级人民法院的请示作出批复。批复指出："人民检察院在刑事诉讼过程中，根据《刑事诉讼法》第140条第4款规定作出的不起诉决定，应视为对案件作出了无罪的决定。检察机关在逮捕时即便有部分可以证明有罪的证据，但如果在起诉时仅凭这些依据仍不能证明犯罪嫌疑人有罪，并作出不起诉决定的，在法律上不能认定有罪，应按无罪处理。依照《国家赔偿法》第 15 条规定，同意你院赔偿委员会的意见，兰州市人民检察院应当承担赔偿义务。”

作出“存疑不起诉”决定后发现新的证据，可另行提起公诉。如果检察机关依据《刑事诉讼法》第 171 条第 4 款规定，作出证据不足不予起诉决定后，又发现新的证据，并符合起诉条件的，检察机关可以再向人民法院提起公诉。如果被不起诉人已经获得刑事赔偿，在人民法院作出有罪判决生效后，人民法院赔偿委员会应当作出新的决定以撤销原决定，要求被不起诉人返还赔偿金。

关于“存疑不起诉”是否国家赔偿的争论，主要发生在对 1994 年《国家赔偿法》归责原则的理解上。2010 年《国家赔偿法》实施以后，此一问题应该得到解决。因为有检察专家认为，“对存疑案件是否给予赔偿，关键取决于赔偿法所采用的归责原则。《国家赔偿法》修改后，对无罪逮捕的赔偿采用结果归责原则，明确了存疑案件应予赔偿。笔者认为，这种修改扩大了刑事赔偿范围，解决了执法分歧，有扎实的理论基础，是我国刑事赔偿立法的一个重大进步，应当给予充分肯定。”①

错误逮捕案件的类型

司法实践中，造成错误逮捕的因素和情形多种多样。对此类案件类型的划分，从不同角度可以作出不同的划分方法。如以具体案由划分；以赔偿义务机关是检察院还是法院，是单一赔偿义务机关还是共同赔偿义务机关等进行划分。为简单明了起见，作者试图以案件处于何种诉讼阶段为标准，将错捕案件划分为三大类：法院审判前阶段的错误逮捕；法院一审阶段的错误逮捕；法院二审阶段的错误逮捕。此外，鉴于目前我国司法鉴定体制和实务尚未完全理顺，因鉴定结论变化引起的国家赔偿案件较多的情况，作者将此类案件归作一类，列出参考：

---

① 刘志远主编：《中国刑事赔偿原理与实务》，中国人民公安大学出版社 2011 年版，第 87 页。

第一类，法院审判前阶段的错误逮捕

①检察院逮捕，不构成犯罪；

②检察院逮捕，以事实不清证据不足不起诉；

③检察院逮捕，以犯罪情节轻微、不需要判处刑罚不起诉。

第二类，法院一审阶段的错误逮捕

①有违法行为但无犯罪行为，法院一审判决无罪；

②检察院逮捕，法院一审判决无罪。

第三类，法院二审阶段的错误逮捕

①检察院刑事拘留，法院一审判决无罪，二审维持无罪；

②检察院逮捕，法院一审判决无罪，二审维持无罪；

③检察院逮捕，法院一审判决无罪，检察院抗诉，上级检察院撤诉；

④检察院逮捕，法院一审判决无罪，检察院抗诉，二审维持无罪；

⑤检察院逮捕，法院一审判决无罪，检察院抗诉，二审维持无罪，检察院以已提请按审判监督程序抗诉为由，不予赔偿；

⑥检察院逮捕，法院一审判决有罪，二审宣告无罪；

⑦检察院逮捕，法院一审判决有罪，二审发回，一审重审有罪，二审宣告无罪；

⑧检察院逮捕，法院一审判决有罪，二审发回，一审重审无罪；

⑨法院逮捕，一审判决有罪，二审宣告无罪；

⑩法院逮捕，一审判决有罪，二审宣告无罪，但有暴力行为，不予赔偿。

第四类，逮捕后鉴定结论由"重伤"、"轻伤"改变为"轻微伤"

①因"重伤"逮捕，因"轻微伤"撤销案件；

②因"轻伤"逮捕，因"轻微伤"释放；

③因"轻伤"逮捕，一审因"轻微伤"判决无罪，检察院抗诉、重新鉴定仍为"轻微伤"，二审维持无罪；

④因"轻伤"一审有罪，二审因"轻微伤"发回重审，一审重审仍因"轻伤"判刑，再审又因"轻微伤"宣告无罪。

（3）再审改判无罪

审判监督程序，是在刑事诉讼过程中为保障公民基本人权、纠正已经发生法律效力的判决和裁定的错误而设置的一道特殊程序。

我国封建社会就有复审和平反制度，判决宣布后仍可因申诉而重新审理以纠正错案，只是未区分生效判决和未生效判决。现代普通法系国家的审判监督程序也未明确区分判决生效与否，而按照纠正错误的内容是认定事实方面还是适用法律方面，分别规定为两种程序，但依据免受双重危险和陪审团裁断的事实应视为真实的原则，对生效判决一般不再重新审理。大陆法系国家则在保护被告人和实体真实两种模式下，存在比较完整的刑事再审制度。①

马克思主义认识论告诉我们，人们对客观事物的认识有一个过程。司法实践表明，对犯罪现象的揭露和认识是一件十分复杂的工作。即使经过侦查、起诉、审判多道程序，公安、检察、法院多个机关的多次审查，当事人和其他诉讼参与人的全力参与，庭审中一件件事实的调查、举证、质证、认证和辩论，法律规定、司法解释和已有判例的条分缕析，也难免还会发生错误。尽管这些错误在全部审结案件中的比例只占百分之几，但对于具体案件的当事人来讲，却是百分之百。当一个公民被冤枉、被错判，其权益受到"合法"形式掩盖下的不法侵害时，还可以通过正当合法途径进行补救，这是一个社会成熟、稳定的表现，是法治国家的基本要求。审判监督程序是落实这种要求，保障社会成员基本人权的制度手段。

我国审判监督程序的设置，既坚决维护法律的严肃性和稳定性，对生效判决、裁定一般不得变更，实行一事不再理，对同一罪行不得重复追诉和审判的原则；又坚决贯彻实事求是，有错必纠，对在认定事实和适用法律上确有错误的判决、裁定，依照法定程序予以纠正。实行当事人申诉和司法机关主动检查相结合，群众监督、舆论监督和权力机关、检察机关的法律监督、审判机关的审判监督相结合，具有申诉权利的广泛性、监督机制的普遍性和审查范围全面性的特点。同封建社会"官无悔判"的观点完全对立。另外，我国审判监督程序的提起，又是慎重严格的。在正常情况下，对于绝大多数已决案件而言，不存在再审问题，以从整体上维护合法裁决的稳定性。而经过审判监督程序改正错误的判决、裁定，则又在新的认知基础上维持它应有的法律效力。

---

① 陈瑞华：《刑事诉讼的前沿问题》，中国人民大学出版社 2000 年版，第 481 页。

再审改判的两种情形及其赔偿问题

根据刑事诉讼法规定，生效判决和裁定，在认定事实和适用法律两种情形上有错误时，人民法院应当重新审判：

认定事实上的错误包括：（1）判决、裁定认定的案件事实同客观事实不符；（2）据以定罪量刑的证据不确实、不充分，证明案件事实的重要证据之间存在矛盾；（3）发现了足以影响原判决、裁定正确性的新证据；（4）审判人员审理该案时有贪污、受贿、徇私舞弊等足以影响裁判正确的行为。

适用法律上的错误包括：（1）混淆罪与非罪、此罪与彼罪的界限，错误认定案件的性质和罪名；（2）量刑严重失当、畸轻畸重；（3）严重违反法定诉讼程序，足以影响实体公正。

在上述两种情形下可能发生错判，但国家并非对所有错判均承担赔偿责任。一般情况下，国家应对因认定事实错误造成错判承担赔偿责任；对因适用法律上的错误，除混淆罪与非罪界限外，一般不承担赔偿责任。①

依上诉程序改判与依再审程序改判在赔偿问题上的区别

再审改判必须依审判监督程序作出，它与上诉程序改判在提起主体、提起理由、法定期限、审理对象、审理法院、有无加刑限制等方面存在明显区别。

一些审判人员在审理国家赔偿案件时，由于业务水平和责任心不强等因素，容易将二者混淆。必须牢记，尽管二者在应当承担国家赔偿责任方面有相同之处，但

（1）因上诉审改判承担赔偿责任的案由是"错误逮捕"，适用法律是《国家赔偿法》第15条第2项；因审判监督程序改判承担赔偿责任的案由是"再审改判无罪"，适用法律是《国家赔偿法》第15条第3项。

（2）上诉审改判无罪的赔偿义务机关，既可能是法院，也可能是法院与检察院作为共同赔偿义务机关（1994年《国家赔偿法》如此规定，2010年《国家赔偿法》已修改），再审改判无罪的赔偿义务机关则只能是

---

① 也有观点认为，对所有"适用法律错误的情况，国家不承担赔偿责任，因为被告人确实有一定违法或犯罪行为"。见邓涛、秦涛主编《国家赔偿法新释与例解》，同心出版社2000年版，第214页。

法院。

再审由重罪改判为轻罪

关于轻罪重判是否给予国家赔偿的问题，世界各国规定不同：德国、奥地利、比利时、罗马尼亚、捷克等国法律规定应予赔偿；法国、日本和我国台湾省则规定不予赔偿。

在制定我国国家赔偿法时，有人认为不应赔偿，因为轻罪重判与无罪枉判有本质差别。轻罪重判只是法院的量刑问题，即使存在不妥或争议之处，但属法官自由裁量范围，而且情况复杂，因素众多，侵权与否，难以把握。从目前刑事赔偿制度刚刚建立，国家财政尚不充裕，实践中难于操作出发，暂不应列入国家赔偿范围。有人认为，赔与不赔应视具体情况而定，如果改判后服刑期尚未超过原判刑期的，不存在赔偿问题；如果超过，或者错判死刑的，应当赔偿。①

作者认为，鉴于目前情况，轻罪重判案件一般可不赔偿，但错判死刑除外。对于论罪不应判处死刑但被判死刑且已执行的案件，国家赔偿法对此虽无规定，但也应负赔偿责任。这并不违反"无罪赔偿"原则，因为"无罪赔偿"应理解为"是无罪羁押赔偿，是指侵犯自由权的赔偿，但错杀的是侵犯生命权的赔偿，这是两个不同的问题，不应混淆"②。

再审改判全案无罪或部分无罪

我国刑法规定对某人犯有数罪的，应当分别审理，分别定罪，分别量刑，然后在总和刑期以下，数刑中最高刑期以上并在一定幅度内酌情决定应当执行的刑罚。

因此在再审改判无罪时，如果只对数罪中部分罪或一罪宣告无罪，也应予以国家赔偿，这符合无罪羁押即应赔偿的原则，也符合 1994 年《国家赔偿法》第 2 条规定："国家机关和国家机关工作人员违法行使职权侵犯公民、法人和其他组织的合法权益造成损害的，受害人有依照本法取得国家赔偿的权利。"这里对受害人未作限制性规定，换句话说，不管受害

---

① 皮纯协、冯军主编：《国家赔偿法释论》（修订本），中国法制出版社 1998 年版，第 164 页。

② 肖峋：《中华人民共和国国家赔偿法的理论与实用指南》，中国民主法制出版社 1994 年版，第 176 页。

人有无其他过错、违法或犯罪行为，其合法权益均不得受到违法侵犯，受到侵犯的，一律有权取得赔偿。

现实生活中，如果"某人先犯某罪被判刑并已执行，后又因某罪被冤判刑罚，纠正后可以取得赔偿；而另一人因数罪中有一罪被冤判刑罚，纠正后却不能获得赔偿，显然，这样的'道理'是不能成立的。"①

最高人民法院赔偿委员会在［1996］法赔复 1 号批复中明确指出："《国家赔偿法》第 15 条第 3 项的规定，依照审判监督程序再审改判无罪，原判刑罚已经执行的，受害人有取得赔偿的权利。这一规定，应理解为针对具体个罪而言。"

再审改判无罪，原判刑罚全部执行或部分执行

国家赔偿以受害人的合法权利实际受到损害为前提。由于错案得到纠正的时间早晚不同，"刑罚已经执行"的情况也各异，有全部执行完毕的，也有只执行部分刑罚的，并不是说只有全部执行完毕才承担赔偿责任。换句话说，国家对已经执行的部分承担赔偿责任，未执行的部分不承担责任。如果原判刑罚因各种原因未全部或部分执行，即使再审改判无罪，国家也不承担赔偿责任。

原判免予刑事处分再审改判无罪

根据国家赔偿法赔偿原则，只有无罪的人被判处并已担负实在的刑罚，才会对其合法权利造成实际损害。被生效判决判处免予刑事处分，国家只是作出一个有罪宣告，没有对被告人判处实际刑罚，也就没有发生赔偿法所要求的损害事实。所以，国家不承担赔偿责任。

原判管制、有期徒刑缓刑、剥夺政治权利再审改判无罪

我国刑法规定的刑罚有两类：一类是主刑，即对犯罪分子适用的主要刑罚方法，法律规定有管制、拘役、有期徒刑、无期徒刑、死刑五种，死刑中又包括立即执行和缓期二年执行两种情况。主刑只能独立适用，不能附加适用；另一类是附加刑，即补充主刑的刑罚方法，有罚金、剥夺政治

---

① 沈德咏：《国家赔偿法律适用与案例分析》，新华出版社 2000 年版，第 936 页。

权利、没收财产三种。附加刑既可以随主刑附加使用，也可以独立适用。

管制是最轻的主刑，是我国独创的一种刑罚，是对犯罪分子不予关押，但限制自由交公安机关管束和群众监督改造的刑罚方法。被判处管制者的人身自由虽受一定限制，但处在社会之中，经过批准，还可暂时或长期外出；经过特许，还可迁往辖区之外居住；经过批准，还可适度行使言论、出版、集会、结社、游行、示威自由的权利。因此在被再审宣告无罪以后，可不予赔偿。

缓刑不是一种刑罚而是依附于原判刑罚存在的一种执行刑罚的方法。刑法规定，缓刑是对于被判处拘役、三年以下有期徒刑，确实不致再危害社会的犯罪分子，在一定考验期内，如果没有再犯新罪，或者未被发现漏罪，或者没有违反法律、法规及有关规定，缓刑考验期满，原判的刑罚就不再执行的一项刑罚制度。

对于宣告缓刑的犯罪分子，不收监执行，而是放在社会上，置身于群众的监督之中；经县级公安机关批准，可外出经商；有工作单位的还可以仍留原单位工作，表现好的经批准可调动工作。因此，对于被判处有期徒刑缓刑者来说，法院虽然对其作出有罪宣告并判处刑罚，但从实际效果看，缓刑不是刑罚的执行，而是附加条件的不执行，也就没有发生国家赔偿法要求的损害事实，经再审宣告无罪后，国家不予赔偿。

剥夺政治权利，是剥夺犯罪分子参与国家管理和参加政治活动权利的刑罚方法。刑法第54条规定，剥夺政治权利指剥夺4种权利：（1）选举权和被选举权；（2）宪法规定公民享有的言论、出版、集会、结社、游行、示威自由的权利；（3）担任国家机关职务的权利；（4）担任国有公司、企业、事业单位和人民团体领导职务的权利。如果在上述单位只担任一般职务或者在集体、私营企业或事业单位担任领导职务，都不属于剥夺政治权利的范围。剥夺勋章、奖章和荣誉称号，也不属于剥夺政治权利的内容。由此可见，剥夺政治权利刑罚的执行，也没有发生国家赔偿法所要求的损害事实。

所以，最高法院《关于人民法院执行〈中华人民共和国国家赔偿法〉几个问题的解释》第4条明确规定："根据《国家赔偿法》第26条、第27条的规定，人民法院判处管制、有期徒刑缓刑、剥夺政治权利等刑罚的人被依法改判无罪的，国家不承担赔偿责任。但是，赔偿请求人在判决生效前被羁押的，依法有权取得赔偿。"

对被判处管制、有期徒刑缓刑、剥夺政治权利的人，被依法改判无罪的，国家不承担赔偿责任的规定，是从目前我国的社会状况出发的，是适当的。但对被判处这些刑罚的受害者来说，其人身自由毕竟曾受到某种限制，其社会名誉和个人形象毕竟受到相当影响，而且也有因此引起前途丧失、家庭破裂等情形的，尽管可不予赔偿，但作者认为，也不能一概置之不理，可否用在"侵权行为影响的范围内，为受害人消除影响，恢复名誉，赔礼道歉"的方式，予以适当弥补。

保外就医、减刑、假释的国家赔偿问题

（1）《刑事诉讼法》第214条、215条、216条规定，对被判处有期徒刑、拘役的罪犯，有严重疾病需要保外就医的，可以暂予监外执行。由省级政府指定的医院开具证明文件，依照法律规定程序审批。如发现被保外就医的罪犯不符合保外就医条件的，或者严重违反有关保外就医规定的，应当及时收监。保外就医情形消失后，罪犯刑期未满的应当及时收监。

1998年3月11日，最高法院在《关于刑罚执行中保外就医期间是否属国家赔偿范围的批复》中指出："被判处有期徒刑、无期徒刑的犯罪分子，在刑罚执行中保外就医期间，虽然人身自由受到一定限制，但实际上未被羁押。"因此，对赔偿请求人在保外就医期间国家不承担赔偿责任。

（2）《刑法》第78—80条规定，被判处管制、拘役、有期徒刑、无期徒刑的犯罪分子，在执行期间，如果认真遵守监规，接受教育改造，确有悔改表现的，或有立功表现的，可以减刑；有重大立功表现的应当减刑。减刑以后实际执行的刑期，判处管制、拘役、有期徒刑的，不得少于原判刑期的二分之一；判处无期徒刑的，不能少于10年。

减刑期间，犯罪分子未被实际关押。经再审改判无罪以后，国家对减刑部分的错判刑罚不承担赔偿责任。

（3）《刑法》第81—86条规定，被判处有期徒刑的犯罪分子（除累犯和暴力性犯罪被判10年以上有期徒刑、无期徒刑外），执行原判刑期二分之一以上，被判处无期徒刑的犯罪分子实际执行10年以上，如果认真遵守监规，接受教育改造，确有悔改表现，回归社会后不致再危害社会的，可以假释。如果有特殊情况，经最高法院核准，可以不受上述执行刑期的限制。

1998年3月11日，最高法院批复指出："对被判处有期徒刑、无期

徒刑的被告人依法予以假释，属于附条件的提前释放，虽然人身自由受到一定限制，但实际未被羁押。"因此，对赔偿请求人在假释期间国家不承担赔偿责任。

再审改判"证据不足宣告无罪"与再审改判"情节显著轻微不认为是犯罪"

再审改判"证据不足宣告无罪"，指经过一审、二审、再审多次反复调查、取证后，仍然未找到足够证据证明被告人确实构成所认定的罪名。《刑事诉讼法》第 195 条（即原《刑事诉讼法》第 162 条）第（三）项规定，法庭根据已经查明的事实、证据和有关的法律规定，认为"证据不足，不能认定被告人有罪的，应当作出证据不足、指控的犯罪不能成立的无罪判决"。无罪判决作出以后，国家应承担赔偿责任。

但再审改判"情节显著轻微不认为是犯罪"的情形与此不同：这类案件事实清楚、证据确凿，只是情节轻微危害不大，从宽处理，不认为是犯罪。因此，国家不承担赔偿责任。

（4）刑讯逼供与暴力伤害

为了查明案情和其他相关问题，依照法定程序，在传唤、预审、审讯等场合，以言词方式对犯罪嫌疑人和被告人进行讯问，是办理任何一件刑事案件都必须进行的职务行为和重要环节。

由于犯罪嫌疑人对自己是否实施了犯罪行为、怎样实施犯罪行为、为什么实施犯罪行为最为清楚，通过讯问可以搜集侦破案件的线索，抓获其他犯罪嫌疑人，查找人证，取获物证，查明案件的具体情况和详细情节，也可以听取犯罪嫌疑人和被告人的无罪、罪轻的申辩，以客观全面准确地搜集证据，认定事实。

重证据，重调查研究，不轻信口供，证据和口供都必须经过查对，是证据制度的基本原则。刑事诉讼法第 43 条规定，侦查、检察、审判人员必须依照法定程序，收集能够证实犯罪嫌疑人、被告人有罪或者无罪、犯罪情节轻重的各种证据。严禁刑讯逼供和威胁、引诱、欺骗以及其他非法的方法收集证据。司法人员为收集证据急于破案、定案而对犯罪嫌疑人刑讯逼供，不但严重侵害了犯罪嫌疑人的基本人权，同时也严重干扰了刑事诉讼活动的正常进行，容易造成冤假错案。为坚决制止刑讯逼供行为，《刑法》第 247 条明确规定：司法工作人员对犯罪嫌疑人、被告人实行刑讯逼供或者使用暴力逼取证人证言的，处三年以下徒刑或者拘役。致人伤残、死亡的，依照故意伤害罪和故意杀人罪从重处罚。

尽管关于严禁刑讯逼供的法律规定清晰明确，但人们不得不承认的现实，却是司法实践中的刑讯逼供现象屡禁不止。不少嫌疑人并不知道如何维护自己本应该受到保护的合法权利，甚至自己以为既然犯了法，就应该挨打。有的监禁单位甚至形成一条不成文的规矩，不管什么人，进来先打一顿，以"服水土"，由此伤亡的事件时有发生。

实践表明，仅靠司法机关的"自查、自律、自纠"难以奏效，如果允许律师提前介入诉讼，则可起到一定的缓解作用。因此，1996 年修改的刑事诉讼法首次明确规定：犯罪嫌疑人在被第一次讯问后，或者采取强制措施之日起，有聘请律师提供法律帮助的权利。这是为进一步保障人权，加强法制，与国际通行做法接轨而采取的重要措施。切实执行此项规定，既有利于维护犯罪嫌疑人的合法权益，也有利于准确及时地侦破犯罪案件，减少错拘、错捕、错判等国家赔偿案件的发生。

刑讯逼供的犯罪构成

刑讯逼供是司法工作人员在办理刑事案件过程中，对犯罪嫌疑人或被告人采取肉刑或者变相肉刑，逼取认罪口供的行为。刑讯逼供行为的主要特征有：

第一，从主体上看，实施此类行为的主体一般是公安机关、安全机关、军队内部保卫部门、检察机关、审判机关、监狱和劳教管理机关等国家机关的工作人员。有些情况下，受上述人员暗示、默认、唆使的其他人员，如联防队员、聘用民警等实施了此类行为，亦可产生国家赔偿责任。

第二，从主观方面看，行为人必须具有主观故意，即行为人明知刑讯逼供行为违法，但为逼取有罪口供而有意采取刑讯方法。至于行为人逼取口供的目的是为公还是为私，如为了完成任务、急于结案，取得领导信任、邀功请赏，挟嫌报复等；至于是否实际逼出口供，逼出的口供事后是否被证实，不影响本罪的构成。

第三，从客体和客观方面看，刑讯逼供侵犯的客体是公民的人身权利和正常的司法活动。在客观方面表现为对犯罪嫌疑人或被告人使用肉刑或变相肉刑。"肉刑"是指捆绑、悬吊、殴打、电击或使用各种刑具进行肉体摧残；"变相肉刑"是指除上述直接伤害人体以外的其他对人身体进行折磨的方法，如：体罚、冷冻、饥饿、日晒、烟熏、火烤、强光源照射、不准睡眠、"车轮战"审讯及其他进行精神折磨的方法。

第四，从后果上看，司法人员实施此类刑讯行为，必须造成犯罪嫌疑人或被告人身体伤害或者死亡，国家才承担赔偿责任。如果司法人员只是诱供、指明问供，或者仅仅有言词侮辱，或者只实施了轻微的暴力行为，没有对公民造成伤害或死亡后果的，国家不承担赔偿责任。

殴打等暴力行为和唆使他人实施暴力行为

国家赔偿法规定的殴打等暴力伤害，指司法工作人员在刑事诉讼过程中，故意对犯罪嫌疑人或被告人实施殴打、捆绑、电击、火烧等暴力行为，造成公民身体伤害或死亡。

殴打等暴力行为在客观方面与刑讯逼供行为有相同或重叠之处。二者的区别在于：主观目的上，后者的目的只有一个：逼取有罪口供；而前者的目的则包含除逼供之外的其他方面。受害对象上，后者的受害人只是犯罪嫌疑人或被告人，而前者的对象不仅包括犯罪嫌疑人与被告人，还包括其他公民，如证人、律师等。

唆使他人实施暴力行为，是指在刑事诉讼中，司法工作人员以暗示、明示、纵容、引诱、劝说等方法，故意唆使他人向受害人实施暴力行为，司法工作人员本人并未亲自动手。国家赔偿法规定，司法人员唆使他人实施暴力行为，由国家承担赔偿责任。

那么，如何认定"唆使"？被唆使实施的行为与自己实施的行为如何界定？有专家建议："应赋予受害人选择求偿权，如果他有证据证明存在司法机关唆使致害人使用暴力，则他可以选择向国家求偿，因为国家的偿付能力较强。但如果他没有充分证据或不能确定是否存在司法机关唆使致害人使用暴力，他可以直接向实施暴力者请求民事赔偿，而实施暴力者不得以司法机关唆使来对抗。只有在施暴方履行了赔偿义务后，再以'唆使'暴力为由向国家追偿。这样的制度，可以保障受害人的合法权益，并不至于发生久讼、累讼的问题。"①

----

① 薛刚凌：《国家赔偿法教程》，中国政法大学出版社 1997 年版，第 232 页。

国家司法工作人员刑讯逼供和暴力伤害的风气不严加制止和遏制，冤假错案就不可避免，公民基本人权就得不到保障，司法机关的公正形象就会受到损害。因此，国家在对此类行为承担国家赔偿责任的同时，还要依法向实施暴力行为的司法人员进行追偿，并依法追究其刑事责任。

如何理解刑讯逼供"造成"公民身体伤害或者死亡？

《国家赔偿法》第 15 条第 4 项规定："刑讯逼供或者以殴打等暴力行为或者唆使他人以殴打等暴力行为造成公民身体伤害或者死亡的"，受害人有取得赔偿的权利。如何理解"造成"身体伤害或死亡，它与"致人"伤害或死亡有无区别，是正确执行该项法律规定的关键。

刑讯逼供中以殴打等暴力行为直接致使公民身体伤害，如轻微伤、轻伤、重伤、残疾及因此引起其他疾病、诱发原有疾病等情况，司法实践中一般不难判断。对此类赔偿案件的处理也无甚争论。

在刑讯逼供过程中，嫌疑人或被告人直接因殴打等各种刑讯手段当场死亡的国家赔偿案件，也不难处理。

比较难于处理的是刑讯逼供期间，嫌疑人或被告人以上吊、投井、跳崖、碰撞、割腕、服毒方式自杀身亡。此种情况下，经法医鉴定，死者身上有伤但并非致命伤，致命伤是其自己故意所为。那么，依据国家赔偿法，义务机关是否应该承担致人死亡的赔偿责任？

一种观点认为，死因是自己造成，不是司法人员刑讯逼供直接致死，国家不能承担死亡赔偿责任。

另一种观点认为，虽然死因由自己造成，但其死亡与刑讯逼供有内在联系，应属国家赔偿范围。

我们认为：

①刑讯逼供致死的对象不是一般公民，而是犯罪嫌疑人或被告人或正在服刑的罪犯。从人权理论上看，这些人也是公民，也享有未被依法剥夺的权利，其生命权与健康权同任何其他公民一样不受非法侵犯。即使是已被判处死刑缓期执行的罪犯也不能用非法方法侵犯其生命健康权。

②为严格禁止司法人员非法侵犯嫌疑人、被告人和被监管人员的生命健康权，《刑法》第 247 条、第 248 条作出处罚规定，致人伤残、死亡的，依照故意伤害罪和故意杀人罪从重处罚。

③刑事司法侵权损害赔偿与一般的民事损害赔偿不同，司法人员与受

害人之间的关系是不平等的，被害人处于弱势地位。审理民事侵权案件时，强调侵权行为与损害后果之间必须具有直接因果关系，这是由双方的平等地位决定的。而在国家赔偿这种刑事司法侵权过程中，一昧强调直接因果关系，"既体现不出法律法规保护弱者的立法原意，也体现不出法律法规对刑讯逼供等行为严令禁止的法律精神"①。

所以，最高法院赔偿委员会在1999年8月25日批复中指出："《国家赔偿法》第15条第4项及第27条的规定中使用的是'造成'身体伤害或者死亡的表述方法，这与致人伤害或死亡是有区别的。'造成'应当理解为只要实施了法律规定的违法侵权行为，并产生了伤害或者死亡的后果，就应当适用国家赔偿法第15条第4项的规定"，履行对造成嫌疑人死亡后果的赔偿义务。

④作者赞同最高法院赔偿委员会这一批复的精神，以从国家赔偿法角度进一步遏制刑讯逼供的犯罪行为。《刑法》第247条、第288条使用的是"致人伤残、死亡"，《国家赔偿法》第15条、第3条、第27条使用"造成伤害或死亡"。作者认为二者并无区别："致人"伤亡与"造成"伤亡都既包括司法人员的直接行为，也包括与直接行为关联的间接行为——受害人自戕行为。至于受害人有罪、无罪，其自戕行为的具体动机是被殴打折磨肉体或精神难以忍受还是因犯罪羞愧无脸见人，害怕承担罪责，还是以死表明自己清白等，均不影响国家对其死亡承担赔偿责任。

(5) 违法使用武器警械

为了保障司法机关依法履行职责，及时有效地制止违法犯罪行为，国家赋予司法人员中的部分工作人员依法佩戴和使用武器和警械的权力。同时，为了防止此种权力的滥用，保护公民人身权不受非法侵犯，法律、法规又对不得使用或停止使用武器、警械的情形作了规定，预防和禁止违法使用武器、警械情况的发生。

1996年国务院颁布的《人民警察使用警械和武器条例》规定：①人民警察依法执行拘留、逮捕、押解、抓获违法犯罪分子等任务时，可以使用手铐、脚镣、警绳等约束性警械；②在判明有放火、凶杀、爆炸等严重

---

① 沈德咏主编：《国家赔偿法教程》，中国政法大学出版社1997年版，第941页。

危害公共安全、经警告无效的，可以使用武器。来不及警告或警告后可能导致更为严重危害后果的，可以直接使用武器；③发现实施犯罪的人为怀孕妇女、儿童的，一般情况下不得使用武器；④犯罪分子停止实施犯罪，服从警察命令，失去继续实施犯罪能力的，应当立即停止使用武器。

另外，为了区分正当防卫和防卫过当的界限，最高法院、最高检察院、公安部、司法部还于1983年9月联合下发了《关于人民警察执行职务中实行正当防卫的具体规定》。

司法机关工作人员违法使用武器、警械造成公民身体伤害或者死亡的情形比较复杂，实践中一般有下列几种：

①司法机关给不应配备武器、警械的人员配备武器、警械，该人员在行使职权过程中使用；

②无权佩带武器、警械的司法人员私自携带并在行使职权过程中使用；

③有权佩带武器、警械的司法人员违法使用武器、警械等。

2. 侵犯财产权的刑事赔偿范围

财产权是具有直接经济内容的权利，包括物权、债权、继承权、知识产权、经营自主权和物质帮助权等。财产权的根据，存在于社会经济、政治现实之中，其实质是一种基于财产而发生的人与人之间的关系。

西方法学家认为，对财产权的保护是法律存在的主要理由，私有财产神圣不可侵犯成为基本法律原则。孟子也说过"人无恒产，乃无恒心"，"制民以产"是安民立政的前提和基础。亚当·斯密说："假如不存在什么财产，或最多也没有超过价值两三天劳动的东西，那么，民主政府也就没有存在的必要。"[①] 所以，财产权是公民的基本人权，是公民民主权利和政治权利的基础。

我国社会主义法制始终把保护公民财产权作为重要任务之一。宪法、民法通则、著作权法、专利法、商标法等从实体法角度建立了一个财产权利规范体系；民事诉讼法、行政诉讼法和刑事诉讼法又从程序法角度建立了比较完整的司法救济体系。国家赔偿法的制定和实施，则进一步加强了公民财产权受侵犯后得到补救的法律保障。

---

① 转引自《西方社会的法律价值》，第251页。

对于侵犯财产权的司法赔偿，不少国家均有规定。如《联邦德国刑事追诉措施赔偿法》规定，由刑事追诉措施造成的财产损失，经证明损失数额超过 50 马克的，予以赔偿。奥地利《刑事赔偿法》规定，因刑事法院关押或判决而产生的财产权的损害，经被害人请求，依法对其给予金钱赔偿。日本刑事补偿法就由于执行罚金、罚款、没收应给予的补偿作出规定。

我国国家赔偿法亦明确规定，行使侦查、检察、审判、监狱管理职权的机关及其工作人员在行使职权时侵犯财产权的，受害人有取得赔偿的权利。但从我国目前具体情况出发，对侵犯财产权的赔偿范围不宜过大，仅限于违法对财产采取查封、扣押、冻结、追缴等措施和依照审判监督程序再审改判无罪，原判罚金、没收财产已经执行两种情况。

在刑事诉讼中，对财产采取查封、扣押、冻结、追缴等措施，是法律赋予司法机关的职权，其目的在于保证刑事诉讼活动的正常进行。

刑事诉讼中的查封，指司法机关将可以用作证据或与案件有关不便提取的财物予以就地封存，或责成专人保管，任何人不得擅自转移或处理的一种措施。《刑事诉讼法》第 77 条第 3 款和最高法院《关于执行刑事诉讼法若干问题的解释》第 95 条规定：人民法院审理刑事附带民事诉讼案件，在必要时，可以决定查封或者扣押被告人财产。据《刑事诉讼法》第 77 条规定，在刑事诉讼过程中，只有人民法院才有权采取查封措施。

扣押，指司法机关在刑事诉讼过程中对与案件有关能够证明犯罪嫌疑人有罪或无罪的物品、文件、邮件、电报等予以强制留置的措施。《刑事诉讼法》第 114—118 条规定，公安和检察机关在勘验、搜查中发现的可用以证明犯罪嫌疑人有罪或者无罪的各种物品和文件应当扣押，与案件无关的物品、文件，不得扣押。第 158 条规定，人民法院调查核实证据，可以进行勘验、检查、扣押、鉴定和查询、冻结。

冻结，指司法机关在刑事诉讼过程中发现嫌疑人、被告人的存款、汇款、股票、债券等有价证券与案件有直接关系时，要求银行等金融机构暂时停止支付或者转移的措施。

追缴，指刑事案件结案时，将犯罪分子的作案工具、赃物、犯罪所得强行收缴的措施。《刑法》第 64 条规定："犯罪分子违法所得的一切财物，应当予以追缴或者责令退赔。"追缴是针对犯罪分子的非法所得采取的带有执行性质的强制措施。实际上是没收财产的一种形式。同查封、扣押、冻结相比，追缴的法律性质、适用范围和适用程度均需要进一步明确。但可以肯定的是，追缴应在法院作出有罪判决即刑事案件结案时，才能进行。任何司法机关在案件侦查、审理过程中，都无权这样做。当然，为了保证将来追缴的实现，可以依法采取查封、扣押、冻结等措施。

在刑事诉讼过程中，根据侦查、审判需要，有时应对犯罪嫌疑人、被告人的财产采取上述查封、扣押、冻结、追缴等措施，这是司法机关的职权。但采取这些措施时必须遵照法律规定，符合法定条件：

第一，采取上述措施的机关必须具有该项职权，其他任何机关不得行使。具有该项职权的机关必须在法律授权范围内活动，不得滥用和越权。

第二，查封、扣押、冻结、追缴的财物的所有权必须属于该案嫌疑人或被告人，必须是与案件有关的物品。对于与案件无关的物品，超出案件范围的嫌疑人的其他财物，均不得采取强制措施。

第三，必须严格遵循法定程序。如关于扣押财物时在场人员和查点清单的规定；存款、汇款已被冻结的不得重复冻结的规定；经查明确实与案件无关的应在三日内解除扣押、冻结的规定；对被扣押、冻结的财物应妥善保管、不得挪用和自行处理的规定；关于及时上缴国库的规定；等等。

凡不遵循法律规定，造成案外人、嫌疑人、被告人、犯罪分子合法财产权受到损害的，国家均必须承担司法赔偿责任。

违法对财产采取查封、扣押、冻结、追缴等措施

司法实践中，由于刑事案件发案率居高不下，出于侦查、审判需要，对财产采取各种强制措施的次数频繁，情况复杂多变，加上人力、物力和场地等诸多客观条件限制，如果有关司法人员疏忽懈怠、玩忽职守甚至带有个人目的，极易对公民的合法财产权造成侵害。这种侵害大致有如下几种情况：

①司法人员疏忽大意、滥用职权或超越职权查封、扣押、冻结案外人财产或与案件无关的案内人财产。少数公安、检察机关越权办案，违法办案，插手经济纠纷，滥用强制措施，参与追款讨债，混淆经济纠纷与诈骗案件的界限，以权谋私，严重侵犯公民、法人和其他组织的合法权益。

②查封、扣押、冻结财物后，未依照刑事诉讼法规定"妥善保管或者封存，不得使用或者损毁"，给当事人的财物造成损害。

③对已宣告无罪的案件，仍继续查封、扣押、冻结财产。

再审改判无罪，原判罚金、没收财产已经执行

罚金和没收财产是我国刑法规定的两种附加刑，既可以随主刑附加适用，也可独立适用。这里是指附加主刑适用的情况。

罚金，是法院判处犯罪分子向国库缴纳一定数额金钱的刑罚。判处罚金既能给以营利为目的的犯罪以针锋相对的打击，剥夺其继续犯罪的资本，而且有利于罪犯改造，增加国库收入，误判后易于纠正。所以，此种古老的刑罚方法在近现代大派用场。我国刑法分则规定可以判处罚金的条文有 140 条，涉及 176 个罪名，占分则定罪量刑条文的 41.5%。

没收财产，是将犯罪分子个人所有财产的一部或全部强制无偿收归国有的方法。没收财产与罚金均主要适用于具有财产内容的犯罪，既可适用于公民，也可适用于法人和其他组织。但二者在适用上有重大区别。罚金刑剥夺的只是一定数额的金钱，是较轻的财产刑；没收财产则是较重的财产刑，既可剥夺一部分财产，也可剥夺全部财产，既可以是金钱，也可以是房屋、家具等其他财产。我国刑法分则规定可以适用没收财产的条文有 48 个。

罚金和没收财产均是以财产为标的的刑罚。某一案如果依照审判监督程序再审改判无罪，说明原判所处的罚金或没收财产也是错误的，如果已经执行，国家应予返还，如果财产毁损灭失，国家应予刑事赔偿。

3. 国家不承担刑事赔偿责任的范围

从理论上看，有损害即有赔偿。刑事司法侵权行为造成的损害，由于以国家强制力作后盾且直接指向公民基本人权，由此造成的损害远比一般损害为烈，更应承担赔偿责任。但从实践上看，当今世界各国，包括司法赔偿制度发达的资本主义国家在内，均难做到。它们均在法律中明文规定了国家不承担刑事赔偿责任的范围。

如：1971 年联邦德国刑事追诉措施赔偿责任法第 5 条和第 6 条，明确规定了国家解除或拒绝赔偿的情况；1968 年奥地利刑事赔偿法第 3 条，规定了解除国家赔偿的 4 种情形；1950 年日本刑事补偿法第 3 条规定 2 种不予赔偿的情况；我国台湾地区 1983 年冤狱赔偿法第 2 条规定 6 种情形不予赔偿。

我国《国家赔偿法》第 19 条规定了国家不承担刑事赔偿责任的 6 类事项，即：

（一）因公民自己故意作虚伪供述，或者伪造其他有罪证据被羁押或者被判处刑罚的；

（二）依照《刑法》第 14 条、第 15 条（现行《刑法》第 17 条、第 18 条）规定不负刑事责任的人被羁押的；

（三）依照《刑事诉讼法》第 11 条（现行《刑事诉讼法》第 15 条）规定不追究刑事责任的人被羁押的；

（四）行使国家侦查、检察、审判、监狱管理职权的机关的工作人员与行使职权无关的个人行为；

（五）因公民自伤、自残故意行为致使损害发生的；

（六）法律规定的其他情形。

对我国《国家赔偿法》第 19 条的理解，有四个问题需要注意和明确：

第一，由上述事项致使损害结果的发生中，国家是存在过错的，只是因受害人也有过错，从目前现实条件出发，才免除国家的赔偿责任。因此，尽管不予赔偿，但赔偿义务机关和赔偿委员会应耐心细致地做好受害人的思想工作，并认真总结经验教训，防止和杜绝类似事件发生。

第二，符合上述 6 类情形但另有规定的，应予赔偿。如最高法院关于执行国家赔偿法几个问题的解释第 1 条规定，对符合国家赔偿法第 17 条第（二）、（三）项规定，不负刑事责任和不追究刑事责任的人被羁押，国家不承担赔偿责任，"但是对起诉后经人民法院判处拘役、有期徒刑、无期徒刑和死刑并已执行的上述人员，有权依法取得赔偿。判决确定前被羁押的日期依法不予赔偿。"

第三，上述 6 类事项是国家不承担刑事赔偿责任的范围，是否也适用于第 31 条规定的非刑事司法赔偿？国家赔偿法和相关司法解释目前均无明确规定。作者认为，从 6 类事项内容看，（一）、（二）、（三）项专属刑事范畴，与非刑事司法赔偿无关。但（四）、（五）、（六）项应适用于非刑事司法赔偿。在民事司法、行政司法、执行司法中，司法人员因与行使职权无关的个人行为侵害公民、法人和其他组织合法权益；因公民自伤、自残故意行为致使损害发生的，国家不应承担赔偿责任。至于"法律规定的其他情形"中的"法律规定"是一个比较含混、覆盖面广的概括式兜底条款，完全可以将其延展到非刑事司法赔偿。①

第四，司法实践中，从事国家赔偿工作的人员一般习惯性地将国家赔偿法第 17 条称之为"免责条款"② 这种称呼简短明了，便于记忆，也基本反映了该条内容，在执行国家赔偿法初期这样称呼也无不可，但从司法赔偿理论和构成上看，将之统称"免责"不够准确科学。（一）、（二）、（三）项属于"免责"无疑，但不应忘记国家也有过错；（四）、（五）两项的个人行为和公民自伤自残行为则不符合司法赔偿构成要件，赔偿责任无法成立，不存在是否免责问题。

（1）公民本人故意行为

《国家赔偿法》第 19 条第（一）项和第（五）项规定："因公民自己故意作虚伪供述，或者伪造其他有罪证据被羁押或者被判处刑罚的"，"因公民自伤、自残故意行为致使损害发生的"，国家不承担赔偿责任。

我国法律的此类规定，在许多国家的法律中均有体现。如 1971 年联邦德国刑事追诉措施赔偿法规定："对于因被告故意或严重过失而对其采取刑事追诉措施的"，"被告在关键问题上作伪证或者证词前后矛盾，或者对能减免罪责的情节缄口不言，并因此引起刑事追诉处分的，不论被告是否已就此认错"，国家均不承担刑事赔偿责任。

1969 年奥地利刑事赔偿法第 3 条规定："如果被害人故意引起导致关押或判决的嫌疑"等，国家不予赔偿。

1950 年日本刑事补偿法第 3 条规定："本人以使侦查或审判陷于错误为目的，而故意作虚伪的供词，或制造其他有罪证据，以致被认为应该受到起诉、判决前的关押或拘禁和有罪判决的，""经法院全面衡量，可以不给予一部或全部的补偿"。

我国台湾地区 1983 年冤狱赔偿法第 2 条规定："因受害人故意或重大过失之行为致受羁押或已执行者"，不承担刑事赔偿责任。

我国《国家赔偿法》第 17 条关于公民本人虚伪供述和其他故意行为

---

① 有专家认为，（四）、（五）两项适用于民事诉讼和行政诉讼的司法赔偿。见高家伟《国家赔偿法学》，工商出版社 2000 年版，第 312 页。

② 甚至一些学者也将第 17 条称为"刑事赔偿责任的免责事由"。见邓涛、秦涛《国家赔偿法新释与例解》，同心出版社 2000 年版，第 236 页。

引起损害国家不承担赔偿责任的规定，与世界各国保持一致。如何正确理解和执行此一规定，我们认为必须注意下述问题：

第一，必须是受害公民本人作出虚伪供述，或者伪造有罪证据。这种供述必须是本人亲自作出，不能由其他人转告；这种供述必经是向司法机关作出，不能向其他机关、团体作出。而且受害人应无精神疾病和其他法律规定的无行为能力或限制行为能力的情况。如果司法机关因其他公民提供伪证而错误羁押和判决受害公民，国家赔偿责任不能免除。

第二，必须是受害公民本人故意作出虚伪供述或者伪造有罪证据。这里的"虚伪"，一方面指受害人供述是虚假的、捏造的、根本不存在的事实；同时也指受害人隐瞒其法定免责事项，如拒不提供未成年的真实年龄等。这里的"故意"指公民对其虚假供述必须处于明知的心理状态：明知自己没有实施犯罪行为，明知会妨碍司法机关查明案件真相，明知一旦作出有罪的虚假供述，即可能招致被羁押、被判刑的法律后果，并希望或放任这种结果的发生。如果因公民自己的过失导致被司法机关错误羁押和判刑，国家不能免除赔偿责任。由于公民本人水平和认识能力局限，由于对法律和政策不了解，经反复多次审讯后，不知不觉地作出有罪供述；如果错误以为只要承认犯罪，就能表示态度好，就能从宽，就能提早释放而作出有罪供述，均不构成此处的"故意"。因为此时作出有罪供述的目的，不是承担被羁押、被判刑的后果，而是逃避法律制裁。

这里还有一种虚伪供述应予注意，即受害人没有犯罪事实，但为证明自己无罪而提供虚假证据。此种情况下提供虚假证据的目的不是代人受罚、故意承担"犯罪"后果，而是使自己免受惩罚，不愿承担"犯罪"后果，如果司法机关因此造成错误羁押或错误判决，则必须承担司法赔偿责任。

第三，必须是受害公民本人在自愿状态下作出的虚伪供述，排除任何外界压力和强制作用。如果在司法人员对其实施诱供、指明问供、刑讯逼供情况下作出的虚假有罪供述，一经证据证明，国家必须承担司法赔偿责任。这里的关键是举证责任。此时处于丧失自由、孤立无援、精神和肉体痛苦难耐情况下的受害人，极难举出确凿证据，或到能举证时又时过境迁。因此对于受害人应实行初步举证，即举证责任从宽原则。只要受害人提供的诱供、逼供的基本事实清楚，有一定的初步证据，如有罪供述是否在夜间或连续审讯情况下作出，受害人是否留下伤痕或有法医鉴定结论，其他嫌疑人、证人能否提供证言，是否留存伤害痕迹的衣物等证据等，就应予以认定。而对于司法机关及司法人员则应实行举证责任从严原则。

第四，必须是受害公民本人具有非法动机情况下作出的虚假有罪供述。正常情况下，没有犯罪的公民不会主动承认自己有罪，只有在各种因素的驱使下，出于非正常动机，如出于亲情、友情，或者金钱诱惑、权势所迫、威胁利诱情况下，考虑真正罪犯的前途、声誉、家庭等因素，或者误以为替人顶罪者可比真正罪犯少判处刑罚等，而欺骗司法机关自愿代替他人承担法律制裁。

第五，必须是受害公民本人所作的虚假供述或伪造证据，对认定犯罪具有决定性作用，即虚假供述、伪造证据必须与错误羁押、错误判决有直接因果关系，如果没有受害人的虚假供述或伪造证据，犯罪就无法认定。如果排除受害人的虚伪供述或伪造证据，犯罪仍然能够成立，那么，受害人虚假供述与损害结果之间缺少直接因果关系，国家不能免除赔偿责任。①

虚伪供述等故意行为与国家赔偿责任研究

《国家赔偿法》第17条规定，因公民故意作出虚伪供述、伪造有罪证据而被羁押判刑国家不承担赔偿责任。对此规定，我国法学界有赞成和反对两种观点。

赞成说认为，国家赔偿法作出此种规定正确而必要。理由是：

①司法机关错误羁押或错误判刑行为，完全由于受害人故意作出虚假供述或伪造有罪证据所造成。在此种损害事实中，司法机关一无过错，二无违法。依据司法赔偿归责原则和构成要件，不应承担赔偿责任。

②此种情形下的受害人，对于被关被判的损害后果具有明知性和预见性，甚至正是其追求的目的。此种"自作自受"行为本身，即表明受害人自动放弃了请求国家赔偿的权利。

③国家对故意作虚伪供述和伪造证据的公民不予赔偿，是对该公民扰乱司法秩序行为的一种惩罚。我国法律规定，公民在被司法机关询问时，应如实作出陈述，不得伪造事实和证据，刑法还专门规定了伪证罪的刑事责任。公民违法作出虚伪供述或伪造有罪证据，转移了司法机关的侦查视

---

① 王友莉："如何理解公民自己故意作虚伪供述"。

线，扰乱国家司法秩序，损害司法工作效率，造成不良社会影响，带来一定物质损失。因此，国家赔偿法排除其请求赔偿的权利，可视为对其欺骗行为的一种惩罚。有的学者甚至进一步提出，对于此种情况，国家不但不予赔偿，反而应由公民赔偿国家的损失。

反对说认为，上述观点和理由不能成立。"对于刑事赔偿范围里，例外规定太多也不公平。尤其是《国家赔偿法》第17条，公民自己故意作伪证或虚假有罪证据被羁押、判刑的国家不予赔偿，这一条极端不公平。"主张限制、减少国家可免责条款。[①]

理由是：

① "因为在很多情况下，公民作伪证、作虚假有罪陈述都是刑讯逼供、引诱骗供、指明问供造成的。所以在此例外之外，应规定犯罪嫌疑人、被告人只要是出于非自愿作出有罪供述而被羁押应列入赔偿范围，这是考虑到目前刑讯逼供严重，故而适当增加公检法的责任。"[②]

②依据法律规定，司法机关在刑事诉讼过程中有权依法采取一切措施，只受法律和事实约束，不受包括当事人虚假供述和伪造证据在内的一切假象所左右。如果接受虚假供述影响，偏离办案正常轨道，只能说明司法机关和司法人员未忠于职守，未尽职尽责，不能以受害人的过错推卸自己的法定职责。

③从法律规定看，犯罪嫌疑人或被告人在未被法院最终确认有罪之前，应被视为无罪；从实际情况看，受害人即使作了虚假有罪供述。伪造有罪证据，也仍然没有犯罪。此时的司法机关如果对其采取拘留、逮捕等措施，自然是错误的，不能免除国家赔偿责任。

④受害人故意作出虚假有罪供述或伪造有罪证据与国家是否侵权是两个不同范畴的问题，应该分别作出处理。受害人作出虚假供述等故意行为，干扰司法秩序，构成妨害诉讼，于法不容，应当通过排除诉讼妨害的强制措施予以制止和惩罚；而司法机关的确是对无罪之人作出错误羁押或错误判刑，侵权事实存在，应该承担国家赔偿责任。既不能因国家侵权免

---

① 陈瑞华："国家赔偿法三人谈"，《法制日报》2001年1月14日。应松年："国家赔偿法亟需修改"，《人民政协报》2001年3月12日。袁曙宏："国家赔偿法亟须完善"，《检察日报》2001年4月3日。

② 同上。

除受害人的违法责任，也不能因受害人违法而免除国家赔偿责任。①

　　作者认为，从理论上看，反对说有其道理。这里涉及应然与实然、理论与实践的关系问题。国家赔偿的终极、应然目标，自应是有侵权即有赔偿，但实现此一目标毕竟有一个过程。从当前现实看，国家对作出虚假供述的公民不予赔偿是世界各国的通行作法，而且有的国家不仅对故意作出虚假供述的公民不予赔偿，还对因重大过失作出虚假供述的也不予赔偿。我国将国家免责范围限定在"故意作出"之内，不追究"重大过失"的责任，应该说是符合中国实际的合适规定。如果要求处于发展中国家行列、刚刚建立起国家赔偿制度的中国，跨越发达国家规定，一步到位，则很有可能欲速不达、事与愿违。当然，反对说提出的基本方向是正确的，在执行现实国家免责规定时，头脑应该清醒，方向必须明确，只有这样，才能把握住国家赔偿的立法宗旨，执行好国家赔偿法。而且反对说中的一些具体建议，如涉及刑讯逼供情况时加重公检法机关举证责任，对非自愿作出有罪供述而被羁押应列入赔偿范围等，应该采纳和实行。

因公民自伤、自残故意行为致使损害

　　司法实践中，公民、证人、第三人、嫌疑人、被告人、罪犯等自伤、自残、自杀的情况相当复杂，大致可分为三类：

　　第一类，嫌疑人、被告人、服刑犯等为了取保候审、保外就医、监外执行等目的而故意制造事端，扩大事态。对于此种情形所造成的损害，是该公民出于不良动机而采取的故意行为，与司法机关和司法人员执行职务无关，应由该公民自负其责，国家不承担赔偿责任。如果司法人员在此类事件中，失职、渎职，甚至有违反纪律、收受好处、受贿索贿情形的，对相关司法人员应处以党纪、政纪或刑事处分。

　　第二类，嫌疑人、被告人、证人等在司法机关违法行使职权如刑讯逼供时，不堪忍受肉体或精神痛苦，而自伤、自残甚至自杀。对于此种情形所造成的损害，不能免除司法赔偿责任。因为此种情形下公民的故意行为，由司法机关或司法人员违法行使职权所引起。根据违法归责原则，司法机关应承担赔偿责任。

　　第三类，在刑事诉讼过程中，司法机关和司法人员未实施违法职权行

---

① 参见高家伟《国家赔偿法学》，工商出版社 2000 年版，第 313 页。

为，但嫌疑人、被告人或与案件有关的证人、第三人、其他公民等出于各种个人动机和考虑，而故意采取自伤、自残、自杀行为。对于此种情形所造成的损害，处理起来比较复杂。根据司法赔偿归责原则，国家不应承担赔偿责任。但考虑到司法人员存在某种过失，从维护社会稳定出发，可根据具体情形作出适当经济补偿。

（2）《刑法》第 17 条、第 18 条规定的情形

我国刑法规定，只有达到一定年龄的自然人，才能成为犯罪主体。没有达到法定年龄，即使给社会造成一定的损害，也不负刑事责任。

从我国青少年身心发展状况、文化教育发展水平和智力发展程度出发，参考借鉴其他国家相关规定，我国《刑法》第 17 条（旧《刑法》第 14 条）把负担刑事责任的年龄划分为三个阶段：

第一，绝对负担刑事责任年龄阶段——"已满十六周岁的人犯罪，应当负刑事责任。"

第二，相对负担刑事责任年龄阶段——"已满十四周岁不满十六周岁的人，犯故意杀人、故意伤害致人重伤或者死亡、强奸、抢劫、贩卖毒品、放火、爆炸、投毒罪的，应当负刑事责任。"对其他犯罪不负刑事责任；

第三，绝对不负担刑事责任年龄阶段——不满十四周岁的人，不论实施何种危害社会的行为，都不负刑事责任。

"已满十四周岁"，是指实足年龄，应以日计算，即过了十四周岁生日，从第二天起，才认为已满十四周岁。并且一律按公历的年、月、日计算。

《刑法》第 49 条规定，对犯罪时不满十八周岁的人，不适用死刑（含死缓）。

《国家赔偿法》第 17 条第（二）项规定，依照刑法第 14 条（即新《刑法》第 17 条）规定，不负刑事责任的人被羁押的，国家不承担赔偿责任。因为此时的未成年人被羁押，是其确实实施了犯罪行为，并不是司法机关错误羁押。被羁押的未成年人之所以被无罪释放，不是由于缺少犯罪事实，而是由于国家关怀未成年人健康成长，从人道主义出发豁免其刑事责任，国家对此种羁押行为，自然不承担赔偿责任。

但是，如果未成年人没有犯罪事实，或者虽有犯罪事实，但其刑事责任年龄被确定以后仍被羁押的期间，或者被判处刑罚并已执行的，国家应负赔偿责任。

我国刑法规定，只有具有责任能力的自然人，才能成为犯罪主体。责任能力是构成犯罪主体的必要条件。没有责任能力的人，即使给社会造成一定的损害，也不负刑事责任。

刑事责任能力，指辨认自己行为的意义、性质、作用、后果并加以控制的能力。确认一个人有无责任能力，通常有医学和心理学两个标准，符合两个标准，才能构成无刑事责任能力。从医学看，其在实施危害社会行为时，正处于精神病状态。这里的精神病，包括精神分裂症、癫痫病、痴呆症、夜游症、病理性醉酒、一时的精神错乱、受突发性惊吓引起的反应性精神病等。

从心理学看，一切精神正常的人，对于自己实施的杀人、放火、伤害等故意行为，都有辨认和控制的能力。但精神病人却缺乏此种能力。精神病有重度与轻度之分，有持续性与间歇性之别。轻度精神病人并未丧失或未完全丧失辨认和控制自己行为的能力，不能认定其不负刑事责任；间歇性精神病人，在其精神正常情况下实施犯罪行为，应负刑事责任。

精神病人的刑事责任能力，存在完全无刑事责任能力、完全有刑事责任能力和限制刑事责任能力三种情况。《刑法》第18条相应作出三种规定：①精神病人在不能辨认或者不能控制自己行为的时候造成危害结果，经法定程序鉴定确认的，不负刑事责任；②间歇性的精神病人在精神正常的时候犯罪，应当负刑事责任；③尚未完全丧失辨认或者控制自己行为能力的精神病人犯罪的，应当负刑事责任，但是可以从轻或者减轻处罚。

国家赔偿法第17条第2项规定，依照刑法第15条（现行刑法第18条）规定，不负刑事责任的人被羁押的，国家不承担赔偿责任。因为此时的精神病人被羁押，是因为实施了危害社会的行为，只是由于处于精神非正常状态，国家从人道主义出发，不追究其刑事责任。而司法机关查清嫌疑人的精神状态需经法定程序，耗费一定时间，对此期间的羁押，国家不承担赔偿责任。

但是，如果不负刑事责任的精神病人被判处刑罚并已执行的，应予赔偿。

（3）《刑事诉讼法》第 15 条、第 173 条第 2 款、第 273 条第 2 款、第 279 条规定的情形

我国《刑事诉讼法》第 15 条规定："有下列情形之一，不追究刑事责任，已经追究的，应当撤销案件，或者不起诉，或者终止审理，或者宣告无罪：

（一）情节显著轻微、危害不大，不认为是犯罪的；

（二）犯罪已过追诉时效期限的；

（三）经特赦令免除刑罚的；

（四）依照刑法告诉才处理的犯罪，没有告诉或者撤回告诉的；

（五）犯罪嫌疑人、被告人死亡的；

（六）其他法律规定免予追究刑事责任的。"

《刑事诉讼法》这一规定的目的，在于保证国家追诉权统一、正确地行使，防止任意扩大追诉范围；有利于司法机关避免重复、无效劳动，集中力量打击严重危害社会治安的犯罪分子。并不是说这些不追究刑事责任的人没有犯罪事实，或者没有实施危害社会的行为。所以，《国家赔偿法》第 19 条第 3 项规定：依照《刑事诉讼法》第 15 条、第 173 条第 2 款、第 273 条第 2 款、第 279 条规定不追究刑事责任的人被羁押的，国家不承担赔偿责任。

《刑事诉讼法》第 173 条第 2 款、第 273 条第 2 款、第 279 条，则分别对"应当作出"不起诉和"可以作出"不起诉之情况，作出具体规定。

但是，如果上述不追究刑事责任的人被判处刑罚并已执行的，应予赔偿。判决确定前被羁押的日期，不予赔偿。

（4）与职权无关的个人行为

《国家赔偿法》第 17 条第 4 项规定："行使国家侦查、检察、审判、监狱管理职权的机关的工作人员与行使职权无关的个人行为"，国家不承担赔偿责任。

司法人员的行为同其他公务人员的行为一样，既有履行公务的职权行为，也有与职权无关的个人行为。尽管司法人员的个人修养、道德品质、性格习惯等因素在其职权行为和个人行为中均发挥作用，但由于职权行为以国家强制力作后盾，由此造成的损害，国家不能不负赔偿责任。而个人行为则不同，虽然其司法人员身份在一定程度上也在起作用，但毕竟是与履行公务无关的纯粹个人行为，如果由此造成损害时，国家承担赔偿责任，则司法赔偿的范围就会扩大，国家财力会有困难。尽管有些国家存在将司法人员个人行为向职权行为靠拢的倾向，但从我国目前司法队伍政治、业务素质的现状出发，国家不承担司法人员个人行为赔偿责任的规定，是符合中国实际、切实可行的。

如何区分职权行为与个人行为，事关侵权损害发生后，国家及其工作人员责任的确定与承担。各国国家赔偿法对此均作出明确规定。从西方国家的规定看，一方面，对不在职权内的个人行为，国家工作人员必须承担赔偿责任。如美国联邦侵权赔偿法规定：对于公务员实施的"任何因人身加害、殴打、不法监禁、不法逮捕、诬告、程序滥用、书面或口头诽谤、不实表示、诈骗、侵害债权而生之赔偿请求"，纯属个人行为，国家不承担赔偿责任；另一方面，出于司法独立考虑给法官予以特殊保障。如英国对职权行为的解释非常广泛，"只要法官善意地认为其行为是依职权进行的，即使其行为事实上是在职权范围之外，也有权享受豁免"①。

法国在 1933 年法律中规定，法官只有故意，如欺诈、胁迫、索贿、拒绝判决时，才负赔偿责任。1972 年对此修改为只能起诉政府、不能起诉法官，如法官有严重过失可以追偿。近年来这种追偿已被纪律处分所取代。

从我国司法赔偿实践看，司法人员行为大致可分为四类：（1）履行公务中的职权行为，如因认定事实或适用法律错误产生的错捕、错判行为；（2）履行公务中与职权有关的违法行为，如讯问犯罪嫌疑人时的刑讯逼供行为，行使司法权过程中的吃请受礼、徇私枉法行为；（3）非履行公务中的职权行为，如警察下班时偶遇通缉犯开枪抓捕误伤行人的行为；（4）非履行公务中的纯粹个人行为，如私人借贷不还的民事行为，朋友聚会酒后伤人的违法行为等。

上述四类中的（1）、（2）类行为赔偿责任的认定与划分比较明确，即对履行公务中的职权行为造成损害的，由国家承担赔偿责任；对履行公

---

① 参见皮纯协、冯军《国家赔偿法释论》（修订本），中国法制出版社 1998 年版，第 169 页。

务中与职权有关的违法行为，由国家履行赔偿责任后，再向有关责任人员追偿部分或全部费用。但在如何认定和区分非履行公务中的职权行为与个人行为上有三种观点①：

一是主观标准说。即国家工作人员以公务员身份出现时，主观上为执行公务或出于公益目的的行为，属职权行为。如由此造成他人权益损害，国家应承担赔偿责任；如果主观上为了私利，属个人行为，由个人承担责任。

二是客观标准说。即国家工作人员实施不法侵害行为时，只要其具有执行正常职务的外在特征，如制服、证件、械具等公务标志，足以使对方认同和服从的，该行为即应被认定为职权行为，由国家承担赔偿责任。

三是混合标准说。即国家工作人员的行为必须具备主观标准和客观标准的所有要件，才可称之为职权行为，由此造成的合法权益损害，国家才承担赔偿责任。反之，则属于个人行为，由个人承担责任。

上述三种观点均有其道理，但作者认为，区分职权行为与个人行为的实际意义可从三个角度分析：从国家角度看，严格限定职权行为，可减少国家的赔偿责任，减轻财政负担，加重对国家工作人员违法行为的惩处力度；从受害人角度看，认定职权行为的条件越严格，国家的赔偿责任越轻，受害人合法权益的弥补就越不易，因为国家工作人员个人的经济承受能力有限；从国家工作人员角度看，如果认定其违法侵权行为为职务行为，由国家赔偿后应向其追偿部分或全部赔偿费用。如果认定为个人行为，则全部责任由其个人承担并进行赔偿。二者实际区别不大。

由此可见，区分职权行为与个人行为的利害关系人主要是国家与受害人两方，其实质是如何正确处理国家与个人的关系。作者认为，从我国目前的实际状况，尤其是国家赔偿法实施 20 年来的实际状况出发，在兼顾二者利益的同时，应该更多地强调国家赔偿责任，减轻国家工作人员的个人赔偿责任，除了纯粹属于个人行为的以外，对与职权有关的个人行为，应尽量认定为职权行为。这样，既可以尽量充分地弥补受害公民的合法权益，又可以减轻国家工作人员的精神压力，调动其履行公务的积极性，也符合在赔偿责任上国家公务人员个人行为向职权行为靠拢的国际趋势。

---

① 高文英："谈国家赔偿中职权行为的界定"，《光明日报》，1996 年 4 月 11 日。

（5） 法律规定的其他情形

《国家赔偿法》第19条第（6）项规定："法律规定的其他情形"，国家不承担赔偿责任。

这是我国立法的传统、习惯做法，俗称兜底条款。其用意在于，已经明确列举的五种国家不承担赔偿责任的情形，意犹未尽，以给今后扩大国家刑事免责范围留下余地。至于"法律规定的其他情形"中的"法律"，作者在现行法律中尚未找到，有待日后国家立法机关的专门规定。

（三） 司法赔偿范围——非刑事司法赔偿

我国国家赔偿法包括行政赔偿和刑事赔偿两部分，并列出专章对行政赔偿和刑事赔偿的赔偿范围、赔偿请求人和赔偿义务机关、赔偿程序作出明确规定。这是我国国家赔偿的主体内容和基本规定。

与此同时，赔偿法在第五章其他规定第31条中又规定："人民法院在民事诉讼、行政诉讼过程中，违法采取对妨害诉讼的强制措施、保全措施或者对判决、裁定及其他生效法律文书执行错误，造成损害的，赔偿请求人要求赔偿的程序，适用本法刑事赔偿程序的规定。"这种以一个条文的简略方式规定在处于国家赔偿法次要地位的第五章中的内容，虽然明白无误地告诉人们立法者对此项内容的孰重孰轻的关注程度，但却从理论和实践上给我们留下了不大不小的难题。

行政赔偿和刑事赔偿均是对其各自内涵作出的理论概括，是一个准确、科学的学理概念和法律术语。而第31条规定的内容显然不属行政赔偿和刑事赔偿的范畴，其本身包含的事项又相当丰富，既有民事诉讼领域、行政诉讼领域，也有执行领域；既有对人采取的强制措施，也有对物采取的保全措施；既有对赔偿范围的规定，也有对赔偿程序的规定。对待如此复杂、重要的内容，仅用一个条文顺便带过，虽然立法者自有其考虑和道理，却给司法者造成相当困难。首先是如何从理论上对上述内容进行概括和表述的问题。这个概括和表述既要能抓住和反映上述内容的本质和特征，又要与行政赔偿、刑事赔偿相匹配。于是"非刑事司法赔偿"的概念应运而生。

作者认为，非刑事司法赔偿的概念是可以成立的：

第一，民事诉讼、行政诉讼和执行工作是人民法院依照法律授权开展的司法活动，其性质属于国家活动中的"司法"范畴；

第二，此项活动与人民法院进行的刑事诉讼活动相比，无论在表现形式和内在性质，还是在主体、客体、主观方面、客观方面均截然不同，带有鲜明的"非刑事"特点；

第三，此项活动与刑事诉讼活动共同组成法院工作的全部内容。既然因刑事诉讼造成的侵权可以引起"刑事赔偿"，那么，因民事诉讼、行政诉讼和执行工作造成的侵权，也可以引起区别于刑事的"非刑事司法赔偿"。

第四，第31条规定了三项内容：民事诉讼、行政诉讼和执行工作。尽管把执行工作划归到民事诉讼和行政诉讼中有一定道理，但执行作为与审判活动不同的带司法行政性质的工作，有其自身特点，实践中执行已成为法院工作的重要组成部分，将执行单立出来很有必要。而使用"非刑事司法赔偿"概念则可以囊括第31条的全部三项内容。

"非刑事司法赔偿"的概念表明，它既与刑事赔偿有明确区别，又与刑事赔偿共同组成统一的"司法赔偿"。所以，第31条明确规定，它的赔偿程序适用刑事赔偿程序。更重要的是，统一的"司法赔偿"，反映了国家司法权侵权的特征。与以国家行政权侵权造成的"行政赔偿"相对应，共同构成我国国家赔偿的赔偿范围。

"非刑事司法赔偿"的概念，在我国学术界和司法界也曾得到应用。如最高人民法院在2000年1月11日作出的司法解释中就两次使用这一概念：《关于刑事赔偿和非刑事司法赔偿案件立案工作的暂行规定（试行）》、《关于刑事赔偿和非刑事司法赔偿案件案由的暂行规定（试行）》等。据此，我国国家赔偿构成可由下述图表示之：

外国非刑事司法赔偿

国家对民事诉讼、行政诉讼过程的违法侵权行为是否承担赔偿责任，世界各国做法不一，大致可分为两种情况：英国、美国、日本、奥地利等国均未对此作出规定；法国、西班牙、瑞士和我国台湾地区在有关法律法规中作出了相应规定。

法国较普遍地建立了民事、行政诉讼赔偿制度，在民事诉讼法和1972年法律中规定：司法官因诈欺、渎职、拒绝裁判或其他职务上的重大过失而造成的损害，国家负赔偿责任。1978年以后法国最高行政法院在其判例中确认，行政法院法官在行政审判中因严重过失造成损害，国家亦负赔偿责任，但不影响判决的既判力。西班牙宪法规定，凡人民因判决错误或司法官渎职所受之损害，得依照法律规定要求赔偿。此项赔偿，应由国家负责。瑞士国家民事责任法规定，日内瓦行政区对于司法官于执行职务时，因故意、过失或疏忽之不法行为，致使第三人受到损害者，应予赔偿。我国台湾地区规定，有审判职务的公务员，因执行职务侵害人民权利，就其参与审判的案件犯职务上的罪，经判决有罪确定者，可以适用国家赔偿。

我国国家赔偿法从我国国情出发，为保障公民基本权利，结合民事和行政诉讼的特点，确立了有限的民事与行政审判赔偿责任。即：对民事审判和行政审判中的错误判决，国家不负赔偿责任；对民事诉讼和行政诉讼过程中，违法采取对妨害诉讼的强制措施、保全措施或者对判决、裁定等执行错误，造成损害的，国家承担赔偿责任。

非刑事司法赔偿与刑事赔偿

依据国家赔偿法规定，非刑事司法赔偿与刑事赔偿均由司法机关及司法人员违法侵权引起，其责任性质相同，均由国家承担赔偿责任，赔偿义务主体均为司法机关及其司法人员，实行同样的赔偿程序、赔偿方式和赔偿标准。

二者的区别在于：

第一，赔偿义务机关不同。刑事赔偿的义务机关，是行使侦查、检察、审判、监狱管理职权的机关，而非刑事赔偿的义务机关，则仅为审判机关；

第二，赔偿原则差别。刑事赔偿实行违法归责原则前提下，辅之以结果责任（无过错责任）原则，而非刑事司法赔偿实行违法归责原则，辅之以过错责任原则；

第三，赔偿范围不同。刑事赔偿与非刑事司法赔偿尽管在赔偿项目上都赔偿公民受到侵犯的人身权和财产权，但在具体范围上，刑事赔偿的范围是错拘、错捕、错判、刑讯逼供或者以殴打等暴力或唆使他人以殴打等暴力或违法使用武器、警械造成公民身体伤亡的。违法对财产采取查封、扣押、冻结、追缴等措施，再审改判无罪原判罚金、没收财产已经执行的。非刑事司法赔偿的范围，是民事诉讼、行政诉讼过程中，违法采取对妨害诉讼的强制措施、保全措施或者对判决、裁定及其他生效法律文书执行错误，造成损害的。

非刑事司法赔偿与行政赔偿

非刑事司法赔偿与行政赔偿的相同之处有：二者均由国家承担赔偿责任，实行相同的赔偿方式和赔偿标准。

二者的区别有：

第一，侵权性质不同。行政赔偿是违法行使行政权引起的赔偿责任，非刑事司法赔偿则是违法行使司法权引起的赔偿责任；

第二，侵权行为主体不同。行政赔偿的侵权行为主体是国家各级行政机关及其工作人员，非刑事司法赔偿的侵权主体是国家审判机关及其工作人员；

第三，赔偿义务机关不同。行政赔偿的义务机关是产生侵权行为的国家行政机关，或法律、法规授权的组织，或受行政机关委托的组织。非刑事司法赔偿的义务机关则是国家审判机关；

第四，赔偿原则不同。行政赔偿实行违法归责原则，非刑事司法赔偿则实行违法兼过错责任原则；

第五，赔偿范围不同。行政赔偿与非刑事司法赔偿都对受害人的人身权和财产权进行赔偿，但具体范围上，行政赔偿范围较宽泛，非刑事司法赔偿仅对在民事诉讼、行政诉讼中违法采取对妨害诉讼的强制措施、保全措施和对判决、裁定等生效法律文书执行错误，并造成损害的予以赔偿。

第六，赔偿程序不同。行政赔偿实行行政诉讼程序，非刑事司法赔偿不实行诉讼程序，实行刑事赔偿的非诉讼决定程序。

非刑事司法赔偿与民事赔偿

包括非刑事司法赔偿在内的国家赔偿，是从民事赔偿发展演变而来，在有侵权即有赔偿这一根本原则上，非刑事司法赔偿与民事赔偿是共同的。但由于国家赔偿的公法性质，使得非刑事司法赔偿与民事赔偿的区别亦甚明显：

第一，侵权的主体不同。民事赔偿的主体是公民或者法人，其中公民既可以是无任何公职的普通公民，也可以是担任公职的国家工作人员；法人亦同，既可以是依法成立的普通法人，也可以是以平等主体身份参与民事法律关系的公法人（国家）和机关法人。侵权人与受害人法律地位平等。而非刑事司法赔偿的主体则只能是政治意义上的国家。侵权人与受害人的地位不可能平等。

第二，侵权的原因不同。民事侵权一般由过错引起，有些情况下，无过错也应承担民事责任。因之民事赔偿采用过错原则兼无过错责任原则。而非刑事司法侵权通常由违法行使职权引起，有时也有过错因素。所以非刑事司法赔偿采用违法归责原则兼过错原则；

第三，侵权行为的性质不同。民事赔偿中的侵权行为是民事主体基于个人意思表示作出的个人行为，既可能是民事法律行为，也可能是无效或可撤销的民事行为。而非刑事司法赔偿中的侵权行为，则只能是基于司法权的职权行为，审判机关和审判人员作出的与审判权、执行权无关的非职权行为，不能引起国家赔偿。

1. 违法采取对妨害诉讼的强制措施

在民事诉讼和行政诉讼的审判实践中，绝大多数当事人、诉讼参与人和公民能够遵守审判纪律，维护诉讼秩序，但也确有少数人法律意识淡薄，作出种种干扰和妨害民事、行政诉讼的行为。如必须到庭的被告，经法院两次传票传唤，无正当理由拒不到庭；违反法庭规则；伪造、毁灭重要证据；以暴力、威胁、贿买方法阻止证人作证或者指使、贿买、胁迫他人作伪证；隐藏、转移、变卖、毁损已被查封、扣押的财产，或者已被清点并责令其保管的财产，转移已被冻结的财产；对司法工作人员或诉讼参与人进行侮辱、诽谤、诬陷、殴打或者打击报复；以暴力、威胁或者其他方法阻碍司法工作人员执行职务；拒不执行法院已经发生法律效力的判决、裁定；有关单位拒绝或者妨碍法院调查取证；银行、信用社和其他有储蓄业务的单位接到法院协助执行通知书后，拒不协助查询、冻结或者划拨存款；有关单位接到法院协助执行通知书后，拒不协助扣留被执行人的收入，办理有关财产权证转移手续，转交有关票证、证照或者其他财产，等等。

对上述种种实施妨害民事、行政诉讼秩序的行为人，人民法院为保证审判活动的正常进行和裁判的顺利执行，有权对之采取强制措施。依据民事诉讼法和行政诉讼法规定，在民事诉讼中可以采取的强制措施有拘传、训诫、责令退出法庭、罚款和拘留；在行政诉讼中可以采取的强制措施有训诫、责令具结悔过、罚款和拘留。

人民法院依照法定条件和法定程序，在法定权限范围内适用上述强制措施，对于维护正常诉讼秩序，正确、及时审结案件，保障当事人合法权益，具有十分重要的作用。应该和必须采用强制措施时，得依法及时、果断地采用，不得优柔寡断，疏于职守，不得怕负责任，推诿拖延。充分运用法律武器，正确行使审判权和执行权。

如何认定违法采取对妨害诉讼的强制措施

2000 年 9 月 14 日，最高人民法院作出《关于民事、行政诉讼中司法赔偿若干问题的解释》，其中第 2 条明确规定"违法采取对妨害诉讼的强制措施，是指下列行为：

（一）对没有实施妨害诉讼行为的人或者没有证据证明实施妨害诉讼的人采取司法拘留、罚款措施的；

（二）超过法律规定期限实施司法拘留的；

（三）对同一妨害诉讼行为重复采取罚款、司法拘留措施的；

（四）超过法律规定金额实施罚款；

（五）违反法律规定的其他情形。"

依据上述规定，在认定违法采取对妨害诉讼的强制措施时，必须注意下列几点：

第一，在诸多强制措施的项目中，目前仅对违法实施司法拘留和违法罚款实行国家赔偿，对拘传、训诫、责令具结悔过、责令退出法庭等强制措施，由于基本上不发生侵害公民自由权和财产权的损害后果，或者虽然产生一定的损害后果，但尚未达到需要赔偿的程度，不予赔偿。但如果达到相当严重程度，如在拘传、责令退出法庭时，司法人员使用暴力致使人身伤害发生，作者认为，应视具体情况予以赔偿。

第二，司法拘留和罚款必须针对当事人在民事、行政诉讼过程中已经实施并故意实施的行为。如果仅有行为人的口头表示，尚处于准备、计划阶段；如果只是行为人的过失行为；如果该行为在民事、行政诉讼全过程以外采取的，国家应承担赔偿责任。

第三，司法拘留和罚款必须在法律规定的期限和数额以内，超过法定期限和数额，应予赔偿。

第四，对同一妨害诉讼的行为，只能采取一次司法拘留或罚款措施，不得重复采用，不得以拘代刑、以拘代执。

第五，司法拘留和罚款必须符合法定程序。适用罚款和司法拘留的，必须由合议庭决定，并报法院院长批准后方可执行。执行时应向当事人递交罚款或拘留决定书，当事人不服可申请复议一次。如果违反上述程序，亦属违法行为。

第六，在采取对妨害诉讼的强制措施时，所采取的强制措施的性质与程度必须与妨害诉讼行为的性质与程度相适应。如对于经两次传票传唤、无正当理由拒不到庭的被告，只能拘传，不能采取司法拘留、罚款等其他强制措施。对轻微的妨害诉讼行为，不能采取比较严厉或较重的强制措施。如对于违反法庭规则的人，可予以训诫、责令退出法庭、罚款、拘留四种强制措施。四种措施严厉程度不同，必须根据违反法庭规则的行为对法庭秩序的影响程度而选择，不能动辄即罚款、拘留。

2. 违法采取保全措施

在民事诉讼、行政诉讼过程中，为防止证据灭失或难以取得；为防止诉讼义务人转移、隐匿或处分财产，保证判决得以执行，维护当事人合法权益，人民法院依职权或依当事人申请，可以采取各种保全措施。采取保全措施，是法律赋予人民法院的重要职权，依法行使此项职权，对于保障行政诉讼、民事诉讼的顺利进行，维护国家行政管理秩序和社会主义市场经济秩序，具有重要意义。

保全措施可分为若干种类。从保全对象上划分，有证据保全和财产保全；从保全时间上划分，有诉前财产保全和诉中财产保全。

证据保全，是指根据《行政诉讼法》第36条和《民事诉讼法》第74条规定，在证据可能灭失或者以后难以取得的情况下，人民法院依照诉讼参与人申请或依职权主动采取的保全措施。如对书证进行拍照、复制；对物证进行勘验、测绘、拍照录像或保管等。

财产保全，是指根据《民事诉讼法》第 92 条、93 条、94 条、95 条、96 条之规定，为防止诉讼义务人转移、隐匿或处分财产，保证判决得以实际执行，人民法院依当事人申请，或依职权对与本案有关的财物，采取查封、扣押、冻结等措施。财产保全根据实施时间的不同，分为诉前财产保全和诉中财产保全。诉前财产保全，是指当事人为避免合法权益受到难以弥补的损害，在紧急情况下，可以在起诉前向法院申请采取的财产保全措施；诉中财产保全，是指为使判决、裁定能得到切实执行，基于诉讼过程中出现的情况，人民法院根据当事人申请或依照职权对相关财物采取的查封、扣押、冻结等措施。

财产保全的条件、范围和措施

（1）诉前财产保全的条件

诉前财产保全，是在案件尚未起诉、更无判决结果的情况下，对财产实行的强制措施。采取此种强制措施，必须具备严格的条件，遵循法定程序：

①申请人必须具有情况紧急、不立即申请财产保全将会使其合法权益受到难以弥补的损害，具有不能等到起诉后再申请保全的特殊情况。

②申请人必须提供与所保全的财产价值相当的担保，以防判决结果有利于被申请人时，能弥补被申请人的损失。如果申请人不提供担保，法院必须驳回其申请。

③申请人必须在法院采取诉前保全措施后 15 日内向法院提起诉讼，15 日内不起诉的，法院必须立即解除诉前保全。

④诉前财产保全申请一般应向财产保全所在地或者有管辖权的法院提出。法院在接到申请后，必须在 48 小时内作出裁定，裁定采取保全措施的，应当立即开始执行。

（2）诉中财产保全的条件

诉中财产保全，指在民事诉讼进行中，可能因当事人一方的行为或者其他原因，判决不能执行或难以执行时，法院可以根据对方当事人的申请或者依职权采取的财产保全措施。采取诉中保全的条件有：

①必须具有因当事人一方的行为或者其他原因可能使判决不能执行或难于执行的情形。当事人一方的行为，通常指故意实施的将诉讼标的物出卖、毁损、转移、隐匿、挥霍一空等行为；其他原因，通常指诉讼标的物

容易腐烂变质、不能长期保存，或受自然条件影响使标的物急剧受损、降低价值，等等。

②诉中保全可以依据对方当事人的申请作出，也可以由法院依职权作出。依申请作出时，注意可以责令当事人提供担保，不能提供担保的驳回申请。

③诉中保全主要适用于给付之诉，确认之诉与变更之诉不能适用诉中保全。

④法院接受申请后，对情况紧急的，必须在 48 小时内作出裁定。裁定诉中保全的，应当立即开始执行。

（3）财产保全的范围

民事诉讼法第 94 条规定："财产保全限于请求的范围，或者与本案有关的财物。"诉前财产保全的范围，以申请人的权利请求为限；诉中财产保全的范围，以当事人的权利请求或与案件有关的财物为限。被保全财物的价值，应当与权利请求或诉讼请求的金额基本相当，如果超出此一金额，或者与本案无关的财物，均不应予以保全。

（4）财产保全的措施

财产保全采取查封、扣押、冻结或者法律规定的其他方法。

查封指法院将被保全的财物清点造册后，加贴封条，原地或异地封存。主要适用于不动产或不宜移动的财物。

扣押指法院将需要保全的财物移置到一定场所扣留，一定时间内不允许被申请人动用和处分。

冻结指法院依法通知银行、信用社及其他金融机构，不准被申请人提取或处分其存款、股票和其他有价证券。冻结期限为 6 个月，特殊情况可办理继续冻结手续。法院冻结财产后，应当立即通知被冻结财产的人。财产已被查封、冻结的，不得重复查封、冻结。

违法采取保全措施的认定

在民事诉讼、行政诉讼过程中，对财产采取各种保全措施，是人民法院和审判人员大量进行的日常工作，金额多少不一，情况纷繁复杂，工作琐碎众多，稍一不慎，极易产生违法情形。据最高法院关于民事、行政诉讼中司法赔偿若干问题的解释和其他情况，违法采取保全措施的情形有：

第一，法院在民事、行政诉讼中依职权采取的保全措施违法，国家承担赔偿责任。对于因申请人申请财产保全有错误给被申请人造成财产损失的，依照《民事诉讼法》第96条规定，由申请人负责赔偿，国家不承担赔偿责任。

第二，对依法不应当采取保全措施而采取保全措施，或者依法不应当解除保全措施而解除保全措施的。其中对案情估计错误，诉讼开始时判断一方可能败诉，为防止执行困难而裁定保全，结果却是另一方败诉，形成错误保全。

第三，超范围保全。财产保全的范围应限于请求的范围或与本案有关的财物。明显超过申请保全数额或者保全范围的即为违法保全。

第四，保全案外人财产的，但案外人对案件当事人负有到期债务的情形除外。

第五，违反法定程序。关于实施财产保全的措施如查封、扣押、冻结等，均有一系列程序规定。违反规定程序，亦属于违法保全。

第六，对查封、扣押的财物保管不善，不履行监管职责，严重不负责任，导致灭失、被盗、损毁的。对不宜长期保存的物品未及时处理导致变质、损毁的，国家亦须承担赔偿责任。但依法交由有关单位、个人负责保管的情形除外。

第七，变卖财产未由合法评估机构估价，或者应当拍卖而未依法拍卖，强行将财物变卖给他人的。

3. 错误执行

司法意义上的执行，是指对人民法院生效的刑事、民事（经济）、行政判决、裁定及其他生效法律文书的实现而实施的司法行政活动。执行权同侦查权、检察权、审判权一样，是司法权的重要组成部分。①

人民法院的诉讼活动，由刑事诉讼、民事（经济）诉讼和行政诉讼三大部分组成。三大诉讼活动的目的，是查明事实、分清是非、确定权利义务。执行活动则与此不同，执行的目的在于实现法律文书所确定的权利义务。刑事诉讼的判决与裁定一经生效，公诉人、自诉人与被告人之间的是非罪责已经确定。民事（经济）诉讼和行政诉讼的判决、裁定确立后，尽管在事实上当事人之间的争议也许没有平息，但在法律上，其争议既经

---

①　对此一观点，学术界存有争议。

生效法律文书确定，争议不再存在，权利义务已经确认，执行的目的就在于实现法律文书所确认的权利。"因此，执行程序，既不需要人民法院调查收集证据，也不需要由当事人提供证据；既不需要开庭审理，由当事人双方在法庭上相互质证、辩论，也不需要作出判决。一句话，它只是由人民法院依法采取执行措施，强制实现已经确认的权利，而不是要去确认权利。"①

因此，执行与审判的性质不同，执行程序完全不同于诉讼程序。

尽管刑事诉讼法把刑事执行、民事诉讼法把民事执行、行政诉讼法把行政执行作为其中的一编加以规定；尽管司法实践中，刑事执行主要由法院刑事审判庭负责，民事、行政执行曾经由民事审判和行政审判庭负责，发展到由独立设置的执行庭、执行局负责，但这只是立法和司法上的一种便利选择，不能由此认为，执行程序仅是诉讼程序的一部分，没有其独立存在的价值。

世界各国关于执行的立法体例，既有混合立法，也有单独制定强制执行法的。大致有三种情况：一是德国和苏联、东欧一些国家，将执行程序规定在民事诉讼法典中；二是瑞士、土耳其等国将强制执行编入破产法；三是奥地利、比利时、日本等国单独制定强制执行法。

关于执行的机构和体制，不少国家单独设立执行局，或将执行工作归属司法行政机构或警察部门，执行工作由司法行政官负责；另一些国家将执行工作归属法院管理，实行审判与执行分立，由法官和执行官分别负责案件的审判和判决后的执行。

不同的立法和管理体制，并不能使执行在不同的国家具有不同的性质。"执行程序在任何一国法律中都只能是实现已确认的权利的活动"②。审判和执行的分立，由其分属于不同的法律范畴，具有不同的性质和任务所决定。前者旨在确认权利，后者旨在实现权利；前者体现了国家的审判权，后者体现了国家的强制权。

鉴于执行难已成为困扰、影响司法公正的重大现实问题，中共十八届四中全会《关于全面推进依法治国若干重大问题的决定》提出完善司法体制，推动实行审判权和执行权相分离的体制改革试点。

---

① 梁书文主编：《执行的理论与实践》，人民法院出版社 1993 年版，第 28 页。

② 同上。

执行的原则和注意事项

司法执行又称强制执行，是指人民法院依法运用国家强制力，强制义务人履行生效法律文书确定义务的活动。它直接关系到当事人合法权益的实现，关系到法律的尊严，关系到市场经济秩序，甚至关系到社会的稳定，是一项重要、艰巨、复杂的司法工作。开展此项工作时，必须遵循下列基本原则：

第一，强制执行与说服教育相结合。强制执行尽管是在义务人拒不履行义务的情况下进行的，但因所涉及的仍是民事法律关系，立足说服教育，尽量促其自动履行义务是执行时必须坚持的一项原则。

第二，既要保护权利人的合法权益，也要从义务人的实际情况出发，为其保留必要的生产资料和本人及家属的生活必需品，以保证义务人能够维持正常的生产与生活。

第三，权利人申请执行与法院依职权提起执行并用。依据民事处分原则，权利人是否申请法院强制执行，是其享有的权利，也可以不行使或放弃这项权利。所以，执行程序的启动，一般由权利人申请开始。但当法院的判决、裁定涉及国家、集体重大利益或群众急需的物质利益时，即使权利人没有申请，法院也可依职权提起执行程序，以体现国家干预的原则。

第四，必须迅速、及时进行执行工作，遵守期限，讲究效率，不能久执不决。

开展执行工作，还必须严格遵循法律和司法解释确定的执行程序，注意解决好下述事项：

（1）人民法院专设的执行机构和相关审判庭、人民法庭，必须按照分工各司其职，各自负责有关生效法律文书或财产保全、先予执行的执行工作。

（2）严格遵守关于执行管辖的规定，发生管辖争议的，应本着有利于保护权利人权益的原则友好协商解决，既不能出于各种考虑争管辖，也不能互相推诿、不负责任。

（3）认真作好执行前的准备工作，尽力查明被执行人的财产状况和履行义务的能力。

（4）关于金钱给付的执行，应与有关金融机构配合，严格履行查封、扣押、冻结的一切手续，依法拍卖、变卖。

（5）关于交付财产和完成行为的执行，关于被执行人到期债权的执行，必须严格遵守相关规定。

（6）认真审查和处理案外人的异议，防止和杜绝执行错误。

（7）严格遵循变更和追加被执行主体的规定，切实保护权利人的合法权益。

（8）尊重在执行中双方当事人自愿达成的和解协议。

（9）依法客观公正地处理多个债权人对一个债务人申请执行和参与分配的问题。

（10）依法对妨害执行的行为适用强制措施，既不能缩手缩脚，该用不用，又不能违反规定，无度滥用。

（11）按照法律规定和具体情况作好执行的中止、终结和结案工作，一定要实事求是，不可弄虚作假，虚报瞒报。据以执行的法律文书被依法撤销或变更的，应尽力作好执行回转工作。

（12）遵守委托执行规定，积极作好协助执行。发生执行争议协商不成时，报请上级法院协调处理。

错误执行的几种情形

《国家赔偿法》第38条规定的"对判决、裁定及其他生效法律文书执行错误"，据最高法院司法解释，是指对已经发生法律效力的判决、裁决、民事制裁决定、调解、支付令、仲裁裁决、具有强制执行效力的公证债权文书以及行政处罚、处理决定等执行错误。包括下列行为：

（1）执行尚未发生法律效力的判决、裁定、民事制裁决定等法律文书的；

（2）违反法律规定先予执行的；

（3）违法执行案外人财产且无法执行回转的；

（4）明显超过申请数额、范围执行且无法执行回转的；

（5）执行过程中，对查封、扣押的财产不履行监管职责，严重不负责任，造成财物毁损、灭失的。

（6）执行过程中，变卖财物未由合法评估机构估价，或者应当拍卖而未依法拍卖，强行将财物变卖给他人的；

（7）违反法律规定的其他情形。

4. 违法造成人身伤害

据最高法院司法解释，人民法院及其工作人员在民事诉讼、行政诉讼和执行过程中，以殴打或者唆使他人以殴打等暴力行为，或者违法使用武器、警械造成公民身体伤害、死亡的，应当比照《国家赔偿法》第 15 条第 4、5 项规定予以赔偿。

5. 国家不承担非刑事司法赔偿责任的范围

国家赔偿法对刑事诉讼和民事诉讼、行政诉讼中的错误判决采取不同的态度。对前者承担赔偿责任，对后者不承担赔偿责任。这主要是因为：

第一，诉讼的提起和当事人法律地位不同。民事和行政诉讼由当事人一方提起，双方当事人在诉讼中的法律地位平等；而刑事诉讼除少数自诉案件外，均由检察机关代表国家提起公诉，被诉方当事人大多被公安、检察机关或法院采取强制措施，人身自由受到限制，其法律地位不可能与公诉方平等。

第二，举证责任不同。刑事诉讼由公诉人提供证据。法院在此基础上作出的错判，无论是事实不清、证据不足还是适用法律错误，基本上均是司法机关和司法人员行使国家司法权的结果，国家必须承担赔偿责任；而民事诉讼则实行谁主张、谁举证的原则，行政诉讼中被告对作出的具体行政行为负有举证责任。法院只有在当事人不能搜集有关证据或确有必要时，才依职权调查搜集证据。如果当事人没有客观原因提供不了证据，法院也无从搜集时，法院只能就证据不足情形作出判决。即使今后当事人找到了新的证据，导致原判错误而改判，其原因也是当事人当初对自己的主张提供不了证据，国家不承担赔偿责任。

第三，救济途径不同。刑事诉讼中的错判，使受害人的人身权受到侵犯，合法财产被没收或收缴到国库，除了由国家赔偿之外，别无救济途径；而民事诉讼中对财产关系的错判，一般均有因此而获利的人。形式上看，法院是侵权人，但实际上，侵权的是因错判占有了他人财产的当事人。所以，《民事诉讼法》第 214 条规定：“执行完毕后，据以执行的判决、裁定和其他生效法律文书确有错误，被人民法院撤销的，对已被执行的财产，人民法院应当作出裁定，责令取得财产的人返还，拒不返还的，强制执行。”这样，国家无须承担赔偿责任。对待无法执行回转的错判，国家应该承担赔偿责任。

对待行政诉讼中的错判，如果原判行政机关胜诉，再审改判行政机关败诉，造成损害后果的，可由被告行政机关承担赔偿义务；如果原判原告胜诉，再审原告败诉，即合法的具体行政行为被判违法而撤销后，得到改正，该具体行政行为继续有效，需要相对人履行义务的，可以强制其履行，相对人并未因错判造成损失，国家也无赔偿责任承担。

当然，依据现行国家赔偿法，国家对民事、行政诉讼中的错判不承担赔偿责任，并不能推卸审判机关和审判人员在错判中的责任，只是这种责任不表现在赔偿方面而已。而且国外有的国家如法国，1971 年后即规定国家对民事审判和行政审判中的重过错造成的损害承担赔偿责任。我国台湾地区的赔偿法规定，有审判职务的公务员在审判中犯职务上的罪，经有罪确定的，也适用国家赔偿。所以，作者认为，现行赔偿法关于民事、行政诉讼中的错判不予赔偿的规定，只是从目前我国司法实际情况出发，作出的一项即时规定。从长远看，国家还是应该承担某种赔偿责任的。

2000 年 9 月 14 日，最高人民法院《关于民事、行政诉讼中司法赔偿若干问题的解释》，根据《国家赔偿法》第 17 条、第 31 条的精神，规定下述 7 种情形，国家不承担赔偿责任：

（1）因申请人申请保全有错误造成损害的；

（2）因申请提供的执行标的物有错误造成损害的；

（3）人民法院工作人员与行使职权无关的个人行为；

（4）属于《民事诉讼法》第 241 条规定情形的；

（5）被保全人、被执行人，或者人民法院依法指定的保管人员违法动用、隐匿、毁损、转移、变卖人民法院已经保全的财产的；

（6）因不可抗力造成损害后果的；

（7）依法不应由国家承担赔偿责任的其他情形。

五 国家赔偿当事人与审理机构

（一）国家赔偿请求人

国家赔偿请求人，指其合法权益受到国家行政机关或司法机关及其工作人员行使行政职权或侦查、检察、审判、执行和监狱管理职权的损害，依法有权向赔偿义务机关请求国家赔偿的人，包括公民（自然人）、法人、其他组织。

《国家赔偿法》第6条、第20条、第38条规定：

（1）受害的公民、法人和其他组织，是国家赔偿请求人；

（2）受害人的公民死亡，其继承人和其他有扶养关系的亲属，是国家赔偿请求人；

（3）受害的法人或其他组织终止，承受其权利的法人或者其他组织，是国家赔偿请求人。

作为国家赔偿请求人，必须具备一定的资格。资格的确定应该兼顾两个方面：一方面，请求人资格直接关系到受害人一方行使请求权范围的大小，从而影响国家赔偿救济作用的发挥；另一方面，又必须防止滥用请求权，避免国家资源浪费和执法、司法成本增加，维护正常的司法秩序。我国国家赔偿法在考虑上述两方面因素前提下，就国家赔偿请求人资格作出下列规定：

第一，请求人须符合赔偿法规定的范围。如受害人为外国人时，其请求人的资格必须符合国际对等原则；受害人死亡时，其近亲属是否具有请求资格以亲等远近为依据等。

第二，请求人必须以自己的名义请求司法赔偿。"以自己的名义，就是以自己的独立法律人格和独立意志。这是请求人与其代理人的不同之处。以他人的名义表达他人的赔偿意志的，是代理人而非赔偿请求人。"①

第三，请求人的合法权益实际受到损害。赔偿以合法权益受到损害为前提，非法权益受到损害不予赔偿。这种损害必须具有现实性，即损害已经发生并且客观存在，不能是推测的或假想的损害；这种损害必须具有特定性，即在特定的公民、法人和其他组织身上发生。在较普遍的、不特定的对象身上发生的损害，不属于司法赔偿范畴。

第四，请求人所受损害与司法职权行为存在因果关系。此种职权行为大多属违法行为，也包括适法行为，不包括个人行为。受害人只需指出其所受损害系司法职权行为所致即可，至于是否真正存在因果关系，有待赔偿义务机关确认。

第五，请求人的请求事项须符合赔偿法规定。我国国家赔偿法目前仅对人身权和财产权的损害进行赔偿，并且只赔偿物质损害、精神损害、直接损害，对间接损害一般不予赔偿。这就意味着司法侵权行为的受害人并不都能成为司法赔偿的请求人，只有当其所受损害属于赔偿法规定的赔偿范围时，该受害人才能取得司法赔偿请求人的资格。

国家赔偿请求人资格的转移

国家行政机关或司法机关及其工作人员的行政或司法侵权行为指向的对象是受害人，一般情况下，只有受害人本人才是国家赔偿请求人。但国家行政机关或司法机关及其工作人员侵权行为造成的危害后果，不仅及于受害人，而且可能及于其亲属或其他相关人。比如，国家侵权行为并未剥夺受害人亲属的继承权，但却可能使本来有财产可以继承的继承人无财产可以继承。因此，国家赔偿法在明确规定受害人具有司法赔偿请求人资格的同时，还规定了特殊情况下，这种请求人资格可以依法发生转移。

关于国家赔偿请求人资格的转移，许多国家的赔偿法均有规定。例如联邦德国刑事追诉措施赔偿法第11条规定："除有权享受国库赔偿的人以外，那些依法受赡养者也有权要求赔偿。因刑事追诉措施而使其丧失赡养费的，可以要求赔偿。"法国刑事诉讼法规定，如被错误判决的受害人死亡，其配偶、直系亲属和卑亲属，在同样条件下有要求赔偿的权利。如果较远亲等的亲属能证明因受害人的有罪判决致使自己遭受物质损失，也

---

① 薛刚凌：《国家赔偿法教程》，中国政法大学出版社1998年版，第245页。

有要求赔偿的权利。日本刑事补偿法第 2 条规定："根据前条规定，可以提出补偿请求的人，如果因死亡而未提出请求的，可由其继承人提出补偿的请求。"捷克赔偿法第 7 条规定，如果死刑已执行，受死者抚养或者死者有义务抚养的人可以请求赔偿抚养费。负担丧葬的人有权请求赔偿其损失①。

我国国家赔偿法规定：

（1）受害的公民死亡，其国家赔偿请求人资格，可依法转移至继承人和其他有扶养关系的亲属。这里的"死亡"，既包括受害人的自然死亡和依法定程序宣告死亡，也包括受害人因受害死亡和在请求国家赔偿期间因其他原因死亡。对继承人和有扶养关系的亲属以外的人，则无请求人资格。如果死亡的受害人没有继承人、没有扶养关系的亲属，则国家赔偿请求权自行消失。

（2）受害的法人或其他组织终止，其国家赔偿请求人资格，可依法转移至承受其权利的法人或者其他组织。但受害的法人或其他组织在请求国家赔偿期间，因破产或违法而被撤销、吊销执照的，其请求人资格不发生转移的问题。

1. 受害公民（自然人）

公民是指具有中华人民共和国国籍的自然人。

受害人有权获得赔偿，是一条古老的法律原则。受害的公民本人有权要求国家赔偿，是现代世界各国的通例。我国《宪法》第 41 条规定："由于国家机关和国家工作人员侵犯公民权利而受到损失的人，有依照法律规定取得赔偿的权利。"国家赔偿法就是落实宪法此项规定，保障受害公民取得行政赔偿和司法赔偿的专门法律。

从国家赔偿法立法宗旨上看，给受害公民本人以赔偿的权利，有利于保障公民的合法权益，使因行政机关或司法机关及其工作人员的侵权行为而遭受破坏的国家行政秩序或司法秩序恢复正常；同时，这种赔偿本身确认了损害事实的存在，包含了对行政或司法侵权行为的谴责，有利于遏制行政机关或司法机关及其工作人员滥用行政权或司法权等腐败行为，促进

---

① 　转引自黄杰、白钢主编《国家赔偿法及配套规定新释新解》，中国民主法制出版社 1999 年版，第 793 页。

其依法行使行政权或侦查、检察、审判和执行等司法权。

受害公民本人的国家赔偿请求权，涉及程序资格、人数多寡和不具备资格三种情况：

第一，受国家行政或司法侵权行为损害的任何公民，在实体上都具有国家赔偿请求人的资格，但要亲自行使国家赔偿请求权，还需具备程序上的资格，否则只能由法定代理人代行请求权。代行请求权主要有未成年人和精神病人两种情况。

我国《民法通则》第 14 条规定："无民事行为能力人、限制行为能力人的监护人是他的法定代理人。"完全民事行为能力人，则无法定代理人。

（1）10 周岁以下未成年人是无民事行为能力人。10 周岁以上不满 18 周岁的未成年人是限制民事行为能力人，但其中 16 周岁以上不满 18 周岁的公民，以自己的劳动收入为主要生活来源的，视为完全民事行为能力人。

上述无民事行为能力、限制民事行为能力的未成年人的父母，是其监护人或法定代理人；其父母死亡或无监护能力的，由祖父母、外祖父母；兄、姊；关系密切的其他家属、朋友等人员中有监护能力的人担任监护人或法定代理人。

（2）不能辨认自己行为的精神病人，是无民事行为能力人。不能完全辨认自己行为的精神病人，是限制民事行为能力人。其监护人或法定代理人由配偶；父母；成年子女；其他近亲属；关系密切的其他亲属、朋友等担任。

第二，依据国家赔偿请求人的数量，可以分为：

（1）一位赔偿请求人，这是最常见情形；

（2）少数赔偿请求人。不满 10 人的为少数赔偿请求人。如某一案件认定 3 人为盗窃罪，再审改判无罪后，赔偿请求人为 3 人；

（3）众多赔偿请求人。10 人以上的为人数众多的共同诉讼，亦称集团诉讼。依据《民事诉讼法》第 54 条、55 条和最高人民法院适用民事诉讼法意见的规定，应当由诉讼代表人代表当事人进行诉讼。诉讼代表人是集团诉讼当事人推选、法院与当事人商定或由法院指定的当事人，他根据法院和当事人授权进行的诉讼行为，对其代表的当事人发生效力。

我们认为，在国家赔偿中，如果受害人在 10 人以上的，也应该适用

《民事诉讼法》的上述规定。

第三，不具备国家赔偿请求人资格

我国《刑法》第 17 条和第 18 条规定了未成年人和精神病人不负刑事责任的情况。《刑事诉讼法》第 15 条规定了 6 种不追究刑事责任的情况。上述情形中行为人的行为具有违法性和危害性，仅由于人道、时效等因素丧失其可罚性。对此种情形中人，即使司法机关对其实施了羁押，也不认为是错误羁押，释放后，当事人本人及其法定代理人均无权请求国家赔偿。

受害公民的继承人

只有受害公民死亡，其继承人才能获得国家赔偿请求人资格。

根据我国继承法规定，继承人有法定继承人、遗嘱继承人、代位继承人、转继承人四种：

（1）法定继承人

法定继承亦称无遗嘱继承。指继承人的范围、顺序和遗产分配原则，均由法律直接加以规定的继承方式。当被继承人未立遗嘱时，法律按照被继承人与继承人之间的亲属关系，推定被继承人生前愿意将自己的遗产由全体继承人按照婚姻关系、家庭关系、血亲关系和亲属亲等的远近、一般均等分配的方法进行继承；当被继承人立有遗嘱但所立遗嘱无效时，视为无遗嘱，亦按上述原则进行继承。

继承法规定的适用法定继承的 6 种情况是：①遗嘱继承人放弃继承或者受遗赠人放弃遗赠；②遗嘱继承人丧失继承权；③遗嘱继承人、受遗赠人先于被继承人、遗赠人死亡；④遗嘱无效部分涉及的遗产；⑤遗嘱未处分的财产；⑥没有遗嘱和遗赠抚养协议。

继承法确定的法定继承人的范围是：配偶、子女、父母、兄弟姐妹、祖父母、外祖父母，对公婆尽了主要赡养义务的丧偶儿媳、对岳父母尽了主要赡养义务的丧偶女婿。

（2）遗嘱继承人

遗嘱是被继承人生前在法律允许范围内依法定方式对其死后遗产作出的处分决定，并于被继承人死亡后发生效力的法律行为。

遗嘱人在设立遗嘱时必须具有设立遗嘱的行为能力；遗嘱处分的财产必须是遗嘱人个人所有的合法财产，必须是遗嘱人死亡时所遗留的财产；遗嘱必须是遗嘱人的真实意思表示，不得取消无劳动能力又无生活来源的继承人的继承权，必须为胎儿保留必要的继承份额，不得违反社会公德和公共利益；遗嘱是要式法律行为，其形式有公证遗嘱、自书遗嘱（亲笔遗嘱）、代书遗嘱（代笔遗嘱）、口头遗嘱（口授遗嘱）、录音录像遗嘱。

（3）代位继承人

代位继承，是指被继承人的子女先于被继承人死亡时，由被继承子女的直系卑血亲代替先亡的直系尊血亲，继承被继承人遗产的法定继承制度。

先于被继承人死亡的子女，称为被代位继承人。代替被代位继承人取得遗产的直系卑血亲，称为代位继承人。

（4）转继承人

转继承，是指继承人在继承开始后、遗产分割前死亡，其所应继承的遗产份额，转由其继承人继承的法定继承制度。

该死亡的继承人，称被转继承人。死亡继承人的继承人，称转继承人。

我国继承法除规定上述法定继承人、遗嘱继承人、代位继承人、转继承人四种继承人继承遗产的法定条件外，还规定了继承人丧失继承权的四种情况：

①故意杀害被继承人的；

②为争夺遗产而杀害其他继承人的；

③遗弃被继承人的或者虐待被继承人情节严重的；

④伪造、篡改或者销毁遗嘱情节严重的。

关于继承人是否因丧失继承权而丧失国家赔偿请求人资格，国家赔偿法及相关司法解释目前尚无明确规定。依据法律精神，我们认为，继承人一旦丧失继承权，也就同时丧失了因受害的被继承人死亡而要求国家赔偿的请求权。

受害公民的其他有扶养关系的亲属

当有权要求国家赔偿的公民死亡，除继承人之外的哪些人可以作为赔偿请求人，各国一般规定为与受害公民有扶养关系的人（包括尚未出生的胎儿）和支付丧葬费用的人。

我国国家赔偿法规定的"其他有扶养关系的亲属",指在上述继承人之外、与受害公民有扶养关系的亲属。这里有两个条件:

第一,必须与受害公民有扶养关系。"有扶养关系",可以有两种理解:既可能是有法律上的扶养权利义务关系,也可能是有事实上的权利义务关系。这两种理解包括的请求人范围不尽一致。目前的国家赔偿法和司法解释,对此尚未明确规定。我们认为,似应以后一种理解为宜,"以保护那些事实上依靠被害人扶养,但又与受害人无法律上的扶养权利义务关系生活无靠的人"①。

另外,如果死亡的受害人的亲属与该受害人具有法律上的扶养权利义务关系,则该亲属应属于继承人之列。

第二,必须是受害公民的亲属。这里的"亲属",即包括血亲,也包括姻亲;既包括尊亲属,也包括卑亲属;还应包括法律上的拟制亲,如养侄——兄长的养子等。如果不是亲属,按照目前规定,"即使有扶养关系,如执行遗赠扶养协议的集体组织和慈善人士,也没有赔偿请求权"②。

请求人行使请求权的顺序

当有权请求国家赔偿的受害公民死亡,而同时存在继承人和其他有扶养关系的亲属时,就产生了请求人行使请求权的顺序问题。对此问题,国家赔偿法与相关司法解释尚无明确规定。作者理解,根据法律精神,其请求权顺序应为:

第一,在继承人和其他有扶养关系的亲属并存情况下,其请求权顺序首先是继承人,然后是其他有扶养关系的亲属。如果继承人不放弃请求权,则与受害人有扶养关系的亲属就不能行使请求权;

第二,在多位继承人并存的情况下,其国家赔偿请求权顺序,应等同于遗产继承的顺序。我国继承法依照婚姻关系和血缘关系的远近,同时考虑实际扶养情况,对继承顺序作出规定:

第一顺序:配偶、子女、父母。

第二顺序:兄弟姐妹、祖父母、外祖父母。

---

① 薛刚凌:《国家赔偿法及配套规定新释新解》,中国民主法制出版社 1999 年版,第 247 页。

② 皮纯协、冯军主编:《国家赔偿法释论》(修订本),中国法制出版社 1998 年版,第 131 页。

继承开始后，由第一顺序继承人继承，第二顺序继承人不继承。没有第一顺序继承人继承的，由第二顺序继承人继承。丧偶儿媳对公婆、丧偶女婿对岳父母尽了主要赡养义务的，作为第一顺序继承人。

如果第一顺序继承人行使国家赔偿请求权的，则第二顺序继承人不能行使请求权。"如果同一顺序的请求人是多数人时，如第一顺序继承人或第二顺序继承人有多人，或者与受害人有扶养关系的亲属有多人，则他们可以共同行使请求权，也可以委托一人或数人为代理人行使赔偿请求权。"①

外籍人

外籍人是否具有居住国的国家赔偿请求人资格，是一个既涉及国内法又涉及国际法的问题。从世界主要国家的法律规定看，在外籍人是否享有国家赔偿请求权上，主要采取平等原则和对等原则。

对等原则，亦称相互保证主义，即外籍人是否具有居住国的赔偿请求人资格，以该外籍人所属国的法律是否允许本国公民请求该国法律保护而定。大多数国家在国家赔偿问题上均采用此一原则。如日本和韩国国家赔偿法规定，外国人为被害人时适用本法，但以有相互保证者为限。奥地利国家赔偿法规定，外国人得行使本法之请求权，但以其本国与我国有互惠条约者为限。我国台湾地区的冤狱赔偿法规定，本法准用于外国人，但以依国际条约或该外国人之本国法律我国人民得享同一权利者为限。

平等原则，亦称国民待遇原则，即在国家赔偿中外籍人享有与本国公民同等的请求人资格。美国采行此一原则：凡在美国境内的外国人，如因联邦政府人员的职务行为引起损害，均可依美国联邦侵权赔偿法请求赔偿，不问其本国是否存在依国际条约或本国法律的规定，也不问美国人是否在该国享有同等请求权。

我国《国家赔偿法》第33条规定："外国人、外国企业和组织在中华人民共和国领域内要求中华人民共和国国家赔偿的，适用本法。外国人、外国企业和组织的所属国对中华人民共和国公民、法人和其他组织要求该国国家赔偿的权利不予保护或者限制的，中华人民共和国与该外国

---

① 黄杰、白钢主编：《国家赔偿法及配套规定新释新解》，中国民主法制出版社1994年版，第814页。

人、外国企业和组织的所属国实行对等原则。"

所谓外国人，指在我国境内居住、不具有中华人民共和国国籍的人，包括外籍人和无国籍人。所谓外国企业和组织，指具有外国国籍的企业和组织。外国人、外国企业和组织请求我国国家赔偿时，有下述问题须予以注意：

第一，外国人、外国企业和组织确实在我国领域内受到国家机关及其工作人员职务行为之损害，并向我国有关赔偿义务机关提出赔偿请求；

第二，如果该外国人、外国企业和组织的所属国建立了国家赔偿制度，并适用于中国公民、法人和其他组织，则我国国家赔偿法亦适用于该外国人、外国企业和组织。如果其所属国的国家赔偿法对中国公民、法人和其他组织不适用或适用时有所限制，我国国家赔偿法亦对其不适用或适用时给予同等限制；

第三，如果该外国人、外国企业和组织的所属国尚未建立国家赔偿制度，我国国家赔偿法对其不予保护；

第四，外国人、外国企业和组织在我国请求国家赔偿时，需举证证明其所属国法律给予中国公民、法人和其他组织以同等权利。

2. 受害法人

根据我国民法通则规定，法人是具有民事权利能力和民事行为能力，依法独立享有民事权利和承担民事义务的组织。法人应当具备的条件是：依法成立，有必要的财产或经费，有自己的名称、组织机构和场所，能够独立承担民事责任。法人的民事权利能力和民事行为能力，从法人成立时产生，到法人终止时消灭。

我国法人大致分为四类：

第一类，企业法人。这是法人的主要形态。包括经主管机关核准登记取得法人资格的全民所有制企业、集体所有制企业、私营企业、联营企业和中外合资经营企业、中外合作经营企业、外资企业。企业法人对它的法定代表人和其他工作人员的经营活动，承担民事责任。

第二类，机关法人。有独立经费的机关从成立之日起，具有法人资格。如有独立财政预算经费的各级国家行政机关、司法机关和立法机关等。

第三类，社会团体法人。公民依据宪法自愿结合组成的从事各种政治、社会、宗教等活动的社会团体，或者从成立之日起具有法人资格，或者经核准办理法人登记取得法人资格。如政党、共青团、工会、妇联、作家协会等。

第四类，事业单位法人。在机关和社会团体之外，以社会公益为目的从事各种具体事业的组织，或者从成立之日起具有法人资格，或者经核准办理法人登记取得法人资格。如科研院所、学校、文艺团体、新闻媒体等。

因国家行政机关或司法机关及其工作人员的侵权行为受到损害的企业法人、机关法人、社会团体法人、事业单位法人，在国家赔偿范围内，具有国家赔偿请求人资格。

法人终止和请求权转移

如果受害的法人终止，其国家赔偿请求权可依法转移至承受其权利的法人。赋予承受其权利的法人以赔偿请求权，是因为在它们之间存在经济上的承继关系，依据公平、公正原则保护其合法权益。

法人的终止，指在法律上丧失法人资格。由于法人类型的不同，终止的原因和方式也各异：

企业法人作为法人的主要形态，其终止的原因亦多种多样：有依法被撤销的，包括设立法人的目的已实现、无必要继续存在而撤销；依照法规或主管部门的命令和决定而撤销；因违法被有关部门吊销执照而撤销；有自行解散的，如按法人章程由法人组成成员主动解散；有企业法人亏损严重，不能清偿到期债务，由法院宣告破产而终止的；还有因其他特殊原因而终止的。

机关法人的终止，一般依据法规、权力机关或上级机关的决议或命令进行。社会团体法人和事业单位法人一般由于自动解散或依法撤销而终止。

法人被依法取缔、撤销、破产，不发生国家赔偿请求权转移问题。因为此种情况下，没有承受其权利的其他法人。由于合并或分立引起法人终止，其权利由合并、分立后的法人承受。此时如果有国家赔偿请求权的原法人在取得国家赔偿前终止，则其请求权可依法转移到承受其权利的法人。

3. 受害其他组织

其他组织，指依法经主管机关批准成立或认可，但不具备法人条件，未取得法人资格的社会和经济组织，包括依法拥有营业执照的私营独资企业、合伙组织等。

其他组织同公民、法人一样，其合法权益受国家保护。因国家侵权受到损害，可独立请求国家赔偿。如该组织在获得国家赔偿前而终止，承受其权利的其他组织亦有权成为国家赔偿请求人。

（二）国家赔偿义务机关

《国家赔偿法》总则第2条规定："本法规定的赔偿义务机关，应当依照本法及时履行赔偿义务。"国家赔偿义务机关，指代表国家接受赔偿请求、参与赔偿决定活动、履行赔偿义务的机关。无论行政赔偿、刑事赔偿，还是非刑事司法赔偿，均由赔偿义务机关代表国家履行赔偿义务。

关于我国国家赔偿法中使用"赔偿义务机关"概念问题，有参与1994年《国家赔偿法》立法的专家认为："赔偿义务机关的概念是我国台湾地区国家赔偿法的创造。……中华人民共和国国家赔偿法肯定并吸收了我国台湾地区国家赔偿法的这一创造。……不同的是，中华人民共和国国家赔偿法在刑事赔偿诉讼中也使用了赔偿义务机关的概念，比我国台湾地区使用的更广。"[①]

我国台湾地区关于为何及如何设立赔偿义务机关的问题，有如下解释："国家设官分职，机关林立，公务员行使公权力之行为，一旦造成损害，应由何机关履行赔偿义务，被害人每难确知，本法乃明定径以该公务员所属机关或公共设施之设置或管理机关为赔偿义务机关。如该赔偿义务机关经裁撤或改组者，以承受其业务之机关为赔偿义务机关。如无承受其业务之机关者，以其上级机关为赔偿义务机关。如仍不能依上述规定，确定赔偿义务机关，或于赔偿义务机关有争议时，得请求其上级机关确定之。其上级机关自被请求之日起逾二十日不为确定者，得径以该上级机关

---

① 肖峋：《中华人民共和国国家赔偿法的理论与实用指南》，中国民主与法制出版社1994年版，第196页。

为赔偿义务机关（草案第九条），俾被害人易于查明索赔对象，依法向其索赔。"①

有检察专家对我国国家赔偿法中使用赔偿义务机关概念问题提出不同看法，主张取消刑事赔偿义务机关制度。其理由是：

"刑事诉讼是一项高风险的认识活动。这种高风险表现在两个方面：一是刑事诉讼活动是一项非常复杂的认知活动，错误难免；二是一旦发生错误，对犯罪嫌疑人、被告人的利益影响很大。为充分保障当事人合法权益，同时也为促进司法机关依法行使职权，避免二者之间不应有的冲突，立法上应当逐步将错案追究与刑事赔偿适度分离，既不要把是否构成错案作为刑事赔偿的前提，也不要把刑事赔偿作为一种责任让办案单位承担。

一是取消刑事赔偿义务机关制度。作出无罪处理以后，当事人可直接向赔偿委员会等管辖机关要求赔偿。羁押赔偿不需要烦琐的举证查证，一般都有相应的法律文书，还有诉讼案卷可查，必要时，可以向原办案人员了解情况，不会因为不设赔偿义务机关就无法操作。其他国家和地区的刑事赔偿也都没有实行义务机关制度。另外，不设赔偿义务机关，也不会因此导致司法机关乱办案。因为，第一，如果确实存在个人违法办案的，司法机关都有相应的纪律处分规定，贪赃枉法的，还要追究刑事责任。第二，促进司法机关依法办案的措施很多，司法机关内部的各种考核评价体系也很多，不存在单位乱办案可以不承担责任的问题。

二是在取消刑事赔偿义务机关的前提条件下，可以考虑将违法拘留羁押、无罪逮捕羁押、再审改判无罪羁押赔偿修改为一定范围的无罪补偿制度。同时，可以考虑根据我国国情，适当扩大补偿范围。"②

作者认为，上述观点有一定道理，但立法机关未予采纳，则出于更加全面的法理考量和实践评判。包括刑事赔偿在内的国家赔偿的主体是国家，但国家是一个抽象的政治体，受害的公民、法人和其他组织无法直接请求抽象的国家承担具体的赔偿义务，于是"国家责任，机关赔偿"即成了世界各国通例。但国家是一架庞大的机器，下设机关和机构众多，受害人自己无力也无权确定什么机关承担赔偿义务。而另一方面，承担赔偿

---

① 我国台湾地区《国家赔偿法》（1980 年 7 月 2 日公布）"国家赔偿法草案总说明"。林准、马原主编：《外国国家赔偿制度》，人民法院出版社 1992 年版，第 368 页。

② 刘志远主编：《中国刑事赔偿原理与实务》，中国人民公安大学出版社 2011 年版，第 3 页。

责任内含否定、谴责之意，愿意主动承担者寡，互相推诿扯皮者众。为有利于受害人提出赔偿请求，各国均根据本国情况确定设立赔偿义务机关的原则。这些原则有以下四项：

第一，侵权机关为赔偿义务机关的原则

侵权机关既包括作出侵权决定、产生损害后果的国家机关，也包括侵权的国家机关工作人员所属的国家机关。依据侵权机关为赔偿义务机关的原则，确定具体的国家赔偿义务机关，便于受害人行使请求权，便于赔偿决定的取证和作出，便于赔偿争议的及时解决；同时，国家赔偿案件的多少、有无，相当程度上反映该机关的办案质量，亦便于该机关增强自我约束力，提高严肃执法、公正司法的水平。日本、德国、我国（含台湾地区）均采用此一原则设立赔偿义务机关。

第二，侵权责任后置原则

或曰吸收原则①，即当数个国家机关均实施了侵权行为时，由最后一个作出终局决定的机关作为赔偿义务机关。

在司法赔偿的刑事赔偿中，刑事诉讼是一个由侦查机关、检察机关和审判机关共同参与、分工协作的连续过程。该过程中发生的侵权行为，有时涉及数个司法机关。此时如果依据侵权机关为赔偿义务机关的原则，设定的义务机关众多，既不便于受害人行使权力，也使赔偿程序复杂繁琐。而依据侵权责任后置原则，由刑事诉讼中最后一个行使司法决定权的机关为赔偿义务机关，则可避免上述弊病，加重法律赋予其司法决定权机关的"把关"责任。如受害人被错误拘留后又被错误逮捕的，由决定逮捕的机关为赔偿义务机关，错误拘留的机关不同时作为义务机关；一审法院错误判决后，受害人上诉或检察机关抗诉的，由作出生效判决的二审法院为赔偿义务机关，此前作出错误拘留、错误逮捕、错误一审判决的机关不同时作为义务机关；再审改判无罪的，由作出原生效判决的法院为赔偿义务机关，此前作出错误拘留、错误逮捕、错误判决、错误执行刑罚的机关不同时作为义务机关。

第三，侵权责任共担原则

即由两个实施了侵权行为的司法机关同时作为赔偿义务机关。当刑事

---

① 高京雯："浅说刑事赔偿中确定赔偿义务机关的原则"，《审判工作研究》1999 年第12 期。

诉讼中实施侵权行为的机关为两个且过程清晰、责任明确、最后一个司法决定尚未发生法律效力时，该两个机关同时为赔偿义务机关。如 1994 年《国家赔偿法》曾规定"二审改判无罪的，作出一审判决的法院和作出逮捕决定的机关为共同赔偿义务机关。"2010 年《国家赔偿法》依据侵权责任后置原则作了修改，免除作出逮捕决定机关的责任，由"作出一审有罪判决的人民法院作为赔偿义务机关。"

第四，专设机关为赔偿义务机关的原则

除上述三种情况外，也有一些国家设立专门机构负责审查和处理赔偿案件。

如韩国有国家和地方赔偿审议会；法国在最高法院内设立专门的补偿委员会；美国威斯康星州设立救济无辜判罪委员会、北达科他州设立错误拘禁救济局等。采用专设机关为赔偿义务机关的原则确定具体的司法赔偿义务机关，有利于赔偿标准的统一，克服致害机关的推诿扯皮现象。

赔偿义务机关的权利和义务

赔偿义务机关作为国家赔偿责任的履行者，具有下列权利和义务：

（1）对国家赔偿请求人的请求，应在法定期间内作出处理。首先，对致害行为是否违法进行确认；其次，与赔偿请求人就赔偿事宜进行协商，达成一致的，作出赔偿协议书，达不成协议的，作出国家赔偿处理决定。

（2）参加因国家赔偿引起的复议和法院赔偿委员会主持的赔偿决定活动。此时的赔偿义务机关以复议的被申请人和法院赔偿决定活动的一方身份出现，行使相应的权利和承担相应的义务。

（3）履行复议决定或法院赔偿委员会决定，办理赔偿费用交付、返还财产、恢复原状或赔礼道歉等事宜。

（4）在赔偿受害人损失后，向有故意或重大过失的工作人员行使追偿权。

1. 行政赔偿义务机关

根据《国家赔偿法》第七条规定，行政赔偿义务机关为下述机关：

（1）行政机关及其工作人员行使行政职权侵犯公民、法人和其他组织的合法权益造成损害的，该行政机关为赔偿义务机关。

（2）两个以上行政机关共同行使行政职权时侵犯公民、法人和其他组织的合法权益造成损害的，共同行使行政职权的行政机关为共同赔偿义务机关。

（3）法律、法规授权的组织在行使授予的行政权力时侵犯公民、法人和其他组织的合法权益造成损害的，被授权的组织为赔偿义务机关。

（4）受行政机关委托的组织或者个人在行使受委托的行政权力时侵犯公民、法人和其他组织的合法权益造成损害的，委托的行政机关为赔偿义务机关。

（5）赔偿义务机关被撤销的，继续行使其职权的行政机关为赔偿义务机关；没有继续行使其职权的行政机关的，撤销该赔偿义务机关的行政机关为赔偿义务机关。

2. 司法赔偿义务机关

行使国家侦查、检察、审判（执行）、监狱管理职权的机关及其工作人员，在行使职权时，侵犯公民、法人和其他组织的合法权益造成损害的，该机关为赔偿义务机关。依据《国家赔偿法》第19条、第31条、第15条规定，司法赔偿义务机关可以根据机关数量或致害原因两种标准进行分类：

从机关数量看，可将司法赔偿义务机关分为单一赔偿义务机关和共同赔偿义务机关。如单独作出错误刑事拘留决定的机关是单一赔偿义务机关；二审改判无罪时，作出一审判决的法院和作出逮捕决定的检察院或法院是共同赔偿义务机关。

从致害原因看，司法赔偿义务机关可以分为作出错误拘留决定的机关；作出错误逮捕决定的机关；再审改判无罪时作出原生效判决的审判机关；二审改判无罪时作出一审判决的审判机关和作出逮捕决定的机关；刑讯逼供、施加暴力或违法使用武器、警械造成损害的司法人员的所属机关；民事诉讼、行政诉讼和执行工作中违法采取强制措施、保全措施和执行错误的审判机关。

（1）作出违法拘留决定的机关

根据我国刑事法律规定，在侦查犯罪过程中，有权作出刑事拘留决定的机关有公安机关、安全机关、军队保卫部门、人民检察院。1994年国家赔偿法规定，上述机关在刑事诉讼中对没有犯罪事实，或者没有证据证明有犯罪重大嫌疑的人错误拘留的，作出拘留决定的机关即是司法赔偿义务机关。2010年《国家赔偿法》规定，上述机关只有在违法采取拘留措施或依法采取拘留措施但超过法定时限的，才能成为赔偿义务机关。

（2）作出错误逮捕决定的机关

《刑事诉讼法》第78条、第79条、第80条、第85条、第86条、第87条、第88条、第89条、第92条、第163条规定，逮捕犯罪嫌疑人或被告人，必须经过人民检察院批准或者人民法院决定，由公安机关执行；检察院对于公安机关提请批准逮捕的案件进行审查后，应当根据情况分别作出批准逮捕、不批准逮捕或者补充侦查的决定；检察院在自行侦查案件过程中，对符合逮捕条件的，也可自行作出逮捕决定，但仍由公安机关执行。

据此，在我国有权作出逮捕决定的机关是人民检察院和人民法院。因此，在刑事诉讼中公民受到错误逮捕，并不以执行逮捕、报送批捕的公安机关为赔偿义务机关。在立法过程中，曾有过将作出错误逮捕决定的机关与错误提请批捕的机关列为共同赔偿义务机关的意见，后因考虑检察机关拥有逮捕与否的最终决定权，实行"责任后置"原则有利于加强检察院的"把关"责任、强化公安机关的侦查职能，立法机关最终确定，仅以行使逮捕决定权的机关为单一赔偿义务机关。但是，如果公安机关在执行逮捕过程中，违法使用暴力或警械造成被逮捕人或其他人伤亡的，公安机关则应以其违法侵权行为而成为赔偿义务机关。

（3）二审改判无罪或发回重审作无罪处理时作出一审有罪判决的机关

二审改判无罪和二审发回重审后作无罪处理的，作出一审有罪判决的法院为赔偿义务机关。

国家赔偿法作出此种规定的理由是：尽管法院的一审有罪判决尚未生效、不发生错误执行刑罚造成的损害，但一审法院的有罪判决引起被告上诉，导致受害人被羁押时间延长，由此造成的损害应由一审法院负责。

1994年《国家赔偿法》曾规定："二审改判无罪的，作出一审判决的法院和作出逮捕决定的机关为共同赔偿义务机关"。其理由为：我国实行二审终审制，法院判决生效与否是判断法院是否负全责的唯一标准。如果一审法院作出有罪判决后，被告人未上诉，检察院未抗诉，判决一经发生法律效力，即可免除检察机关责任。如果被告人上诉，则不能免除作出逮捕决定机关的责任。当时，对这样规定持反对意见的观点认为，既然已经法院判决，根据"责任后置"原则，应由法院一家赔偿，免除检察院责任。

2010 年《国家赔偿法》修改时，根据侵权责任后置原则，参照司法实践情况，采纳了上述反对观点，取消了"作出逮捕决定的机关为共同赔偿义务机关"的规定，实践中主要免除了检察机关的责任，由"作出一审有罪判决的人民法院作为赔偿义务机关"。

另外，在起草 1994 年《国家赔偿法》时，有专家认为，二审改判无罪时作出一审判决和作出逮捕决定的机关，只应对错误逮捕以后的侵权行为负责，"对错误拘留的赔偿，应当由作出拘留决定的机关作为赔偿义务机关。"①

此种观点在 1994 年起草和 2010 年修改法律时，均未被采纳。因为，根据"责任后置"原则，错误拘留已被错误逮捕所吸收，不应将作出拘留决定的机关列为赔偿义务机关。

（4）再审改判无罪作出原生效判决的机关

受害人通过审判监督程序被再审判决宣告无罪后，如果作出生效判决的是一审人民法院，一审法院即为单一赔偿义务机关；如果作出生效判决的是二审人民法院，在如何确定赔偿义务机关的问题上，曾经有两种观点：

一种观点认为，如果二审法院维持一审有罪判决，应以一审法院为赔偿义务机关；如果二审法院改变一审判决，则意味着生效判决由两级法院共同作出，一审和二审法院应为共同赔偿义务机关。

另一种观点认为，不存在生效判决由两级法院共同作出的问题。因为根据刑事诉讼法规定，只有二审法院作出的终审判决才是生效判决，而不问二审是简单维持还是改变了一审判决。国家赔偿法的规定也十分明确，即只有"作出原生效判决的人民法院为赔偿义务机关。"

1996 年 5 月，最高人民法院关于执行国家赔偿法几个问题的解释中明确规定：再审改判无罪的，"原一审人民法院作出判决后，被告人没有上诉，人民检察院没有抗诉，判决发生法律效力的原一审人民法院为赔偿义务机关；被告人上诉或者人民检察院抗诉，原二审人民法院维持一审判决或者对一审人民法院判决予以改判的，原二审人民法院为赔偿义务机关。"

---

① 高家伟：《国家赔偿法学》，工商出版社 2000 年版，第 330 页。

（5）刑讯逼供、施加暴力或违法使用武器、警械造成伤害的司法人员的所属机关

在刑事诉讼过程中，司法人员实施刑讯逼供，以殴打或者唆使他人以殴打等暴力行为，或者违法使用武器、警械造成公民伤害或死亡的，由于此时司法人员的行为是职务行为，应由其所属的司法机关为赔偿义务机关。如果实施上述违法侵权行为的人员不是司法人员，如联防人员、治安员、聘用民警等，只要存在委托或者指使、默认的情况，即应由委托的机关或者指使的司法人员所属机关为赔偿义务机关。

（6）错误采取强制措施、保全措施和执行错误的机关

在刑事诉讼、民事诉讼、行政诉讼过程中，人民法院可以依法采取排除妨害诉讼的强制措施；在民事诉讼、行政诉讼、司法执行过程中，人民法院还可以对财产采取保全措施和执行措施。人民法院采取上述措施时违反法律规定，侵害公民、法人和其他组织的合法权益造成损害的，该法院为司法赔偿义务机关。

（三）国家赔偿审理机构

1. 法院行政审判庭

依据《行政诉讼法》规定，公民、法人或者其他组织认为行政机关和行政机关工作人员的行政行为侵犯其合法权益，有权依法向人民法院提起诉讼，由人民法院行政审判庭审理。

人民法院审理行政案件，不适用调解。但是，行政赔偿、补偿以及行政机关行使法律、法规规定的自由裁量权的案件可以调解。调解应当遵循自愿、合法原则，不得损害国家利益、社会公共利益和他人合法权益。

《国家赔偿法》规定，赔偿请求人要求行政赔偿，应当先向赔偿义务机关提出，也可以在申请行政复议或者提起行政诉讼时一并提出。赔偿义务机关在规定期限内未作出是否赔偿的决定，赔偿请求人可以自期限届满之日起三个月内，向人民法院行政审判庭提起诉讼。赔偿请求人对赔偿的方式、项目、数额有异议的，或者赔偿义务机关作出不予赔偿决定的，赔偿请求人可以自赔偿义务机关作出赔偿或者不予赔偿决定之日起三个月内，向人民法院行政审判庭提起诉讼。

2. 法院赔偿委员会

国家赔偿中行政赔偿的审理机构在理论与实践上，都相当明确，无有争议。但国家赔偿中司法赔偿的审理机构，在我国"却是一个难度颇大不易处理的问题"[①]。

任何社会都会产生各种各样的纠纷。现代国家一般都建立起调解、仲裁、行政裁决和司法审判等一系列解决纠纷的制度。"在纠纷进入前三种制度后仍然得不到解决的，最终应由司法审判解决。由法院终局解决纠纷是各国普遍适用的原则，因为它具有公正性、民主性和权威性。"[②] 许多国家的国家赔偿纠纷之所以均由法院最终解决，就在于它们已经建立起由法院终局解决社会纠纷的制度。而且在司法体制上，"许多国家的检察机关隶属于法院，对刑事案件的追诉活动属于法院职权的一部分。规定由法院最终解决因检察官执行职务有错误而发生的国家赔偿责任，不会产生权限争议。"[③] 但在我国，由法院最终解决社会纠纷的制度正在建立，尚未形成和完善，检察院和法院是分立、平行、各自向权力机关负责的司法机关。如何处理国家赔偿中司法赔偿纠纷，将解决此纠纷的裁决权赋予何种机关，是 1994 年起草国家赔偿法时争议颇大的一个问题。

在综合考虑各种意见后，经反复权衡，考虑到增加国家机构编制的难度，法院作为国家审判机关拥有几十年成熟的办案经验、健全的组织机构和相当素质的办案队伍，行政赔偿由人民法院行政审判庭依据行政诉讼程序审理、判决，司法赔偿尽管存在自己当自己法官和检察院与法院关系等问题，但从当时实际出发，为使《国家赔偿法》能尽快出台，全国人大常委会征求各方意见最终决定，由人民法院新设立的赔偿委员会按照决定程序受理、审查、决定司法赔偿案件，人民法院赔偿委员会也就应运而生。

由于缺少实践经验，1994 年《国家赔偿法》对法院赔偿委员会的规定原则而简略。在总结十余年司法经验、吸收专家学者诸多合理建议基础上，2010 年《国家赔偿法》取消了赔偿委员会组成人员最多 7 名的上限，

---

① 肖峋：《中华人民共和国国家赔偿法的理论与实用指南》，中国民主法制出版社 1994 年版，第 223、233 页。

② 同上。

③ 同上。

专门增加了四个条文对赔偿委员会处理赔偿请求的书面审查、调查情况、收集证据、举证、质证、处理期限、法院监督、检察院监督作出具体规定，为赔偿委员会公正、公平、公开处理司法赔偿案件，提供了立法保障。

（1）赔偿委员会设置和组成

关于赔偿委员会的设置，国家赔偿法明确规定在中级以上的人民法院设立，把基层法院排除在外。这主要是因为司法赔偿案件的处理涉及面广、难度较大，由中级以上法院处理有助于提高办案质量。国外司法赔偿纠纷的审理机构亦都在较高层次设置。

但是，基层法院也应受理本院作为赔偿义务机关的司法赔偿案件，没有相应机构不利于开展工作。在全国基层法院设立国家赔偿小组，①专门受理涉及本院的司法赔偿案件，这一做法是符合国家赔偿法精神的。

在中级以上法院设立的赔偿委员会，是人民法院专门处理司法赔偿案件的职权组织，是法院内部依法常设的职能部门。同法院内设其他审判庭不同的是，赔偿委员会具有独立的主体资格。赔偿决定以赔偿委员会的名义作出，赔偿委员会对外独立行使赔偿决定权。而法院内设的其他专业审判庭不能以本庭名义作出判决、裁定，必须以本法院名义对外行使职权。在业务上，赔偿委员会下设的办公室与法院内设的各庭、处、室处于平行关系，赔偿委员会在级别上应比其他业务庭稍高，赔偿委员会主任一般由主管副院长担任。

赔偿委员会与审判委员会在业务上处于领导与被领导关系。赔偿委员会认为重大、疑难的案件，必要时由赔偿委员主任报请院长提交审判委员会讨论决定。审判委员会的决定，赔偿委员会应当执行。

根据国家赔偿法规定，最高人民法院1994年关于设立赔偿委员会通知中具体规定：中级法院赔偿委员会由3名或5名委员，高级法院赔偿委员会由5名或7名委员组成。赔偿委员会委员由审判员担任，其组成人员须报上一级法院批准。赔偿委员会设主任委员一人，由副院长兼任，亦可

---

① 《最高人民法院关于人民法院办理自赔案件程序的规定》（2013年9月1日起施行）第2条："基层人民法院国家赔偿小组、中级以上人民法院赔偿委员会负责办理本院的自赔案件。"

设专职主任主持工作。下设办公室，配备必要的工作人员。

关于赔偿委员会委员专职或兼职的问题，法律尚无明确规定。因司法赔偿案件涉及法院刑事、民事、行政、执行等各项业务，涉及一审、二审、重审、再审等各道程序，涉及审判纪律、违法犯罪等各类问题，赔偿委员会委员通常由具有审判员资格的各相关业务庭、处、室负责人或骨干兼任。委员的编制和岗位在原单位，办理赔偿案件时组织起来讨论决定。平时的具体司法赔偿事务，由赔偿委员会下设的办公室办理。

修改后的国家赔偿法取消单独设置的确认程序，将确认权与赔偿决定权一并交由赔偿委员会行使，职责范围扩展与赔偿委员会实体化改造，将使赔偿委员会组织有所扩大、变化和发展。

（2）赔偿委员会职责和工作原则

人民法院赔偿委员会的职责，是处理和决定司法赔偿案件。国家赔偿由行政赔偿和司法赔偿两部分组成。依据法律规定，行政赔偿由法院行政审判庭审理，司法赔偿由法院赔偿委员会处理。

对司法赔偿案件的审查、处理、作出决定，是法律赋予人民法院赔偿委员会一项新的职权工作，法官一时还不太熟悉。上级法院赔偿委员会对下级法院赔偿委员会、中级法院赔偿委员会对基层法院负有司法赔偿业务指导任务。调查研究，进行赔偿法律宣传，协助纪检监察部门进行差错和责任分析，总结违法违纪办案教训，提出赔偿司法建议和追偿建议，也是赔偿委员会的日常工作。

此外，受本院委托处理本院作为赔偿义务机关的司法赔偿案件，也是赔偿委员会的重要职责。中级以上人民法院在审判和执行等项业务中实施的司法侵权行为，侵害公民、法人和其他组织合法权益并造成损害的，受害人有权对其请求司法赔偿。由于中级以上法院设立有赔偿委员会，法院一般会委托赔偿委员会及其办公室处理有关问题。如接待来访、受理申请、参与协商、提出意见等。

这里需要注意的是，赔偿委员会及其办公室处理本院的司法赔偿案件，仅仅是接受委托的行为，无权以赔偿委员会名义自己作出处理决定。是否赔偿，如何赔偿，只能由法院决定。出具的法律文书不能冠以赔偿委员会字样。如果赔偿请求人与法院协商不成或对赔偿数额有异议，有权向上一级法院赔偿委员会申请作出赔偿决定。由于法院赔偿委员会及其办公室受理的司法赔偿请求中，既有以其他司法机关作为赔偿义务机关的案件，也有以本院作为赔偿义务机关的案件，操作起来，容易混淆。如果混淆，则导致程序违法。

《国家赔偿法》第29条规定："赔偿委员会作赔偿决定，实行少数服从多数的原则。"这是人民法院赔偿委员会的工作原则，或称议事规则。

赔偿委员会实行委员会制，委员会制同首长负责制相比，尽管在效率上略有逊色，但更能体现其民主性和公正性。司法赔偿案件往往涉及刑事、民事、行政、执行等多项审判业务，历经一审、二审、重审、再审等多道诉讼程序，案件几上几下，反反复复，历时长久，错综复杂。对此类案件的审理实行委员会制，广泛听取来自不同业务部门的各位委员的意见，更能保证案件审理质量，作出公正决定。但也正因如此，在对某一具体案件进行审理时，委员们的意见有可能不完全一致。所以，实行少数服从多数的原则是委员会制的基本特征。"赔偿委员会在讨论决定赔偿案件时，其主持赔偿委员会工作的主任或副主任，要充分发扬民主作用，让委员充分发表个人意见，然后根据多数人的统一意见拍板定案。主任或副主任本人也只有'一票权'，不可搞'一言堂'，耍权威，不管多数人的意见，只顾按个人意志拍板定案。"①

如果不能形成多数意见，或对立意见票数接近，或反对意见相当激烈，可以就案件审理中的疑难法律问题向上一级法院赔偿委员会请示，也可由赔偿委员主任报请院长提交审判委员会讨论决定。

（3）人民法院赔偿委员会办公室

1994年12月23日，最高人民法院在关于贯彻执行国家赔偿法设立赔偿委员会的通知中规定：赔偿委员会下设办公室，配备2—5名工作人员。1996年5月6日，最高人民法院审判委员会第809次会议通过的《人民法院赔偿委员会审理赔偿案件程序的暂行规定》第25条规定："赔偿委员会是人民法院审理赔偿案件的审判组织。赔偿委员会下设办公室，负责办理具体事宜。"2010年《国家赔偿法》修改后，除赔偿办公室人数因增加确认事项有所增加外，上述精神未变。

赔偿委员会办公室，是最高法院根据国家赔偿法规定精神，从我国法院审理司法赔偿案件的实际需要出发，依法设立的专门办理司法赔偿

---

① 金永熙、于伟：《法院赔偿工作实务》，人民法院出版社1997年版，第223页。

案件具体事宜的组织机构。它与法院内部设立的刑事、民事、行政等业务审判机构一起，构成统一的审判机关，行使国家审判权和处理决定权。

由于司法赔偿案件的处理是人民法院一项全新的职能业务，案件涉及面广，适用法律众多，处理难度较大，赔偿委员会委员又大多兼职，因此，贯彻执行国家赔偿法中司法赔偿的重任，就责无旁贷地落在了各级赔偿委员会办公室的身上。由于法院编制所限给赔偿办公室配备的人员一时不足，全国大多数法院的赔偿办公室机构不能单列，福利待遇等也不能与其他业务庭相比。就在如此条件下，全国法院赔偿办公室人员任劳任怨，积极工作，基本完成了司法赔偿的审判任务，为国家赔偿法的贯彻实施，取得了实质性的进展。

但机构和人员是影响司法赔偿案件处理的一个难点。加强队伍建设是推进国家赔偿工作的当务之急。地方各级法院进行机构改革时，根据法律规定，中级法院以上的赔偿办不能撤销，在内设机构数量允许条件下赔偿办要独立设置；条件不允许的可以挂靠在行政庭，但必须独立开展工作，要有专人负责，不得兼办其他工作。2010年《国家赔偿法》修改后，中央机构编制委员会办公室批准，最高法院赔偿委员会办公室单独列入内设职能部门系列，困扰司法赔偿的机构和人员问题，必将逐步得到合理解决。我国的司法赔偿审判工作必将进入一个全新的阶段。

作者认为，依据1994年国家赔偿法规定，司法赔偿案件的处理机构是赔偿委员会。赔偿委员会办公室的设置，是最高审判机关根据当时情况规定的内设机构，尽管不违反法律规定精神但并无具体法律依据。2010年《国家赔偿法》取消了赔偿委员会组成人员最多7名的上限，专门增加了四个条文对赔偿委员会处理赔偿请求的书面审查、调查情况、收集证据、举证、质证、处理期限、法院监督、检察院监督作出具体规定，为赔偿委员会实体化为一个具体办案机构提供了保障。在此情况下，严格遵照法律规定，使赔偿委员会从由兼职委员组成的"只判不审"的决定机构，向由专职审判员组成的实体处理机构转变，取消赔偿委员会办公室，是国家赔偿中司法赔偿处理机构正规化、合法化的重要步骤。20年国家赔偿司法实践，已经培养了一批胜任司法赔偿案件处理的审判员，他们已完全具有在没有来自法院各审判业务负责人把关的情况下，独立依法处理好司法赔偿案件的能力。[1]

　　尽管《国家赔偿法》实施已经 20 年，但国家赔偿司法机构不健全，人员配备不到位，还是制约国家赔偿审判工作的"瓶颈"。据最新调查[2]："目前各高级法院基本实现了国家赔偿办案人员的专业化，即使赔偿办挂靠行政庭，但办理赔偿案件的法官固定。有的高级法院赔偿委员会获批了独立编制，辽宁、黑龙江、湖南省高院还完成了赔偿委员会的实体化改造。但是大多数中级法院的赔偿办都与行政庭合署办公，审判人员既办理行政案件，也办理赔偿案件，专职人员数量极为有限。部分法院人员配制不齐，个别法院赔偿办甚至仅有一人，无法组成合议庭。各法院专司国家赔偿审判的人员少，难以形成钻研业务的氛围，队伍的专业素质亟须提高。"

---

　　①　司法界亦有专家持此观点。参见江必新"适用修改后的《国家赔偿法》应当着重把握的若干问题"，《国家赔偿办案指南》2011 年第 1 辑，第 143 页；洪其亚："国家赔偿审判工作相关问题的思考"，《国家赔偿审判前沿》（第一卷），法律出版社 2013 年版，第 391 页。

　　②　最高人民法院赔偿委员会办公室调研组："关于《国家赔偿法》修改后人民法院国家赔偿工作的调研报告"，《国家赔偿办案指南》2014 年第 1 辑，第 211 页，法律出版社 2014 年版。

六　国家赔偿程序

国家赔偿程序，指国家行政或司法机关及其工作人员的侵权行为造成公民、法人和其他组织的人身权和财产权损害后，受害人如何行使赔偿请求权，有关行政、司法机关和法院赔偿委员会如何履行国家赔偿责任的方式、步骤、顺序和期限。

国家赔偿是一项综合性的法律制度。涉及刑事、民事、行政、执行等诸多法律领域，既有实体规范，又有程序规范。要实现实体规范规定的权利义务，必须依据一定的程序。没有一个方便受害人及时受偿的程序，实体规范不可能实现；国家赔偿又是一项解决复杂争议的诉讼活动，它以国家侵权行为受害人为一方，以作出侵权行为的国家机关为另一方，解决的问题是确认受害人的损害并由国家给予赔偿。问题的产生又是在复杂的行政管理措施、一审、二审、重审、再审、执行等法律行为之后。国家赔偿的这一特殊性，决定其不能适用通常的三大诉讼程序，必须采用一些特别程序。不少国家和地区就此均作了各具特色的明确规定。

（一）外国国家赔偿程序

1. 外国行政赔偿程序

外国行政赔偿程序，一般可分为行政机关内部先行处理程序和司法机关行政赔偿诉讼程序两个方面。

行政机关内部先行处理程序即通称的先行处理程序，它是行政赔偿诉讼前的必经程序。许多国家在国家赔偿制度中，都采用此一程序。如法国规定，受损害人必须先向侵权的行政机关请求赔偿，只有在其部分或全部拒绝并作出行政决定后，才有资格向行政法院提起诉讼。先行处理简便易行，效率较高，有利于受损害人及时得到赔偿。据统计，在美国 80%—90% 的行政赔偿案件，都是通过行政机关内部先行处理程序解决的。①

先行处理程序的主管机关，一般都是侵权的行政机关，但也有由其他机关解决的。如瑞士规定由财政部门处理，韩国则由专门设立的审议会负责。

也有一些国家不采用先行处理程序，受损害人可以直接通过诉讼请求国家赔偿。如英国和日本的行政赔偿，可以直接通过法院适用普通民事诉讼程序加以解决。

无论是否经过先行处理程序，行政赔偿案件进入诉讼阶段后，大多数国家均适用民事诉讼程序处理，如美国、德国、日本、韩国等。这是由行政赔偿最初源于民事赔偿，二者性质相似形成的。法国则区分两种情况，由行政法院管辖时适用行政诉讼程序，由普通法院管辖时适用民事诉讼程序。

关于行政赔偿请求，各国均规定以书面方式。我国台湾地区根据请求人书写困难情况，亦允许代书或口头申请。各国还规定了赔偿请求成立的条件，如果请求人或相对机关主体不适格、请求超过期限、请求金额过高、超出赔偿范围等，则不予受理。请求人则可以向相对机关的上级机关申请复议，或向法院提起诉讼。

关于行政赔偿程序的法律规定，有的国家规定比较具体。如奥地利国家赔偿法三章 17 条中，专设第二章程序共 7 条。韩国国家赔偿法全文 17 条中有 8 条关于审议先行、赔偿审议会、各级审议会之权限、审议会决定作出、申请复议、决定之效力等具体程序规定。而有的国家关于行政赔偿程序的规定，则比较简略。如日本行政赔偿适用民事诉讼程序，但在其国家赔偿法全文共 9 条中，未见关于程序之规定，仅从第 4 条"国家或公共团体之损害赔偿责任，除前三条之规定外，依民法之规定"中，可以推测其行政赔偿适用民事诉讼程序。

2. 外国司法赔偿程序

在美国，司法赔偿的机构和程序，原则上由独立于普通法院系统之外

---

① 贝尔蒙："美国国家赔偿制度"，转引自《行政立法研究参考资料》第 14 辑，1989 年 5 月。

的专门机构依特别程序解决。联邦普通法院系统的司法侵权案件，由单设的联邦赔偿法院审理。各州则由自己规定。如北达科他州由错误拘禁救济局审理，威斯康星州由救济无辜判罪委员会审理，加利福尼亚州由州主计局审理等。

法国的司法赔偿由再审法院负责，但对被拘禁的人因不起诉或判决无罪请求赔偿的，由最高法院内的补偿委员会受理。因无罪逮捕或正常的司法活动中的侵权行为发生的侵害，由行政法院管辖。

德国的刑事赔偿由终审或再审法院受理，但由检察官作出终止刑事追诉决定的，由检察官所在地法院受理。日本的作法类似德国，受害人应在无罪判决确定后3年内向作出该判决的法院提出。

我国台湾地区的冤狱赔偿，由原处分或判决无罪法院管辖，但依再审或非常上诉程序判决无罪确定前曾受羁押或执行刑罚的，由所属地方法院管辖。受害人如不服上述机关决定，或者最高检察署认为赔偿决定有错误，可以申请司法院冤狱赔偿复议委员会复议。

归纳上述国家或地区的司法赔偿程序：一是由普通法院适用诉讼程序，二是由专设机构适用特定程序。但其共同点，都是由法院终局解决司法赔偿纠纷。

（二）中国国家赔偿程序特点

1. 中国行政赔偿程序特点

我国行政赔偿由行政诉讼法和国家赔偿法两部法律加以规定，赔偿程序比较复杂，学者一般将其概括为"单独式"与"合并式"两种。

"单独式"，指行政侵权受害人直接向侵权的行政机关提出赔偿请求。《行政诉讼法》第67条规定："公民、法人或者其他组织单独就损害赔偿提出请求，应当先由行政机关解决。对行政机关的处理不服，可以向人民法院提起诉讼。"这一规定同外国"先行处理"程序相同。如果赔偿义务机关逾期不作赔偿决定、作出不予赔偿决定，或者请求人对赔偿方式、项目、数额有异议的，可以向其上一级行政机关申请复议。

但是，这里应注意，我国"先行处理"程序同外国"先行处理"程序又有些不同，不是强制性地进入诉讼阶段前的必经程序。请求人拥有选择权：既可以通过"先行处理"程序，也可以直接就赔偿事项单独或一并向法院起诉。其根据为国家赔偿法第9条规定："赔偿请求人要求赔偿，应当先向赔偿义务机关提出，也可以在申请行政复议或者提起行政诉讼时一并提出。"根据法律层级相当时后法优于前法之原则，以后法为准。

"合并式"，指行政侵权受害人在申请行政复议或提起行政诉讼时，要求确认行政机关具体行政行为违法同时，一并提出损害赔偿诉求。

综合上述内容，可以概括出我国行政赔偿程序的首要特点是：我国行政赔偿法律制度既与行政诉讼法的原则、精神保持一致，又在此基础上有所发展创新，更加有利于行政侵权受害人合法权益之保护。

其次，同世界其他国家赔偿法比较，我国关于行政赔偿程序之规定全面、具体、深入、细致，既具有系统性与科学性，又具有操作性和方便性。我国国家赔偿法对行政赔偿的提起条件、提起项目、申请书递交与补正、赔偿义务机关选择、履行期限与程序、复议与诉讼之衔接、举证责任分担、对有关人员的追偿与处罚等均作了全面系统之规定。其中不少程序是其他国家缺少或语焉不详的。

比如协商问题，其他国家赔偿法一般仅作原则规定，我国国家赔偿法明确规定"赔偿义务机关作出赔偿决定，应当充分听取赔偿请求人的意见，并可以与赔偿请求人就赔偿方式、赔偿项目和赔偿数额依照本法第四章的规定进行协商。赔偿义务机关决定赔偿的，应当制作赔偿决定书，并自作出决定之日起十日内送达赔偿请求人。"还就协商条件、协商启动、协商救济作了规范。这是从中国国情出发，既能使受害人少受诉累、尽快获赔，又能保证义务机关依法按照赔偿方式和计算标准合法公正地予以赔偿。

关于复议问题，我国行政复议法更有十分明确细致的规定，保障行政赔偿权利的顺利实现。

2. 中国司法赔偿程序特点

我国国家赔偿法规定的司法赔偿程序，是在我国现行司法体制框架下，立足中国实际，借鉴国外科学做法的基础上确立的。其特点是：

第一，采用国际通行原则，由法院终局解决司法赔偿纠纷

由法院终局解决司法赔偿纠纷，是世界各国普遍采取的做法，我国行

政赔偿和司法赔偿程序的设计，顺应了世界赔偿立法潮流。这是我国民主
与法制建设的一项成绩。来之不易，值得珍惜。这是人民对审判机关的信
赖，对法官队伍的信任。责任重大，不可懈怠。这是从目前我国机构林
立、干部众多的现状出发作出的明智选择。让具有严密组织系统、相对较
好素质和处理纠纷经验的法院承接此一重任，比另设机构、另组队伍的作
法，实用和经济得多。

由法院解决司法赔偿纠纷的具体程序为：司法侵权行为受害人请求司
法赔偿应首先向赔偿义务机关提出；赔偿义务机关逾期不予赔偿或者对赔
偿数额有异议的，可以向其上一级机关申请复议；对复议机关逾期不作决
定或对复议决定不服的，再向人民法院赔偿委员会申请作出赔偿决定。赔
偿委员会的决定为终局决定。

第二，法院赔偿委员会适用非讼决定程序

司法赔偿纠纷经过协商、复议程序后仍未解决的，我国国家赔偿法规
定，由人民法院内设的赔偿委员会终局解决。

但是，由于我国现行司法体制下检察机关和审判机关未实行审检合
一，而是平行设立，各自向权力机关负责的司法机关，且依据宪法规定，
检察机关还拥有对审判机关的法律监督权。如果在司法赔偿案件审理中，
让检察机关以被告身份出庭，则与宪法不合。考虑上述具体情况，国家赔
偿法规定，人民法院赔偿委员会审理司法赔偿案件，与审理行政赔偿案件
不同，不实行诉讼程序，实行非讼决定程序，实行书面审查，不开庭，不
辩论；赔偿委员会根据需要，可以通知赔偿请求人、赔偿义务机关和复议
机关的有关人员或者相关证人提供有关情况、案件材料、证明材料，或者
到人民法院接受调查；赔偿委员会可以听取赔偿请求人和赔偿义务机关的
陈述和申辩，并可以进行质证。赔偿委员会讨论案件，实行少数服从多数
的原则。半数以上委员的意见为赔偿委员会的决定意见；赔偿委员会决定
一经作出，即发生法律效力，必须执行。

法院赔偿委员会处理司法赔偿案件时适用的非讼决定程序，对我国司
法机关和司法人员说来，是一种从未有过的新的司法程序，检察官和法官
一时还不够理解，不太适应。尤其是对长期习惯于按刑事、民事、行政三
大诉讼程序办案的审判人员来说，对非讼决定程序的学习、理解和掌握的
任务，更加繁重和迫切。认真领会国家赔偿法的立法精神，领会国家将司
法赔偿终局决定权赋予人民法院的重大意义，了解世界各国审理司法赔偿

案件时通常均采取特别程序的做法，对于人民法院从事司法赔偿工作的法官尽快掌握好非讼决定程序、提高司法赔偿案件的审理质量，具有重要作用。

（三）行政赔偿程序

1. 请求程序

《国家赔偿法》第9条规定："赔偿请求人要求赔偿，应当先向赔偿义务机关提出，也可以在申请行政复议或者提起行政诉讼时一并提出。"此一规定给当事人行使请求权提供两种可能，供当事人选择。

"先向赔偿义务机关提出"，即采用"先行处理"程序，其好处为程序简便，效率较高，多适用于事实清楚、争议不大之行政赔偿。"在申请行政复议或者提起行政诉讼时一并提出"，适用于对违法事实或赔偿方式与数额争议较大之行政赔偿。

赔偿请求人一般应为受害者本人，不是本人的，应提供与受害者关系的相应证明。赔偿请求人可以根据受损害情况，提出一项或数项赔偿要求，可以向共同赔偿义务机关中的任何一个机关要求赔偿。

赔偿请求人请求的方式，一般应出具书面申请书，载明受害人基本信息、具体要求、事实根据、赔偿理由等。书写有困难的，可以托人代书，或口述由赔偿义务机关记入笔录。

为防止赔偿义务机关推诿，2010年《国家赔偿法》第12条专门增加规定："赔偿请求人当面递交申请书的，赔偿义务机关应当当场出具加盖本行政机关专用印章并注明收讫日期的书面凭证。申请材料不齐全的，赔偿义务机关应当当场或者在五日内一次性告知赔偿请求人需要补正的全部内容。"

2. 协商程序

1994年《国家赔偿法》规定了"赔偿请求人要求赔偿，应当先向赔偿义务机关提出"的先行处理程序，未明确规定赔偿请求人同赔偿义务机关可以协商解决。而根据原《行政诉讼法》第67条和2014年修改后的《行政诉讼法》第 60 条 "行政赔偿可以调解" 之规定①，协商可以进入行政赔偿程序，实践中通过协商和解方式解决行政赔偿纠纷的事例亦大量存在。

有鉴于此，2010 年《国家赔偿法》专门增加规定："赔偿义务机关作出赔偿决定，应当充分听取赔偿请求人的意见，并可以与赔偿请求人就赔偿方式、赔偿项目和赔偿数额依照本法第四章的规定进行协商。赔偿义务机关决定赔偿的，应当制作赔偿决定书，并自作出决定之日起十日内送达赔偿请求人。赔偿义务机关决定不予赔偿的，应当自作出决定之日起十日内书面通知赔偿请求人，并说明不予赔偿的理由。"

3. 复议程序

行政复议是我国长期实行的一项行之有效的行政制度，指公民、法人和其他组织认为具体行政行为侵犯其合法权益，向作出该具体行政行为的主管或上一级行政机关提出申请，要求变更、撤销该具体行政行为，或确认该具体行政行为违法，并赔偿损失的行政制度。

《国家赔偿法》第 9 条规定："赔偿请求人要求赔偿，应当先向赔偿义务机关提出，也可以在申请行政复议或者提起行政诉讼时一并提出。"这里应该注意的是，申请行政复议时首先针对的是具体行政行为，与此同时也可以提出赔偿要求。如果不针对具体行政行为，只是提出赔偿要求，是不能采用复议程序的。

我国行政赔偿的复议程序，按照行政复议法规定进行。1999 年制定、2009 年修正的《行政复议法》规定，行政复议原则上由赔偿义务机关的上一级具有行政复议权的行政机关管辖；申请方式有书面和口头两种；一般期限 60 天；不服行政赔偿复议决定的，除法律规定行政复议为最终裁决外，可向法院提起诉讼；对复议机关不予受理申请的决定不服的，也可向法院提起诉讼。

关于复议后的赔偿责任，《国家赔偿法》第 8 条规定："经复议机关

---

① 2014 年 11 月 1 日第十二届全国人民代表大会常务委员会第十一次会议通过 "关于修改《中华人民共和国行政诉讼法》的决定"：四十一、将第五十条改为第六十条，修改为："人民法院审理行政案件，不适用调解。但是，行政赔偿、补偿以及行政机关行使法律、法规规定的自由裁量权的案件可以调解。调解应当遵循自愿、合法原则，不得损害国家利益、社会公共利益和他人合法权益。"

复议的，最初造成侵权行为的行政机关为赔偿义务机关，但复议机关的复议决定加重损害的，复议机关对加重的部分履行赔偿义务。"

4. 诉讼程序

行政赔偿诉讼，是指法院行政审判庭在行政机关和行政相对人参与下，依据行政诉讼法和国家赔偿法的实体和程序规定，解决行政赔偿争议的审判活动。

行政赔偿争议与发生在平等主体之间的民事赔偿争议不同，它是行使国家行政权的管理者与被管理者之间的争议。行政赔偿争议的审理与行政行为合法性争议的审理也不同，后者之审理适用行政诉讼程序，前者之审理则适用国家赔偿法规定的特别程序。而行政诉讼必须依法裁判，行政赔偿诉讼则可以调解。

关于举证责任分配，行政赔偿诉讼与行政诉讼和民事诉讼亦不同，原则上实行"谁主张谁举证"原则，特殊情况下实行举证责任倒置原则。如《国家赔偿法》第15条规定："人民法院审理行政赔偿案件，赔偿请求人和赔偿义务机关对自己提出的主张，应当提供证据。赔偿义务机关采取行政拘留或者限制人身自由的强制措施期间，被限制人身自由的人死亡或者丧失行为能力的，赔偿义务机关的行为与被限制人身自由的人的死亡或者丧失行为能力是否存在因果关系，赔偿义务机关应当提供证据。"

5. 执行程序

《行政诉讼法》第六十五条规定：当事人必须履行人民法院发生法律效力的判决、裁定。行政机关拒绝履行判决、裁定的，第一审人民法院可以采取以下措施：

①对应当归还的罚款或者应当给付的赔偿金，通知银行从该行政机关的账户内划拨；

②在规定期限内不执行的，从期满之日起，对该行政机关按日处五十元至一百元的罚款；

③向该行政机关的上一级行政机关或者监察、人事机关提出司法建议。接受司法建议的机关，根据有关规定进行处理，并将处理情况告知人民法院；

④拒不执行判决、裁定，情节严重构成犯罪的，依法追究主管人员和

直接责任人员的刑事责任。

6. 监督程序

《行政诉讼法》第 63 条规定：人民法院院长对本院已经发生法律效力的判决、裁定，发现违反法律、法规规定认为需要再审的，应当提交审判委员会决定是否再审。上级人民法院对下级人民法院已经发生法律效力的判决、裁定，发现违反法律、法规规定的，有权提审或者指令下级人民法院再审。

第 10 条规定：人民检察院有权对行政诉讼实行法律监督。第 64 条规定：人民检察院对人民法院已经发生法律效力的判决、裁定，发现违反法律、法规规定的，有权按照审判监督程序提出抗诉。

7. 追偿程序

国家赔偿立法宗旨之一，是"促进国家机关依法行使职权"。因之，在履行完行政赔偿程序，对受害人被侵犯权益实施赔偿救济后，对违法行使国家行政权的组织或个人必须追偿与处罚，以整肃公务员队伍，提高依法行政水平。

所以，《国家赔偿法》第 16 条规定："赔偿义务机关赔偿损失后，应当责令有故意或者重大过失的工作人员或者受委托的组织或者个人承担部分或者全部赔偿费用。对有故意或者重大过失的责任人员，有关机关应当依法给予处分；构成犯罪的，应当依法追究刑事责任。"

（四）司法赔偿程序

1. 请求程序

作为受害人的公民、法人和其他组织进入司法赔偿程序时，可以有多种请求表示：如请求加害的司法机关对司法侵权行为进行确认；确认后请求赔偿义务机关予以赔偿；义务机关拒绝赔偿或对赔偿数额有异议时，请求法院赔偿委员会作出赔偿决定。上述三种请求表示中，以确认后请求赔偿义务机关予以赔偿最具有独立的程序意义。请求是《国家赔偿法》规定的司法赔偿的必经程序。

《国家赔偿法》第 22 条第 2 款规定：“赔偿请求人要求赔偿，应当先向赔偿义务机关提出。”这里的“要求”是赔偿请求人必须作出的意思表示。在此一意思表示下，才可启动司法赔偿程序。如果受害人不做此意思表示，自愿放弃赔偿请求权，依据赔偿法精神应当许可，赔偿义务机关不予赔偿亦不违法；如果受害人明确做出此意思表示且符合法定条件，赔偿义务机关即负有不可推卸的赔偿责任。

这里存在一个司法赔偿义务机关应否、能否主动赔偿的问题。作者认为，根据国家赔偿法关于请求程序的规定，请求是权利人必须做出的意思表示，放弃赔偿请求是受害人的权利。因此，主动赔偿不能成为赔偿义务机关的法定义务，未主动赔偿并不违法。

但是，《国家赔偿法》第 22 条第 1 款又规定：“赔偿义务机关有本法第 17 条、第 18 条规定情形之一的，应当给予赔偿。”此处的“应当”，似乎可以理解为司法机关确认自己有侵犯公民人身权或财产权后，应当主动根据受害人被侵权的事实予以赔偿。但此处的“应当”，未明确是在当事人提出赔偿请求之前还是之后。如果在“之前”，可视为主动赔偿；如果在“之后”，则仍是被动赔偿。

请求是权利人必须做出的意思表示，权利人做出此种意思表示的前提，则是明知其有请求的诉权。最高法院领导指出：“人民法院不论一审、二审还是再审宣告无罪的，或者财产保全、强制措施搞错了和执行有错误的，纠正后都应当告知当事人有申请国家赔偿的诉权。这应成为一项工作制度。人民法院有义务有责任告诉当事人在法律上享有的权利，当事人也有权利知道。”①

作者认为，在诉讼过程中有下列情形之一的，人民法院应当告知当事人有权申请国家赔偿：①人民法院审理第一审、第二审刑事案件或通过审判监督程序重新审理的刑事案件，依法对被告人作出无罪判决的；②人民法院在民事诉讼、行政诉讼过程中，违法采取强制措施，被依法纠正的；③人民法院在刑事诉讼、民事诉讼、行政诉讼过程中违法对当事人的财产采取查封、扣押、冻结、追缴等措施，被依法纠正的；④人民法院在民事诉讼、行政诉讼过程中，对判决、裁定及其他生效法律文书执行错误，被

---

① 祝铭山：“1997 年 9 月 20 日北戴河讲话”，《国家赔偿法律适用与案例评析》，新华出版社 2000 年版。

依法纠正的；⑤人民法院干警在行使职权时，具有《国家赔偿法》第17条第4项、第5项规定情形之一的行为，并被确认的。

人民法院告知当事人申请国家赔偿的权利，可以在纠正违法侵权行为的法律文书尾部注明，也可以在宣读法律文书时口头告知。口头告知的，必须记入笔录，并经当事人签字或盖章。当事人明确表示申请国家赔偿的，应当告知向有关赔偿义务机关提出申请。本院作为赔偿义务机关的，应当告知向具体办理国家赔偿案件的部门正式申请。各级法院在例行的季度、年中或年底检查案件时，应重点检查宣告无罪案件、违法侵权行为被纠正的案件告知制度的落实情况，并书面报告上一级法院赔偿委员会办公室。

司法赔偿请求人提出赔偿请求应该具备下述条件：

第一，赔偿请求人必须是其合法权益受到司法侵权行为侵犯造成损害的公民、法人或其他组织。

第二，被请求赔偿的义务机关必须是作出司法侵权行为的机关，或作出司法侵权行为的司法人员所属的司法机关。

第三，赔偿请求人应当递交申请书，申请书应当载明下列事项：

（1）请求人的姓名、性别、年龄、工作单位、住址、电话。法人或者其他组织的名称、住所和法定代表人或者主要负责人的姓名、职务。

（2）具体的赔偿要求，事实根据和理由。

（3）申请的时间。

赔偿申请人书写申请书确有困难的，可以委托他人代书。也可以口头申请，由赔偿义务机关记入笔录。

第四，请求必须在法律规定的时效内提出，时效为二年，从司法侵权行为被确认之日起计算。

2. 协商程序

国家赔偿纠纷在最终由法院解决之前，须经赔偿义务机关先行处理，是许多国家的通行做法。如韩国国家赔偿法规定："依本法之损害赔偿诉讼，须经赔偿审议会为赔偿金之支付或驳回之决定后，始得提起。"奥地利国家赔偿法规定："被害人应先向有赔偿责任之官署以书面请求赔偿。书面送达官署3个月后，未经官署确认，或在此期间内对赔偿义务全部或一部拒绝，被害人得以官署为被告提起民事诉讼。我国台湾地区的国家赔偿法规定："依本法请求损害赔偿时,应先以书面向赔偿义务机关请求之。赔偿义务机关对于前项请求,应即与请求权人协议。协议成立时,应作成协议书,该项协议书得为执行名义。"

法学界将此类规定称为"先行处理"或"协商先行"原则,亦即此处论述的协商程序。但1994年《国家赔偿法》尽管有"先行处理"之精神,却未明确"协商"之含义。15年司法实践的大量协商事实,促进2010年国家赔偿法条文中增加了"协商"之明确表述。

《国家赔偿法》第23条规定:"赔偿义务机关作出赔偿决定,应当充分听取赔偿请求人的意见,并可以与赔偿请求人就赔偿方式、赔偿项目和赔偿数额依照本法第四章的规定进行协商。"

协商先行是我国立法和司法一贯坚持的原则。我国《民事诉讼法》规定:"人民法院审理民事案件,应当根据自愿和合法的原则进行调解;调解不成的,应当及时判决。"由赔偿请求人与赔偿义务机关先行协商、解决国家赔偿争议,有其显而易见的优越性:

(1)司法赔偿纠纷由作为赔偿义务机关的司法机关先行处理,体现了对国家司法权的尊重,为司法机关提供一个自己改正错误的机会,改善和维护司法机关形象;

(2)赔偿义务机关了解案情,熟悉业务。先行协商的程序简便迅速,能节省受害人和义务机关的时间、人力和物力,使受害人的损失尽早得到弥补和恢复;

(3)先行协商程序可以消除大部分赔偿争议事项,减少上级机关复议率和人民法院决定率,使其集中时间和精力处理比较重大的冤假错案;

(4)协商程序为受害人和侵权机关提供一个平等对话、友好商谈的环境,有助于消除对立情绪,避免矛盾激化,维护社会安定。

"协商"既有如此长处,实践中又得到广泛应用,因此,在对1994年国家赔偿法进行修改时,关于"协商"问题有过热烈的讨论。针对"协商"实践中存在赔偿义务机关压制、损害请求人赔偿权利,或者为减轻不利影响、息事宁人、违法扩大赔偿范围增加赔偿数额等情形,有人建议,有必要对协商和解程序详细规定,加大限制与监督内容。协商一致的,应单独签订具有法律效力的协商和解协议,不再作赔偿决定。也有人认为,国家赔偿毕竟与民事赔偿性质迥异,虽然可以借鉴民事协商调解之作法,但太过强调和照搬,亦有失国家赔偿的严肃性和公正性,不利于维护国家利益。

综合各方考虑，立法机关认为，第一，从我国国家赔偿司法实践出发，参照相关国家立法例，明确规定协商为赔偿的必经程序有其必要。但国家赔偿是事关国家权力行使、以国家资金支付的国家行为，赔偿义务机关与赔偿请求人无权自行达成协议。否定了"单独签订具有法律效力的协商和解协议"的意见，对协商一致的，仍应制作赔偿决定书。第二，为了让赔偿请求人充分表达赔偿诉求，把话说完，把气出尽，赔偿义务机关应当充分听取赔偿请求人的各种意见，并可以与赔偿请求人就赔偿方式、赔偿项目、赔偿数额进行协商，以尽量减少赔偿纠纷的申诉、上访，给赔偿请求人增加诉累，影响社会安定。第三，针对赔偿实践中义务机关方面，为控制负面影响利用自有资金超额违法赔偿，而请求人方面，为减少奔波、搞好关系，被迫接受低于法律规定数额赔偿的情况，明确规定双方必须"依照本法第四章"关于赔偿方式和计算标准"进行协商"，减少违法协商、违法赔偿的情况。

协商的进行

赔偿义务机关收到赔偿请求人的赔偿申请后，应进行审查，决定是否受理。审查内容一般有：申请人是否具有请求权，呈送的赔偿义务机关是否正确，请求赔偿的事实和理由是否确实充分，是否符合法定期限等。对于符合国家赔偿法规定的，应决定立案受理。

赔偿义务机关立案受理后，认为赔偿成立的，应与赔偿请求人商定协商的日期和地点进行协商。协商中，双方应在公正、合法、自愿、平等的基础上，根据国家赔偿法关于赔偿的范围、方式和标准的规定，通情达理，互谅互让，力争达成协议。

赔偿请求人不应漫天要价，坚持于法无据的要求；赔偿义务机关既不能拖延敷衍，也不能曲法迎合。我国国家赔偿法尚无赔偿义务机关在多大数额范围内可与请求人达成协议的规定。美国联邦侵权赔偿法规定，对超过25000美元的裁决、妥协与和解，应事先获得司法部长或其授权人之书面批准。韩国国家赔偿法施行令规定，赔偿审议会对申请总额超过5000万元的案件，应在赔偿决定前，向法务部部长报告。

如果双方意见一致，应制作赔偿决定书，照此执行。国家赔偿法规定赔偿义务机关应当自收到申请之日起两个月内依照本法第4章的规定给予赔偿。因此，如果两个月内，赔偿义务机关与赔偿请求人就赔偿的方式、数额等达不成协议的，赔偿义务机关亦应单方作出是否赔偿、如何赔偿的决定，并告知赔偿请求人如对该决定有异议，可在三十日内向其上一级机关申请复议。如果赔偿义务机关是人民法院的，可向上一级法院赔偿委员会申请作出赔偿决定。

3. 复议程序

司法赔偿复议，指司法赔偿请求人向赔偿义务机关提出赔偿请求后未与赔偿义务机关达成协议，不服义务机关的赔偿决定，向赔偿义务机关的上一级机关提出诉愿，由上一级机关对司法赔偿争议再行审查并作出决定的活动。

《国家赔偿法》第 24 条规定："赔偿义务机关在规定期限内未作出是否赔偿的决定，赔偿请求人可以自期限届满之日起三十日内向赔偿义务机关的上一级机关申请复议。赔偿请求人对赔偿的方式、项目、数额有异议的，或者赔偿义务机关作出不予赔偿决定的，赔偿请求人可以自赔偿义务机关作出赔偿或者不予赔偿决定之日起三十日内，向赔偿义务机关的上一级机关申请复议。赔偿义务机关是人民法院的，赔偿请求人可以依照本条规定向其上一级人民法院赔偿委员会申请作出赔偿决定。"具体程序如下：

第一，复议申请的提出

复议申请的提出，一般有下列几种情形：（1）司法赔偿义务机关收到赔偿请求后，超过二个月不予答复；（2）司法赔偿请求人提出赔偿请求后，赔偿义务机关拒绝受理；（3）赔偿义务机关受理后，作出不予赔偿的决定；（4）赔偿义务机关受理后，与赔偿请求人协商不成，单方作出赔偿决定。赔偿请求人对决定不服；（5）赔偿请求人对与赔偿义务机关达成的协议反悔；（6）赔偿义务机关不履行赔偿决定等。

司法赔偿请求人提出复议申请的期间，必须在收到赔偿义务机关赔偿决定之日起的 30 日内。如果赔偿义务机关收到赔偿请求后不予理睬、不作答复、不履行赔偿决定，司法赔偿请求人应自两个月期间届满之日起 30 日内提出复议申请。逾期提出复议申请的，不予受理。

第二，复议申请的受理

复议机关接到复议申请后，应及时对赔偿请求人的申请进行审查，分别情况作出处理：（1）对未经先行处理直接进入复议程序的，告知申请人应先向赔偿义务机关提出；（2）对送错复议机关的，告知申请人应该送达的复议机关；（3）对超过法定期间提出复议申请的，应予驳回；（4）对符合受理条件的，应及时受理。

第三，复议决定的作出

司法赔偿复议实行一次复议制，通常采用书面形式审理。在目前尚无具体规定情况下，可以参照行政复议条例的具体规定进行。复议机关应当自收到申请之日起，两个月内作出决定：对于原决定认定事实清楚，适用法律正确，赔偿方式、数额适当的予以维持；原决定在事实认定、法律适用或赔偿的范围、方式、数额不当的，予以变更；对赔偿义务机关逾期未作出决定的，依法作出赔偿决定，制作司法赔偿复议决定书。

赔偿请求人不服复议决定的，可以在收到复议决定之日起 30 日内，向复议机关所在地的同级人民法院赔偿委员会申请作出赔偿决定；复议机关逾期不作决定的，赔偿请求人可以在期间届满之日起 30 日内，向复议机关所在地的同级人民法院赔偿委员会申请作出赔偿决定。

司法赔偿复议与行政赔偿复议

我国国家赔偿法包括行政赔偿和司法赔偿两部分，行政赔偿和司法赔偿程序中均有关于复议的规定。行政赔偿复议和司法赔偿复议在由赔偿义务机关的上一级机关审查决定这一点上是共同的，在其他方面则有区别：

（1）是否经过"先行处理"不同。行政赔偿请求人要求赔偿，应当先向赔偿义务机关提出，但是，也可以不先向赔偿义务机关提出，在申请行政复议时一并提出行政赔偿请求。而司法赔偿请求人要求赔偿，必须先向赔偿义务机关提出，与义务机关协商，协商不成对赔偿决定不服时，才可向赔偿义务机关的上一级机关申请复议。

（2）审查决定的内容不同。行政赔偿复议解决的是下一级行政机关的具体行政行为的合法性与合理性，在审查具体行政行为是否违法的过程中，一并解决赔偿问题。司法赔偿复议审查的内容，则是其下一级机关作出的司法赔偿决定是否正确、恰当，并依法作出复议决定。

（3）行为性质和法律依据不同。行政赔偿复议属于行政行为，其法律依据是行政复议条例。司法赔偿则属于司法行为，法律依据是国家赔偿法的原则性规定，具体规定尚付阙如。

（4）法定救济途径不同。行政赔偿请求人对行政复议决定不服，可以提起行政诉讼。司法赔偿请求人对司法赔偿复议决定不服，不能起诉，只能向复议机关所在地的同级人民法院赔偿委员会申请作出赔偿决定。

（5）复议机关不同。行政赔偿复议的机关是行政机关。司法赔偿复议的机关则是司法机关中的公安机关、安全机关、军队侦查保卫机关、检察机关和监狱管理机关，不包括人民法院。因为赔偿义务机关是人民法院的，赔偿请求人可以自期间届满之日起30日内，向其上一级人民法院赔偿委员会申请作出赔偿决定。

4. 决定程序

（1）提出申请

司法赔偿请求人对复议机关的复议决定不服，可在收到复议决定之日起30日内，向复议机关所在地的同级人民法院赔偿委员会申请作出赔偿决定；复议机关逾期不作决定的，赔偿请求人可自期间届满之日起30日内，向复议机关所在地的同级人民法院赔偿委员会申请作出赔偿决定；赔偿义务机关是人民法院的，该法院逾期不予赔偿或者赔偿请求人对赔偿数额有异议，赔偿请求人可自期间届满之日起30日内，向其上一级人民法院赔偿委员会申请作出赔偿决定。

司法赔偿请求人依据上述规定向法院赔偿委员会申请作出赔偿决定的，应递交赔偿申请书一式四份。书写申请书有困难的，可以口头申请，由法院填写《申请赔偿登记表》一式四份，由赔偿请求人签名或者盖章。

司法赔偿请求人提出赔偿申请，应当符合赔偿法第6条关于请求人资格的规定，即只有受害的公民、法人和其他组织本身，才有权要求赔偿；当受害的公民死亡时，其继承人和其他有扶养关系的亲属，才有权要求赔偿；当受害的法人或者其他组织终止时，承受其权利的法人或者其他组织，才有权要求赔偿。

司法赔偿请求人向法院赔偿委员会提出赔偿申请时，应当提供相关的法律文书和证明材料：

①赔偿义务机关作出的决定书。②复议机关作出的复议决定书，但赔偿义务机关是人民法院的除外。③赔偿义务机关或者复议机关逾期未作出决定的，应当提供赔偿义务机关对赔偿申请的收讫凭证等相关证明材料。④行使侦查、检察、审判职权的机关在赔偿申请所涉案件的刑事诉讼程

序、民事诉讼程序、行政诉讼程序、执行程序中作出的法律文书。如法院一审宣告无罪并发生法律效力、二审宣告无罪和再审宣告无罪的刑事判决书，检察院不起诉决定书，公安机关释放证明书等。经依法确认有赔偿法第38条规定情形的法律文书。⑤赔偿义务机关职权行为侵犯赔偿请求人合法权益造成损害的证明材料。⑥证明赔偿申请符合申请条件的其他材料。

根据《人民法院赔偿委员会审理赔偿案件程序的规定》，司法赔偿请求人依法提起赔偿申请，可以委托律师、提出申请的公民的近亲属或者所在单位推荐的人，以及经人民法院许可的其他公民一至二人作为代理人。

赔偿请求人在提出赔偿申请后，也可以在作出赔偿决定之前撤回赔偿请求。赔偿委员会应当依法审查并作出是否准许的决定。因为赔偿请求权是法律赋予受害人的一项权利，此项权利既可以行使，也可以放弃。但一旦撤回请求，依照一事不再理原则，不得以同一事项再行提出请求，不少国家均有此类规定。如日本刑事补偿法规定："提出补偿请求的人，在提出撤销请求后，该撤销补偿请求人就不得再提出补偿请求。"我国台湾地区冤狱赔偿法规定："赔偿之声请，得于决定前撤回。声请经撤回者，不得再声请。"

（2）立案审查

人民法院赔偿委员会收到司法赔偿请求人的赔偿申请后，应当在7日内决定是否立案，并及时通知赔偿请求人、赔偿义务机关和复议机关。缺少有关证明材料的，应当在5日内一次告知赔偿请求人予以补充。收到赔偿申请的时间，应当自材料补充齐全后起算。

赔偿委员会经审查后，认为赔偿请求人的赔偿申请依法不属于赔偿委员会受理的，应当告知赔偿请求人向有关机关提出赔偿申请，或者转请有关部门处理，并通知赔偿请求人。

赔偿委员会应当在立案之日起五日内将赔偿申请书副本或者《申请赔偿登记表》副本送达赔偿义务机关和复议机关。

赔偿委员会立案后，经审查不符合立案条件的，应当在7日内作出不予受理决定，并应在作出决定之日起10日内送达赔偿请求人。

（3）案件处理

在参与司法赔偿处理活动时，赔偿请求人可以委托一至二人作为代理人。律师、提出申请的公民的近亲属、有关的社会团体或者所在单位推荐的人、经赔偿委员会许可的其他公民，都可以被委托为代理人。赔偿义务机关、复议机关可以委托本机关工作人员一至二人作为代理人。

赔偿请求人、赔偿义务机关、复议机关委托他人代理，应当向赔偿委员会提交由委托人签名或者盖章的授权委托书。授权委托书应当载明委托事项和权限。代理人代为承认、放弃、变更赔偿请求，应当有委托人的特别授权。

人民法院赔偿委员会决定立案处理的赔偿案件，应当指定一名审判员负责具体承办，承办审判员应查清事实、写出处理报告、提请赔偿委员会讨论决定。

审判员、书记员、翻译人员、鉴定人、勘验人有下列情形之一的，应当回避，赔偿请求人和赔偿义务机关有权用口头或者书面方式申请其回避：是本案赔偿请求人的近亲属；是本案代理人的近亲属；与本案有利害关系；与本案有其他关系，可能影响对案件公正审理的。

赔偿委员会可以组织协商，协商应当遵循自愿和合法的原则。赔偿请求人、赔偿义务机关一方或者双方不愿协商，或者协商不成的，赔偿委员会应当及时作出决定。赔偿请求人和赔偿义务机关经协商达成协议的，赔偿委员会审查确认后应当制作国家赔偿决定书。

关于举证责任，赔偿请求人、赔偿义务机关对自己提出的主张或者反驳对方主张所依据的事实有责任提供证据加以证明。被羁押人在羁押期间死亡或者丧失行为能力的，赔偿义务机关的行为与被羁押人的死亡或者丧失行为能力是否存在因果关系，赔偿义务机关应当提供证据。没有证据或者证据不足以证明其事实主张的，由负有举证责任的一方承担不利后果。

应该强调的是，赔偿义务机关对其职权行为的合法性负有举证责任。赔偿请求人可以提供证明职权行为违法的证据，但不因此免除赔偿义务机关对职权行为合法性的举证责任。

人民法院赔偿委员会处理赔偿请求，采取书面审查的办法。必要时，可以向有关单位和人员调查情况、收集证据。赔偿请求人与赔偿义务机关对损害事实及因果关系有争议的，赔偿委员会可以听取赔偿请求人和赔偿义务机关的陈述和申辩，并可以进行质证。

有下列情形之一的，赔偿委员会可以组织赔偿请求人和赔偿义务机关进行质证：对侵权事实、损害后果及因果关系争议较大的；对是否属于

《国家赔偿法》第十九条规定的国家不承担赔偿责任的情形争议较大的；对赔偿方式、赔偿项目或者赔偿数额争议较大的；赔偿委员会认为应当质证的其他情形。

有下列情形之一的，赔偿委员会应当决定中止审理：

①赔偿请求人死亡，需要等待其继承人或其他有扶养关系的亲属表明是否参加赔偿案件处理的；②赔偿请求人丧失行为能力，尚未确定法定代理人的；③作为赔偿请求人的法人或者其他组织终止，尚未确定权利义务承受人的；④赔偿请求人因不可抗拒的事由，在法定审限内不能参加赔偿案件处理的；⑤宣告无罪的案件，人民法院决定再审或者人民检察院按照审判监督程序提出抗诉的；⑥侦查机关决定撤销案件后，就同一事实再次立案侦查的；⑦应当中止审理的其他情形。

中止审理的原因消除后，赔偿委员会应当及时恢复审理，并通知赔偿请求人、赔偿义务机关和复议机关。

有下列情形之一的，赔偿委员会应当决定终结审理：

①赔偿请求人死亡，没有继承人和其他有扶养关系的亲属或者赔偿请求人的继承人和其他有扶养关系的亲属放弃要求赔偿权利的；②作为赔偿请求人的法人或者其他组织终止后，其权利义务的承受人放弃要求赔偿权利的；③赔偿请求人据以申请赔偿的撤销案件决定、不起诉决定或者无罪判决被撤销的；④应当终结审理的其他情形。

经审查，承办人认为赔偿案件事实清楚、证据确实、充分的，应当写出赔偿案件审查报告，并附有关案卷和证明材料，报请赔偿委员会主任提交赔偿委员会处理。赔偿案件审查报告应当包括以下内容：（1）案件的由来；（2）赔偿请求人的基本情况，赔偿义务机关、复议机关的名称及其法定代表人；（3）赔偿请求人申请事项及理由；（4）申请的赔偿案件确认情况、赔偿义务机关的决定情况和复议机关的复议情况；（5）承办人审查认定的事实及依据；（6）处理意见和理由。

赔偿委员会讨论案件作赔偿决定时，必须有 3 名以上审判员参加，实行少数服从多数的原则。赔偿委员会半数以上委员的意见为赔偿委员会的决定意见。讨论中的不同意见，应如实记入笔录。赔偿委员会认为重大、疑难的案件，必要时由赔偿委员会主任报请院长提交审判委员会讨论决定。审判委员会的决定，赔偿委员会应当执行。

作出决定

法院赔偿委员会对司法赔偿案件进行审理后，不适用判决、裁定，而适用决定。依据 1994 年《国家赔偿法》，决定共有五种形式：维持、撤销、变更、赔偿、不予赔偿。2010 年《国家赔偿法》将之简化为维持与决定两种形式：

①赔偿义务机关决定或者复议机关复议决定认定事实清楚，适用法律正确的，赔偿方式、赔偿项目、赔偿数额适当的，依法予以维持；②赔偿义务机关的决定、复议机关的复议决定认定事实清楚，但适用法律错误的，或者赔偿方式、赔偿项目、赔偿数额不当的，依法重新决定；③赔偿义务机关的决定、复议机关的复议决定认定事实不清、证据不足的，查清事实后依法重新决定；④赔偿义务机关、复议机关逾期未作决定的，查清事实后依法作出决定。

赔偿委员会对司法赔偿案件进行审理后作出的决定，应当制作国家赔偿决定书，加盖人民法院印章。国家赔偿决定书应当载明以下事项：

①赔偿请求人的基本情况，赔偿义务机关、复议机关的名称及其法定代表人；②赔偿请求人申请事项及理由，赔偿义务机关的决定、复议机关的复议决定情况；③赔偿委员会认定的事实及依据；④决定的理由与法律依据；⑤决定内容。

司法赔偿实践中应该注意的是，决定内容在归纳赔偿请求人申请赔偿或者不服赔偿决定的理由和请求事项时，"对理由和请求事项的归纳应简要而全面，不能以赔偿请求人的理由明显不成立，请求事项缺乏依据而不列或少列"。在阐述决定赔偿、不赔偿或维持、撤销、变更原决定的理由时，"要针对赔偿请求人的每一申请事项，并与法律规定相结合，逐一说理，真正做到有理有据，以理服人"。

对于赔偿请求人提出的赔礼道歉、消除影响、恢复名誉的请求，依据1994 年《国家赔偿法》，可在赔偿决定的理由部分阐述，不宜在赔偿决定的主文部分表述。现在则可以在赔偿决定的主文部分表述。

赔偿委员会作出的决定应当分别送达赔偿请求人、赔偿义务机关和复议机关。

关于司法赔偿案件的审理期限：一般赔偿案件应当在三个月内作出是否赔偿的决定；少数属于疑难、复杂、重大案件，三个月内不能作出决定的，经本院院长批准，可以延长三个月。

赔偿委员会作出的赔偿决定，是发生法律效力的决定，必须执行。

宣布决定

公正司法是人民法院的灵魂和生命，是审判工作永恒的主题。切实贯彻公开审判制度，体现公正、公平、公开原则，是保证司法公正的有效措施。国家赔偿法规定的司法赔偿案件的办案程序基本上是不公开的，但赔偿案件的决定应当向社会公开。

赔偿委员会作出决定后，通知赔偿请求人、赔偿义务机关、复议机关到庭，公开宣读赔偿委员会决定，允许群众和记者旁听。这种做法既符合国家赔偿法立法精神，也符合公开审判原则。国家赔偿中的行政赔偿案件，既可以公开审理又公开宣判。国家赔偿中的司法赔偿案件虽有其特殊性，一般不公开审理，但公开宣布决定，则是我国宪法和法律对一切审判工作的最低要求。实践表明，公开宣布人民法院赔偿委员决定书，有利于维护当事人合法权益，有利于提高赔偿案件质量，有利于增强赔偿案件的公开性和公正性，有利于敦促赔偿义务机关自觉履行赔偿义务。当然，在公开宣布赔偿决定前，应尽量做好有关方面的工作，然后逐步推广，使之成为一项制度。

关于公开宣布赔偿决定的程序，作者认为可按下述方式进行：

公开宣布决定的案件，应在宣布决定三日前公布案由、赔偿请求人、赔偿义务机关、宣布决定的时间和地点，并以书面形式通知赔偿请求人、赔偿义务机关和复议机关。

公开宣布决定时的位置为：赔偿委员会委员居中，赔偿请求人及其代理人在台前右侧，赔偿义务机关、复议机关及其代理人在台前左侧。决定书由赔偿委员会委员宣读。

书记员查明赔偿请求人、赔偿义务机关、复议机关及其代理人是否到场后，赔偿委员会委员、承办人入场。赔偿委员会委员宣布：赔偿请求人×××以××（案由）申请××××（赔偿义务机关）国家赔偿一案，本院赔偿委员会已处理完毕，现在宣布赔偿决定。询问赔偿请求人、赔偿义务机关、复议机关是否听清（如未听清，可重复宣读决定书的主文）。

（如赔偿义务机关当场赔偿礼道歉）赔偿委员会委员宣布：根据国家赔偿法第35条的规定和本院赔偿委员会的决定，××××（赔偿义务机关）就你局（院）对×××（受害人）无罪羁押（或错误拘留等案由）的行为，向赔偿请求人（受害人）赔礼道歉。赔偿义务机关向受害人赔礼道歉。赔偿委员会认为赔偿义务机关应在公开宣布决定时向受害人当场赔礼道歉的，须事先与赔偿义务机关协商。

赔偿委员会委员公开宣布决定结束。赔偿请求人、赔偿义务机关、复议机关领取赔偿决定书。

司法赔偿决定程序与行政赔偿诉讼程序

司法赔偿与行政赔偿虽然同属于国家赔偿并被规定进同一部国家赔偿法中，但适用的程序却迥然不同：

行政赔偿无论单独提起还是在行政复议或行政诉讼时一并提起，在最终解决行政赔偿纠纷时均适用行政诉讼程序，即行政赔偿案件由人民法院行政审判庭受理，行政赔偿请求人为原告，行政赔偿义务机关为被告，人民法院行政审判庭居中裁判，依法实行合议、回避、举证、质证、辩论、公开审判和两审终审制度；行政赔偿请求人认为行政机关及其工作人员实施暴力或违法使用武器、警械等违法行为和实施非具体行政行为的行为侵犯其人身权、财产权并造成损失，行政赔偿义务机关拒不确认致害行为违法，人民法院行政审判庭有权在行政赔偿诉讼中予以确认；人民法院对单独提起行政赔偿案件作出判决的法律文书的名称为行政赔偿判决书、行政赔偿裁定书；发生法律效力的行政赔偿判决、裁定或调解协议，当事人必须履行，行政赔偿义务机关拒不履行的，行政赔偿请求人可以申请人民法院强制执行。

而司法赔偿不适用诉讼程序，尽管 2010 年《国家赔偿法》作了较多改进，但仍适用非诉讼决定程序，即司法赔偿案件由中级法院以上法院设立的赔偿委员会受理，司法赔偿请求人和司法赔偿义务机关不以原告、被告相称，实行书面不公开审理，不组成合议庭，不进行辩论，实行一审终结制度，当事人不得上诉。司法赔偿决定一经作出，即具有法律效力，必须执行。司法赔偿义务机关拒不执行的，法院赔偿委员会尚无法律授予的强制执行的权力。

司法赔偿决定程序与民事诉讼特别程序

民事诉讼特别程序是民事诉讼程序的组成部分，与民事诉讼普通程序相对而言。普通程序指人民法院审理一般民事案件适用的正常程序。特别程序则是人民法院审理某些特定民事案件适用的与正常程序有别的程序，这些特定民事案件包括：选民资格案件，宣告失踪和宣告死亡案件，认定公民无民事行为能力或限制民事行为能力案件，认定财产无主案件。司法赔偿决定程序与民事诉讼特别程序存在很大不同：

第一，适用民事诉讼特别程序的案件，一般不存在民事权益争议。提起诉讼的目的，在于请求人民法院对某种法律事实或某种权利的存在与否加以确认；而适用司法赔偿决定程序的案件则与之相反，恰恰是在实体上存在权益争议，而且此项争议已经过协商先行程序或复议程序未予解决，最终进入决定程序的。因此，尽管法理上将民事诉讼特别程序也称作非讼程序，但与司法赔偿决定程序的"非讼"具有实体上的区别①

第二，适用民事诉讼特别程序的案件，一般不存在原告、被告双方当事人，只有申请人，程序的开始由申请人的申请所启动；而适用司法赔偿决定程序的案件，程序的开始虽然亦由申请人的申请所启动，不采用原告、被告称谓，但却存在争议双方的当事人，正是双方当事人的相互作用推动决定程序的进行。

第三，在审判组织上，适用民事诉讼特别程序的案件，以独任制为主，辅之以合议制，实行独任与合议相结合诉讼形式；而适用司法赔偿决定程序的案件，不采用独任或合议制，实行委员会制。赔偿委员会作赔偿决定，必须有三名以上审判员参加，按照少数服从多数的原则作出决定。

司法赔偿决定程序与民事诉讼特别程序在存在差别的同时，也有某些相同或相似之处：

第一，适用特别程序的案件，实行一审终审，判决一经作出即发生法律效力，申请人无权上诉；适用决定程序的案件，实行一审终结，决定一经作出即发生法律效力，当事人无权上诉。

第二，二者均不适用调解。因为特别程序中仅有申请人，而无利益相

① 不少学者将司法赔偿决定程序称作非诉讼程序，但肖峋教授认为："不能认定这个决定程序为非讼程序。"《中华人民共和国国家赔偿法的理论与实用指南》，中国民主与法制出版社1994年版，第230页。

对的双方当事人。适用决定程序的司法赔偿案件，在进入决定程序之前，一般已经过协商先行阶段，调解不成才进入决定阶段。而赔偿决定一经作出即发生法律效力，赔偿义务机关不得再与请求人协商调解，以维护赔偿决定的权威。

第三，二者均不需交纳诉讼费用。

5. 执行程序

《国家赔偿法》第29条第3款规定："赔偿委员会作出的赔偿决定，是发生法律效力的决定，必须执行。"最高法院关于赔偿委员会审理赔偿案件的程序规定："赔偿委员会作出的决定应当分别送达赔偿请求人、赔偿义务机关和复议机关。"

从上述规定看，作为司法赔偿案件处理机构的人民法院赔偿委员会作出的赔偿决定，类似普通诉讼程序的二审终审判决，一经作出并送达，即发生法律效力。双方当事人都必须自觉遵守和服从，既不得拒不执行，也不得置赔偿决定于不顾重新协商。如不服赔偿决定，可以向上一级法院赔偿委员会申诉，但双方均无上诉权。

赔偿义务机关对法院赔偿委员会作出的发生法律效力的赔偿决定，必须执行，自觉积极地履行赔偿义务，以恢复和弥补受害的公民、法人和其他组织被非法侵害的权利，改进司法机关工作，改善司法机关形象。以任何借口拖延甚至拒不执行赔偿决定的行为，都是违法行为，是对公民、法人和其他组织合法权益的再次侵害。

关于执行的具体做法，《国家赔偿法》第37条规定："赔偿费用列入各级财政预算。赔偿请求人凭生效的判决书、复议决定书、赔偿决定书或者调解书，向赔偿义务机关申请支付赔偿金。赔偿义务机关应当自收到支付赔偿金申请之日起七日内，依照预算管理权限向有关的财政部门提出支付申请。财政部门应当自收到支付申请之日起十五日内支付赔偿金。赔偿费用预算与支付管理的具体办法由国务院规定。"

2010年《国家赔偿法》关于"七日"和"十五日"的硬性期限规定，弥补了1994年《国家赔偿法》的缺陷，为解决国家赔偿决定执行难的问题，起了极大的促进作用。

与此同时，2010年《国家赔偿费用管理条例》对1995年《国家赔偿费用管理办法》进行修改，废除了国家赔偿费用先从本单位预算经费或资金中支付、再向同级财政机关申请核拨、使国家赔偿变为单位赔偿的不合理规定，解决了国家赔偿费用执行中的另一个难题。

1995 年《国家赔偿费用管理办法》第 7 条规定："国家赔偿费用由赔偿义务机关先从本单位预算经费和留归本单位使用的资金中支付，支付后再向同级财政机关申请核拨。"第 9 条规定："财政机关对赔偿义务机关的申请进行审核后，应当分别情况作出处理。"这些规定从财政监督角度看其用意是好的，但在实践中，一些赔偿义务机关或担心影响政绩和形象，或嫌麻烦，而不向财政机关申请核拨，从本单位"小金库"中支付了事。据报道，某开放城市 1995 年设立的 5000 万元赔偿经费至 2000 年尚无人问津；某自治区财政单列国家赔偿专用资金数百万元，6 年来只有一家单位申请核拨。而该区仅 1999 年就有赔偿案件 76件，赔偿金额 47 万元，外加全区一审行政诉讼案件 1100 件中很大一部分附带行政赔偿。

这种赔偿经费支付方式相当程度上阻碍国家赔偿的实施：发达地区财政有预算，但义务机关怕丢面子，不到财政核销；欠发达地区财政困难未作国家赔偿项目预算，义务机关的赔偿费用由自己解决。这样有可能使国家赔偿发生质的变化，使国家赔偿成了行业赔偿、部门赔偿、单位赔偿。这势必导致赔偿义务机关不再履行义务。既增加了受害人获赔的难度，又使国家无法统一掌握赔偿情况，减弱了国家赔偿的监督功能。

2010 年《国家赔偿费用管理条例》废除了国家赔偿费用先从本单位预算经费或资金中支付，再向同级财政机关申请核拨，使国家赔偿变为单位赔偿的不合理规定，解决了国家赔偿费用执行中的一个难题，是一个重大进步。

但是，国家赔偿费用"分灶吃饭"的财政体制，使经济欠发达地区国家赔偿决定难于执行。《国家赔偿法》第 37 条规定："赔偿费用列入各级财政预算。"国务院发布的《国家赔偿费用管理条例》第 3 条规定："国家赔偿费用由各级人民政府按照财政管理体制分级负担。各级人民政府应当根据实际情况，安排一定数额的国家赔偿费用，列入本级年度财政预算。当年需要支付的国家赔偿费用超过年度预算安排的，应当按照规定及时安排资金。"司法实践表明，上述规定比较适合经济发达地区，而对于经济不发达地区，由于地方财政收入低，不愿或无法将赔偿费用列入财政预算，使国家赔偿费用成为无源之水。①

法律未明确规定国家赔偿决定可以强制执行，是赔偿决定执行难的又一因素。现行《国家赔偿法》尽管规定"赔偿委员会作出的赔偿决定，是发生法律效力的决定，必须执行"，但并未明确规定人民法院是否可以强制执行。

法院审判工作从程序上可以分为四类：刑事诉讼、民事诉讼和行政诉讼三大诉讼程序，再加一个国家赔偿决定程序。关于强制执行的规定是针对三大诉讼程序中的判决、裁定而不是决定，国家赔偿司法实践中具体做法不一，影响国家赔偿决定的及时、有效执行。

从法理上看，人民法院赔偿委员会的决定属于生效的法律文书，与法院其他业务庭作出的生效法律文书一样，可以作为人民法院强制执行的根据。法院赔偿委员会决定的执行主要有两种方式：一是司法赔偿义务机关依法自觉地履行赔偿决定所确定的赔偿义务；二是在赔偿义务机关拒不履行赔偿决定确定的赔偿义务时，人民法院采取强制措施实现赔偿决定的赔

---

① 2015 年 8 月 8 日《新京报》刊登"国家赔偿久拖不赔，'官赖'也得治"文章披露：安徽男子鲍某因涉嫌强奸罪被羁押 4 年后，于 1998 年 9 月无罪释放。次年，淮南市八公山区法院和检察院决定共同赔偿鲍某 3.7 万余元，至今 15 年已经过去，鲍某仍未拿到分文赔偿金。区法院和检察院回复称，因为区财政未能拨款，自身无履行能力，所以早前已经裁定中止赔偿。

该文评论称：①3.7 万元赔偿金与鲍某 4 年失去的自由和名誉损害根本不成比例，但就这一赔偿金，却因堂而皇之的理由被中止支付；②一晃 15 年过去，3.7 万元在现今物价水平下无疑又打了大大的折扣；③依据当时国家赔偿法，区法院和检察院应先行用本单位费用支付后，再向财政申请拨付。因此，财政未能拨款不能构成法院和检察院不支付的理由；④法院身为赔偿义务机关，自己裁定中止赔偿程序更为不妥，无异于为自己开脱。即使财政部门未能拨款，法院也应与政府、人大等沟通协调。而一旦裁定中止赔偿，则意味法院今后连起码的努力也不用做了；⑤很多时候，不是不能做或做不了，而是究竟有多大的诚意去做。区区 3.7 万元，不论对区法院和检察院还是区财政局，都只是一个微不足道的数字。因此，与其说有关部门不能支付，还不如说有关部门不愿支付。如最近媒体报道河南驻马店市驿城区检察院拖欠宋某 13 万元赔偿款超过 1 年未支付的消息，但在媒体报道后第二天，宋某就接到了检察院的领款通知；⑥国家赔偿固然为了弥补被害人的损失，但更重要的是为了表达对权力伦理的坚守和对公民权利的尊重。公权机关对错案的纠正无疑值得肯定，但纠正错案的"功劳"并不能抵消此前错捕、错诉、错判的责任。只有积极赔偿，才能证明自己改判无罪是基于对公民权利的尊重，而非迫于外在压力下的不情愿或不得已；⑦说到底，对于已经作出的国家赔偿决定久拖不赔，本质上是一种背信的'官赖'行为。鉴于国家赔偿法未规定拖延支付的法律责任，建议比照民事诉讼规定，对于逾期支付国家赔偿金的，应逐日支付延迟罚金。

（邓学平："国家赔偿久拖不赔，'官赖'也得治"。载 2015 年 8 月 8 日《新京报》）

偿内容。实践表明，大多数赔偿义务机关通常情况下都能如期履行赔偿义务，但也确有少数赔偿义务机关以确认错误、决定错误、缺少经费等各种借口拖延履行义务，甚至公然顶住不赔。此种情况下，"如无强制执行措施，不予强制执行，人民法院赔偿委员会的赔偿决定将成为一纸空文，作为赔偿请求人的公民、法人和其他组织的合法权益就会得不到保护，国家赔偿法就无法真正贯彻落实。"① 所以，司法赔偿只有请求、协商、复议，决定程序还不够，还必须有执行程序加以保证和实现。

人民法院赔偿委员会在作出赔偿决定时，应当明确规定赔偿义务机关履行赔偿义务的期限。考虑到赔偿义务机关在执行时须向财政部门申请核拨赔偿费用，参照其他诉讼中关于执行期限的规定，依据《国家赔偿法》规定，赔偿义务机关履行赔偿义务的期限应为 22 日。为提高执行效率，法院赔偿委员会在作出赔偿决定的同时，还可向有关财政部门发出协助执行通知书。如果赔偿义务机关在赔偿决定规定的履行期限内不履行赔偿义务，司法赔偿请求人应有申请强制执行的权利。由于司法赔偿义务机关是行使司法权的国家机关，从法理上看，不能适用民事诉讼法的执行规定。申请执行的期限，可参照行政诉讼法关于执行的相关规定，自赔偿决定的履行期限届满之日起，3 个月内提出强制执行申请。逾期申请无正当理由的，不予受理。②

关于强制执行的措施，亦可参照适用行政诉讼法关于对被告的强制执行措施的规定。《行政诉讼法》第 65 条规定：

"当事人必须履行人民法院发生法律效力的判决、裁定。行政机关拒绝履行判决、裁定的，第一审人民法院可以采取以下措施：

（一）对应当归还的罚款或者应当给付的赔偿金，通知银行从该行政机关的账户内划拨；

（二）在规定期限内不执行的，从期满之日起，对该行政机关按日处

---

① 金永熙、于伟：《法院赔偿工作实务》，人民法院出版社 1997 年版，第 198 页。

② 关于强制执行的根据，有专家认为："赔偿义务机关作出的赔偿决定、赔偿协议以及复议机关作出的复议决定，与请求人达成的赔偿协议，都是生效的法律文书，可以作为强制执行的根据。"高家伟《国家赔偿法学》，工商出版社 2000 年版，第 347 页。关于强制执行的机关，有专家认为："对于司法赔偿的执行，有管辖权的法院是赔偿义务机关所在地的中级人民法院。赔偿义务机关是中级或高级人民法院的，请求人可以向其上一级法院申请执行。"肖峋：《中华人民共和国国家赔偿法理论与实用指南》，中国民主与法制出版社 1994 年版，第 231 页。

50 元至 100 元的罚款；

（三）向该行政机关的上一级行政机关或者监察、人事机关提出司法建议。接受司法建议的机关，根据有关规定进行处理，并将处理情况告知人民法院；

（四）拒不履行判决、裁定，情节严重构成犯罪的，依法追究主管人员和直接责任人员的刑事责任。"

除国家赔偿费用执行难以外，一些赔偿义务机关对赔偿决定中的"消除影响、恢复名誉、赔礼道歉"责任，有抵触情绪，不甘心，不情愿，怠于履行。虽然其中亦存在赔偿请求人要求过高（如要求主要领导出面赔礼道歉、登报消除影响①、恢复名誉等）的情况，但因赔偿法未规定强制执行，常常使得法院赔偿委员会感到执行无据、无能为力。

司法赔偿决定的执行问题，是当前贯彻实施国家赔偿法的热点和难点，引起社会的相当关注和不满。司法实践中，一些法院也有实行强制执行的做法。作为行使司法赔偿决定权的人民法院，如何在现行法律既未规定也未限制强制执行的情况下，从人民利益出发，依据立法宗旨，开拓执行思路，是我们义不容辞的责任。

6. 监督程序

1994 年《国家赔偿法》规定，赔偿委员会作出的决定为终局决定，

---

① 据报载"我国法院首例登报致歉案例"：

2015 年 9 月 7 日，安徽省高级人民法院在中共亳州市委机关报《亳州晚报》上刊登公告，向"亳州兴邦公司集资诈骗案"中原判有罪的邱超、范国强、尚成凤等 19 人赔礼道歉。公告全文如下：

2012 年 7 月 15 日，我院作出（2012）皖刑终字第 00257 号刑事判决，以犯非法吸引公共存款罪判处邱超等 19 人有期徒刑。经重审，2014 年 10 月 30 日，检察机关决定对邱超等 19 人不起诉，终止追究刑事责任。邱超等 19 人向我院提出国家赔偿申请。我院依据《国家赔偿法》的相关规定，已向邱超等 19 位赔偿请求人支付人身自由赔偿金和精神损害抚慰金，现以此公告为他们消除影响，恢复名誉，向他们赔礼道歉。

附：19 位赔偿请求人名单

邱超、范国强、尚成凤、吴桐、魏春艳、曹金义、刘婉莹、刘俊昕、刘清泉、刘永侠、杨亚丽、刘玲、席长斌、李慧、马玉侠、吴旭、曹影、刘艳、张校岑

安徽省高级人民法院
二〇一五年八月二十五日

（2015 年 9 月 9 日《北京晨报》、《新京报》《法制晚报》，2015 年 9 月 10 日《法制日报》）

一经作出，即发生法律效力，必须执行。对确有错误的赔偿决定，未规定有救济、监督程序。尽管实践中的做法是：当事人对赔偿决定不服，可以申诉。司法赔偿决定生效后，赔偿委员会如发现原认定的事实或者适用法律错误，必须改变原决定的，经本院院长决定或者上级人民法院指令，赔偿委员会应当重新审理，依法作出新的决定。但与依审判监督程序进行再审的案件不同，由于司法赔偿案件实行一次终局的原则，对司法赔偿案件的重新审理，必须由作出原赔偿决定的赔偿委员会进行，不得由上级或其他的赔偿委员会审理。但此类做法，尽管符合公正精神，但毕竟缺少国家赔偿法依据。

2010 年《国家赔偿法》针对上述缺陷，对司法赔偿决定的救济、监督程序作了重要补充。在第 30 条中明确规定："赔偿请求人或者赔偿义务机关对赔偿委员会作出的决定，认为确有错误的，可以向上一级人民法院赔偿委员会提出申诉。赔偿委员会作出的赔偿决定生效后，如发现赔偿决定违反本法规定的，经本院院长决定或者上级人民法院指令，赔偿委员会应当在两个月内重新审查并依法作出决定，上一级人民法院赔偿委员会也可以直接审查并作出决定。最高人民检察院对各级人民法院赔偿委员会作出的决定，上级人民检察院对下级人民法院赔偿委员会作出的决定，发现违反本法规定的，应当向同级人民法院赔偿委员会提出意见，同级人民法院赔偿委员会应当在两个月内重新审查并依法作出决定。"

这一规定的意义在于，第一，赋予国家赔偿争议双方当事人赔偿请求人和赔偿义务机关以申诉的权利，既尊重国家赔偿法"一次终局"规定，不给当事人以"上诉"进行"二审"的权利，又以"申诉"方式弥补"一次终局"带来的弊端。自然，"申诉"不能停止赔偿决定的执行。第二，比照刑事审判监督程序，规定了本级法院院长和上级法院行使院系统内部的纠错监督职能。第三，依据宪法规定，尊重和保障检察系统作为"国家法律监督机关"的地位和作用，法院、检察、公安三机关分工负责、互相配合、互相制约，以保证准确有效地执行法律。

7. 追偿程序

国家赔偿立法宗旨，是既要保障公民、法人和其他组织享有依法取得国家赔偿的权利，又要促进国家机关依法行使职权。为此，赔偿义务机关在对受害人进行赔偿后，有必要对违法乱纪给国家造成损失的工作人员实施追偿和处罚。

《国家赔偿法》第31条规定:"赔偿义务机关赔偿后,应当向有下列情形之一的工作人员追偿部分或者全部赔偿费用:(一)有本法第十七条第四项、第五项规定情形的;(二)在处理案件中有贪污受贿,徇私舞弊,枉法裁判行为的。对有前款规定情形的责任人员,有关机关应当依法给予处分;构成犯罪的,应当依法追究刑事责任。"

该条规定同1994年《国家赔偿法》相比,变化不大,仅仅将"依法给予行政处分"修改为"依法给予处分",扩大了处分内容,增加了处罚力度。

综观20年国家赔偿司法实践,对有责任的国家工作人员给予党纪、政纪和法律处分的,比较多见,但对其"追偿部分或者全部赔偿费用"的,则十分罕见,以至于国家赔偿法的该项规定,被一些学者戏称为"休眠条款"。

为了改变追偿不力状况,有的地方曾出台过关于追偿的实施办法。在修改1994年《国家赔偿法》和1995年《国家赔偿费用管理办法》时,亦提出过多种方案。但实施办法难以实施,修改方案亦最终流产。原因大概是我国国家工作人员薪酬不高,不能同外国高薪养廉情况相比,给予党纪、政纪、法纪处分,足以达到惩罚与教育之目的等。

作者认为,我国国家赔偿法关于追偿的规定,既与国际规定一致,也符合中国实际情况。如果说20年前包括国家工作人员在内的人民生活水平不高、难以承受额外经济负担的话,在今天国家实力增强、人民生活水平相应提高情况下,采取措施及时落实国家赔偿法追偿条款,是既有可能又有必要的。在大的市场经济环境下,对违法乱纪行为配合实施经济处罚手段,会收到事半功倍之效果。

所以,作者认为,2010年国务院法制办就《国家赔偿费用管理条例(送审稿)》公开征求意见中,关于责任人承担部分或者全部国家赔偿费用的具体规定,是可行的。该送审稿规定,行政赔偿义务机关应当依照《国家赔偿法》第十六条的规定,责令责任人承担部分或者全部国家赔偿费用。对有故意的责任人员,赔偿义务机关应当责令其承担国家赔偿费用的70%—100%,但最高不得超过其两年的基本工资;对有重大过失的责任人员,赔偿义务机关应当责令其承担国家赔偿费用的50%—100%,但最高不得超过其一年的基本工资。刑事赔偿义务机关应当依照《国家赔偿法》第三十一条的规定，向责任人员追偿部分或者全部国家赔偿费用，追偿额为国家赔偿费用的70%—100%，但最高不得超过责任人两年的基本工资。

当然，以国务院行政法规之名义，规定涉及"刑事赔偿义务机关"之事项，不太合适，或许以立法解释或司法解释的形式为宜。

（五）确认程序存废研究

1994年《国家赔偿法》第9条关于行政赔偿和第20条关于司法赔偿中，均规定有确认程序。行政赔偿中的确认，虽然可以通过行政复议或行政诉讼等方式解决，但存在行政机关担心政绩、不愿确认之情形，司法赔偿中的确认则问题更多。确认成为阻挡受害人获得国家赔偿的第一道门槛，非议和反对之声不断。故修改后的2010年《国家赔偿法》，彻底取消了行政赔偿和司法赔偿中单独设置的确认程序，将司法赔偿中的确认权赋予法院赔偿委员会，实行确认权与决定权合一制度，在实现国家赔偿法救济和保护人权的立法宗旨上，前进了一步。

这一步来之不易，值得珍惜。这一步步伐不小，尚存争议。故有必要对确认问题的来龙去脉梳理清楚，弄清当初如此规定的因由，现在取消的必要，总结其中教训，为国家赔偿法贯彻畅通渠道，为我国法制建设积累经验。

1994年《国家赔偿法》规定确认程序的思路大致是：第一，国家赔偿以违法为前提，是否违法，当事人说了不算，必须经过正规确认。第二，违法行为是由赔偿义务机关作出的，赔偿义务机关自己最了解是否违法的具体情况，由其确认方便易行，减少成本。第三，赔偿义务机关是行使人民权力的国家机关，具有为人民服务的意识和品格，能够从人民利益出发，知错必改，确认违法。第四，由赔偿义务机关自己确认自己的行为违法，给其自身提供一个自我改正错误的机会，以维护国家机关威信，促进国家机关依法行使职权立法宗旨的实现。

应该说，这一思路是我国立法的普遍思路，具有其合理性，亦行之有效。从此思路出发的关于确认程序的具体做法，以司法侵权行为的确认为例：

依据1994年《国家赔偿法》，司法赔偿请求人请求司法赔偿，应当以具有法定的司法侵权损害事实为前提。是否具有错拘、错捕、错判及其他司法侵权损害事实，必须经过确认。确认就是司法机关依据法定诉讼程序就请求人提出的某一司法行为是否违法、是否侵权并造成法定损害事实进行的审查。审查结论以书面形式作出。确认程序是司法赔偿的第一道程序。

1994 年《国家赔偿法》关于司法赔偿确认程序的规定是：

第一，赔偿请求人要求确认有本法第 15 条、第 16 条规定情形之一，被要求的机关不予确认的，赔偿请求人有权申诉；

第二，赔偿请求人要求确认人民法院在民事诉讼、行政诉讼过程中，违法采取对妨害诉讼的强制措施、保全措施或者对判决、裁定及其他生效法律文书执行错误、造成损害的，适用上述确认程序；

第三，赔偿义务机关对依法确认有本法第 15 条、第 16 条、第 31 条规定情形之一的，应当给予赔偿。

司法侵权行为来自不同的司法机关和不同的诉讼阶段，其确认的途径也应分别进行：

（1）错误拘留由公安、安全、检察、法院、军队保卫部门等行使拘留权的机关认定，或由检察机关作出的不批准逮捕的决定认定。释放证明即为错误拘留的确认，不批准逮捕决定视其内容可作为对错误拘留的确认。

（2）错误逮捕由作出逮捕决定的检察院或法院认定。检察院作出的不起诉决定，视其内容可作为对错误逮捕的确认。法院作出的生效无罪判决是对错误逮捕的确认。

（3）错误判决由法院通过审判监督程序作出的无罪判决确认。

（4）对因刑讯逼供、以殴打等暴力或唆使他人以殴打等暴力或违法使用武器、警械造成伤亡的，由实施该行为的司法人员的所属机关或上级机关确认。

（5）对刑事诉讼中违法对财产采取查封、扣押、冻结、追缴等措施的，由实施该措施的机关确认。再审改判无罪后原判罚金、没收财产已经执行的，无罪判决即已确认。

（6）对法院在民事诉讼、行政诉讼过程中，违法采取对妨害诉讼的强制措施、保全措施或者对判决、裁定及其他生效法律文书执行错误造成损害的，由作出该行为的机关或其上级机关确认。

　　根据 1994 年《国家赔偿法》和最高法院司法解释规定，赔偿委员会是人民法院审理赔偿案件的审判组织。赔偿委员会下设办公室，负责办理具体事宜。赔偿委员会及其办公室行使司法赔偿案件的审理决定权，但不具有对司法侵权行为的确认权。任何司法赔偿纠纷，只有在其司法侵权行为被确认之后，才能进入赔偿委员会的审理程序。这是因为：

　　任何权力的行使以权力机关通过法律授权为前提，这是现代法治国家的基本原则。1994 年《国家赔偿法》第 20 条规定："赔偿义务机关对依法确认有本法第 15 条、第 16 条规定情形之一的，应当给予赔偿。赔偿请求人要求确认有本法第 15 条、第 16 条规定情形之一的，被要求的机关不予确认的，赔偿请求人有权申诉。"这就是说，有权确认司法侵权行为的机关是赔偿义务机关及其上级机关，明确地将法院赔偿委员会排除在外。根据《国家赔偿法》规定，最高法院在 1996 年 5 月颁布的《人民法院赔偿委员会审理赔偿案件程序的暂行规定》进一步明确规定："赔偿请求人依法向赔偿委员会申请作出赔偿决定的被侵权事项，应当先经过依法确认。根据赔偿法第 20 条第 2 款的规定，被要求确认的机关不予确认的，赔偿请求人有权申诉。赔偿委员会不受理要求确认的申诉案件。"2000 年 9 月，最高法院在《关于民事、行政诉讼中司法赔偿若干问题的解释》中规定："申请民事、行政诉讼中司法赔偿的，违法行使职权的行为应当先经依法确认。申请确认的，应当先向侵权的人民法院提出。人民法院应自受理确认申请之日起两个月内依照相应程序作出裁决或相关的决定。申请人对确认裁定或者决定不服或者侵权的人民法院逾期不予确认的，申请人可以向其上一级人民法院申诉。""未经依法确认直接向人民法院赔偿委员会申请作出赔偿决定的，人民法院赔偿委员会不予受理。"

　　国家赔偿法规定的应予赔偿的司法侵权行为，均发生在刑事诉讼、民事诉讼和行政诉讼之中。因此，对该行为是否侵权的确认，也必须回到三大诉讼程序中去。例如，当某一诉讼阶段结束时发现侵权行为，如检察机关在审查起诉阶段作出不起诉决定，即视其内容对此前阶段的拘留、逮捕是否侵权作了确认；当某一诉讼活动结束后发现侵权行为，如法院终审判决生效以后，发现新的证据和事实，要确认原生效判决是否侵权，必须进入再审程序；当某一诉讼活动正在进行时发现侵权行为，如刑讯逼供，以殴打等暴力致人伤亡等，则需要通过刑事侦查、检察等手段予以确认。而宪法和法律只赋予人民法院调查权，未赋予法院侦查权或检察权，作为法院组成部分的赔偿委员会同样也不具有这样的权力和能力。

即使是对人民法院作为赔偿义务机关的司法侵权行为的确认，也必须由有关法院的有关业务庭承担。"如果由赔偿委员会担负这项任务，就混淆了通过不同法定程序加以解决的对案件的裁判和对赔偿请求的决定，也势必会影响人民法院内设机构之间的分工。"①

上述综合概括了司法赔偿确认程序的具体规定和法院赔偿委员会不能拥有确认权的理由。然而，实践是检验真理的唯一标准。十余年国家赔偿司法实践表明，1994 年《国家赔偿法》的上述规定和理由，未能成功通过实践检验。

确认是司法赔偿的第一道程序。赔偿请求人被司法侵权行为损害的合法权益能否得到恢复和弥补，必须通过确认这一"关口"，舍此没有其他出路。因此，确认已经成为正确贯彻实施国家赔偿法，切实保障公民、法人和其他组织合法权益、促进司法机关依法办事的一个关键问题，是司法赔偿工作的一个难点。一些司法机关实施司法侵权行为后，应该确认不予确认、滥用免责条款、故意规避法律的情形相当突出。分析其中原因，除少数机关和少数人员的认识水平和主观态度外，国家赔偿法关于确认问题缺少实体和程序方面的可操作性规定，是出现此问题的重要因素。国家赔偿法关于确认的原则性规定，导致实践中的两种截然不同的观点：法学理论界的一些学者认为国家赔偿法关于确认的规定不够合理，不利于对公民权益的保护；而司法实践界，例如检察机关的一些同志却主张加大确认难度，将一些原本规定可视为确认的法律文书重新进行确认。

有学者认为，相当多的司法侵权行为缺少确认机制："赔偿法关于司法赔偿程序的规定，我认为有重大失误。行政赔偿还算比较合理……但是到了司法赔偿那里，却有一道'确认关'。什么叫'确认'违法？就是要取得赔偿你必须证明司法机关做出的行为是违法的……前一个阶段的错误要用后一个阶段的无罪判决或者撤销案件的决定或者是不起诉的决定或者是不批准逮捕的决定来证明。但有相当多数的司法行为没有确认机制，另外，还有上面提到的，错发传票了，谁来确认？刑讯逼供、殴打，谁来确认？或者是违法使用警械、违法采取保全措施，谁来确认？这些都没有确

①　祝铭山："1997 年 9 月 20 日北戴河讲话"，《国家赔偿法律适用与案例评析》，新华出版社 2000 年版。

认机制，以至于如果你得到了无罪判决或者不批准逮捕的决定或者撤销案件的决定书，你可相对容易获得赔偿；但如果你是被法院、检察院或者公安局采取了某些强制措施导致的损害，你很难得到赔偿，现在很多争议也正是在这里。如果得不到这个确认，赔偿法规定了申诉这种方式，但申诉执行起来太难。"①

有学者认为，确认程序中的举证责任不合理，先行处理程序是与虎谋皮，申诉程序形同虚设："举证的分配必须有一定的价值取向，其理论基础是让强者承担举证责任，让弱者免除举证责任，从而保证控辩双方有一个理性对话的氛围。所以举证责任的分配有一个弱小公民能够与强大国家平等理性对话的功能。然而国家赔偿法中的确认程序只能让强者更强，弱者更弱，失去了平等对话的可能性。""先行处理程序是我们国家的一个顽症，很多地方却沿用这一方法，像医疗事故处理程序，医院把人治死，规定先让医院拿一个鉴定结论，然后让医院的上级机关再拿一个结论。侵害者先给受害者做结论，这违反了古老的自然正义原则，让一个加害者自己做裁判、做法官，其结局可想而知，简直是与虎谋皮。这种程序成了加害者拖延时间的法律借口，影响受害者及时实现权益。其次，所谓的申诉程序。如果先行处理得不到解决，得不到确认，可以向致害机关的上一级机关申请复议，复议机关本身不中立。据我所知能在这一程序解决问题的微乎其微。因为在我们的公检法系统存在严重的依附现象、行政化倾向，上下级有太多的利益关系，上级机关不可能有太大公平性、中立性。这个程序缺乏公平和效益。"②

与上述法学专家的观点完全相反，检察机关的一些同志认为，对前几年实行的视为确认的法律文书，如对因证据不足的撤销案件决定书、不起诉决定书，对因证据不足人民法院作出的无罪判决，都需要重新确认。

对检察机关的这些观点，作者当时即持反对意见③：对因证据不足而撤销的案件、因证据不足而不起诉的案件的确认问题，属于没有证据能证明有罪、或者没有确实充分的证据能证明有罪的情况。不能证明有罪即是无罪。由此作出的撤销案件决定书或不起诉决定书，即是对此前错误拘

---

① 《法制日报》2001年1月14日。

② 《法制日报》2001年1月14日。

③ 陈春龙：《中国司法赔偿》，法律出版社2002年版，第345页。

留、错误逮捕的确认，无须再重新确认；至于对因证据不足人民法院作出的无罪判决是否需要重新确认问题，刑事诉讼法规定的人民法院作出的无罪判决有两种情况：依据法律认定被告人无罪的，应当作出无罪判决；证据不足，不能认定被告人有罪的，应当作出证据不足、指控的犯罪不能成立的无罪判决。这两种无罪判决虽然前提条件不同，但在确定被告人无罪上是一致的。无罪即是对此前违法侵犯人身权的确认。检察院除了可以依法提起抗诉外，无权对法院无罪判决重新确认，否则，即是对宪法规定由人民法院行使的审判权的侵犯。

国家赔偿法尽管在我国已正式实施多年，但由于它涉及国家指导思想"从以前立法和司法所强调的国家本位、社会本位，向国家、社会与公民个体本位并重转变；由过去立法与司法侧重保护国家和社会整体利益，向国家、社会整体利益和公民个体利益并重转变；从过去立法与司法的义务本位观，向权利本位观转变"[①] 的根本问题，人们对国家赔偿法立法宗旨的认识和领会需要一个过程。

十余年国家赔偿司法实践表明，1994 年《国家赔偿法》关于确认的规定，的确既不利于受害人行使国家赔偿请求权，亦不利于促进国家机关依法行使职权。将违法行为确认权赋予赔偿义务机关自身，过高估计了其自身纠错能力。由于对确认程序缺少规范，不予确认不用承担责任，不少义务机关害怕确认、拒不确认，收到确认申请后久拖不决，或者口头确认但不赔偿，致使受害人无法启动赔偿决定程序，法院赔偿委员会却无能为力，使确认程序设计初衷异化为阻挡受害人获得赔偿的"拦路虎"。而且，从理论上看，确认作为一个单独设置的程序，缺少理论支撑，确认只是赔偿决定程序的一部分，将二者合并设立，理论上比分设更加合理，实践上节省司法资源。所以，2010 年《国家赔偿法》果断取消国家赔偿程序中单独确认的程序，理论上是正确的，实践中是成功的。

修正后的《国家赔偿法》明确、彻底地取消了原国家赔偿法作为进入赔偿程序前置条件而单独设置的确认程序，将公安、安全、检察、监狱等司法机关是否存在违法行为、是否造成损害后果、行为与后果间是否存在因果关系等的终局审查权和确认权，正式交由法院赔偿委员会行使。法

---

① 沈德咏："1999 年 8 月 11 日讲话"，《国家赔偿法律适用与案例评析》，新华出版社 2000年版。

院赔偿委员会在作出赔偿决定之前，必须先审查赔偿义务机关的行为是否违法，是否存在"视为确认"或"以确认论"的相关法律文书。所以，修正后的《国家赔偿法》取消单独设置的确认程序，并不是说确认程序不存在了，只是有权确认的主体由原其他违法司法机关转移到了法院赔偿委员会，确认程序合并进入了赔偿决定程序。

（六）国家赔偿举证责任

举证责任，亦称证明责任，指在诉讼程序中何方当事人应该承担提出证据证明争论有关事实的责任。证据学的基本原则是谁主张谁举证。这一由两千年前古罗马法创建的举证原则，总结了人类解决自我纷争的经验，具有客观、公平、科学的特点，司法实践中被广泛采用。如在刑事诉讼中由控方检察机关承担被告犯罪事实的证明责任；民事诉讼中原告对自己主张的诉讼请求负有证明责任，被告如否定原告主张或提起反诉，则应对其否定或反诉之事实负证明责任。即使行政诉讼中与此貌似相反的被告负举证责任原则，也是谁主张谁举证原则的应有之义，是对否定原告所主张的事实负证明责任。

1994年《国家赔偿法》无论对行政赔偿还是司法赔偿，均未对举证责任进行规定，导致问题频发，司法赔偿问题更多。

司法赔偿案件的决定程序，尽管不是传统意义上的诉讼程序，但仍具有诉讼裁决的基本性质和特征。作者当时主张，司法赔偿的证明责任，可更多地从行政诉讼的证明责任中吸取营养，实行赔偿义务机关负举证责任为主、赔偿请求人负举证责任为辅的共同举证方式。[①]

这是因为，在司法赔偿案件中的赔偿义务机关与行政诉讼中的被告一样，均为掌握和行使国家权力的国家机关。司法活动的性质和特点决定其行使司法权的强制性、不可抗拒性和秘密性比行政活动更甚。赔偿请求人一般对其组织结构、内部运作、具体规则、人员情况难以完全了解，对自己的请求无力提供充足的证据支持。因此，赔偿义务机关在赔偿请求人提出一定的初步证据后应承担起主要的证明责任。作为司法赔偿程序启动者的赔偿请求人，为了实现赔偿的目的，也必须和应该就损害事实的存在、

---

① 陈春龙：《中国司法赔偿》，法律出版社2002年版，第365页。

损害事实与职权行为之关系进行举证，此种举证可以是简单的、初始的。如果该证据提出后，相对方不能证明该证据的不实之处，得出相反结论，则应判定请求人胜诉。此即不少学者主张的"初步证明理论"①。

司法赔偿实践中的举证既涉及侵犯人身权的事实，也涉及侵犯财产权的事实。一般说来，后者的争议和举证情况更多、更复杂。由于法院赔偿委员会实行决定程序，不开庭，不辩论，赔偿请求人和赔偿义务机关双方均不知晓对方掌握证据的情况，对不利证据缺少申辩和再次提供有利自己证据的机会。因此，有专家建议："从保护双方合法权益出发，人民法院赔偿委员会要创制一种审判赔偿案件公开化的程序，确保双方在程序上获得平等地位。"②

2002 年 1 月 19 日，最高人民法院领导在全国高级法院赔偿委员会主任会议上，要求各地法院在调查研究基础上，在年内，以引入听证程序为重点的审判方式改革取得突破性进展，加大保护赔偿请求人对证据的知情权，包括赔偿请求人有权要求查阅、复制相关证据，有权对这些证据提出反证，有权申请人民法院对有关证据进行调查。在听证过程中，赔偿义务机关应承担更多的举证责任，充分维护处于弱势地位的赔偿请求人的权利，以体现司法的公平、公正原则。尽管审判机关推行听证等方式尽力保护受害人诉权，但客观地看，在国家赔偿案件审理或处理过程中引进听证程序，缺少法律依据，效果有限。

正是在社会各界包括司法界在内的强烈要求下，2010 年《国家赔偿法》在举证责任分配上作了重要补充，行政赔偿和司法赔偿均实行"谁主张谁举证"原则下的举证责任倒置原则。

关于行政赔偿，《国家赔偿法》第 15 条规定："人民法院审理行政赔偿案件，赔偿请求人和赔偿义务机关对自己提出的主张，应当提供证据。赔偿义务机关采取行政拘留或者限制人身自由的强制措施期间，被限制人身自由的人死亡或者丧失行为能力的，赔偿义务机关的行为与被限制人身自由的人的死亡或者丧失行为能力是否存在因果关系，赔偿义务机关应当提供证据。"

上述规定与行政诉讼中"被告对作出的具体行政行为负有举证责任"

---

① 诚仲模：《台大法学论丛》，1975 年 10 月。

② 李国光文，《人民法院报》，2001 年 3 月 25 日。

的规定不同，因为行政赔偿诉讼解决的不仅仅是具体行政行为的合法性问题，举证责任倒置原则，必须在"谁主张谁举证"的原则之下才能适用；同时，行政赔偿诉讼也与民事赔偿诉讼不同，亦不能照搬"谁主张谁举证"的原则，必须辅以特殊情况下的举证责任倒置原则。一般说来，原告应承担有关损害事实的举证，被告应承担行政职权行为是否违法的举证。至于侵权行为与损害事实间因果关系的举证，在原告被限制人身自由期间死亡或者丧失行为能力的，由被告举证，其他情况下原则上应由原告举证。

关于司法赔偿，《国家赔偿法》第26条规定："人民法院赔偿委员会处理赔偿请求，赔偿请求人和赔偿义务机关对自己提出的主张，应当提供证据。被羁押人在羁押期间死亡或者丧失行为能力的，赔偿义务机关的行为与被羁押人死亡或者丧失行为能力是否存在因果关系，赔偿义务机关应当提供证据。"

从这一规定可以看出，尽管行政赔偿与司法赔偿适用的程序不同，一个是诉讼程序，一个是决定程序，但在举证责任的合理分配上，二者适用相同的证据规则。

（七）质证与决定程序研究

我国《国家赔偿法》第24条和25条规定，刑事赔偿请求人对复议机关的复议决定不服，可在收到复议决定之日起30日内，向复议机关所在地的同级人民法院赔偿委员会申请作出赔偿决定；复议机关逾期不作决定的，赔偿请求人可自期间届满之日起30日内，向复议机关所在地的同级人民法院赔偿委员会申请作出赔偿决定；赔偿义务机关是人民法院的，该法院逾期不予赔偿或者赔偿请求人对赔偿数额有异议，赔偿请求人可自期间届满之日起30日内，向其上一级人民法院赔偿委员会申请作出赔偿决定。

上述规定明确了我国司法赔偿（刑事赔偿和非刑事司法赔偿）不适用现有刑事诉讼程序、民事诉讼程序、行政诉讼程序，而适用决定程序。这是一种与现行三大诉讼程序不同的新的程序。综合国家赔偿法规定，这一程序的具体内容是：

第一，启动决定程序：司法赔偿请求人必须在走完请求、协商和复议

（赔偿义务机关是人民法院的例外）程序后，才有资格向法院赔偿委员会提出赔偿申请，启动赔偿决定程序。

第二，主要审查方式：法院赔偿委员会处理赔偿请求，一般情况下采取书面审查的办法，不开庭、不举证、不辩论。

第三，次要审查方式：只是在必要时，才"可以"向有关单位和人员调查情况、收集证据。注意，此处国家赔偿法用词是"可以"，而不是"必须"或"应当"。

第四，特殊审查方式：只是在赔偿请求人与赔偿义务机关对损害事实及因果关系有争议情况下，赔偿委员会才可以听取赔偿请求人和赔偿义务机关的陈述和申辩，并可以进行质证。当然，因为用词是"可以"，也可以不听取陈述和申辩，不进行质证。

第五，作出赔偿决定：赔偿委员会由三人以上、人数为单数的审判员组成，实行少数服从多数原则作出赔偿决定。

以上为2010年国家赔偿法规定的国家赔偿决定程序的全部内容。最高法院据此作出《关于人民法院赔偿委员会审理国家赔偿案件程序的规定》和《关于人民法院赔偿委员会适用质证程序审理国家赔偿案件的规定》等司法解释，对之具体化，增强操作性。

上述国家赔偿决定程序之内容，同1994年《国家赔偿法》规定相比，有了重大补充和增添，除了启动决定程序和作出赔偿决定外，主要审查方式、次要审查方式和特殊审查方式，均为新增加之内容。尽管2010年以前国家赔偿决定程序基本采取"书面审查的办法"，但1994年《国家赔偿法》对此并无明文规定。

针对1994年《国家赔偿法》规定的国家赔偿决定程序，不少专家学者进行了激烈评论。他们几乎一致认为，司法赔偿采用非诉决定程序是极不公正的，基本属于民主集中制为原则的行政程序。实行"一审终审"的不公开审理，双方当事人不见面、不开庭，一切不透明。既无双方质证、辩论，也无上诉、申诉，采用书面开会式、讨论式的少数服从多数的典型行政程序，实际上同行政复议并无多大区别，还缺少复议的听证环节，与公正、公平、公开的诉讼程序相距甚远。建议进行根本性的改革。

有的学者肯定在"司法机关内部解决刑事赔偿问题有其优越性"的同时，指出这种程序不可克服的弊病是"违背了设立司法机关的宗旨：

公正原则。"首先，任何人不能作为自己案件的法官。其次，司法机关与普通公民是一种权力服从关系。刑事赔偿的目的是恢复争议双方的平等，但现行程序非但不能恢复平等，甚至有可能加强争议双方的不平等。最后，下级机关的司法决定，往往征求上级机关的意见或是上级机关意志的直接体现。由致害机关的上级机关负责处理，其结果的客观公正性在某些情况下令人难以信服。因此，"刑事赔偿不宜完全在司法机关内部解决，将来是否可以考虑建立一个独立于司法系统之外的专门机构来最终解决刑事赔偿（以及其他司法赔偿）问题。根据我国的实际情况，这一专门机构可以设在国家权力机关——全国人大以及地方各级人大的法律委员会中。"①

有的学者指出："现行的国家赔偿法恰恰在赔偿程序（主要是刑事赔偿程序）的构造上存在严重缺陷。"② 有学者认为："国家赔偿采用非诉方式，实际上这种非诉方式是极不公正的……实际上和复议没有什么区别。"③"赔偿委员会的定性，我认为它基本上属于民主集中制为原则的行政程序。它是'一审终审'，双方当事人不见面、不开庭，采用书面开会式、讨论式的一种典型行政程序。其中责任人不到场，申请人无法获取听证，一切不透明。既没有双方的参与与对抗，也没有严格的听证，程序不公平。"④

正是在专家学者的强烈呼吁和具体建议下，司法机关逐渐在非诉决定程序中增加了听证环节，以增加透明度。2010 年国家赔偿法则增加了必要时可向有关单位和人员调查情况收集证据，有争议情况下可以听取赔偿请求人和赔偿义务机关的陈述和申辩，并可以进行质证的新规定。

但修改后的国家赔偿法规定的司法赔偿决定程序，仍然是以"书面审查"为主要方式的非诉决定程序。这种程序之所以成立，是由两方面因素决定的。

其一是司法赔偿案件的特殊性。司法赔偿案件的一方当事人为行使侦查权、检察权、审判权或监狱管理权的司法机关，而处理机构赔偿委员会设在法院。依据宪法规定，检察院与法院是同由权力机关产生，向其负责

---

① 皮纯协、冯军：《国家赔偿法释论》（修订本），中国法制出版社 1998 年版，第 187 页。

② 应松年："国家赔偿法亟需修改"，《人民政协报》2001 年 3 月 12 日。

③ 马怀德、陈瑞华："国家赔偿法三人谈"，《法制日报》，2001 年 1 月 14 日。

④ 同上。

并报告工作的平行司法机关，而且审判活动还必须置于检察机关法律监督之下。检察机关如果像行政机关一样站在法庭被告席上，则明显与宪法规定相抵触。所以司法赔偿案件的处理，不能通过现行诉讼程序，只能设计出一种有别于诉讼程序的司法决定程序。

其二是国际通行做法。自国家赔偿制度诞生尤其是第二次世界大战后蓬勃发展以来，一些国家的冤狱赔偿通过刑事诉讼程序解决，另一些国家采用非讼程序处理。如美国司法赔偿的机构和程序，原则上由独立于普通法院系统之外的专门机构依特别程序解决。联邦普通法院系统的司法侵权案件，由单设的联邦赔偿法院审理，各州则由自己规定。如北达科他州由错误拘禁救济局审理，威斯康星州由救济无辜判罪委员会审理，加利福尼亚州由州主计局审理等。

当然，客观地看，我国国家赔偿法规定的司法赔偿决定程序，同广为人知的三大诉讼程序相比，在公开、透明、公正方面确有很大欠缺，急需采取措施加以补救。在这方面，2010 年国家赔偿法关于举证责任分担和进行质证的新规定，对于决定程序不足之弥补，具有重要意义。

2013 年 12 月，最高法院《关于人民法院赔偿委员会适用质证程序审理国家赔偿案件的规定》这一司法解释，则在国家赔偿法规定基础上，对质证范围、公开原则、双方当事人法律地位平等、委托代理、回避、举证原则、举证期限、赔偿委员会依职权收集证据、质证前证据交换、质证效力、质证纪律、质证顺序、质询、辩论、认证、最后陈述、同步录音录像等，均作了细致具体规范，将质证程序适用具体化，使司法赔偿决定程序向着公开、透明、公正方向发展，迈出了一大步。

这里应该注意的是，尽管国家赔偿法和相关司法解释关于举证、质证、认证的规定，推动司法赔偿决定程序向前跨越了一大步，但没有也不能改变司法赔偿决定程序的非讼性质，没有也不能改变司法赔偿决定程序的书面审查为主的基本方式。其在表现上，不仅是赔偿请求人和赔偿义务机关不能以"原告"、"被告"相称，而且在正规文件、公文、文章、讲话中，亦不能出现"审判"等字样。

连"审理"二字亦要谨慎使用：尽管"审理"包含"审查"和"处理"两项内容，在通常意义上可以使用。但应注意国家赔偿法第 26 条、27 条使用的是"处理"二字："人民法院赔偿委员会处理赔偿请求"，而不是"审理赔偿请求"。

　　所以，作者个人认为，最高法院《关于人民法院赔偿委员会适用质证程序审理国家赔偿案件的规定》中的"审理"，似应改作"处理国家赔偿案件"为宜。该词的使用原则应该是，如果司法解释在既包括行政赔偿又包括司法赔偿的广义上使用国家赔偿时，可以使用"审理"一词，仅仅在司法赔偿意义上使用国家赔偿时，则应使用"处理"一词。当然，从国家赔偿案件质证程序的实质内容看，称之为"审理"亦不为错，作者当年亦将拙著《中国司法赔偿》"献给开创中国国家赔偿审判事业的法官同仁"，但作为司法机关的规范性文件，还是严格以现行法律做依据为好。

七　国家赔偿方式、标准与费用

（一）国家赔偿方式

我国国家赔偿法规定，行政赔偿和司法赔偿适用统一的赔偿方式和计算标准。所谓国家赔偿方式，即国家承担赔偿责任时采取的各种形式。赔偿是对侵权行为造成损害的补救。由于损害的性质、情节、程度不同，予以补救的形式也有区别。国家赔偿采用什么方式，直接影响国家与受害方的权益，世界各国均以法律形式加以规定，作为国家赔偿法的组成部分。

在我国国家赔偿法起草过程中，关于赔偿方式问题主要有两种观点：一种观点认为国家赔偿应以恢复原状为主。理由是国家赔偿应当全面赔偿，其目的是恢复受损害的合法权益。从我国现有体制和传统习惯出发，恢复原状比金钱赔偿更适于弥补受害人的损失，恢复受害人的合法权益。恢复户口、工作、职务、工资等往往比金钱赔偿更重要，恢复原状的赔偿方式更有利于保护受害人。[①]

另一种观点认为应以金钱赔偿为主。理由是，以行政赔偿为例："如果以恢复原状为原则的话，行政机关将因此承担许多不必要的工作，不仅浪费人力、物力，不符合经济要求，而且也影响行政机关正常的管理活动和行政效率。"[②]

国家赔偿法最后采取了以金钱赔偿为主的赔偿方式。《国家赔偿法》第32条规定："国家赔偿以支付赔偿金为主要方式。能够返还财产或者恢复原状的，予以返还财产或者恢复原状。"第35条规定："有本法第三条或者第十七条规定情形之一，致人精神损害的，应当在侵权行为影响的

---

① 肖峋："关于国家赔偿法的几个问题"，《中外法学》1991年第1期。

② 王克稳："论我国行政赔偿的若干问题"，《法学天地》1991年第2期。

范围内，为受害人消除影响，恢复名誉，赔礼道歉；造成严重后果的，应当支付相应的精神损害抚慰金。"即是说，我国行政赔偿和司法赔偿以金钱赔偿为主要方式，以返还财产、恢复原状和消除影响，恢复名誉，赔礼道歉为补充。

　　国家建立赔偿制度的目的，在于切实保障公民、法人和其他组织的合法权益，使其合法权益受到国家机关侵害后能及时得到相应的补救。采取以支付赔偿金为主，以返还财产或恢复原状为辅的方式，能使受害人根据受损害的具体情况得到相当的赔偿，避免由于赔偿方式单一造成赔偿局限；但在赔偿受害人损失时又必须力求作到简单易行，便于操作，避免引起人力、物力的不应有浪费，致使国家机关及其工作人员花费过多时间和精力陷入繁琐的个案纠缠之中而贻误其他公务。采用以支付赔偿金为主、以返还财产和恢复原状为辅的方式，兼顾了受害损失的弥补和国家机关的工作效率。可以在相当程度上把这两个方面有机结合起来，使之得到妥善处理。

　　其他国家和地区关于国家赔偿方式的立法，也大多以金钱赔偿为主或金钱和恢复原状并重的形式。如奥地利国家赔偿法规定以金钱赔偿为唯一方式。法国、德国以金钱赔偿为主。我国台湾地区规定："国家负损害赔偿责任者，应以金钱为之。但以回复原状为适当者，得依请求，回复损害发生前之原状。"英国的王权诉讼法和美国联邦侵权赔偿法规定，以金钱赔偿和恢复原状为国家赔偿的主要方式。

1. 物质赔偿

（1）支付赔偿金

　　支付赔偿金，即金钱赔偿，是指在计算受害者所受损害的程度后，以货币支付的形式而不是以传统的以物抵债、以劳务抵债的形式，给予受害者相应的赔偿。支付的赔偿金，通常为本国货币。

　　支付赔偿金，是我国国家赔偿的主要方式。这是因为货币是社会生活中最常用、最普遍的支付手段，是社会物质利益的集中表现。支付赔偿金的适用范围非常广泛，几乎可以适用于任何损害的赔偿。无论是物质损害，或是精神损害，无论是人身自由的限制、生命健康的损害，或是财产的毁损灭失，都能通过计算和估价进行适当的货币赔偿。支付赔偿金具有其他赔偿方式不可替代的优势；支付赔偿金在实践中也便于操作。赔偿金额一般都有标准，手续简便，省时省力，不易产生进一步的争执和纠纷，不像有些赔偿方式可能因标准不一发生争议。如恢复原状，双方可能首先对何为"原状"产生分歧，使"恢复"难以进行。

首先，支付赔偿金可适用于财产损害的赔偿。因为任何财产都具有使用价值和交换价值，都可以折算成金额。在某些情况下，如果采用其他赔偿方式更简便易行，也可适用其他方式。

其次，支付赔偿金也可适用于人身损害的赔偿。一般说来，对人身造成的损害难以用货币赔偿，因为人身权不是用金钱可以衡量的。但在同态复仇早已被历史所唾弃，对人身的损害已经发生、不可挽回的情况下，比较通情达理又切实可行的办法，除了立即停止仍在继续的侵害外，尚未有比金钱赔偿更合适的赔偿方式。这是因为一旦发生损害，必给受害人造成相关的经济损失，如失去工作机会，减少劳动报酬，为治疗疾病、恢复健康或安葬支付的费用，无法履行扶养或抚养义务，等等。一方面，由国家支付赔偿金，可以填补受害人因人身遭受侵害造成的物质损失。另一方面，人身不仅是物质利益的客体，更是精神、情感等精神利益的主体。适度的金钱补偿可使受害者的精神得到寄托和安慰。

但是，对精神损害的赔偿，涉及国家财力和计算标准等许多方面的问题，司法实践经验不足。所以我国国家赔偿法规定的对人身权的损害赔偿，目前一般限于因身体损害造成的财产损失，不涉及对精神损害的赔偿。

（2）返还财产

返还财产，指赔偿义务机关将侵权取得的财物返还给对其享有所有权的受害人的赔偿方式。

返还财产只能适用于物质损害，适用于财物失去控制的情况。能够返还的财产，既可以是金钱，也可以是物。返还时一般应返还原物，即特定物。原物灭失、毁损等情况下，亦可视具体情况返还种类物。原物有孳息物的，应随原物一并返还。返还原物是一种比较易行的赔偿方式，当事人双方均易于接受。不仅能使所受损害直接、均衡地得到赔偿，有时还能减少或避免给受害人造成精神损害，如返还被非法没收的具有特殊纪念意义的物品等。

司法赔偿中的返还财产主要适用于两种情况：一是司法机关或司法行政机关违法适用罚金、没收、追缴等剥夺财产的措施。如人民法院对没有犯罪事实的人处以罚金、没收财产的刑罚，当依照审判监督程序再审改判无罪时，原判的罚金、没收财产应当返还；二是司法机关违法采取查封、扣押、冻结财产的强制措施后，被侵害的财产尚未灭失，应予返还，造成损失的，还应支付相应的赔偿金。应该注意，返还的财产必须是合法的财产，如果受到侵害的财产中包含有非法物，即使原物完好无损地存在，也不予返还，如违禁物品、走私物品、赃款、赃物等。

采取返还财产的赔偿方式的前提，是原物必须存在。此种情况下，返还财产比支付赔偿金更为有利和便捷。如果原物虽然存在，但已被运往外地，或其下落需要查找，或因放置时间过长而丧失本身价值，则不如金钱赔偿更为便捷。

（3）恢复原状

恢复原状，指赔偿义务机关对受到损害的财产进行修复，使之恢复到受损害前的状态的赔偿方式。恢复原状通常作为返还财产的辅助方式适用。应予返还的财产受到损害，能够恢复原状的，应恢复原状后予以返还。

恢复原状的范围非常广泛，有专家认为返还原物、恢复名誉、消除影响、恢复权利状态，均是恢复原状的内涵①。有专家认为可将恢复原状的范围简单分为两种情况：物的恢复原状和其他权利的恢复原状。物的恢复原状与民法通则中的恢复原状意义相同，即恢复物受损害前的形态或性能。其他权利的恢复原状包括恢复原居住地的户口、恢复职级等②。

《国家赔偿法》第 28 条规定："应当返还的财产损坏的，能够恢复原状的，恢复原状"，"查封、扣押、冻结财产的，解除对财产的查封、扣押、冻结"。恢复原状的赔偿方式，能够比较公平合理地弥补受害人的损失。但在适用时，由于操作程序比较复杂琐碎，可能节外生枝，耗费时间和精力，影响国家机关工作效率。只有在受损害的财物能够恢复原状、恢复原状比支付赔偿金更加便捷的情况下，才适用此种方式。而且一经适用，即排除其他赔偿方式。国外多数国家适用恢复原状赔偿方式时，还规定以请求权人的正式请求作为采取恢复原状方式赔偿的必要条件。

---

① 皮纯生、何寿生：《比较国家赔偿法》，中国法制出版社 1998 年版，第 134 页。
② 江必新：《国家赔偿法原理》，中国人民公安大学出版社 1994 年版，第 196、209 页。

2. 精神赔偿

在受到国家行政机关、司法机关及其工作人员以国家名义作出的违法行为侵害时，受害人受到的损害，不仅仅表现在肉体上，同时表现在精神上。人之所以不同于动物，在于他的头脑、意识和精神。任何外力在作用于其肉体的同时，通过其神经、视觉、听觉同时甚至预先作用于其精神，使其处于严重的恐惧、焦虑、羞辱、悲愤状态以至精神失常者，屡屡可见。致人死亡后给其家属、子女造成的精神痛苦，更是沉重深远。因此，当侵权行为纠正以后，仅给受害人物质损害补偿，不给其精神损害补偿的作法是不公正的，甚至是不人道的。

对于此种精神损害，多数国家均以金钱方式予以补救。1900 年德国民法典在世界上率先确立了"非财产损害"（即精神损害）赔偿制度。其中第 823 条规定："因故意或过失不法侵害他人的生命、身体、健康、自由、所有权或其他权利者，对被害人负损害赔偿的义务。"第 847 条规定："1. 不法侵害他人的身体或健康，或侵夺他人自由者，被害人所受侵害虽非财产上的损失，亦得因受损害，请求赔偿相当的金额。2. 前项请求不得让与或继承，但请求权已依契约承认或已发生诉讼拘束者不在此限。"德国民法典明确规定了非财产损害的金钱赔偿。稍后的瑞士民法典规定任何人在其人格受到不法侵害时可诉请排除侵害，诉请损害赔偿或给付一定数额的抚慰金。

自此以后，非财产损害的金钱赔偿即成为西方国家民法典的普遍规定，并将此一规定扩大适用到国家赔偿领域之中。如日本、韩国和我国台湾地区的国家赔偿法均明确规定，国家赔偿除依本法规定外，适用民法规定。美国的联邦侵权赔偿法也规定："美国联邦政府，依据本法关于侵权行为求偿之规定，应于同等方式和限度内，与私人同样承担民事责任，但其责任不及于判决前之利息或惩罚性赔偿金"。法国最高行政法院在 1961 年 11 月 24 日对勒都斯兰德案件的判决中认为，尽管缺乏实际上的物质损害，儿子的死亡给父亲造成的痛苦，也可以作为对后者赔偿的充分理由。法国最高行政法院还曾以"对于生存条件造成紊乱"为由，确定给某死者的父母高于死亡事故应赔偿金额的补助金。

"对精神损害承担财产责任的实质，是借助物质手段达到精神慰抚之目的。如同以物质奖励的形式达到精神鼓励和社会表彰的目的一样。规定对精神损害的法律责任，是社会对人格价值尊重和保护的表现，是人类社会走向文明和成熟的表现，是人类重视自己的精神财富的表现，诚然，精神财富、人格利益是无法用金钱来计算的，但物质利益对于精神的慰藉作用又是客观的。"①

1994年《国家赔偿法》第30条关于"造成名誉权、荣誉权受到损害的，应当在侵权行为范围内，为受害人消除影响、恢复名誉、赔礼道歉"的规定，即是一种精神损害的赔偿方式。

此一规定的不足是：①未将"消除影响、恢复名誉、赔礼道歉"的规定放在第四章赔偿方式和计算标准中，而将其放在第五章其他规定中。②没有规定侵犯公民生命权、健康权造成伤害或死亡时，国家应承担精神损害赔偿责任。而此种情形给受害人及其亲属带来的精神痛苦甚至比名誉权、荣誉权受侵害更烈；没有规定非刑事司法侵权行为，如民事、行政诉讼中的违法司法拘留给当事人造成名誉权、荣誉权损失的赔偿责任；没有规定法人和其他组织的名誉权、荣誉权受侵害的赔偿责任；没有规定除名誉权、荣誉权以外的人格权利如姓名权、肖像权、名称权、发明权、发现权等被非法侵害时的赔偿责任等。③未规定支付精神损害抚慰金。

国家赔偿中关于侵害生命权、健康权的抚慰金，从理论上看，也属于非财产损害的一种。1994年《国家赔偿法》第27条规定："造成部分或者全部丧失劳动能力的，应当支付医疗费以及残疾赔偿金"，"造成死亡的，应当支付死亡赔偿金、丧葬费"，二者的最高额为国家上年度职工年平均工资的20倍。残疾赔偿金和死亡赔偿金均具有对残疾者本人或死者亲属的精神慰藉作用。关于最高限额的规定，也符合世界各国的通行做法。

2001年3月10日，最高人民法院颁布实施《关于确定民事侵权精神损害赔偿责任若干问题的解释》，被我国法学界和司法界誉为继1986年民法通则颁布以后中国民法对人身权保护的第二个里程碑。《解释》明确规定：①自然人的生命权、健康权、身体权、姓名权、肖像权、名誉权、荣誉权、人格尊严权、人身自由权等人格权利遭受非法侵害，向法院起诉请求赔偿精神损害的，法院应依法受理；②因侵权致人精神损害，但未造成

---

① 江必新：《国家赔偿法原理》，中国人民公安大学出版社1994年版，第196、209页。

严重后果，受害人请求赔偿精神损害的，一般不予支持，法院可以根据情形判令侵权人停止侵害、恢复名誉、消除影响、赔礼道歉。因侵权致人精神损害，造成严重后果的，法院除判令侵权人承担停止侵害、恢复名誉、消除影响、赔礼道歉等民事责任外，可以根据受害人一方的请求判令其赔偿相应的精神损害抚慰金；③精神损害抚慰金包括残疾赔偿金、死亡赔偿金、其他损害情形的精神抚慰金；④精神损害的赔偿数额根据侵权人的过错程度，侵害的手段、场合、方式、后果，侵权人的获利情况和承担责任的经济能力，受诉法院所在地平均生活水平等因素确定；⑤法律、行政法规对残疾赔偿金、死亡赔偿金等有明确规定的，适用法律、行政法规的规定。

尽管最高法院的此一解释仅适用于民事领域，但国家赔偿的渊源来自民事领域，赔偿本身的性质与做法也与民事相似；美国、日本、韩国和我国台湾地区的国家赔偿法均规定国家赔偿除依本法规定外，适用民法规定。所以，最高法院关于民事侵权精神损害赔偿司法解释的出台，对一个时期以来人们广泛关注的我国国家赔偿法的修改，尤其是关于国家赔偿中精神损害赔偿的确立，具有重要的推动和借鉴作用。比如，关于消除影响、恢复名誉、赔礼道歉的规定，《解释》是适用于未造成严重后果的精神损害，对于造成严重后果的，则除适用上述规定外，还应赔偿精神损害抚慰金；而在国家赔偿法中，消除影响、恢复名誉、赔礼道歉，则适用于错拘、错捕、错判等侵犯人身自由权同时又侵犯名誉权、荣誉权的情况。以国家名义施以国家强制力的侵权行为，其后果比平等民事主体之间的侵权行为，不知要严重多少倍。现在民事赔偿制度已开精神损害赔偿之先河，在国家赔偿制度中，国家就再没有理由不承担精神损害的金钱赔偿责任。

2003 年，最高法院又发布了《关于审理人身损害赔偿案件适用法律若干问题的解释》，进一步强化了人身伤害中精神损害抚慰金赔偿。2009 年年底，全国人大常委会正式通过《侵权责任法》，以法律形式正式确立了精神损害赔偿制度，为国家赔偿法中增加精神损害赔偿铺平了道路。

关于修改国家赔偿法的具体建议，有专家设计了两种方案："一是直接修改国家赔偿的范围、原则、标准，扩大国家赔偿责任的覆盖面，使国家承担起精神赔偿的责任来；第二种方法是简单修改，只要笼统地加上

'除依本法规定外，适用民法规定'的规定，即可解决这一问题。"①

作者认为，第二种方法看似简单，但涉及民法与国家赔偿法的一系列理论与原则，涉及我国现阶段经济水平与发达国家间的差距，一时难以实现。而现行国家赔偿法的范围、原则和标准，总的讲还是符合中国实际，切实可行的。国家赔偿法实施时间不长，案件不多，立法和司法经验不足，许多问题尚未充分暴露和展现。在此种情况下，赔偿法不可不改，也不可大改。在精神损害赔偿方面，可以增加规定侵犯公民生命权、健康权造成伤害或死亡时；非刑事司法侵权行为造成公民名誉权、荣誉权损失时；法人和其他组织的名誉权受到非法侵犯时，未造成严重后果的，应消除影响、恢复名誉、赔礼道歉，造成严重后果的，则除上述规定外，赔偿相应的精神抚慰金。受害人在国家赔偿请求中没有提出精神损害赔偿的，当赔偿义务机关、复议机关、人民法院赔偿委员会作出赔偿决定后，不得以同一侵权事实另行请求精神损害赔偿。

2010 年《国家赔偿法》在综合上述各种考虑和司法实践后，作出两点重要修改：①将"消除影响、恢复名誉、赔礼道歉"的规定从第五章其他规定改放在第四章赔偿方式和计算标准中。②并增加规定"造成严重后果的，应当支付相应的精神损害抚慰金"。

消除影响、恢复名誉、赔礼道歉

我国国家赔偿法除规定支付赔偿金、返还财产、恢复原状三种物质赔偿方式外，还规定了消除影响、恢复名誉、赔礼道歉的精神赔偿方式。消除影响和恢复名誉，指赔偿义务机关通过澄清事实真相，向知情人和公众说明情况，以消除对受害人造成的不利影响，恢复受害人的名誉。赔礼道歉，指赔偿义务机关在澄清事实、说明真相的基础上，以国家名义向受害人承认错误，表示歉意，请求谅解。

2010 年《国家赔偿法》第 35 条规定："有本法第 3 条或者第 17 条规定情形之一，致人精神损害的，应当在侵权行为影响的范围内，为受害人消除影响，恢复名誉，赔礼道歉。"

根据该条规定，适用消除影响、恢复名誉、赔礼道歉精神赔偿方式时，应该注意下述问题：

---

① 刘莘："国家赔偿中的精神损害赔偿"，《人民公安》2001 年第 9 期，第 9 页。

　　第一，适用对象是公民，即自然人。关于法人和其他组织的名誉权、荣誉权受到损害是否适用消除影响、恢复名誉、赔礼道歉，国家赔偿法目前未做规定。

　　第二，适用消除影响、恢复名誉、赔礼道歉的前提，是受害人的人身自由受到行政机关违法拘留、非法拘禁或其他方式违法限制或非法剥夺，受到司法机关错拘、错捕、错判的侵害，并已被确认。

　　第三，受害人的人身自由受到上述侵害的同时，其名誉权和荣誉权已经受到损害。如果侵权行为尚未公开，不为公众知晓，尚未造成不良影响，则不必采用此种赔偿方式。

　　第四，消除影响、恢复名誉、赔礼道歉应当在侵权行为影响所及的范围内进行。在多大范围内造成影响，必须在多大范围内消除。①

　　第五，不得以消除影响、恢复名誉、赔礼道歉的精神赔偿方式替代支付赔偿金、返还财产、恢复原状的物质赔偿方式。在大多数情况下，在给受害人造成物质损害的同时，会给受害人带来名誉权、荣誉权的损害，因此，物质赔偿方式与精神赔偿方式合并使用的情形居多。

　　第六，由于1994年《国家赔偿法》未将"消除影响、恢复名誉、赔礼道歉"的规定放在第四章赔偿方式和计算标准中，给司法实践带来困惑，消除影响、恢复名誉、赔礼道歉的内容不便写进赔偿决定书的主文，一般仅在理由部分表述。现行国家赔偿法则明确认定其为法定赔偿方式，因之，应将"消除影响、恢复名誉、赔礼道歉"内容正式列入赔偿决定书的主文，并尽可能做好赔偿义务机关的工作，使之主动积极配合，取得良好的社会效果。

　　尽管现行国家赔偿法已将"消除影响、恢复名誉、赔礼道歉"规定从第五章其他规定中，改在第四章赔偿方式和计算标准中，明确认定其为法定赔偿方式。但这种修改的理由和意义，仍然有待阐述清楚。换句话说，1994年《国家赔偿法》将"消除影响、恢复名誉、赔礼道歉"放在第五章其他规定中，为什么不适当、不科学。

　　1994年《国家赔偿法》的上述规定给司法解释和司法实践带来一个问题："消除影响、恢复名誉、赔礼道歉"是否算作我国国家赔偿的赔偿方式，是否与"支付赔偿金、返还财产、恢复原状"具有同等法律性质，

————————

　　① 关于登报致歉案例，参见本书第262页。

是否属于实体性、强制性的规定?

　　作者当时即认为,尽管国家赔偿法将"消除影响、恢复名誉、赔礼道歉"放在第五章其他规定中,但"消除影响、恢复名誉、赔礼道歉"应该是我国国家赔偿法明确规定的赔偿方式,它与支付赔偿金、返还财产、恢复原状的赔偿方式同属于实体性、强制性规定,具有同等的法律性质。正如物质文明建设离不开精神文明建设一样,国家赔偿中的物质赔偿方式同样需要精神赔偿方式的配合和补充。"消除影响、恢复名誉、赔礼道歉",是从法律救济角度加强社会主义精神文明建设的不可或缺的重要内容①:

　　第一,"消除影响、恢复名誉、赔礼道歉"的宪法和法律依据

　　我国《宪法》第 38 条规定:"中华人民共和国公民的人格尊严不受侵犯。禁止用任何方法对公民进行侮辱、诽谤和诬告陷害。"公民的人格权包括姓名权、肖像权、贞操权、配偶权、亲权、监护权、隐私权、信用权、著作人身权等,名誉权和荣誉权是其重要组成部分。对公民的上述权利禁止用任何方法进行侵害。"任何方法"既包括来自其他公民、法人、组织的各种非法侵害,也包括来自国家机关及其工作人员的职务侵害。针对来自国家机关及其工作人员的侵害,《宪法》第 41 条明确规定:"由于国家机关和国家工作人员侵犯公民权利而受到损失的人,有依照法律规定取得赔偿的权利。"

　　宪法是根本大法,是母法,它规定的基本原则需要通过其他具体的法律规定加以落实。为落实宪法关于公民人格尊严不受侵犯的规定,针对来自平等主体的其他公民、法人和组织对公民名誉权、荣誉权的非法侵害,我国《民法通则》规定:"公民、法人享有名誉权,公民的人格尊严受法律保护,禁止用侮辱、诽谤等方式损害公民、法人的名誉"。"公民、法人享有荣誉权,禁止非法剥夺公民、法人的荣誉称号。""公民的姓名权、肖像权、名誉权、荣誉权受到侵害的,有权要求停止侵害,恢复名誉,消除影响,赔礼道歉,并可以要求赔偿损失。法人的名称权、名誉权、荣誉权受到侵害的,适用前款规定"。"国家机关或者国家机关工作人员在执行职务中,侵犯公民、法人的合法权益造成损害的,应当承担民事责任。"

---

　　①　陈春龙:《中国司法赔偿》,法律出版社 2002 年版,第 376 页。

我国国家赔偿法关于"消除影响、恢复名誉、赔礼道歉"的规定，正是贯彻落实宪法关于公民人格尊严不受侵犯的规定，针对来自国家机关及其工作人员对公民名誉权、荣誉权的侵害，参考、借鉴民法通则作出的法律规定。它符合宪法规定精神，同民法通则等其他法律相配套，是保障基本人权的重要内容。在国家赔偿领域中，与支付赔偿金、返还财产、恢复原状的赔偿方式，具有同等地位和效力。

第二，"消除影响、恢复名誉、赔礼道歉"的客观现实依据

（1）社会实际生活表明，国家机关及其工作人员违法对公民拘留、拘禁、逮捕、定罪、判刑、关押，不仅会对公民的人身自由权、健康权、生命权造成严重侵害，还会在一定范围内对受害人的名誉和荣誉造成恶劣影响。这种影响首先会造成受害人沉重的精神负担和心理压力，妨碍其正常的工作、生活和社交，同时也会传递其父母、子女、配偶甚至亲戚朋友，使之受到牵连和干扰。

这种负面影响之所以会产生，是因为法律的功能是多方面的。除了作为人们具体的行为尺度之外，还是人们进行道德评判的尺度。凡是法律所禁止的，即是道德所不容的；凡是法律所惩罚的，必是道德所谴责的。道德是法律的基础，法律是道德的最低要求。对某一公民采取了某种法律措施，本身便意味着对该公民的操行和人格的否定和谴责。"而且在我国，有关机关采取上述措施一般都公开进行，这样，违法采取上述措施将在一定范围内对受害人的名声、荣誉造成非常恶劣的影响。"[1]

因此，在对受害人的违法行为被纠正以后，对因此造成的对公民的名誉、荣誉的损害，必须予以切实的补救。

（2）这种补救，不仅有利于弥补受害公民的合法权益，使之免遭或减轻世俗偏见的歧视，而且有利于形成尊重他人名誉的社会风气。一方面，中国是有着悠久历史的文明之邦，尊重他人名誉和荣誉是中华民族的优良传统。但新中国建立后频繁迭出的各类政治运动打乱了正常的社会秩序，初级阶段市场经济的金钱诱惑使一些人的思想观念步入歧途。侮辱、诽谤、诋毁、诬陷他人的现象随处可见。现阶段国民整体素质较低，法律意识淡漠，不易区分行政强制措施同刑事强制措施，把拘留和逮捕混为一团，只要某人被司法机关传讯过，一句"进去了"就给他人作出了不容

---

[1]　皮纯协、冯军：《国家赔偿法释论》（修订本），中国法制出版社 1998 年版，第 230 页。

辩驳的"坏蛋"结论。在司法机关纠正其违法错误的职务行为并消除影响之前，"许多人在内心里已认同了有关机关最初所作的关于受害人犯有违法或犯罪行为的认定，并进而形成对受害人的偏见和歧视态度。"① 即使在司法机关改正错误以后，一些人还不愿轻易放弃已经形成的思维定式。另一方面，几千年中国封建政治文化积淀形成的"官贵民轻"观念的残余，使少数国家工作人员缺少保护公民名誉的意识，对于违法公务造成受害人的精神损害不屑一顾。如果赔偿义务机关不积极采取措施消除影响，将会给受害人造成进一步的损害。国家赔偿法正是从这种客观实际出发，作出了消除影响、恢复名誉、赔礼道歉的法律规定。赔偿法的这一规定，与民法通则相关规定一起，为净化社会风气，监督国家机关依法办事，提倡尊重他人名誉的观念，进而为深化社会主义精神文明建设发挥作用。消除影响，恢复名誉、赔礼道歉的精神赔偿方式，在这方面起的作用，是支付赔偿金、返还财产、恢复原状的物质赔偿方式所替代不了的。

第三，"消除影响、恢复名誉、赔礼道歉"的立法技术依据。

如上所述，对侵害公民名誉权、荣誉权的赔偿既符合客观实际需要，又有宪法和法律依据，那么，从立法技术角度如何进行赔偿的问题便提了出来。国家赔偿法规定对财产权、人身权的赔偿以支付赔偿金、返还财产、恢复原状方式赔偿；对名誉权、荣誉权的损害采用消除影响、恢复名誉、赔礼道歉方式赔偿。二者在赔偿方式上的差别，可从立法技术上探求原因：

一方面，对名誉权、荣誉权的损害不同于对人身权、财产权的损害。虽然从间接和远期看，对名誉权、荣誉权的侵害可能给受害人造成一定的物质损失，但此种损害不同于对财产权、人身权的损害，主要还是一个精神问题，很难用赔偿金形式给以补救，如用金钱弥补，则需测定名誉权、荣誉权的损害程度并将损害程度以金钱量化，以确立一个受害人和赔偿义务机关均能接受的数额标准，操作起来难度较大。

另一方面，中国人素有重名轻财的观念，如采用金钱赔偿方式，可能使一些受害人意犹未尽不觉满足。而限于国家财政负担能力，在国家赔偿制度建立初期、无经验可循情况下，也不宜将物质赔偿范围定得过宽。

在此种情况下，由造成荣誉权、名誉权损害的国家机关正式、公开撤

① 皮纯协、冯军：《国家赔偿法释论》（修订本），中国法制出版社1998年版，第230页。

销原违法侵权决定，承认错误，赔礼道歉，可使受害人的名誉和荣誉在相当程度上得以恢复和补救，取得单纯以财产赔偿方式难以得到的社会效果。所以，从立法技术上看，消除影响，恢复名誉，赔礼道歉，是对名誉权、荣誉权造成损害的最佳补救方式，而不是说，此种方式就比支付赔偿金等方式的规格低，不具有实质性、强制性的意义。

第四，立法时的几种考虑

既然消除影响、恢复名誉、赔礼道歉是对精神损害的较佳的赔偿方式，为什么不名正言顺地将其写入《国家赔偿法》第四章赔偿方式中而放在第五章其他规定中呢？主要是因为"立法过程中曾产生过争议"①：有人认为，从各国立法看，把赔礼道歉作为国家赔偿方式几乎无此先例。向受害人赔礼道歉无异于"隔靴搔痒"，起不到对公民被损害的权利的补救作用，应对精神损害实行物质赔偿。与此相反的观点则认为，国家机关向受害人赔礼道歉，对受害人的精神是一种安慰，有利于化解矛盾，达成谅解，有利于实现国家的管理职能。从国家财力出发，在实施国家赔偿初期，对物质赔偿范围不宜规定过宽。赔礼道歉作为国家赔偿方式中的一种补充方式，其存在是合理的。

上述两种观点均有其一定的合理性。所以国家赔偿法最终定稿时，既不能没有消除影响、恢复名誉、赔礼道歉的规定，又不宜将其正式列入第四章赔偿方式，折中的办法即是写进第五章其他规定之中。这一折中做法虽然比较稳妥地解决了立法争议，却给司法解释和司法实践留下了难题。其中之一是，法律篇章结构中的"其他规定"是否算作"实体条文"，是否具有实体性、强制性的意义，是否影响其法律效力？

作者认为，消除影响、恢复名誉、赔礼道歉尽管放在国家赔偿法第五章其他规定中，但仍同放在第四章的支付赔偿金、返还财产、恢复原状一样，同属我国国家赔偿的赔偿方式，具有同等的法律效力。因为从法律的篇章结构考虑，立法时总会有一些内容不便于归纳进某章某节，于是"其他规定"就成了不少法律的必备专章。同时还有附则专章。其他规定专章与附则专章的区别在于：附则专章一般规定该法律的施行日期、新法与旧法之间的衔接等辅助事项，而其他规定专章中规定的内容，则均为实体性、强制性的规定。如《国家赔偿法》第六章附则规定了国家赔偿案

① 高家伟：《国家赔偿法学》，工商出版社 2000 年版，第 121 页。

件的收费问题和该法的施行日期。而第五章其他规定共有四条，分别是关于侵犯名誉权和荣誉权的赔偿方式，民事诉讼和行政诉讼中的国家赔偿，国家赔偿时效及其中止，涉外国家赔偿。可以清楚地看出，这四项内容均是关于国家赔偿的实体性、强制性规定，均是国家赔偿法不可或缺的重要组成部分。将这些内容安排在哪一章节，完全是立法技术问题，丝毫不影响其必须实施的法律效力。

综上所述，作者认为，消除影响、恢复名誉、赔礼道歉作为精神损害的赔偿方式，既有宪法和法律依据，又符合客观实际需要，尽管由于立法时的种种考虑将其规定在第五章其他规定之中，但丝毫不影响其作为实体性、强制性规定的法律效力。司法实践表明，在目前中国的现实条件下，对精神损害赔偿实行消除影响、恢复名誉、赔礼道歉的精神赔偿方式，在"官贵民轻"封建政治文化残余尚未彻底肃清，一些国家机关及其工作人员一时难于放下架子、向普通公民赔礼认错的情况下，采取某些临时性措施，如将赔礼道歉不写进决定主文而在理由部分表述等，在实施国家赔偿法的现阶段，不失为一种权宜之计，但根本问题还在于以"三个代表"中真正代表人民群众利益的思想教育广大国家机关工作人员，使其真正树立公仆意识，全心全意为人民服务，真心诚意地承认和改正错误，把国家赔偿当作推动事业发展的动力。

立法机关正是在综合考虑上述各种因素之后，终于在 2010 年对《国家赔偿法》作了修改，将原放在第五章其他规定的"消除影响、恢复名誉、赔礼道歉"，提前放入第四章赔偿方式和计算标准之中，正式明确其赔偿方式的法律定位。

但从立法角度看，为贯彻落实消除影响、恢复名誉、赔礼道歉、支付精神损害抚慰金的赔偿方式，需要作出进一步的解释和规定，如赔礼道歉的方式是口头还是书面，是单个进行还是公开进行，是单独告知还是通过媒体[1]；有的需要进一步加强研究，如有的学者建议应扩大承担精神侵权责任的范围，人身健康受到侵害，非刑事司法行为对人身自由的侵害，法人和其他组织的名誉权、荣誉权受到侵害，除名誉权、荣誉权以外的其他精神损害，均应承担精神侵权的赔偿责任。[2]

---

[1]　参见本书第 262 页。

[2]　金永熙、于伟：《法院赔偿工作实务》，人民法院出版社 1997 年版，第 227 页。

精神损害抚慰金

2010 年《国家赔偿法》第 35 条规定："有本法第三条或者第十七条规定情形之一，致人精神损害的，应当在侵权行为影响的范围内，为受害人消除影响，恢复名誉，赔礼道歉；造成严重后果的，应当支付相应的精神损害抚慰金。"增加精神损害抚慰金的规定，是修改后的《国家赔偿法》的一大亮点。

精神损害抚慰金的支付，是中国国家赔偿法律制度学习借鉴其他国家正确作法的产物。早在 1900 年，德国民法典在世界上率先确立了"非财产损害"（即精神损害）赔偿制度。此后，非财产损害的金钱赔偿即成为西方国家民法典的普遍规定，并逐步将此一规定扩大适用到国家赔偿领域之中。如日本、韩国、美国、法国和我国台湾地区的国家赔偿法均有此规定。

在我国民事立法中，过去一直拘泥于意识形态教条，拒绝给予精神损失以物质补偿。诚然，精神财富、名誉人格是无法用金钱来计算的，但在世界发展的现阶段，物质补偿对于精神的慰藉作用却又客观存在。物质可以变精神，精神可以变物质。在改革开放实行社会主义市场经济环境下，中国民法终于在 2001 年确立了精神损害赔偿责任，为国家赔偿法精神损害抚慰金的出台铺平了道路。

现在关于精神损害赔偿的这一规定比较原则，随意性大，操作性差，法官的自由裁量与当事人的请求之间存在扯皮空间。对于精神损害赔偿的具体标准，哪一些构成"造成严重后果"，现在的赔偿法中没有作出具体规定。这主要是由于精神损害和财产损失不一样，看不见、摸不着，认定比较困难，现实情况复杂，案件千差万别。在实践经验不足情况下，一时很难在法律中作出抽象统一的规定。留待以后具体案件中由司法机关进行认定，由最高人民法院根据审判实践中出现的具体问题，适时作出司法解释。目前通常认为，精神损害抚慰金的判定，应该以无罪羁押赔偿适当高于民事赔偿、行政赔偿和非刑事司法赔偿标准为宜。受害人死亡、残疾、重伤，被判罪名使受害人人格、名誉、形象严重受损，受害人妻离子散、近亲属受精神打击致死致残等，均应视为"造成严重后果"之情形。

作者认为，由于国家和公民永远不可能处于平等地位，国家公权力侵害的范围与程度往往比民事主体的侵害更为广泛与深刻，国家侵权损害后果比民事侵权更加严重，所以国家赔偿精神损害抚慰金，应当高于民事赔偿精神损害抚慰金。

2013 年浙江省高级法院赔偿委员会，在对张辉、张高平案的赔偿决定中，综合考虑张氏叔侄被错误定罪量刑、刑罚执行和工作生活受到的影响等具体情况，决定精神损害抚慰金的数额，以其人身自由权、生命健康权损害等国家赔偿总额的 70% 为基准，决定支付精神损害抚慰金 45 万元，突破了一般按侵犯人身自由赔偿金 50%、总额 30 万元以下的标准，是体现国家侵权精神赔偿应高于民事侵权精神赔偿的司法实例，收到了国家尊重和保障人权的效果①。

2014 年，最高法院出台《关于人民法院赔偿委员会审理国家赔偿案件适用精神损害赔偿若干问题的意见》规定，精神损害抚慰金的具体金额，原则上不超过人身自由赔偿金、生命健康赔偿金总额的 35%，最低不少于 1000 元。

（二）国家赔偿标准

国家赔偿标准，指根据侵权损害程度和国家财政状况确定的赔偿金额准则。它是国家赔偿得以实现，受害人被损权益得以弥补的前提。有了这一标准，就会避免国家赔偿争议陷入胶着状态，尽快在双方当事人之间达成共识②。

国家赔偿标准的确立，是各国从本国实际状况出发作出的法律选择。各国国情不同，赔偿标准各异。从近百年国家赔偿实践看，可将这些标准基本归纳为三种类型：

第一，惩罚性标准。即赔偿额度对侵害方具有惩罚性，除足以弥补受害方蒙受的实际损失外，还应付出对自己侵害行为负责的惩罚性费用。赔偿额度等于损失金额加上惩罚金额，是一种比较高的赔偿标准。常为发达国家所采用。

第二，补偿性标准。即赔偿额度足以弥补受害人所受的实际损失，使受害权益回复到侵害前之状态，赔偿金额等于实际损失金额，常为中上等

---

① 《法制日报》2014 年 2 月 24 日。呼格吉勒图的父母则获得高达 100 万元的精神损害抚慰金。

② 张正钊主编：《国家赔偿制度研究》，中国人民大学出版社 1996 年版，第 66 页。

发展中国家所采用。

第三，抚慰性标准。即赔偿额度不足以填补受害人的实际损失，仅以国家名义进行象征性、抚慰性的赔偿，赔偿金额低于受害人的实际损失。采用此种标准的国家认为，"国家赔偿不可能对受害人的实际损失作完全充分的救济。国家机关本身的性质和特征决定了国家赔偿只宜作象征性的抚慰，赔偿额只能限制在实际所受损失额的范围之内，虽然国家尽可能予以赔偿，但不一定要进行完全充分的弥补。"①

我国在制定国家赔偿法时，关于赔偿标准有过热烈的讨论②。一种观点认为，应当从根治违法侵权出发，把赔偿标准定得高一些，通过支付高额赔偿金以对那些违法侵权的国家机关及工作人员进行警戒，即实行惩罚性标准；另一种观点认为，上述观点的出发点是好的，但目前国家赔偿要解决的主要问题，是规范国家机关的行为，使其职务行为重新纳入正规轨道，而不是对受害人给予完全充分的损害赔偿。目前国家行政机关和司法机关的执法、司法水平整体不高，如果马上采用惩罚性标准，会感到难以承受和适应，难以达到逐步提高执法、司法水平的目的。至于补偿性标准，在国家赔偿制度的初创时期，各方面经验不足，在侵权损害的确认、计算、统计等具体操作上存在一定困难。所以，从当前的实际出发，我国国家赔偿在现阶段还是采取抚慰性标准为宜。

国家赔偿法基本采纳了后一种观点，即既要使受害者的损害得到适当弥补，也要兼顾国家经济、财政和其他现实状况，基本上采用抚慰性标准。但在实行此一标准的具体计算上，不采用法国、日本和我国台湾地区损益相抵办法，即当受害人因同一损害从不同渠道获得赔偿时，国家在支付赔偿金时并不扣除从其他渠道得到的数额。因此，尽管我国的赔偿标准不高，但由于受害人有可能从社会保险、个人劳务等其他渠道获取收益，在相当程度上能保障受害人得到可靠的赔偿。

在实施《国家赔偿法》的实践中，的确存在少数国家机关及其工作人员玩忽职守、贪赃枉法、侵犯人权的卑劣行径，令人发指，而且屡戒屡犯。为了加大对此行径的惩戒力度，作者建议在《国家赔偿法》下一次修改时，应适度增加一些惩罚性标准之规定，以增加法律威慑力度，执行

①　皮纯协、何寿生：《比较国家赔偿法》，中国法制出版社 1998 年版，第 173 页。

②　皮纯协、冯军：《国家赔偿法释论》（修订本），中国法制出版社 1998 年版，第 215 页。

时可加以严格控制。这在国家经济实力有所提升的今天，应该是可以办到的。具体做法是：在《国家赔偿法》第 34 条后增加一款："（四）对于情节恶劣、后果严重、屡禁不止的侵权行为，赔偿委员会在报经上一级赔偿委员会批准后，可在上述赔偿标准外，决定加倍赔偿。"

1. 侵犯自由权的赔偿标准

公民的人身自由是人作为人所应享有的最基本、最初始、不可让与的人权，是无数仁人志士抛头颅、洒热血、前仆后继、奋斗终生的崇高目标。此一目标实现不易，保障亦难。为维护此一基本人权的法律措施有二：一是用法律明确规定其不可侵犯性；二是在遭到侵犯时给以法律制裁和法律救济。

我国《宪法》第 37 条规定："中华人民共和国公民的人身自由不受侵犯。任何公民，非经人民检察院批准或者决定或者人民法院决定，并由公安机关执行，不受逮捕。禁止非法拘禁和以其他方法非法剥夺和限制公民的人身自由，禁止非法搜查公民的身体。"我国刑法和其他相关法律对各种侵犯公民人身自由的行为作出了制裁规定。尽管如此，由于种种社会原因，侵犯公民人身自由的现象仍经常发生。其中既有来自非法途经的侵犯，也有来自"合法"途经的侵犯。后者表现在国家机关及其工作人员对公民违法拘传、拘留、收容审查、搜查、错误逮捕、错误判刑并羁押等方面。对于来自前者的侵犯，可依法予以严厉制裁，对于来自后者的侵犯，亦应坚决纠正，严加惩处，并给受害人以适当赔偿。

在实行此种赔偿时，由于此类损害无法以恢复原状方式进行，也没有财产可以返还，只能以支付赔偿金方式予以赔偿。这就又产生一个问题，有学者发问：人的自由值多少钱？人的痛苦与情感值多少钱？目前对损害自由以金钱补偿，不是说自由本身值多少钱，而是说因为失去自由而丧失了多少挣钱的机会。这里计算的不是自由的价值，而是因失去自由而失去的金钱，"似乎人不是为自由而活，而是为金钱而活的，这是不是人类的一种可悲之处或异化呢？"[1] 此种从人生哲学角度提出的问题固然值得思考，但给予损失自由的人以金钱赔偿，毕竟是目前现实社会所能提供的最佳补救措施，因之为世界各国所采用。

---

① 江必新：《国家赔偿法原理》，中国人民公安大学出版社 1994 年版，第 204 页。

从其他国家和地区的赔偿立法看，具体做法有两种：一是采取固定额度，对受害人给予同等标准的补偿；二是根据受害人受损害的具体情况酌情补偿。日本、德国和我国台湾地区采用前一种做法。日本刑事补偿法规定对公民每羁押一日，赔偿 1000—7200 日元；德国 1971 年刑事追诉措施赔偿法规定，每羁押一日赔偿 20 马克；我国台湾地区 1991 年修改的冤狱赔偿法规定每羁押一日，赔偿 3000—5000 台币。

我国《国家赔偿法》第 26 条规定："侵犯公民人身自由的，每日的赔偿金按照国家上年度职工日平均工资计算。"此项规定基本属于国际通行的对受害人给予同等标准补偿的做法，但又有所发展。这样规定的理由是：

第一，采取固定额度标准计算方便、易于操作，能迅速实现对受害人的赔偿。如果根据每个受害人受损害和经济收入的具体情况酌情赔偿，则势必情况复杂、因人而异、计算繁琐，容易产生各种矛盾，延误赔偿时间。

第二，采取固定额度赔偿的一个弊端是规定过死，不适应情况变化。为避免此一弊端，我国规定按国家上年度职工日平均工资计算额度。赔偿标准既全国统一，赔偿数额又随着每年职工工资变化而变化，适应性强，稳妥合理。

在国家赔偿法立法过程中，有的建议采用羁押一日赔偿 10—20 元的固定标准，未被采纳。如果采纳此种完全固定的标准，随着社会经济状况变化势必引起赔偿标准的修改，而处在建立市场经济初级阶段的我国，经济状况变化是经常发生的。我国台湾地区就曾遇到此类问题。其赔偿标准在 1960 年每羁押一日赔偿 15—25 银元，1983 年将此标准提高 10 倍；1991 年又从羁押一日赔偿 750—1050 台币提高到 3000—5000 台币；

第三，尽管同国外相比，我国现行标准较低，[①] 但该标准是从我国经济发展水平和公民收入水平的实际状况出发的。如果定得过高，公民所得赔偿超过其实际收入，于情理不合，以后调整回旋余地不大，亦会引发其他社会矛盾。当然，随着国家经济实力不断增强，赔偿额度亦应随之变化。

---

① 2014 年 2 月 20 日，美国纽约市政府决定赔偿一名错判入狱 23 年的男子戴维·兰塔 640 万美元。新华社专电，《新京报》2014 年 2 月 22 日。

关于国家上年度职工日平均工资如何计算的问题，最高法院关于执行国家赔偿法几个问题的解释中规定：

①《国家赔偿法》第26条关于"侵犯公民人身自由的每日的赔偿金按照国家上年度职工日平均工资计算"中规定的上年度，应为赔偿义务机关、复议机关或者人民法院赔偿委员会作出赔偿决定时的上年度；复议机关或者人民法院赔偿委员决定维持原赔偿决定的，按作出原赔偿决定时的上年度执行。

②国家上年度职工日平均工资数额，应当以职工年平均工资除以全年法定工作日数的方法计算。年平均工资以国家统计局公布的数字为准。

2. 侵犯健康权的赔偿标准

侵犯公民健康权造成的损害包括两个方面：一是造成公民身体伤害，一是造成公民身体残废。世界各国国家赔偿法对此分别规定不同的计算标准。对前者一般应支付医疗费和误工减少的收入。对后者除支付上述费用外，还应支付残疾赔偿金。我国国家赔偿法也对此作出了明确规定：

造成公民身体伤害的，应当支付医疗费，以及赔偿因误工减少的收入。减少的收入每日的赔偿金按照国家上年度职工日平均工资计算，最高额为国家上年度职工年平均工资的5倍。

造成部分或者全部丧失劳动能力的，应当支付医疗费，以及残疾赔偿金。残疾赔偿金根据丧失劳动能力的程度确定，部分丧失劳动能力的最高额为国家上年度职工年平均工资的10倍；全部丧失劳动能力的为国家上年度职工年平均工资的20倍。造成全部丧失劳动能力的，对其扶养的无劳动能力的人，还应当支付生活费。生活费的发放标准参照当地民政部门有关生活救济的规定办理。被抚养的人是未成年人的，生活费给付至18周岁止。其他无劳动能力的人，生活费给付至死亡时止。

3. 侵犯生命权的赔偿标准

生命的存在和生命权的享有，是每个公民的最高人身权益。如果生命被剥夺，其他任何权利对于人来说，都毫无意义。因此，在所有侵权损害中，侵犯公民生命权致人死亡是最严重的侵犯人权行为，对由此造成的严重后果和恶劣影响必须认真对待，慎重处理。

从赔偿角度看，其标准应以受害人生命如果存续下去所能获得的合理预期利益为依据，以死者的年龄、健康、能力、收入等因素确定赔偿数额。但在实际操作上，各国大多规定有死亡赔偿最高额限制，如德国不超过7.5万马克，日本在2000万日元以内，韩国一般情况为受害者当时月工资的60倍以内等。赔偿事项一般包括丧葬费、抚慰金、受抚养人的生活费，有的国家还包括救治费、有证据证明因死亡造成的财产损失、胎儿赔偿请求权、感情赔偿、为死者以一定方式恢复名誉等。死亡赔偿金的计算，一般是先确定死者的余命年数，余命年数则根据政府有关部门依国内居民平均寿命统计编制的平均寿命表确定。

我国国家赔偿法规定，造成公民死亡的，应当支付死亡赔偿金、丧葬费，总额为国家上年度职工年平均工资的20倍。对死者生前扶养的无劳动能力的人，还应当支付生活费，生活费的发放标准参照当地民政部门有关生活救济的规定办理。被抚养的是未成年人的，生活费给付至18周岁止，其他无劳动能力的人，生活费给付至死亡时止。

尽管国家赔偿法规定的残疾赔偿金的最高额与死亡赔偿金、丧葬费的最高额均为国家上年度职工年平均工资的20倍，但二者不同之处在于，死亡赔偿金是给付受害人亲属的，而残疾赔偿金是给付受害者本人的。

4. 侵犯财产权的赔偿标准

财产权是以物质利益为内容的公民基本权利，它与人身自由权、健康权、生命权一样受法律保护。对于财产权的侵犯，既有来自平等法律关系主体的，也有来自非平等法律关系主体的。关于前者，我国《民法通则》规定："侵占国家、集体的财产或者他人财产的应当返还财产，不能返还财产的，应当折价赔偿；损害国家的，集体的或者他人财产的，应当恢复原状或者折价赔偿；受害人因此遭受其他重大损失的，侵害人并应当赔偿损失。"关于来自非平等法律关系主体的侵犯，我国国家赔偿法亦作了相应规定，其内容与民法上述规定基本一致、但在赔偿原则上存在重大区别：民事赔偿实行足额性赔偿原则，既赔偿实际利益损失，也赔偿必得利益损失；国家赔偿则实行补偿性赔偿原则，即赔偿实际利益损失，一般不赔偿必得利益损失。此种规定的依据是侵权主体的特殊性和具体国情，从法理上判断则不尽合理，应该随着国家变化而逐步提高赔偿标准。

国家赔偿法规定的侵犯公民、法人和其他组织的财产权的形式，主要包括违法处以罚款、罚金、追缴、没收财产；违法查封、扣押、冻结财产；违反国家规定征收财物、摊派费用；违法吊销许可证和执照，责令停产停业等。对上述形式的侵犯财产权造成损害的依下述方式进行赔偿：

（1）应当返还的财产损坏的，能够恢复原状的恢复原状，不能恢复原状的，按照损害程度给付相应的赔偿金；

（2）应当返还的财产灭失的，给付相应的赔偿金；

（3）财产已经拍卖的，给付拍卖所得的价款；

（4）解除查封、扣押、冻结，如因此造成财产损坏或灭失的，能恢复原状的恢复原状，不能恢复原状或灭失的，给付相应的赔偿金；

（5）吊销许可证和执照、责令停产停业的，赔偿停业期间必要的经常性费用开支；

（6）对财产权造成其他损害的，按照直接损失给予赔偿。直接损失包括：①保全、执行过程中造成财物灭失、毁损、霉变、腐烂等损坏的。②违法使用保全、执行的财物造成损坏的。③保全的财产系国家批准的金融贷款的，当事人应支付的该贷款借贷状态下的贷款利息。执行上述款项的，贷款本金及当事人应支付的该贷款借贷状态下的贷款利息。④保全、执行造成停产停业的，停产、停业期间的职工工资、税金、水电费等必要的经常性费用。⑤法律规定的其他直接损失。

《国家赔偿法》目前关于赔偿范围之规定，以直接损失为原则，以法定间接损失为例外。司法实践中有时对此理解得过于机械，认为间接损失一概不赔。对此，有专家认为需要澄清：

"一是直接损失与间接损失的划分标准，是加害行为与损害因果关系的远近，以及损害是否属于固有利益。直接损失是受害人已经发生的现有财产的减少，受害人无法采取各种合理措施予以减轻或者避免，应当给予完全赔偿。间接损失是受害人将来可能发生的可得利益的丧失，该可得利益一般需要其他因素介入才能实现。

二是人身损害和财产损害的赔偿范围包括全部直接损失和法定间接损失。在人身损害赔偿中，误工费属于间接损失，残疾生活辅助具费、康复费、残疾赔偿金、死亡赔偿金都可能包含间接损失。在财产损害赔偿中，存款利息属于间接损失。

　　三是随着《国家赔偿法》的修改实施，间接损失赔偿范围还可能出现进一步的扩张。比如对于车辆停运损失，实践中出现了在一定条件下给予有限赔偿的作法。"①

（三）国家赔偿费用

　　由于国家赔偿采用以金钱支付为主的赔偿方式，因而需要相当的费用，此一费用通常由国库开支。如法国刑事诉讼法规定："在作出决定撤销对某人的定罪时，可根据本人要求，给予定罪损害赔偿金……以上规定的费用由国库支付。"联邦德国再审无罪判决赔偿法规定："损害赔偿金由第一审刑事诉讼程序管辖法院所在地国库给付。"赔偿费用由国库支付，是世界各国通行做法，在具体操作上大致有 4 种类型：（1）由中央政府按年度编制预算，如法国、韩国、新加坡等；（2）由各级政府分别编制赔偿预算，如我国台湾地区；（3）设立专项基金，由国家与赔偿义务机关共同负担赔偿费用，如美国；（4）通过保险渠道支付赔偿费用，由个人或政府向保险公司投保，一旦发生侵权损害，由保险公司负责赔偿，法国、美国、德国的一些地区和部门采用此种方式。

　　我国 1994 年《国家赔偿法》第 29 条规定："赔偿费用，列入各级财政预算，具体办法由国务院规定。"国务院 1995 年发布的《国家赔偿费用管理办法》第 6 条规定："国家赔偿费用，列入各级财政预算，由各级财政按照财政管理体制分级负担。各级政府应当根据本地区的实际情况，确定一定数额的国家赔偿费用，列入本级财政预算。国家赔偿费用由各级财政机关负责管理。当年实际支付国家赔偿费用超过年度预算的部分，在本级预算预备费中解决。"司法实践表明，上述规定比较适合经济发达地区，而对于经济不发达地区，由于地方财政收入很低，不愿或无法将赔偿费用列入财政预算，使国家赔偿费用成为无源之水。

　　与上述现象并存的又一现象是，在一些地区财政列支的国家赔偿费用却多年未被动用过。据报载，某自治区财政列支的国家赔偿费用几百万元，自列支六年来备受冷落，仅有一家单位申请。某市 1995 年就预备了

---

　　① 江必新："创新理论研究，促进学术交流，进一步推动人民法院国家赔偿工作科学发展"，2012 年 10 月 18 日，《国家赔偿审判前沿（第一卷）》，法律出版社 2013 年版，第 5 页。

一笔 5000 万元的国家赔偿费用，至 1999 年尚无一个单位申请使用。这其中的原因，除在实施国家赔偿法初期案件较少以外，与我国现行的国家赔偿费用管理办法有相当关系。

1995 年《国家赔偿费用管理办法》第 7 条规定："国家赔偿费用由赔偿义务机关先从本单位预算经费和留归本单位使用的资金中支付，支付后再向同级财政机关申请核拨。"第 9 条规定："财政机关对赔偿义务机关的申请进行审核后，应当分别情况"作出处理。这些规定从财政监督角度看其用意是好的，但在实践中，一些赔偿义务机关或担心影响政绩和形象，或嫌麻烦，而不向财政机关申请核拨，从本单位"小金库"中支付了事，使国家赔偿变为单位赔偿。这既增加了受害人获赔的难度，又使国家无法统一掌握赔偿情况，减弱了国家赔偿的监督功能。

针对国家赔偿费用来源方面存在的问题，一些专家建议[①]：应对赔偿费用的预算列支加强监督。同级人大在审议预算时，发现赔偿费用未列入预算或数额显然过低的，应不通过对预算的审议。该地区经济确实困难的，国家财政可拨付赔偿补助金，但严禁挪用。同级人大及上级财政机关对该项资金的使用应加强监督。或者政府向保险公司投保，通过保险途径来筹集赔偿费用。

针对国家赔偿费用管理方面存在的问题，一些专家建议[②]：将单独列支的赔偿金设为独立的赔偿基金，赔偿请求人凭赔偿协议书、决定书或判决书直接从该基金中申领，或直接向财政机关或保险机构申领。作者也曾向立法机关建议："赔偿请求人凭生效的判决书、复议决定书、赔偿决定书或者调解书，直接向有关的财政部门提出支付申请。财政部门应当自收到支付申请之日起十五日内支付赔偿金。"[③]

有关机关采纳专家学者、司法机关和人民大众的建议，在 2010 年国家赔偿费用管理条例中，对上述规定进行了重大修改。

1. 国家赔偿费用来源

2010 年《国家赔偿法》第三十七条规定："赔偿费用列入各级财政预

[①] 《人民公安》2001 年第 5 期，第 11 页。

[②] 《人民政协报》2001 年 3 月 12 日。

[③] 陈春龙："关于修改《国家赔偿法》的十项建议"，2009 年向全国人大常委会法制工作委员会提交。

算。赔偿请求人凭生效的判决书、复议决定书、赔偿决定书或者调解书，向赔偿义务机关申请支付赔偿金。赔偿义务机关应当自收到支付赔偿金申请之日起七日内，依照预算管理权限向有关的财政部门提出支付申请。财政部门应当自收到支付申请之日起十五日内支付赔偿金。赔偿费用预算与支付管理的具体办法由国务院规定。"

我国国家赔偿法和 2010 年 12 月 29 日制定的国家赔偿费用管理条例规定，赔偿费用列入各级财政预算，由各级人民政府按照财政管理体制分级负担，各级政府应当根据本地区的实际情况，安排一定数额的国家赔偿费用，列入本级年度财政预算。当年需要支付的国家赔偿费用超过本级年度财政预算安排的，应当按照规定及时安排资金。即凡属由中央财政划拨经费的行政机关和司法机关的赔偿费用，由中央财政作预算；地方行政机关和司法机关的赔偿经费，则由地方财政列入预算。

这样规定的好处是，明确体现了各级国家机关的职责，促使其提高依法行使职权的水平。不足之处则在于，如果地方财政比较困难，势必影响受害人合法权益的切实补救。针对国家赔偿费用来源方面存在的问题，作者建议应对赔偿费用的预算列支加强监督。同级人大在审议预算时，发现赔偿费未列入预算或数额显然过低的，应不通过对预算的审议。该地区经济确实困难的，国家财政可拨付赔偿补助金，但严禁挪用。同级人大及上级财政机关对该项资金的使用应加强监督。

2. 国家赔偿费用管理与支付

各国对国家赔偿费用的管理与支付，有一系列严格的规定。如美国《联邦侵权赔偿法》规定，任何给付超过 2500 美元的裁决、调解或决定，必须得到司法部长或其代表的书面批准才能生效。韩国也规定，申请总额超过 5000 万元的案件，应在作出赔偿决定前向法务部部长报告。

我国 1994 年《国家赔偿法》和 1995 年《国家赔偿费用管理办法》对赔偿费用的管理与支付，也作出了具体规定：

（1）国家赔偿以支付赔偿金为主要方式，能够通过返还财产或者恢复原状实施国家赔偿的，应当返还财产或者恢复原状。

（2）国家机关及其工作人员违法行使职权，对公民、法人和其他组织处以罚款、罚金、追缴、没收财产或者违反国家规定征收财物、摊派费用，对其造成损害，需要返还财产的，如果财产尚未上交财政，由赔偿义务机关负责返还。财产已经上交财政的，由赔偿义务机关负责向同级财政机关申请返还。

（3）国家赔偿费用由各级财政机关负责管理，当年实际支付国家赔偿费用超过年度预算的部分，在本级预算预备费中解决。

（4）国家赔偿费用由赔偿义务机关先从本单位预算经费和留归本单位使用的资金中支付，支付后再向同级财政机关申请核拨。

（5）财政机关对赔偿义务机关的申请进行审核后，如果财产已经上交财政，应当依法返还给赔偿请求人的，应当及时返还。申请核拨已经依法支付的国家赔偿费用的，应当及时核拨。发现赔偿义务机关因故意或重大过失造成国家赔偿的，或者超出国家赔偿法规定的范围和标准赔偿的，可以提请本级政府责令该赔偿义务机关自行承担部分或者全部国家赔偿费用。

（6）如果国家机关虚报、冒领、骗取、挪用国家赔偿费用，未按规定追偿国家赔偿费用，违反国家赔偿法规定支付国家赔偿费用，财政机关有权依法追缴，并对负有直接责任的主管人员和其他直接责任人员依法追究法律责任。

上述国家赔偿费用管理与支付的具体规定，虽然从总体上保障了国家赔偿费用的支付，但其中一些规定很不合适，特别是"国家赔偿费用由赔偿义务机关先从本单位预算经费和留归本单位使用的资金中支付，支付后再向同级财政机关申请核拨"的规定，使得国家赔偿变成了单位赔偿：有资金的单位，先行垫付后不向财政机关申请核拨，回避错案责任；缺少资金的单位，则拖延不予支付，给国家侵权受害人再次造成伤害。

有鉴于此，2010年《国家赔偿费用管理条例》，果断删除了此一规定和相关审核程序，重新规定：

（1）国家赔偿费用由各级人民政府财政部门负责统一管理。国家赔偿费用的管理应当依法接受监督。

（2）赔偿请求人申请支付国家赔偿费用的，应当向赔偿义务机关提出书面申请，并提交与申请有关的生效判决书、复议决定书、赔偿决定书或者调解书以及赔偿请求人的身份证明。

（3）赔偿义务机关应当自受理赔偿请求人支付申请之日起7日内，依照预算管理权限向有关财政部门提出书面支付申请，

（4）财政部门应当自受理申请之日起15日内，按照预算和财政国库

管理的有关规定支付国家赔偿费用。财政部门发现赔偿项目、计算标准违反国家赔偿法规定的，应当提交作出赔偿决定的机关或者其上级机关依法处理、追究有关人员的责任。

（5）赔偿义务机关、财政部门及其工作人员有以虚报、冒领等手段骗取国家赔偿费用的；违反国家赔偿法规定的范围和计算标准实施国家赔偿造成财政资金损失的；不依法支付国家赔偿费用的；截留、滞留、挪用、侵占国家赔偿费用的；未按照规定责令有关工作人员、受委托的组织或者个人承担国家赔偿费用或者向有关工作人员追偿国家赔偿费用的；未依照规定将应当承担或者被追偿的国家赔偿费用及时上缴财政的，根据《财政违法行为处罚处分条例》的规定予以处理、处分，构成犯罪的，依法追究刑事责任。

2010 年《国家赔偿费用管理条例》，比较彻底地纠正了 1995 年管理办法的不当之处，符合国家赔偿法规定精神，对保障国家侵权受害人的赔偿权利必将起到积极作用。

3. 赔偿案件免费与赔偿金免税

《国家赔偿法》第 41 条第 1 款规定："赔偿请求人要求国家赔偿的，赔偿义务机关、复议机关和人民法院不得向赔偿请求人收取任何费用。"此处的任何费用应包括手续费、诉讼费、鉴定费、保全费、执行费、公告费等与赔偿有关的一切费用。

国家赔偿案件的免费同案件的性质紧密相连。国家赔偿案件不同于民事赔偿案件。国家赔偿请求人不是受到平等民事主体的不法侵害，而是受到国家机关及其工作人员在"合法"形式下、以国家强制力施加的不法侵害。这种侵害造成的损害后果比民事侵权严重、深远而又难以纠正。一旦纠正，国家的任务是迅速给予弥补，不应使其损害继续扩大。而且，目前我国的赔偿还不是足额赔偿。国家赔偿制度起步不久，现实生活中各种名目的乱收费现象还未根本制止。因此，即使国家赔偿请求人请求的数额再大，请求的项目未必合理，请求的结果未必赔偿，但从保护全体公民、法人和其他组织的基本人权出发，还是以规定对所有的请求人均不收费为好。我国台湾地区冤狱赔偿法亦规定："冤狱赔偿程序不征收费用。"

至于对赔偿义务机关是否收取费用，国家赔偿法未作规定，实践中也未收取。但作者同意一位专家的意见：《国家赔偿法》第41条"规定的只是对请求人不收取费用，并未规定对赔偿义务机关也不收取费用。如果赔偿义务机关是诉讼中的被告并且败诉，人民法院依然可以对其收取费用"[①]。

《国家赔偿法》第41条第2款规定："对赔偿请求人取得的赔偿金不予征税。"如个人所得税、管理税等。国家赔偿金与通过民事诉讼取得的抚恤金、救济金、扶养费、赡养费等一样，是保障国家侵权受害人基本生存需要而支付的，既不是正常的工资收入，也与稿酬、奖金等一次性收入有别，对此不予征税，是通情达理的。

[①]　肖峋：《中华人民共和国国家赔偿法的理论与实用指南》，中国民主与法制出版社1994年版，第235页。

八 国家赔偿时效、期限与溯及力

（一）国家赔偿时效

时效，指一定的事实状态经过一定的时间，将产生一定的法律效果的制度。此项制度"利用人类趋利避害的本能，通过设定对权利或义务主体有利或不利的法律效果，鞭策、敦促权利或义务主体尽快地行使权利、履行义务"[①]。

时效有取得时效和消灭时效两种。取得时效一般指取得领土占有权或财产所有权的时效。如我国台湾地区的民法典规定："以所有的意思，二十年间和平持续占有他人未登记之不动产者，得请求登记为所有人。"消灭时效，亦称诉讼时效，指权利所有人不行使权利的事实持续一定时间后，该权利归于灭失的制度。如我国《民法通则》规定："向人民法院请求保护民事权利的诉讼时效期间为二年，法律另有规定的除外。"我国国家赔偿法规定的时效即为消灭时效。

设立时效制度的初衷，是及时固定现存社会关系，利于社会正常运转。避免权利人怠于行使权利使社会关系处于未确定状态；避免出现时间流逝、证据灭失、事实难以查清、案件久拖不决，节约诉讼成本和司法资源。也正因如此，对赔偿请求人行使请求权而言，则显得多少有些不够公平，法律规定和道德要求产生矛盾。但此种制度设计，只能从宏观层面统筹兼顾个人利益与社会利益，是对公平和效益进行平衡的结果。

1. 赔偿请求人请求赔偿时效

《国家赔偿法》第 39 条第 1 款规定："赔偿请求人请求国家赔偿的时

[①] 江必新：《国家赔偿法原理》，中国人民公安大学出版社 1994 年版，第 236 页。

效为两年，自其知道或应当知道国家机关及其工作人员行使职权时的行为侵犯其人身权、财产权之日起计算，但被羁押等限制人身自由期间不计算在内。"其他国家的国家赔偿法也均规定有类似的时效。这样规定有利于稳定社会关系，有利于国家机关开展工作，从而有利于合理、合法地保障赔偿请求人的权益。如果等到国家行政侵权或司法侵权事实所造成的社会关系具有一定的稳定性质，再行使请求权，可能造成社会关系的再度混乱，也不利于有关机关调查取证，尽快解决问题。

"时效为两年"，即从某年某月某日至第三年的该月该日。如从 2012 年 5 月 1 日至 2014 年 5 月 1 日。

"时效为两年"的起算时间，既不从 1994 年《国家赔偿法》规定的"自国家机关及其工作人员行使职权时的行为被依法确认为违法之日起计算"，也不从受害人实际受侵害之日开始计算，而是从受害人知道或者应当知道其合法权益受到侵害之日起计算，但被羁押等限制人身自由期间不计算在内。

"时效为两年"，是指受害人必须在两年内向赔偿义务机关提出赔偿请求，一旦提出了请求，进入协商程序、复议程序后，即按协商程序、复议程序的法定期限进行，不需要再考虑两年时效。

"时效为两年"，超过两年才提起请求怎么办？国家赔偿法及相关司法解释目前均无具体规定。这主要因为我国国家赔偿制度尚处于初创阶段，公民、社会和国家尚需一段磨合时间。如出现此种情形，似可根据不同情况相机处理，作出统一规定的时机尚未成熟。作者以为，对于超过两年时效提出国家赔偿请求者，应参考最高法院关于适用民事诉讼法若干问题的意见，明确规定：赔偿请求人超过请求国家赔偿时效提出请求的，赔偿义务机关应予受理。受理后查明无中止、中断、延长事由的，驳回其请求。当然，赔偿请求人在赔偿请求时效的最后六个月内，因不可抗力或者其他障碍不能行使请求权的，时效中止。从中止时效的原因消除之日起，赔偿请求时效期间继续计算。

2. 请求赔偿时效中止

时效的中止，指在时效期间之内，因出现某种法定事由而暂时停止时效期间的进行，已经经过的期间仍然有效，待该事由消失后，时效继续进行。

《国家赔偿法》第 39 条第 2 款规定："赔偿请求人在赔偿请求时效的最后六个月内，因不可抗力或者其他障碍不能行使请求权的，时效中止。从中止时效的原因消除之日起，赔偿请求时效期间继续计算。"这一规定与《民法通则》的规定完全一致。其要点有三：

第一，必须在赔偿请求时效的最后六个月内，即只有时效期间已经过一年六个月之后，出现法定中止事由，才能形成时效中止。

第二，在赔偿请求时效的最后六个月内出现的不可抗力或者其他障碍，必须达到使赔偿请求人不能行使请求权的程度。不可抗力，一般指地震、水灾、火山爆发等自然灾害。在当时条件下，请求人无法预测、抗拒、控制和避免。其他障碍，指请求人突发疾病、意外伤害等造成神志不清至不能行使请求权之程度。

第三，造成时效中止的原因消除之日，时效期间应继续计算，中止前的一年六个月仍应计算在内。

与时效的中止相关联的，还有时效的中断和时效的延长两种情况。时效的中断，指时效期间进行中，因出现某种法定事由致使以前经过的时效期间无效，该事由消失后，时效期间重新起算。该法定事由有提起诉讼、当事人一方提出要求或者同意履行义务。这些法定事由与国家赔偿中的事由不甚一致，因之国家赔偿法未规定时效的中断。但时效的延长则与此不同。时效的延长，是指请求权人在时效期间未行使请求权，也无法定时效中止事由，但经审查认为其不行使请求权有正当理由，根据具体情况对时效期限予以适当延长。作者认为，时效的延长，比较符合国家赔偿的情况，国家赔偿法应加以补充规定为好。

（二）国家赔偿期限

1. 时效与期限异同

国家赔偿期限，指国家赔偿程序中每道程序的时间限制。它与国家赔偿时效的相同之处有：（1）二者目的一致，即提高工作效率，使受害人的受损权益尽快得到恢复和弥补。（2）在期日与期间的计算上，二者也相同。期日指时间中的一点，是不可分割的静态的时间。期间指两个期日之间的时间段，是可以分割的时间。国家赔偿的时效与期限均通过确定期日与期间进行计算。规定按照日、月、年计算期间的，开始的当天不算入，从下一天开始计算。

国家赔偿时效与期限的不同之处，主要在于时间的先后次序上。赔偿请求人向赔偿义务机关请求赔偿的时效为两年，即是说，自其知道或应当知道国家机关及其工作人员行使职权时的行为侵犯其人身权、财产权之日起两年之内，赔偿请求人必须向赔偿义务机关提出赔偿请求。赔偿请求人在两年内的某月某日向赔偿义务机关提出赔偿请求后，即进入国家赔偿程序中的期限规定，就按照协商（先行处理）程序、复议程序等法定期限的规定进行，时效的作用即已结束，不需要再予考虑。如国家赔偿协商和复议两个程序的法定期限各为两个月，协商不成申请复议和对复议决定不服申请赔偿决定的期限各为三十日。两个程序加起来最高期限为四个月加六十日。这里的四个月加六十日，是这两个程序的期限，不能算在两年时效以内。协商程序一开始，时效的作用即结束。

2. 国家赔偿期限规定

国家赔偿期限在不同的程序中有不同的规定。其种类有：赔偿义务机关"给予赔偿"的期限，申请复议的期限，复议机关作出复议决定的期限，赔偿请求人向法院赔偿委员会"申请作出赔偿决定"的期限，法院赔偿委员会的立案期限，赔偿申请书副本送达期限，赔偿委员会的审理期限等。

（1）赔偿义务机关"给予赔偿"期限为两个月。《国家赔偿法》第23条规定："赔偿义务机关应当自收到申请之日起两个月内，作出是否赔偿的决定。赔偿义务机关作出赔偿决定，应当充分听取赔偿请求人的意见，并可以与赔偿请求人就赔偿方式、赔偿项目和赔偿数额依照本法第四章的规定进行协商。赔偿义务机关决定赔偿的，应当制作赔偿决定书，并自作出决定之日起十日内送达赔偿请求人。赔偿义务机关决定不予赔偿的，应当自作出决定之日起十日内书面通知赔偿请求人，并说明不予赔偿的理由。"两个月即为对符合赔偿条件的申请给予赔偿的期限，同时也是协商期限。协商成功，决定赔偿的，十日内应将赔偿决定书，送达赔偿请求人；协商不成，决定不予赔偿的，十日内亦应将不予赔偿决定书，送达赔偿请求人。

赔偿义务机关超过两个月未作出是否赔偿的决定，或者赔偿请求人对赔偿的方式、项目、数额有异议的，或者赔偿义务机关作出不予赔偿决定的，赔偿请求人可以向赔偿义务机关的上一级机关申请复议，进入下一个期限。

（2）申请复议的期限为 30 日。《国家赔偿法》第 24 条规定："赔偿义务机关在规定期限内未作出是否赔偿的决定，赔偿请求人可以自期限届满之日起三十日内向赔偿义务机关的上一级机关申请复议。赔偿请求人对赔偿的方式、项目、数额有异议的，或者赔偿义务机关作出不予赔偿决定的，赔偿请求人可以自赔偿义务机关作出赔偿或者不予赔偿决定之日起三十日内，向赔偿义务机关的上一级机关申请复议。赔偿义务机关是人民法院的，赔偿请求人可以依照本条规定向其上一级人民法院赔偿委员会申请作出赔偿决定。"

（3）复议机关作出复议决定的期限为 2 个月。《国家赔偿法》第 25 条规定："复议机关应当自收到申请之日起两个月内作出决定。"

（4）赔偿请求人向法院赔偿委员会"申请作出赔偿决定"的期限为 30 日。《国家赔偿法》第 25 条规定："赔偿请求人不服复议决定的，可以在收到复议决定之日起三十日内向复议机关所在地的同级人民法院赔偿委员会申请作出赔偿决定；复议机关逾期不作决定的，赔偿请求人可以自期限届满之日起三十日内向复议机关所在地的同级人民法院赔偿委员会申请作出赔偿决定。"

（5）法院赔偿委员会的立案期限为 7 日。《最高人民法院关于人民法院赔偿委员会审理国家赔偿案件程序的规定》第 3 条规定："赔偿委员会收到赔偿申请，经审查认为符合申请条件的，应当在七日内立案，并通知赔偿请求人、赔偿义务机关和复议机关；认为不符合申请条件的，应当在七日内决定不予受理；立案后发现不符合申请条件的，决定驳回申请。

前款规定的期限，自赔偿委员会收到赔偿申请之日起计算。申请材料不齐全的，赔偿委员会应当在五日内一次性告知赔偿请求人需要补正的全部内容，收到赔偿申请的时间应当自赔偿委员会收到补正材料之日起计算。赔偿委员会收到赔偿申请，应当在 7 日内决定是否立案，并及时通知赔偿请求人。缺少有关证明材料的，应当通知赔偿请求人予以补充。收到赔偿申请的时间应当自材料补充齐全后起算。"

（6）赔偿申请书副本送达期限为 5 日。《最高人民法院关于人民法院赔偿委员会审理国家赔偿案件程序的规定》第 4 条规定："赔偿委员会应当在立案之日起五日内将赔偿申请书副本或者《申请赔偿登记表》副本送达赔偿义务机关和复议机关。

（7）赔偿委员会的审理期限为 3 个月、6 个月。《国家赔偿法》第 28 条规定："人民法院赔偿委员会应当自收到赔偿申请之日起三个月内作出决定；属于疑难、复杂、重大案件的，经本院院长批准，可以延长三个月。"

（8）赔偿金支付期限为 22 日。《国家赔偿法》第 37 条规定："赔偿义务机关应当自收到支付赔偿金申请之日起七日内，依照预算管理权限向有关的财政部门提出支付申请。财政部门应当自收到支付申请之日起十五日内支付赔偿金。"

（三）《国家赔偿法》溯及力

1. 法律效力与溯及力

法律效力，亦称法律的约束力、支配力，指不以当事人意志为转移，由国家保证执行的法律上的强制作用。该作用及于何时、何地、何人是法律效力的三大范围。

法律的时间效力，指法律何时生效，何时失效。法律自施行时起发生效力，在停止中没有效力，到废止时失去效力。在有效时间内的法律为现行法。

法律虽然公布，但若未定明施行日期，仍不发生效力。所谓施行日期，就是从那一日起发生效力的意思。有的法律在末条明文规定"本法自公布之日起施行"，如《中华人民共和国民事诉讼法》第 270 条规定"本法自公布之日起施行"；有的法律则规定一个特定施行日期，如《中华人民共和国国家赔偿法》第 35 条规定"本法自 1995 年 1 月 1 日起施行"；有的法律条文中未规定何时施行，而在公布该法的命令中规定何时施行。

法律自施行起才具有法律效力，就是说法律的效力只能支配该法施行以后发生的行为，对于施行以前所发生的行为，则不能适用。这即是"法律不溯及既往"原则。该原则是从适用法律的角度说的，并不是立法的原则。如果法律明文规定得溯及既往的，则溯及既往。

"新法优于旧法"是适用法律的又一原则。但如果旧法规定比新法规定对当事人较为有利，立法上另作规定的，不在此限。如 1997 年 10 月 1 日施行的《中华人民共和国刑法》第 12 条规定："中华人民共和国成立以后本法施行以前的行为，如果当时的法律不认为是犯罪的，适用当时的法律；如果当时的法律认为是犯罪的，依照本法总则第 4 章第 8 节的规定应当追诉的，按照当时的法律追究刑事责任，但是如果本法不认为是犯罪或者处刑较轻的，适用本法。本法施行以前，依照当时的法律已经作出的生效判决，继续有效。"

法律的空间效力，指一国法律在其领土、领水、领空的范围内以及驻外使、领馆内和在领域外的本国交通工具内普遍施行。但如果立法规定只能适用于某一地区的特别法，如香港特别行政区基本法，则只能适用该地区。我国国家赔偿法的空间效力，及于国家全部领域。

法律的对人效力，有属人主义与属地主义之分。一国法律对其领域内的本国公民和外国人都适用，称属地主义；而要求对在国外的本国公民适用时，即称属人主义。如甲国人在乙国，仍应服从甲国的法律，乙国人在甲国，仍应服从乙国的法律，是属人主义；无论甲、乙、丙国人，在丁国内都一律服从丁国的法律，是属地主义。

属人主义与属地主义如果同时运用：一国对在其领域内犯罪的外国人据属地主义行使管辖时，该外国人的所属国据属人主义要求对其行使管辖，这样就必然发生矛盾。所以，不少国家实行以属地主义为主、辅之以属人主义的做法。

法律的对人效力在国家赔偿领域，有平等原则与对等原则之别。对等原则亦称相互保证主义，即外籍人是否具有居住国的赔偿请求人资格，以该外籍人所属国的法律是否允许本国公民请求该国法律保护而定。大多数国家在国家赔偿问题上采用此一原则；平等原则亦称国民待遇原则，即在国家赔偿中外籍人享有本国公民同等的请求人资格。美国采行此一原则。我国国家赔偿法规定实行对等原则。

2. 不溯及既往与新法优于旧法

法律是否溯及既往，指法律对其生效以前发生的属于该法律规定范围内的案件是否具有法律效力。它是法律时间效力的重要内容。不同的法律对此有不同的规定。有的法律规定可以溯及既往，有的法律规定在特定情形下可以溯及既往，有的法律规定不能溯及既往。1805 年《法国民法典》第 2 条规定："法律仅适用将来，无溯及力。"这即是二百年来遵循的法律不溯及既往原则的初始依据。《公民权利和政治权利国际公约》规定，任何公民在任何时候都享有不受有追溯力法律约束的权利：对任何人的作为或不作为，在其发生时按当时法律不构成犯罪者，不得判处有罪。

按照法律时间效力原则，一部法律的效力只能开始于实施之日，用来规范实施以后发生的行为。尽管法律规定本身是从总结归纳以前发生的行为中作出的，但"既往者之不谏，知来者之可追"是现代法治文明的基本信条。法律的预先公布和可预见性原则，不能要求人们遵守尚未制定公布的未来的法律。法律的保护既得权益、维护社会安定原则，有利于减少建立新秩序时不必要的混乱与振荡。不溯及既往已成为世界各国立法的基本原则，同时辅以各种例外之规定。

我国国家赔偿法不溯及既往。《国家赔偿法》第 42 条规定："本法自 1995 年 1 月 1 日起施行。"由于法律只在施行之后才有法律效力，所以赔偿法未在条文中写明不溯及既往，而由立法机关负责人在关于国家赔偿法草案的说明中指出："本法自施行之日起生效，不溯及既往。本法生效前发生的国家赔偿问题，仍然依照过去的办法处理，本法生效后发生的需要国家赔偿的适用本法。"①

为了进一步规范国家赔偿法的时间效力，1995 年 1 月 29 日，最高法院在关于国家赔偿法溯及力和法院赔偿委员会受案范围的批复中作出具体规定：

（1）国家机关及其工作人员行使职权时侵犯公民、法人和其他组织合法权益的行为，发生在 1994 年 12 月 31 日以前的，依照以前的有关规定处理；

（2）发生在 1995 年 1 月 1 日以后并经依法确认的，适用国家赔偿法予以赔偿；

（3）发生在 1994 年 12 月 31 日以前，但持续至 1995 年 1 月 1 日以后，并经依法确认的，属于 1995 年 1 月 1 日之后应予赔偿的部分，适用国家赔偿法予以赔偿。属于 1994 年 12 月 31 日以前应予赔偿的部分，适用当

---

① 全国人大常委会法制工作委员会副主任胡康生："关于《中华人民共和国国家赔偿法（草案）的说明》"。

时的规定予以赔偿。当时没有规定的，参照国家赔偿法的规定予以赔偿。

我国国家赔偿法实行不溯及既往原则，既遵照了法律的时间效力精神，又符合中国的实际状况。在中华人民共和国历史上，有过相当长的左倾路线影响时期和"十年动乱"时期，公民合法权益屡遭侵犯，形成大量应由国家赔偿的事件。经过多年努力，这些侵害已基本得到弥补，个别遗留问题亦可按原来规定解决。国家赔偿法不溯及既往可防止旧事重提，引起新的纷争，影响来之不易的安定团结局面，牵扯国家机关的过多精力。国家赔偿法的意义在于使受害人被侵害的权益得到法律救济，如果在赔偿法实施前未得到救济的应依照赔偿法得到救济。这种观点的本意良好，但从大局出发权衡权弊，还是实行不溯及既往较为有利。

2010 年 4 月 29 日，第十一届全国人大常委会第十四次会议通过《关于修改〈中华人民共和国国家赔偿法〉的决定》，对 1994 年《国家赔偿法》进行了大幅修改，这就又产生一个新法与旧法如何衔接，即新法的溯及力问题。

2011 年 2 月 28 日，最高人民法院公布了《关于适用〈中华人民共和国国家赔偿法〉若干问题的解释（一）》对新法溯及力问题做了规定：

（1）国家机关及其工作人员行使职权侵犯公民、法人和其他组织合法权益的行为发生在 2010 年 12 月 1 日以后，或者发生在 2010 年 11 月 30 日以前、持续至 2010 年 12 月 1 日以后的，适用修正的《国家赔偿法》。

（2）国家机关及其工作人员行使职权侵犯公民、法人和其他组织合法权益的行为发生在 2010 年 12 月 1 日以前的，适用修正前的《国家赔偿法》。但有下列情形之一的，适用修正的《国家赔偿法》：①2010 年 12 月 1 日以前已经受理赔偿请求人的赔偿请求但尚未作出赔偿决定的；②赔偿请求人在 2010 年 12 月 1 日以后提出赔偿请求的。

最高法院此一司法解释与 1995 年司法解释完全一致。总体上看，也正确适用了法律不溯及既往同时辅以例外的基本原则，体现了修正的国家赔偿法加大人权保障力度的精神。

但是，在起草和论证该司法解释时，包括作者在内的一些学者曾认为，修正的《国家赔偿法》在实体和程序上均作了有利于赔偿请求人的大幅调整，因此，在溯及力问题上应兼顾不溯及既往与新法优于旧法两项原则。为了体现新法加大人权保障力度之精神，建议新法生效以后受理的和生效以前受理尚未审结的案件，其实体和程序一并溯及既往地适用新法。但有关方面担心此举可能引起申诉量过大，加大当时涉法信访浪潮的处理难度，未能采纳。后来实践证明，2010 年《国家赔偿法》实施以来，国家赔偿案件并未像预期那样大幅增长，冤错案件受害人之权利保障急待增强，在国家赔偿司法领域尽量少受外在干扰、依法解放思想之任务，还相当繁重。

3. 如何理解侵权行为"持续"

最高法院 1995 年关于国家赔偿法溯及力批复的三项规定中，以第三项"侵权行为发生在 1994 年 12 月 31 日以前持续至 1995 年 1 月 1 日以后"情况的处理最为复杂。这一问题在《国家赔偿法》实施的最初几年中尤为突出。

什么是"持续"？侵犯人身自由权的情况比较容易判断。如在 1994 年 12 月 31 日以前被错误羁押，1995 年 1 月 1 日以后才被无罪释放的情况，就应是侵权行为发生在 1994 年 12 月 31 日以前，持续至 1995 年 1 月 1 日以后。但侵犯财产权的情况就比较复杂。只有违法查封、扣押、追缴财产的行为持续至 1995 年 1 月 1 日以后的，才算"持续"；如果行为未持续，仅是结果持续的，不能算作"持续"。

另外，侵权行为发生在 1994 年 12 月 31 日以前，案件平反在 1995 年 1 月 1 日以后，当事人有申请国家赔偿的诉权，但不能适用《国家赔偿法》。这里需要指出的是，侵权行为未持续到 1995 年 1 月 1 日以后、不适用《国家赔偿法》的情况，并不等于侵权机关不承担侵权责任。只是不适用赔偿法处理，应适用当时的法律、法规或政策处理。以不适用《国家赔偿法》为由，不承担侵权责任，不做好善后工作，是错误的。①

2011 年最高法院关于"国家机关及其工作人员行使职权侵犯公民、法人和其他组织合法权益的行为发生在 2010 年 11 月 30 日以前、持续至 2010 年 12 月 1 日以后的，适用修正的《国家赔偿法》"的规定中的"持续"，道理同上。

---

① 有作者对侵权行为持续问题进行了比较细致的分析，提出一些独到见解。参见高京雯"对国家赔偿中'行为持续'问题的思考"，《审判工作研究》1997 年第 6 期。

环 境 论

　　国家赔偿环境由行政赔偿环境和司法赔偿环境两部分组成。由于行政诉讼法普及和法治政府建设取得实效，行政赔偿环境尽管还存在诸多问题，但相对于司法赔偿环境而言处于矛盾的次要方面。

　　司法赔偿环境面对的局面甚为复杂，事关立法、司法、行政三大领域，涉及党权、政权、检察权、审判权界定与行使，有关司法机制、司法体制、政治体制、政治制度深入改革，涉及经济、社会、文化事业发展和公民法律意识普及与道德水平提高诸多方面，故此处仅就司法赔偿环境进行探讨。

　　自 2005 年 3 月国内新闻媒体披露的湖北佘祥林"杀妻"冤案，到 2014 年披露的福建念斌"投毒杀人案"、广东徐辉"强奸杀人案"、内蒙古呼格吉勒图"流氓杀人案"，十年来，接连披露出的冤假错案已达数十起。虽然案件情节各不相同，但其暴露出的冤错成因与司法赔偿环境的种种制约却大同小异，且痼疾深重，难以改变，是当今国家赔偿司法必须深入研究的重大课题。

一 刑事诉讼程序遵守与健全

佘祥林等冤案的形成，在司法程序上有许多经验教训值得总结。坚决克服"重实体轻程序"的传统痼疾，严格遵守程序法规定，修改与健全刑事诉讼程序，是预防、减少冤假错案产生，正确贯彻实施《国家赔偿法》的基本前提。

1. "重实体真实、轻程序公正"的痼疾

从法律规定的内容看，国家法律有实体法与程序法之分。规定人们之间权利与义务的法律，称实体法，如民法、刑法等。这里说的"实体"，是指物质上或行为上的利害关系而言。凡规定运用权利和履行义务程序的法律，称程序法，如民事诉讼法，行政诉讼法、刑事诉讼法。

实体法与程序法的关系是内容与形式的统一，二者互相依存，不可分割。正如马克思指出的："审判程序与法二者之间的联系如此密切，就像植物的外形与植物的联系，动物的外形与血肉的联系一样。"①

以刑法和刑事诉讼法关系为例，没有刑法就不知道应该保护什么、惩罚什么、如何惩罚，刑事诉讼程序即成为无内容的空洞形式，失去存在价值。但是，只有刑法没有刑事诉讼法也不行，刑法只有通过一定的诉讼程序才能实施。没有诉讼法，司法机关和刑事诉讼参与人的诉讼活动就无所遵循，犯罪嫌疑人和刑事被告人的合法权益即缺少途径寻求保护，司法机关代表国家打击犯罪、保护公民的职责就无法顺利实现，甚至还会出现错拘、错捕、错判等侵犯人权的现象。

1949 年中国共产党在大陆执政以来，国家法制长期处于不健全的非正常状态，规范社会生活的实体法律大部阙如，程序性规定更是罕见，使得司法机关及其工作人员在数十年的司法实践中，主要甚至完全依靠共产

---

① 《马克思恩格斯全集》第 1 卷，人民出版社 1956 年版，第 178 页。

党政策和中共党委批示办案，养成了"重实体轻程序"的职业习惯。此种习惯尽管在进入改革开放、依法治国新时期后，随着国家法制健全有了很大转变，但其习惯势力影响仍在一些地区不同程度存在。佘祥林"杀妻"冤案之所以能最终铸成，就是从侦查阶段开始违反法定程序办案，在起诉和审判阶段又未能依法定程序层层把关造成的。

遗憾的是，"重实体轻程序"的痼疾是如此之顽强，以至在纠正佘祥林冤案时再次出现。

《刑事诉讼法》第五章审判监督程序第 206 条明确规定："人民法院按照审判监督程序重新审判的案件，应当另行组成合议庭进行。如果原来是第一审案件，应当依照第一审程序进行审判，所作的判决、裁定，可以上诉、抗诉；如果原来是第二审案件，或者是上级人民法院提审的案件，应当依照第二审程序进行审判，所作的判决、裁定，是终审的判决、裁定。"

众所周知，佘祥林"杀妻"案于 1998 年 6 月 15 日，在京山县人民法院以故意杀人罪第一审判处佘祥林 15 年有期徒刑，附加剥夺政治权利 5 年。佘祥林不服，依据《刑事诉讼法》第三章第二审程序第 180 条"被告人、自诉人和他们的法定代理人，不服地方各级人民法院第一审的判决、裁定，有权用书状或者口头向上一级人民法院上诉"之规定，向荆门市中级人民法院上诉。1998 年 9 月 22 日，荆门市中级人民法院作出（1998）荆刑终字第 082 号刑事裁定，驳回佘祥林上诉，维持原判。此一裁定为发生法律效力的终审裁定，佘祥林旋即被投入湖北沙洋苗子湖监狱服刑。

2005 年 3 月 28 日中午 12 时许，被佘祥林"杀害"的张在玉突然回到京山县雁门口镇台岭村八组其兄张在生家中。第二天，2005 年 3 月 29 日，荆门市中级人民法院院长发现原判决、裁定确有错误，提请该院审判委员会讨论决定再审。该院于 3 月 29 日、3 月 30 日分别作出（2005）荆刑监字第 9 号再审决定书和（2005）荆刑再终字第 2 号刑事裁定书，撤销荆门市中级人民法院（1998）荆刑终字第 082 号刑事裁定和京山县人民法院（1998）京刑初字第 046 号刑事判决，发回京山县人民法院重新审判。

客观地看，荆门市中级人民法院在发现原终审裁定依据的事实确有错误后，在极短的时间内，即依据《刑事诉讼法》第五章审判监督程序第

205 条 "各级人民法院院长对本院已经发生法律效力的判决和裁定，如果发现在认定事实上或者在适用法律上确有错误，必须提交审判委员会处理"之规定，第二天就将佘祥林案提交审判委员会处理并撤销荆门市中级人民法院（1998）荆刑终字第 082 号刑事裁定，其办案效率和改错决心值得肯定。

但遗憾的是，不知出于何种考虑，不知事出何种原因，荆门市中级人民法院竟然置《刑事诉讼法》第五章审判监督程序第 206 条明确规定于不顾，将本应由自己重审、自己改判的案件，发回京山县人民法院重新审判。

是认为佘祥林案错误的责任完全在基层法院？那作为第二审法院的把关责任在哪里？

是认为当年佘祥林案完全由市委政法委内定、自己只不过走走形式、现在错了亦不应由自己承担？那应该清楚，即使在当年政法委协调会上提出过比较正确的意见，但终审刑事裁定书上的大印可是荆门市中级人民法院，审判长、审判员姓名赫然在目，当事人除了找你，是不会也不能找其他机关的。

是认为佘祥林"杀妻"案经历了复杂的诉讼过程，荆门市中院不过是"替罪羊"？事情开始也许的确与荆门市中院无关。佘祥林最初由荆州地区中级法院一审判处死刑，被湖北省高级法院二审撤销原判发回重审后，又经地（市）、县两级党委政法委反复协调，内定由京山县法院一审判处 15 年、荆门市中级法院二审维持原判。其中，又加进了行政区划变更、涉案中级法院在"荆州地区"、"荆沙市"、"荆门市"之间变换等复杂因素，案件移送荆门市中级法院时，也许真的只是走走形式。这种曾经是中国不少地区处理此类疑难案件的有效做法，是严重违反诉讼程序的。如果说此种做法在当时历史条件下有其存在的必然性而不得不谅解的话，在法制比较健全、实行依法治国的今天，仍然延用过时的思维来处理该案，则是不能原谅的失误。

是认为此案影响太大，放在偏僻的京山县可以尽量缩小负面影响？那也应该明白，事情既然已经发生，纸包不住火，遮遮掩掩只会更加弄巧成拙。

是认为自己作为上级法院，有权指令下级法院再审？不能相信作为具有相当审判水平的中级法院会犯这种错误。《刑事诉讼法》第 205 条是有关于"指令下级人民法院再审"的规定，但该条写得明明白白，那只是针对"下级人民法院已经发生法律效力的判决和裁定"，佘祥林案的京山县法院判决仅是一审判决，并未发生法律效力。

是来自党委或党委政法委的意见？

是来自省高级法院甚至最高法院的指示？

……

到底出于何种考虑、来自何种原因，人们不能妄自猜测，但有一点可以肯定的是，尽管《中华人民共和国刑事诉讼法》自 1979 年颁布至 2005 年佘祥林案暴露已有 26 年，在我国部分司法机关、部分司法人员的头脑中，根除"重实体轻程序"的影响，仍是任重而道远。

荆门市中级法院将佘祥林案发回京山县法院重审，从法理上看，是让基层一审法院去撤销中级法院生效的二审裁定，这自然是十分荒谬的。当然，荆门市中级法院可以说，自己已经撤销了错误的二审裁定，但那也未严格依诉讼程序办事：《刑事诉讼法》第 187 条对第二审程序的规定是组成合议庭开庭审理，尽管也允许对事实清楚的可以不开庭，但必须在阅卷、讯问被告、听取辩护人等意见后，才能决定不开庭审理。这些程序，荆门中院没有做到。

问题的严重性还在于，既然佘祥林案由荆门市中级法院发回京山县法院重审，京山县法院作为第一审法院只能按照《刑事诉讼法》第 206 条规定，"依照第一审程序进行审判，所作的判决、裁定，可以上诉、抗诉"。

如果佘祥林及其辩护人上诉，或者京山县检察院提出抗诉，该案还得按第二审程序进行审理，佘祥林"杀妻"冤案的平反昭雪必然延误时日，其轰动效应和负面影响必将进一步扩大。

好在京山县检察院出庭公诉人找出所谓"公诉无罪"也是公诉机关职责的"理由"。而佘祥林的辩护人尽管认为案件发回京山法院重审，有滥用重审权的嫌疑，审判委员会裁定发回一审法院审理，不利于此案早日审结，是司法资源的浪费。因为一审生效后被告有可能上诉，检方也可能提出抗诉，这个过程是大大打了个问号。但辩护人没有纠缠于此，从尽快平反冤案、尽早恢复佘祥林清白的大局出发，辩护人既指出其违法之处、又屈从于现实的做法，未有提出上诉，这才避免了佘祥林案延误时日，使举世瞩目的"杀妻"冤案得以尽快审理终结，将其带来的负面效应降到了最低限度。

2. 健全落实现行刑事诉讼程序

佘祥林"杀妻"冤案不仅暴露了"重实体轻程序"的痼疾远未根除，同时也暴露了刑事诉讼程序的不完善之处，引发了人们对侦查权、沉默权、证据规则、死刑二审、死刑复核、无罪推定、疑罪从无等诉讼制度和诉讼理念的深刻反思，以一个典型、鲜活的案例推动我国刑事诉讼制度的变革。

侦查权是一项重要的国家权力。现行刑事诉讼法和相关规章尽管对其有所规定，但由于侦查活动的急迫性和复杂性，现实生活中的侦查权几乎是没有边界的，不仅法定的"传唤、拘传持续的时间最长不得超过 12 小时""不得以连续传唤、拘传的形式变相拘禁犯罪嫌疑人""犯罪嫌疑人在被侦查机关第一次讯问后或者采取强制措施之日起可以聘请律师为其提供法律咨询、代理申诉、控告""严禁刑讯逼供和以威胁、引诱、欺骗以及其他非法的方法收集证据"的明文规定常常不被遵守，就像佘祥林被连续刑讯 10 天 11 夜，而且所有的侦查活动均是秘密操作，不公开、不透明，高墙之内，密室之中，嫌疑人孤零零地面对手握国家权力的诸多侦查人员，没有律师、检察人员等第三方参与。侦查权具有的这种单向性、封闭性、秘密性、任意性，使其带有浓厚的超职权主义色彩。在此种侦查程序中，侦查机关享有几乎不受限制的自由裁量权，这对于迅速侦破案件、及时打击犯罪固然有利，但审讯中的不当、违法甚至犯罪行为也随时可能发生，增大冤假错案的发生概率。

这里，讯问场所就是个问题。警察抓获犯罪嫌疑人后，为趁热打铁，从速取得其口供，一般均就地抓紧讯问。这对迅速侦破全案比较有利，但急于破案的心理易于导致刑讯逼供、诱供的发生。因此，有专家建议："对犯罪嫌疑人的讯问在合法羁押场所即看守所进行"，"可以考虑通过立法明确规定，犯罪嫌疑人一旦被拘留审查，就必须及时送到看守所，而不是放在警察手里"[1]。

当然，看守所的管理体制亦应随之改革，不能隶属于公安机关，以隶

---

① 中国法学会诉讼法学研究会会长陈光中教授："剖析佘祥林案，力推司法公正"。《新京报》2005 年 4 月 10 日。

属于司法行政机关为宜。

　　为防止侦查权的滥用，录音录像与律师在场是可以采取的两种做法。录音录像不由公安人员进行，可考虑由隶属司法行政机关的看守所负责，并且必须全程录制，尤其是对可能判处重刑的案件。如果受经费限制，也必须作到全程无间断录音。

　　不少发达国家警察讯问犯罪嫌疑人时均允许律师在场，我国刑事诉讼法虽有相关规定，但仅限于"提供法律咨询、代理申诉、控告"。建议对可能判处重刑的案件或嫌疑人提出要求的案件，允许律师在场。不仅讯问时允许律师在场，而且在采取搜查、扣押等措施时亦应允许律师在场。

　　目前我国法律缺少对犯罪嫌疑人讯问时间的规定。考虑到人的吃饭、喝水、排泄、睡眠等生理和心理极限，讯问连续时间应以不超过 8 小时为宜，连轴转的"车轮战术"必须禁止。为对公安机关的侦查权进行制约，有专家建议："考虑逐渐实行检察引导侦查的制度，这是刑事司法未来的趋势。由公诉人员制约侦查，对侦查有一定的指导权。今天公安机关的侦查，是不受检察院制约的。这边还没有公诉，那边就封自己立功嘉奖了，而到头来可能是冤假错案。"①

　　犯罪嫌疑人的沉默权在佘祥林蒙冤下狱时代，简直是痴人说梦，天方夜谭。但在平反佘祥林冤案的今天，沉默权却正由专家学者的学术概念逐渐走进国家和公民的视野。考虑到中国现实状况，可考虑实行有限制的沉默权制度，即修改《刑事诉讼法》第 93 条"犯罪嫌疑人对侦查人员的提问，应当如实回答"的规定，取消"坦白从宽，抗拒从严"的口号，除恐怖主义犯罪、黑社会性质犯罪、毒品犯罪、高智能犯罪等之外，在讯问前，必须事先告知其享有不受强迫自证其罪的权利。

　　证据规则总体缺失是我国刑事诉讼程序中的重大问题。佘祥林供述的"杀妻"方式有 4 种，凭什么规则认定第 4 种、排除前 3 种？邻县村党支部副书记等人的"良心证明"，凭什么规则被排除？佘祥林妻子失踪后出现的女尸，与其妻子是否具有证据关联性？……佘祥林冤案的成因，首先出在证据上。

　　现行《刑事诉讼法》尽管在第 46 条规定"对一切案件的判处都要重

───────────

　　① 北京大学法学院教授陈瑞华："佘祥林案能否助推司法改革"，高新技术法律网论坛，2005 年 4 月 21 日。

证据，重调查研究，不轻信口供"，但如何做到"重证据"，缺乏相应标准和程序。尽管在第43条规定"严禁刑讯逼供和以威胁、引诱、欺骗以及其他非法的方法收集证据"，但法律却未明文规定非法证据的排除规则。以至于佘祥林照抄一遍侦查人员画出的"路线图"，被当成佘祥林到过作案现场的有力证据。

证据学有自己的严密规则，涵盖证据的调查、收集、分析、辨伪、鉴定、判断、举证、质证、认证等诸多方面。虽然司法机关从各自业务需要出发，多年来也总结归纳出一些相关规定，但总体上看，证据规则的整体缺失，既给司法人员的工作带来困难，又给冤假错案的铸成增加筹码。在刑事诉讼程序中，尽可能总结正反两方面经验，给证据规则作一个全面系统的总体规定的时机，应该已经成熟。

死刑是剥夺罪大恶极犯罪分子生命的刑罚，它是我国现行刑罚体系中最严厉的一种刑罚方法。一方面，在我国现实社会状况、暴力恶性犯罪居高不下的客观情况下，死刑是打击犯罪、保护公民、维护社会稳定所必需的有力手段；另一方面，又必须看到，限制并逐步废除死刑，是现代社会的发展趋势，对死刑的判处和执行必须采取慎之又慎的方针，严格执行刑事诉讼程序中死刑二审和死刑复核的制度。既是依法治国、建设社会主义法治国家的基本要求，也是预防冤假错案、罚当其罪、保障基本人权的现实需要。

佘祥林于1994年10月13日被荆州地区中级法院一审判处死刑后不服，向湖北省高级人民法院提起上诉。尽管湖北省高级法院指出事实和证据方面的5大疑点，对佘祥林案的后来发展起了关键作用，但局限于当时的通行做法，未按照刑事诉讼法规定进行二审，直接改判，亦是应该吸取的经验教训。

当然，即使湖北省高级法院当时自己开庭进行二审，也必不敢以证据不足宣告佘祥林无罪。这里除了当时的政治形势、司法惯例、民情民愤等因素外，处理"疑罪"案件的司法理念起着重要作用。

司法实践中经常发生这种情况：定罪，证据不足；放人，舆论哗然。这里涉及国家刑事政策和社会价值取向，即在此情形下，是宁可冤枉好人也不放纵一个坏人，还是宁可放纵坏人也不冤枉一个好人，二者必居其一。社会管理者和司法人员面临此种选择时，往往举棋不定，通常以社会治安形势和群众舆论为转移。对待佘祥林类的"杀人"案降格处理，既保全了证据不足的被告人的性命，为日后案情突然发生变故留有余地，又相当程度上安抚了受害人，缓解民情民愤，稳定社会秩序。所以，"疑罪从有"、"疑罪从轻"很大程度上是社会治安形势严峻的客观产物。在一个恶性犯罪猖獗、公民安全感降低的社会里，是不可能产生和接受"疑罪从无"的司法理念的。这样，的确可能冤枉一个或数个无辜者，但这是维护社会安宁必须付出的成本和代价。而且，如果后来有新的证据出现，还可以审判监督机制来减轻其成本。

当然，好人绝对不能冤枉，坏人绝对不能放纵，这是司法追求的理想状态。司法实践中绝大多数案件的处理结果也是这样的。但在少数案件的处理上，却难以做到两全。在一个经济发展、法制健全、安定祥和的社会里，文明办案，"疑罪从无"，打击犯罪与保护人权并重，实体公正与程序公正并举的现代司法理念，才能逐步被立法者、司法者、领导者、监督者、新闻媒体和普通民众所接纳，"宁纵勿枉"的宽容心态才能形成。因为错放了，至多只是把一个有罪者放到社会上，如果以后发现新的证据，还可以再行追究；而错判了，不仅错误惩罚了一个无辜者，给佘祥林类的受害人及公众心理造成负面影响，同时还放纵了真正的罪犯，"两害相权取其轻"。当然，这样做的前提有二：第一，社会治安形势允许；第二，国家加大司法经费投入，司法机关提高办案能力，以尽量弥补"疑罪从无"带来的负面效应。

正是在吸取佘祥林类冤假错案教训、总结三十余年刑事司法经验、结合改革开放新时期新情况的基础上，2012 年 3 月 14 日，第十一届全国人民代表大会第五次会议正式通过《关于修改〈中华人民共和国刑事诉讼法〉的决定》，对 1979 年制定、1996 年修正的刑事诉讼法进行了重大修改，共增加、删除、修改 149 条之多，全部条文从 1979 年的 164 条增加到 290 条。内容涉及管辖制度、辩护制度、证据制度、一审程序、二审程序、死刑复核程序、执行程序、特别程序众多方面。其中有关司法赔偿的有：

（1）将"尊重和保障人权"写入刑事诉讼法。尊重和保障人权是我国宪法不久前才确立的一项重要原则，体现了社会主义制度的本质要求。刑事诉讼制度关系公民的人身自由等基本权利，将"尊重和保障人权"明确写入刑事诉讼法，既有利于更加充分地体现我国司法制度的社会主义性质，也有利于司法机关在刑事诉讼程序中更好地遵循和贯彻这一宪法原则。

（2）完善非法证据排除制度。为从制度上进一步遏制刑讯逼供和其他非法收集证据的行为，维护司法公正和刑事诉讼参与人的合法权利，新刑事诉讼法在原规定严禁刑讯逼供的基础上，增加不得强迫任何人证实自己有罪的规定。同时，明确规定了非法证据排除的具体标准：采用刑讯逼供等非法方法收集的犯罪嫌疑人、被告人供述和采用暴力、威胁等非法方法收集的证人证言、被害人陈述，应当予以排除。违反法律规定收集物证、书证，可能严重影响司法公正的，应当予以补正或者作出合理解释；不能补正或者作出合理解释的，对该证据应当予以排除。还规定了人民法院、人民检察院和公安机关都有排除非法证据的义务，以及法庭审理过程中对非法证据排除的调查程序。

另外，为从制度上防止刑讯逼供行为的发生，还增加规定了拘留、逮捕后及时送看守所羁押，在看守所内进行讯问和讯问过程的录音录像制度。

（3）进一步明确逮捕条件和审查批准程序。针对司法实践中对逮捕条件理解不一致的问题，为有利于司法机关准确掌握逮捕条件，新刑事诉讼法将原刑事诉讼法关于逮捕条件中"发生社会危险性，而有逮捕必要"的规定细化为：可能实施新的犯罪；有危害国家安全、公共安全或者社会秩序的现实危险；可能毁灭、伪造证据，干扰证人作证或者串供；可能对被害人、举报人、控告人实施打击报复；企图自杀或者逃跑。还明确规定：对有证据证明有犯罪事实，可能判处十年有期徒刑以上刑罚的，或者可能判处徒刑以上刑罚，曾经故意犯罪或者身份不明的犯罪嫌疑人、被告人，应当予以逮捕。

为保证人民检察院正确行使批准逮捕权，防止错误逮捕，增加规定了人民检察院审查批准逮捕时讯问犯罪嫌疑人和听取辩护律师意见的程序，以及在逮捕后对羁押必要性继续进行审查的程序。

（4）严格限制采取强制措施后不通知家属的例外情形。原《刑事诉讼法》规定拘留、逮捕后，除有碍侦查或者无法通知的情形以外，应当把拘留、逮捕的原因和羁押的处所，在二十四小时以内，通知被拘留人、被逮捕人的家属。其中，"有碍侦查"情形的界限比较模糊。另外，对指定居所监视居住后通知家属未作规定。综合考虑惩治犯罪和保护犯罪嫌疑人、被告人权利的需要，有必要对采取强制措施后不通知家属的例外情形作出严格限制。据此，新刑事诉讼法删去了逮捕后有碍侦查不通知家属的例外情形，明确规定，采取逮捕和指定居所监视居住措施的，除无法通知的以外，应当在逮捕或者执行监视居住后二十四小时以内通知家属。同时，将拘留后因有碍侦查不通知家属的情形，仅限于涉嫌危害国家安全犯罪、恐怖活动犯罪，并规定有碍侦查的情形消失以后，应当立即通知被拘留人的家属。

（5）明确犯罪嫌疑人在侦查阶段可以委托辩护人。新刑事诉讼法将原刑事诉讼法关于犯罪嫌疑人在侦查阶段只能聘请律师提供法律帮助的规定修改为：犯罪嫌疑人在侦查期间可以委托律师作为辩护人。律师凭律师执业证书、律师事务所证明和委托书或者法律援助公函，有权会见犯罪嫌疑人，仅对危害国家安全犯罪、恐怖活动犯罪、特别重大贿赂犯罪案件，辩护律师会见在押的犯罪嫌疑人，才应当经侦查机关许可。辩护律师会见犯罪嫌疑人或被告人时不被监听。辩护律师在审查起诉和审判阶段，均可以查阅、摘抄、复制本案的案卷材料。

（6）对死刑复核程序作出具体规定。为体现适用死刑的慎重，进一步保证死刑复核案件质量，加强对死刑复核程序的法律监督，新刑事诉讼法明确规定：最高人民法院复核死刑案件，应当作出核准或者不核准死刑的裁定。对于不核准死刑的，最高人民法院可以发回重新审判或者予以改判。同时，增加规定：最高人民法院复核死刑案件，可以讯问被告人，辩护律师提出要求的，应当听取辩护律师的意见。在复核死刑案件过程中，最高人民检察院可以向最高人民法院提出意见。最高人民法院应当将死刑复核结果通报最高人民检察院。

（7）对审判监督程序补充完善。通过审判监督程序对确有错误的生效判决、裁定予以纠正，有利于确保案件质量，维护司法公正。新刑事诉讼法对申诉案件决定重审的案件，指令原审人民法院以外的下级人民法院审理，人民检察院派员出席法庭，并对再审案件强制措施的决定程序，原判决、裁定的中止执行等内容作了补充完善。

从以上规定可以看出，2012 年修改、2013 年 1 月 1 日开始实施的新刑事诉讼法，在许多方面有了重大改进。一年多来，为贯彻执行新刑事诉讼法，司法机关修改和作出了相应的司法解释，建立健全相关工作机制，加强重点问题研究，科学提出对策措施，专门出台防止纠正冤假错案指导意见，确保新刑事诉讼法在司法实践中得到落实。

　　但是，一些司法人员受长期形成的传统司法观念影响，相当程度上还存在"重打击犯罪，轻人权保障"、"重实体真实，轻程序公正"的司法理念，不能正确对待、应对执行新刑事诉讼法过程中遇到的各种问题。司法干警的专业素养和司法能力与新刑事诉讼法要求不相适应。案多、人少、任务重的矛盾更加突出。新刑事诉讼法本身亦有需进一步明确改进之处。总之，新刑事诉讼法在健全刑事诉讼程序，预防减少冤假错案，为司法赔偿创造一个比较好的外部环境方面，还任重而道远。

二 有罪推定、无罪推定与疑罪从无

在佘祥林被监视居住的 **10 天 11 夜**里，侦查人员是在有罪推定思想的指导下进行审讯的。虽然后来事实证明了此种指导思想的错误，但一些侦查预审人员还是认为，那只是个别案件的出错，总体上指导思想还是正确的，如果一开始就认为其无罪，还抓他干什么？面对十年后 **2014 年**披露的念斌投毒案和徐辉强奸案，不少人还疑惑地发问：不是没有证据，只是"证据不足"，为什么就能"宣告无罪"？

1. 有罪推定是封建纠问式诉讼产物

封建纠问式诉讼理论认为，抓来的人都是罪犯，为什么不抓别人单单抓你？既已被抓，承认有罪是其义务，不承认以刑讯促其招供，合理合法。

这种有罪推定理论被二百多年前的意大利法学家贝卡利亚第一个针锋相对地提出无罪推定原则以来，经《世界人权宣言》和《公民权利和政治权利国际公约》等一再明确宣示后，几乎没有人再加以公开主张，但有罪推定的影响却还相当普遍地存在。

如不少司法人员认为，采取侦查行为和强制措施，都是以犯罪嫌疑人有罪为前提的，如果认为其无罪，还抓他干什么？而且从实际结果看，绝大多数被立案侦查的犯罪嫌疑人最终都被判处有罪，刑事诉讼过程中认为他有罪，又何错之有！

这里要弄清两个问题：

第一，公安、检察机关在侦查、起诉过程中，虽然有权认为犯罪嫌疑人有罪，并据此开展刑事诉讼活动，但此时的"有罪"，只是侦查上的一种判断方向（与此并存的，同样重要的，还有无罪的判断方向），而不是事实上的有罪；此时的"有罪"只是程序意义上的"有罪"，而不是实体意义上的有罪。换句话说，此时的"有罪"只是一种暂时的、尚待证明的构思。此时的司法人员头脑一定要清楚：此种构思可能是对的，也可能是错的。如果一味以为正确，只顺着"有罪"的思路走下去，"刑讯逼供及其他非法取证活动就有了正当的理由，而认真地、全面地收集证据的动力反而消失了"①，冤假错案也许就在此时铸成。

第二，《刑事诉讼法》第12条关于"未经人民法院依法判决，对任何人都不得确定有罪"的规定，以国家名义明确宣示：任何人在被法院依法判决之前，都不能认为其有罪，即使是当场抓获的现行犯也应如此。即使当场抓获，还需要对现行犯的主体资格、主观方面、目的动机和现场环境、目击证人证言的可靠性等进行审查。而审查的前提之一，就是可能他是无罪的，甚至是被陷害的。这就要求司法人员不仅要收集有罪证据，而且要同时收集无罪证据，从而求得案件的合理真实。

至于被立案侦查的绝大多数犯罪嫌疑人被判处有罪并且确实有罪、判决大多数是正确的事实，更不能以此作为有罪推定的理由。恰恰相反，它正从另一面证明，的确有少数无辜者受到了不应有的刑事追究，甚至被冤判有罪，被无辜执行刑罚。而这正是建立国家赔偿制度的基本依据。

2. 无罪推定原则是人类精神文明的重要成果

作为刑讯逼供理论基础的有罪推定，已随封建专制时代的结束而结束。无罪推定作为人类精神文明的重要成果，已越来越在世界范围内普及。

无罪推定原则是现代法治国家刑事司法通行的一项重要原则，是国际公约确认和保护的基本人权，也是联合国在刑事司法领域制定和推行的最低限度标准之一。其基本内容为：任何人在未经依法判决有罪之前，应视其无罪；被追诉者在被起诉前处于犯罪嫌疑人的地位，被起诉后处于被告人的地位，不应将其称作"人犯"或"罪犯"；被告人不负有证明自己无罪的义务，不能因为被告人没有或不能证明自己无罪而认定被告人有罪；公诉人负有提出证据证明被告人有罪的责任，不得要求被告人证明自己有罪；对被告人有罪的根据存在合理怀疑时，应作有利于被告人的解释；不能证明被告有罪，就以无罪处理；犯罪嫌疑人和被告人享有沉默权。

---

① 高憬宏主编：《刑法刑事诉讼法适用问题研究》，中国政法大学出版社1999年版，第209页。

无罪推定是资产阶级启蒙运动中提出的一项思想原则。1764 年 7 月，意大利刑法学家贝卡利亚在《论犯罪与刑罚》中，在抨击残酷的刑讯逼供和有罪推定基础上，提出了无罪推定的理论构想："在法官判决之前，一个人是不能被称为罪犯的。只要还不能断定他已经侵犯了给予他公共保护的契约，社会就不能取消对他的公共保护。"

无罪推定原则在 1948 年联合国大会通过的《世界人权宣言》中首次得到确认。该《宣言》第 11 条（一）规定："凡受刑事控告者，在未经获得辩护上所需的一切保证的公开审判而依法证实有罪以前，有权被视为无罪。"1966 年联合国大会通过的《公民权利和政治权利国际公约》第 14 条第 2 款规定："凡受刑事控告者，在未依法证实有罪之前，应有权被视为无罪。"《欧洲人权公约》第 6 条第 2 项规定，任何被指控实施犯罪的人在依法被证明有罪之前应被假定为无罪。中国参与制定的《联合国少年司法最低限度标准规则》也规定了此原则。

世界许多国家都在宪法或宪法性文件及刑事诉讼法中规定无罪推定原则。如加拿大宪法、法国 2000 年修改的刑事诉讼法、俄罗斯 2001 年新刑事诉讼法，等等。在 1996 年刑事诉讼法修改之前，我国不采用无罪推定或有罪推定，而采取"以事实为依据、以法律为准绳"的原则。在 1996 年修正的《刑事诉讼法》中首次规定了无罪推定原则的两项内容：第 12 条规定："未经人民法院依法判决，对任何人都不得确定有罪"。第 162 条第（3）项规定："证据不足，不能认定被告人有罪的，应当作出证据不足、指控的犯罪不能成立的无罪判决。"这些规定，尽管在理论上是否算作无罪推定尚有争论，但却是明白无误的对有罪推定的彻底否定，是从有罪推定向无罪推定的重大转变。

无罪推定原则以保护被告人的合法权利为目的，其理论根基是西方国家个体利益优于整体利益和保护弱者的历史文化传统。该理论认为，被告人是个体利益的代表，检察官是整体利益的代表，个体在整体面前处于劣势和不利地位，必须在刑事诉讼中加以特别保护。否则，就不能保持这两种利益冲突中的平衡，难以实现司法公正。无罪推定既然在个体利益和整体利益的两难抉择中，选择了对个体利益的保护，便必然要付出不得不付出的代价：国家不仅不能更有效地减少犯罪，反而要用更大的投入来维护社会安全和法律秩序。

之所以明知付出代价却仍坚持无罪推定原则，其逻辑依据是：在任何一个国家，上至共和国总统、总理，下至每一个普通百姓，几乎谁都无法用证据证明自己或别人从未有过故意犯罪或过失犯罪的行为。但是，这并不妨碍我们在法律上推定他们为无罪的公民。反之，如果只是在拿出证据证明自己无罪时，才允许他们在法律上取得一个无罪公民的资格，有多少人能够经常地、随时随地以充分证据证明自己的清白呢？假如一定要套用实事求是的原则，就只好作出这样的规定："任何人在未被证实为无罪以前，法律也同样不承认其为无罪公民。"这样一来，绝大多数公民岂不是都要被归于犯罪嫌疑人之列？试想，在这样的国度里，公民将何以防范国家机关的非法侵害？又怎能有民主可言？无罪推定对民主政治的重大意义就在于它通过立法上的技术手段，使全体公民都能以无罪公民的资格参加社会的政治生活，虽然这种法律上的无罪假设是可以证伪的，但是，它保证了全体公民在进行政治参与时都能有一种安全感，从而使他们坚信：只要他们的行为遵循既定的法律规则，那么，无论是为了保护个人的合法利益，还是为了实现社会的公平和正义，也无论这种行为引起了哪些特权人物的反对和忌恨，他们的财产、自由和生命都是有保障的，因为有一种任何人都必须服从的力量——法律在保护自己。我们很难想象，假如失去了这种来自于法律的保护，人们愿意在这种丧失自由的状态下接受无限期的审查。显然，为了防止这种现象的发生，在法律上仅仅确认实事求是的原则是不够的，因为无限期的强制审查、不经正当审判程序而剥夺自由和生命与实事求是原则之间在逻辑上并不存在直接的矛盾。相反，以案件真相有待查明的安全保障为理由，借实事求是之名，而行非法强制之实倒是司空见惯的现象，普通公民又怎么可能有效地从事对国家的管理和监督。人们不会忘记，在苏联的"大清洗"和中国的"文革"期间，每个共和国公民的政治立场一旦受到怀疑或仅仅因为某个权威人物的一句话，马上就可能失去人身自由。因此，我们完全可以得出结论，对于任何发达的民主政治体制来说，确认无罪推定原则都是一个不可回避的选择。①

尽管我国香港、澳门特别行政区基本法和我国台湾地区法律，明确确立了无罪推定原则，大陆刑事诉讼法也确认了无罪推定原则的两项内容，

---

① 参见维普网及"人权保护视野下的刑事诉讼程序价值"，《赤峰学院学报：汉文哲学社会科学版》2013 年第 2 期；"程序法制化的重要内容：无罪推定原则"，《重庆行政：公共论坛》2004 年第 1 期；"论侦查程序中的媒体自由——一种政治社会的解读"，《东南学术》2013 年第 1 期。

但迄今尚未看到大陆官方对无罪推定原则的正式表态，给人印象是：既不正式承认，也未全盘否定，仍坚持所谓实事求是的立场。

关于官方对待无罪推定的态度，迄今见到的明确表述是，1996 年 1 月 15 日全国人大法工委主任顾昂然在刑事诉讼法座谈会的发言中说："封建社会采取有罪推定的原则，资产阶级针对有罪推定，提出了无罪推定。我们坚决反对有罪推定，但也不是西方国家那种无罪推定，而是以客观事实为根据。"①

官方对待无罪推定问题的态度，主要是从政治上考虑的。但无罪推定本身是人类长期同犯罪斗争的经验总结，是人类法制文明的优秀成果，不是哪一个阶级的专利，也不仅仅是学者书斋中谈论的纯学术问题。佘祥林案件以一个生动的事例，又一次证明无罪推定、疑罪从无等现代司法理念对保障基本人权、建立和谐社会的迫切的现实意义，建议立法机关在调查研究基础上，突破意识形态障碍，尽快就无罪推定应否作为我国刑事诉讼指导思想问题作出正确抉择。

3. 疑罪从无已成为我国刑事诉讼基本原则

尽管无罪推定应否作为我国刑事诉讼指导思想问题尚无明确结论，但无罪推定中的一项重要内容疑罪从无，却已明确无误地写进了刑事诉讼法，成为我国刑事诉讼的一项基本原则，并正在从理论走向实践，成为平反冤错案件落实国家赔偿的重要依据。但与此同时，对于无罪推定的模糊认识，亦成为疑罪从无原则贯彻落实的思想阻力。

疑罪从无原则又称"有利被告原则"，是无罪推定原则的重要组成部分。疑罪从无，是指现有证据既不能证明被追诉人的犯罪行为，也不能完全排除被追诉人实施了被追诉犯罪行为的嫌疑，根据无罪推定原则，从诉讼程序和法律实体上推定被追诉人无罪，从而终结诉讼的法律行为。

疑罪从无原则，是解决刑事疑案的技术手段。"疑罪"是指司法机关对被追诉人是否犯罪或罪行轻重难以确实证明的情况，它是司法实践中难以避免的常见现象。我国在 1996 年《刑事诉讼法》修改之前，在司法实践中常常采取"疑罪从有"、"疑罪从挂"的做法，即对于事出有因、又查无实据的疑难案件，大都采取反复适用补充侦查、司法机关内部协商、

---

① 《法制日报》1996 年 2 月 3 日。

请示上级等办法，先挂起来拖着，对已经被逮捕的犯罪嫌疑人长期关押，既不定罪又不释放（定罪时则坚守一条底线：对事实和证据达不到百分之百过硬时，决不判处死刑立即执行，至多判处死缓，以留有余地）。既严重侵犯了他们合法的人身权利和诉讼权利，造成恶劣社会影响，又长期耗费司法机关人力物力，浪费司法资源。

疑罪从无原则，是我国社会发展到一定时期的产物。在社会矛盾尖锐，治安情况复杂，严重犯罪频发，人民生命财产受到威胁，正常社会秩序难以维持的时期，依法从重从快严厉打击犯罪分子的嚣张气焰，维护社会秩序，保障人民利益，是司法机关的首要职责。只有在社会发展进入相对平稳以后，才能在法治建设进程中对法律价值进行协调和平衡，在关注保护社会同时，加重对公民人权的保障和尊重。

疑罪从无原则，是现代刑事司法文明与进步的重要标志。古罗马法中采用"罪案有疑，利归被告"的原则。到资产阶级启蒙运动中，作为无罪推定组成部分的疑罪从无原则才正式确定，并被许多西方国家的宪法、宪法性文件，或国际条约所采用。我国古代刑法对疑罪普遍采取从有、从轻、从赦的方法。到唐代，刑事疑罪的处理原则已经制度化。《唐律》中规定疑罪可以财赎刑。宋代沿用此项规定。明律确定疑狱必须逐级上报，由皇帝裁决。清代沿用明制。1979年《刑事诉讼法》第108条，规定"人民法院对人民检察院提起公诉的案件经审查认为事实不清、证据不足的，可以退回补充侦查"。一直到1996年修改后的《刑事诉讼法》才最终确立了疑罪从无的原则，在第162条规定："证据不足，不能认定被告人有罪的，应当作出证据不足、指控的犯罪不能成立的无罪判决。"

疑罪从无原则，是刑法哲学意义上具有相对性的原则。一方面，从"疑罪从有"、"疑罪从挂"到"疑罪从无"，当然是司法的进步。另一方面，疑罪之所以"从无"，是因为证据不足。故这种无罪只是"准无罪"，行为人不一定确实无罪。因此，行为人因证据不足而得到无罪宣告后，如果取得了确实、充分的证据证明其有罪，仍然应当受到刑法处罚。这是对为了保障个人利益而牺牲的社会秩序和公共利益的救济。因之，我国刑事诉讼法体现了疑罪从无原则中"从无"的相对性。这种相对性，既表现在检察机关对疑罪案件作出的不起诉决定不具有终局性的性质上，也表现在人民法院的终审无罪判决在一定条件下仍非终局的性质上。《最高人民法院关于执行〈中华人民共和国刑事诉讼法〉若干问题的解释》第117条第（三）项规定："对于根据刑事诉讼法第 162 条第（三）项宣告被告人无罪，人民检察院依据新的事实、证据材料重新起诉的，人民法院应当予以受理。"这就是说，适用疑罪从无原则作出的无罪判决，在此种条件下不具有终止法律诉讼的效力。疑罪相对从无，从另一角度缓和了保障个人人权与维持社会公共秩序的矛盾冲突，在保障社会个体利益的同时，实现社会公共利益的最大化。疑罪从无的这种相对性有助于消除司法人员在适用疑罪从无原则时的抵触心理，防止在司法实践中因为担心放纵犯罪而变相实施"疑罪从挂"现象。

疑罪从无原则，建立在严厉防止公权力滥用和司法腐败对个人权利造成危害的基础之上。美国最高法院大法官道格拉斯认为："权利法案的绝大部分条款都与程序有关，这绝非毫无意义。正是程序决定了法治与随心所欲或反复无常的人治之间的大部分差异。坚定地遵守严格的法律程序，是我们赖以实现法律面前人人平等的主要保证。"大法官霍姆斯则进一步明确指出："罪犯逃脱法网与政府的卑鄙非法行为相比，罪孽要小得多。"政府滥用权力和司法腐败对国家和社会造成的整体危害，远远超过了普通犯罪分子，因此，宪政法治的核心和重点绝非一味不择手段、从重从快打击犯罪分子，而是应当正本清源，注重对政府权力予以程序性约束和制衡，防止执法者和当权者凌驾于法律之上，利用手中特权和国家专政机器胡作非为、巧取豪夺、为害一方，任意欺压无处申冤的小民百姓。防官府恶政远甚于防犯罪刁民，防止"窃钩者诛，窃国者侯"和统治者随心所欲、逍遥法外的虚伪"法制"的弊端，正是美国宪政"法治"制度设计的重要特点。①

自 1996 年修改后的刑事诉讼法确立疑罪从无原则以来，我国公安、检察、法院等司法机关，在诉讼程序的侦查、起诉、审判三个阶段中，按照相关法律和司法解释，努力贯彻执行疑罪从无的各项规定，取得了相应成效。但由于长期实行的严刑主义、"被告即罪犯"传统观念根深蒂固，公检法之间彼此照顾面子、利用被告人心虚冒险摆平的做法常能"相安无事"，再加上一些司法人员法理修养和专业素质不高、执行疑罪从无的底气不足，"疑罪从无"原则在我国的有效执行，还任重而道远。2010 年河南省高级法院张立勇院长在总结赵作海"杀人"冤案教训时说得好：

①　参见百度百科："疑罪从无"，2014 年 9 月。

"对事实不清、证据不足的案件，我们要敢于宣告无罪。宣告无罪也是对公安、检察环节的监督，督促他们继续调查补充新证据。"①

令人欣慰的是，从近十年来披露的冤错案件得到平反昭雪和国家赔偿的案例看，疑罪从无原则的贯彻执行有了新的进展，一批事实不清、证据不足的"严重犯罪"案件，在真凶抓获之前甚至抓获无望的情况下，仍能依法果断地宣告无罪，并予以国家赔偿。

例如，2013年8月13日，安徽省高级法院公开宣判，根据检察机关和辩护律师提供的新证据，认为原审认定于英生故意杀人的证据不确实、不充分，在案证据之间的矛盾没有得到合理排除，犯罪证据"不具有唯一性和排他性"，决定撤销原一审判决、二审裁定，宣告于英生无罪。于英生无罪释放后，公安机关启动再侦程序，对原案卷材料和物证资料进行全面细致梳理，获得了案发现场犯罪嫌疑人DNA关键证据，运用高科技手段成功检测出犯罪嫌疑人DNA样本中的独特信息，于11月27日将真凶拘传到案。

尤其值得称道的是，2014年9月，福建念斌投毒杀人案和广东徐辉强奸杀人案在宣告无罪后，尚未能如此顺利地抓获元凶。珠海市中级法院就徐辉强奸杀人案改判无罪时发表通报称：本案的改判并不像佘祥林、赵作海等案那样，发生了"真凶出现"、"亡者归来"的情况，只是证据的证明程度尚未达到刑事案件的证明要求，根据"疑罪从无"、"有利于被告人"的刑法原则改判被告人无罪。对于这种"疑案"，法院遵守疑点利益归被告的原则，不能为了防止"错放"而导致"错判"。

2014年11月14日，甘肃省高级人民法院召开新闻发布会，通报了两起死刑缓期执行改判无罪的案件。其理由均为二案证据与证据之间、证据与案件事实之间存在矛盾，且无法排除合理怀疑，原审判决事实不清、证据不足，原公诉机关指控其杀人罪名不能成立，依法二审改判其证据不足、指控的犯罪不能成立的无罪判决，不承担附带民事赔偿责任。②

随着我国法治建设的发展，尊重和保障人权的观念逐步深入人心，在

① 河南赵作海故意杀人案，见本书附录五。
② 《法制日报》2014年11月14日。

司法过程中坚持无罪推定原则成为现代法治发展的必然趋势。珠海市中级法院的通报和甘肃省高级人民法院的二审判决，准确体现和贯彻落实了疑罪从无是我国刑事诉讼基本原则的法律精神，代表了我国刑事司法现代化的正确方向。

三 刑讯逼供动因与对策

佘祥林"杀妻"冤案之所以最终铸成，罪魁祸首应首推在其被监视居住的 10 天 11 夜中所经受的审讯。浙江陈建阳等 5 人抢劫杀人案中，田伟冬不堪刑讯逼供咬断自己的舌头。念斌在法庭控诉办案人员用竹签往他的肋骨之间插，用小榔头垫书敲他"隔山打牛"。于英生在公安局接受讯问的 7 天 7 夜里，警察分成 4 班 24 小时轮流审问，不让睡觉不让休息，冬天给他洗冷水澡，一盆一盆地往头上浇……种种令人发指的酷刑、残忍、不人道的刑讯逼供作法，成为许多冤错案件的重要成因。尽管法律上早就有禁止酷刑、严惩刑讯逼供的相关规定，但据最高法院 2014 年调查，目前除北京、上海、苏州等地公安机关基本杜绝刑讯逼供外，其他地区杜绝刑讯逼供仍然任重而道远。

1. 酷刑从合法到非法的演变

酷刑是犯罪出现以后，人类同犯罪作斗争的历史产物。它随着生产力提高和文明程度进步，经历了从合法到非法的演变过程。

早在我国西周时期，就产生了墨、劓、剕、宫、大辟五种刑罚。在人脸上刺字或烙上其他犯罪标志并染上黑色，割鼻子，砍脚，残害男子生殖器，幽闭女子，将人头砍下高悬示众，五马分尸的车裂和千刀万剐的凌迟等残酷、不人道、侮辱人格的做法，是国家规定并实施的合法制度，以至当时被砍脚拄拐者遍布于市。虽然后来被笞、杖、徒、流、死新五刑所代替，但依然十分严酷。从隋、唐到清代一直使用的笞刑，指用小荆条或小竹板责打十到五十板，分五等；杖刑指用大荆条或大竹板责打六十到一百大板，分五等；徒刑指拘禁人犯并强迫其服役一年到三年，分五等；流刑指放逐到边远地区服劳役，从二千里到三千里，分五等；死刑分绞死与斩首二等。在欧洲也存在过火刑、吊刑、钉十字架等多种残害人犯肢体、侮辱人格尊严的各种刑罚。

有专家认为，酷刑之所以能在人类社会历史上长期存在，有四方面的原因：一是专横垄断的封建统治为酷刑产生和存在提供土壤；二是"纠问式"诉讼制度、有罪推定和强迫自证其罪的诉讼理念是酷刑泛滥的罪魁祸首；三是社会对罪犯这一特定群体成员的蔑视和歧视使酷刑得到社会身份认同；四是人性中的残酷面是酷刑难以根除的本质因素。[①] 作者认为，除此之外，最根本的原因，在于生产力发展水平和人类文明程度的限制。

直到 17 世纪，随着资产阶级启蒙思想的传播，最早从英国发出中止酷刑的声音。在第二次世界大战出现诸多大屠杀、种族灭绝和酷刑等严重侵犯人权的猖獗罪行以后，反对和禁止酷刑受到国际社会重视，并逐步上升到国际法领域中的国际强行法地位。

1984 年联合国大会通过了《禁止酷刑和其他残忍、不人道或有辱人格的待遇或处罚公约》。该《公约》第一条明确规定："为本公约的目的，'酷刑'是指了向某人或第三者取得情报或供状，为了他或第三者所作或涉嫌的行为对他加以处罚，或为了恐吓或威胁他或第三者，或为了基于任何一种歧视的任何理由，蓄意使某人在肉体或精神上遭受剧烈疼痛或痛苦的任何行为，而这种疼痛或痛苦是由公职人员或以官方身份行使职权的其他人所造成的。纯因法律制裁而引起或法律制裁所固有或附带的疼痛或痛苦不包括在内。"迄今已有 140 个国家签署了该《公约》，中国则早在 1986 年即签署加入。

该《公约》首次以全人类名义，正式宣布一切酷刑和其他残忍、不人道或有辱人格的待遇或处罚为非法行为，而且此种非法行为已从旧时代体现酷刑内容的刑罚，发展到现时代"为了向某人或第三者取得情报或供状"等的非法行为。这就为任何"公职人员或以官方身份行使职权的其他人"、尤其是司法人员，"蓄意使某人在肉体或精神上遭受剧烈疼痛或痛苦的任何行为"，提供了最权威的否定依据。这种依据是国际人权条约中规定的不可克减的义务，成为一项国际强行法，任何国家和个人都不得违反，即使在紧急状态或战争时期也不例外。[②]

---

① 龚刃韧："酷刑：从合法的手段到公认的罪行"，《比较法研究》2014 年第 1 期。
② 冀放："酷刑禁止：不可克减的国际法原则"，《环球法律评论》2014 年第 5 期。

2. 刑讯逼供屡禁不止原因

我国法律关于严禁刑讯逼供的规定，不可谓不明确；司法机关为贯彻此项规定采取的办法和措施不可谓不尽力；司法实践中对刑讯逼供责任人的处理也不可谓不坚决；但一个不容讳言的事实却依然是：刑讯逼供屡禁不止。仅因此致死者曾经每年不下十几、几十例之多。这就迫使我们不得不对此种现象的成因进行全面、细致、客观、公正的考察和剖析，以期尽可能找出一些实用的对策。哲学家的一句名言是：存在的就是合理的。作者理解，这个"合理"不是道德和法律层面上的合理，而是指任何存在的现象都有其存在的历史、现实、物质、意识等方面的根源和理由。不分析和认清这些根源和理由，就不可能找出切实可行的对策和措施。仅作者归纳出的刑讯逼供屡禁不止的原因就不下十余种：

（1）时间紧迫性。社会治安状况不好，突发、重大案件居高不下，"严打"由临时措施演变成长期做法，司法干警办案任务繁重，压力有增无减。限期侦破的时间紧迫性，使得少数干警在少数案件上"萝卜快了不洗泥，合法违法一起上"。

（2）实践有效性。由于犯罪嫌疑人和被告人的个体情况不同，司法实践中确实存在不打不招、招后调查、利于破案的情况。疼痛引起的心理反应，类似麻醉冬眠状态，能使人作出某种如实陈述，从而减少了诉讼成本，提高了诉讼效率。①

（3）取证困难性。社会生活错综复杂，千变万化。科学技术日新月异，普及迅速，使得犯罪分子作案手段越来越智能化。犯罪痕迹随着时间、气候、环境等客观因素和人为掩盖、破坏，取得确凿证据变得越来越困难。而从嫌疑人口中得到线索，是取得稍纵即逝、时过境迁证据的便捷方法。

某一具体个案曾使作者感受颇深：一具高度腐败的女尸在检修某旅馆暖气管道沟时被发现。公安机关在排查中发现一人可疑，但无任何证据。拘捕该人后完全凭借其言词陈述，将一系列间接证据形成链条。最后真相

---

① 在侦破毒品犯罪等类型案件中，得到口供后利于取证的便利，使得刑讯逼供屡禁不绝。2014 年 3 月一个月内，哈尔滨市公安局道外分局警务与非警务人员即制造了 7 起刑讯逼供案，致 1 人死亡。《新京报》2014 年 9 月 22 日。

大白，证据确凿，处以极刑。如果该嫌疑人在一开始就死活不招，此案的确难以告破。而每年类似难以告破的"死案"，其绝对数量不在少数。

（4）目的正当性。及时侦破案件，抓获犯罪嫌疑人，将犯罪元凶绳之以法，保护人民群众生命财产安全，维护社会秩序稳定，确保一方平安，是广大司法干警的神圣使命和最高天职。这一使命和天职，既是全体司法干警奋不顾身忠于职守的动力，同时也容易异化为少数干警违法逼供的精神支柱。

（5）程序次要性。刑讯逼供屡禁不止还与司法界长期形成的重实体、轻程序的错误倾向有关。不少司法人员认为，只要案子的实体部分错不了，只要不放纵犯罪分子，注不注意程序是次要问题，注意更好，未注意，如刑讯逼供出了纰漏，也只是个方法问题。

（6）职业特权性。正因为司法工作人员承担着维护国家稳定的重大责任，国家也就赋予他们履行职责的相应权力，一些一般公民可望而不可及的权力，使得少数干警滋生一种优越感和特权思想。而对于平时不注意学习、不严格要求自己的干警来说，这种特权思想会随着时间推移与日俱增，养成一种稍不如意，开口就骂、动手就打、举枪就发的恶劣作风。某市一位警察在把一位乡镇企业局长打得死去活来时得意忘形地说："我今天把你放了，明天还可以抓你，我们吃的就是这碗饭，开的就是这种店，打人是家常便饭！"其霸道之猖獗令人发指！①

（7）违法隐蔽性。使用刑讯逼供方法，不仅难于得到真实可信的口供，而且还很难审查这种口供。在随后进行的诉讼过程中，很难从卷宗里发现哪些口供是正常交代而哪些口供是刑讯结果。卷宗里绝对不会记录下刑讯逼供的过程，有关人员一般也不会承认对嫌疑人采用了刑讯逼供方法。因此，在司法实践中就经常出现这样的情况：犯罪嫌疑人在侦查、起诉阶段认罪服法，一到法院审理阶段即以刑讯逼供为由推翻前供。让法官为难的是，被告人难以举出确实受到刑讯逼供的有效证据，甚至具有被告人在羁押期间受伤的法医鉴定，也因无证据证明受伤结果与司法人员行为之间的因果关系，而无法认定。如果经历刑讯逼供的被告人出于各种考虑在审判阶段仍不翻供，则更给法官增加了公正判决的难度。

早在千余年前我国西汉时期的路温舒在给汉宣帝上书时就说过：人的

---

① 《法制日报》2000年9月3日。

本性是安定就希望生活，痛苦则愿意死去。棍棒之下，有什么要求不能得到呢？因为囚犯受不了痛苦就视其需要而编造口供，司法官吏则利用这种情况指明问供，但他们在向上报告时担心露出马脚，就反复锤炼，使之周到严密，没有漏洞。等到上面批了，案子成了定局，虽然有像皋陶那样高明的法官再来听取情况，也以为死有余辜。为什么呢？是因为经过反复锤炼使罪行变得十分明显啊！①

（8）历史合法性。刑讯逼供难于禁止与它在漫长的历史时期内具有合法性有关。早在两千多年前的《周礼》中，便有"以五刑听万民之狱讼"的记载。汉代时拷打罪犯，以供定罪，基本形成制度。至魏晋南北朝时，何罪使用何种刑具的具体规定写进律令之中。唐朝建立初期，统治者为笼络人心，下令将拷打的部位由背部改为臀部。唐律中还有对非法用刑造成严重后果者追究责任的规定。但以刑讯手段逼取认罪口供的合法性并未受到丝毫动摇，至宋代达到极致。正如马克思所说："实体法却具有本身特有的必要的评价形式。例如，中国法里面一定有笞杖，和中世纪刑律的内容连在一起的评价形式一定是拷问。"②

（9）口供决定性。中世纪欧洲封建国家的形式证据制度，把被告人的口供奉为"证据之父"。"有供必定、无供不录"也是我国封建司法制度的基本原则，其影响流毒至今。一些司法人员把主要精力放在获取被告人对犯罪事实的供认上，为此可以不择手段，忽视其他人证、物证的收集，轻视对口供真实性的判断，以被告人口供作为定案的主要甚至唯一根据，而不问这种口供是怎样获得的。"口供既然被看作最重要的证据，而在被告看来又是生死攸关的大问题。因此，通常被告不会一问就供，一供就彻底。因此，为了取得口供，刑讯逼供就成为必不可少。"③

长期的封建实践使刑讯逼供成为得到社会认同的一种公众心理。不仅少数司法人员迷信口供，公众当中认为口供是重要证据，犯人不打不招、不会自己陷害自己的人，也不在少数。而要清除数千年封建法律意识在民族精神中的负面积淀，绝不是一朝一夕所能奏效的。

（10）理论有罪性。刑讯逼供的理论基础是"有罪推定"。有罪推定

---

① 《汉书·路温舒传》。

② 《马克思恩格斯全集》第 1 卷，人民出版社 1956 年版，第 178 页。

③ 李建明：《冤假错案》，法律出版社 1991 年版，第 127 页。

是封建社会纠问式诉讼的产物。这种理论认为，抓来的人都是罪犯，既已被抓，承认有罪是其义务，不承认以刑讯促其招供，合理合法。这种有罪推定理论被二百多年前的意大利法学家贝卡利亚第一个针锋相对地提出无罪推定原则以来，经《世界人权宣言》和《公民权利和政治权利国际公约》等一再明确宣示后，几乎没有人再加以公开主张，但有罪推定的影响却还相当普遍存在。

（11）道德惩罚性。被抓之人既然有罪，既然是坏蛋，人人共讨之，人人共诛之。为使其坦白罪行，使用什么手段也不为过。对坏人的宽容就是对好人的残忍。除恶务尽，除坏务狠。如果对刑讯逼供造成的不人道场面寄予同情，则是敌我不分、好坏不分、丧失天良、丧失道德的原则问题。

（12）人性残忍性。人类自从数十万年前，由动物进化为人类以来，以其独自具有的理性与动物相区别，但人类永远也不可能完全彻底地摆脱其动物属性。兽性与理性并存，是人类的本质特征。食欲、性欲甚至权欲是人类与动物共有的本能。所不同的是，人类能用道德、法律等理性规则对之加以调节和约束。随着人类社会愈来愈走向文明，理性约束的范围和程度也就愈来愈广泛而深刻。但无论怎样有效，也难以完全控制人类兽性在某种特殊环境下的暴露和宣泄。战争中的直接杀戮如此，暴乱中的烧杀抢掠如此，恐怖活动的血肉横飞如此，"文化大革命"中"文攻武卫"的暴行如此，正常社会环境下的违法犯罪如此，与犯罪作斗争中以牙还牙式的刑讯逼供和死刑规定亦是如此。

与此同时，人之作为人对自己同类所遭受痛苦与不幸，又具有天然的同情与不忍。这是人类平等、博爱与自由的最根本、最永恒的支撑点。[①]在此支撑点上日渐发展的人类文明，则逐渐对人性中的残忍面加以抑制。

（13）手段落后性。刑事案件的侦破和定案，主要依赖证据的搜集和鉴别。随着我国国力增强和国家投入加大，我国刑事侦破手段和各项技术水平有了显著提高，但由于地区之间经济发展不平衡和现行财政体制的限制，一些地区司法经费不足，技术装备和侦破手段落后。同时，现行司法鉴定管理体制混乱，常常形成一个事实却有几个截然不同的鉴定结论的局面。证据收集和鉴别上的困难，也使办案人员过分依赖嫌疑人或被告人的

---

① 夏勇：《中国民权哲学》，生活·读书·新知三联书店 2004 年版，第 302 页。

认罪口供。

（14）素质低下性。随着全民文化素质和法律意识的增强，司法机关人员的素质也有了整体上的提高，但一部分司法人员素质低下的状况依然存在。文化水平低下，法律意识淡薄，不讲职业道德，在一些基层司法机关中并非个别现象。某县公安局几名警察为了及早破案，竟让神婆指点迷津，卜算真凶是谁，然后把"真凶"打得皮开肉绽。

（15）惩处软弱性。对于刑讯逼供的犯罪行为，尽管在刑法中作出了非常严厉的制裁规定：刑讯致人伤亡者，比照故意伤害罪和故意杀人罪处罚。具体个案中也有对刑讯逼供者判处死刑缓期二年执行的事例。但从总体上看，对刑讯逼供人员运用行政处罚和判处缓刑等多，使用实刑相对较少。这就给人一种错误的诱导：尽管法律对刑讯逼供罪的处罚规定很重，但实际适用时会大打折扣。惩处的软弱性只会默认和纵容此种犯罪行为的继续存在。

（16）刑讯国际性。同犯罪行为作斗争是全人类的共同任务，斗争过程中的刑讯行为也不幸带有国际性。当今世界各国，几乎概莫能外。这既加重了一国内反对刑讯逼供的难度，同时也提出了同刑讯逼供斗争的国际合作任务。抓住某些具体事例以人权为口实，对他国内政进行干预的做法是于事无补的。在联合国和国际刑警组织的合作框架下，在加强同国际犯罪作斗争进一步合作的同时，开展反对刑讯逼供斗争的研讨和配合，才是共同遏制和减少人类这一阴暗面的正确途径。

3. 刑讯逼供屡禁不止对策

我国法学理论界和司法实践界对刑讯逼供屡禁不止的成因进行了长期的研究和探讨，尽管观点不完全一致，但在基本方面已形成共识，并为此提出了各种对策。这些对策可归纳为观念转变和制度创新两个方面：

观念转变

（1）对犯罪嫌疑人、被告人和罪犯认识的转变。犯罪嫌疑人、被告人和罪犯是人，是同我们一样的人，一样的中华人民共和国公民。除依照法律规定并经法定程序被剥夺的权利外，他们依然享有我们也享有的人身权利、财产权利及其他权利。正因为如此，侵犯他们的人身权利的刑讯逼供罪，也同侵犯其他公民的伤害罪、抢劫罪、杀人罪一样，一起列入刑法"侵犯公民人身权利、民主权利罪"一章之中，表明他们同我们一样是公民，一样享有人身不可侵犯的权利。谁侵犯他们的权利，谁就应承担刑事责任。

把犯罪嫌疑人、被告人和罪犯当作人来看待，依法保护他们的正当权利和利益，是人类对封建专制和司法专横的否定，是人类社会进步和文明进步的表现。它建立在同类不相残的道德法则之上，标志着人类彻底走出动物界之后对自身生命价值和人格尊严的承认与尊重。以促进人类文明进步和建设社会主义法治国家为己任的中国，依法保护一切人的正当权利，是我们当然的价值选择。

（2）从有罪推定向无罪推定转变。作为刑讯逼供理论基础的有罪推定，已随封建专制时代的结束而结束。无罪推定作为人类精神文明的重要成果，已越来越在世界范围内普及。"无罪推定原则的核心内容，是要求起诉方对被告人涉嫌的罪名用确实充分的证据加以证明。如果能够收集到确实充分的证据，足以推翻原先的无罪假定，即可确认并判决其有罪；不能证明被告人有罪，就应当认定被告人无罪。"①②

（3）从情有可原向严格执法转变。《刑法》第247条规定："司法工作人员对犯罪嫌疑人、被告人实行刑讯逼供或者使用暴力逼取证人证言的，处三年以下有期徒刑或者拘役。致人伤残、死亡的，依照本法第234条、第232条的规定定罪从重处罚。"这一规定比原刑法的规定更加严格和明确。但在一旦发生刑讯逼供致人死伤的案件时，有关领导和人员因"为了工作"、"偶然失手"、一贯先进、曾经立功、业务骨干以及被致死伤者劣迹斑斑、狡辩抵赖、激起义愤等情有可原的因素，有意无意加以开脱，使惩罚力度上不去。

此种情有可原的理由，看不到刑讯逼供犯罪对公民人权的粗暴践踏和对司法机关形象的严重毁坏。我们必须坚持不懈的加强严格执法的教育，一切为了人民利益的教育，切实保障人权的教育。对于胆敢以身试法者，发现一个处理一个，决不留情，决不手软。只有这样才能刹住刑讯逼供的歪风，才是对司法人员的关心和爱护。

----

① 崔敏：《中国刑事诉讼法的新发展》，中国人民公安大学出版社1996年版，第44页。

② 关于官方对待无罪推定的态度问题，1996年1月15日，全国人大法工委主任顾昂然在刑事诉讼法座谈会的发言中说："封建社会采取有罪推定的原则，资产阶级针对有罪推定，提出了无罪推定。我们坚决反对有罪推定，但也不是西方国家那种无罪推定，而是以客观事实为根据。"《法制日报》1996年2月3日。

1999 年 12 月，贵州省高级人民法院终审判决刑讯逼供致人死亡的刑警赵金元、屠发强死刑缓期二年执行和无期徒刑。这是我国刑法自 1979 年实施以来对刑讯逼供处刑最重的一起案件。该案的判决，既不因死者曾参与凶杀案畏罪潜逃而减轻刑讯者的罪责，也不因刑讯者曾多次当过"先进工作者"、"破案能手"、"三等功臣"，为保一方平安立下过汗马功劳而从轻发落①，维护了法律的尊严，给刑讯逼供者一个明确而坚决的警示，也得到了社会的认可。北京一位教授就此发表评论说："从现有情况看，此案判得比较重。因为刑讯逼供是执法者的犯罪，这种执法犯法行为理应受到严厉的惩罚。这不仅有利于保护被害人的合法权益，而且有利于督促司法人员依法办案，防止其滥用司法权，进而体现了法律面前人人平等的精神。"②

制度创新

（1）实行庭审中的"言辞原则"。即"法庭应当以被告人的当庭供述作为判案的基础材料，并以当庭查实的被告人供述作为定案的根据。"确立庭审中的直接言辞原则，能尽可能排除庭前违法取得的被告人的供述在庭审中的直接采用。如果公诉机关要证明被告人庭上的供述是虚假的，而庭前的供述是真实的，则应该由公诉机关提供证据证明庭前供述的可靠性。只有这样，庭前供述才能进入法官的视野，否则，就只能以经查证属实的被告人的当庭供述作为定案依据。③

（2）公诉方承担没有刑讯逼供的举证责任。即面对法庭上被告人对侦查、检察机关刑讯逼供的指控，应由公诉方承担没有刑讯逼供的举证责

① 参见陈春龙《中国司法赔偿》，法律出版社 2002 年版，第 196 页：案例 85。

② 《法制日报》2000 年 4 月 16 日。王锋："法律面前人人平等不应是一美丽口号"。

③ 据报载，为遏制刑讯逼供造成冤假错案的局面，一些地方检察机关先后采取新的举措。如某省检察院出台八大措施，对搞刑讯逼供的，先停职，再处理。对涉嫌下列刑讯逼供情形之一的，应予立案查处：手段残忍，影响恶劣的；致人自杀或精神失常的；造成冤假错案的；三次以上或者对三人以上进行刑讯逼供的；授意、指使、强迫他人刑讯逼供的。某区检察院制定了《主诉检察官办案零口供规则》：当侦查机关将犯罪嫌疑人的有罪供诉即口供，呈至检察机关提请批捕时，检察机关视其有罪供诉不存在，即为零。同时通过在案的有关证据进行推论，证明其有罪。也就是说，先假定犯罪嫌疑人无罪，再用证据推翻无罪的假设，而不是像过去那样先认定其有罪，再查找证据加以证明。侦查机关指供、诱供、刑讯逼供产生的犯罪嫌疑人的供诉须作绝对排除，但从目前实际出发，被害人死亡案、受贿案、盗窃无直接证人案等暂不适用零口供制。《北京晚报》2000 年 9 月 6 日、9 月 13 日、10 月 1 日。

任。因为刑讯逼供的受害者缺乏举证的能力，无法取得充分有效的证据；而被控告实施刑讯逼供的一方则拥有便于举证的权力和能力，处于举证的优势地位。由公诉方在法庭上承担举证责任，有利于查明案情真相，有利于对侦查、检察人员形成约束。审讯过程中全程录像，是一种有效做法。

（3）侦查、检察机关讯问嫌疑人时允许律师在场。讯问犯罪嫌疑人时允许律师在场，客观上形成一种在司法人员"自律"状态下的"他律"机制，促使司法人员依法讯问，合法取得口供，排除刑讯逼供、诱供的可能。另外，如果案件进入审判阶段，庭审中被告人翻供，讯问时律师在场，则是被告人庭前供述可靠性的重要证据。

（4）以"人有不控告自己的自由"取代"坦白从宽、抗拒从严"。"坦白从宽、抗拒从严"在中国司法机关尤其是公安机关的预审场所、看守所以及监狱、劳改场所几乎随处可见，是一项行之多年、卓有成效的刑事政策。但从实践看，也多少存在"坦白从宽、牢底坐穿；抗拒从严，回家过年"或罪行再重，只要坦白均从宽，量刑畸轻畸重，标准不一，有损法律权威的弊病。从理论上看，"坦白从宽，抗拒从严"有悖于"任何人不得被强迫自证其罪"的司法原则和"人有不控告自己的自由"的司法理念，为刑讯逼供行为披上了一件合法外衣。

（5）实行有限的"沉默权"制度。沉默权在西方有悠久历史，大多数西方国家在宪法或刑事诉讼法中对沉默权都作了规定。沉默权赋予犯罪嫌疑人和被告人两项权利："第一，犯罪嫌疑人、被告人对于是否陈述，享有不受强迫的权利；第二，犯罪嫌疑人、被告人对于是否陈述及提供不利于己的陈述享有选择权。"[①]

近年来随着恐怖主义有组织犯罪、武装抢劫职业性犯罪及商业欺诈等智能型经济犯罪的猖獗，英国、美国等从立法或司法上先后对沉默权作了

[①] 罗华兰："略论沉默权"，《社会科学研究》2001年第2期，第90页。关于沉默权的法律规定早已有之，但被民间大众普遍知晓得益于影视作品和"米兰达警告"。人们在美国影视作品中看到警察拘捕人犯时必说"你有权保持沉默，否则你说的每一句话都可能在法庭上用作对你不利的证词"，来源于1966年美国最高法院审理的米兰达强奸案：一位18岁姑娘被人绑架强奸后，指认是米兰达所为。警方审讯米兰达后以其供词作为提交法庭的证词。米兰达被判有罪后，不服上诉。理由是警方未告知其有保持沉默的权利，而他的供词是迫于压力编造的，如果事先告知其有沉默权，他是不会供认的。在全面审核案情和证据之后，美国最高法院裁定米兰达的供词在法庭审判中无效。

一些限制性规定。目前我国法律没有给予犯罪嫌疑人、被告人以沉默权，相反，在《刑事诉讼法》第 117 条规定犯罪嫌疑人承担"如实回答"义务。这就从某种程度上减轻了刑事公诉方必须承担的举证证明被告有罪的责任，削弱了被告人在控辩活动的主体地位，妨碍辩护权的行使，助长了刑事诉讼中对犯罪嫌疑人、被告人供述的过分依赖，为刑讯逼供提供了潜在土壤。

鉴于我国已签署加入的《公民权利和政治权利国际公约》第 14 条关于"受刑事追诉的人不得强迫作不利于自己的证言，或者强迫承认有罪"的规定，从实行依法治国，实现司法公正出发，不少学者建议我国实行有限沉默权制度，即在讯问犯罪之前必须事先告知其享有不受强迫自证其罪的权利，限制讯问时间，禁止夜间讯问，讯问时允许律师在场，完善对嫌疑人的羁押管理和会见、通信制度。

（6）建立违反沉默权取得的证据无效制度和辩诉交易制度。鉴于我国目前的经济发展和司法资源的实际状况，可对沉默权的适用作出较多的限制，如除巨额财产来源不明罪中被告人负有言词陈述义务外，在恐怖主义犯罪、黑社会性质犯罪、贪污罪、受贿罪、洗钱罪等一些高智能化犯罪中限制犯罪嫌疑人对沉默权的享有和使用。

鉴于沉默权制度的建立丧失了获取口供的便捷性，给案件侦破造成困难从而加大司法成本的弊端。法律应当规定侦查、检察机关可行使秘密监听、录音录像的权力，以加强收集证据的能力和手段。

此外，有的学者建议采用辩诉交易制度，即在法庭审判之前控辩双方可就被告人的定罪和量刑问题进行协商和交易，以控方的减轻指控等条件换取被告人认罪，使案件不经过复杂、冗长的正式审理得以迅速处理。"辩诉交易的实质是被告人的认罪，节约了国家的司法资源，减轻了国家的证明负担并提高了诉讼的效率，为此，法律需要对被告人进行奖励。"[①]近年来一些地方正在就辩诉交易进行试点。我国目前大多数案件的侦破和审判在很大程度上还依赖嫌疑人、被告人的口供，主要依据外部证据定案还有困难，如能在试点基础上逐步建立起辩诉交易制度，引导被告方打破沉默，其社会效果，总体上可能还是好的。

---

① 罗华兰："略论沉默权"，《社会科学研究》2001 年第 2 期。朱英辉、吴宏耀："任何人不受强迫自证其罪原则及其程序保障"，《中国法学》，1999 年第 2 期。李义冠：《美国刑事审判制度》，法律出版社 1999 年版，第 58 页。章克勤、金泽刚："对沉默权规则的理性呼唤"，《政治与法律》2000 年第 1 期。易延有："论反对自我归罪的特权"，《法学研究》1999 年第 2 期。

四　司法鉴定现状与改革

佘祥林冤案的初始成因，在于未对堰圹浮现的女尸进行科学鉴定。这一在今天看来极不应该出现的失误，却有其深厚的历史、社会、经济原因。认真总结此一教训，整顿、规范当前司法鉴定领域，仍是一项相当艰巨的工作。司法鉴定意见的确立与改变，事关国家赔偿的成立与否定，切不可掉以轻心。

司法鉴定制度是国家法定的证据证明方法。司法鉴定意见作为司法证明活动中的重要证据，具有科学性和权威性，对诉讼结果具有重大甚至决定作用。

司法鉴定包括"司法"与"鉴定"两重含义，其中鉴定是实体意义上的，司法是程序意义上的，二者如同动物的外形与血肉的联系，密不可分，缺一不可。日常生活中，需要鉴别加以确定的事项很多，如所购商品是否假冒伪劣、古董玩物字画的真伪等，但只有将其纳入法定程序后，才具有"司法鉴定"的意义。

司法鉴定与一般鉴定的区别在于：第一，在诉讼活动过程中，诉讼参与人出于诉讼活动需要而提出，并为诉讼活动服务；第二，鉴定人和鉴定机构除具备相应科学技术和专门知识外，还必须经司法行政部门审核、登记、公示；第三，鉴定的各个环节，如委托、申请、检验鉴别、出具鉴定意见等，必须遵照法定程序和相关规范；第四，鉴定人和鉴定机构是独立的诉讼参与人，有依法出庭、作证、接受质询的义务。

依据鉴定的内容，可将司法鉴定划分为四类：

（1）法医类鉴定，包括法医病理鉴定，法医临床鉴定，法医精神病鉴定，法医物证鉴定和法医毒物鉴定，如人体伤害、死亡原因、亲子关系等；（2）物证类鉴定，包括文书鉴定，痕迹鉴定和微量鉴定，如指纹、弹痕等；（3）声像资料鉴定，包括对录音带、录像带、磁盘、光盘、图片等载体上记录的声音、图像信息的真实性、完整性及其所反映的情况过程进行的鉴定和对记录的声音、图像中的语言、人体、物体作出种类或者同一认定；（4）其他事项的鉴定。

依据鉴定的机构划分有：

（1）公安机关的鉴定；（2）检察机关的鉴定；（3）审判机关的鉴定；（4）司法行政机关的鉴定；（5）医疗卫生机构的鉴定；（6）其他社会机构的鉴定。

1. 司法鉴定现状

我国的司法鉴定管理体制产生于改革开放前的计划经济时期，在20世纪80年代基本成型，对当时的政治、经济和社会发展起了一定的保障作用，也基本适应当时的法制建设需求。但随着中国社会从计划经济向市场经济转变、人治向法治转变、义务本位向权利本位转变，原有司法鉴定管理体制的弊端逐渐显现并日益突出：司法鉴定机构设置混乱、标准不一，鉴定人员的业务素质、职业道德参差不齐，在经济利益驱使下，司法鉴定行业的发展呈现无序甚至失序的状态，为诉讼案件的多头鉴定、违规鉴定、重复鉴定提供土壤，妨碍诉讼活动的正常进行，其主要问题有：

第一，司法鉴定公信力不强。当前司法鉴定中最突出的问题，是出具的司法鉴定意见不公正、不科学，引发群体上访，干扰案件审判。一些鉴定机构和人员搞权钱鉴定、关系鉴定、随意鉴定，缺乏职业良知，损害司法鉴定公信力。[①]

第二，司法鉴定程序的启动不规范，随意性强。尽管现行民事诉讼法和行政诉讼法规定只有法院有权启动鉴定程序，但在诉讼实践中，鉴定程序的启动权被随意扩大。在刑事诉讼中，公安机关可以自行启动鉴定程序。这样，经常出现就同一事实、有多份不同的鉴定结论的矛盾情况。

第三，对司法鉴定的实施程序和鉴定结论的质证程序缺少规范，尤其是对何种情形下鉴定人可以不出庭，法律未作明确规定。诉讼实践中，绝大多数鉴定人都不出庭，当事人仅在法庭上展示鉴定结论，却无法针对鉴定结论的内容展开真正的辩论和质证。法官在其判决书中亦不载明采信司法鉴定结论的具体理由。

---

① 谈敬纯："司法鉴定要力避权钱鉴定关系鉴定"，《法制日报》2014 年 7 月 11 日。

　　第四，重复鉴定、反复鉴定问题突出。诉讼活动中，对同一法律事实的鉴定，少则三四次，多则七八次。如2003年2月24日，21岁的湘潭女教师黄静死亡案，湘潭市雨湖区公安分局、湘潭市公安局、湖南省公安厅先后三次作出法医鉴定，认定黄因疾病自然死亡。但黄母不服，重新申请鉴定。此后，南京医科大学法医司法鉴定所和中山大学法医鉴定中心分别出具的鉴定书，认为前三个鉴定结论缺乏证据。最后，最高人民法院司法鉴定中心作出第六次法医鉴定，认定黄在潜在病理改变的情况下，因其男友采用较特殊方式进行性活动促发其死亡。公安、法院、医学院三类司法鉴定机构，出具的六份不同的鉴定结论，既使案件处理无所适从，也暴露了当前我国司法鉴定体制的弊端。

　　重复鉴定、反复鉴定除了给诉讼当事人带来诉累，无端耗费其人力、财力、心力，影响其正常工作和生活外，也在相当程度上损害了司法权威。由于在一审、二审、再审中所采信的司法鉴定结论不同，判决结果也就随之而异。作者在国家赔偿司法实践中，就曾经常接触到犯罪嫌疑人被逮捕后，其据以逮捕的鉴定结论由"重伤"、"轻伤"改变为"轻微伤"的情形。如因"重伤"逮捕，因"轻微伤"撤销案件；因"轻伤"逮捕，因"轻微伤"释放；因"轻伤"逮捕，一审因"轻微伤"判决无罪，检察院抗诉，重新鉴定仍为"轻微伤"，二审维持无罪；因"轻伤"一审有罪，二审因"轻微伤"发回重审，一审重审仍因"轻伤"判刑，再审又因"轻微伤"宣告无罪，等等。人体伤害鉴定等级的反复变化，既给案件的定性量刑造成混乱，又给国家赔偿案件的审理增加难度。

　　"司法黄牛"、"马拉松鉴定"、"谁出钱帮谁说话"……原本想通过科学鉴定帮助人们维权，但司法鉴定中的种种猫腻，却吞噬着公平公道，影响司法公信力。浙江省高级法院和司法厅最近专门出台《关于进一步规范民事诉讼鉴定相关工作若干问题的纪要》，在梳理当前司法鉴定缺陷的同时，明确相关举措，规范司法鉴定。①

2. 司法鉴定改革

　　对于我国司法鉴定体制的各种弊病和问题，人民群众反映强烈，要求改革的呼声甚高。"一个对法律负责、对科学负责、对执业行为负责的鉴

---

① 2015年1月14日新华网，1月15日《新京报》。

定意见，能对社会矛盾的处理起到扬汤止沸、定纷止争作用，从而及时预防、减少和化解矛盾，而一个被权力、利益、关系、金钱所左右甚至缺乏起码职业良知的司法鉴定意见，则无异于恶化矛盾，加剧风险，哪怕百分之一的错鉴，也是对当事人百分之百的伤害，是对群众法治信仰的损害。"①

自 2000 年九届全国人大三次会议和全国政协九届三次会议以来，全国人大代表和全国政协委员要求改革现行司法鉴定体制、对司法鉴定立法的议案与提案，每年全国"两会"都有相当数量。正是在这种改革、健全司法鉴定体制的呼声中，2005 年 2 月 28 日，第十届全国人民代表大会常务委员会第十四次会议通过了《关于司法鉴定管理问题的决定》。这一《决定》对我国现行司法鉴定管理体制作出了重要的改变和健全：

第一，司法鉴定工作由分散管理走向统一管理。分散管理在市场经济条件下，极易为行业不正之风和权力寻租扩大空间，削弱司法鉴定的科学性。针对司法部和最高人民法院均曾拥有司法鉴定管理权限的历史情况，全国人大常委会的《决定》明确规定："国务院司法行政部门主管全国鉴定人和鉴定机构的登记管理工作"，取消了审判机关和司法行政机关的司法鉴定权。对司法鉴定工作实行统一管理是大势所趋，是保证司法鉴定中立、公正的关键。

第二，对侦查、审判、司法行政机关的司法鉴定业务进行限制或禁止。过去，我国公安、检察、法院和司法部系统均曾设有自己的鉴定机构。侦查机关因侦查工作调查取证的需要设立内部鉴定机构是必要的，但应仅限于内部范畴，此次《决定》取消其对外服务的职能，明确规定："侦查机关根据侦查工作的需要设立的鉴定机构，不得面向社会接受委托从事司法鉴定业务。"法院的职责在于审查含司法鉴定结论在内的全案证据、依事实和法律作出裁决，"自鉴自审"有违公正。司法部系统是司法鉴定业务的主管部门，自身不应从事鉴定业务。此次《决定》禁止在法院和司法行政机关设立鉴定机构。

第三，明确了国家对司法鉴定中四类主要鉴定业务，即法医类、物证类、声像资料类和诉讼需要的其他类鉴定业务的鉴定人和鉴定机构实行登记管理制度。

---

① 谈敬纯："司法鉴定要力避权钱鉴定关系鉴定"，《法制日报》2014 年 7 月 11 日。

第四，对鉴定人和鉴定机构的登记管理，由国务院司法行政部门即司法部主管，省级司法厅、局具体负责对鉴定人和鉴定机构的登记、名册编制和公告工作。

第五，明确规定了从事司法鉴定业务的自然人、法人和其他组织的具体条件。

鉴定人的条件为：（1）具有与所申请从事的司法鉴定业务相关的高级专业技术职称；（2）具有与所申请从事的司法鉴定业务相关的专业执业资格或者高等院校相关专业本科以上学历，从事相关工作 5 年以上；（3）具有与所申请从事的司法鉴定业务相关工作 10 年以上经历，具有较强的专业技能；（4）因故意犯罪或职务过失犯罪受过刑事处罚的，受过开除公职处分的，以及被撤销鉴定人登记的人员，不得从事司法鉴定业务。

鉴定机构的条件为：（1）有明确的业务范围；（2）有在业务范围内进行司法鉴定所必需的仪器、设备；（3）有在业务范围内进行司法鉴定所必需的依法通过计量认证或者实验室认可的检测实验室；（4）每项司法鉴定业务有三名以上鉴定人。

2006 年 7 月，中央机构编制委员会批准司法部设立司法鉴定管理局，10 月，司法部行文正式成立。司法鉴定管理局的职责主要有六项：（1）研究提出司法鉴定工作发展规划和有关政策建议；（2）负责起草司法鉴定法律、法规和规章，研究、拟订司法鉴定管理制度的技术管理规范；（3）指导和监督地方司法鉴定登记管理工作；（4）组织实施有关司法鉴定的宣传、理论研究和技术合作；（5）指导司法鉴定技术研发和司法鉴定人继续教育实施工作；（6）承办指导司法鉴定协会的具体工作。

《关于司法鉴定管理问题的决定》一改过去"多头鉴定、九龙治水"的混乱局面，使我国司法鉴定步入统一管理、逐步规范的正确轨道。当然，任何新生事物、新的制度的确立，都不会是一帆风顺的。司法鉴定管理体制改革在开局基本良好的总体态势下，也存在诸多问题急需解决：

第一，认识问题。《决定》规定的司法鉴定的管理体制，是指在全国范围内建立由司法部主管的统一的管理体制，取消过去的"多头管理"。由于这一改革涉及方方面面的利益调整，对建立统一管理体制的认识尚不统一，理解不尽一致，在相当程度上影响了《决定》的贯彻执行。

第二，鉴定人条件问题，《决定》规定了较为宽泛的四项标准，缺乏职业道德素质的要求和考核评估手段，使一些地方鉴定人的准入门槛过低。据《人民法院报》记者了解，不少省份的千余名临床医生经过短短几天的培训，就取得了法医鉴定资格。[①] 其原因之一，是一些司法行政部门对《决定》中"相关专业"理解有误，以为当过医生就"具有与所申请从事的司法鉴定业务相关的专业"。

第三，司法鉴定收费问题，《决定》规定由司法部会商价格主管部门确定，目前尚无统一标准出台。某市一个文检案件，某鉴定机构开价 38 万元，后委托另一鉴定机构，收费 1.8 万元，相差 20 多倍。一个普通的伤残鉴定，过去法院法医室收费 350 元，现在社会鉴定机构收费 800 元。由于基层法院受理的案件涉案金额一般不高，高昂的鉴定费用使当事人颇有怨言[②]。

第四，侦查机关司法鉴定的评价问题。《决定》取消了审判机关和司法行政机关的司法鉴定权，保留了侦查机关的司法鉴定权。但如果当事人对侦查机关的司法鉴定结论不服，是否存在救济途径？在现行制度下无法找到满意的答案。佘祥林对堰圹女尸是其妻张在玉的鉴定结论不服，终因无救济途径而作罢。黄静家属对三级侦查机关的司法鉴定结论不服，虽争得了重新鉴定的权利，但也是非制度化运作的产物。

客观地说，全国人大常委会《关于司法鉴定管理问题的决定》涉及的司法鉴定管理体制改革，是一个积弊甚久、相当复杂的社会问题，在无既定经验可资借鉴的情况下，《决定》只能就改革的基本框架、基本问题作出规定，自然原则性较强而操作性较差，实践中出现一些偏差和矛盾一时难以避免。

为落实《关于司法鉴定管理问题的决定》，2006 年，司法部设立司法鉴定管理局，目前 31 个省、自治区和直辖市的司法厅（局）都建立了司法鉴定管理局（处），237 个地（市）的司法局相继设立了司法鉴定管理科室；司法部还先后颁布了《司法鉴定机构登记管理办法》、《司法鉴定人登记管理办法》、《司法鉴定程序通则》、《司法鉴定执业活动投诉处理办法》等规章和 90 多项规范性文件，涉及登记管理、名册管理、证书管理、资质管理、实施程序等各项工作。

[①] 记者屠少萌："司法鉴定，谁可负此重任"，《人民法院报》2006 年 7 月 27 日。

[②] 同上。

据《2013—2017 年中国司法鉴定行业深度调研与投资策略分析报告》①，2006—2010 年，我国司法鉴定机构年均增长 6.94%，司法鉴定从业人员年均增长 5.69%，检案数量年均增长 39.38%。2011 年度达到136.6 万多件，是 2004 年度 22 万件的 6 倍多，司法机关采信率不断提高。司法鉴定已成为司法审判活动顺利进行的可靠保障。例如，在贵州瓮安李树芬案、哈尔滨林松岭案、成都"6·5"公交车燃烧案、温州"7·21"动车相撞事故、天津"10·7"滨保高速公路特大交通事故等具有重大社会影响的群体性敏感案件中，司法鉴定机构为最终妥善解决和处理这些重大案件提供了客观、公正的鉴定意见；"5·12"汶川大地震发生后，四川省司法厅及时组织法医组对 300 余具遇难者遗体进行 DNA 检验，组织建设工程司法鉴定人参与灾后 500 万余平方米的房屋安全评估和鉴定，同时还为灾区提供司法鉴定援助 4600 余件……截至 2012 年年底，经司法行政机关审核登记的司法鉴定机构已达 4850 家，司法鉴定人员 53000 多名。5 年共办理司法鉴定案件 615 万件，行业发展初具规模。

虽然我国司法鉴定行业发展迅速，但在发展过程中遇到的两大问题仍未得到根本性解决：一是重复鉴定；一是不少鉴定结论缺乏正确性和公正性。

日前，我国司法部有关人士认为，制定司法鉴定法，进一步完善司法鉴定启动、质证、采信制度，是我国司法实践的迫切需要。在 2011 年 3月举行的十一届全国人大四次会议期间，朱勇、傅延华等 62 名代表提出2 件议案，建议制定司法鉴定管理法。议案提出，随着我国诉讼制度和审判方式的不断改革，全国人大常委会关于司法鉴定管理问题的决定已滞后于实践需要，而我国对司法鉴定的法律规定分散于三大诉讼法中，且缺乏可操作性，建议制定司法鉴定管理法。同时，对三个诉讼法相关规定进行修改，切实解决多头鉴定、重复鉴定、屡鉴不定的问题。②

2014 年 10 月 1 日，《青海省司法鉴定条例》正式施行。这是 2005 年

---

① "前瞻产业研究"，《2013—2017 年中国司法鉴定行业深度调研与投资策略分析报告》，前瞻产业研究院，2013 年。

② 参见"浙江'超生'整治火了亲子鉴定"，《记者观察》2013 年 第 1 期 。"司法鉴定立法比较之法理研判——以新《刑事诉讼法》与新《民事诉讼法》为视角"，《中国司法鉴定》2013 年 第 1 期 。"《民事诉讼法》的修改给鉴定管理提出的新问题"，《中国司法鉴定》2013 年第 1 期。

第十届全国人大会常委会《关于司法鉴定管理问题的决定》颁布以来，第 5 个地方性法规。该条例本着既维护法制统一、又体现地方特色的原则，立足青海实际，借鉴兄弟省市成功经验，具有一定的创新性和前瞻性。条例在全国首家以地方立法形式，建立了司法鉴定管理、司法鉴定行业重大专项和民族地区司法鉴定机构专项经费保障机制，明确了政府对司法鉴定工作进行扶持的法定职责，为其他地方甚至全国立法提供借鉴。①

　　中共十八大以来，各级司法行政机关深入推进司法鉴定管理体制改革，司法鉴定质量持续提高。2013 年全国完成鉴定案件 167 万余件，比 2012 年增长 11.3%。司法部出台《关于进一步加强司法鉴定投诉处理工作的意见》，开展司法鉴定行风建设专项活动，进一步加强监督管理，规范执业行为。对违反规定接受委托开展鉴定的行为，超范围执业、违反技术标准鉴定等违法违规行为，给予严肃处理。为深入贯彻落实中央政法委《关于切实防止冤假错案的规定》，进一步发挥司法鉴定制度的作用，司法部制定出台了《关于进一步发挥司法鉴定制度作用防止冤假错案的意见》。② 2014 年 10 月 23 日，《中共中央关于全面推进依法治国若干重大问题的决定》再次强调"健全统一司法鉴定管理体制"，必将对进一步规范司法鉴定执业水平，提高司法鉴定的科学性、可靠性和社会公信力，发挥重要作用。③

---

①　"《青海省司法鉴定条例》凸显六大亮点"，《法制日报》2014 年 6 月 18 日。

②　"司法鉴定在规范中发展提高机构实力增强"，《法制日报》2014 年 8 月 7 日。

③　2014 年 10 月 23 日，《中共中央关于全面推进依法治国若干重大问题的决定》，新华社讯，《法制日报》2014 年 10 月 29 日。

五 审判机关生杀予夺权力与责任

佘祥林"杀妻"冤案的产生，虽然有侦查、检察机关的错误在先、党委政法委的协调决定在后，但从法律规定上看，该案的最终铸成，还在于县、市、省三级法院错误或不当的判决和裁定。掌握生杀予夺大权的审判机关，从佘祥林及类佘祥林案件中汲取的教训，是十分深刻而沉重的。

1. 人民法院的审判权与执行权

人民法院是国家审判机关。宪法和法律赋予法院对刑事、民事、行政案件的审理权、判决权、执行权。半个多世纪的司法实践表明，人民法院不负国家和人民重托，忠实于宪法和法律，忠实于事实真相，正确、及时、合法地审结了大批刑事、民事、行政案件，化解社会纠纷，缓和社会冲突，有力而切实地维护了国家、集体、公民的合法权益，促进国家经济建设发展和人民生活水平提高。其成绩有目共睹，其地位社会肯定。

但另一方面，中国正在进行的经济体制和政治体制改革所带来的社会急剧变化，将人民法院推上了各种社会矛盾的风口浪尖，社会舆论对法院的公正性和权威性的评价下降，再加上不时出现的佘祥林、赵作海、王怀亮、呼格吉勒图等类冤案，更使人民法院感到沉重压力。

客观地看，此种压力的形成，除了法院自身的缺陷和不足之外，外在因素也起着重要作用。审判是一种运用证据、适用法律解决纷争的活动。证据的时过境迁，稍纵即逝；证据反映的法律事实和客观事实之间的距离；犯罪活动的智能化和现代化；审判人员政治、业务素质和技术手段、物质装备与公正审判的不相适应；独立审判的真正实现尚需时日；各种社会因素的外来干扰难以避免；再加上司法体制、审判制度、审判方式、诉讼程序和立法工作中的不足和缺陷，人民法院及其审判人员违法侵害当事人合法权益的事件，必不可避地时有发生。应该承认，对待自己在审判活动中的违法侵权问题，人民法院的态度从来都是积极认真、严肃负责的，并本着知错必改、有错必纠原则，按照有关方针政策及时妥善处理，取得了社会效果。而国家赔偿法的颁布和实施，则将这种处理规范化、法制化。

鉴于执行难已成为困扰、影响司法公正的重大现实问题，中共十八届四中全会《关于全面推进依法治国若干重大问题的决定》提出完善司法体制，推动实行审判权和执行权相分离的体制改革试点。作者认为，鉴于执行权的司法行政属性，建议将其归属司法行政部门为好。而且法院、检察院的其他司法行政事务，如人员配备、法官检察官继续教育、法治宣传、经费配给、物资供应、基本建设等非审判和检察业务之外的所有司法行政工作，都应一概划归司法行政部门，以保障法院、检察院能够集中精力办好案件，实现真正的公平正义，同时还能精简机构、节约开支。

2. 人民法院是国家赔偿义务机关

国家赔偿法第一次将人民法院正式列为赔偿义务机关，作为审判、执行活动中违法侵权行为赔偿的具体承办者，并明确规定了审判、执行工作中司法赔偿的范围，即：在刑事诉讼过程中，法院作出的错误司法拘留和错误逮捕决定，错误的刑事一、二审判决和终审判决；刑讯逼供、以殴打、虐待等行为或者唆使、放纵他人以殴打、虐待等行为或违法使用武器、警械造成公民伤亡；违法对财产采取查封、扣押、冻结、追缴等措施的，再审改判无罪，原判罚金、没收财产已经执行的；在民事诉讼、行政诉讼过程中，违法采取对妨害诉讼的强制措施、保全措施；在司法执行过程中，对判决、裁定及其他生效法律文书执行错误，造成损害的，有关法院均应依法作出赔偿决定。这既是对公民权益的进一步保护，也是对法院工作的鞭策和支持。

行使审判权过程中的违法侵权行为是多种因素造成的，古今中外的审判机关均难完全避免。只有真正代表人民、服务人民、以人民利益为最高利益的人民法院，才能完全抛开单位和个人私心杂念，才能闻过则喜，知错即改。而凡是真心实意这样做的法院，就一定能获得人民群众的谅解和支持，就能在新的基础上，树立法院形象，提高法院地位。任何闻过饰非、拖延敷衍、不予确认、硬顶不赔的做法，就是继续其违法行为，对公民基本权利再次造成侵犯，同时也就严重损害了人民法院在人民心目中的地位和形象。

佘祥林案件中新的、足以推翻原判决的事实一经出现，作出原生效裁决的人民法院即以最快的速度作出新的裁决，并依据国家赔偿法迅速作出国家赔偿。这种知错即改的做法值得肯定。但涉案法院应该从法律赋予自己的生杀予夺大权的责任出发，真心诚意地检讨自己履行法定职责时的一切失误，而不应归咎于当时当地的各种客观因素。只有这样，才能不负公民赋予自己的这一最高权力，最大限度地减少和杜绝佘祥林类冤案的发生。

国家赔偿法将人民法院正式列为赔偿义务机关，法院依法为其违法、错误职权行为代表国家履行赔偿义务，就将进一步树立法院形象，提升法院地位。

20 年国家赔偿司法实践表明，作为审判机关的人民法院，对其行使审判权和执行权中的违法和错误行为，总体上能遵照国家赔偿法规定，以赔偿义务机关身份，及时依法代表国家履行赔偿义务，保障受害人合法权益。但是由于基层法院作为赔偿义务机关的自赔案件不多①，基层法院又不设立赔偿委员会，一旦基层法院出现自赔案件时，立案难、逾期不作赔偿决定情况多发。② 为应对此种情况，天津市高级人民法院作出《关于基层人民法院自赔案件集中管辖试点工作的意见》，将全市 16 个基层法院的自赔案件，按照行政区划，分别集中到 3 个基层法院进行审理。"将立案权交由与原司法行为无利害关系的第三方，减少了来自本辖区政府等部门的外部压力及来自赔偿义务机关内部的干扰，可最大限度避免立案难，解决逾期不立案问题。制度保障防范案外因素对国家赔偿工作的不当干预，可以减少赔偿请求人对国家赔偿案件公正性的合理怀疑。"③

---

① 近年来，全国基层法院每年自赔案件总数平均在 300 件左右，按照全国 3115 个基层法院计算，平均每个基层法院每年审理 0.1 件自赔案件。也就是说，一个基层法院每 10 年才会发生一件自赔案件。而天津基层法院年均件数还低于全国平均数。2011—2013 年，天津 16 个基层法院共审结自赔案件 36 件，其中 2 个基层法院共有 17 件，占全部案件的 47.2%，有 8 个基层法院连续 3 年没有案件。"天津首试基层法院自赔案集中管辖"，《法制日报》2014 年 9 月 27 日。

② 近 3 年来，天津基层法院国家赔偿案件应予受理而未受理，最终被上级法院赔偿委员会指令受理的占全部自赔案件的 19.4%，而基层法院不及时作出赔偿决定的逾期率为 33.3%。"天津首试基层法院自赔案集中管辖"，《法制日报》2014 年 9 月 27 日。

③ "天津首试基层法院自赔案集中管辖"，《法制日报》2014 年 9 月 27 日。

3. 人民法院行使违法错误检察行为的赔偿决定权

继 1990 年《行政诉讼法》将行政机关具体行政行为是否合法的裁决权赋予人民法院之后，国家赔偿法又将检察机关的违法、错误检察行为的赔偿决定权赋予人民法院，加重了法院的审判责任，提升了法院作为社会纠纷终局裁决者的地位。

依据国际通行的行政诉讼制度，作为国家行政机关的政府与公民发生行政纠纷时，一律由法院依据事实和法律居中裁决。经过二十余年司法实践，我国政府各部门已经比较熟悉行政审判制度，适应了以被告身份与作为原告的百姓对簿公堂，主张自己合法权利，尊重法官裁决地位，接受败诉客观现实，提高依法行政水平。

但承袭苏联模式的我国检察制度，却与世界通行做法不同，它除行使正常检察权外，还行使对包括审判在内的整个司法活动的法律监督权。在这种司法体制下，如何设计中国司法赔偿制度，着实让立法者颇费周折。经各方反复协商权衡后确定的我国司法赔偿程序，将检察机关错误拘留和逮捕，刑讯逼供、以殴打、虐待等行为或者唆使、放纵他人以殴打、虐待等行为或者违法使用武器、警械致人伤亡，违法对财产采取查封、扣押、冻结、追缴等措施的赔偿决定权，赋予人民法院，并为此在法院内新设立一个专门审判机构——赔偿委员会。在法院赔偿委员会办理赔偿案件的程序中，赔偿请求人和检察机关是赔偿案件的双方当事人，虽不以原告、被告相称，但双方诉讼地位平等，赔偿委员会法官则居中裁判。作为赔偿义务机关的检察院，应该接受赔偿委员会的调查、询问，提供相关证明材料，并应自觉履行赔偿委员会作出的赔偿决定，给付赔偿金等。国家赔偿法实施二十年来的实践表明，司法赔偿案件的这种审理决定体制，尽管存在种种不当、矛盾之处，但总体上看，是切实有效、方便可行的。它节省了审理成本，保证了审理质量，及时化解不安定因素，促进了司法的公正和廉洁。

积极推进司法改革，理顺检察机关和审判机关关系，完全确立法院作为解决社会纠纷的终局裁判者地位，是我国司法体制面临的艰巨任务。国家赔偿法的颁布与实施，开创了对检察机关检察行为实施法律监督和法律裁决的先河。检察机关在司法赔偿案件中如何摆正自己的位置、如何承担赔偿责任、如何依据赔偿法立法宗旨准确科学地作出相关司法解释，客观上存在一个从不适应到适应、不理解到理解、不自觉到自觉的发展过程。从认识论上看，应该允许存在这个过程，但从社会效果看，这个过程越短越好。既然有了赔偿法，既然存在司法侵权行为，既然被侵权的公民、法人翘首以待，切实严肃落实法律规定，每个司法机关都责无旁贷。

客观地说，在司法赔偿中造成检察机关和审判机关关系不协调的根本原因，不是认识上的，而是制度上的。我国宪法明文规定，人民检察院是国家法律监督机关，刑事诉讼法、民事诉讼法、行政诉讼法将监督权进一步落实到三大诉讼之中。尽管从理论上说，监督者也应被监督，但法律明确具体规定的审判活动的法律监督机关，却要在审判活动中处于被审判的地位，似乎找不出任何一条法理来加以解释。现行司法体制解决不了这一问题，问题的出路只得寄希望于改革。

检察制度的兴起，源于17世纪欧洲的资产阶级革命。被新兴资产阶级建立的检察权在抑制王权的斗争中发挥了积极的革命作用。到了18世纪，西方检察制度基本定型，作为国家公诉人而常设在审判系统之内，成为法院机构的一部分。这样，在作为司法侵权行为的致害人被追究赔偿责任时，自然不存在类似我国的法律监督者当"被告"的两难局面。

我国自上而下与法院并行设立检察机关的体制，来源于十月革命后的苏联。针对资本主义国家权力腐败、监督乏力而新设计独立于法院之外的检察系统，其原始用心是可以理解的，但同时带来的机构重叠、互相制掣、人浮于事、效率低下的弊病日益突出。尤其是我国几十年改革开放的伟大实践，更加暴露了这种建立在计划经济基础之上的上层建筑，不能适应市场经济发展的客观需要。刑事公诉案件中的原告却可以有权作出判案依据的司法解释，既当运动员又当裁判的做法，更是法理无据，与法治国家格格不入。因此，作者认为，按照自党的十五大至十八大提出的"积极推进司法改革"的方针，改革现行检察体制，最终确立法院作为解决社会纠纷终局裁决者的地位，既是落实和完善我国国家赔偿制度的需要，更是实现依法治国、建设社会主义法治国家目标的迫切要求。

4. 人民群众对法院工作的意见

改革开放以来，广大人民群众对法院工作的评价颇有微词，其中表现之一，就是每年一次的全国"两会"上人大代表和政协委员的意见，全国人大会上对最高人民法院工作报告不赞成票居高不下的比例。这些意见和微词集中表现在如下方面：

一是少数法官不顾中央一而再再而三的各项禁令，以各种不同的方式办人情案、关系案、金钱案，徇私舞弊，枉法裁判，司法腐败屡禁不止，甚至发生最高法院大法官贪污受贿、高级法院法官集体嫖娼事件，造成恶劣的社会影响。

二是有些法官职业道德不好，凭个人好恶和情绪好坏办事，审判作风拖拉，办案效率不高，经常存在超审限现象。如据2006年7月28日《人民法院报》报道，海南省临高县法院历经19年仍未审结一起简单的宅基地侵权纠纷案，经媒体报道后引起最高法院重视。最高法院通报认定这是一起典型的严重失职渎职事件，是对工作没有责任心，没有群众观念，缺乏职业道德的表现，该院管理极其混乱，制度不健全，司法行为不规范，上级法院监督下级法院不到位，教训深刻，应当深刻反思。

三是一些法官业务素质不高，在案件审理中对证据的审查不细，事实的认定不清，法律的适用不当，办案质量不高。如每年经过法定程序第二审时，对第一审的改判率一般均在20%左右。

四是人民群众受到法院不公正生效裁决后，通过正规法定渠道向上级法院申诉难、申请再审难，只得求助于党委、纪委、政府、人大、政协等非审判机构，四处托人找关系，使涉法涉诉信访不断，各级信访机关应接不暇。

五是人民法院行使国家赋予的对生效判决的执行权时，执行行为不规范，有些执行人员随意暂缓执行、中止执行，对当事人提供的执行线索调查取证不力，甚至滥用执行权超标的执行，或违规执行案外人财产，使执行难成为一大社会热点，经常出现案件胜诉当事人求助于非规范讨债机构并由此引发新的社会纠纷，当街拍卖胜诉判决书这一古今中外的奇特现象，更成为当代中国法治的绝妙讽刺。

当然，人民大众在对法院提意见的同时，也明白有些问题并非完全是法院一家之责任，全国人大会上对法院、检察院居高不下的不信任票数，在相当程度上反映了人民群众对执政党和国家整个政治体制必须抓紧改革的诉求。① 作为中国现行政治架构内的法院系统，既不能违宪违法地自行·动作，也不能以此为借口对群众呼声无所作为。在现行政治体制与司法体制范围内推进可以实行的改革措施，管好法官队伍，提高办案质量，减少、杜绝佘祥林类冤假错案的发生，增强人民群众对法院的信任感，是各级人民法院应该办到也能够办到的现实任务。

2014 年 10 月，中共中央总书记习近平在"关于《中共中央关于全面推进依法治国若干重大问题的决定》的说明"中，综合改革开放以来人民群众对法院工作的意见，一针见血地指出："当前，司法领域存在的主要问题是，司法不公、司法公信力不高问题十分突出，一些司法人员作风不正，办案不廉，办金钱案、关系案、人情案，'吃了原告吃被告'，等等。司法不公的深层次原因在于司法体制不完善，司法职权配置和权力运行机制不科学，人权司法保障制度不健全。"②

令人宽慰的是，在审判机关及其工作人员的不懈努力下，我国审判工作和审判作风近年来有了显著提高和改善，2014 年 3 月全国"两会"上对"两高"报告的赞成票率均超 80%，反对票创 7 年来最低，就是证明。③ 而在上世纪 90 年代中后期，"两高"报告的反对票一度高达 40%，如 1997 年八届全国人大五次会议表决最高检察院工作报告时，反对票加弃权票高达 1099 票，占 40.4%。④

5. 改革健全司法权力运行机制

要使人民法院在改革开放的大潮中完成国家和人民赋予的重任，就必

① 在全国"两会"上，重庆市长黄奇帆就曾表示，"各级地方法院都是各级人大、各级地方自己的。全中国那么多法院，那么多基层，如果有些什么问题，都让高院背起来，那是黑锅。反对票反映了大家依法治国的要求和殷切的希望。"广东省委书记汪洋亦在广东团议两高报告时表示，"社会上很多问题通过两高的工作表现出来，都是体制和机制上的问题，非两高自己所能解决。"《新京报》2014 年 3 月 17 日。

② 习近平："关于《中共中央关于全面推进依法治国若干重大问题的决定》的说明"，新华社讯，《法制日报》2014 年 10 月 29 日。

③ 2014 年 3 月 13 日上午，十二届全国人大二次会议对"两高"报告进行表决。最高法院报告赞成 2425 票，反对 378 票。最高检察院报告赞成 2402 票，反对 390 票。创下 7 年来两高报告赞成票数的最高值。有媒体评论说："过去一年，两高在中央掀起的'打虎拍蝇'风暴中发挥了重要作用，将诸多触犯国家法律的高官巨贪绳之以法，赢得公众拍手称赞。"《新京报》2014 年 3 月 17 日。

④ 《新京报》2014 年 3 月 17 日。

须不仅从司法机制而且更要从司法体制上，加大改革的力度。

权责明晰的司法权力运行机制，是公正司法、高效司法、廉洁司法的必要保障。近年来，司法机关为完善司法权力运行机制，进行了许多积极探索，但一些地方仍不同程度存在司法行政化的问题。主要表现在：判审分离，审者不判、判者不审；审判工作内部层层审批，权责不明，错案责任追究难以落实；上下级法院之间的行政化报批，影响审级独立。必须遵循司法规律，着力健全司法责任制，理顺司法权与司法行政事务权、司法权与监督权的关系，健全权责统一、权责明晰的司法权力运行机制。

建立主审法官、合议庭办案责任制，探索建立突出检察官主体地位的办案责任制，让审理者裁判、由裁判者负责，做到有权必有责、用权受监督、失职要问责、违法要追究。

改革审判委员会制度，审判委员会主要研究案件的法律适用问题，推进完善院长、副院长、审判委员会委员或审判委员会直接审理重大、复杂、疑难案件的制度。

明确四级法院职能定位，探索充分发挥一审法院明断是非定分止争、二审法院案结事了、再审法院有错必究、最高人民法院保证法律统一正确实施的职能。进一步规范和落实上下级法院的审级监督，确保审级独立。

深化司法公开，让司法权力在阳光下运行，有利于保障公众对司法工作的知情权，增强有效监督，促进司法公正，提高司法能力，树立司法公信，提高人民群众对司法工作的满意度。重大敏感案件微博全程直播，裁判文书上网公开，开通官方微博微信，是最高法院近期推出的一系列司法公开举措。近日，最高法院宣布全面启动建立审判流程、裁判文书、执行信息三大公开平台，力争3—5年全部建成，对立案、审理、裁判、执行等法院工作环节进行公开。①

要着力推进审判公开。除法律规定不宜公开的以外，都应公开审判。庭审是审判的中心环节，是诉讼双方通过举证、质证、辩论主张权利的平台。庭审全程应该同步录音录像，并入卷存档。庭审全程录音录像，有利于约束审判人员的审判活动，促进诉讼参与人员依法行使权利，有利于为上诉审、监督审评判案件是否公正审理提供原始资料和客观依据。最高人民法院开设"中国裁判文书网"，逐步实现四级人民法院依法可以公开的

---

① 《新京报》2013年12月31日。

生效裁判文书全部上网,增强裁判文书说理性。

要大力推进检务公开。建立不立案、不逮捕、不起诉、不予提起抗诉决定书等检察机关终结性法律文书公开制度,增强法律文书说理性。实现当事人通过网络实时查询举报、控告、申诉的受理、流转和办案流程信息。健全公开审查、公开答复制度,对于在案件事实、适用法律方面存在较大争议或在当地有较大社会影响的拟作不起诉、不服检察机关处理决定的申诉案件,检察机关主动或依申请组织开展公开审查、公开答复。

要不断推进警务公开、狱务公开。进一步完善公开机制,创新公开方式,畅通公开渠道,依托现代信息手段确保各项公开措施得到落实,实现以公开促公正。

人民陪审员制度是人民群众依法参与和监督司法的最重要、最直接的形式。人民陪审员来自群众,代表群众,具有通民情、知民意的优势,有助于与职业法官形成思维和知识上的优势互补,有效调处矛盾纠纷;有助于增强裁判透明度,促进司法公正,提升司法公信力。长期以来,人民陪审员制度发挥了积极作用,但"驻庭陪审"、"编外法官"、"陪而不审"、"审而不议"等现象依然不同程度地存在,需要进一步完善制度设计。要扩大人民陪审员数量和来源,建立随机抽选的机制,保障人民陪审员参审权利,提高陪审案件比例,切实发挥人民陪审员制度的作用。

人民监督员制度是从群众最关注、监督较薄弱的查办职务犯罪工作入手,为确保检察权特别是职务犯罪侦查权的正确行使而建立的社会监督机制,是人民群众参与司法的一种重要形式。2003 年正式启动人民监督员制度试点,目前已在全国检察机关全面推行。要进一步健全人民监督员制度,推进人民监督员制度规范化,科学设置人民监督员选任方式,拓展监督案件范围,规范和完善监督程序,增强监督实效,促进检察工作科学发展。

2013 年 11 月 12 日,中共十八届三中全会审议通过《中共中央关于全面深化改革若干重大问题的决定》,对深化司法体制改革作了全面部署。中央全面深化改革领导小组第二次会议审议通过《关于深化司法体制和社会体制改革的意见及贯彻实施分工方案》,明确了深化司法体制改革的目标、原则,制定了各项改革任务的路线图和时间表。中央全面深化改革领导小组第三次会议审议通过《关于司法体制改革试点若干问题的框架意见》和《上海市司法体制改革试点工作方案》,对若干重点难点问题确定了政策导向。一是对法官、检察官实行有别于普通公务员的管理制度。二是建立法官、检察官员定额制，把高素质人才充实到办案一线。三是完善法官、检察官选任条件和程序，坚持党管干部原则，尊重司法规律，确保队伍政治素质和专业能力。四是完善办案责任制，加大司法公开力度，强化监督制约机制。五是健全与法官、检察官司法责任相适应的职业保障制度。六是推动省以下地方法院、检察院人财物统一管理。七是完善人民警察警官、警员、警务技术人员分类管理制度。①

2014 年 10 月 23 日，《中共中央关于全面推进依法治国若干重大问题的决定》强调完善司法体制，推动实行审判权和执行权相分离的体制改革试点。完善刑罚执行制度，统一刑罚执行体制。改革司法机关人财物管理体制，探索实行法院、检察院司法行政事务管理权和审判权、检察权相分离。

最高人民法院设立巡回法庭，审理跨行政区域重大行政和民商事案件。探索设立跨行政区划的人民法院和人民检察院，办理跨地区案件。完善行政诉讼体制机制，合理调整行政诉讼案件管辖制度，切实解决行政诉讼立案难、审理难、执行难等突出问题。

改革法院案件受理制度，变立案审查制为立案登记制，对人民法院依法应该受理的案件，做到有案必立、有诉必理，保障当事人诉权。加大对虚假诉讼、恶意诉讼、无理缠诉行为的惩治力度。完善刑事诉讼中认罪认罚从宽制度。

完善审级制度，一审重在解决事实认定和法律适用，二审重在解决事实法律争议、实现二审终审，再审重在解决依法纠错、维护裁判权威。完善对涉及公民人身、财产权益的行政强制措施实行司法监督制度。检察机关在履行职责中发现行政机关违法行使职权或者不行使职权的行为，应该督促其纠正。探索建立检察机关提起公益诉讼制度。

明确司法机关内部各层级权限，健全内部监督制约机制。司法机关内部人员不得违反规定干预其他人员正在办理的案件，建立司法机关内部人员过问案件的记录制度和责任追究制度。完善主审法官、合议庭、主任检

---

① "坚持顶层设计与实践探索相结合，积极稳妥推进司法体制改革试点工作"，《法制日报》2014 年 6 月 16 日。

察官、主办侦查员办案责任制，落实谁办案谁负责。①

减刑、假释、保外就医是刑罚变更执行的重要制度。减刑是对确有悔改或立功表现的犯罪分子，将原判刑罚适当减轻；假释是对确有悔改表现、不致再危害社会的犯罪分子，附条件提前释放；保外就医是对患有严重疾病的犯罪分子，经有关机关批准，由保证人取保在监外医治，对其刑罚暂予在监外执行的形式。减刑、假释、保外就医是宽严相济刑事政策在刑罚执行过程中的具体体现，对于激励罪犯改造，促进罪犯回归和融入社会，具有重要意义。目前，在刑罚变更执行中存在一些问题，比如，一些罪犯实际服刑时间过短、职务犯罪犯犯减刑时间间隔短、幅度大，假释和保外就医比例高等，引起了社会舆论关注和对司法公正的质疑，必须进一步完善减刑、假释、保外就医制度。要从申请到裁定、决定各环节，严格规范减刑、假释、保外就医程序，特别是强化对裁定、决定程序的监督制约，实行执行机关、人民法院、人民检察院对减刑、假释和暂予监外执行的网上协同办案，防止刑罚变更执行环节腐败现象的发生。健全对假释、暂予监外执行的管理制度，强化管理责任，防止漏管、脱管和重新违法犯罪，提高矫治效果。②

2014 年 2 月，中共中央政法委员会发布《关于严格规范减刑、假释、暂予监外执行切实防止司法腐败的意见》，对减刑、假释、暂予监外执行案件已经和可能出现的司法腐败问题，进行制度上的约束。依据此意见，无期徒刑罪犯经过几次减刑以后，实际执行的刑期比原来延长 4 年，最低不少于 17 年。死刑缓期执行罪犯经过几次减刑以后，实际执行的刑期比原来延长 5 年，最低不少于 22 年。③

6. 加强制度建设防范冤假错案

中国共产党第十八次全国代表大会产生新的领导集体以后，习近平总书记多次强调，"要努力让人民群众在每一个司法案件中都感受到公平正义"，"决不允许执法犯法造成冤假错案"④。

---

① 2014 年 10 月 23 日，《中共中央关于全面推进依法治国若干重大问题的决定》，新华社讯，《法制日报》2014 年 10 月 29 日。

② 孟建柱："深化司法体制改革"，《人民日报》2013 年 11 月 25 日。

③ 《法制日报》2014 年 2 月 25 日。

④ 新华社北京 1 月 8 日电，《法制日报》2014 年 1 月 9 日。

2013 年 6 月，公安部下发《关于进一步加强和改进刑事执法办案工作切实防止发生冤假错案的通知》，明确要求各地健全完善执法制度和办案标准，杜绝刑讯逼供，从源头上有效地防范冤假错案。

2013 年 8 月，中央政法委员会制定《关于切实防止冤假错案件的规定》，对审判环节疑罪从无原则、证据裁判原则、严格证明标准、保障辩护权利等作了重申性规定，并就法官、检察官、人民警察对办案质量终身负责提出明确要求。并有针对性地指出，司法机关办理刑事案件，必须以事实为依据、以法律为准绳，不能因为舆论炒作、当事人及其亲属上访闹访和"限时破案"、地方"维稳"等压力，作出违反法律规定的裁判和决定。这一统领性文件，为健全制度有效防范冤假错案，提供了现实的指导作用。

2013 年 9 月，最高人民检察院下发《关于切实履行检察职能，防止和纠正冤假错案的若干意见》，对严格规范职务犯罪案办案程序、严格把好审查逮捕和审查起诉关，坚决依法纠正刑事执法司法活动中的突出问题、完善防止和纠正冤假错案的工作机制等提出明确要求。

2013 年 11 月，最高人民法院发布《关于建立健全防范刑事冤假错案工作机制的意见》，从强化证据审查、案件审理、完善审核监督等多个方面，构建冤假错案的防范机制。最高法院还明确，将完善重大冤错案件分析通报制度。对于实践中发现的重大冤错案件，要对照《意见》要求认真查找问题，深入剖析根源，确保已发生的问题不再发生，可能存在的问题及时得到解决。最高法院还向各高级法院下发了《关于加强刑事冤错案件国家赔偿工作的通知》。下一步，最高人民法院将联合有关部门制定相关规范，严格实行非法证据排除规则，进一步明确排除非法证据的程序和标准，建立对被告人、罪犯的辩解、申诉和控告认真审查、及时处理的机制等，确保冤假错案防止、纠正、责任追究机制落实到位，严防发生冤假错案。

2013 年 11 月，中共十八届三中全会通过《中共中央关于全面深化改革若干重大问题的决定》，其中关于健全司法权力运行机制的内容有：优化司法职权配置，健全司法权力分工负责、互相配合、互相制约机制，加强和规范对司法活动的法律监督和社会监督。改革审判委员会制度，完善主审法官、合议庭办案责任制，让审理者裁判、由裁判者负责。明确各级法院职能定位，规范上下级法院审级监督关系。推进审判公开、检务公开，录制并保留全程庭审资料。增强法律文书说理性，推动公开法院生效裁判文书。严格规范减刑、假释、保外就医程序，强化监督制度。广泛实行人民陪审员、人民监督员制度，拓宽人民群众有序参与司法的渠道。

关于完善人权司法保障制度的内容有：国家尊重和保障人权。进一步规范查封、扣押、冻结、处理涉案财物的司法程序；健全错案访止、纠正、责任追究机制，严禁刑讯逼供、体罚虐待，严格实行非法证据排除规则。逐步减少适用死刑罪名；废止劳动教养制度，完善对违法犯罪行为的惩治和矫正法律，健全社区矫正制度；健全国家司法救助制度，完善法律援助制度；完善律师执业权利保障机制和违法违规执业惩戒制度，加强职业道德建设，发挥律师在依法维护公民和法人合法权益方面的重要作用。

2014 年 10 月 23 日，《中共中央关于全面推进依法治国若干重大问题的决定》再次强调加强人权司法保障。强化诉讼过程中当事人和其他诉讼参与人的知情权、陈述权、辩护辩论权、申请权、申诉权的制度保障。健全落实罪刑法定、疑罪从无、非法证据排除等法律原则的法律制度。完善对限制人身自由司法措施和侦查手段的司法监督，加强对刑讯逼供和非法取证的源头预防，健全冤假错案的有效防范、及时纠正机制。

切实解决执行难，制定强制执行法，规范查封、扣押、冻结、处理涉案财物的司法程序。加快建立失信被执行人信用监督、威慑和惩戒法律制度。依法保障胜诉当事人及时实现权益。

落实终审和诉讼终结制度，实行诉访分离，保障当事人依法行使申诉权利。对不服司法机关生效裁判、决定的申诉，逐步实行由律师代理制度。对聘不起律师的申诉人，纳入法律援助范围。①

可以说，2013 年是中国健全冤假错案救助机制、落实保障人权宪法规定的重要一年。除上述加强制度建设的诸多举措之外，在司法实践中，在前几年暴露和纠正佘祥林、赵作海等"亡者复活"典型冤错案件之后，密集纠正和披露了 12 起冤错案件②，如：

2013 年 4 月，浙江省高级法院经过再审，宣布因涉嫌 2003 年一起奸杀案被羁押近十年的张高平、张辉叔侄无罪。

---

① 2014 年 10 月 23 日，《中共中央关于全面推进依法治国若干重大问题的决定》，新华社讯，《法制日报》2014 年 10 月 29 日。

② 最高法院院长周强在参加湖南代表团审议"两高"报告时披露，2013 年全国一共平反了 12 起冤假错案。《新京报》2014 年 3 月 12 日。

4月25日，因涉嫌故意杀人罪被羁押12年的李怀亮，在平顶山中级法院被宣告无罪，当庭释放。

5月3日，因涉嫌制造福清市纪委爆炸案被羁押近12年的陈科云、吴昌龙、杜捷生、谈敏华、谢清5人，被福建省高级法院宣布无罪释放。

7月2日，浙江省高级法院对陈建阳等5人抢劫、盗窃案再审宣判，认定其在1995年抢劫并杀害两名出租车司机的事实不成立，撤销原来的一、二审判决。

8月13日，安徽蚌埠男子于英生被冤杀害妻子，入狱17年后无罪释放。

上述5起冤错案件的纠正和披露，与佘祥林、赵作海等"亡者复活"典型冤错案件的最大不同，是司法机关主动发现，并在真凶未获时依据"疑罪从无"原则纠正的。例如安徽于英生案，真凶是在当事人被释放3个月后才抓获的。又如浙江省高级法院对张高平、张辉叔侄案再审认为，有新的证据证明，此案不能排除系他人作案可能，原一、二审判决据以认定案件事实的主要证据，不能作为定案依据。尽管尚未抓获真凶，亦据此宣告张辉、张高平无罪。这同捕获真凶或"亡者复活"式冤错案件相比，表明中国司法机关在保障人权的力度和层次上，上了一个台阶。正如最高法院主管刑事审判的大法官在其公开发表的文章中所说："审判是实现司法公正的最后一道防线"，"要像防范洪水猛兽一样来防范冤假错案，宁可错放，也不可错判"。"宁可错放，也不可错判"！这一中国法院审判史上破天荒的宣告，预示着我国适应时代发展的新司法理念的初始确立，我国冤假错案平反和国家赔偿施行将进入一个新时代。①

为预防、减少冤假错案，必须建立冤假错案责任及时确认、及时追究制度。2014年3月，中共内蒙古自治区党委政法委制定《内蒙古自治区政法机关冤假错案责任追究办法（试行）》规定，冤假错案责任追究实行随时确认、随时追究。冤假错案责任人的行为造成国家赔偿的，应当依照国家有关法律规定向责任人并处部分或者全部赔偿费用。对造成冤假错案的办案人员及有关负责人，不论调整到哪个岗位，不论在职还是离职，只要认定为造成冤假错案的，都要问责到底。《办法》规定，案件承办人违法办案、造成冤假错案的，由案件承办人承担责任；批准人否定审核人的

---

① 傅达林、刘茹意："用制度理性防范冤假错案"，《法制日报》2014年1月4日。

正确意见，或审核人否定案件承办人的正确意见造成错误的，由批准人或审核人承担责任；有关领导指使或者授意案件承办人违法办案或造成错案的，该领导承担主要责任；审委会（检委会）在评议、讨论（审议）案件时，故意违反法律规定或者歪曲事实、曲解法律，导致结论（决定）错误的，由导致错误结论、决定的人员承担责任；审委会（检委会）主持人违反民主集中制原则导致结论、决定错误的，由主持人承担责任。《办法》共7章35条，对责任追究范围、冤假错案责任划分、冤假错案责任追究、冤假错案认定程序和责任追究工作监督等都作了明确规定。①

　　健全并切实执行非法证据排除制度，是防范冤假错案的重要环节。2010年，最高人民法院、最高人民检察院、公安部、安全部、司法部出台《关于办理刑事案件排除非法证据若干问题的规定》，初步确立非法证据排除规则。2012年修改后刑事诉讼法吸纳《非法证据排除规定》的主要内容，在立法层面正式确立非法证据排除规则。"两高"司法解释对刑事诉讼法相关规定尤其是非法证据排除程序进一步加以细化。2013年，最高人民法院出台《关于建立健全防范刑事冤假错案工作机制的意见》，进一步明确了非法供述证据的范围和对非法取得的物证、书证、言词证据的排除标准，刑事诉讼法和司法解释等已形成较为系统的非法证据排除规则体系。

　　有专家将上述非法证据排除标准称为混合标准，即，一是根据是否影响证据真实性为标准，影响证据真实性的，予以排除，否则可以采纳；二是以违法程度和侵犯公民权益性质为标准，严重违法取得的，尤其是侵犯宪法权利而获得的证据予以排除，以轻微违法、非侵犯公民基本权利的方式取得的证据可以采纳。但此种混合标准，不够具体明确，不易准确把握。对于多次供述、"毒树之果"、私人非法取得的证据材料、通过"引诱、欺骗"取得证据等，排除标准并不明确。

　　从实践层面看，非法证据排除规则实践效果不如预期，存在着价值取向、诉讼模式、人性取向、沉默法则、司法体制等因素的制约。侦查机关要转变证据观念，确立证供并重的侦查模式。要提升依法收集固定证据能力，养成良好司法习惯，预防非法取证行为的发生；建立重大刑事案件讯问犯罪嫌疑人时律师在场制度；真正落实和完善讯问同步录音录像制度；

---

　　① 《法制日报》2014年3月21日。

落实在看守所进行讯问的有关规定；落实和完善侦查人员出庭作证相关规定。司法机关和司法人员一定要充分认识到，文明进步的刑事诉讼不仅要求有效地惩罚犯罪，而且要求在切实保障人权的前提下来惩罚犯罪。①

2014 年 6 月，中央全面深化改革领导小组第三次会议审议通过《关于司法体制改革试点若干问题的框架意见》和《上海市司法体制改革试点工作方案》，将司法责任制作为改革试点的重要内容之一，以完善主审法官责任制、合议庭办案责任制和检察官办案责任制为抓手，突出法官、检察官办案的主体地位，明确法官、检察官办案的权力和责任，对所办案件终身负责，严格错案责任追究，形成权责明晰、权责统一、管理有系的司法权力运行机制。②

2014 年 10 月 23 日，《中共中央关于全面推进依法治国若干重大问题的决定》再次强调推进严格司法。坚持以事实为根据、以法律为准绳，健全事实认定符合客观真相、办案结果符合实体公正、办案过程符合程序公正的法律制度。加强和规范司法解释和案例指导，统一法律适用标准。推进以审判为中心的诉讼制度改革，确保侦查、审查起诉的案件事实证据经得起法律的检验。全面贯彻证据裁判规则，严格依法收集、固定、保存、审查、运用证据，完善证人、鉴定人出庭制度，保证庭审在查明事实、认定证据、保护诉权、公正裁判中发挥决定性作用。明确各类司法人员工作职责、工作流程、工作标准，实行办案质量终身负责制和错案责任倒查问责制，确保案件处理经得起法律和历史检验。加强人权司法保障。强化诉讼过程中当事人和其他诉讼参与人的知情权、陈述权、辩护辩论权、申请权、申诉权的制度保障。健全落实罪刑法定、疑罪从无、非法证据排除等法律原则的法律制度。完善对限制人身自由司法措施和侦查手段的司法监督，加强对刑讯逼供和非法取证的源头预防，健全冤假错案有效防范、及时纠正机制。③

2014 年 12 月 12 日，全国法院信访改革暨诉讼服务中心建设工作会议在北京召开。最高人民法院院长周强在会上强调，对确有错误案件要坚

---

① "非法证据排除的重点、难点和对策"，戴长林："非法证据排除制度运行效果简析"，《法制日报》2014 年 11 月 12 日。

② 新华社讯，《北京晨报》2014 年 6 月 16 日。

③ 2014 年 10 月 23 日，《中共中央关于全面推进依法治国若干重大问题的决定》，新华社讯，《法制日报》2014 年 10 月 29 日。

决纠正。

周强强调，各级人民法院要深入学习贯彻党的十八大和十八届三中、四中全会精神，切实贯彻落实习近平总书记提出的"诉求合理的解决问题到位、诉求无理的思想教育到位、生活困难的帮扶救助到位、行为违法的依法处理"的要求，认真执行中央政法委涉法涉诉信访改革三个配套文件精神，全面深化涉诉信访改革，努力提升诉讼服务水平，推动涉诉信访和诉讼服务工作实现新发展。

周强指出，各级人民法院要正确理解改革，积极参与改革，依法促进信访法治化。对确有错误和瑕疵的案件，要敢于排除干扰，坚决依法予以纠正、补正；对法度之外、情理之中的诉求，要依法给予司法救助；要正确认识再审重在解决依法纠错、维护裁判权威的审级定位；落实依法终结制度，坚决制止违法表达诉求，坚决维护司法权威；要把公开作为解决影响涉诉信访工作良性发展的重要突破口，全面推行"阳光信访"，保障群众依法有序参与，同时倒逼法官提升审判质效；要坚持系统治理，依靠党委和政法委，积极协调相关部门，完善人民调解、行政调解、司法调解联动工作体系，推动形成解决涉诉信访问题的整体合力；要大力推进信息化建设，全面推行视频接访和网上信访，推动建立覆盖全国四级法院的信访数据库，实现信访流程管理与审判流程管理的"无缝对接"。①

---

① 《法制日报》2014 年 12 月 13 日。

六 检察机关法律监督健全与加强

被佘祥林"杀害"的张在玉出现、佘案成铁定冤案以后，湖北省检察院即派员进驻京山县，对此案中的渎职违法行为展开调查。最高检察院和广东省检察院连续 7 年对徐辉"强奸杀人案"主动发挥监督职能，终至徐辉再审改判无罪。检察机关的法律监督对于预防、减少、纠正冤假错案具有重要意义。当然，对于在佘祥林案形成过程中检察机关在批捕、起诉、监所监督等环节失误的教训，亦应深刻总结。

1. 人民检察院是国家法律监督机关

《中华人民共和国宪法》第 129 条规定："中华人民共和国人民检察院是国家的法律监督机关。"宪法明确赋予检察院以国家法律监督机关之职责，是由我国人民共和国的性质所决定，符合"有权力必有监督"的现代法治国家基本原理。检察机关的法律监督是对国家全部法律实施进行的监督，不同于一般国家机关对某一方面的事务进行的监督。它站在国家的高度，从是否遵守法律、是否符合法治的视角进行全方位的监督，追究一切违法犯罪者的法律责任。

根据宪法和人民检察院组织法规定，检察机关是国家法律监督机关的性质是明确的，但对于法律监督概念本身的理解，理论界和实务界却有着各种不同的认识：有从广义与狭义方面进行理解的，有从立法、行政、司法方面进行理解的，有从宪法监督与普通法律监督方面进行理解的等。综合各种认识，对法律监督概念的不同观点大致可概括为下述四种：

有人认为，法律监督就是对法律的实施和遵守进行全面监督，任何国家机关、企业事业单位、各类社会团体、国家公务人员、普通公民，只要不严格遵守国家法律，不正确实施和执行国家法律，检察机关都有权力和责任对之进行监督；

有人认为，法律监督就是司法监督，即对司法机关行使国家赋予的司法权的行为进行监督，也就是对侦查行为、审判行为、监所行为是否合法进行监督；

有人认为，法律监督就是刑事监督，即对自然人和法人触犯国家刑事法律、构成犯罪、需要追究刑事责任的行为进行监督，对追究刑事责任的诉讼过程和结果进行监督；

有人认为，法律监督就是人民检察院组织法规定的检察机关职权范围内的监督。

作者认为，上述对法律监督概念的不同观点，均是对法律监督的相应理解和阐释，各自均有其相应道理，但作者更倾向于第一种观点，即法律监督应是检察机关对国家法律的正确实施和切实遵守进行的全面监督，这种监督的范围和程度，则应根据国家不同历史时期的政治、经济、社会状况和法制建设的实际，由宪法和检察院组织法加以规定。

2. 人民检察院法律监督范围

根据现行宪法和检察院组织法规定，目前人民检察院的法律监督范围主要是：

（1）干部法纪监督，即对国家机关及其工作人员的违法犯罪行为，特别是市场经济条件下以权谋私、权钱交易的腐败行为，加大查办和处理力度。

近年来，各级检察机关把大案要案、社会关注的行业和领域发生的案件、损害人民群众切身利益的案件、造成国有资产流失的案件，作为实行法纪监督、查办职务犯罪工作的重点。如 2013 年在严肃查处各类职务犯罪方面，全年共立案侦查贪污贿赂、渎职侵权等职务犯罪案件 37551 件 51306 人，同比分别上升 9.4% 和 8.4%。突出查办大案要案，立案侦查贪污、贿赂、挪用公款 100 万元以上的案件 2581 件，涉嫌犯罪的县处级以上国家工作人员 2871 人，其中厅局级 253 人、省部级 8 人。开展查办和预防发生在群众身边、损害群众利益职务犯罪专项工作，立案侦查涉及民生民利的职务犯罪 34147 人。严肃查办以贿赂等手段破坏选举、侵犯公民民主权利的犯罪。深挖执法司法不公背后的腐败犯罪，查处以权谋私、贪赃枉法、失职渎职的行政执法人员 11948 人、司法人员 2279 人。加大惩治行贿犯罪力度，对 5515 名行贿人依法追究刑事责任，同比上升 18.6%。强化境内外追逃追赃工作，追缴赃款赃物计 101.4 亿元，会同有关部门抓获在逃职务犯罪嫌疑人 762 人。检察机关法纪监督的威力，震慑了腐败分子，遏制了腐败势头，增强了人民大众反腐败的信心。①

（2）公民守法监督，即对普通公民加强法制宣传教育，普及法律知识，化解各种社会矛盾，对其中违反刑事法律、构成犯罪并依法应受刑事处分的行为实行监督。

（3）侦查监督，即对行使侦查权的公安、安全机关、军队保卫部门的侦查活动是否合法进行监督，对其侦查的案件进行审查，决定是否逮捕、是否起诉。依法严惩各类刑事犯罪，坚决打击危害国家安全犯罪、严重暴力犯罪、黑恶势力犯罪和抢劫、抢夺、盗窃等多发性侵财犯罪。在审查批捕、起诉中严把事实关、证据关、程序关、适用法律关，确保稳、准、狠地打击犯罪，切实保障人权，尤其要预防、制止侦查过程中刑讯逼供、违法取证等行为。

（4）审判监督，即对审判机关的刑事、民事、行政、国家赔偿审判活动是否合法进行监督。在刑事审判监督中，掌握抗诉标准，提高抗诉水平。切实保障公民的人身自由权和财产权，保障刑事被告人辩护权，保障当事人的上诉权和不受错误裁判的权利，保障被害人的权利。

（5）执行监督和监所监督，即对刑事判决、裁定的执行，对监狱、看守所、劳动改造机关的活动是否合法进行监督。如果派驻监狱的检察员及所属检察机关切实履行好监督职责，佘祥林冤案的昭雪也许不用等到 11 年以后。

1994 年国家赔偿法未规定人民检察院对国家赔偿中司法赔偿案件的法律监督，因此有专家建议，人民检察院还应对国家赔偿中的刑事赔偿和非刑事司法赔偿实行法律监督。因为国家赔偿中的行政赔偿通过行政诉讼解决，行政诉讼法明确规定检察机关有权对行政诉讼实行法律监督。而国家赔偿中的刑事赔偿和非刑事司法赔偿的解决方式，"由人民法院赔偿委员会作出赔偿决定，赔偿决定一经作出，即为发生法律效力的决定，必须执行。国家赔偿法和其他法律都没有规定检察机关对此类赔偿的任何监督职责，导致监督缺位、权力失衡，错误的赔偿决定不能及时得到纠正，赔

---

① 2013 年 3 月 10 日，最高人民检察院检察长曹建明向十二届全国人民代表大会第二次会议作最高人民检察院工作报告。

偿请求人的合法权益不能得到有效保障。"①

正是在检察机关、人民群众和专家学者的努力下，2010 年《国家赔偿法》增加了人民检察院对国家赔偿中司法赔偿案件的法律监督权："最高人民检察院对各级人民法院赔偿委员会作出的决定，上级人民检察院对下级人民法院赔偿委员会作出的决定，发现违反本法规定的，应当向同级人民法院赔偿委员会提出意见，同级人民法院赔偿委员会应当在两个月内重新审查并依法作出决定。"

3. 加强法律监督，维护司法公正

加强法律监督，维护司法公正，是社会公平正义的重要保障。各级检察机关应不断强化监督意识，着力提高敢于监督、善于监督、依法监督的能力，努力作到有罪追究、无罪保护、严格依法、客观公正。

针对近年来发现的冤错案件中暴露出来的问题，检察机关在纠正自己错误的同时，开展以纠正刑讯逼供为重点的专项侦查监督，对侦查活动中刑讯逼供、违法取证问题提出纠正意见，坚持客观公正立场，严把事实关、证据关、程序关和法律适用关。2013 年对侦查机关不应当立案而立案的，督促撤案 25211 件；对滥用强制措施、违法取证、刑讯逼供等侦查活动违法情形，提出纠正意见 72370 件次，同比分别上升 25% 和 27.3%。对证据不足和不构成犯罪的，决定不批捕 100157 人、不起诉 16427 人，同比分别上升 9.4% 和 96.5%。坚持有错必纠，对从申诉中发现的"张氏叔侄强奸杀人案"、"于英生杀妻案"等冤假错案，及时与人民法院沟通，提出依法予以再审改判的意见。② 对减少和预防刑讯逼供起到了一定的作用。

但是，总体上看，检察机关法律监督工作的力度与人民群众的期望和要求，还有相当差距。每年全国"两会"上对最高检察院报告的不赞成票居高不下的比例，即是此种差距的反映。一些检察机关监督意识不强，在诉讼活动中重协调配合、轻监督制约，有的怕影响与有关部门的关系，对法律监督工作存在畏难情绪。有的监督水平不高，不能及时发现执法、

---

① 刘志远："检察机关应当对刑事赔偿和民事行政诉讼赔偿实行法律监督"，2006 年 4 月。

② 2013 年 3 月 10 日，最高人民检察院检察长曹建明向十二届全国人民代表大会第二次会议作最高人民检察院工作报告。

司法中的违法问题，致使一些违法现象如佘祥林案等，未能依法及时通过法律监督途径得到纠正。

这其中，既有检察机关自身的问题，也有法律监督的外部环境问题，如立法上缺少对检察机关法律监督的可操作性规定，最高检察院与最高法院某些司法解释的冲突，检察官出庭时身兼支持公诉和审判监督双重职能的尴尬，检察机关人、财、物管理受现行政治体制和财政体制的制约，等等。

检察机关自身提高法律监督水平，是防止冤假错案、维护司法公正的基本方面。2013 年实施的新刑事诉讼法拓展了检察机关履行职责的空间，细化、完善了检察机关对刑事诉讼实行法律监督的各项规定，强化了监督效力，明确检察机关在刑事立案、侦查、审判等环节的法律监督职能。

最高检察院修改了《人民检察院刑事诉讼规则》，修改印发了《检察机关执法工作基本规范（2013 年版）》，出台了《关于切实履行检察职能防止和纠正冤假错案的若干意见》、《关于人民检察院审查逮捕工作中适用"附条件逮捕"的意见（试行）》等规范性文件。2013 年，全国检察机关共纠正确有以非法方式收集证据的情形 271 件 389 人。全年刑事案件不捕率达到 18%，同比上升 3%，其中证据不足和排除非法证据而不捕的占全部不捕人数的 44.08%。2013 年 1—11 月，全国检察机关受理不服法院生效刑事裁判申诉案 1.1 万余件，同比上升超 30%。提出抗诉近 90 件，法院再审改判或发回重审近 60 件，根据检察建议而再审改判 260 余件。各地检察机关依法监督纠正一批有重大影响的冤错案件。

2013 年，最高检察院修订《人民检察院讯问职务犯罪嫌疑人实行全程同步录音录像的规定》，切实解决"不供不录"、讯问笔录与录音录像内容不一致等问题，为防止和杜绝违法讯问甚至刑讯逼供等问题打下坚实的制度基础。"很多冤假错案都存在超期羁押、久押不决问题"。最高人民检察院司法改革办公室副主任王光辉介绍说，2013 年以来，最高检认真落实羁押必要性审查制度。今年前 9 个月，全国检察机关通过开展羁押必要性审查，提出释放或变更强制措施建议涉及 20968 人，被采纳 19477 人，同比去年上升 77.7%。"从羁押必要性审查到公安机关移送材料的审查，从对证据不足和不构成犯罪的决定不批捕或不起诉到在申诉中发现冤假错案向法院提出依法再审意见，检察机关在刑事案件全环节构建起一道预防和纠正冤假错案、维护公平正义的坚固防线。"①

　　在案件受理关口，有效识别冤假错案，及时提出预警信息或采取堵截措施，是检察环节防范冤假错案的重要举措。长期从事此项工作的检察官依据实践经验，总结出几个冤假错案的识别点，很有参考价值：

　　（1）案件卷宗是否粗糙或者格外整齐。总结已经发现和披露的案件，冤错案件的形成与责任心不强、片面追求破案率、批捕率等有很大关系，其最终整理出的卷宗也相应地表现为粗制滥造，或因急切破案、结案，追求供证一致，而形成形式上的整洁美观；（2）物证、书证等客观性证据是否奇缺。侦查阶段基本上没有搜集和固定物证，而过于倚重人证来证明犯罪；（3）适用强制措施是否反常。冤假错案往往程序纷繁、卷宗复杂，捕后多次延长，或多次取保、监视居住，当事人一般都曾被超期羁押；（4）是否仓促移送，或推诿扯皮至案件到期日紧急移送。冤假错案一般会因受到某种压力而仓促移送，或推诿扯皮至到期日紧急移送，有的甚至在最后一日的临下班前才移送。②

　　2014年10月23日，《中共中央关于全面推进依法治国若干重大问题的决定》再次强调"完善检察机关行使监督权的法律制度，加强对刑事诉讼、民事诉讼、行政诉讼的法律监督"③。我们必须在依法治国、建设社会主义法治国家方针的指引下，进一步推进司法改革，加强检察机关队伍建设，提高法律监督水平，为准确打击犯罪，切实保障人权，维护社会稳定，促进经济发展，实现公平正义，构建和谐社会作出更大的努力。

　　2014年11月，最高检察院印发修订后的《人民检察院复查刑事申诉案件规定》。这是复查规定实施16年来首次修改，从多方面强化了对申诉权的保障和规范，如降低申诉门槛，对申诉条件作了进一步修改完善，便利当事人申诉，对申诉材料要求作了明确细化规定，明确规定复查刑事申诉案件应当听取申诉人意见，复查决定书应当公开宣布，决定中止或终止办理的案件应通知申诉人等。

　　此次修改还突出了刑事申诉检察的监督属性和纠错功能，健全了冤假

---

　　①　最高检司改办副主任介绍检察机关司法体制改革成效："检察改革筑牢守护公平正义防线"，《法制日报》2014年11月6日。

　　②　马永平："找准冤假错案的识别点"，《检察日报》2014年8月13日。

　　③　2014年10月23日，《中共中央关于全面推进依法治国若干重大问题的决定》，新华社讯，《法制日报》2014年10月29日。

错案及时纠正机制。如调整原复查规定中对任务的表述顺序，将"纠正错误的决定、判决和裁定"放在"维护正确的决定、判决和裁定"之前，彰显了坚决纠正司法不公和维护司法权威的理念。[①]

2014年12月，最高人民检察院下发《人民检察院受理控告申诉依法导入法律程序实施办法》、《人民检察院司法瑕疵处理办法（试行）》、《人民检察院控告申诉案件终结办法》。

根据《实施办法》，人民检察院依法管辖的控告、申诉包括涉检事项、诉讼监督事项和依法属于人民检察院管辖的其他控告、申诉。涉检事项包括不服人民检察院刑事处理决定的；反映人民检察院在处理群众举报线索中久拖不决，未查处、未答复的；反映人民检察院违法违规办案或者检察人员违法违纪的；人民检察院为赔偿义务机关，请求人民检察院进行国家赔偿的。诉讼监督事项包括不服公安机关刑事处理决定；不服人民法院生效判决、裁定、调解书，依法属于人民检察院管辖的等情形。

《处理办法》首次对检察机关在事实认定、证据采信、法律适用、法律程序、法律文书以及司法作风等方面存在司法瑕疵的表现形式作出具体规定，同时对发现途径、答复息诉、源头治理、责任追究以及发现其他司法机关司法瑕疵的处理等内容作出明确规定。对检察环节的司法瑕疵，相关检察院应当分别或者合并采取说明解释、通知补正、赔礼道歉、司法救助等措施予以妥善补正，对当事人受损的合法权益进行弥补或恢复。

《终结办法》对依法终结的含义、终结案件的范围、终结决定的责任主体、案件终结的标准和条件、案件终结的路径、终结决定的效力、案件终结后的退出、终结决定的备案以及案件终结后当事人权利的救济等内容作出明确规定。[②]

上述三个涉法涉诉信访改革配套办法，首次对检察机关在事实认定、证据采信、法律适用、法律程序、法律文书以及司法作风等方面存在司法瑕疵的表现形式作出具体规定。其中包括人民检察院为赔偿义务机关，请求人民检察院进行国家赔偿的，应依法导入法律程序，进一步明确和落实人民检察院的国家赔偿责任。

---

① 《法制日报》2014年11月21日。

② 《法制日报》2014年12月6日。

七　严肃公正司法与排除地方干扰

佘祥林案的起因，在于京山县雁门口镇堰圹内一具女尸浮现。佘祥林案的成因，在于未对该女尸进行科学鉴定。未进行科学鉴定的原因之一，在于京山县公安局办案经费不足。经费不足的制度原因，在于司法机关人财物由地方保障。这一看似极不应该存在的问题，几十年来却一直在我国司法界普遍存在，至今仍未很好解决。

1. 司法机关的人财物保障

公安、检察、法院等司法机关，依照宪法和法律规定行使国家司法权。严肃公正执法是其神圣职责和光荣使命。要实现这一职责和使命，必须和充足的人财物保障是基本前提。由于我国幅员辽阔，人口众多，民族聚集，经济、社会发展不平衡，东中西部各有特色，再加上沿袭历史等因素，既要加强统一的中央领导，又要充分尊重和发挥地方积极性，因此，形成了自新中国成立以来司法机关人财物由中央和地方分别保障的制度。

由中央和地方分别保障司法机关人财物的制度，在相当长时间内为维护社会秩序保障经济发展发挥了重要作用。但随着改革开放的进行，其干预公正司法的弊病日益显现，以致地方保护主义已成为建设社会主义法治国家的一大障碍。与此同时，由于东中西部经济力量悬殊，一些地区司法人员与经费不足，也是一个需要解决的现实问题。

新中国建立几十年来，应该说国家在现有经济条件下，对公检法的经费保障作出了巨大努力，但由于国家实力和分灶吃饭、分级核算财政体制的限制，由于东中西部地区经济发展不平衡，加上其他一些主客观因素，司法经费保障一直是不少公检法机关面临的一道难题。

作者曾多次参加全国政协调研组赴中西部调研，经常发现中西部公检法机关办案经费不足，甚至连工资都不能保证的情况。某市一公安分局因交不起电话费被警告无效停机后，接连发生三起命案无法通信联系。犯罪嫌疑人作案后坐飞机逃逸，公安干警钱少只能坐火车追赶。不少干警医药费、出差费不能及时报销，工资不能及时足额发放。作者在全国"两会"上多次就司法经费保障问题进行发言和书写提案，呼吁国家应该像保障军费一样保障司法经费。军队是国家的钢铁长城，经费不足使其不足以抵御外侮；公检法也是国家的长城，而且是每日每时都在老百姓身边发挥作用的长城，它的经费应该像军费一样得到可靠的保证。建议在不改变现行财政体制情况下，将地方财政划拨给当地的司法经费统一上交省级或中央财政，由省级或中央司法机关根据东中西部和本省不同情况调配使用，既可缓解贫困地区燃眉之急，还可防止或减少地方保护主义对司法的不当干预。与此同时，国家应视财力增张尽量提高司法经费的投入比例。

近年来，随着国家经济实力不断增强，对司法经费投入比例亦在扩大。其外在表现之一，即是许多地方司法机关的办公大楼鹤立鸡群，巍然矗立。此处对中国一景的党委、政府、人大、政协、司法诸机关大楼的气势豪华与是否合适姑且不论，仅就司法经费保障而言，其结构性体制性问题仍未解决。

现在，尽管再出现类似余祥林案无钱对女尸进行科学鉴定的事例在大量减少，但一些地方司法经费困难的局面依然存在，旧有问题未完全解决，新的问题又接连出现，其中之一，即是由于物质保障等问题未解决而出现的司法队伍人才断层现象。

司法队伍年龄结构合理，层层相配，形成梯队，数量充足，是国家司法正常进行的基本条件。然而，在许多基层司法机关，司法队伍开始出现断层，数量不足，影响国家司法的正常开展，此种情况不仅仅出现在中西部地区，而带有相当程度的普遍性。

据《人民法院报》报道，天津市宁河县人民法院现有法官93人。其中30岁以下的一个没有，30—34岁4人，其余均在35岁以上。几年以后，大部分法官年龄将在50岁以上，届时法官年龄结构明显老化，青黄不接，很难适应日益繁重的审判工作。齐齐哈尔市基层法院人员编制1122人，缺编170人，缺编数占总编数的15.15%。另据统计，自2000年以来，全国共有1.5万余名基层法院法官因各种原因离开法院。①

据《检察日报》报道，最高人民检察院提供的资料显示，2002—

---

① 《人民法院报》2006年3月22日，7月23日。

2005 年，西部地区基层检察院由于退休、离岗、外流等原因，检察官递减 9814 人，而同期新任检察官只有 1362 人，三年共减少 8542 人。①

为了解决法官检察官队伍断层、数量不足的问题，中央相关部门和最高法院、最高检察院曾共同出台了缓解西部及贫困地区基层法官检察官短缺问题的意见，要求通过深化改革，制定并实施符合实际体现法检干部队伍管理特点的政策，稳定本地人才，引进急需人才，培养后备人才。

作者认为，其中的关键还在于从根本上保证法官检察官职业地位的落实和职业待遇的提高。法官法和检察官法虽然对法官检察官等级作了规定，实践中也评定了等级，但一直未与其相应待遇挂钩，升职级不升工资，只有等级之名而无待遇之实。不仅如此，在考虑各种待遇措施时，盲目与其他行业拉平，没有体现法官检察官职业的风险性和特殊性，缺少保险、福利等物质保障措施，各项从优待警的政策和措施无法得到有效落实。据有关部门调查，目前在宁夏大学本科毕业的年轻法官检察官，月平均工资不到 1000 元，工作 30 年的法官检察官月工资也仅在 1300 元上下。一些法官检察官有病得不到及时医治，小病拖，大病扛，有的甚至殉职在岗位之上。②

从一般的国际社会规则来说，法官、检察官、警官的待遇应该高于其他职业，但当前现实是，法官待遇有些连平均水平尚未达到，法院和法官的政治待遇、职业保障、经济待遇需要相应提高。目前我国的法官职业门槛高、风险大、负荷重，但待遇偏低，缺乏职业尊荣感，法官流失比较严重。近 5 年来，北京法院系统流失法官 500 多人，上海法院系统流失法官 300 多人，广东法院系统 5 年来有超过 1600 名法官调离或辞职。③

2014 年 12 月，法制日报对江苏基层一线法官生存现状调查发现，有 100 件案子时能办好，有 200 件时努力撑着，有 300 件时快顶不住了，有 1000 件时就要崩溃。不少法官面临这种崩溃的边缘。不仅如此，他们还要经常面对当事人的各种不理解乃至暴力抗法。2013 年，江苏全省法院因调出、辞职流出人员 446 人，其中法官 288 人。没有显赫的地位，没有优厚的待遇，甚至没有更多属于自己的时间。④

---

① 《检察日报》2006 年 3 月 27 日。

② 《人民法院报》2006 年 7 月 21 日。

③ 《新京报》2014 年 3 月 13 日。

④ 《法制日报》2014 年 12 月 3 日。

司法经费保障不足，其危害不仅在于使司法机关留不住人才，而且也在一定程度上逼迫司法机关自己"创收"，并由此走上违法犯罪之路。据报载，乌鲁木齐铁路运输中级法院即因涉嫌单位受贿罪而站在被告席上，制造了中国司法史上的一大奇闻。①

读者李坚在《大河报》撰文对此作出的透彻分析值得深思：

"法院为何站到了被告席

目前我国司法机关的财政保障机制存在不足，致使每一个司法部门在办理案件时都和经济利益有着千丝万缕的联系。尤其是法院，由于有独立收到诉讼费的权力，有将执行物如何变现的权力，而这些权力的使用，都与法院及其工作人员的利益有着直接的联系。如果不让法院与企业化的经济利益之间进行隔离，必然会在追求自身经济利益的过程中利用其所掌握的公权力向他人'寻租'，使得法院及其所享有的司法权的性质发生异化，甚至可能成为被操纵的工具，其法律赋予法院的中立裁判地位也就丧失。

法院是法律权威和社会正义的象征，必须时时刻刻地去努力维护其权威性和正义性的社会形象。要实现这一点，必须从制度设计上防止司法机关介入经济利益，比如将诉讼费收取、执行标的物的处置等与经济利益相关的因素和法院脱钩。诉讼费应由财政部门直接收取，并按比例返还；执行标的物变现也应由第三方机构处置；另外，还要有明确的法律来规定司法机关不得接受任何形式的赞助或捐助。

当然，这些制度措施的实施，必须有国家财政对司法机关足够的财政支持，因为法官的独立人格是需要建立在牢固的经济基础之上的。"②

2. 改革司法机关人财物地方保障制度

司法机关人财物由地方保障造成的最大危害，是地方保护主义对司法公正的干扰。

为了解决这一长期困扰我国司法的此一难题，2013 年 11 月，中共十八届三中全会通过的《中共中央关于全面深化改革若干重大问题的决定》规定：改革司法管理体制，推动省以下地方法院、检察院人财物统一管

① 《新疆都市报》2006 年 7 月 5 日。

② 《大河报》2006 年 7 月 4 日。

理，探索建立与行政区划适当分离的司法管辖制度，保证国家法律统一正确实施。建立符合职业特点的司法人员管理制度，健全法官、检察官、人民警察统一招录、有序交流、逐级遴选机制，完善司法人员分类管理制度，健全法官、检察官、人民警察职业保障制度。中央全面深化改革领导小组第三次会议审议通过《关于司法体制改革试点若干问题的框架意见》和《上海市司法体制改革试点工作方案》，对若干重点难点问题确定了政策导向。明确了试点地区省级统管的改革路径。对人的统一管理，主要是建立法官、检察官统一由省提名、管理并按法定程序任免的机制。对财物的统一管理，主要是建立省以下地方法院、检察院经费由省级政府财政部门统一管理机制。地方各级法院、检察院经费上交省级统一管理时，要考虑各地经济社会发展实际，是各地办公经费、办案经费和人员收入体制的一项重大改革，情况复杂，需要根据不同地区的经济社会发展情况，进行试点，积累经验后再逐步推开。《上海改革方案》对如何建立统一管理机制做了具体安排，在市级组建法官、检察官遴选、惩戒委员会，并建立统一管理全市人民法院、人民检察院经费、资产的保障机制。①

2014 年 7 月 9 日，最高人民法院发布了《人民法院第四个五年改革纲要（2014—2018）》，针对 8 个重点领域，提出了 45 项改革举措。坚持以法官为中心，以服务审判工作为重心，建立分类科学、结构合理、分工明确、保障有力的法院人员管理制度。配合省以下法院人事统管改革，推动在省一级设立法官遴选委员会，从专业角度提出法官人选，由组织人事、纪检监察部门在政治素养、廉洁自律等方面考察把关，人大依照法律程序任免。省以下人财物统一管理，是指依托省一级的制度平台统筹管理，不是系统内部的"垂直管理"，上级法院对下级法院仍是"监督指导"关系，不是"领导"关系。②

我国是单一制国家，司法职权是中央事权。考虑到我国将长期处于社会主义初级阶段的基本国情，将司法机关的人财物完全由中央统一管理，尚有一定困难。应该本着循序渐进的原则，逐步改革司法管理体制，先将省以下地方人民法院、人民检察院人财物由省一级统一管理。地方各级人

---

① "坚持顶层设计与实践探索相结合，积极稳妥推进司法体制改革试点工作"，《法制日报》2014 年 6 月 16 日。

② 《法制日报》2014 年 7 月 10 日。

民法院、人民检察院和专门人民法院、人民检察院的经费由省级财政统筹，中央财政保障部分经费。

司法管辖包括司法机关的地域管辖和案件管辖。司法机关按行政区划设立，管辖所属行政区划内的案件，容易受到地方保护主义的干扰。同时，我国地区间发展不平衡，各地司法机关承担的业务量也有较大差距，一些地方司法资源闲置。应该从现行宪法框架内着手，探索与行政区划适当分离的司法管辖制度。通过提级管辖、集中管辖，审理行政案件或者跨地区民商事、环境保护案件。

我国在司法人员的招录、遴选、培养、任用等方面，实行与普通公务员相同的模式。我国80%的案件在基层，80%的司法人员也在基层，加之司法队伍人数较多，导致基层司法机关人多职数少，基层法官、检察官、人民警察职级低、待遇差、发展空间有限，不利于提升专业素质，不利于保证办案质量。为此，必须建立符合职业特点的司法人员管理制度。主要有4项改革举措：

一要推进司法人员分类管理改革。突出法官、检察官的办案主体地位，健全有别于普通公务员的法官、检察官专业职务（或技术职称）序列，完善执法勤务机构警员职务序列和警务技术职务序列，健全书记员、专业技术人员等司法辅助人员的管理制度，制定司法辅助人员的职数比例等配套措施，进一步提升司法队伍职业化水平。

二要完善法官、检察官、人民警察选任招录制度。建立初任法官、检察官、人民警察统一招录、集中培训、基层任职、有序流动、逐级遴选的机制。建立预备法官、检察官训练制度，将完成预备法官、检察官职业训练并考核合格作为法官、检察官的法定任职条件。建立选拔律师、法律学者等专业法律人才担任法官、检察官的制度机制。针对不同审级法院的法官、不同级别检察院的检察官，设置不同的任职条件，实行法官、检察官逐级遴选制度。进一步改革人民警察招录培养制度，加大警察院校毕业生入警的比例。

三要完善法官、检察官任免、惩戒制度。建立科学合理、客观公正的业绩评价体系和考核晋升机制。人民法院、人民检察院成立吸收社会有关人员参与的法官、检察官选任委员会、惩戒委员会，制定公开、公正的选任、惩戒程序，确保政治素质高、职业操守好、业务能力强的优秀法律人才进入法官、检察官队伍，确保法官、检察官的违法违纪行为及时得到应有惩戒。

四要强化法官、检察官、人民警察的职业保障制度。从职业特点看，法官、检察官既要精通法律专业知识，又要有一定的工作经验和社会阅历，只有通过国家司法资格考试和公务员考试，并从事一段时间的法律工作，才能被任命；从职业风险看，当前我国正处于社会矛盾凸显期，矛盾的对抗性、敏感性增强，司法人员特别是人民警察的职业风险增大。现有的司法人员保障制度没有体现其职业特点和职业风险，不利于推动司法队伍的专业化、职业化、正规化建设。按照责权利相统一的原则，在严格司法人员任职条件，强化司法人员办案责任的同时，要为法官、检察官、人民警察依法公正履职提供必要的职业保障。①

2014 年 10 月 23 日，《中共中央关于全面推进依法治国若干重大问题的决定》再次强调推进法治专门队伍正规化、专业化、职业化，提高职业素养和专业水平。完善法律职业准入制度，健全国家统一法律职业资格考试制度，建立法律职业人员统一职前培训制度。建立从符合条件的律师、法学专家中招录立法工作者、法官、检察官制度，畅通具备条件的军队转业干部进入法治专门队伍的通道，健全从政法专业毕业生中招录人才的规范便捷机制。加强边疆地区、民族地区法治专门队伍建设。加快建立符合职业特点的法治工作人员管理制度，完善职业保障体系，建立法官、检察官、人民警察专业职务序列及工资制度。建立法官、检察官逐级遴选制度。初任法官、检察官由高级人民法院、省级人民检察院统一招录，一律在基层法院、检察院任职。上级人民法院、人民检察院的法官、检察官一般从下一级人民法院、人民检察院的优秀法官、检察官中遴选。建立健全司法人员履行法定职责保护机制。非因法定事由，非经法定程序，不得将法官、检察官调离、辞退或者作出免职、降级等处分。

改革司法机关人财物管理体制，探索实行法院、检察院司法行政事务管理权和审判权、检察权相分离。最高人民法院设立巡回法庭，审理跨行政区域重大行政和民商事案件。探索设立跨行政区划的人民法院和人民检察院，办理跨地区案件。完善行政诉讼体制机制，合理调整行政诉讼案件管辖制度，切实解决行政诉讼立案难、审理难、执行难等突出问题。②

---

① 孟建柱："深化司法体制改革"，《人民日报》2013 年 11 月 25 日。

② 2014 年 10 月 23 日，《中共中央关于全面推进依法治国若干重大问题的决定》，新华社讯，《法制日报》2014 年 10 月 29 日。

八 执政党领导与独立行使司法权

佘祥林案经湖北省高级法院"撤销原判、发回重审"后，此案处于欲杀不能、欲撤不行的两难境地。对于此类疑难、敏感或公检法机关有分歧的案件，我们有一个独具中国特色的处理机制：由中共党委政法委员会出面协调。在中共荆门市委政法委员会组织的协调会上，决定将案件从荆门中院降格到基层法院处理，要求京山县法院"一审拉满"判处有期徒刑最高刑 15 年，中院二审维持原判，案件至此了结。中共政法委的这一决定，铸就了佘祥林的 11 年冤狱。但同判处死刑、立即执行相比，保存了佘祥林的生命。

1. 共产党对司法机关的绝对领导

我国是中国共产党领导的社会主义国家。宪法序言记叙有中国共产党领导和社会主义道路等"四项基本原则"。实践中包括法院、检察院等在内的全部国家机关，均必须在共产党领导下进行工作。

中国共产党对国家的执政，是在武装夺取政权、推翻国民党统治的革命斗争中形成的。在新民主主义革命时期，中国共产党领导人民经过 28 年艰苦卓绝的斗争，推翻了帝国主义、封建主义、官僚资本主义的反动统治，实现了民族独立和人民解放，建立了人民当家做主的新中国。在社会主义革命和建设时期，中国共产党领导人民确立了社会主义基本制度，在一穷二白的基础上建立了独立的比较完整的工业体系和国民经济体系，使古老的中国以崭新的姿态屹立在世界的东方。在改革开放和社会主义现代化建设时期，中国共产党领导人民开创了中国特色社会主义道路，坚持以经济建设为中心、坚持四项基本原则、坚持改革开放，初步建立起社会主义市场经济体制，大幅度提高了我国的综合国力和人民生活水平，为全面建成小康社会、实现社会主义现代化开辟了广阔的前景。

为了方便和加强中国共产党对司法工作的领导，上世纪 50 年代即设

立了中央政法领导小组，统一协调、领导公安、检察、法院、司法行政等
政法机关的工作。随着改革开放深入和社会治安形势复杂，自 20 世纪 80
年代"严打"以来，中央政法领导小组逐步升格为中央政法委员会，其
机构亦由中央一级的临时建制升格为中央、省、市、县四级的固定编制，
内设机构健全，人员大幅增加。从中央到地方的中共各级党委政法委员
会，一改 20 世纪 80 年代以前基本不公开对外的传统做法，从幕后走向前
台，频繁在各类新闻媒体亮相。中共对各项政法工作的领导力度显著
增强。

1999 年，中共中央转发《中共最高人民法院党组关于解决"执行难"
问题的意见》，为人民法院解决"执行难"问题提供了有力的支持。

2005 年《中共中央关于进一步加强和改进党对政法工作领导的意见》
（中发〔2005〕15 号）明确规定，应当牢牢把握的第一个基本原则就是
"党对政法工作的绝对领导"。

2006 年，中共中央作出《关于进一步加强人民法院、人民检察院工
作的决定》，要求全国各级人民法院、人民检察院的广大法官、检察官和
其他工作人员，坚持"公正与效率"的法院工作主题和"强化法律监督、
维护公平正义"的检察工作主题，用社会主义法治理念武装头脑，始终
保持忠于党、忠于国家、忠于人民、忠于法律的政治本色，按照中共中央
转发的《中央司法体制改革领导小组关于司法体制和工作机制改革的初
步意见》的要求，积极稳妥地推进司法体制改革，不断健全完善司法工
作机制，提高司法能力。

2007 年 12 月 25 日，时任中共中央总书记胡锦涛在全国政法工作会
议代表和全国大法官、大检察官座谈会上指出："大法官、大检察官要在
党的十七大精神指引下，始终保持高度的政治意识、大局意识、责任意
识、法律意识、廉洁意识，始终坚持党的事业至上、人民利益至上、宪法
法律至上，切实承担起带领广大法官、检察官和其他工作人员保障科学发
展、促进社会和谐的历史使命和政治责任，为建设公正高效权威的社会主
义司法制度而不懈努力。"[①]

2014 年 1 月 7 日，现任中共中央总书记习近平在中央政法工作会议
上指出："坚定的理想信念是政法队伍的政治灵魂。必须把理想信念教育

---

① 《人民日报》2007 年 12 月 26 日。

摆在政法队伍建设第一位，不断打牢高举旗帜、听党指挥、忠诚使命的理想基础。坚持党的事业至上、人民利益至上、宪法法律至上，永葆忠于党、忠于国家、忠于人民、忠于法律的政治本色。"①

与该新闻报道同时配合发表的《人民日报》评论员文章指出："政法机关作为人民民主专政的国家政权机关，是党和人民掌握的刀把子，必须置于党的绝对领导之下。"

2. 法院独立行使审判权与检察院独立行使检察权

与现代法治国家实行多党制、三权分立，司法权独立于立法权、行政权、更独立于政党不同，我国官方未认可"司法独立"原则，"司法独立"仍只停留在专家学者字面文章的研究、支持、批判之中。

我国首部宪法即 1954 年《宪法》，规定法院和检察院独立行使职权，只服从法律。我国现行宪法即 1982 年《宪法》，将此规定修改为："人民法院依照法律规定独立行使审判权，不受行政机关、社会团体和个人的干涉"，"人民检察院依照法律规定独立行使检察权，不受行政机关、社会团体和个人的干涉"，明确地将政党、立法机关排除在"干涉"之外。

最高人民法院和最高人民检察院在每年一度向国家最高权力机关全国人民代表大会的报告中，在各自系统的讲话、文件中，均一再反复强调：人民法院和人民检察院是党领导下实施依法治国的重要载体，是党通过司法手段管理国家和社会事务的重要力量，是党通过司法途径保持同人民群众血肉联系的重要纽带。

两个最高司法机关反复重申：坚持党的领导是由我国的政治体制决定的，是人民法院和人民检察院依法独立行使审判权和检察权的政治保证。党章明确规定，党支持立法机关、司法机关、行政机关积极主动地、独立负责地、协调一致地开展工作。党对人民法院和人民检察院的领导，就是对人民法院和人民检察院工作的最大支持，是为人民法院和人民检察院依法独立行使审判权和检察权创造良好的政治环境。没有党的坚强领导，人民法院和人民检察院单靠自身力量，是无法完成法律赋予的重大责任和历史使命的。坚持党的领导与依法独立行使审判权、检察权是有机统一的。人民法院和人民检察院一方面要依法独立审判、独立检察，不受行政机

---

① 新华社北京 1 月 8 日电。《人民日报》2014 年 1 月 9 日。

关、社会团体和个人的干涉；另一方面，必须接受党的领导，接受人大的监督。

法院和检察院独立行使职权与坚持共产党的领导，在政治方向上是一致的，但在具体业务上，有时也会出现不一致的情况。佘祥林冤狱 11 年，即是法院独立行使审判权与党委政法委领导不尽一致的事例。检察院独立行使职权与党委政法委领导不尽一致的事例，也时有发生。

例如 2006 年 9 月 11 日《中国青年报》报道：安徽省巢湖市公安局居巢分局在办理一起伤害致死案时，拘捕了 4 名青少年学生。4 人被关押 3个多月，受到多种形式的刑讯逼供，直到真凶被抓获，才还以清白。办案部门与受害学生家长签订协议，赔偿 4 人每人 6 万元，3 名办案刑警已被检察机关以涉嫌刑讯逼供立案侦查。

公安机关在履行保一方平安的繁重职责时，在其侦查、破案过程中，出点纰漏、走些弯路、抓错嫌疑人，应该说在一定程度上是难以避免的，问题在于对 4 名青少年学生的刑讯逼供令人发指，党委政法委的"协调"，又使得曾获"全国优秀青少年维权岗"称号的居巢区检察院，违心地作出错误批捕决定。本来该检察院发现了该案证据的许多矛盾之处，果断作出了不批准逮捕的决定。"这一冤案如能到此打住，也不失为检察机关充分发挥法律监督职能、实现司法校正的典型案例。然而，'基层单位仍没能抵抗住来自上级部门的高压'，在巢湖市政法委的'协调'之下，居巢区检察院对 4 青少年批准逮捕。司法程序内的错拘错捕在制度上还有错案追究补救，而当地于程序法之外的不适当的'协调'，虽对案件处理至为关键却无从救济。"①

"司法程序内的错拘错捕在制度上还有错案追究补救，而当地于程序法之外的不适当的'协调'，虽对案件处理至为关键却无从救济。"《新京报》社论的此一判断，道出了党委领导与司法机关独立行使职权关系之症结。《中国青年报》文章指出："我党设置政法委的本意，是体现党对政法工作的领导，其主要职能是指导、协调、督促政法部门开展工作，支持、监督政法部门依法独立行使职权。当地政法领导机关可以对该案'协调'，但不能盲目协调，只听取公安机关一方的意见，而不顾监督机关的意见，同时也不能有意无意忽视'支持政法部门依法独立行使职权'

---

① 《新京报》2006 年 9 月 12 日社论。

这一职能，从而在客观上削弱公检法互相制约的作用。"①

　　与西方国家执政党认识不同，中国共产党认为司法权是其执政权的组成部分，司法必须为党和国家工作大局服务。西方政党理论认为，司法权是国家政权的一个独立组成部分，不属于执政党的执政内容，执政党的执政范围在行政机关。中国共产党则认为司法权不仅是国家政权的组成部分，而且是其执政权的当然范围，司法同立法、行政等其他领域一样必须为党和国家工作大局服务。

　　2007 年 12 月 25 日，时任中共中央总书记胡锦涛在提出"三个至上"的同时强调："政法工作是党和国家工作的重要组成部分，必须在党和国家工作大局下开展，为党和国家工作大局服务。"② 政法工作为党和国家工作大局服务的方针，在中国社会发展的当前阶段是必要的，问题是怎样为国家工作大局服务。

　　有学者认为："执政者不能把司法机关作为自己的工具。公众与执政者发生矛盾和纠纷，需要一个中立的机关来裁决。这个中立的机关就是法院。把司法机关打造为独立、中立的机构，公众就认为法院是值得信赖的。法院不能始终是执政者的代言人。法院如果沦为执政党、政府的专用工具，必然失去公信力。……民众会觉得执政党难于受相关法律程序的限制，认为连最后一个中立机关也被政党操控了，最终的结果就是，无论是政党还是司法机关都失去民众的信任，丧失公信力。"③

　　有学者认为："长期以来，司法在我国的国家权力结构中是弱化的一翼。……如果社会上出现了冤假错案，中国共产党肯定摆脱不了干系，'万能'的执政党不得不对冤假错案负领导责任。执政党要管，要负责查办，不可能把冤假错案一股脑推给司法机关就了事。"④

　　有学者认为：""政法冤案"是指在政法委协调下发生的冤案，是中国政法体制的副产品，是中国法治建设内在矛盾的反映。由于"政法冤案"的政治事件性质，有必要将其还原到特定的政治背景下予以阐释。以佘祥林案和赵作海案为切入点，以亨廷顿的政治现代化理论为分析框架，可以发现权威再造中的权威弱化、结构分化中的功能混同、法治动员

---

① 《中国青年报》2006 年 9 月 11 日，黄勇文。

② 《人民日报》2007 年 12 月 26 日。

③ 中共中央党校博士学位论文：《中国共产党领导司法的历史嬗变》第 3、33 页。

④ 同上书，第 3 页。

中的参与拥堵，分别构成了‘政法冤案’发生的权力背景、组织背景和民意背景。在‘政法冤案’的形成中，权威弱化后的治理压力是深层动因，动员过剩后的民意呼声是中介环节，政法机构的功能混同则起了决定性的作用。中国的法治建设需要在政治现代化建设的框架中展开。对‘政法冤案’的政治背景分析，有助于更好地理解中国的法治问题。"①

有学者认为："我国现有的实际是，县以上的各级党委中设有政法委员会，领导和协调公检法三机关的工作，部署政法方面的重大事务。这意味着党组织直接插手司法活动，具有司法的功能，虽然不具体承办刑民事案件；这也意味着司法机关不能独立地行使权力。另外值得注意的是，党组织内还存在一个纪律检查委员会，实际上具有某种司法功能。"②

还有学者对"党对政法工作的绝对领导"与相关关系处理提出看法："在对司法人员的任命上，人民代表大会制度的表决功能与‘党的绝对领导’如何协调？‘党对司法工作的绝对领导’与司法机关独立行使职权如何协调？‘党对司法工作的绝对领导’与科学执政、依法执政如何协调？如何把实施依法治国基本方略与坚持共产党领导、保障人民当家作主统一起来，而不是割裂开来甚至对立起来？这些都是党领导司法面临的挑战。"③

关于上述问题的不同认识，作者认为，目前可以从习近平总书记在中央政法工作会议上的讲话中找到答案。他说："政法战线要旗帜鲜明坚持党的领导。坚持党的领导，就是要支持人民当家作主，实施好依法治国这个党领导人民治理国家的基本方略。既要坚持党对政法工作的领导不动摇，又要加强和改善党对政法工作的领导，不断提高党领导政法工作能力和水平。

要正确处理党的政策和国家法律的关系。我们党的政策和国家法律都是人民根本意志的反映，在本质上是一致的。党既领导人民制定宪法法律，也领导人民执行宪法法律，做到党领导立法、保证执法、带头守法。政法工作要自觉维护党的政策和国家法律的权威性，确保党的政策和国家法律得到统一正确实施。

---

① 刘涛："‘政法冤案’的政治背景阐释"，《环球法律评论》2012 年第 3 期。

② 严存生："法治国家建设的政党之维"，《法治与中国的社会转型》，法律出版社 2011 年版，第 235 页。

③ 中共中央党校博士学位论文：《中国共产党领导司法的历史嬗变》第 123 页。

要正确处理坚持党的领导和确保司法机关依法独立公正行使职权的关系。各级党组织和领导干部要支持政法系统各单位依照宪法法律独立负责、协调一致开展工作。党委政法委要明确职能定位，善于运用法治思维和法治方式领导政法工作，在推进国家治理体系和治理能力现代化中发挥重要作用。"①

2014 年 10 月 23 日，《中共中央关于全面推进依法治国若干重大问题的决定》再次强调党的领导是全面推进依法治国、加快建设社会主义法治国家最根本的保证。必须加强和改进党对法治工作的领导，把党的领导贯彻到全面推进依法治国全过程。

依法执政是依法治国的关键。各级党组织和领导干部要深刻认识到，维护宪法法律权威就是维护党和人民共同意志的权威，捍卫宪法法律尊严就是捍卫党和人民共同意志的尊严，保证宪法法律实施就是保证党和人民共同意志的实现。各级领导干部要对法律怀有敬畏之心，牢记法律红线不可逾越、法律底线不可触碰，带头遵守法律，带头依法办事，不得违法行使权力，更不能以言代法、以权压法、徇私枉法。

政法委员会是党委领导政法工作的组织形式，必须长期坚持。各级党委政法委员会要把工作着力点放在把握政治方向、协调各方职能、统筹政法工作、建设政法队伍、督促依法履职、创造公正司法环境上，带头依法办事，保障宪法法律正确统一实施。政法机关党组织要建立健全重大事项向党委报告制度。

加强政法机关党的建设，在法治建设中充分发挥党组织政治保障作用和党员先锋模范作用。

完善确保依法独立公正行使审判权和检察权的制度。各级党政机关和领导干部要支持法院、检察院依法独立公正行使职权。建立领导干部干预司法活动、插手具体案件处理的记录、通报和责任追究制度。任何党政机关和领导干部都不得让司法机关做违反法定职责、有碍司法公正的事情，任何司法机关都不得执行党政机关和领导干部违法干预司法活动的要求。对干预司法机关办案的，给予党纪政纪处分；造成冤假错案或者其他严重

---

① 新华社北京 1 月 8 日电。《人民日报》2014 年 1 月 9 日。

后果的，依法追究刑事责任。①

　　国家赔偿工作能否依法顺利开展，与执政党的正确领导密不可分。各级法院应在各级中共党委领导下，接受人大监督，取得政府支持，逐步而切实地解决以言代法、以权压法和非法干预国家赔偿工作的问题，克服国家赔偿工作中的地方和部门保护主义。建立与党委政法委、纪委监察部门、人大内司委以及政府的法制和财政部门、人力资源与社会保障部门之间的联动互动机制，形成推进国家赔偿工作的合力。

---

　　① 2014 年 10 月 23 日，《中共中央关于全面推进依法治国若干重大问题的决定》，新华社讯，《法制日报》2014 年 10 月 29 日。

九　公民素质提高与法律意识加强

佘祥林"杀妻"冤案的平反昭雪和国家赔偿，带给我们的经验教训实在太多！除了上述从国家公权力的行使角度进行总结外，从一个普通公民维护基本人权的角度也大有可以总结之处。佘祥林本人即为我们提供了一个鲜活的样本。

1. 违德行为、违法行为与犯罪行为

现实生活中人的行为多种多样，既有有益于社会的行为、有害于社会的行为，也有既无益也无害的行为。在危害社会的行为中，危害程度又各有不同：有违反道德的行为；违反党纪、政纪、财经纪律、劳动纪律等各种违纪行为；违反行政法、民法、婚姻法等一般违法行为；违反刑法构成犯罪的行为。行为的性质不同，该行为所产生的事实互有区别，由此而承担的后果各不相同。

社会主义道德是目前社会生活中人人必须遵守的共同生活准则。宪法规定遵守社会公德是公民的义务。对于违反道德的各种社会不良现象，可以而且应该进行揭露和鞭挞，但它依靠的不是国家强制力，而是舆论和社会压力，依靠人的信念、习惯、传统和教育的力量，使做出违德事实的人进行内心谴责，以减少或杜绝此类事情的发生。

道德与法律的关系互相促进、相互补充。凡是法律禁止的必然是道德所谴责的，凡是法律所提倡的必然是道德所赞许的。以法治国必须以以德立国为基础。但是，不是任何道德上的义务都是法律上的义务，不是任何遭受道德谴责的行为都要受到法律制裁。混淆道德谴责和法律制裁的界限，就会扩大打击面。以国家公权力干预公民私生活，既违背法治精神，又于事无补。因此，只能以德立国、依法治国。道德是立国之本，但治国方略必须是依法治国，而不能依德治国，也不能将依法治国与以德治国并举，因为那样就会重蹈人治的老路。

　　人们在生产和工作中，除了遵守道德和法律外，还应遵守有关机关、单位、工矿、企业和党派、团体的各种规章制度和纪律。尽管有些违纪事实（如违反财经纪律，违反党纪、政纪受到"两规"查处）与犯罪事实容易混淆，但是否达到法律或司法解释规定的犯罪标准，是划清违纪与违法的明确界限。

　　不符合社会发展需要的行为，都对社会具有危害性。但危害的性质和程度差别很大。因此，作为调整人们行为规范的法律，必须分门别类根据各种不同的危害情况制定出不同门类和不同性质的法律规范，以便行为人能根据事先明示的法律，预测出其行为将应负担的恰如其分的法律责任。违反非刑事法规（如违反行政法、民法、婚姻法等一般违法行为）与违反刑事法规的法律责任迥然不同。违法与犯罪有着明确界限，违法事实与犯罪事实的认定后果截然不同，混淆不得。作为行使国家司法权的公安、检察、法院等国家机关，必须严格把握违德行为、违法行为、犯罪行为之间的区别和界限，切实保障公民人权，尤其是要正确保障实施了某种违德或违法行为、但不构成犯罪的公民的人权。

　　从普通公民角度看，违德行为与违法行为、犯罪行为之间，并没有不可逾越的鸿沟。任何行为的发生一般都存在从量变到质变的过程。只有防微杜渐，才能避免千里之堤毁于蚁穴。因此，加强品格修养，严格遵守法纪，用社会主义道德约束和规范自己的行为，不给司法机关侦破犯罪案件时的合理怀疑提供可能，不使司法机关选错侦破案件的方向、定错作案嫌疑人，不给自身带来不必要的伤害，是每个守法公民应该做到也能够做到的。

　　为什么堰圹女尸浮现后公安机关把杀人嫌疑定在佘祥林而没有定在别人身上？我们不得不承认，这与佘祥林妻子失踪前他与另一女子有某种关系分不开。尽管不能以此减轻司法机关的冤案责任，但从普通公民角度看，还是有沉痛的经验教训值得汲取的。当然，像于英生"杀妻案"中妻子被人奸杀、本人毫无过错的情况，则另当别论。①

2. "有损害即有赔偿"与理性合法有序维权

　　在冤假错案平反以后进行的国家赔偿诉讼中，经常出现冤错案件的受

---

　　① 参见本书附录五：安徽于英生故意杀妻案。

害人言辞激烈，愤世嫉俗，"得理不饶人"，不顾现行法律的明文规定，不听律师的善意劝阻，情绪激动地提出近似天价的赔偿数额。此种情绪和做法，尽管有其可以理解的一面，但事实说明，这样做不仅于事无补，还可能在失望之后给自己带来新的精神伤害。

现实生活中，时时都有各种侵犯公民合法权益的事件发生，赔偿的基本功能就是使受到损害的权利和利益得到恢复或弥补。我们必须冷静、客观而理性地看到，这种恢复与弥补通常是有限的、不完全的。从物理学上看，被损害的物体不可能完全恢复原貌；从心理学上看，因损害造成的精神创伤难以愈合；从法律上看，损害赔偿的法律规定从来都是有限的。因此，赔偿只是作为损害行为发生后的一种有限的补救手段，它不可避免地会留下缝补创面的痕迹和损失。

国家赔偿是诸多赔偿中的一种。在漫长的封建社会是无所谓国家赔偿的。只是随着时代发展变化，国家侵权现象日益增多，公民合法权益受到侵害而得不到赔偿，与"有侵权就有救济"、"有损害即有赔偿"法制原则的冲突日益突出，国家赔偿的做法才逐渐普及并形成制度。国家公权力活动的受害人，可以合法正当地从国家那里得到相应赔偿，就能缓解或消除国家与个人之间的矛盾，防止公民、法人和其他组织对国家活动产生不满和对立情绪，阻挠国家活动进行，有利于国家稳定和社会进步。

国家赔偿从来都是法定赔偿，即依照国家赔偿法明文规定的赔偿范围、赔偿标准、赔偿程序进行赔偿。我国是一个发展中国家，是一个正在由人治向法治转型的国家，我国的国家赔偿短期内不可能达到法治发达国家的水平。但我国国家赔偿法的制定一开始就站在一个相当高的起点上。与大陆法系国家相比，我国国家赔偿与之各有所长；与普通法系国家相比，我国国家赔偿有的规定也比较先进。

当然，随着国家经济实力增强和国家赔偿新问题的出现，我国国家赔偿法也会不断修改完善，但无论将怎样修改，法定赔偿这一国际通行的基本原则是不会改变的。每一个有法律意识的公民必须明白这一点。佘祥林案件中最先参与的律师，即因遵照国家赔偿法规定老实预测其赔偿数额而未被佘之亲属聘请。但随后发生的事实表明，400余万元的赔偿请求在当时是不可能被接受的。最终侵犯人身自由权的赔偿数额，还是如最先参与的律师根据国家赔偿法规定预测的20余万元。所以，国家赔偿工作的科学发展，要进一步通过法律宣传、发布典型案例等方式，向社会公众广泛宣传国家赔偿法，引导广大人民群众理性、合法、有序维权。

　　2014 年 10 月 23 日，《中共中央关于全面推进依法治国若干重大问题的决定》再次强调法律的权威源自人民的内心拥护和真诚信仰。人民权益要靠法律保障，法律权威要靠人民维护。必须弘扬社会主义法治精神，建设社会主义法治文化，增强全社会厉行法治的积极性和主动性，形成守法光荣、违法可耻的社会氛围，使全体人民都成为社会主义法治的忠实崇尚者、自觉遵守者、坚定捍卫者。加强公民道德建设，弘扬中华优秀传统文化，增强法治的道德底蕴，强化规则意识，倡导契约精神，弘扬公序良俗。发挥法治在解决道德领域突出问题中的作用，引导人们自觉履行法定义务、社会责任、家庭责任。①

　　这里还有一个冤假错案得到平反、国家赔偿款项到手后，受害公民如何走出阴影、开始新生活的问题。正如佘祥林所言，十余年牢狱生涯使之与世隔绝，猛地来到一个急剧变化了的社会，手足无措，极不适应。我们的司法机关、人民政府、乡镇街道部门，如能及时给以关怀帮助，对于他们尽快融入社会走上生活正轨，十分必要。从受害者本人看，则应坚守基本道德底线，调整心态，小心谨慎，低调做人，逐步探索适合自己的工作、生活方式。佘祥林正在这样逐渐融入社会，回归正常人的生活，而像赵作海那样被不法分子骗走数十万国家赔偿金的教训，亦值得本人和有关方面深刻反思。②

　　而于英生作为一个有素养的公务员，能相当理性地对待其不幸遭遇。他说："法律本身没有问题，只是运用法律的人，有时还有着私念和偏见。希望我的遭遇能让执法者把视野放得更远，让与我有相似苦难的人获得自由。如果我的经历能换来司法的进步，我愿意做一块铺路石。这不是摆高姿态，是心里话。"于英生说，人总是要面对苦难，如果被苦难压垮，希望就没了。如果战胜苦难，这就是一笔人生财富。"好在我挺过来了！"③

---

　　①　2014 年 10 月 23 日，《中共中央关于全面推进依法治国若干重大问题的决定》，新华社讯，《法制日报》2014 年 10 月 29 日。
　　②　参见本书附录五：河南赵作海故意杀人案。
　　③　参见本书附录五：安徽于英生故意杀妻案。

结　论

国家赔偿法律制度是人类法治文明的共同成果

1994 年 5 月 12 日，第八届全国人大常委会第七次会议审议通过了《中华人民共和国国家赔偿法》，并由中华人民共和国主席令第 23 号公布，自 1995 年 1 月 1 日起实施。

国家赔偿法的正式公布实施，是中国民主法制建设的一座里程碑。它不仅从法律上肯定了作为公法人的国家与作为被管理者的公民在法律地位上的平等，明确了违法侵权的国家与任何违法侵权的个人一样必须承担赔偿责任，改变了长期以来习以为常的被平反者向平反者党和国家千恩万谢、感恩戴德、诚惶诚恐的思维定式，而由平反者以国家名义向被平反者承认错误、赔礼道歉、赔偿损失。

如果说，1949 年中华人民共和国的成立，让中国人民从政治上站立起来的话，那么，1994 年国家赔偿法的颁布，又使中国人民从法律上站立了起来。

国家赔偿法的制定和实施，标志中国法律汇入国际法治发展的大潮流，证明国家赔偿法律制度，是人类法治文明的共同成果。

1. 国家侵权行为无姓资姓社之分

国家不是从来就有的，也不是永恒存在的。国家是人类社会发展到一定阶段的产物。在这个阶段，人类的文明达到这样一种程度：人们不愿在无休止的、无谓的斗争中同归于尽，于是一个似乎凌驾于社会之上的组织——国家就诞生了。国家是为了缓和社会冲突而产生的，可它产生的本身却又是阶级矛盾不可调和的产物和表现。因此，从马克思主义学说看来，凌驾于社会之上的国家发生侵权行为具有必然性。

正因为国家是由人创造并治理的，人自身固有的弱点必然通过国家形式反映出来。汉密尔顿说得好："如果人是天使，也就不需要政府了，如让天使来统治人，也就无须对政府采取内外部的控制。在组织一个人统治人的政府时，最大的困难在于使政府能管好被统治者的同时管理好政府自身。"[1]

人自身的弱点，除了来自阶级偏见、集团利益和自私、贪婪的局限外，还有主观世界与客观世界矛盾的认识论根源。唯物主义认为，在人的主观世界之外，存在一个不以人的意志为转移的客观世界。对于客观世界，人是可以认识的，但必须经过努力克服主观认识与客观实际不一致的矛盾。由于人们据以认识客观实际的材料，往往事后收集，真假混杂，全面充分地占有材料存在困难；材料搜集后，还要去粗取精、去伪存真、由此及彼、由表及里地进行推理判断。而此时的主观性、表面性、片面性又往往导致作出与客观世界不符甚至完全相反的错误论断。普通人的认识错误同行使国家权力的强制性相结合，造成的侵权损害后果远比普通个人为烈。

我国是社会主义国家，尚处于初级阶段。在由计划经济向市场经济转变、治国方略从人治向法治转变的过程中，我国社会日益呈现一种利益多元化的趋势。尽管从根本上看国家同人民的利益具有一致性，利益冲突也带有内部矛盾性，但不同利益之间，如长远利益与目前利益、整体利益与局部利益、地区利益与部门利益、国家利益与个人利益的区别仍然存在，不同利益的冲突仍然存在。如果认识不到这些区别，处理不好这些冲突，就可能使矛盾加剧、激化、复杂、变质。由于政治体制不健全、缺少对权

①　［美］汉密尔顿等：《联邦党人文集》，程逢如等译，商务印书馆 1997 年版，第 264 页。

力制约的机制、腐败侵权现象得不到有效制止；由于认识论上的主观与客观的矛盾，人们的认识水平和觉悟程度的限制；再加上各种意外的、偶然的因素作用，在国家机关及其工作人员行使行政权、司法权过程中，不可能完全避免错误。　"国家侵权的不可避免性是国家赔偿立法的前提条件。"①

1982 年《宪法》即现行宪法在 1954 年《宪法》"由于国家工作人员侵犯公民权利而受到损失的人，有取得赔偿的权利"规定的基础上，增加规定："由于国家机关和国家机关工作人员侵犯公民权利而受到损失的人，有依照法律取得赔偿的权利。"增加了"国家机关"之内容。

这一增加十分重要：第一，增设国家机关对其侵权行为应负赔偿责任之规定，是对马克思主义传统国家观念的突破，承认"人民当家作主的国家"也可能侵犯人民自身的权利。既从实践上总结、记叙了"文化大革命"十年浩劫及以前时期国家机关侵犯公民权利之事实，又从理论上明确了国家机关作为侵权主体的法律地位和赔偿责任，驱散了人民当家作主的国家不可能侵犯人民权利的迷雾，表明国家侵权无社会主义与资本主义之分，为我国制定《国家赔偿法》提供理论支撑。

第二，增加了"有依照法律取得赔偿的权利"，而当时并无专门规定赔偿的"法律"。这就以根本大法名义提出了制定专门确认国家赔偿责任的法律要求，为随后《国家赔偿法》的制定提供宪法依据。宪法规定的不少应"依法"行使的公民权利，如言论、出版、集会、结社等，至今仍无专门法律加以具体规定。幸运的是，保障公民获得国家侵权救济的《国家赔偿法》，却在等待 40 年后于 1994 年得以颁布。

我国宪法之上述规定说明，无论什么性质的国家，只要存在公权力，就必然存在国家侵权的可能与现实。这就是国家赔偿法律制度能从西方走到东方，从资本主义国家走到社会主义国家的内在依据，并使国家赔偿法律制度成为人类法治文明的共同成果。这个共同成果，不仅体现在世界各国现行的国家赔偿法律制度上，而且还体现在世界各国国家赔偿法律制度的共同发展趋势上。

---

① 肖峋：《中华人民共和国国家赔偿法的理论与实用指南》，中国民主与法制出版社 1994年版，第 42 页。

2. 国家赔偿法律制度发展趋势

（1）赔偿规定法典化

国家赔偿作为一项法律制度自 19 世纪诞生以来，以其蓬勃向上的态势在世界范围内扩展。它突破法系界限和政治制度的差异，成为各国保障基本人权、促进国家活动依法进行的重要手段。随着科学技术迅速发展、生产力水平提高和经济全球化程度的加剧，以行政赔偿和司法赔偿作为主要内容的国家赔偿制度保持着继续发展的趋势。赔偿规定的法典化是其趋势之一。

在行政赔偿出现的过程中，判例起了十分重要的作用。以制定法为特色的法国，却以判例开创了行政赔偿的先河。以判例为主的英、美等国，在判例至今仍在赔偿领域起着重要作用的同时，成文立法形式也得到很好采用。宪政制度的发展使不少国家以根本大法形式确立国家赔偿的基本原则，并在民事法律中对行政赔偿作出具体规定。与此同时，司法赔偿则因其司法领域人权保障的特殊性，而较早以专项立法形式出现。

随着国家赔偿制度的逐步发展与完善，人们更加重视国家承担赔偿责任的统一性和标准化，不愿长期停留在早期立法的分散交叉状态。制定统一的国家赔偿法既有利于解决原有法规零乱、重复、矛盾的缺点，又有利于统一执法，而且更能集中反映国家赔偿制度中实体和程序两方面都具有的特殊性。于是，在日本于 1947 年制定单独的国家赔偿法后，这种体系完整、内容全面、实体与程序统一的国家赔偿法典模式，即成为各国仿效的榜样。奥地利于 1948 年、韩国于 1967 年、我国台湾地区于 1980 年、德国于 1981 年等先后制定了正规化、程序化、法制化的国家赔偿法典。制定统一的国家赔偿法典已成为一种世界性的立法潮流。

值得一提的是，我国国家赔偿法的制定既是这种世界潮流的产物，又对其作了新的发展，正式将司法赔偿与行政赔偿并列统一规定进一部国家赔偿法典中，使得传统上的行政赔偿作为国家赔偿唯一内容的国家赔偿法，成为真正全面意义上的名实相符的国家赔偿法典。

（2）赔偿原则兼容化

赔偿原则是建立国家赔偿制度的根本问题，是衡量国家赔偿民主性的标尺。在国家赔偿制度建立和发展过程中出现过多种赔偿原则，如过错责任原则、违法责任原则、过错兼违法责任原则、无过错责任原则等，这些都是各个国家根据本国实际状况作出的选择。

但从人权理论上看，国家赔偿应当是无条件的，任何人受到国家活动的侵害都应当得到相应的赔偿。尽管受现实条件限制，完全做到这一点尚有困难，但总的趋势是在向这一方向迈进，具体表现在扩大过错解释的范围，由过错责任原则向过错责任与无过错责任兼容原则发展，加大了国家赔偿责任。

国家赔偿制度中的行政赔偿领域，一般均采用过错责任原则。即只有对国家工作人员故意或过失的职务行为造成的损害或公务活动有欠缺造成的损害，国家才承担赔偿责任。后来虽然对此原则作了改进，"通过扩大对政府官员过失的解释，扩大过失的范围，减轻受害人对过失的举证责任，以及在公务过失与个人过失并存时尽量把个人过失解释为公务过失，而不断放宽国家赔偿的条件。"瑞士、意大利、比利时等国不再强调公务人员主观上有无过错，但还要求公务活动只有在违法情况下，国家才承担赔偿责任。如瑞士规定："对于公务员在执行公职活动中对第三人因违法造成的损害，不论公务员有无过错，均由联邦承担责任。"

随着社会经济发展和公民福利水平提高，一些国家在采用过错原则作为行政赔偿基本原则的同时，逐步有选择地采用无过错原则作为补充。如法国对由于某些公务活动的危险性造成的损害，行政机关即使没有过错也应承担赔偿责任，行政当局即使有正当理由拒绝执行法院判决特定人因此遭受严重损害的，国家也应负赔偿责任。美国、德国、日本、韩国在以过错责任为主的同时，也都规定了行政机关特殊情况下的无过错责任，并且其应用范围有进一步扩大的趋势。

在司法赔偿领域，一直都在实行过错责任、违法责任与结果责任（即无过错责任）相结合的原则。

我国国家赔偿中的行政赔偿实行违法责任原则，限于客观条件目前尚未辅之以无过错责任原则。但在司法赔偿领域，我国实行的是违法责任兼容结果责任即无过错责任原则。

（3）赔偿范围扩大化

由于行政行为和刑事司法行为在国家公务活动中的地位及其造成损害的频率与程度，各国的国家赔偿一般都以两者造成的损害为赔偿范围。但它们远不是国家活动的全部。在有些国家，国家赔偿已逐步扩大到军事领域、立法领域和司法领域中的民事司法、行政司法和执行司法。

如法国通过 1938 年最高行政法院拉法尔特案例，确认国家对行政合同以外的立法行为承担赔偿责任，但不能审查议会立法的合法性，必须适用议会制定的法律，如果法律明示或默示禁止赔偿，不能判决国家承担赔偿责任。损害只对特定人或少数人发生才能赔偿；国家无过错时损害必须达到相当严重程度才能赔偿；国家为保护重大利益制定的法律，不负赔偿责任；不道德的利益由于立法受到损害，不予赔偿。1958 年 11 月 12 日法令规定，国家应对议会行政管理行为产生的一切损害负赔偿责任。从 1960 年起，国家还对由于签订国际条约而对某一或数个特定人造成严重损害负赔偿责任，进一步扩大了立法领域的国家赔偿范围。

英国、美国、瑞士等国家对军事领域中的军事行动和军人职务行为造成的损害，承担国家赔偿责任。

司法领域的赔偿范围也出现从刑事赔偿扩大到非刑事赔偿的趋势。1971 年德国刑事追诉措施赔偿法规定，对于司法机关采取的诉讼保全、没收、扣押以及搜查，暂时吊销驾驶执照、暂时停止营业等措施使当事人遭受财产损失的，由国库予以赔偿。1972 年法国关于建立执行法官和民事诉讼改革法规定，国家对民事审判中的重公务过错和拒绝司法产生的损害承担赔偿责任。与英国、美国、日本等国局限于刑事司法领域相比，是一大进步。

我国在制定国家赔偿法时，充分考虑到司法赔偿立法的世界潮流、结合我国实际情况，除重点规定刑事赔偿外，还对民事诉讼、行政诉讼和司法执行中违法采取对妨害诉讼的强制措施、保全措施或对判决、裁定等生效法律文书执行错误造成损害的，由国家承担赔偿责任。

与此同时，在赔偿标准上，也在从仅赔偿直接损失和物质损失向适当赔偿间接损失和精神损失发展。如奥地利有对侵犯他人人格权的赔偿规定；瑞士有精神损害赔偿规定；日本在国家赔偿法中规定，财产损害、非财产损害包括精神损害，均属于赔偿范围；法国对精神损害赔偿范围包括对信仰、名誉、美观的损害，甚至感情损害、精神痛苦均可得到赔偿。此外，"既不完全等同于物质损害，也与精神损害有别的一些机遇的丧失在今后的一些国家赔偿立法中，也有逐步给予赔偿的可能。"①

（4）赔偿主体宽泛化

一方面，国家赔偿的主体是国家，即国家机关及其工作人员违法行使

---

① 皮纯协、何寿生：《比较国家赔偿法》，中国法制出版社 1998 年版，第 40 页。

职权造成损害时，由国家而不是由侵权机关或工作人员承担赔偿责任。但由于历史原因，一些普通法系国家在主要由国家承担赔偿责任同时，还保留公务人员也是赔偿主体的做法。

另一方面，国家是一架庞大复杂的政治机器，联邦制与单一制的不同又增加其复杂程度。为使国家赔偿落到实处，必须对作为赔偿主体的国家作出更加具体明确的规定。这类规定包括两项内容：一是对具有赔偿主体资格的国家机构的认定，一是对公务活动执行人公务资格的认定。

如德国联邦基本法第 34 条第 1 款规定："任何人于执行公务时，如违反对第三者应负之职务上义务，原则上由其所服务之国家和公共团体负责。"本条规定的赔偿主体是国家、州、公共团体，公共团体又包括地方自治团体和公法人。奥地利公职责任法规定联邦、州、区、乡镇、其他公法团体和社会保险机构等行使公权力的组织为国家赔偿责任主体。

对公务活动执行人是否具有公务资格的认定，是涉及国家是否构成赔偿主体的另一方面。许多情况下，国家公务活动并非由国家机关及其工作人员直接执行，对这些活动造成的损害能否由国家承担赔偿责任，实践中做法不一，但总的趋势是向扩大国家赔偿责任的方向发展。具体表现在侵权人是否具备公务员身份不是判断责任归属的关键，重要的是其行为性质是否属于公务行为。而划分公务与非公务行为的标准多种多样，如以行为目的、行为结果、行为方式为标准，或以职责权限、实质意义为标准，但总的原则是有利于被侵权人能得到合法赔偿。如"日本就在 1956 年的一个判例中确立，只要该行为具备公务行为的外在特征，就足以使国家承担赔偿责任。哪怕能证明行为人主观上是为了个人的利益，也要由国家承担责任。"[①]

（5）赔偿标准规范化

在国家赔偿制度发展过程中，赔偿标准也日渐规范化，形成抚慰性赔偿、补偿性赔偿和惩罚性赔偿三种标准。

惩罚性赔偿是一种加重赔偿。赔偿数额对侵权方具有警戒性和除足以弥补受害人实际损失外，还应加上对侵权行为负责的惩戒费用，以儆效尤。

补偿性赔偿是一种弥补赔偿。赔偿数额能够填平补齐受害人的实际损

---

① 皮纯协、何寿生：《比较国家赔偿法》，中国法制出版社 1998 年版，第 39 页。

失，赔偿后能使受害人在物质方面恢复到受害前的状态。

抚慰性赔偿是一种象征赔偿。赔偿数额一般均低于受害人受到的实际损失，它是在法律上为受害人平反正名以后，从物质上作出的一种象征性表示。

在国家赔偿制度建立初期，世界各国通常采用抚慰性标准。随着赔偿实践经验积累、公民法律意识提高和国家经济实力增强，逐步采用补偿性标准或惩罚性标准。

（6）赔偿程序专门化

国家赔偿制度既涉及实体问题，又涉及程序问题。正如马克思所说："审判程序和法二者之间的联系如此密切，就像植物的外形和植物的联系，动物的外形和血肉的联系一样。"① 国家赔偿实体法的特殊性，决定赔偿程序必然带有与一般程序法不同的特点而走向专门化。

对国家赔偿案件的审理，不少国家仍采用民事诉讼或行政诉讼程序，但是，行政赔偿既不同于民事案件，也不是普通行政案件，司法赔偿与立法赔偿的特点则更加明显。因此，随着国家赔偿理论和实践的不断深化，一些国家逐步摸索建立一些专门的机构、方式、步骤和制度，以适应审理赔偿案件的特性。如美国司法赔偿的机构与程序，原则上由普通法院系统之外的专门机构依特别程序解决。法国在最高法院内设立独立的补偿委员会，受理因拘禁后不起诉或判决无罪者的赔偿案件。我国台湾地区亦在司法院设冤狱赔偿复议委员会，受理不服赔偿决定的复议案件。

由于审理国家赔偿案件程序上的特殊性，各国的国家赔偿立法均十分重视程序问题，有的为此专门立法，有的在赔偿法中就程序问题作出专门规定。如美国除制定有联邦侵权赔偿法外，还颁布了联邦侵权赔偿法请求协议规则。瑞士也制定有专门的瑞士责任法执行法。奥地利的公职责任法全文14条中，规定程序的占7条。台湾地区的国家赔偿法共17条，其中8条是关于程序的规定。我国全文共42条的国家赔偿法中，程序规定也达19条之多。赔偿程序的专门化已成为国家赔偿制度的又一发展趋势。

（7）赔偿制度国际化

尊重人权的基本理论和有损害即有赔偿的法律原则，使得国家赔偿制度自产生之日起就突破了国家界限而带有国际性。一百多年来，国家承担

---

① 《马克思恩格斯全集》第 1 卷，人民出版社 1956 年版，第 178 页。

侵权赔偿责任的法律制度不仅在大多数国家建立，而且已成为国际公认准则进入国际法领域。世界人权公约宣布："人人于其宪法或法律所赋予之基本权利被侵害时，有权享受国家行政法庭之有效救济。"各国在制定本国国家赔偿法时，关于在互惠条件下外国人可向本国请求国家侵权损害赔偿的规定，也加速了赔偿制度的国际化进程。

附　　录

一 立法机关关于国家赔偿法的制定和修改

1. 国家赔偿法的制定（1993—1994 年）

关于《中华人民共和国国家赔偿法（草案）》的说明

http：//www.law-lib.com　1993－10－22 16：42：39

1993 年 10 月 22 日在第八届全国人民代表大会常务委员会

第四次会议上，全国人大常委会法制工作委员会副主任　胡康生

我受委员长会议的委托，作关于《中华人民共和国国家赔偿法（草案）》的说明。

国家赔偿法是保障公民合法权益的一部重要的法律。宪法规定："由于国家机关和国家工作人员侵犯公民权利而受到损失的人，有依照法律规定取得赔偿的权利。"行政诉讼法规定："公民、法人或者其他组织的合法权益受到行政机关或者行政机关工作人员作出的具体行政行为侵犯造成损害的，有权请求赔偿。"制定国家赔偿法，对于进一步保障公民的人身权利和财产权利；促进国家机关及其工作人员依法行使职权，改进工作，推动廉政建设；对于加强社会主义民主和法制，维护社会安定，为发展社会主义市场经济提供良好的社会条件，都将会发挥重要的作用。

1989 年七届全国人大二次会议制定行政诉讼法后，为了保证行政诉讼法规定的行政赔偿制度的实施，全国人大常委会法制工作委员会即组织有关法律专家组成起草小组，在总结实践经验的基础上，借鉴国外有关国家赔偿的规定，于 1992 年 10 月起草了国家赔偿法（试拟稿），印发有关部门、各地方和法律专家征求意见，并进一步调查研究和修改，拟订了国家赔偿法（草案）。现将草案的主要内容和问题说明如下：

一　关于国家赔偿的范围

草案规定，国家机关和国家机关工作人员违法行使职权侵犯公民、法

人和其他组织的合法权益造成损害的，国家机关应当依照本法承担赔偿责任。关于赔偿范围的具体规定是：

（一）行政赔偿。在行政诉讼法规定的基础上，针对目前实际存在的问题，草案适当规定了行政赔偿的范围，规定行政机关及其工作人员在行使行政职权时，有下列侵犯人身权、财产权情形之一的，受害人有权取得赔偿：1. 违法拘留或者违法采取限制公民人身自由的行政强制措施的；2. 非法拘禁或者以其他方法非法剥夺公民人身自由的；3. 殴打或者以其他暴力行为造成公民身体伤害的；4. 违法使用武器、警械造成公民身体伤害的；5. 违法罚款、吊销许可证和执照、责令停产停业、没收财物的；6. 违法征收财物、摊派费用的；7. 造成公民身体伤害或者侵犯财产权造成损害的其他违法行为。

（二）刑事赔偿。刑事赔偿是指公安机关、国家安全机关、检察机关、审判机关在刑事诉讼中，侵犯当事人人身权、财产权造成损害而给予的赔偿。刑事赔偿是国家赔偿的一个重要方面，过去对此没有具体的法律规定，草案对刑事赔偿作出具体规定，对于进一步促进公安机关、国家安全机关、检察机关、审判机关在刑事诉讼中，以事实为根据、以法律为准绳，依法行使职权，健全司法制度，有重要意义。草案规定的刑事赔偿的范围包括：1. 在刑事诉讼中，错误拘留、错误逮捕、无罪错判的；2. 刑讯逼供、违法使用武器、警械、殴打或者以其他暴力行为，造成公民身体伤害的；3. 违法采取查封、扣押、冻结、追缴等措施，造成财产损害的。此外，草案还规定，人民法院在民事诉讼、行政诉讼过程中，违法采取对妨害诉讼的强制措施、保全措施或者对判决执行错误，造成损害的，要给予赔偿。

（三）草案规定，以下几种情形造成的损害，国家不承担赔偿责任：1. 国家机关工作人员与行使职权无关的个人行为造成他人损害的，由其个人负责赔偿；2. 因公民、法人和其他组织自己的故意行为致使损害发生的；3. 未成年人和无刑事责任能力人实施了危害社会的行为被羁押，依照刑法规定不负刑事责任的；4. 依照刑事诉讼法规定对情节显著轻微，危害不大，不认为是犯罪的或者犯罪已过追诉时效等情形的被羁押人，不追究刑事责任的。

（四）在起草过程中，有三个问题经过研究，拟不纳入国家赔偿的范围：

1. 对于民事审判、行政审判中的错判，经法院改判后，应当按照改变后的判决，由一方当事人向对方履行义务，不宜列入国家赔偿的范围。国外一般也是这么做的。

2. 关于军事赔偿。据军委法制局介绍，当前主要是军队在演习、训练过程中，公民受到损失，需要采取适当方式予以补偿。由于这不是因违法行为造成的损害，不宜列入国家赔偿的范围。

3. 关于邮电、医院等国有企业、事业单位，桥梁、道路等国有公共设施，因设置、管理欠缺发生的赔偿问题，不属违法行使职权的问题，不纳入国家赔偿的范围。受害人可以依照民法通则等有关规定，向负责管理的企业、事业单位请求赔偿。

二　关于国家赔偿的计算标准和方式

国家赔偿的标准和方式，是根据以下原则确定的：第一，要使受害人所受到的损失能够得到适当弥补；第二，考虑国家的经济和财力能够负担的状况；第三，便于计算，简便易行。

草案根据以上原则，对各种不同损害的赔偿标准和方式，分别作出规定：

第一，侵犯公民人身自由的，赔偿金按每日给一定数额的赔偿金计算；对公民造成身体伤害的，赔偿医疗费和因误工而减少的收入，对造成残疾、死亡的，还规定支付残疾赔偿金、死亡赔偿金、丧葬费、向受害人扶养的无劳动能力的人支付生活救济费。有关部门建议对造成公民身体伤害、残疾、死亡的，规定最高赔偿金额，考虑到最高赔偿金额暂时难以确定，拟进一步研究后另行规定。

第二，侵犯公民、法人和其他组织的财产权造成损害的，按照下列规定处理：1. 处罚款、罚金、追缴、没收财产或者违法征收财物、摊派费用的，返还财产；2. 查封、扣押、冻结财产的，解除对财产的查封、扣押、冻结；3. 扣留、吊销许可证和执照或者责令停产停业的，赔偿停产停业期间必要的经常性费用开支；4. 对财产权造成其他损害的，按照直接损失给予赔偿。

三　关于赔偿义务机关

明确赔偿义务机关，是落实国家赔偿的一个重要问题。关于行政赔偿义务机关，草案规定：1. 行政机关及其工作人员违法行使行政职权侵犯公民、法人和其他组织的合法权益造成损害的，该行政机关或者该工作人员所在的行政机关为赔偿义务机关。2. 经复议机关复议的，最初作出具体行政行为的行政机关为赔偿义务机关，但复议机关的复议决定加重了损害的，复议机关对加重的部分承担赔偿责任。

关于刑事赔偿义务机关，草案规定：1. 错误拘留的，由决定拘留的公安机关或者国家安全机关为赔偿义务机关；2. 错误逮捕的，由提请逮捕的公安机关或者国家安全机关和批准逮捕的人民检察院为共同赔偿义务机关，承担连带责任；已由人民检察院提起公诉的或者由人民检察院自行决定逮捕的，人民检察院为赔偿义务机关；由人民法院决定逮捕的，人民法院为赔偿义务机关；3. 因再审改判无罪的，作出原生效判决的人民法院为赔偿义务机关。

四　关于国家赔偿的程序

草案规定，赔偿请求人应当首先向赔偿义务机关申请赔偿，赔偿义务机关应当在两个月内与请求人达成赔偿协议。赔偿义务机关也可以径行与有权请求赔偿的人在两个月内协商达成赔偿协议。草案规定首先向赔偿义务机关申请赔偿，是为了简化程序，方便受害人，有利于及时得到赔偿。

赔偿义务机关如果通知不予赔偿、逾期不予通知或者逾期达不成赔偿协议的，草案根据行政赔偿、刑事赔偿的不同情况，分别规定了不同的程序。属于行政赔偿的，可以向人民法院提起诉讼。属于刑事赔偿的，对错误拘留、错误逮捕、错误判决或者违法对财产采取查封、扣押、冻结、追缴等措施造成损害的，可以向赔偿义务机关的上一级机关申请复议或者向人民法院提起诉讼；对刑讯逼供、违法使用武器、警械、殴打或者以其他暴力行为，造成公民身体伤害的，可以向人民法院提起诉讼。

本法自施行之日起生效，不溯及既往。本法生效前发生的国家赔偿问题，仍然依照过去的办法处理，本法生效后发生的需要国家赔偿的，适用本法。

国家赔偿法（草案）和以上说明是否妥当，请审议。

全国人大法律委员会
关于《中华人民共和国国家赔偿法（草案）》审议结果的报告

http://www.law-lib.com　1994-5-5 16：43：50

1994 年 5 月 5 日在第八届全国人民代表大会常务委员会第七次

会议上，全国人大法律委员会副主任委员　蔡诚

八届全国人大常委会第四次会议对《中华人民共和国国家赔偿法（草案）》进行了初步审议。会后，法律委员会、内务司法委员会、法制工作委员会邀请地方人大、人民法院、人民检察院、中央有关部门、法律专家召开座谈会，听取意见。法律委员会、法制工作委员会还将草案印发各省、自治区、直辖市和中央有关部门，征求意见。法律委员会于 1993 年 12 月 8 日、15 日、1994 年 4 月 28 日召开会议，内务司法委员会也召开了会议，根据全国人大常委会委员的审议意见和地方、部门、法律专家的意见对草案进行了审议。法律委员会、内务司法委员会认为，制定国家赔偿法，对于进一步保护公民、法人和其他组织的合法权益，促进国家机关及其工作人员依法行使职权，推动廉政建设，维护社会安定，发展社会主义市场经济，健全社会主义民主和法制，具有重要意义。草案基本上是可行的。同时，提出以下修改意见：

一、一些部门提出，行政赔偿范围中应当明确规定，违法对财产采取行政强制措施造成损害的，国家承担赔偿责任。建议增加一项规定："违法对财产采取查封、扣押、冻结等行政强制措施的"，受损害人有取得赔偿的权利。（草案修改稿第四条第（二）项）

二、有些常委委员提出，草案应当明确规定，赔偿义务机关对受到损害的人应当依照本法主动给予赔偿。建议分别在相应条文中各增加一款规定："赔偿义务机关对依法确认有本法第三条、第四条规定的情形之一的，应当给予赔偿"，"赔偿义务机关对依法确认有本法第十五条、第十六条规定的情形之一的，应当给予赔偿。"同时，相应删去第十四条、第十五条的规定。（草案修改稿第九条第一款、第二十条第一款）

三、草案第十六条规定："赔偿义务机关赔偿损失后，应当责令有故意或者重大过失的工作人员或者受委托的组织或者个人承担部分或者全部赔偿费用。"第二十七条规定："赔偿义务机关赔偿损失后，应当向有下

列情形之一的工作人员追偿部分或者全部赔偿费用：（一）有本法第十七条第（四）、（五）项规定情形的；（二）在处理案件中有贪污受贿、徇私舞弊、枉法裁判行为的。"一些常委委员提出，仅让有故意和重大过失的国家机关工作人员承担经济责任是不够的，还应当追究其行政责任或者刑事责任。建议增加一款规定："有关机关应当依法给予行政处分；构成犯罪的，应当依法追究刑事责任。"（草案修改稿第十四条第二款、第二十四条第二款）

四、一些部门提出，监狱管理机关违法行使职权侵犯被监管人合法权益的赔偿也应当在刑事赔偿范围中明确规定。有的部门提出，人民解放军保卫部门对军队内部发生的刑事案件有刑事侦查权，刑事赔偿范围中应当有相应规定。建议将草案的第十七条、第十八条中的"公安机关、安全机关、检察机关及其工作人员"，修改为："行使侦查、检察、审判、监狱管理职权的机关及其工作人员"。（草案修改稿第十五条、第十六条）

五、一些部门提出，草案应当明确规定，在刑事诉讼过程中，由于被羁押人自伤、自残行为致使损害发生的，国家不予赔偿。建议增加一项规定："因公民自伤、自残等故意行为致使损害发生的"，国家不承担赔偿责任。（草案修改稿第十七条第（五）项）

六、草案第二十一条第三款规定："对没有犯罪事实的人错误逮捕的，由公安机关或者安全机关提请人民检察院批准的，公安机关或者安全机关和人民检察院为共同赔偿义务机关，承担连带责任。"根据最高人民检察院、公安机关的意见，建议将该款修改为："对没有犯罪事实的人错误逮捕的，作出逮捕决定的机关为赔偿义务机关。"（草案修改稿第十九条第三款）

七、草案第二十四条规定："赔偿义务机关在收到申请书之日起15日内不予通知或者在两个月内与请求人达不成赔偿协议的，请求人可以在期间届满之日起六个月内向其上一级机关申请复议或者向人民法院提起诉讼。"根据最高人民法院、最高人民检察院和专家的意见，建议修改为：（一）"赔偿义务机关应当自收到申请书之日起两个月内依照本法第四章的规定给予赔偿；逾期不予赔偿或者赔偿请求人对赔偿数额有异议的，赔偿请求人可以自期间届满之日起三十日内向其上一级机关申请复议。赔偿义务机关是人民法院的，向其上一级人民法院赔偿委员会申请作出赔偿决定"（草案修改稿第二十一条）。（二）"赔偿请求人不服复议决定的，可以在收到复议决定书之日起三十日内向复议机关所在地的同级人民法院赔偿委员会申请作出赔偿决定；复议机关逾期不作决定的，赔偿请求人可以自期间届满之日起三十日内向复议机关所在地的同级人民法院赔偿委员会申请作出赔偿决定"（草案修改稿第二十二条第二款）。（三）人民法院按特别程序作出决定："中级以上的人民法院设立赔偿委员会，由人民法院3名至7名审判员组成。赔偿委员会作赔偿决定，实行少数服从多数的原则。赔偿委员会作出的赔偿决定，是发生法律效力的决定，必须执行。"（草案修改稿第二十三条）

八、草案第二十九条规定："侵犯公民人身自由的，赔偿金按每日十元计算。"一些常委委员和部门提出，为能适应今后工资、物价的变化，应当规定一个较灵活的标准。建议修改为："侵犯公民人身自由的，每日的赔偿金按照国家上年度职工日平均工资计算。"（草案修改稿第二十六条）

九、许多专家、地方人大和部门提出，国家赔偿应当明确最高限额，以利于操作。还有的同志提出，最高额的规定应当适应今后情况的变化。根据以上意见，建议增加规定最高赔偿额。最高赔偿额的计算可以国家统计局发布的国家上年度职工平均工资为依据。具体分为三种情况规定：因身体伤害减少的收入，"按照国家上年度职工年平均工资计算，最高额为国家上年度职工年平均工资的五倍"；造成身体残疾的赔偿金，"根据丧失劳动能力的程度确定，最高额为国家上年度职工年平均工资的十倍"；"造成死亡的，应当支付死亡赔偿金、丧葬费，总额为国家上年度职工年平均工资的二十倍。"（草案修改稿第二十七条第一款第（一）、（二）、（三）项）

十、一些常委委员、法律专家和部门提出，侵犯名誉权、荣誉权的，应当给受害人恢复名誉。建议增加规定："侵犯名誉权、荣誉权的，由赔偿义务机关在侵权行为影响的范围内，为受害人消除影响，恢复名誉，赔礼道歉。"（草案修改稿第二十九条）

十一、草案第三十二条规定："赔偿费用，从各级财政列支，具体办法由国务院规定。"许多专家和部门提出，赔偿费用应当列入财政预算。建议修改为："赔偿费用，列入各级财政预算，具体办法由国务院规定。"（草案修改稿第三十条）

十二、一些部门提出，一些涉及实体问题的规定不宜放在附则一章中。建议对第六章附则的一些内容列入增加的第五章"其他规定"中。此外，还对草案作了一些文字修改。草案修改稿已按上述意见作了修改，法律委员会建议全国人大常委会审议通过。

草案修改稿和以上意见是否妥当，请审议。

关于对外贸易法（草案修改稿）和国家赔偿法（草案修改稿）修改意见的汇报

http：//www. law-lib. com　1995－5－11 16：42：13

1994 年 5 月 11 日在第八届全国人民代表大会常务委员会
第七次会议上，全国人大法律委员会主任委员　薛驹

本次会议于 5 月 5 日下午、6 日、7 日对对外贸易法（草案修改稿）和国家赔偿法（草案修改稿）分组进行了审议。委员们认为对外贸易法和国家赔偿法两个草案修改稿吸收了常委会委员和地方、部门、专家的意见，基本上成熟，建议本次常委会通过。法律委员会于 5 月 7 日、9 日下午召开会议，逐条研究了委员们的意见，提出以下修改意见和建议：

一　关于对外贸易法（草案修改稿）

（一）根据有的委员的意见，建议将草案修改稿第一条的"促进社会主义市场经济的发展"一句，修改为"促进社会主义市场经济的健康发展"。（草案新修改稿第一条）

（二）根据有些委员的意见，建议将草案修改稿第四条分为二款，并修改为："国家实行统一的对外贸易制度，依法维护公平的、自由的对外贸易秩序。""国家鼓励发展对外贸易，发挥地方的积极性，保障对外贸易经营者的经营自主权。"（草案新修改稿第四条）

（三）草案修改稿第九条第一款规定，"从事货物进出口与技术进出口的对外贸易经营者，必须具备下列条件，并经国务院对外经济贸易主管部门许可，方可从事对外贸易经营活动：（一）有自己的名称和组织机构；（二）有明确的对外贸易经营范围；（三）具备其经营的对外贸易业务所必需的场所和资金；（四）具有其经营的对外贸易业务所必需的专业人员；（五）具有进出口实绩或者进出口货源；（六）法律、行政法规规定的其他条件。"有的委员提出，从事货物进出口与技术进出口的第五项

条件中的进出口实绩应当是委托他人办理进出口达到规定的实绩。因此，建议将这一款修改为："从事货物进出口与技术进出口的对外贸易经营，必须具备下列条件，经国务院对外经济贸易主管部门许可：（一）有自己的名称和组织机构；（二）有明确的对外贸易经营范围；（三）具有其经营的对外贸易业务所必需的场所、资金和专业人员；（四）委托他人办理进出口业务达到规定的实绩或者具有必需的进出口货源；（五）法律、行政法规规定的其他条件。"（草案新修改稿第九条第一款）

对这一款关于取得对外贸易经营资格须经主管部门许可的规定，有些委员提出，本法应当体现逐步由许可制向登记制过渡的方向。法律委员会研究后认为，从对外贸易体制改革的方向来看，我国将来应当实行登记制，但考虑到我国目前的实际情况，建议在法律中维持许可制的规定，将来实行登记制的条件成熟时，可以由国务院适时提出修改法律规定的议案。

（四）根据有的委员的意见，建议将草案修改稿第十条修改为："国际服务贸易企业和组织的设立及其经营活动，应当遵守本法和其他有关法律、行政法规的规定。"（草案新修改稿第九条）

（五）草案修改稿第十三条规定，对外贸易经营者在接受他人委托代为办理对外贸易业务时，应当向委托方如实提供有关的经营信息。有的委员提出，应当将提供经营信息的规定写得更具体些。因此，建议将这一规定修改为，"接受委托的对外贸易经营者应当向委托方如实提供市场行情、商品价格、客户情况等有关的经营信息"。（草案新修改稿第十三条第二款）

（六）草案修改稿第二十条规定，配额的分配方案及分配结果必须公布。有些委员提出，配额的分配方案及分配结果有的可以公开，有的不能公开，这个问题可以不由法律规定，由国务院在配额的分配办法中规定。因此，建议将这一条修改为："进出口货物配额，由国务院对外经济贸易主管部门或者国务院有关部门在各自的职责范围内，根据申请者的进出口实绩、能力等条件，按照效益、公正、公开和公平竞争的原则进行分配。""配额的分配方式和办法由国务院规定。"（草案新修改稿第二十条）

此外，还对草案修改稿作了个别文字修改。

二　关于国家赔偿法（草案修改稿）

（一）有些委员提出，有的国家机关工作人员在执行职务中有唆使他人以殴打等暴力行为造成公民身体伤亡的情况，这也应当包括在赔偿范围内。建议将第三条第（三）项修改为："以殴打等暴力行为或者唆使他人以殴打等暴力行为造成公民身体伤害或者死亡的"；第十五条第（四）项修改为："刑讯逼供或者以殴打等暴力行为或者唆使他人以殴打等暴力行为造成公民身体伤害或者死亡的"。（草案新修改稿第三条第（三）项、第十五条第（四）项）

（二）有些委员提出，因法院一审判决有罪，二审法院判决无罪，而使受害人的被羁押时间延长的，法院也应当承担赔偿责任。建议在第十九条第四款中增加规定："二审改判无罪的，作出一审判决的人民法院和作出逮捕决定的机关为共同赔偿义务机关。"（草案新修改稿第十九条第四款）

（三）有些委员提出，对应该确认错拘、错捕、错判，而不确认的怎么办应当作出规定。建议在第二十条中增加一款规定："赔偿请求人要求确认有本法第十五条、第十六条规定情形之一的，被要求的机关不予确认的，赔偿请求人有权申诉。"（草案新修改稿第二十条第二款）

（四）有些委员提出，对受害人全部丧失劳动能力的残疾赔偿金应当适当提高。建议将残疾赔偿金的最高额修改为："部分丧失劳动能力的最高额为国家上年度职工年平均工资的 10 倍，全部丧失劳动能力的为国家上年度职工年平均工资的 20 倍。"（草案新修改稿第二十七条第一款第二项）

（五）根据有的委员意见，建议将本法的实施时间修改为"本法自 1995 年 1 月 1 日起施行。"（草案新修改稿第三十五条）

此外，还对草案修改稿作了个别文字修改。

以上修改意见和建议，请审议。

2. 国家赔偿法的修改（2008—2010 年）

关于《中华人民共和国国家赔偿法修正案（草案）》的说明

2008 年 10 月 23 日在第十一届全国人民代表大会常务委员会第五次会议上

全国人大常委会法制工作委员会主任　李适时

全国人民代表大会常务委员会：

我受委员长会议的委托，作关于《中华人民共和国国家赔偿法修正案（草案)》的说明。

一　修改国家赔偿法的必要性

国家赔偿法是根据宪法的规定制定的，于 1994 年 5 月 12 日通过，1995 年 1 月 1 日起实施。这部法律的制定和实施，对于保障公民、法人和其他组织依法取得国家赔偿的权利，促进国家机关及其工作人员依法行使职权，化解矛盾纠纷，维护社会和谐稳定，具有重要意义。国家赔偿法实施以来，行政机关、司法机关依法处理了一批国家赔偿案件，一批当事人依法获得了国家赔偿。

总的来看，我国国家赔偿制度的建立与实施，在国家的法制化进程中发挥了积极作用。与此同时，国家赔偿法在实施中也存在一些问题，主要是：

赔偿程序的规定比较原则，对赔偿义务机关约束不够，有的机关对应予赔偿的案件拖延不予赔偿，当事人的合法权益难以得到保障；有的地方赔偿经费保障不到位，赔偿金支付机制不尽合理；赔偿项目的规定难以适应变化了的情况。此外，刑事赔偿范围的规定不够明确，实施中存在分歧。这些问题不同程度地阻碍了赔偿请求人及时有效地获得国家赔偿。

近年来，各有关方面提出对国家赔偿法需要进行必要的修改。到目前，全国人大代表共有 2053 人次提出了 61 件修改国家赔偿法的议案和 14 件建议。一些部门、地方和专家学者也从不同角度提出了对国家赔偿法的修改意见和建议。

根据国家赔偿法的实施情况和各方面的意见，十届全国人大常委会将修改国家赔偿法列入了五年立法规划。根据立法规划的要求，法制工作委员会从 2005 年年底开始着手国家赔偿法的修改工作，向最高人民法院、最高人民检察院、公安部、财政部、司法部、国务院法制办等中央有关部门及部分地方发函征求修改意见，并先后召开了领衔提出修改国家赔偿法议案和建议的全国人大代表座谈会、中央有关部门座谈会、法学专家座谈会以及国际研讨会，还分别到十个省市进行了调研。此外，对一些国家的国家赔偿法律制度进行了比较研究。2008 年以来，按照常委会立法工作计划，法制工作委员会加紧了修改研究工作，在深入调研并认真研究各方面意见的基础上，经同最高人民法院、最高人民检察院、公安部、财政部、司法部、国务院法制办等部门协商沟通，起草了国家赔偿法修正案（草案）。

二　修改国家赔偿法的指导思想和工作思路

修改国家赔偿法，总的指导思想是以邓小平理论和"三个代表"重要思想为指导，落实科学发展观，贯彻党的十六大和十七大精神，坚持实事求是和有法必依、有错必纠的原则，体现宪法规定的尊重和保障人权的精神，体现我们党以人为本、执政为民的执政理念。修改工作要注意从我国现阶段经济社会发展的实际出发，分清体制机制问题和工作执行问题，既要保障公民、法人和其他组织依法获得国家赔偿的权利，也要保障国家机关及其工作人员依法行使职权。

国家赔偿法涉及公权力的行使与公民的切身利益，社会影响较大。同时，这部法律涉及民法、刑法、刑事诉讼法、民事诉讼法、行政诉讼法等多部法律，涉及人民法院、人民检察院、公安机关和监狱等司法机关以及行政机关行使职权，法律关系比较复杂。

总的看，国家赔偿法的修改要服务于改革发展稳定的大局，要为构建和谐社会提供有力的法制保障。在修改思路上，把握突出重点、积极稳妥的工作方针，针对法律实施中最突出、最急需的问题进行修改完善；同时注意稳步推进，对重大问题瞻前顾后，照顾左邻右舍，不求一步到位。据此，草案以完善赔偿程序、畅通赔偿渠道为重点，兼顾其他问题。对于赔偿范围等一时难以达成共识的问题，草案暂未列入。这些问题需要根据实际情况进一步研究论证后，再作修改完善。

三　修改的主要内容

（一）畅通赔偿请求渠道

国家赔偿法规定，赔偿请求人要求刑事赔偿，应当先向赔偿义务机关提出，由赔偿义务机关进行确认。一些人大代表、地方和部门提出，实践中，有的赔偿义务机关以各种理由不确认或对确认申请拖延不办，申请人向其上一级机关申诉又往往行不通，建议明确规定，对于赔偿义务机关不予赔偿的，赔偿请求人有权向人民法院赔偿委员会申请赔偿。经与最高人民法院、最高人民检察院、公安部等部门沟通研究，为保障赔偿请求人依法获得国家赔偿的权利，建议对这一程序作如下修改：赔偿义务机关应当自收到申请之日起两个月内，作出是否赔偿的决定。赔偿义务机关逾期不予赔偿，或者赔偿请求人对不予赔偿的决定或者赔偿数额有异议的，赔偿请求人可以向其上一级机关申请复议。赔偿请求人不服复议决定或者复议机关逾期不作决定的，赔偿请求人可以向复议机关所在地的同级人民法院赔偿委员会申请作出赔偿决定。

（二）完善赔偿办理程序

国家赔偿法对行政赔偿程序和刑事赔偿程序仅作了原则规定。一些人大代表、地方和部门提出，现行的国家赔偿程序没有明确期限要求、办理程序及方式，缺乏可操作性，建议增加赔偿义务机关、人民法院赔偿委员会办理赔偿请求的程序性规定，促进有关机关依法公正处理赔偿请求，保障赔偿请求人的合法权益。经同有关部门研究，建议增加以下规定：一是赔偿请求人递交申请书后，赔偿义务机关应当出具加盖本行政机关印章并注明收讫日期的书面凭证。二是赔偿义务机关作出赔偿决定，应当充分听取赔偿请求人的意见，并可以与赔偿请求人就赔偿方式、赔偿项目、赔偿数额依照本法关于赔偿标准的规定进行协商。赔偿义务机关作出不予赔偿决定的，应当书面通知赔偿请求人，并说明不予赔偿的理由。三是人民法院赔偿委员会处理赔偿请求，采取书面审查的办法。必要时，可以向有关单位和人员调查情况、收集证据。赔偿请求人与赔偿义务机关对损害事实及因果关系有争议的，赔偿委员会可以听取赔偿请求人和赔偿义务机关的陈述和申辩。四是人民法院赔偿委员会应当自收到赔偿申请之日起三个月内作出决定。对于疑难、复杂、重大案件，经本院院长批准，可以延长一个月。

（三）确定双方举证义务

国家赔偿法对人民法院审理行政赔偿案件、人民法院赔偿委员会处理刑事赔偿案件应如何举证没有作出规定。一些人大代表、地方和部门提出，在一些赔偿案件中，赔偿请求人和赔偿义务机关对于导致损害发生的原因各执一词，如没有关于举证的规定，法院难以认定。特别是受害人被羁押期间死亡的，因赔偿请求人无法举证，这种情况下应当明确由监管机关提供证据。经同有关部门沟通研究，建议在行政赔偿程序和刑事赔偿程序中分别规定：赔偿请求人和赔偿义务机关对自己提出的主张，应当提供证据。受害人被羁押期间死亡的，被请求机关对自己的行为与损害结果之间不存在因果关系的主张，应当提供证据。

（四）明确精神损害赔偿

国家赔偿法没有明确精神损害赔偿。目前在民事侵权赔偿中，可以请求赔偿财产损失，也可以提出精神损害赔偿。一些人大代表、地方和部门提出，国家机关及其工作人员违法侵犯公民的人身自由及生命健康权，同样会对受害人造成精神损害。实践中，不少赔偿请求人要求赔偿义务机关支付精神损害赔偿金。国家赔偿法应当明确精神损害赔偿。

经与有关部门研究，建议在国家赔偿法现行有关规定的基础上，明确规定：有本法第三条或者第十七条规定情形之一，致人精神损害的，应当在侵权行为影响的范围内，为受害人消除影响，恢复名誉，赔礼道歉；造成严重后果的，应当支付相应的精神损害抚慰金。考虑到现实中这类情况非常复杂，法律难以对精神损害的赔偿标准作出统一规定，可由最高人民法院根据审判实践中出现的具体问题，作出具体应用的解释。

（五）保障赔偿费用支付

国家赔偿法没有对赔偿费用的支付作出具体规定。根据国务院《国家赔偿费用管理办法》的规定，现行做法是，在赔偿责任确定后，由赔偿义务机关先向赔偿请求人垫付赔偿金，然后再向同级财政申请核销赔偿费用。各地反映，这一做法实施中存在以下问题：一是一些县、市由于财政困难，多年来一直没有设置国家赔偿费用预算，用于国家赔偿的费用难以保障。二是近年来推进财政预算体制改革和细化部门预算，一些地方国家机关已经没有先行垫付的资金，失去了先行垫付的条件。三是有的赔偿义务机关采用"私了"的办法支付赔偿金，不到财政部门申请核销。四是有的地方要求赔偿义务机关必须先处理责任人并追偿以后，才能向财政申请核拨，财政部门仅核拨追偿后的差额部分。因此，各地普遍要求完善现行国家赔偿费用的支付方式。

经同财政部等部门沟通研究，建议增加规定：赔偿请求人凭生效的判决书、复议决定书、赔偿决定书或者调解书，向赔偿义务机关申请支付赔偿金。赔偿义务机关应当自收到支付赔偿金申请之日起七日内，依照预算管理权限向有关的财政部门提出支付申请。财政部门应当自收到支付申请之日起十五日内支付赔偿金。

另外，修正案（草案）还对侵犯生命健康权、财产权的赔偿项目作了适当调整，对条文顺序也作了相应调整。

《中华人民共和国国家赔偿法修正案（草案）》和以上说明是否妥当，

请审议。

全国人民代表大会法律委员会关于《中华人民共和国国家赔偿法修正案（草案）》修改情况的汇报

2009 年 6 月 22 日在第十一届全国人民代表大会常务委员会第九次会议上

全国人大法律委员会副主任委员　洪虎

全国人民代表大会常务委员会：

十一届全国人大常委会第五次会议对国家赔偿法修正案（草案）进行了初次审议。会后，法制工作委员会将草案印发各省（区、市）、中央有关部门、部分企事业单位、社会团体和法学教学研究机构等单位征求意见，并召开座谈会，听取最高人民法院、最高人民检察院、公安部、司法部、财政部、国务院法制办等有关部门以及部分专家学者的意见。中国人大网站全文公布草案，向社会征求意见。法律委员会于 5 月 31 日召开会议，根据常委会组成人员的审议意见和各方面的意见，对草案进行了逐条审议。内司委和国务院法制办的有关负责同志列席了会议。6 月 15 日，法律委员会召开会议，再次进行了审议。现就修改情况汇报如下：

一、现行国家赔偿法规定，国家机关和国家机关工作人员，违法行使职权侵犯公民、法人和其他组织的合法权益造成损害的，承担国家赔偿责任。有的常委委员、一些地方和部门提出，除了违法行使职权对没有犯罪事实和没有事实证明有犯罪重大嫌疑的人错误拘捕、错判的应当赔偿外，对按刑事诉讼法规定程序拘捕的人，事后决定撤销案件、不起诉或者判决宣告无罪终止追究刑事责任的，也应给予国家赔偿。

法律委员会经研究，赞成上述意见，建议将国家赔偿法第二条第一款修改为："国家机关和国家机关工作人员行使职权，有本法规定的侵犯公民、法人和其他组织合法权益的情形，造成损害的，受害人有依照本法取得国家赔偿的权利"；将国家赔偿法第十五条第一项、第二项合并，修改为："对公民采取拘留、逮捕措施后，决定撤销案件、不起诉或者判决宣告无罪终止追究刑事责任的"，受害人有取得国家赔偿的权利。

同时，有的常委委员和一些部门还提出，按照刑事诉讼法的规定，公安机关、检察机关作出撤销案件、不起诉决定的案件中，包含了有轻微犯罪行为但可以不追究刑事责任的情形，在这种情况下，有关机关依法对当事人的违法行为给予行政处罚的，国家不应承担赔偿责任。法律委员会经研究，建议在国家赔偿法第十七条中增加一项，规定："依照刑事诉讼法的规定作出撤销案件、不起诉决定，不予追究刑事责任，但基于同一违法事实，依法受到行政处罚或者处分的，国家不承担赔偿责任。"

二、国家赔偿法第四条第三项规定："违反国家规定征收财物、摊派费用的，受害人有取得国家赔偿的权利。"第二十八条第一项规定："处罚款、罚金、追缴、没收财产或者违反国家规定征收财物、摊派费用的，返还财产。"有的部门提出，违法征用财物，也应予以赔偿，同时，由于违法摊派属于违法征收，建议将摊派费用改为违法征收。法律委员会经研究，建议将国家赔偿法第四条第三项修改为："违法征收、征用财产的"，受害人有取得国家赔偿的权利。建议将第二十八条第一项修改为："处罚款、罚金、追缴、没收财产或者违法征收、征用财产的，返还财产。"

三、国家赔偿法第六条第三款规定："受害的法人或者其他组织终止，承受其权利的法人或者其他组织有权要求赔偿。"有的部门提出，法人或者其他组织终止，承受其权利的可能是法人或者其他组织，也可能是个人，在这种情况下，个人应当有权提出赔偿请求。法律委员会经研究，建议将国家赔偿法第六条第三款修改为："受害的法人或者其他组织终止的，其权利承受人有权要求赔偿。"

四、修正案草案第三条和第七条分别对赔偿义务机关的赔偿决定作了规定。有的部门提出，赔偿决定书是赔偿请求人向赔偿义务机关申请支付赔偿金的凭据，也是财政部门拨付赔偿金的依据，建议对赔偿决定书的制作与送达作出明确规定。据此，法律委员会建议在修正案草案的上述两条中分别增加规定："赔偿义务机关决定赔偿的，应当制作赔偿决定书，并自作出决定之日起十日内送达赔偿请求人。"

五、修正案草案第四条、第八条中规定："受害人被羁押期间死亡的，被请求机关对自己的行为与损害结果之间不存在因果关系的主张，应当提供证据。"有的常委委员和一些部门提出，对被羁押人在被羁押期间丧失行为能力的，羁押机关也应对自己的行为与该后果是否存在因果关系提供证据。法律委员会经研究，建议将上述规定修改为："被羁押人在羁押期间死亡或者丧失行为能力的，赔偿义务机关的行为与被羁押人的死亡或者丧失行为能力是否存在因果关系，赔偿义务机关应当提供证据。"

六、根据有些常委委员和一些地方、部门关于要加强对赔偿委员会监督的意见，法律委员会经研究，建议在修正案草案中增加一条规定："赔偿请求人对赔偿委员会作出的决定，认为确有错误的，可以向上一级赔偿委员会提出申诉。""赔偿委员会作出的赔偿决定生效后，如发现赔偿决定违反本法规定的，经本院院长决定或者上级人民法院指令，赔偿委员会应当重新审查，依法作出决定。""最高人民检察院对各级人民法院赔偿委员会作出的决定，上级人民检察院对下级人民法院赔偿委员会作出的决定，发现违反本法规定的，应当向同级人民法院赔偿委员会提出意见，同级人民法院赔偿委员会应当在两个月内重新审查并依法作出决定。"

此外，还对修正案草案作了一些文字修改和条文顺序调整。修正案草案二次审议稿已按上述意见作了修改，法律委员会建议提请常委会第九次会议继续审议。

修正案草案二次审议稿和以上汇报是否妥当，请审议。

全国人民代表大会法律委员会关于《中华人民共和国国家赔偿法修正案（草案）》审议结果的报告

2009 年 10 月 27 日在第十一届全国人民代表大会常务委员会
第十一次会议上
全国人大法律委员会副主任委员　洪虎

全国人民代表大会常务委员会：

常委会第九次会议对国家赔偿法修正案（草案）进行了第二次审议。

会后，法制工作委员会就有关问题与最高人民法院、最高人民检察院、公安部、司法部、财政部和国务院法制办等部门交换意见，共同研究，并召开了部分法学专家座谈会，进一步听取意见。法律委员会于 10 月 10 日召开会议，根据常委会组成人员的审议意见和各方面的意见，对草案进行了审议。内务司法委员会、国务院法制办的负责同志列席了会议。10 月 20 日，法律委员会召开会议，再次进行了审议。法律委员会认为，为保障公民、法人和其他组织依法取得国家赔偿的权利，针对实施中存在的问题，对国家赔偿法进行修改是必要的。修正案草案经过常委会两次审议修改，已经比较成熟；同时提出以下主要修改意见：

一、有些常委委员、地方和专家提出，为保障公民、法人和其他组织依法及时获得国家赔偿，促进国家机关依法履行赔偿义务，建议强化赔偿义务机关应当依法及时履行赔偿义务的内容。法律委员会经同内务司法委员会、国务院法制办研究，建议将国家赔偿法第二条第二款修改为："本法规定的赔偿义务机关，应当依照本法及时履行赔偿义务。"

二、国家赔偿法第三条第三项和第十五条第四项规定，以殴打等暴力行为或者唆使他人以殴打等暴力行为造成公民身体伤害或者死亡的，受害人有取得赔偿的权利。有些常委委员、地方和专家提出，上述规定没有包括受到虐待，以及监管人员放纵他人实施殴打、虐待的情形，建议予以明确。法律委员会经同内务司法委员会、国务院法制办研究，建议将国家赔偿法第三条第三项修改为："以殴打、虐待等行为或者唆使、放纵他人以殴打、虐待等行为造成公民身体伤害或者死亡的"；将国家赔偿法第十五条第四项修改为"刑讯逼供或者以殴打、虐待等行为或者唆使、放纵他人以殴打、虐待等行为造成公民身体伤害或者死亡的。"

三、国家赔偿法第十五条、第十六条、第十七条和第十九条中规定，行使侦查、检察、审判、监狱管理职权的机关为刑事赔偿的赔偿义务机关。有的部门提出，根据国家有关规定，目前被判处拘役的罪犯，以及被判处有期徒刑的罪犯，在被交付执行前，剩余刑期在一年以下的，由看守所代为执行刑罚，应当将看守所管理机关也纳入赔偿义务机关的范围。法律委员会经研究，建议将国家赔偿法有关规定中"行使侦查、检察、审判、监狱管理职权的机关"修改为"行使侦查、检察、审判职权的机关以及看守所、监狱管理机关"。

四、有些常委委员、部门和地方提出，为保证赔偿委员会公正处理赔偿请求，建议对赔偿委员会处理赔偿请求的相关程序进一步予以完善。经同最高人民法院、最高人民检察院研究，法律委员会建议对刑事赔偿程序作如下修改：一是增加规定人民法院赔偿委员会可以组织赔偿请求人和赔偿义务机关进行质证；二是将赔偿委员会处理疑难、复杂、重大赔偿案件可以延长的期限由一个月修改为三个月；三是将人民法院赔偿委员会由三至七名审判员组成，修改为"由人民法院三名以上审判员组成"；四是增加规定赔偿义务机关认为赔偿委员会的决定确有错误的，可以向上一级人民法院赔偿委员会提出申诉；上一级人民法院赔偿委员会如发现赔偿决定违反本法规定，可以直接审查并作出决定。

这里还有一个问题需要汇报。有些常委委员、部门和地方提出，草案明确了有关精神损害赔偿的规定，是对国家赔偿制度的进一步完善，但这一规定还不够具体，有的建议区别不同情况规定具体标准，有的建议规定最高赔偿限额，有的提出应与现行国家赔偿法规定的残疾赔偿金或者死亡赔偿金统筹考虑、合并计算。经同有关部门和法律专家反复研究，考虑到国家赔偿案件涉及公民人身自由、生命健康以及财产等权利，案件情况千差万别，非常复杂，对精神损害赔偿的标准，在实践经验不足的情况下，不宜在法律中作出具体规定，可在司法实践中根据案件的具体情况由司法解释予以明确。

此外，还对草案二次审议稿作了一些文字修改。

法律委员会已按上述意见提出了修改决定草案，法律委员会建议，修改决定草案经本次常委会会议审议，如果意见比较一致，作进一步修改后，由本次常委会会议审议通过。

修改决定草案和以上报告是否妥当，请审议。

全国人民代表大会法律委员会关于《全国人民代表大会常务委员会关于修改〈中华人民共和国国家赔偿法〉的决定（草案）》修改情况的汇报

2010 年 4 月 26 日在第十一届全国人民代表大会常务委员会第十四次会议上

全国人大法律委员会副主任委员　洪虎

全国人民代表大会常务委员会：

常委会第十一次会议对关于修改国家赔偿法的决定（草案）进行了审议。审议中，有些常委委员提出，考虑到刑事案件情况复杂，公安机关对拘留的犯罪嫌疑人，特别是流窜、多次、结伙作案的重大嫌疑人，需要一定时间进行侦查甄别，因此，对犯罪嫌疑人依法采取刑事拘留措施后予以释放的，是否应予以国家赔偿，建议慎重研究。

会后，我们就这一问题，与内务司法委员会、最高人民法院、最高人民检察院、公安部、司法部、国务院法制办等部门作了研究，并与公安部反复沟通。4 月 6 日，法律委员会召开会议，对决定草案进行了审议。内务司法委员会和国务院法制办的有关负责同志列席了会议。4 月 19 日，法律委员会召开会议，再次进行了审议。

关于公安机关采取刑事拘留措施的问题，刑事诉讼法第六十一条规定了明确的条件："公安机关对于现行犯或者重大嫌疑分子，如果有下列情形之一的，可以先行拘留：（一）正在预备犯罪、实行犯罪或者在犯罪后即时被发觉的；（二）被害人或者在场亲眼看见的人指认他犯罪的；（三）在身边或者住处发现有犯罪证据的；（四）犯罪后企图自杀、逃跑或者在逃的；（五）有毁灭、伪造证据或者串供可能的；（六）不讲真实姓名、住址，身份不明的；（七）有流窜作案、多次作案、结伙作案重大嫌疑的。"同时，刑事诉讼法第六十九条还规定了拘留的期限："公安机关对被拘留的人，认为需要逮捕的，应当在拘留后的三日以内，提请人民检察院审查批准。在特殊情况下，提请审查批准的时间可以延长一日至四日。""对于流窜作案、多次作案、结伙作案的重大嫌疑分子，提请审查批准的时间可以延长至三十日。"

法律委员会经研究认为，对于违反刑事诉讼法的规定采取刑事拘留措施的，应当明确规定受害人有取得赔偿的权利。对于公安机关依法采取的刑事拘留措施，应当在上述法定期间内进行侦查取证，予以甄别。采取拘留措施的时间超过规定时限，其后决定撤销案件的，应当规定受害人有取得赔偿的权利。据此，建议对决定草案第九条关于刑事拘留赔偿的规定区别情况作出修改："违反刑事诉讼法的规定对公民采取拘留措施的，或者依照刑事诉讼法规定的条件和程序对公民采取拘留措施，但是拘留时间超过刑事诉讼法规定的时限，其后决定撤销案件、不起诉或者判决宣告无罪终止追究刑事责任的，受害人有取得赔偿的权利。"相应删除决定草案第十一条第四项的规定。

此外，最高人民检察院提出，依照刑事诉讼法的规定，对于犯罪情节轻微，依照刑法规定不需要判处刑罚或者免除刑罚的，人民检察院可以作出不起诉的决定，对于这种情况下采取的逮捕措施，国家不承担赔偿责任，建议在国家赔偿法关于免责的规定中予以明确。法律委员会经研究，赞成这一意见，建议对国家赔偿法第十七条第三项作出相应修改。

修改决定草案已按上述意见作了修改。法律委员会建议，修改决定草案经本次常委会会议审议，如果意见比较一致，作进一步修改后，由本次常委会会议审议通过。

修改决定草案和以上汇报是否妥当，请审议。

全国人民代表大会法律委员会关于《全国人民代表大会常务委员会关于修改〈中华人民共和国国家赔偿法〉的决定（草案）》修改意见的报告

2010 年 4 月 29 日在第十一届全国人民代表大会常务委员会第十四次会议上

全国人大法律委员会主任委员　胡康生

全国人民代表大会常务委员会：

本次常委会会议于 4 月 27 日上午对关于修改国家赔偿法的决定（草案）进行了分组审议。普遍认为，修改决定草案已经比较成熟，建议进一步修改后，提请本次会议表决通过；同时，有些常委委员还提出了一些修改意见。法律委员会于 4 月 27 日下午召开会议，逐条研究了常委会组成人员的审议意见，对草案进行了审议。内务司法委员会和国务院法制办的负责同志列席了会议。法律委员会认为，修改决定草案是可行的，同时提出以下主要修改意见：

一、有的常委委员提出，修改决定（草案）第七条和第十四条中对赔偿义务机关决定赔偿的，规定了应在十日内将赔偿决定书送达赔偿请求人，但对赔偿义务机关决定不予赔偿的，没有关于送达时间的规定，也应对此作出规定。法律委员会经研究，赞成上述意见，建议将修改决定（草案）第七条第三款和第十四条第三款分别修改为："赔偿义务机关决定不予赔偿的，应当自作出决定之日起十日内书面通知赔偿请求人，并说明不予赔偿的理由。"

二、修改决定（草案）第十九条规定，中级以上的人民法院设立赔偿委员会，由人民法院三名以上审判员组成。有的常委委员提出，为保证赔偿委员会按照少数服从多数的原则作出赔偿决定，赔偿委员会的组成人员应当为单数。法律委员会经研究，赞成上述意见，建议在上述规定中增加规定：赔偿委员会"组成人员的人数应当为单数"。

三、有的常委委员建议，在修改决定（草案）第二十条中对经本院院长决定或者上级人民法院指令，赔偿委员会重新审查并依法作出决定的时限作出规定。法律委员会经研究，赞成上述意见，建议规定："赔偿委员会应当在两个月内重新审查并依法作出决定。"

此外，根据有些常委委员的意见，还对修改决定草案作了一些文字修

改。修改决定草案建议表决稿已按上述意见作了修改，法律委员会建议本
次常委会会议通过。

　　修改决定草案建议表决稿和以上报告是否妥当，请审议。

二　司法机关关于国家赔偿法的解释和规定

1. 最高人民法院

（1）关于适用《中华人民共和国国家赔偿法》若干问题的解释（一）（2011 年 2 月 28 日）

（2）关于人民法院赔偿委员会审理国家赔偿案件程序的规定（2011 年 3 月 17 日）

（3）关于人民法院赔偿委员会适用质证程序审理国家赔偿案件的规定（2013 年 12 月 16 日）

（4）关于人民法院办理自赔案件程序的规定（2013 年 4 月 1 日）

（5）关于人民法院赔偿委员会审理国家赔偿案件适用精神损害赔偿若干问题的意见（2014 年 7 月 29 日）

（6）关于国家赔偿案件立案工作的规定（2012 年 1 月 13 日）

（7）关于国家赔偿案件案由的规定（2012 年 1 月 13 日）

（8）关于印发《人民法院国家赔偿案件文书样式》的通知（2012 年 9 月 20 日）

（9）关于在文书中如何引用修正前、后国家赔偿法名称的通知（2011 年 2 月 25 日）

（10）最高人民法院关于赔偿委员会办公室主要职责的通知（2012 年 12 月 14 日）

（11）关于加强国家赔偿法律援助工作的意见（2014 年 1 月 27 日）

（12）关于进一步加强国家赔偿司法公开工作的若干意见（2014 年 11 月）

（13）关于进一步加强国家赔偿司法便民工作的若干意见（2014 年 11 月）

（14）关于民事、行政诉讼中司法赔偿若干问题的解释（2000 年 9 月

14 日）

（15）关于裁判文书引用法律、法规等规范性法律文件的规定（2009年 10 月 26 日）

（16）关于加强司法建议工作的意见（2012 年 3 月 15 日）

…………

（1）关于贯彻执行《中华人民共和国国家赔偿法》设立赔偿委员会的通知（1994 年 12 月 23 日）

（2）关于《中华人民共和国国家赔偿法》溯及力和人民法院赔偿委员会受案范围的批复（1995 年 1 月 29 日）

（3）关于人民法院执行《中华人民共和国国家赔偿法》几个问题的解释（1996 年 5 月 6 日）

（4）人民法院赔偿委员会审理赔偿案件程序的暂行规定（1996 年 5 月 6 日）

（5）关于审理行政赔偿案件若干问题的规定（1997 年 4 月 29 日）

（6）最高人民法院赔偿委员会工作规则（1999 年 4 月 26 日，2014 年 12 月 4 日修订）

（7）关于刑事赔偿和非刑事司法赔偿案件立案工作的暂行规定（试行）（2000 年 1 月 11 日）

（8）关于刑事赔偿和非刑事司法赔偿案件案由的暂行规定（试行）（2000 年 1 月 11 日）

（9）国家赔偿案件文书式样（试行）

（10）关于民事、行政诉讼中司法赔偿若干问题的解释（2000 年 9 月 16 日）

（11）关于审判监督庭负责国家赔偿确认工作有关事项的通知（2001 年 11 月 9 日）

（12）关于审理人民法院国家赔偿确认案件若干问题的规定（试行）（2004 年 8 月 10 日）

（13）关于赔偿委员会办公室负责审理国家赔偿确认案件的通知（2008 年 11 月 28 日）

最高人民法院和最高人民检察院

（1）关于办理人民法院、人民检察院共同赔偿案件若干问题的解释

（1997 年 6 月 17 日）

（2）关于适用《关于办理人民法院、人民检察院共同赔偿案件若干
问题的解释》有关问题的答复（2001 年 2 月 1 日）

（3）关于刑事赔偿义务机关确定问题的通知（2005 年 7 月 5 日）

2. 最高人民检察院

（1）人民检察院国家赔偿工作规定（附《人民检察院国家赔偿案件
文书样式》）（2010 年 11 月 11 日）

（2）最高人民检察院关于适用修改后《中华人民共和国国家赔偿法》
若干问题的意见（2011 年 4 月 22 日）

（3）最高人民检察院关于认真学习贯彻修改后国家赔偿法的通知
（2010 年 5 月 21 日）

（4）最高人民检察院国家赔偿工作办公室关于进一步加强国家赔偿案
件备案审查工作的通知（2011 年 1 月 28 日）

……

（1）人民检察院刑事赔偿工作暂行规定（1997 年 11 月 18 日）

（2）人民检察院刑事赔偿工作规定（2000 年 11 月 6 日）

（3）刑事申诉检察厅关于进一步加强刑事赔偿案件办理力度的通知
（2003 年 9 月 27 日）

（4）关于人民检察院办理刑事赔偿确认案件拟作不予确认决定报上一
级人民检察院批准的规定（2005 年 11 月 9 日）

3. 其他机关

公安部

（1）公安部关于贯彻执行国家赔偿法有关问题的通知
（2010 年 9 月 18 日）

（2）公安部关于印发《公安国家赔偿法律文书（式样）》的通知
（2010 年 9 月 18 日）

（3）公安机关办理国家赔偿案件程序规定
（2014 年 4 月 7 日　公安部令第 130 号）

……

（1）关于公安机关贯彻实施《国家赔偿法》有关问题的通知（1995 年 2 月 13 日）

司法部

司法行政机关行政赔偿、刑事赔偿办法（1995 年 9 月 8 日）

其　他

（1）工商行政管理机关行政赔偿实施办法（1995 年 8 月 1 日）

（2）中华人民共和国海关行政赔偿办法（2003 年 3 月 24 日）

三 国内学者关于国家赔偿著述

江必新、梁凤云、梁清著:《国家赔偿法理论与实务》(上下卷),中国社会科学出版社 2010 年版

马怀德主编:《国家赔偿问题研究》,法律出版社 2006 年版

马怀德主编:《完善国家赔偿立法基本问题研究》,北京大学出版社 2008 年版

应松年主编:《国家赔偿法研究》,法律出版社 1995 年版

皮纯协、冯军著:《国家赔偿法释论》(第三版),中国法制出版社 2010 年版

肖峋著:《中华人民共和国国家赔偿法的理论与实用指南》,中国民主与法制出版社 1994 年版

付洪林著:《国家赔偿法新论》,广东人民出版社 2009 年版

杨小君著:《国家赔偿法律问题研究》,北京大学出版社 2005 年版

高家伟著:《国家赔偿法学》,工商出版社 2000 年版

高家伟著:《国家赔偿》,商务印书馆 2005 年版

江必新著:《国家赔偿法原理》,中国人民公安大学出版社 1994 年版

薛刚凌著:《国家赔偿法教程》,中国政法大学出版社 1998 年版

马怀德著:《国家赔偿法的理论与实务》,中国法制出版社 1994 年版

马怀德主编、张红副主编:《〈中华人民共和国国家赔偿法〉释义》,中国法制出版社 2010 年版

张正钊著:《国家赔偿制度研究》,中国人民大学出版社 1996 年版

尹伊君、向泽选著:《刑事赔偿的理论与实务》,群众出版社 2001 年版

陈春龙编著:《冤假错案与国家赔偿——佘祥林案法理思考》,中国检察出版社 2007 年版,内部发行

陈春龙著:《中国司法赔偿》,法律出版社 2002 年版

张红著：《司法赔偿研究》，北京大学出版社 2007 年版

李涛著：《司法赔偿实务》，陕西人民出版社 2000 年版

金永熙、于伟著：《法院赔偿工作实务》，人民法院出版社 1997 年版

胡锦光、余凌云主编：《国家赔偿法》，中国人民大学出版社 2008 年版

房绍坤、毕可志编著：《国家赔偿法学》，北京大学出版社 2004 年版

姚天冲主编：《国家赔偿法律制度专论》，东北大学出版社 2005 年版

刘爱卿主编：《国家赔偿立法与实践》，山东大学出版社 2010 年版

瓮怡洁著：《刑事赔偿制度研究》，中国人民公安大学出版社 2008 年版

徐静村著：《国家赔偿法实施程序研究》，法律出版社 2000 年版

王盼著：《国家赔偿法学》，中国政法大学出版社 1994 年版

王德祥主编：《国家赔偿法概论》，海洋出版社 1991 年版

胡充寒、周雄文著：《中国国家赔偿法学》，中南工业大学出版社 1997 年版

绍坤、丁乐超、苗生明著：《国家赔偿法原理与实务》，北京大学出版社 1998 年版

林准、马原主编：《中国现实国家赔偿制度》，人民法院出版社 1992 年版

刘俊良著：《国家赔偿与冤狱赔偿》，书泉出版社 1996 年版

肖峋、马怀德著：《中华人民共和国国家赔偿法百题问答》，北京经济学院出版社 1994 年版

陈佳林主编：《中华人民共和国国家赔偿法实用问答》，中国政法大学出版社 1994 年版

周俊业著：《国家赔偿法问答》，群众出版社 1998 年版

胡建淼主编：《国家赔偿的理论与实务——第九届海峡两岸行政法学学术研讨会论文集》，浙江大学出版社 2008 年版

吴东镐著：《中韩国家赔偿制度比较研究——从借鉴的视角》，法律出版社 2008 年版

皮纯协、何寿生著：《比较国家赔偿法》，中国法制出版社，1998 年版

林准、马原主编：《外国国家赔偿制度》，人民法院出版社 1992 年版

周汉华、何峻著：《外国国家赔偿制度比较》，警官教育出版社 1992 年版

刘家琛主编：《新国家赔偿法条文释义》，人民法院出版社 2010 年版

杨临宏著：《国家赔偿法：原理与制度》，云南大学出版社 2010 年版

周友军、麻锦亮著：《国家赔偿法教程》，中国人民大学出版社 2008 年版

胡锦光、余凌云主编：《国家赔偿法》，中国人民大学出版社 2008 年版

房绍坤、毕可志编著：《国家赔偿法学》，北京大学出版社 2004 年版

刘爱卿主编：《国家赔偿立法与实践》，山东大学出版社 2010 年版

祝铭山主编：《行政赔偿诉讼》，中国法制出版社 2004 年版

王淑敏等著：《行政赔偿法学概要》，法律出版社 1991 年版

时庆本著：《警察赔偿原理与运作程序》，中国人民公安大学出版社 1999 年版

祝铭山主编：《刑事司法赔偿》，中国法制出版社 2004 年版

向泽选、武晓晨、陈雪芬编著：《刑事赔偿案例与问答》，群众出版社 2002 年版

黄杰、白钢著：《国家赔偿法及配套规定新释新解》，中国民主法制出版社 1999 年版

陈永达主编：《国家赔偿法实用题解》，南京出版社 1995 年版

王晓滨著：《国家赔偿法实务指导》，中国法制出版社 2008 年版

杨立新主编：《国家赔偿全程操作》，法律出版社 2007 年版

司久贵著：《律师谈国家赔偿》，河南人民出版社 2002 年版

胡肖华、倪洪涛等著：《国家赔偿案件诉讼策略与实例点评》，湖南人民出版社 2004 年版

梅新和、尹卓主编：《行政诉讼与国家赔偿案例精析》，法律出版社 2005 年版

梅新和、吕大为主编、唐忠富、尹卓副主编：《国家赔偿与行政诉讼案例精析》，法律出版社 2004 年版

顾雷、汪钢翔：《刑事损害赔偿》，上海远东出版社 1992 年版

杨立新、张步洪：《司法侵权损害赔偿》，人民法院出版社 1999 年版

庄洪胜、刘志新著：《伤残鉴定与国家赔偿》，人民法院出版社 1995

年版

杨立新、薛东方、穆沁编著：《精神损害赔偿》，人民法院出版社1999年版

课题组：《精神损害赔偿数额之评算方法》，法律出版社2013年版

马荣编著：《人格权与精神损害赔偿》，南京出版社2001年版

赵景夏编著：《国家赔偿索赔指南与赔偿计算标准》，中国法制出版社2012年版

刘杨主编：《国家赔偿计算标准》，中国法制出版社2005年版

法规应用研究中心：《中华人民共和国国家赔偿法一本通》，中国法制出版社2011年版

陈国栋主编：《中华人民共和国国家赔偿法适用与实例》，法律出版社2013年版

朱新力主编、骆梅英副主编：《国家赔偿法要义与案例释解》，法律出版社2011年版

沈德咏主编：《国家赔偿法律适用与案例评析》，新华出版社2000年版

汤鸿沛、江必新：《国家赔偿典型案例与法律规范》，人民法院出版社1997年版

《人民法院案例选·国家赔偿卷》，中国法制出版社2000年版

《以案说法·国家赔偿法篇》，中国人民大学出版社2001年版

柳福华：《国家赔偿名案点评》，人民法院出版社1997年版

张步洪、王万华：《国家赔偿法例解与实用》，人民法院出版社1997年版

张步洪：《国家赔偿法判解与应用》，中国法制出版社2000年版

邓涛、秦涛主编《国家赔偿法新释与例解》，同心出版社，2000年版

刘清波著：《冤狱赔偿法》，1973年自版

曹竞辉著：《国家赔偿法之理论与实务》，新文丰出版公司1981年版

刘春堂著：《国家赔偿法》，三民书局有限公司1982年版

施茂林著：《公共设施与国家赔偿责任》，大伟书局1982年版

何孝元著：《损害赔偿之研究》，台北商务印书馆1982年版

曹竞辉著：《国家赔偿法实用》，五南图书出版公司1984年版

张考昭著：《国家赔偿法逐条论述》（增订再版），金汤书局有限公司

1987 年版

曹竞辉著：《国家赔偿立法与案例研究》，三民书局有限公司 1988 年版

曾隆兴著：《现代损害赔偿法论》，台北泽华印刷公司 1988 年版

廖义男著：《国家赔偿法》（增订版），三民书局有限公司 1996 年版

廖义男著：《国家赔偿法》1996 年自版

曾世雄著：《损害赔偿法原理》，中国政法大学出版社 2001 年版

曾隆兴著：《现代损害赔偿法论》，中国政法大学出版社 2001 年版

曾隆兴著：《详解损害赔偿法》，中国政法大学出版社 2004 年版

陈聪富著：《因果关系与损害赔偿》，北京大学出版社 2006 年版

刘春堂著：《国家赔偿法》（修订二版），三民书局有限公司 2007 年版

叶百修著：《国家赔偿法之理论与实务》，元照出版公司 2008 年版

※　　　　　※　　　　　※　　　　　※　　　　　※

江必新主编、最高人民法院赔偿委员会办公室编著：《〈中华人民共和国国家赔偿法〉条文理解与适用》，人民法院出版社 2010 年版

江必新、胡仕浩、蔡小雪著：《国家赔偿法条文释义与专题讲座》，中国法制出版社 2010 年版

江必新主编、最高人民法院赔偿委员会办公室编著：《最高人民法院国家赔偿最新司法解释理解与实用 2011 卷》，中国法制出版社 2012 年版

江必新主编、最高人民法院赔偿委员会办公室编：《国家赔偿司法手册》，中国法制出版社 2010 年版

江必新主编、最高人民法院赔偿委员会办公室编：《国家赔偿指导》，人民法院出版社 2004 年版

江必新主编、孙际泉、胡仕浩、续文钢副主编：《国家赔偿法指导案例评注》，中国法制出版社 2010 年版

最高人民法院赔偿委员会办公室编著：《〈人民法院国家赔偿案件文书样式〉制作依据与应用说明》，中国法制出版社 2013 年版

孙华璞主编，杨临萍、孙佑海、胡仕浩、余红梅副主编：《国家赔偿审判前沿（第一卷）完善刑事赔偿制度研究》，法律出版社 2013 年版

顾昂然著：《新中国的诉讼、仲裁和国家赔偿制度》，法律出版社 1996 年版

许安标、武增主编：《〈中华人民共和国国家赔偿法〉解读》，中国法制出版社 2010 年版

全国人大常委会法制工作委员会国家法室、最高人民法院赔偿委员会办公室、最高人民检察院刑事申诉检察厅、公安部法制局、司法部法制局、财政部法务司、国务院法制办政府法制研究中心：《国家赔偿办案指南》2011 年第 1 辑，2011 年第 2 辑，中国法制出版社出版；2013 年第 1 辑，法律出版社出版

最高人民检察院刑事赔偿工作办公室：《人民检察院刑事赔偿工作规定释义》，群众出版社 2001 年版

王晋主编，最高人民检察院刑事赔偿工作办公室编著：《国家刑事赔偿法律解读》，中国检察出版社 2010 年版

刘志远主编：《中国刑事赔偿原理与实务》，中国人民公安大学出版社 2011 年版

刘志远主编，赵景川、江雁飞副主编：《刑事案件国家赔偿实务指南》，中国法制出版社 2010 年版

　　※　　　　　※　　　　　※　　　　　※　　　　　※

霍宪丹主编，杜志淳、郭华副主编：《司法鉴定通论》，法律出版社 2009 年版

李玉华、杨军生著：《司法鉴定的诉讼化》，中国人民公安大学出版社 2006 年版

王君祥、周建军编著，卢建平审定：《刑讯逼供罪专题整理》，中国人民公安大学出版社 2009 年版

靳学仁著：《刑讯逼供研究》，中国检察出版社 2007 年版（内部发行）

丁乐超编著：《国家侵权与赔偿》，青岛海洋大学出版社 2000 年版

司坡森著：《论国家补偿》，中国法制出版社 2005 年版

王太高著：《行政补偿制度研究》，北京大学出版社 2004 年版

卢希起著：《刑事被害人国家补偿制度研究》，中国检察出版社 2008 年版

陈卫东主编：《羁押制度与人权保障》，中国检察出版社 2005 年版

李继华著：《不起诉的实体根据研究》，中国检察出版社 2013 年版

《改判案例评解辑录》第一辑，法律出版社 2000 年版

孙泊生主编：《再审案例评析》，人民法院出版社 1999 年版

高秀峰、谢庄主编：《错案必纠——再审典型案例精选》，西苑出版社 2000 年版

李建明：《冤假错案》，法律出版社 1991 年版

杨立新、豁峰：《错案赔偿实务》，法律出版社 1997 年版

顾雨根、唐国胜：《侵权与赔偿》，上海社会科学出版社 1994 年版

翁跃强主编：《人身损害赔偿》，人民法院出版社 1994 年版

王利民：《侵权行为法归责原则研究》，中国政法大学出版社 1992 年版

何孝元：《损害赔偿之研究》，台北商务印书馆 1983 年第 7 版

刘士国：《现代侵权损害赔偿研究》，法律出版社 1998 年版

余定宇著：《中国人，你有权保持沉默》，人民法院出版社 2002 年版

陆永棣著：《晚清冤狱中的杨乃武案》，法律出版社 2006 年版

戴煌著：《胡耀邦与平反冤假错案》，新华出版社 1998 年版

苏凌、王新环著：《无罪案件研究》，中国检察出版社 2006 年版

黄杰主编：《行政诉讼法释论》，中国人民公安大学出版社 1989 年版

［日］南博方著，杨建顺译：《日本行政法》，中国人民大学出版社 1998 年版

王名扬：《法国行政法》，北京大学出版社 2007 年版

王名扬：《美国行政法》，中国法制出版社 1995 年版

王名扬：《英国行政法》，中国政法大学出版社 1987 年版

祝铭山等：《中国刑法教程》，中国政法大学出版社 1998 年版

全国人大常委会法制工作委员会刑法室编：《中华人民共和国刑法释义》，法律出版社 2000 年

杨春洗等：《刑法论》，北京大学出版社 1981 年版

高铭暄等：《中华人民共和国刑法的孕育和诞生》，法律出版社 1992 年版

周道鸾等：《刑法的修改与适用》，人民法院出版社 1997 年版

刘家琛主编：《新刑法定罪量刑证据实用手册》，人民法院出版社 1998 年版

张穹、赵汝琨、陈国庆主编：《人民检察院刑事诉讼理论实务》，法律出版社 1997 年版

周道鸾、张泗汉主编：《刑事诉讼法的修改与适用》，人民法院出版社 1996 年版

陈瑞华：《刑事诉讼的前沿问题》，中国人民大学出版社 2000 年版

高憬宏主编：《刑法刑事诉讼法适用问题研究》，中国政法大学出版社 1999 年版

崔敏：《中国刑事诉讼法的新发展》，中国人民公安大学出版社 1996 年版

李忠诚：《刑事强制措施制度研究》，中国人民公安大学出版社 1995 年版

陈云生：《反酷刑——当代中国的法制和人权保护》，社会科学文献出版社 2000 年版

陈卫东、严军兴：《刑事诉讼法通论》，法律出版社 1996 年版

张仲麟主编：《刑事诉讼法新论》，中国人民大学出版社 1993 年版

王敏远：《刑事司法理论与实践检讨》，中国政法大学出版社 1999 年版

李义冠：《美国刑事审判制度》法律出版社 1999 年版

刘佑生著：《执法新境界》，中共中央党校出版社 2006 年版

梁书文主编：《执行的理论与实践》，人民法院出版社 1993 年版

金永烈：《法院执行实务新论》，人民法院出版社 2000 年版

郑刚主编：《最新执行案例评析》，人民法院出版社 2001 年版

盛连刚主编：《办案规范》，人民法院出版社 1995 年版

四　作者关于国家赔偿著述

▲ "关于《国家赔偿法（试拟稿）》的意见"（1992 年 11 月 7 日）

▲ "深入贯彻国家赔偿法，切实保障公民基本权利"（2002 年 3 月 6 日）

政协九届五次会议大会发言材料之三九二，陈春龙委员的发言

▲《中国司法赔偿》，法律出版社 2002 年版

▲ "难得的机遇产生难得的著作"

——读陈春龙教授新作《中国司法赔偿》，刘瀚（中国社会科学院法学所研究员、博士生导师）

▲ "司法赔偿领域一部提升法官理论素质的力作"

——评陈春龙研究员新著《中国司法赔偿》，邹高林（桂林市中级人民法院赔偿办公室负责人）

▲ "中国刑事司法赔偿的界定与功能"，《董必武法学思想研究文集》，人民法院出版社 2003 年 9 月版

▲ "从董必武诉讼程序论述看佘祥林案再审程序之缺陷"，《董必武法学思想研究文集》，人民法院出版社 2005 年 5 月版

▲ "国家赔偿法应是人权保障法"（本报时事访谈员 陈宝成 北京报道），《新京报》2005 年 9 月 11 日

▲ "正确处理冤错案件社会纠纷，健全完善国家赔偿法律制度"，国务院法制办：《和谐社会建设与纠纷解决法律制度》，中国法制出版社 2007 年 5 月出版

▲《冤假错案与国家赔偿——佘祥林案的法理思考》，中国检察出版社 2007 年版（内部发行）

▲ "《国家赔偿法》应该增加精神赔偿的规定"，《法制日报》2007 年 8 月 10 日

▲ "国家赔偿不应实行单一归责原则——行政赔偿实行违法原则，

司法赔偿实行违法兼结果责任原则"，《法制日报》2007 年 8 月 10 日

▲ "论国家赔偿委员会的设置和改革"，中国法学网，2008 年 4 月

▲ "关于修改《国家赔偿法》的十项建议"，2010 年 5 月 8 日

▲ "《国家赔偿法》修改：进步明显，遗憾尚存——专访原北京高级法院副院长、国家赔偿委员会主任陈春龙法学教授"，《新京报》2010 年 5 月 8 日

▲ "念斌宣告无罪后又被立案侦查的几个问题"，《新京报》2014 年 12 月 2 日

▲ "陈年冤案确认与平反之思索"《新京报》2014 年 12 月 9 日

▲ "及时纠正冤假错案，全面落实国家赔偿——《国家赔偿法》实施 20 周年（1995—2015）专访原北京高级法院副院长、国家赔偿委员会主任陈春龙法学教授"，《新京报》2014 年 12 月 9 日

1994—2000 年，中国社会科学院法学研究所研究员、全国政协委员、民建中央常委陈春龙教授出任北京市高级人民法院副院长、二级高级法官、国家赔偿委员会主任。

陈春龙著：《中国司法赔偿——实务操作与理论探讨》，
529 千字，法律出版社 2002 年版

2006 年，佘祥林再审平反和国家赔偿后，陈春龙会见佘祥林（右）

陈春龙编著：《冤假错案与国家赔偿——佘祥林案的法理思考》，
233 千字，中国检察出版社 2007 年版（内部发行）

关于《国家赔偿法（试拟稿）》的意见

中国民主建国会北京市委员会法制组

一 对（试拟稿）的评价

国家赔偿法是现代各国法律制度中的一项重要制度。在我国加快改革开放和现代化建设步伐的新形势下，抓紧建立具有中国特色的国家赔偿制度，是进一步保障人权，调动人的积极性，保护和发展生产力的需要；是加强法律监督机制，促进廉政、勤政、善政建设，提高政府管理效能的需要；是缓和和解决社会矛盾，协调和稳定社会秩序，促进安定团结的需要；也是保护外国人在华合法权益，吸引外资和先进技术，发展旅游事业，进一步扩大对外开放的需要。《国家赔偿法（试拟稿）》适应此种需要，从无到有，应运而生，很有必要，相当及时。宜在此基础上，集中力量，加快进度，争取在较短时间内将此法制定出来。

这次拿出的（试拟稿），立法指导思想明确，原则得当，建立了自己的框架结构，文字简洁规范，为国家赔偿法的起草工作开了一个好头。

二 关于复议机关的责任

（试拟稿）第十条规定"经复议机关复议的，复议机关和最初作出具体行政行为的行政机关为共同赔偿义务机关。"

我们认为，复议机关复议后维持原决定的，应由复议机关单独作为赔偿义务机关，下级机关不应连带承担赔偿义务。因为：

第一，复议机关的地位决定其对有关法律、法规的理解和掌握应该比下级机关更全面、更准确，既有能力也有权力阻止、纠正下级的违法行政行为；

第二，有利于改变不负责任、草率复议、走走形式的官场作风；

第三，有利于改变老百姓中存留的官官相护的印象；

第四，作为领导机关，既已复议，应视为"责任转移"，理应承担由此产生的后果，以充分体现上级负责制。

另外，（试拟稿）第十条目前只规定复议机关全部维持或全部撤销原具体行政行为两种情况，未规定部分变更情形。

建议增加：复议机关变更原具体行政行为的，复议机关作为赔偿机关，就其变更部分承担赔偿义务。

三　关于冤假错案的赔偿

（试拟稿）第十七条规定因司法机关错误的刑事拘留、错误逮捕、再审改判无罪原判刑罚已经执行的，如果造成财产损失，受害人有权取得赔偿。

我们认为，上述错案，特别是"再审改判无罪，原判刑罚已经执行的"彻头彻尾的冤案，受害人有的在执行过程中平反，有的已执行完毕才平反。许多错案经过相当长时间的关押、"改造"，出来后又四处奔走，八方申诉，历经种种磨难好不容易才通过审判监督程序得到纠正。这样的受害人不仅蒙受财产上的重大损失，更重要的是饱受精神、肉体上的折磨和前途丧失、妻离子散、家破人亡的残局。对此种冤狱仅仅赔偿其可计算的"财产损失"是不公平的，建议增设其他赔偿事项。

四　关于劳教人员的赔偿权

（试拟稿）第十八条规定在刑事诉讼和刑罚执行过程中，司法工作人员有侵犯人权行为的，受害人有权取得赔偿。

我们认为，这一规定是正确的，但与此相关的被剥夺自由的劳教人员，在实践中也会遇到劳改人员一样的侵犯人身权利的情况。关于这一点却缺少规定。如果说劳动教养在性质上同刑罚有区别，属于行政处分，那么在第二章行政赔偿中，也没有相应规定。

因此，建议在第十八条或第五条中增加："在实施劳动教养过程中司法工作人员有下列情形之一的，受害人有权取得赔偿。"

五　关于人民法院的管辖权

（试拟稿）第二十七条规定，赔偿义务机关是人民检察院的，同级人民法院有管辖权，审理受害人提出的赔偿请求。

我们认为，检察院作为赔偿义务机关时，似应由上一级人民法院行使管辖权为宜。因为检察院是国家的专门法律监督机关。法院审理公诉案件时，出庭的检察人员负有国家公诉人和法律监督者的双重身份。法院审理自诉案件时，检察院也可派员执行法律监督。这样，同级检察院拥有监督同级法院的审判活动是否正确合法的权力。所以，应该考虑同级法院的回避问题。

六 关于赔偿的限额

（试拟稿）第三十三条、三十四条和三十五条规定了赔偿的最高限额。

我们认为，规定一个数额比不规定数额好，但现在规定的最高限额的合理性值得推敲。如一个被无罪关押两三年的人，同一个被无罪关押十年、二十年的人，在受侵害的时间长短、精神肉体上所受折磨的程度、引起的家庭和社会后果等方面，是大不相同的。而依据第三十三条的规定，二者所得赔偿费有可能一样，这就于情不合、于理难容。

七 关于（试拟稿）的体例

（试拟稿）目前的章节条款项目，自成体例，有其长处。但第二章和第三章分别规定行政赔偿和刑事赔偿，第四章又一反前两章体例，综合规定赔偿方式和计算标准，彼此不太协调。

我们认为，可否全部采用综合性体例：

第一章总则中增加一条：国家赔偿分行政赔偿和刑事赔偿；

第二章赔偿范围，分别规定行政赔偿和刑事赔偿的主体及其责任范围；

第三章赔偿程序。

现在（试拟稿）第八条和第五条有相似之处，均规定受害人有赔偿请求权。这是实质问题，不是程序问题。第九条规定的赔偿义务机关，也不是程序问题。

我们认为，赔偿程序章宜以规定纯程序事项为限，不宜混杂相关内容。此种程序可否包括申请、受理、处理、诉讼等几个环节。

以上意见仅供参考。

1992 年 11 月 7 日

（陈春龙执笔。金葆瑶、陈春龙、章尚锦、朱和迪、高宝华提供意见，列为政协九届五次会议大会发言材料之三九二，陈春龙委员的发言）

深入贯彻国家赔偿法
切实保障公民基本权利

——在全国政协九届五次会议上的发言

《中华人民共和国国家赔偿法》是一部为保障公民、法人和其他组织在受到国家行政机关和司法机关及其工作人员非法侵害后，有依法取得国家赔偿的人权法。对于有着数千年"民不告官"、"官无悔判"封建传统并至今仍在人们潜意识残存，经济尚不发达，处于初级阶段的中国，该法的制定和实施具有里程碑式的意义。

自1995年起国家赔偿法正式实施已经7年。在人民群众支持和国家机关配合下，取得了一定成绩。如国家赔偿中以司法机关为赔偿义务机关的案件7年共受理10033件；审结9549件，其中决定赔偿3498件。为维护基本人权，缓和社会矛盾，促进政治稳定，实现司法公正作出了贡献。

但是，当前受理国家赔偿案件的数量与实际情况相差较远；国家赔偿的法律规定尚未被广大群众熟悉；不少赔偿义务机关规避责任，该确认不确认，该赔偿不赔偿，该执行不执行；法律规定本身条文简约，不便操作，致使国家赔偿法未能深入全面地贯彻实施，受侵害的公民基本权益未能得到充分保护。

2002年是我国加入世界贸易组织后的第一年，是贯彻实施国家赔偿法的第八年。我国经济在更深更广领域参与全球经济合作，要求我国民主法制建设进入一个新阶段。为此，建议：

首先，必须加大对国家赔偿法的学习宣传力度。列宁说："什么是宪法？宪法就是一张写着人民权利的纸。真正承认这些权利的保证在哪里呢？在于人民中意识到并且善于争取这些权利的各阶级的力量。"只有经过广泛的学习宣传，才能使人民群众了解赔偿法的精神和规定，敢于主张受侵害的权利，善于依法争取失去的权利；才能使赔偿义务机关明确，违法侵权不予赔偿，就是对人民合法权利的第二次侵犯；才能使有关领导和工作人员从国家赔偿得罪人、自毁声誉、费力不讨好的思想桎梏中解放出来，认识到国家赔偿是关系国家立法和司法由主要保护国家社会整体利益，向与保护公民个人利益并重的现代法制理念的根本转变。

其次，正确认识和处理"严打"与国家赔偿的关系。"严打"存在的正当性，来自中国目前社会转型期治安形势的客观要求；其法理基础，在于刑法的社会防卫功能。当国家感到社会无序状态扩张而其他手段的行使无助于事时，强化刑罚手段是遏制犯罪的首要选择。

"严打"的方针是依法从重、从快。从重的依据是刑法，在刑法规定的量刑幅度内偏上量刑，即从重；从快的依据是刑事诉讼法，在诉讼程序规定的时限内及时结案，不超审限，即从快。而从重从快的前提，则是事实清楚无误，证据确实充分。"严打"是要从重判处一批犯罪分子，舍此不足以维持社会秩序。但不能片面理解"严打"就是重判多杀。列宁说过，刑罚的意义不在于它的残酷性，重要的是使每个案件真相大白。所以，"严打"与贯彻执行国家赔偿法并无矛盾。二者在既要准确打击犯罪又不可冤枉一个好人的基本原则上完全一致。"严打"行动中一定要切实执行法律规定的拘留、逮捕条件，准确把握量刑标准，遵守法定程序，尽量减少错拘、错捕、错判的发生。这既是贯彻国家赔偿法的需要，也是巩固"严打"成果的根本措施。

再次，加强立法解释和司法解释。我国国家赔偿法由于初次制定，条文简约，原则性强，操作性差，实体加程序总共才 35 条，缺少实施细则；司法赔偿程序不尽合理，确认程序不够周全，司法机关内部意见不一，给赔偿案件的审理带来困难。建议国家立法机关在 7 年司法实践基础上，尽快制定国家赔偿法实施细则或立法解释，就司法赔偿原则、赔偿范围、确认程序、费用支付等问题作出统一规定。建议国家最高审判机关在告知当事人国家赔偿诉权、建立听证制度、公开宣布赔偿决定等问题上尽快作出司法解释。

发言人工作单位和主要职务　　　　　　　　　　界　别
中国社科院法学所研究员　　　　　　　　　　　　社　科
主题词：社会法制　法制建设

政协第九届全国委员会第五次会议秘书处
2002 年 3 月 6 日印

《中国司法赔偿：实务操作与理论探讨》

陈春龙著　　　　　　法律出版社 2002 年 6 月出版

序

　　国家赔偿法正式实施已经七年。在人民支持、党委领导、人大监督和政府配合下，国家赔偿包括司法赔偿审判工作取得了较大成绩。为维护人权、发扬民主、保障改革开放、促进依法治国作出了贡献。

　　2002 年是我国加入世界贸易组织后的第一年，是贯彻实施国家赔偿法的第八年。加入世界贸易组织后，我国经济将会在更深更广的领域参与全球经济的合作与竞争，我国的改革开放和民主法制建设将进入一个新的时期。这是人民法院开展国家赔偿工作的机遇和希望之所在。促使国家赔偿再上一个台阶的条件已基本具备，推进国家赔偿工作向新阶段发展的时机已经到来。我们必须抓住这个机遇，迎接挑战，克服困难，开拓思路，加强队伍，在已有成绩和经验的基础上，进一步提高我们的司法水平。

　　人民法院设立赔偿委员会，依法审理国家赔偿案件，是法律赋予人民法院的一项新的审判工作，是一项极富生命力的工作。司法赔偿决定程序是国家在刑事、民事、行政三大诉讼程序之外设立的新的审判程序。国家赔偿法学是一门年轻的法学学科，理论发展空间很大。加强理论素养，丰富和发展国家赔偿理论，是做好审判工作的重要条件。春龙同志从事法学理论研究数十年，曾参与国家赔偿法立法研讨、主持高级法院赔偿委员会工作。他的这本专著，既总结了司法赔偿实践经验，又做了一定的理论探讨。虽然有些观点仅为一家之言，但在系统倡导和加强国家赔偿理论研究方面确是开了一个好头。希望以此为契机，在国家赔偿审判领域形成钻研理论的良好风气。是为序。

李国光

最高人民法院副院长兼国家赔偿委员会主任

2002 年 2 月 2 日

跋

　　笔者从法律系毕业后即进中国社会科学院法学研究所从事理论研究，

其间自 1994 年国家赔偿法颁布至 2000 年在高级法院主持赔偿委员会等项工作。审判业务之余，常触发理论思索之火花。经两年准备，一年疾书，草就拙作，以此向并肩共事的法官表达钦佩和敬意。

国家赔偿是近五六十年在国际上兴起的法律领域，其理论和实践尚处初创阶段，前景辉煌，参与其中，吾辈幸甚。笔者企望在学习、借鉴国内外学者已有研究成果基础上，结合司法实践，就相关问题作些许探讨，诚盼学术和司法界诸君指教。

拙作承蒙曾参与领导国家赔偿法立法工作的第八届全国人民代表大会常务委员会副委员长孙起孟和首席大法官、最高人民法院院长肖扬题词；最高人民法院副院长、赔偿委员会主任李国光作序；最高人民法院赔偿办公室汤鸿沛副主任和张玉娟、苏戈、刘才明、王沛同志审阅书稿；应松年、袁曙宏、肖峋教授提出宝贵意见；全国不少法院和法官提供经验和案例。笔者深感荣幸，仅致衷心谢忱。

2002 年 2 月 22 日于北京

难得的机遇产生难得的著作

——读陈春龙教授新作《中国司法赔偿》

刘　瀚（中国社会科学院法学所研究员、博士生导师）

从事法学理论研究的学者，十分渴望有机会亲身参与司法实践；从事审判实践的法官，十分渴望有机会潜心进行理论研究。这一非常正确而合理的期盼，在现实生活中却相当难以实现。这就使得汗牛充栋的著述中经常出现这样的现象：要么是纯理论指导，与实践结合不够，也难得有亲自办案的机会，收集系统的案例；要么是纯就事论事，理论论证不够，也难得有做系统理论准备的机会。令人欣喜的是：在民主法制建设深入进行的形势下，既能从事理论研究又能从事司法实践的学者开始出现。一辈子从事法学基本理论研究的陈春龙教授，即是首批幸运者之一。在高级法院任职副院长六年的他，在宦海中未忘却知识分子的使命和思索，运用深厚的理论积淀，统率、梳理亲身经历的司法实践，完成了被法律出版社总编辑誉为"一部向司法机关推出的关于公正、谨慎司法的力作，一部操作性和理论性兼备的力作"——《中国司法赔偿》。

　　司法权是国家权力的重要组成部分。司法赔偿是对滥用司法权行为的国家补救。我国司法赔偿，是指依据《国家赔偿法》规定，司法机关及其工作人员在行使司法权过程中，违法侵犯公民、法人和其他组织合法权益造成损害时，由国家作为赔偿责任主体进行的赔偿。

　　包括司法赔偿在内的国家赔偿，是近五六十年才在国际上兴起的法律领域。其理论和实践尚处初创阶段。国家赔偿法的制定，对于有着数千年"官贵民贱""民不告官""官无悔判"封建传统的中国，具有里程碑式的意义。亦因如此，其实施难度可想而知。从理论上阐述清楚国家赔偿的必要性、科学性和合理性，是实施国家赔偿的首要前提。

　　依据现代法治国家理论，国家是基于公民意志产生的政治实体。公民让渡自己一部分权利给国家形成国家公权力，以给自己提供安全和秩序，创造社会福利。国家因此而成为高踞于所有社会成员之上的管理者地位，只是表面现象和外在形式。其实质，国家只是为全体社会成员提供服务的手段和工具。如果国家因此侵犯公民权益，那不是公民选举政府组成国家的初衷，而是权力的异化和变质。

　　但现实生活却十分遗憾地一再表明，这种异化和变质是时时发生的。为此，确认国家责任是法治的基本要求。为使社会处于有序状态，任何人都必须对自己的行为负责，国家也不例外。而且，由于国家享有公民集体赋予的优越于任何单个公民的权力，其所承担的义务和责任，自然相应加重。组成国家的司法机关、行政机关和其他机关是否同人民一样履行守法义务，是否在违法后承担相应的法律责任，是一个国家是否实行民主和法治的重要标尺。

　　从法理上看，国家是一个具有独立法律人格的法律主体，发生侵权事件时，它与其他主体处于平等的法律地位。履行国家赔偿义务，既是法律面前人人平等原则的要求，又通过赔偿个案，使公民集体与国家之间主从关系的本质得以具体展现。受害公民不再像过去那样诚惶诚恐、千恩万谢，甚至怀有弄不好再被抓进去的畏惧心理，而是挺直腰杆，以主人的身份，接受司法机关以国家名义承认错误、赔礼道歉、赔偿损失。包括司法赔偿和行政赔偿在内的国家赔偿制度的确立和实施，从法律高度肯定了国家与个人各自独立意志和独立权益存在的合法性，否定了个人利益永远、绝对、无条件服从国家利益的观点，加重了行政机关依法行政、司法机关依法司法的责任，促进依法治国、建设社会主义法治国家目标的实现。《中国司法赔偿》以马克思主义法律观为指导，理顺了国家赔偿理论的来龙去脉，为司法机关正确执行国家赔偿法保持清醒的头脑，提供理论支撑。

执掌国家司法大权的司法机关如何公正、谨慎司法，如何避免冤假错案，冤假错案发生后如何尽速纠正和弥补，是古今中外司法机关面临的共同难题。其中既有制度和体制的原因，也有主观人为的因素。关键在于如何在司法程序的每个环节层层把住关口：作为警官，在行使侦查权时，如何把握严厉打击犯罪与切实保障人权的界限；作为检察官，在批准逮捕和决定起诉时，如何从国家赔偿角度加以注意；作为法官，在审理司法赔偿案件时，如何准确把握哪些违法侵权行为国家应承担赔偿责任并作出公正决定……这些既是事关人权保障、社会稳定的大事，又是贯彻"三个代表"思想、实施依法治国方略的重要内容。在这些涉及法学理论和司法实践的基本问题上，不少理论工作者发表了林林总总的研究成果。但像《中国司法赔偿》作者这样，能抓住要害、切中时弊地揭露具体问题，加以理论剖析，提出可操作性对策的，非深入司法机关相当长时期而不能做到。如作者对刑讯逼供屡禁不止原因分析和对策研究，思路开阔，很有创见。分析淋漓尽致，鞭挞入木三分；情况符合实际，对策操作性强。

该书作者积六年审判实践经验，从500余典型案例中精选出167个案例，对国家赔偿中司法赔偿的全过程：确认、请求、协商、复议、决定、执行等作出准确描述；对其热点和难点：赔偿原则、行为确认、精神损害、刑讯逼供、虚伪供述、证明责任、立法完善等进行深入探讨。全书体系完整，资料丰实，论证充分，文字简练明快；既有对司法赔偿制度历史意义、法律价值等重大理论问题的宏观思考，又有对国内外具体规定的比较和赔偿范围、操作程序的微观考察；全书在编排体例上亦有不同于一般著作的独到之处。是一部有相当理论高度和实践深度的学术著作，是目前能见到的同类主题中最全面、最有分量的一部好书。

这部53万字的巨著出版后，受到众多法官的青睐，成为审判案头的常备之物。从事理论研究的学者，亦能从此书中感受到一种理论结合实践后的鲜活与生命。

《中国法律图书快递》第15期，2003年8月

司法赔偿领域一部提升法官理论素质的力作

——评陈春龙研究员新著《中国司法赔偿》

邹高林（桂林市中级人民法院赔偿办公室负责人）

作为一名长期从事法学理论研究并参与过国家赔偿法立法研讨的资深学者，同时兼具在上世纪末曾担任多年高级法院领导职务并分管国家赔偿审判业务的司法实践经验，陈春龙研究员新近推出的专著《中国司法赔偿——实务操作与理论探讨》，确实给人以耳目一新的感觉。该书在法学专著的理论性和实用性的结合上，做出了成功的尝试。

该书全面、深入探讨了世界各国司法赔偿制度的产生发展历史、我国司法赔偿的原则与构成、司法赔偿的范围（刑事赔偿和非刑事司法赔偿）、司法赔偿的参与人（赔偿请求人、赔偿义务机关、法院赔偿委员会）、司法赔偿的程序、司法赔偿的方式与标准、司法赔偿的时效与期限等主要内容，文字简练明快。既不乏对国外司法赔偿制度的客观评述，更多的是对我国现行司法赔偿制度的具体阐释分析；既有从民主法制建设、保障人权等角度对确立国家赔偿（包括司法赔偿）制度的历史意义、法律价值等重大理论问题的宏观思考，又有从各个相关领域部门法与司法赔偿的联系着眼对司法赔偿具体规则规定的微观考量。

该书体系完整，论证充分自不待言。作为一部个人学术专著，却能在指导司法实务上居有重要一席，则属难能可贵。这表现在两个方面：其一，该书在附录中全面收集了最高人民法院、最高人民检察院有关司法赔偿的司法解释、个案批复、法律文书样式等资料，以及其他司法机关的相关规定。均是从事司法赔偿工作必须遵循的指导性、规范性意见，资料之全为同类著述所少见。其二，作者从基本上是由自己在全国各地法院广泛调研获得的 500 余实际案例中精选出 167 个案例，附于书中所涉及的国家赔偿法相关规定之后，以案释法。其搜集的案例涵盖领域之广，数量之多，足以令实务人士叹为惊喜，具有很强的操作借鉴价值。

与此同时，在理论探讨的广度和深度上，相对于同类题材的其他学术著述，该书亦有独到之处，尤其适合从事司法实务的人们阅读。该书的一大特色是，针对国家赔偿立法的修改与完善、行为确认、虚伪供述、精神损害赔偿等 15 个理论热点、难点问题，归纳为独立的专题进行了详尽的分析论述，简要、全面地介绍了各派观点和深层次的理论背景和立法背景，作者还坦诚提出了自己的看法，对于拓展人们的视野和启发做进一步的思考，都有极大的帮助。

尤其值得一提的是，该书在编排体例上也体现出作者处处为读者着想的良苦用心。起首的全书总目仅包括12章正文和5个附录的篇名，简明扼要，便于读者掌握全书的总体结构；而随后的全书详细目录和书后作为附录形式出现的案例目录，非常方便读者在全书624页、53万字的篇幅中搜索查找到自己所需要的内容。

当然该书在个别地方也还存在不尽如人意之处，如书中虽然收集的案例很多，但是对于相似的案件事实，不同地方法院赔偿委员会的处理结果往往会出现很大的差异。这与其说反映了本书体例不一、内容之间的不协调，不如说是折射出部分地由于现行国家赔偿立法较为简略和粗疏的原因所导致的各地在司法赔偿执法领域存在着不统一的现象，恰恰为有识之士大力疾呼及早修改和完善国家赔偿法提供了生动的注脚。

概而言之，陈春龙研究员的这部新著，不愧为北京市哲学社会科学"九五"规划重点项目，不愧为法律出版社总编辑赞誉为"一部向司法机关推出的关于公正、谨慎司法的力作，一部操作性和理论性兼备的力作"，该书已经并将继续赢得包括法学理论工作者、司法实务界人士乃至于申请国家赔偿的普通百姓在内的广泛读者群的共同青睐。该书在内容、体例结构等方面反映出的特色，证明其不失为我国当前研究司法赔偿问题的一部精品之作。

《人民法院报》2004年2月18日

国家赔偿法应是人权保障法

本报时事访谈员 陈宝成 北京报道

陈春龙（中国社会科学院法学教授、北京高级法院原副院长、

国家赔偿委员会原主任）

杨小军（中国法学会行政法学研究会副会长、

国家行政学院法学部副主任）

《新京报》2005 年 9 月 11 日

国家赔偿法修改正当其时

新京报：国家赔偿法实施调研报告正式公布了，佘祥林申请国家赔偿的结果也出来了，这使得大家对国家赔偿法的关注达到一个高潮。那么，国家赔偿立法是在什么历史条件下发展起来的？

陈春龙：国家赔偿诞生也就一百来年。二战以后的五六十年，西方法治发达国家才开始重视国家赔偿制度。它们依法治国的历史很悠久，我国提出由人治向法治过渡也就是"文化大革命"以后的事情；况且我国还是一个发展中国家。国家赔偿法是一部人权保障法，要保障人权，客观上需要一个国家的法治状态达到相当的程度，这是一个前提；第二个前提就是国家的经济实力要有一定的厚度。我国在这两方面与西方国家比，还是比较差。所以我国不少法律的制定与西方国家相比很差。在这种情况下我国能尊重人权、制定国家赔偿法还是不简单的。

新京报：我国现行国家赔偿法标准是如何确定的？是否适应现在的发展要求？

陈春龙：应当承认，我国国家赔偿的范围比较窄，标准比较低。制定国家赔偿法草案的时候我也参加讨论了，总体上当时有一个测算：按照 1994 年的标准，根据当时的司法水平，全国一年要赔的冤假错案金额大概为 20 个亿（事后证明这个测算很不准确）；当时国库用于国家赔偿的钱只能拿出两个亿来。这样，赔偿标准、赔偿范围等的确定就不得不考虑

这些因素。公检法人员的素质、执法的水平摆在那里，冤假错案的比例也摆在那里，所以要是赔20个亿的话，国库承受不了，法律强行制定出来执行不了也是白搭，所以赔偿标准也就比较低。但后来事实证明两个亿也没有赔上。

近些年来，随着我国经济实力的增强，应该到修改国家赔偿法，提高赔偿数额、扩大赔偿范围、调整赔偿标准的时候了。时机应该说比10年前成熟得多了。

新京报：为什么有的案件，比如佘祥林案发生在国家赔偿法生效之前，事后被证明是错案，依然可以适用国家赔偿法？

杨小军：国家赔偿不是以案件发生的时间作为赔偿的时间起算点，而是以侵权机关确认侵权行为违法之日起开始算。有的案子虽然发生很久了，但法院宣告当事人无罪是在国家赔偿法生效以后。从那时候起两年内，被宣告无罪的公民都可以主张国家赔偿。所以跟哪一年颁布国家赔偿法没有关系。

强人所难的确认程序

新京报：赔偿的前提是确认，申请赔偿应当先向赔偿义务机关提出。是否"违法"，要由实施侵害行为的行政、司法机关确认。

陈春龙：确认问题是国家赔偿面对的第一道难关，这道难关把很多受害人难倒了，也把办理赔偿案件的法院难住了。要解决这个问题，我主张将确认的权力交给实施侵害行为的行政、司法机关的上一级机关，即将管辖的级别提高一级。

杨小军：这套程序制度的设计忽略了侵权机关为了维护自己的利益而悖行法律的可能性，在实践中暴露出来的弊端是比较明显的。我们可以不要它确认，干吗一定要让侵权机关来确认呢？让另外一个机关来确认不是更好吗？

新京报：这里的另外一个机关是指什么？

杨小军：法院。类似案件的国家赔偿，可以由更高一级法院来做，也可以搞异地审判。法院本身就在审案件，它为什么不能确认？第二，它要确认也行，它如果不确认或者不正确确认，不影响受害人继续诉讼，获得国家赔偿。这个制度目前至少有两点不合理：一个是非得要侵权机关确认侵权，第二是如果侵权机关不确认，受害人就没办法。这两方面结合起来就是最大的缺陷。所以我认为最好的方案就是根本不必要侵权机关来确认。

精神损害应纳入国家赔偿

新京报：一个人被错误关押所造成的损失应该得到国家赔偿，如果他的家人、朋友为此四处奔走也造成了损失，该不该得到相应的赔偿？

杨小军：分两种情况，比如说在有的案子中，当事人的家人因此去世，应该予以赔偿；但是由谁来赔？由谁来请求赔偿？法律规定必须由有资格的人来充当国家赔偿的请求人，当事人作为死者的亲属，是可以提出国家赔偿请求的。还有一种就是那些受到伤害的人还在世，按照现在的法律规定，就不能由别人替他们来提出请求，而必须由受害者本人来提出请求。这在法律上是没有问题的。因本案被牵涉的所有人，如果有损害的话，在法律上都有资格依法提出国家赔偿请求。

新京报：民事侵权有一定的精神损害赔偿，为什么国家赔偿中没有呢？

陈春龙：从法理上讲，不够公平。既然民事侵权都可以给当事人以精神损害赔偿，那么冤假错案给受害人带来的精神上的折磨和痛苦远甚于民事侵权，为什么不赔？这在法理上是说不过去的。最高法院关于民事侵权的司法解释规定了精神损害赔偿，这为国家赔偿中的精神损害赔偿提供了基础和前提。我个人建议，最高法院可以借鉴民事侵权精神损害赔偿的司法解释，针对国家赔偿中的精神损害赔偿做出专门规定。当然，最好是全国人大常委会对此做出立法解释。

新京报：如果有关部门给予当事人类似生活补助金这样的款项，是否含有精神抚慰的因素？

陈春龙：从普通人的角度，这样理解是可以的，反正实际上获得了比较大的数额。但从法律上讲，没有这个含义。赔偿就是赔偿，补偿就是补偿，不是同一个法律范畴。国家赔偿由民事赔偿演变而来，所以，应该在相当程度上借用民事赔偿的基本原则。我认为，与其通过这种方式给予所谓困难补助，不如通过司法解释或立法解释，明确精神损害赔偿在国家赔偿法中的地位。

对人权的最大威胁来自国家

新京报：不少人有这样的疑问：国家赔偿的钱来自纳税人，为什么司法人员办出冤案，却要让全体纳税人来埋单？

陈春龙：在以前的西方国家，谁办错了案子谁就以个人名义来赔。个人赔偿的问题在于：第一，对公务员不公平。公务人员个人是行使国家赋予的权力，是职务行为。案子办对了，是义务，办错了，让个人赔，这不合理。而且从哲学意义上说，任何个人总难免犯错，出了错以个人名义赔，就很可能让履行国家司法权的人员谨小慎微，多一事不如少一事，挫伤其办案的积极性。第二，对受害人也不公平。因为行使国家权力造成受害人的损害，往往不是个人能赔得起的。司法者个人的收入有限，而国家赔得起。所以，后来发展到以国家的名义赔。这是基于国家工作人员履行职务不可能不出错，而公务人员履行国家公务是为全体公民谋福利；全体公民享受到了国家提供的福利，也就应该承担国家履行职务时的损失。这里也同样体现了权利和义务的对等，因此是公平的，是国际通例。

新京报：过去人们似乎认为，社会主义国家是不会侵犯人权的，因为人民是国家的主人。但事实告诉我们并不是这样。为什么国家会侵犯人权？

杨小军：国家是一个虚拟的主体，它是由若干具体的国家机关来代表的；而这些国家机关又是由许多具体的人来组成和运作的。有句老话说得好，"人非圣贤，孰能无过"，只要他不是神仙，他就可能违法。就像人吃五谷杂粮要生病似的，我觉得这是一个不可避免的客观规律。无论什么国家，国家机关工作人员在执法当中出现违法、侵权、错误等，总体来讲我认为是不可避免的。公民权利是否受到侵犯与国家政权的性质没有什么必然关系。在现有的国家政权和国家形态里边，我们只能说怎么样去减少侵权、减少违法，尽量去尊重和保护人权；至于完全消灭这些消极现象，我觉得这是一个乌托邦。

陈春龙：什么是国家？国家是公民把自己的一部分权利转让出来，才形成拥有公权力的国家。为什么要把一部分权利转让出来？因为公民需要一个组织来保护自己的安全，维持治安秩序，提供社会福利，让公民能够工作、学习、生活。所以国家的权力是人民给的。这是马克思主义的基本原理。但是权力又容易异化，异化为侵犯人民的手段和工具，而人民对此却往往无能为力。

新京报：也就是说，无论国家权力在谁的手里，如果不受到制约，都容易造成对人权的侵犯。

陈春龙：权力会异化，没有制约和监督的权力必然会异化、会腐败，而腐败就侵犯了公民权利！这是第一；第二，行使国家权力的国家机关工作人员是人，是人就有人的弱点。汉密尔顿说得好："如果人是天使，就不需要政府了；如让天使来统治人，也就无须对政府采取内外部的控制。在组织一个人统治人的政府时，最大的困难在于使政府能管好被统治者的同时，管理好政府自身。"正因为国家权力是由人来行使的，人的认识又是有限度的，只能认识相对真理，在真理的长河中只能一步一步靠近，而不能一步达到真理。所以，不管哪一种制度的国家，客观上不可避免会发生侵犯人权的事情，正因如此，才有了国家赔偿法。所以从国家赔偿理论上说，不是法院向该案当事人赔礼道歉，而是法院以中华人民共和国的名义向该案当事人赔礼道歉，赔偿损失，该法院只是赔偿义务机关，赔偿的主体是国家！

高扬人权精神修改国家赔偿法

新京报：在修改国家赔偿法过程中该如何解决这些问题？

陈春龙：从国家赔偿方面说，赔偿原则、赔偿范围、赔偿标准等都需要酌情修改。比如行政赔偿适用违法责任原则基本没有问题，但是司法赔偿，我建议实行结果责任原则，就是看案子办到最后究竟是不是错了。有的案子按照法律程序没有错，但实际结果错了，也要赔偿，这就是结果责任原则。赔偿方式没有包括精神损害赔偿，是不妥当的。建议增加精神损害赔偿，最好由立法机关做出立法解释。另外，建议赔偿标准适当提高，侵犯人身自由可否按国家上年度职工平均工资的一到三倍赔偿，根据具体案件的不同情况确定最终的赔偿数额。

杨小军：我个人认为，具体赔偿的数字不好说，但是应该有所变动。这个变动的基本精神就是提高国家赔偿的标准，但是怎么提高，也要讲根据、讲合理性。具体说来，上一年度国家职工日平均工资应该做一个幅度的规定，关一天赔偿多少钱应该有最低标准，而不应该有最高标准。无罪羁押最大的损害，除了影响被羁押人的经济收入以外，还有一个被国家赔偿法所忽略的是人的精神损害。所以我建议国家赔偿法做出调整，将精神损害赔偿纳入国家赔偿法。第三就是被羁押的人身体也容易受到损害，所以应该按照实际损害进行赔偿。第四就是在人身羁押期间，与他有关的经济活动很可能受到影响，因为被羁押而受到的经济损害也应该纳入国家赔偿法范围，受到相应保护。所以如果一定要提高标准的话，不是说一定要提高多少钱，而是在这四个方面做出相应的调整。

新京报： 人权入宪以后，国家赔偿法修改该如何体现这种理念？

陈春龙： 国家赔偿法就是一部人权保障法。公民的人权是不得侵犯的，特别要防止来自公权力的侵犯。在来自国家公权力的侵犯面前，公民个人实在太渺小、太无助了！

宪法是国家与人民签订的契约，能够把尊重和保障人权写进宪法，是执政党执政理念的进步、依法执政的开端。因为这一条首先是针对国家，而不是针对其他侵犯人权的公民个人的。宪法这个具有划时代意义的规定，为国家赔偿法的修改进一步明确了指导思想。

从侵权确认、赔偿标准、赔偿内容、赔偿经费等诸方面尽量借鉴国际先例，结合我国具体情况，落实到保障人权的宪法精神上来。另外，应该加大对国家赔偿法的宣传。国家赔偿法实施十年来，对它的宣传很不够。新闻媒体此次对佘祥林等案的报道，对于宣传贯彻国家赔偿法，必将起到推动作用。

《冤假错案与国家赔偿——佘祥林案法理思考》

陈春龙编著　中国检察出版社 2007 年 2 月出版（内部发行）

前　言

2005 年 3 月，正值春暖花开的中华大地，突然出现了一条爆炸性新闻：湖北京山佘祥林"杀妻"案的受害人张在玉尚在人世并健康回家！

张在玉的再现，使得曾被判处死刑、饱受 11 年牢狱之苦的佘祥林"杀妻"案成为铁定冤案的爆炸性，瞬间吸引了国内一百余家媒体、二百余名记者齐聚京山，平面、立体、音频、视频媒体和互联网站上的相关信息铺天盖地而来。

佘祥林"杀妻"案的再审平反和随之产生的国家赔偿诉讼，一时成了国人关注之焦点和茶余饭后议论之中心。佘祥林"杀妻"案被评为2005年中国十大影响性诉讼之首。

随着时间推移，佘祥林案在经受新闻媒体和社会各界广泛关注后，已经尘埃落定。现在到了对佘祥林案和佘祥林类的冤假错案的产生根源、正确对待、如何预防等深层次问题进行理性思考的时候了。

有正义就有邪恶，有守法就有犯罪。人类本身固有的劣根性，很可能使得违法犯罪同理性良知一起伴随人类始终。当然，在一个相对稳定的社会里，违法犯罪等非理性行为，在全社会的总体行为中，只占极少数。同样，在与违法犯罪作斗争的过程中，冤假错案的比例亦然甚小，否则，该社会即不能稳定存在。

尽管如此，冤假错案带来的对社会成员基本人权的巨大伤害，对社会和谐产生的激烈振荡，对为人民服务的国家权力异化为侵犯人民的异己力量带给社会的冲击，是十分深刻而难以平复的。

因此，对于已经发现的冤假错案，国家和公民必须正确面对：公民应看到大量案件正确裁决，冤错案件比例甚小，甚小的冤错比例，是国家维护社会秩序不得不付出的成本，不必因此对国家权力失去信心；而国家更必须深刻反省掌权、用权时的失误，检讨权力寻租、权力异化导致冤假错案产生的根源，采取切实有效措施，整顿司法队伍，提高司法水平，改革司法制度，健全国家赔偿等相关立法，给冤假错案受害人提供充分的司法救济，以尽量减少冤假错案的发生，发生后公正公平处理，迅速平复社会创伤。

如此，则受害人幸甚，百姓幸甚，社会幸甚，国家幸甚！

后　记

《国家赔偿法》是一部国家违法侵犯公民人权后、以国家名义向受害公民赔礼道歉赔偿损失的法律。该法的实施和修改，事关中国人权的现状和改进。《国家赔偿法》颁布实施已十余年，但对该法的宣传做得不够。幸得此次新闻媒体对佘祥林再审平反和国家赔偿案的连续跟踪报道，不少专家的评论和解释，为众多公民提供了一次了解和掌握国家赔偿法的难得机会。

笔者不才，企望步媒体和专家之后尘，从法学理论与司法实践，从国家立法司法健全与公民素质提高诸方面作些思考，并将有关资料整理汇集成册，以便保存和查阅。

需要说明的是，在编著本书时，限于条件，只能依据搜集到的各类新闻媒体报道和专家学者评论，其中对事实的描述和判断恐有差池出入之处。而国家赔偿的基本理论和文字表述，则主要引自拙著《中国司法赔偿》（法律出版社 2002 年版），固有重复之虞，仅求普及之效。

编著过程中，得到《新京报》吴学军记者，北京天溢律师事务所张成茂律师，中国社会科学院王敏远教授，中国人民公安大学崔敏教授，国家行政学院袁曙宏教授，最高人民检察院刑事赔偿工作办公室刘志远主任、陈雪芬副主任的诸多帮助，佘祥林先生及其家人鼎力支持，笔者深感荣幸，仅致衷心谢忱。

囿于本人学识，全书浅薄、粗疏、不当、谬误之处在所难免，敬请诸君不吝赐教。

陈春龙

2006 年 10 月 10 日于北京

国家赔偿不应实行单一归责原则
——行政赔偿实行违法原则，司法赔偿
实行违法兼结果责任原则

国家赔偿的归责原则，是指国家承担赔偿责任的根据。侵权损害事实发生后，根据什么把赔偿责任归到国家身上，是以行为人的过错为根据，以客观发生的损害结果为根据，还是以该行为是否违法为根据，反映了国家的法律价值判断，此一判断不仅对赔偿责任的构成起决定作用，而且对国家赔偿范围和赔偿程序产生重大影响。

现行《国家赔偿法》第 2 条规定："国家机关和国家机关工作人员违法行使职权侵犯公民、法人和其他组织的合法权益造成损害的，受害人有依照本法取得国家赔偿的权利。"这就明确宣示，我国国家赔偿采用违法原则。

但是，我国国家赔偿法的架构与外国主要指行政赔偿不同，还包括司法赔偿，所以赔偿法总则中规定的违法原则，应该既是行政赔偿又是司法赔偿的原则。然而，从第二章行政赔偿和第三章刑事赔偿规定的赔偿范围看，行政赔偿的赔偿范围全部以违法为前提，而司法赔偿则部分以违法为前提，部分以结果为前提。现行国家赔偿法这种不够严谨、相互矛盾的规定，不仅在法学界引起争论和混乱，而且对司法实践产生不良影响。

我国行政赔偿实行违法原则是对的。因为，从法治精神看，宪法和行政诉讼法均规定，由于国家机关及其工作人员侵犯公民、法人和其他组织合法权益造成损害的，有依法取得赔偿的权利。实行违法原则与宪法、行政诉讼法的规定协调一致，符合依法治国、依法行政的精神；从受害人角度看，违法原则能避免过错原则对故意或过失认定的困难，减轻受害人的举证责任，更有利于保护其合法权益；从审理角度看，违法原则标准明确，易于理解，可操作性强，有利于赔偿案件的及时审理。

但是，司法赔偿不能实行单一的违法原则，还应辅之以结果责任原则（亦称无过错责任原则）。因为：

第一，在司法实践中，有些刑事司法行为在司法人员依照法定程序办事时，很难确认是否有具体的违法事实。如根据《刑事诉讼法》第61条规定，对有人指认犯罪嫌疑人，犯罪嫌疑人拒不讲明真实姓名、住地，或在其身边、住处发现犯罪证据时，侦查机关可对其先行拘留。拘留时侦查机关的行为并不违法，但如最后确实没有犯罪事实的，就应当赔偿。对此，侦查机关认为其行为合法不应赔偿，而赔偿委员会依据相关司法解释决定赔偿。矛盾的焦点在于：此处不应适用违法原则，应适用结果责任原则。

第二，从国外立法看，国外司法赔偿一般采用无过错原则（即结果责任原则）为主的做法，而且将刑事赔偿（或称冤狱赔偿）作为国家赔偿法的特别法加以规定，不用统一的国家赔偿法加以调整，将行政赔偿适用的原则与司法赔偿适用的原则分别规定，分别适用，避免了我国将二者规定在一部国家赔偿法中所产生的不清和矛盾。

第三，我国现行国家赔偿法尽管笼统规定行政赔偿和司法赔偿均适用违法原则，但在具体表述时实际上规定了司法赔偿兼采违法原则和结果原则。如规定行政赔偿范围的第3条和第4条列举的内容全部以"违法"为前提，而规定刑事赔偿范围的第15条第1款没有"违法"的文字表述，第15条第（一）、（二）、（三）项和第16条第（二）项中，也未使用"违法"的限定。

我国在13年前制定国家赔偿法时之所以确立违法责任原则，当时的主要考虑是违法责任标准易于掌握，赔偿范围适度。但现在看来，违法责任范围过于狭窄，将行政机关或司法机关虽不违法但却明显不当行为的赔偿责任排除在外，显然不利于保护公民、法人和其他组织获得赔偿的权利，同时也与国家赔偿法的某些条款相冲突。司法实践中经常存在无违法行为有损害结果的给予赔偿、而既有违法行为又有损害结果如超期羁押、轻罪重判等却不予赔偿的情况，当事人纠缠不休，机关之间摩擦不断，法理依据讲不清楚，严重影响国家赔偿立法宗旨的实现。值此修改国家赔偿法之际，笔者建议：在国家赔偿法中应该明确规定行政赔偿实行违法原则，司法赔偿实行违法兼结果责任原则。

《法制日报》2007年8月10日

《国家赔偿法》应该增加精神赔偿的规定

2005年，在湖北京山佘祥林"杀妻"冤案平反昭雪后申请国家赔偿过程中，国家赔偿双方当事人之间发生分歧最多、引起社会反响最大的问题，是佘祥林应否得到精神赔偿。

从国家赔偿申请人佘祥林一方角度看，佘祥林蒙冤入狱，屈打成招，妻离子散，家破母亡，牵连无辜，身心俱碎，其造成的各种有形和无形损失，岂是仅按照羁押天数计算的二十几万元就能赔偿得了的！仅仅赔偿有形的物质损失，不赔偿看似无形、实则在4009个日日夜夜形影不离地压抑在佘祥林本人及其亲属、压抑在善良无辜出具"良心证明"的邻县乡亲身上的沉重精神枷锁所造成的精神损失，是既不合人情，又不合法理的！

但是，从与佘祥林相对应的国家赔偿义务机关角度看，也许不完全认为佘祥林一方的精神赔偿要求不无道理，但国家实行的是法定赔偿。现行《国家赔偿法》既然没有规定精神赔偿，他们只能依法办事，无能为力。

那么，现行《国家赔偿法》不规定精神赔偿的做法，是否需要修改呢？笔者认为，现行《国家赔偿法》不规定精神赔偿的做法，是不合适的。因为在受到国家行政机关、司法机关及其工作人员以国家名义作出的违法行为侵害时，受害人受到的损害，不仅仅表现在肉体上，同时表现在精神上。人之所以不同于动物，在于他的头脑、意识和精神。任何外力在作用于其肉体的同时，通过其神经、视觉、听觉，同时甚至预先作用于其精神，使其处于严重的恐惧、焦虑、羞辱、悲愤状态以致精神失常者，屡屡可见。致人死亡后给其家属、子女造成的精神痛苦，更是沉重深远。因此，当侵权行为纠正以后，仅给受害人物质损害补偿，不给其精神损害补偿的做法是不公正的，甚至是不人道的。而且，对受害人的此种侵害，不是来自普通公民，不是来自受到道德谴责和法律制裁的违法犯罪分子，而是来自代表人民行使公权力的国家，来自以道德和法律的神圣名义给予的非法压力。这种压力对当事人的精神摧残远非其他痛苦可比。

对于此种精神损害，多数国家均以金钱方式予以补救。1900 年德国民法典在世界上率先确立了"非财产损害"（即精神损害）赔偿制度。稍后的瑞士民法典规定任何人在其人格受到不法侵害时可诉请排除侵害，诉请损害赔偿或给付一定数额的抚慰金。自此以后，非财产损害的金钱赔偿即成为西方国家民法典的普遍规定，并将此一规定扩大适用到国家赔偿领域之中。如美国、法国、日本、韩国和我国台湾地区均有相关规定。

"对精神损害承担财产责任的实质，是借助物质手段达到精神抚慰之目的。如同以物质奖励的形式达到精神鼓励和社会表彰的目的一样。规定对精神损害的法律责任，是社会对人格价值尊重和保护的表现，是人类社会走向文明和成熟的表现，是人类重视自己的精神财富的表现。"我国《国家赔偿法》13 年的司法实践表明，它在维护公民、法人和其他组织合法权益，促进国家机关及其工作人员依法行使职权方面，发挥了作用。但另一方面，13 年司法实践也暴露出我国国家赔偿法立法的不少缺陷。赔偿标准过低、缺少精神损害的金钱赔偿，即是其中之一。此一问题如不及时妥善解决，必将影响国家赔偿法的进一步贯彻实施。

另一方面，在我国现有法律规定的基础上，增加国家赔偿中精神损害赔偿的规定，是完全可行的。现行《国家赔偿法》第 30 条关于"造成名誉权、荣誉权受到损害的，应当在侵权行为范围内，为受害人消除影响、恢复名誉、赔礼道歉"的规定，即是一种精神损害的赔偿方式。这一规定的不足是：没有规定侵犯公民生命权、健康权造成伤害或死亡时，国家应承担精神损害赔偿责任。而此种情形给受害人及其亲属带来的精神痛苦甚至比名誉权、荣誉权受侵害更烈；没有规定非刑事司法侵权行为，如民事、行政诉讼中的违法司法拘留给当事人造成名誉权、荣誉权损失的赔偿责任；没有规定法人和其他组织的名誉权、荣誉权受侵害的赔偿责任；没有规定除名誉权、荣誉权以外的人格权利如姓名权、肖像权、名称权、发明权、发现权等被非法侵害时的赔偿责任等。

2001 年 3 月 10 日，最高人民法院颁布实施的《关于确定民事侵权精神损害赔偿责任若干问题的解释》中，明确规定了精神损害赔偿。尽管最高法院的此一解释仅适用于民事领域，但国家赔偿的渊源来自民事领域，赔偿本身的性质与做法也与民事相似。美国、日本、韩国和我国台湾地区的国家赔偿法均规定国家赔偿除依本法规定外，适用民法规定。所以，最高法院关于民事侵权精神损害赔偿司法解释的出台，对一个时期以来人们广泛关注的我国国家赔偿法的修改，尤其是关于国家赔偿中精神损害赔偿的确立，具有重要的推动和借鉴作用。比如，关于消除影响、恢复名誉、赔礼道歉的规定，《解释》是适用于未造成严重后果的精神损害，对于造成严重后果的，则除适用上述规定外，还应赔偿精神损害抚慰金；而在国家赔偿法中，消除影响、恢复名誉、赔礼道歉，则适用于错拘、错捕、错判等侵犯人身自由权同时又侵犯名誉权、荣誉权的情况。以国家名义施以国家强制力的侵权行为，其后果比平等民事主体之间的侵权行为，不知要严重多少倍。现在民事赔偿制度已开精神损害赔偿之先河，在国家赔偿制度中，国家就再没有理由不承担精神损害的金钱赔偿责任。

关于修改国家赔偿法的具体建议，专家们有两种方案：

一是直接修改国家赔偿的范围、原则、标准，扩大国家赔偿责任的覆盖面，使国家承担起精神赔偿的责任来；二是简单修改，只要笼统地加上"除依本法规定外，适用民法规定"的规定。笔者认为，第二种方法看似简单，但涉及民法与国家赔偿法的一系列理论与原则，涉及我国现阶段经济水平与发达国家间的差距，一时难以实现。而现行国家赔偿法的范围、原则和标准，总的讲还是符合中国实际，切实可行的。国家赔偿法实施时间不长，案件不多，立法和司法经验不足，许多问题尚未充分暴露和展现。在此种情况下，赔偿法不可不改，也不可大改。在精神损害赔偿方面，可以增加规定侵犯公民生命权、健康权造成伤害或死亡时；非刑事司法侵权行为造成公民名誉权、荣誉权损失时；法人和其他组织的名誉权受到非法侵犯时，未造成严重后果的，应消除影响、恢复名誉、赔礼道歉，造成严重后果的，则除上述规定外，赔偿相应的精神抚慰金。受害人在国家赔偿请求中没有提出精神损害赔偿的，当赔偿义务机关、复议机关、人民法院赔偿委员会作出赔偿决定后，不得以同一侵权事实另行请求精神损害赔偿。

《法制日报》200 7 年 8 月 10 日

关于修改《国家赔偿法》的十项建议

陈春龙

国家赔偿制度在世界范围内兴起和盛行，也就是第二次世界大战后几十年的事情。作为长期受封建专制统治、经济政治制度滞后的发展中国家，我国能在较短时间内制定并实施《国家赔偿法》，且基本达到国际水准，其勇气和成绩值得肯定，其不足和问题亦显而易见。

此次国家立法机关顺应民意，决定在总结《国家赔偿法》实施十余年成绩经验基础上进行修改，并公开发布《国家赔偿法修正案（草案）》征求社会意见，对我国家赔偿制度的健全必将起到推动作用。

笔者曾有幸参与1992年《国家赔偿法（试拟稿）》和1993年《国家赔偿法（草案）》的讨论，并自1995年正式实施《国家赔偿法》时在审判机关负责国家赔偿案件审理工作，出版《中国司法赔偿》、《冤假错案与国家赔偿》等专著。此次《国家赔偿法》修改，事关中国民主法治建设和人权保障之实事，参与义不容辞，故冒昧提出十条建议：前八条建议基本在《国家赔偿法修正案（草案）》框架内进行，第九条建议改动稍大，第十条建议则涉及国家司法体制改革。囿于环境、学识，拙见或许超前、迂腐，仅供立法机关参考和学界同仁教正。

修改《国家赔偿法》建议之一：明确司法赔偿原则

建议：

在《国家赔偿法修正案（草案）》第一章总则中设立专条规定："行政赔偿实行违法原则，司法赔偿实行违法兼结果责任原则"。

理由：

（一）国家赔偿的归责原则，是指国家承担赔偿责任的根据。侵权损害事实发生后，根据什么把赔偿责任归到国家身上，是以行为人的过错为根据，以客观发生的损害结果为根据，还是以该行为是否违法为根据，反映了国家的法律价值判断，此一判断不仅对赔偿责任的构成起决定作用，而且对国家赔偿范围和赔偿程序产生重大影响。

现行《国家赔偿法》第2条规定："国家机关和国家机关工作人员违法行使职权侵犯公民、法人和其他组织的合法权益造成损害的，受害人有依照本法取得国家赔偿的权利。"这就明确宣示，我国国家赔偿采用违法原则。

但是，我国国家赔偿法的架构与外国主要指行政赔偿不同，还包括司法赔偿，所以赔偿法总则中规定的违法原则，应该既是行政赔偿又是司法赔偿的原则。然而，从第二章行政赔偿和第三章刑事赔偿规定的赔偿范围看，行政赔偿的赔偿范围全部以违法为前提，而司法赔偿则部分以违法为前提，部分以结果为前提。现行《国家赔偿法》这种不够严谨且相互矛盾的规定，不仅在法学界引起争论和混乱，而且对司法实践产生不良影响。

（二）我国行政赔偿实行违法原则是对的。因为，从法治精神看，宪法和行政诉讼法均规定，由于国家机关及其工作人员侵犯公民、法人和其他组织合法权益造成损害的，有依法取得赔偿的权利。实行违法原则与宪法、行政诉讼法的规定协调一致，符合依法治国、依法行政的精神；从受害人角度看，违法原则能避免过错原则对故意或过失认定的困难，减轻受害人的举证责任，更有利于保护其合法权益；从审理角度看，违法原则标准明确，易于理解，可操作性强，有利于赔偿案件的及时审理。

但是，司法赔偿不能实行单一的违法原则，还应辅之以结果责任原则（亦称无过错责任原则）。因为：

第一，司法实践中，有些刑事司法行为在司法人员依照法定程序办事时，很难确认是否有具体的违法事实。如根据刑事诉讼法第61条规定，对有人指认犯罪嫌疑人，犯罪嫌疑人拒不讲明真实姓名、住地，或在其身边、住处发现犯罪证据时，侦查机关可对其先行拘留。拘留时侦查机关的行为并不违法，但如最后确实没有犯罪事实的，就应当赔偿。对此，侦查机关认为其行为合法不应赔偿，而赔偿委员会依据相关司法解释决定赔偿。矛盾的焦点在于：此处不应适用违法原则，应适用结果责任原则。

第二，从国外立法看，国外司法赔偿一般采用无过错原则（即结果责任原则）为主的做法，而且将刑事赔偿（或称冤狱赔偿）作为国家赔偿法的特别法加以规定，不用统一的国家赔偿法加以调整，将行政赔偿适用的原则与司法赔偿适用的原则分别规定，分别适用，避免了我国将二者规定在一部国家赔偿法中所产生的不清和矛盾。

第三，我国现行《国家赔偿法》尽管笼统规定行政赔偿和司法赔偿均适用违法原则，但在具体表述时实际上规定了司法赔偿兼采违法原则和结果原则。如规定行政赔偿范围的第 3 条和第 4 条列举的内容全部以"违法"为前提，而规定刑事赔偿范围的第 15 条第 1 款没有"违法"的文字表述，第 15 条第（一）、（二）、（三）项和第 16 条第（二）项中，也未使用"违法"的限定。

（三）我国在十三年前制定《国家赔偿法》时之所以确立违法责任原则，当时的主要考虑是违法责任标准易于掌握，赔偿范围适度。但现在看来，违法责任范围过于狭窄，将行政机关或司法机关虽不违法但却明显不当行为的赔偿责任排除在外，显然不利于保护公民、法人和其他组织获得赔偿的权利，同时也与国家赔偿法的某些条款相冲突。司法实践中经常存在无违法行为有损害结果的给予赔偿，而既有违法行为又有损害结果如超期羁押、轻罪重判等却不予赔偿的情况，当事人纠缠不休，机关之间摩擦不断，法理依据讲不清楚，严重影响国家赔偿立法宗旨的实现。

值此修改《国家赔偿法》之际，笔者建议：在国家赔偿法中应该明确规定"行政赔偿实行违法原则，司法赔偿实行违法兼结果责任原则"。

修改《国家赔偿法》建议之二：刑事赔偿改司法赔偿

建议：

1. 将《国家赔偿法修正案（草案）》第三章刑事赔偿改为"司法赔偿"；

2. 将《国家赔偿法修正案（草案）》第 38 条放在第 19 条之后。

理由：

（一）我国在进行国家赔偿立法时，一改西方国家将行政赔偿与冤狱赔偿分别立法的形式，将行政赔偿与冤狱赔偿一并规定在一部《国家赔偿法》中，将冤狱赔偿更名为刑事赔偿。

但考虑到我国实际状况，除重点规定刑事赔偿外，还应规定其他司法侵权行为造成的赔偿，所以在第五章第 31 条中规定："人民法院在民事诉讼、行政诉讼过程中，违法采取对妨害诉讼的强制措施，保全措施或者对判决、裁定及其他生效法律文书执行错误，造成损害的，赔偿请求人要求赔偿的程序，适用本法刑事赔偿程序的规定。"

这样，在同一部《国家赔偿法》中就有了行政赔偿、刑事赔偿和第31条规定的民事诉讼、行政诉讼和执行工作违法错误的赔偿。

上述三类赔偿是从我国国情出发为解决实际问题而规定的，必要而实用，但从立法技术上看，仅仅是客观现实的罗列，缺少理论归纳，形不成体系，不够严谨完整。

（二）因此，包括笔者在内的不少学者，将《国家赔偿法》中规定的刑事赔偿和民事诉讼、行政诉讼、执行工作中违法侵权行为赔偿综合表述和理论概括为"司法赔偿"，并将司法赔偿划分为刑事赔偿和非刑事司法赔偿两大类，既全部涵盖了《国家赔偿法》规定的内容，又从理论高度赋予《国家赔偿法》以科学完整体系，即：

（三）笔者认为，这种概括和表述理论上是站得住的，实践中是可行的：

第一，能否使用"司法赔偿"概念的理论根基，是对司法权的认识和理解。也就是说，我国《国家赔偿法》中规定的除行政赔偿之外的违法侵权行为，如侦查权、检察权、审判权、司法执行权、监狱管理权等，能否均算作司法权。有学者认为，检察权和审判权属于司法权范畴，但侦查权与行政职能联系密切，应从属于行政权，公安机关是行政机关，不能与检察院和法院并列为司法机关；监狱管理也属于司法行政管理；法院对刑事、民事、行政案件的执行工作，也不应算作司法权的管辖范围。应该说，从来源于西方的传统法学理论上看，这种观点有其合理之处。

但我们认为，我国公安机关具有行政机关和司法机关的双重性质，其进行社会治安、户籍、交通、消防管理时行使行政权，介入刑事诉讼活动的侦查行为，则是正规的司法权。这已为我国宪法、刑事诉讼法等明文规定，并在大多数学者中达成共识。监狱管理既有行政事务也有涉及减刑、假释、保外就医等司法问题。至于目前我国法院担负的繁重的案件执行工作，既是我国目前司法体制下的产物，理论上也可视为审判权的延伸和落实。马克思主义认为，理论来源于实践又反过来指导实践。立足中国半个多世纪司法实践形成的司法理论必须发展，必须改革，但其基本原理还是应该遵循的。

第二，在近年出版的研究《国家赔偿法》的著作中，不少专家学者正式使用"司法赔偿"概念，并将它与行政赔偿并列作为我国国家赔偿的两大部分。例如：曾受立法机关委派参与《国家赔偿法》起草全过程的全国人大法制工作委员会民法室副主任肖峋教授，在《国家赔偿法》颁布后仅两个月出版的《中华人民共和国国家赔偿法的理论与实用指南》专著、薛刚凌教授在《国家赔偿法教程》中，都列出专编对司法赔偿的概念、原则、范围、程序等进行全面论述。徐静村教授主持编写的《国家赔偿程序法（建议稿）》，将司法赔偿程序与行政赔偿程序并列提出。

此外，司法赔偿概念也在国家审判机关的司法解释中得到应用。如最高人民法院在2000年就先后发布了《关于刑事赔偿和非刑事司法赔偿案件立案工作的暂行规定（试行）》、《关于刑事赔偿和非刑事司法赔偿案件案由的暂行规定（试行）》、《关于民事、行政诉讼中司法赔偿若干问题的解释》。

（四）尽管我国国家赔偿法将行政赔偿与司法赔偿规定在同一部法律里，但在适用时却规定了两种不同的程序：行政赔偿适用行政诉讼程序，由人民法院行政审判庭单独或与行政诉讼案件一并审理；司法赔偿则适用非诉讼决定程序，由人民法院新设立的赔偿委员会独自审理。

《国家赔偿法》关于行政赔偿的范围、赔偿请求人和赔偿义务机关、赔偿程序等作出了比过去行政诉讼涉及赔偿问题更加全面、规范的规定，增加了法院行政审判业务的责任和难度，但与司法赔偿审判业务相比，毕竟有固定的审判机构、稳定的审判人员、成熟的诉讼程序、较长的审判实践和较完备的法律、法规及司法解释，而这些对于刚刚组建的法院赔偿委员会来说，几乎是一片空白。而且依据国家赔偿法规定，从来都是原告的检察机关，却要在赔偿案件的审理中屈居"被告"地位，居中裁判的法院也会因司法侵权成为赔偿义务机关。此种独特的非诉讼决定程序仅仅适用于国家赔偿案件中的司法赔偿。

（五）在贯彻实施《国家赔偿法》的实践中，刑事赔偿案件，民事诉讼、行政诉讼和司法执行中的赔偿案件，均由人民法院赔偿委员会统一受理。从赔偿委员会审理此类案件的需要看，法学研究者从司法赔偿的理论角度，就司法赔偿的实体和程序问题进行全面系统研究，亦会对《国家赔偿法》的实施起推动和促进作用。

因此，建议将第三章刑事赔偿改为"司法赔偿"，将《国家赔偿法修正案（草案）》第 38 条放在第 19 条之后。

修改《国家赔偿法》建议之三：被动赔偿改主动赔偿

建议：

在《国家赔偿法修正案（草案）》第 22 条后增加一款："对于事实清楚、证据确实充分的案件，赔偿义务机关应该主动进行赔偿。"

理由：

（一）《国家赔偿法》第 20 条第 3 款规定："赔偿请求人要求赔偿，应当先向赔偿义务机关提出。"这里的"要求"是赔偿请求人必须作出的意思表示。在此一意思表示下，才可启动司法赔偿程序。如果受害人不作此意思表示，自愿放弃赔偿请求权，依据赔偿法精神应当许可，赔偿义务机关不予赔偿亦不违法；如果受害人明确作出此意思表示且符合法定条件，赔偿义务机关即负有不可推卸的赔偿责任。

这里存在一个司法赔偿义务机关应否、能否主动赔偿的问题。笔者认为，根据现行《国家赔偿法》关于请求程序的规定，请求是权利人必须作出的意思表示，放弃赔偿请求是受害人的权利。因此，主动赔偿不能成为赔偿义务机关的法定义务，未主动赔偿并不违法。

但是，《国家赔偿法》第 20 条第 1 款又规定"赔偿义务机关对依法确认有本法第 15 条、第 16 条规定的情形之一的，应当给予赔偿。"此处的确认既包括因受害人请求作出的确认，也包括依诉讼程序作出的确认。在后一种情况中，司法机关在作出否定前一个司法行为的同时，主动根据受害人被侵权的事实予以赔偿，既通情达理又符合法律。一些西方国家也有此做法。而且，从目前我国司法水平和国家赔偿还不为大家熟悉的实际出发，司法机关在有错必纠的同时主动予以司法赔偿，对于保障基本人权，改善司法机关形象十分必要。

（二）修改《国家赔偿法》涉及许多方面的问题，但最关键的是应该树立一个怎样的立法理念，以切实保障国家向公民兑现宪法权利，使公民在权利受到损害后获得有效救济。基于此，笔者认为，国家赔偿作为国家机关及其工作人员对自己违法行使职权行为的检讨和补救，理应表现出应有的度量和积极主动性。

比如，在普通民事侵权纠纷中，有不少侵害人尚能在侵权行为发生后主动向受害人赔偿损失，那么，作为国家赔偿义务机关，在侵害行为发生后，能否也借鉴和遵循这种主动赔偿的精神呢？

按照现行法律的规定，受害的公民、法人和其他组织有权要求赔偿，并须提交相关申请手续，且请求国家赔偿的时效为两年。

虽然说由受害人自行提出赔偿请求并履行一定的程序规则，确实有助于赔偿义务机关赔偿工作的开展，但是，从另一个角度而言，受害人在经受了违法侵害后，本身就已经处于"身心俱疲"的状态，在这种情况下仍要为索赔而疲于奔命，至少不是完善国家赔偿机制的理想选择。

（三）所以，笔者建议，修改后的《国家赔偿法》能否转换一下思路，将受害人自行提起赔偿请求，变为由国家赔偿机关主动给予受害人相应赔偿，并将其作为一项法定义务，而不必"坐等"受害人登门索赔。只有秉承这样一种积极作为的精神，才更有助于减少受害人的"讼累"，体现政府积极纠错的决心以及对国民的关怀和体恤。这也有助于打消赔偿申请人的某些顾虑，比如实践中有些被错误关押的受害人，在释放后却不敢提出赔偿请求，原因就是害怕有关办案人员会"找后账"，以致甘愿息事宁人，觉得"能放出来就不错了"。而国家机关主动赔偿原则将能有效弥补这一缺陷。

修改《国家赔偿法》建议之四：告知当事人诉权

建议：

在《国家赔偿法修正案（草案）》第三章第三节赔偿程序中增加规定："人民法院在一审、二审、再审宣告无罪后，在财产保全、强制措施和执行错误纠正后，应当告知当事人有申请国家赔偿的诉权。"

理由：

（一）《国家赔偿法》第20条第3款规定："赔偿请求人要求赔偿，应当先向赔偿义务机关提出。"这里的"要求"是赔偿请求人必须作出的意思表示。

权利人作出此种意思表示的前提，则是明知其有请求的诉权。人民法院不论一审、二审还是再审宣告无罪的，或者财产保全、强制措施搞错了和执行有错误的，纠正后都应当告知当事人有申请国家赔偿的诉权。这应成为一项工作制度。人民法院有义务有责任告诉当事人在法律上享有的权利，当事人也有权利知道。

（二）之所以提出"应当告知当事人有申请国家赔偿的诉权"，是因为十余年来对《国家赔偿法》的学习宣传力度不够。列宁说："什么是宪法？宪法就是一张写着人民权利的纸。真正承认这些权利的保证在哪里呢？在于人民中意识到并且善于争取这些权利的各阶级的力量。"只有经过广泛的学习宣传，才能使人民群众了解赔偿法的精神和规定，敢于主张受侵害的权利，善于依法争取失去的权利；才能使赔偿义务机关明确，违法侵权不予赔偿，就是对人民合法权利的第二次侵犯；才能使有关领导和工作人员从国家赔偿得罪人、自毁声誉、费力不讨好的思想桎梏中解放出来，认识到国家赔偿是关系国家立法和司法由主要保护国家社会整体利益，到保护公民个人利益并重的现代法制理念的根本转变。通过自己的审判工作实现这个转变，是历史赋予我们的神圣职责。

客观地说，由于担心损害司法机关形象、进而损害执政党和政府形象，引发群体事件，影响社会稳定，《国家赔偿法》尽管实施13年了，但对该法的宣传报道似乎仍采取控制方式。此种方式，从当权者角度看有其道理，也的确有一定效果，但由此造成百姓对该法少知、无知的负面效果就难以避免。

（三）笔者认为，在诉讼过程中有下列情形之一的，人民法院应当告知当事人有权申请国家赔偿：

（1）人民法院审理第一审、第二审刑事案件或通过审判监督程序重新审理的刑事案件，依法对被告人作出无罪判决的；（2）人民法院在民事诉讼、行政诉讼过程中，违法采取强制措施，被依法纠正的；（3）人民法院在刑事诉讼、民事诉讼、行政诉讼过程中违法对当事人的财产采取查封、扣押、冻结、追缴等措施，被依法纠正的；（4）人民法院在民事诉讼、行政诉讼过程中，对判决、裁定及其他生效法律文书执行错误，被依法纠正的；（5）人民法院干警在行使职权时，具有《国家赔偿法》第15条第4项、第5项规定情形之一的行为，并被确认的。

（四）人民法院告知当事人申请国家赔偿的权利，可以在纠正违法侵权行为的法律文书尾部注明，也可以在宣读法律文书时口头告知。口头告知的，必须记入笔录，并经当事人签字或盖章。当事人明确表示申请国家赔偿的，应当告知向有关赔偿义务机关提出申请。本院作为赔偿义务机关的，应当告知向具体办理国家赔偿案件的部门正式申请。各级法院在例行的季度、年中或年底检查案件时，应重点检查宣告无罪案件、违法侵权行为被纠正的案件告知制度的落实情况，并书面报告上一级法院赔偿委员会办公室。

修改《国家赔偿法》建议之五：细化精神赔偿

建议：

将《国家赔偿法修正案（草案）》第 34 条进一步细化，增加规定：

1. "侵犯公民健康权、生命权造成伤害或死亡时，非刑事司法侵权行为造成公民名誉权、荣誉权损失时，法人和其他组织的名誉权受到非法侵犯时，未造成严重后果的，应消除影响、恢复名誉、赔礼道歉；造成严重后果的，除上述规定外，应支付相应的精神抚慰金。"

2. "受害人在国家赔偿请求中未提出精神损害赔偿的，当赔偿义务机关、复议机关、人民法院赔偿委员会作出赔偿决定后，不得以同一侵权事实另行请求精神损害赔偿。"

理由：

（一）现行《国家赔偿法》不规定精神赔偿的做法，是不合理、不公正甚至是不人道的。因为在受到国家行政机关、司法机关及其工作人员以国家名义作出的违法行为侵害时，受害人受到的损害，不仅仅表现在肉体上，同时表现在精神上。

人之所以不同于动物，在于他的头脑、意识和精神。任何外力在作用于其肉体的同时，通过其神经、视觉、听觉，同时甚至预先作用于其精神，使其处于严重的恐惧、焦虑、羞辱、悲愤状态以至精神失常者，屡屡可见。致人死亡后给其家属、子女造成的精神痛苦，更是沉重深远。因此，当侵权行为纠正以后，仅给受害人物质损害补偿，不给其精神损害补偿的做法是不公正的，不人道的。

而且，对受害人的此种侵害，不是来自普通公民，不是来自受到道德谴责和法律制裁的违法犯罪分子，而是来自代表人民行使公权力的国家，来自以道德和法律的神圣名义给予的非法压力。这种压力对当事人的精神摧残远非其他痛苦可比。

（二）对于此种精神损害，多数国家均以金钱方式予以补救。1900 年德国民法典在世界上率先确立了"非财产损害"（即精神损害）赔偿制度。稍后的瑞士民法典规定任何人在其人格受到不法侵害时可诉请排除侵害，诉请损害赔偿或给付一定数额的抚慰金。

自此以后，非财产损害的金钱赔偿即成为西方国家民法典的普遍规定，并将此一规定扩大适用到国家赔偿领域之中。如日本、韩国和我国台湾地区的国家赔偿法均明确规定，国家赔偿除依本法规定外，适用民法规定。美国的联邦侵权赔偿法也规定："美国联邦政府，依据本法关于侵权行为求偿之规定，应于同等方式和限度内，与私人同样承担民事责任，但其责任不及于判决前之利息或惩罚性赔偿金。"法国最高行政法院在1961年11月24日对勒都斯兰德案件的判决中认为，尽管缺乏实际上的物质损害，儿子的死亡给父亲造成的痛苦，也可以作为对后者赔偿的充分理由。法国最高行政法院还曾以"对于生存条件造成紊乱"为由，确定给某死者的父母高于死亡事故应赔偿金额的补助金。

从法理上看，对精神损害承担财产责任的实质，是借助物质手段达到精神抚慰之目的。如同以物质奖励的形式达到精神鼓励和社会表彰的目的一样。规定对精神损害的法律责任，是社会对人格价值尊重和保护的表现，是人类社会走向文明和成熟的表现，是人类重视自己的精神财富的表现。虽然精神财富和人格利益无法用金钱计算，但物质利益对于精神的慰藉作用客观存在。

（三）在我国现有法律规定的基础上，增加国家赔偿中精神损害赔偿的规定，是完全可行的。

《国家赔偿法》第30条关于"造成名誉权、荣誉权受到损害的，应当在侵权行为范围内，为受害人消除影响、恢复名誉、赔礼道歉"的规定，即是一种精神损害的赔偿方式。此一规定的不足是：没有规定侵犯公民生命权、健康权造成伤害或死亡时，国家应承担精神损害赔偿责任。而此种情形给受害人及其亲属带来的精神痛苦甚至比名誉权、荣誉权受侵害更烈；没有规定非刑事司法侵权行为，如民事、行政诉讼中的违法司法拘留给当事人造成名誉权、荣誉权损失的赔偿责任；没有规定法人和其他组织的名誉权、荣誉权受侵害的赔偿责任；没有规定除名誉权、荣誉权以外的人格权利如姓名权、肖像权、名称权、发明权、发现权等被非法侵害时的赔偿责任等。

国家赔偿中关于侵害生命权、健康权的抚慰金，从理论上看，也属于非财产损害的一种。从这一角度看，我国现行《国家赔偿法》关于精神损害的金钱赔偿方面，也有一些规定。如《国家赔偿法》第 27 条规定："造成部分或者全部丧失劳动能力的，应当支付医疗费，以及残疾赔偿金"，"造成死亡的，应当支付死亡赔偿金、丧葬费"，二者的最高额为国家上年度职工年平均工资的 20 倍。残疾赔偿金和死亡赔偿金均具有对残疾者本人或死者亲属的精神慰藉作用。关于最高限额的规定，也符合世界各国的通行做法。

2001 年 3 月 10 日，最高人民法院颁布实施《关于确定民事侵权精神损害赔偿责任若干问题的解释》。尽管最高法院的此一解释仅适用于民事领域，但国家赔偿的渊源来自民事领域，赔偿本身的性质与做法也与民事相似。美国、日本、韩国和我国台湾地区的国家赔偿法均规定国家赔偿除依本法规定外，适用民法规定。所以，最高法院关于民事侵权精神损害赔偿司法解释的出台，对一个时期以来人们广泛关注的我国国家赔偿法的修改，尤其是关于国家赔偿中精神损害赔偿的确立，具有重要的推动和借鉴作用。比如，关于消除影响、恢复名誉、赔礼道歉的规定，《解释》是适用于未造成严重后果的精神损害，对于造成严重后果的，则除适用上述规定外，还应赔偿精神损害抚慰金；而在国家赔偿法中，消除影响、恢复名誉、赔礼道歉，则适用于错拘、错捕、错判等侵犯人身自由权同时又侵犯名誉权、荣誉权的情况。以国家名义施以国家强制力的侵权行为，其后果比平等民事主体之间的侵权行为，不知要严重多少倍。现在民事赔偿制度已开精神损害赔偿之先河，在国家赔偿制度中，国家就再没有理由不承担精神损害的金钱赔偿责任。

综上所述，在国家赔偿中确定精神损害赔偿责任是完全科学合理并具体操作可行的。

（四）此次《国家赔偿法修正案（草案）》第三十四条尽管规定" 有本法第三条或者第十七条规定情形之一，致人精神损害的，应当在侵权行为影响的范围内，为受害人消除影响，恢复名誉，赔礼道歉；造成严重后果的，应当支付相应的精神损害抚慰金。"但笔者认为仍应细化一些，以便于执行。

修改《国家赔偿法》建议之六：增加惩罚性赔偿

建议：

在《国家赔偿法修正案（草案）》第33条后增加一款："（四）对于情节恶劣、后果严重、屡禁不止的侵权行为，赔偿委员会在报经上一级赔偿委员会批准后，可在上述赔偿标准外，决定加倍赔偿。"

理由：

（一）国家赔偿标准，指根据侵权损害程度和国家财政状况确定的赔偿金额准则。它是国家赔偿得以实现，受害人被损权益得以弥补的前提。有了这一标准，就会避免国家赔偿争议陷入胶着状态，尽快在双方当事人之间达成共识。

国家赔偿标准的确立，是各国从本国实际状况出发作出的法律选择。各国国情不同，赔偿标准各异。从近百年国家赔偿实践看，可将这些标准基本归纳为三种类型：

第一，惩罚性标准。即赔偿额度对侵害方具有惩罚性，除足以弥补受害方蒙受的实际损失外，还应付出对自己侵害行为负责的惩罚性费用。赔偿额度等于损失金额加上惩罚金额，是一种比较高的赔偿标准。常为发达国家所采用。

第二，补偿性标准。即赔偿额度足以弥补受害人所受的实际损失，使受害权益回复到侵害前之状态，赔偿金额等于实际损失金额，常为中上等发展中国家所采用。

第三，抚慰性标准。即赔偿额度不足以填补受害人的实际损失，仅以国家名义进行象征性、抚慰性的赔偿，赔偿金额低于受害人的实际损失。采用此种标准的国家认为，"国家赔偿不可能对受害人的实际损失作完全充分的救济。国家机关本身的性质和特征决定了国家赔偿只宜作象征性的抚慰，赔偿额只能限制在实际所受损失额的范围之内，虽然国家尽可能予以赔偿，但不一定要进行完全充分的弥补。"

（二）我国在制定《国家赔偿法》时，关于赔偿标准有过热烈的讨论。一种观点认为，应当从根治违法侵权出发，把赔偿标准定得高一些，通过支付高额赔偿金以对那些违法侵权的国家机关及工作人员进行警戒，即实行惩罚性标准；

另一种观点认为，上述观点的出发点是好的，但目前国家赔偿要解决的主要问题，是规范国家机关的行为，使其职务行为重新纳入正规轨道，而不是对受害人给予完全充分的损害赔偿。目前国家行政机关和司法机关的执法、司法水平整体不高，如果马上采用惩罚性标准，会感到难以承受和适应，难以达到逐步提高执法、司法水平的目的。

至于补偿性标准，在国家赔偿制度的初创时期，各方面经验不足，在侵权损害的确认、计算、统计等具体操作上存在一定困难。所以，从当前的实际出发，我国国家赔偿在现阶段还是采取抚慰性标准为宜。

《国家赔偿法》基本采纳了后一种观点，即既要使受害者的损害得到适当弥补，也要兼顾国家经济、财政和其他现实状况，基本上采用抚慰性标准。但在实行此一标准的具体计算上，不采用法国、日本和我国台湾地区损益相抵办法，即当受害人因同一损害从不同渠道获得赔偿时，国家在支付赔偿金时并不扣除从其他渠道得到的数额。因此，尽管我国的赔偿标准不高，但由于受害人有可能从社会保险、个人劳务等其他渠道获取收益，在相当程度上能保障受害人得到可靠的赔偿。

（三）十余年实施《国家赔偿法》的实践中，的确存在少数国家机关及其工作人员玩忽职守、贪赃枉法、侵犯人权的行径十分卑劣，令人发指，而且屡戒屡犯。为了加大对此行径的惩戒力度，建议在《国家赔偿法》修改时，适度增加一些惩罚性标准之规定，以增加法律威慑力度，执行时可加以严格控制。这在国家经济实力有所提升的今天，应该是可以办到的。

修改《国家赔偿法》建议之七：直接领取赔偿费用

建议：

将《国家赔偿法修正案（草案）》第 37 条修改为："赔偿请求人凭生效的判决书、复议决定书、赔偿决定书或者调解书，直接向有关的财政部门提出支付申请。财政部门应当自收到支付申请之日起十五日内支付赔偿金。"

理由：

（一）《国家赔偿法》第 23 条第 3 款规定："赔偿委员会作出的赔偿决定，是发生法律效力的决定，必须执行。"赔偿义务机关对法院赔偿委员会作出的发生法律效力的赔偿决定，必须执行，自觉积极地履行赔偿义务，以恢复和弥补受害的公民、法人和其他组织被非法侵害的权利，改进司法机关工作，改善司法机关形象。以任何借口拖延甚至拒不执行赔偿决定的行为，都是违法行为，是对公民、法人和其他组织合法权益的再次侵害。

实践表明，大多数赔偿义务机关通常情况下都能如期履行赔偿义务，但也确有少数赔偿义务机关以确认错误、决定错误、缺少经费等各种借口拖延履行义务，甚至公然顶住不赔。此种情况下，如无强制执行措施，不予强制执行，人民法院赔偿委员会的赔偿决定将成为一纸空文，作为赔偿请求人的公民、法人和其他组织的合法权益就会得不到保护，《国家赔偿法》就无法真正贯彻落实。而现行《国家赔偿法》并无强制执行之规定，使不少赔偿决定书成为一纸空文。

（二）《国家赔偿法》第29条规定："赔偿费用，列入各级财政预算，具体办法由国务院规定。"国务院发布的国家赔偿费用管理办法第6条规定："国家赔偿费用，列入各级财政预算，由各级财政按照财政管理体制分级负担。各级政府应当根据本地区的实际情况，确定一定数额的国家赔偿费用，列入本级财政预算。国家赔偿费用由各级财政机关负责管理。当年实际支付国家赔偿费用超过年度预算的部分，在本级预算预备费中解决。"十余年司法实践表明，上述规定比较适合经济发达地区，而对于经济不发达地区，由于地方财政收入很低，不愿或无法将赔偿费用列入财政预算，使国家赔偿费用成为无源之水。

与上述现象并存的又一现象是，在一些地区财政列支的国家赔偿费用却多年未被动用过。这其中的原因，除在实施国家赔偿法初期案件较少以外，与我国现行的国家赔偿费用管理办法有相当关系。

《国家赔偿费用管理办法》第7条规定："国家赔偿费用由赔偿义务机关先从本单位预算经费和留归本单位使用的资金中支付，支付后再向同级财政机关申请核拨。"第9条规定："财政机关对赔偿义务机关的申请进行审核后，应当分别情况"作出处理。这些规定从财政监督角度看其用意是好的，但在实践中，一些赔偿义务机关或担心影响政绩和形象，或嫌麻烦，而不向财政机关申请核拨，从本单位"小金库"中支付了事，使国家赔偿变为单位赔偿。这既增加了受害人获赔的难度，又使国家无法统一掌握赔偿情况，减弱了国家赔偿的监督功能。

（三）针对国家赔偿费用来源方面存在的问题，建议应对赔偿费用的预算列支加强监督。同级人大在审议预算时，发现赔偿费用未列入预算或数额显然过低的，应不通过对预算的审议。该地区经济确实困难的，国家财政可拨付赔偿补助金，但严禁挪用。同级人大及上级财政机关对该项资金的使用应加强监督。

同时建议赔偿请求人凭生效的判决书、复议决定书、赔偿决定书或者调解书，直接向有关的财政部门领取赔偿金。

修改《国家赔偿法》建议之八：增加追偿规定

建议：

在《国家赔偿法修正案（草案）》第30条后增加一条："追偿的具体办法由最高人民法院制定，报全国人大常委会备案。"

理由：

（一）司法追偿，指司法赔偿义务机关在向受害人履行赔偿义务后，依法责令负有责任的司法人员承担部分或全部赔偿费用的制度。

对于赔偿义务机关来说，司法追偿既是其权力，又是法定职责。只要符合法定条件，司法赔偿义务机关必须追偿，不得放弃。否则，即违反法定职责，因为此一职责是由国家授权并代表国家进行的。国家为什么有权对其工作人员进行追偿。司法追偿的性质是什么？对此，理论上有两种解释：

一种为代位责任说。司法人员理应正确、合法、及时行使其职权，如违法行使职权造成受害人损失，应该承担赔偿责任。国家为方便受害人求偿先行承担赔偿责任，即对该司法人员取得了债权人身份，作为债务人的该司法人员如不赔偿即构成民法上的不当得利。司法追偿类似于民事法律关系中的不当得利请求权；

另一种观点为国家监督权。司法追偿的性质不是民事权利，而是公权力，是国家监督权。国家对具有故意或重大过失的司法人员追偿的目的，主要不在于挽回一定的经济损失，而在于严肃法纪、整顿队伍，使国家司法机器的运转保持正常、有序状态，有效实现国家的总体目标。

在国家赔偿制度建立初期，代位责任说比较流行。随着历史发展和政治、经济、人文状况的变化，国家监督说已基本取代代位责任说成为司法追偿的理论基础。

司法赔偿的主体应该是国家，而不是司法人员个人。因为司法人员执行职务是国家授权的，国家在授权时就应该对司法人员违法行为承担风险责任。所以，司法损害发生后，无论司法人员有无故意或重大过失，国家应首先承担赔偿责任，支付赔偿费用。然而另一方面，司法人员在履行职务时应尽奉公守法之责。如果违反职务义务后完全不负责任，就会放纵违法行为。大陆法系国家对司法追偿一般均作出明确规定。如瑞士 1958 年国家赔偿法规定：如果联邦已经支付赔偿金，则联邦对故意或重大过失造成损害的公务员，包括联邦法院及联邦保险法院法官和候补法官等所有被授权行使公共职务的人员有追偿权，即使职务关系已经解除也不例外。意大利司法官责任法规定："根据判决或者庭外协议向受害人进行补偿之后，国家必须在一年之内向违法的司法官提起索赔之诉。"

（二）司法追偿是一种惩戒性的法律责任，是对司法人员违法行为的否定和谴责。其目的之一是遏制司法人员行使职权的随意性、特权性、违法性，督促其奉公守法，兢兢业业，尽职尽责，努力学习，不断提高司法水平，慎重行使法律赋予的职权。因此，司法追偿是国家对司法人员进行监督和惩戒的一种方式。但是这种惩戒应控制在科学合理的范围内。因为，第一，司法侵权行为是在履行职务过程中发生的，之所以能够发生，说明国家在对司法人员的监督和管理上存在疏漏，国家亦有过错；第二，司法人员本人的经济能力有限；第三，惩戒的目的是为了教育现实责任者，警戒潜在责任者，鼓励忠于职守者。将司法追偿控制在合理范围内，有利于调动和促进全体司法人员的积极性和主动性。

司法职务的特点，是在某一特定事实发生以后去查明事实真相并对其作出法律上的判定。社会现象的复杂多变，客观证据的损毁灭失，证人证言的主观因素，业务水平的参差不齐，有时即使司法人员极尽注意，仍难免在事实认定和法律适用上发生错误，造成司法侵权。因此，各国对司法追偿的范围控制较严，多以司法人员构成职务犯罪为限。罗马尼亚和苏联规定追偿标准不得超过被追偿人 3 个月的工资总和。法国和德国已出现用纪律处罚，如罚款、不予晋升、撤职等替代对法官的金钱追偿。英美法系国家实行司法豁免原则，对司法赔偿进行严格限制，对司法追偿则无法律规定。我国国家赔偿法对司法追偿也持更加谨慎的态度，如在追偿范围和追偿对象上，司法追偿比行政追偿狭窄而严格。

我国《国家赔偿法》第 24 条规定的司法追偿范围和对象是：

（1）在行使职权时刑讯逼供或者以殴打等暴力行为或者唆使他人以殴打等暴力行为造成公民身体伤害或者死亡的司法人员；

（2）违法使用武器、警械造成公民身体伤害或者死亡的司法人员；

（3）在处理案件中有贪污受贿、徇私舞弊、枉法裁判行为的司法人员。

对有上述三种情形的司法人员，赔偿义务机关在赔偿损失后应向其追偿部分或者全部赔偿费用，并依法给予行政处分，构成犯罪的，应当依法追究刑事责任。

至于《国家赔偿法》第 15 条、第 16 条规定的侵犯人身权和财产权的其他 5 种情形，即错误刑事拘留，错误逮捕，错误判决，违法对财产采取查封、扣押、冻结、追缴等措施，再审改判无罪原判罚金、没收财产已经执行的案件中，司法人员只要没有贪污受贿、徇私舞弊、枉法裁判行为，就不应该对其司法追偿。但这并不排除各个司法机关依据错案责任追究制对有关责任人员进行各种处分。这里必须明确划分司法追偿与各司法机关的行政、纪律处分的严格界限，有的著述中混淆了此种界限，则误导了司法追偿的范围。

（三）《国家赔偿法》关于司法追偿的规定已有十余年，但由于各种原因，这一规定很难落到实处，成了被法学界戏称的"休眠条款"。尽管全国有少数法院如江苏省高级法院于 2005 年 7 月正式作出《关于人民法院落实国家赔偿追偿制度若干问题的规定（试行）》，在使司法追偿从纸上规定走向实际执行的道路上，迈出了可喜的一步，但由于《国家赔偿法》本身对如何追偿未作出具体规定，致使"休眠条款"在大多数地方未被唤醒，因此，建议在《国家赔偿法修正案（草案）》第 30 条后增加一条："追偿的具体办法由最高人民法院制定，报全国人大常委会备案。"

修改《国家赔偿法》建议之九：赔偿办公室改为司法赔偿审判庭

建议：

在《国家赔偿法修正案（草案）》第 29 条后增加一款："赔偿委员会下设司法赔偿审判庭"。

理由：

（一）实际审理国家赔偿案件的机构赔偿办公室在《国家赔偿法》中没有规定。《国家赔偿法》自 1995 年实施以来，国家赔偿案件实际上全部由三级人民法院赔偿办公室审理，但在《国家赔偿法》中却无任何关于赔偿办公室的规定，赔偿办公室的设立仅由最高法院通知规定。

1994 年 12 月 23 日，最高人民法院在关于贯彻执行《国家赔偿法》设立赔偿委员会的通知中规定：赔偿委员会下设办公室，配备 2 名至 5 名工作人员。1996 年 5 月 6 日，最高人民法院审判委员会第 809 次会议通过的《人民法院赔偿委员会审理赔偿案件程序的暂行规定》第 25 条规定：
"赔偿委员会是人民法院审理赔偿案件的审判组织。赔偿委员会下设办公
室，负责办理具体事宜。"

（二）赔偿办公室实际行使国家赔偿案件审判职能。赔偿办公室，是
最高法院根据《国家赔偿法》规定精神，从我国法院审理司法赔偿案件
的实际需要出发，依法设立的专门办理司法赔偿案件具体事宜的组织机
构。实际工作中，它与法院内部设立的刑事、民事、行政等业务审判机构
一起，构成统一的审判机关，行使国家审判权。十余年数万件司法赔偿案
件均是由赔偿办公室审结的。

赔偿法规定，司法赔偿案件的审理机构是赔偿委员会。但鉴于赔偿案
件涉及面广，赔偿委员会委员由各相关审判业务的资深法官组成较为合
适，但又因此大部分委员只能兼职，缺少具体承办人员。依据《国家赔
偿法》建立的赔偿委员会委员，绝大多数来自法院内各业务庭，一身二
职。因此，贯彻执行国家赔偿法中司法赔偿的重任，就责无旁贷地落在了
各级赔偿委员会办公室的身上。赔偿办公室将案件审理完毕后，再通过赔
偿委员会办理法定手续。

（三）赔偿办公室的法律地位不明确，影响赔偿案件审理。由于法院
编制所限给赔偿办公室配备的人员长期不足，全国大多数法院的赔偿办公
室机构不能单列，福利待遇等也不能与其他业务庭相比。就在如此条件
下，全国法院赔偿办公室人员任劳任怨，积极工作，基本完成了司法赔偿
的审判任务，为国家赔偿法的贯彻实施，取得了实质性的进展。

但机构和人员是影响司法赔偿案件审理的一个难点。加强队伍建设是
推进国家赔偿工作的当务之急。尽管地方各级法院进行机构改革时，规定
中级法院以上的赔偿办不能撤销，但在内设机构数量限制下，除少数例
外，全国绝大多数赔偿办没有独立设置，一般挂靠在行政庭。这样，专
人、独立开展赔偿工作的要求很难实现，从事赔偿工作的人员情绪不稳
定，业务水平难以提高，影响本来就很难审理的国家赔偿工作的正常
开展。

（四）由于司法赔偿案件的审理是人民法院一项全新的审判业务，案
件涉及面广，适用法律众多，审理难度较大。赔偿案件往往是历经多年、
几上几下、经过多道诉讼程序后积淀下来的难案，事实难以认定，责任难
以划分，程序适用混乱，实质错误与一般差错交织，案件审理难度极大。

审理司法赔偿案件时不适用刑事、民事、行政三大诉讼程序，而适用法官和案件当事人不太熟悉的决定程序，双方当事人不见面、不开庭，一切不透明。既无双方质证、辩论，也无上诉、申诉，采用书面开会式、讨论式的少数服从多数的典型行政程序，实际上同行政复议并无多大区别，还缺少复议的听证环节，与公正、公平、公开的诉讼程序相距甚远，给案件及时审结造成困难。

综上，建议正式赋予赔偿办公室明确肯定的法律地位，将三级法院赔偿办公室改为同级法院内设的司法赔偿审判庭。

修改《国家赔偿法》建议之十：人大设立司法赔偿委员会

建议：

将目前设立在中级法院、高级法院、最高法院的三级国家赔偿机构和人员，成建制划归中央、省、市三级人民代表大会内务司法委员会，在内务司法委员会下设立司法赔偿委员会。

理由：

（一）将赔偿委员会设在人民法院，是在当时社会环境下不得已采取的折中做法。如何处理司法赔偿纠纷，将解决此纠纷的裁决权赋予何种机关，是当年起草《国家赔偿法》时争议颇大的一个问题。当时反复讨论过几种方案：

1. 复议程序终局解决。由侦查、检察、审判、监狱管理机关的上一级机关复议甚至再复议。复议决定为终局决定，不得由法院享有独家终局权。有人认为，此方案"自己作自己案件法官"，欠缺公正性；有人认为可以实现公正。因为经过复议、再复议，最终可能由最高法院、最高检察院、公安部、安全部、司法部解决赔偿问题。由国家的最高司法机关和部委解决，难道还不能公正？

2. 多方代表组成的赔偿裁决委员会解决。代表由侦查、检察、审判、监狱管理机关、专家、律师组成，地位超脱，可以实现公正。但有人认为，至少存在两个问题：（一）劳动仲裁委员会、劳动教养委员会等由各方代表组成，委员隶属不同机关，各有自己任务，会议都难以召集，效率低下；（二）委员会能否实现公正，把握不大。也许会成为各方相互照顾、协调部门利益的组织。对甲案照顾了检察院，以此为条件，审查乙案时照顾法院。

3. 法院审判程序解决。适用不同于普通案件的特殊程序，如特殊的审判机关或组织、无被告程序等。

4. 由法院审判员组成的赔偿委员会决定，赔偿委员会决定为终局决定。除法院作为赔偿义务机关的情况外，在赔偿委员会作出决定前，以复议为必经程序，以发挥侦查、检察、监狱管理机关各自解决自身问题的积极性。作为一项制度，也符合法院终局解决的原则。

最后，经反复权衡，考虑到增加国家机构编制的难度，法院作为国家审判机关拥有几十年成熟的办案经验、健全的组织机构和相当素质的办案队伍，行政赔偿由人民法院行政审判庭依据行政诉讼程序审理、判决，司法赔偿尽管存在自己当自己法官和检察院与法院关系等问题，但从当时实际出发，为使《国家赔偿法》能尽快出台，全国人大常委会征求各方意见，最终决定采取第四个方案，由人民法院新设立的赔偿委员会按照决定程序受理、审查、决定司法赔偿案件。

（二）将赔偿委员会设在人民法院，与"任何人不能担任自己案件法官"基本原则相违背。《国家赔偿法》明文规定，除违法的行政机关和其他司法机关是赔偿义务机关外，人民法院自己亦是法定的赔偿义务机关。即在刑事诉讼过程中，法院作出的错误司法拘留和错误逮捕决定，错误的刑事一、二审判决和终审判决；刑讯逼供、以殴打等暴力或唆使他人以殴打等暴力或违法使用武器、警械造成公民伤亡；违法对财产采取查封、扣押、冻结、追缴等措施的，再审改判无罪，原判罚金、没收财产已经执行的；在民事诉讼、行政诉讼过程中，违法采取对妨害诉讼的强制措施、保全措施；在司法执行过程中，对判决、裁定及其他生效法律文书执行错误，造成损害的，有关法院均应依法进行国家赔偿。

这样，就出现法院既当"被告"又当"法官"的情况。尽管违法行为致害人与违法行为审理人不会是法院同一机构，甚至也不是同一法院，但从法理上、特别是从受害人和老百姓的具体感受上看，"自己当自己法官"的悖论，是无法排除的，由此带来的不满、怨恨、申诉、缠诉、上访，必然对司法机关形象和社会安定带来不必要的负面影响。

赔偿法关于由中级以上法院内设的赔偿委员会审理司法赔偿案件的规定，与我国现行司法实践亦不协调。下级法院经常就案件审理中的疑难事项向上级法院请示汇报。当法院作为赔偿义务机关时，即使由设在上级法院的赔偿委员会进行审理，其案件的公正性亦难保证。

（三）将赔偿委员会设在人民法院，与我国现行法院与检察院并行设置的司法体制相抵触。审判机关与检察机关在目前司法体制中的地位与职权关系微妙，法院赔偿委员会不适于审理检察机关作为赔偿义务机关的案件。作出的赔偿决定也无法强制执行。赔偿委员会设置在法院系统内导致其功能丧失，影响司法赔偿案件的合理解决，必须考虑从根本上改变对赔偿委员会的设置。

司法赔偿是继 1990 年实施《行政诉讼法》将行政机关具体行政行为是否合法的裁决权赋予人民法院之后，将检察机关的违法、错误检察行为的赔偿决定权赋予人民法院。依据国际通行的行政诉讼制度，作为国家行政机关的政府与公民发生行政纠纷时，一律由法院依据事实和法律居中裁决。经过十余年司法实践，我国政府各部门已经比较熟悉行政审判制度，适应了以被告身份与原告对簿公堂，主张自己合法权利，尊重法官裁决地位，接受败诉客观现实，提高依法行政水平。

但承袭苏联模式的我国检察制度，却与世界通行做法不同，它除行使正常公诉权、侦查权外，还行使对审判在内的整个司法活动的法律监督权，包括法院赔偿委员会司法赔偿审理、决定活动的监督权。

在这种司法体制下，如何设计中国司法赔偿制度，着实让立法者颇费周折。经各方反复协商权衡后确定的我国司法赔偿程序，将检察机关错误拘留和逮捕，刑讯逼供、以殴打等暴力或者唆使他人以殴打等暴力或者违法使用武器、警械致人伤亡，违法对财产采取查封、扣押、冻结、追缴等措施的赔偿决定权，赋予人民法院，并为此在法院内新设立一个专门审判机构—赔偿委员会。在法院赔偿委员会办理赔偿案件的程序中，赔偿请求人和检察机关是赔偿案件的双方当事人，虽不以原告、被告相称，但双方诉讼地位平等，赔偿委员会法官则居中裁判。作为赔偿义务机关的检察院，应该接受赔偿委员会的调查、询问，提供相关证明材料，并应自觉履行赔偿委员会作出的赔偿决定，给付赔偿金等。

《国家赔偿法》实施 13 年的实践表明，司法赔偿案件的这种审理决定体制，尽管比较方便，节省审理成本，但法院与检察院两家在对《国家赔偿法》作出的司法解释、制定的规章制度、具体司法实践和检察机关如何既当"被告"又当监督者的微妙关系中，经常发生种种矛盾、摩擦，影响《国家赔偿法》的实施。

客观地说，在司法赔偿中造成检察机关和审判机关关系不协调的根本原因，不是认识上的，而是制度上的。我国宪法明文规定，人民检察院是国家法律监督机关，刑事诉讼法、民事诉讼法、行政诉讼法将监督权进一步落实到三大诉讼之中。尽管从理论上说，监督者也应被监督，但法律明确具体规定的审判活动的法律监督机关，却要在审判活动中处于被审判的地位，似乎找不出任何一条法理来加以解释。现行司法体制解决不了这一问题，问题的出路只得寄希望于改革。

（四）《国家赔偿法》关于赔偿委员会的性质和设置，一直存在争论。《国家赔偿法》关于赔偿委员会的性质没有定位。赔偿委员会是否为法院的审判机构，有何权力，赔偿法并没有明确。这种既不是审判委员会，也不是合议庭的机构是否常设、单独设置、还是合并设置等涉及司法赔偿案件审判机构的根本问题极不明确。

（五）将目前设立在审判机关的国家赔偿机构和人员成建制划归中央、省、市三级人民代表大会内务司法委员会（或法律委员会、法制委员会），工作难度不大，基本不涉及增加编制、增设机构问题，不会影响司法赔偿工作的正常进行。

13 年来，依据现行《国家赔偿法》和最高法院司法解释，在全国法院系统已经设立了最高法院、高级法院和中级法院的赔偿委员会。各级法院赔偿委员会依法审理了一大批司法赔偿案件，培养了一批能依法审理国家赔偿案件的业务骨干。在全国法院系统设立的三级赔偿机构，正好同中央、省、市三级人民代表大会相匹配，将其划归人民代表大会后，国家赔偿委员会组成人员在仍以审判机关资深法官为主的前提下，可适当吸收检察、公安、安全、监狱、监察、纪检、财政、政协、律协等机关人员参加，增强其权威性。具体案件仍由从法院划归出来的赔偿办公室办理。

这样，将上述机构和人员成建制地划归中央、省、市三级人民代表大会内务司法委员会后，司法赔偿能照样正常开展，不会因设置调整对国家赔偿工作造成不利影响。

（六）将国家赔偿机构和人员成建制从法院划归人民代表大会，不仅不会对司法赔偿工作造成不利影响，而且会因此理顺最高法院同最高检察院对立法理解差异而作出不同司法解释的非正常关系，提高司法赔偿决定的权威。

我国现行司法解释制度，赋予最高法院和最高检察院对国家法律同等进行解释的权力，双方的司法解释具有同等法律效力。这样，由于双方立场、角度不同，对同一立法事项有不同理解而作出不同的司法解释。尽管法律规定有解决此种司法解释冲突的规定，但由于启动程序复杂、工作效率低下、人员配备不足等因素，使得司法实践中经常发生因"两高"解释差异而使得司法人员无所适从、影响司法赔偿案件审理的尴尬局面。如能将国家赔偿机构和人员成建制从法院划归人民代表大会相关机构，则由于人大作为国家权力机关和立法机关的地位，这一问题即会迎刃而解，彻底解决法律监督机关在审判机关当"被告"的尴尬，提高司法赔偿工作效率和水平。

（七）将国家赔偿机构从法院划归人民代表大会，为解决国家赔偿决定执行难创造条件。当前国家赔偿工作的难点之一，是国家赔偿决定不易执行。国家赔偿决定执行难，与法院其他生效判决执行难相比，其性质与后果更加严重：其他判决执行难，主要发生在平等民事主体之间，胜诉人甚至可以采取街头叫卖判决书的极端方式。而国家赔偿决定，是发生在不可能平等的两个主体之间，一方是孤立无助的公民个体，另一方是拥有无比权力的国家机器。对受害公民的侵害，不是来自普通公民，不是来自受到道德谴责和法律制裁的违法犯罪分子，而是来自代表人民行使公权力的国家，来自以道德和法律的神圣名义给予的非法侵害，这种侵害对受害人的物质和精神摧残远非其他摧残可比。好不容易经过漫长的上访、申诉、求爷爷、告奶奶，历经千辛万苦，盼来了冤狱平反和国家赔偿决定，却还是不能兑现的一纸空文，这对受害人的打击、对党和国家诚信的损害、对构建和谐社会的嘲弄，其恶劣影响程度实在难以估量。因之，解决国家赔偿决定执行难的问题，应该得到非比寻常的重视。从目前情况看，赔偿决定执行难的因素有三：

1. 法律未明确规定国家赔偿决定可以强制执行。现行《国家赔偿法》尽管规定"赔偿委员会作出的赔偿决定，是发生法律效力的决定，必须执行"，但并未明确规定人民法院是否可以强制执行。法院审判工作从程序上可以分为四类：刑事诉讼、民事诉讼和行政诉讼三大诉讼程序，再加一个国家赔偿决定程序。关于强制执行的规定，都是针对三大诉讼程序中的判决、裁定而不是决定，国家赔偿司法实践中具体做法不一，影响国家赔偿决定的及时、有效执行。

2. 国家赔偿费用"分灶吃饭"的财政体制，使经济欠发达地区国家赔偿决定难于执行。《国家赔偿法》第 29 条规定："赔偿费用，列入各级财政预算，具体办法由国务院规定。"国务院发布的《国家赔偿费用管理办法》第6条规定："国家赔偿费用，列入各级财政预算，由各级财政按照财政管理体制分级负担。各级政府应当根据本地区的实际情况，确定一定数额的国家赔偿费用，列入本级财政预算。国家赔偿费用由各级财政机关负责管理。当年实际支付国家赔偿费用超过年度预算的部分，在本级预算预备费中解决。"

13年司法实践表明，上述规定比较适合经济发达地区，而对于经济不发达地区，由于地方财政收入低，不愿或无法将赔偿费用列入财政预算，使国家赔偿费用成为无源之水。

3. 国家赔偿费用先从本单位预算经费或资金中支付、再向同级财政机关申请核拨的规定，使国家赔偿变为单位赔偿。《国家赔偿费用管理办法》第7条规定："国家赔偿费用由赔偿义务机关先从本单位预算经费和留归本单位使用的资金中支付，支付后再向同级财政机关申请核拨。"第9条规定："财政机关对赔偿义务机关的申请进行审核后，应当分别情况作出处理。"这些规定从财政监督角度看其用意是好的，但在实践中，一些赔偿义务机关或担心影响政绩和形象，或嫌麻烦，而不向财政机关申请核拨，从本单位"小金库"中支付了事。据报道，某开放城市1995年设立的5000万元赔偿经费至2000年尚无人问津；某自治区财政单列国家赔偿专用资金数百万元，6年来只有一家单位申请核拨。而该区仅1999年就有赔偿案件76件，赔偿金额47万元，外加全区一审行政诉讼案件1100件中很大一部分附带行政赔偿。

现行赔偿经费支付方式相当程度上阻碍国家赔偿的实施：发达地区财政有预算，但义务机关怕丢面子，不到财政核销；欠发达地区财政困难未作国家赔偿项目预算，义务机关的赔偿费用由自己解决。这样有可能使国家赔偿发生质的变化，使国家赔偿成了行业赔偿、部门赔偿、单位赔偿。这势必导致赔偿义务机关不再履行义务。既增加了受害人获赔的难度，又使国家无法统一掌握赔偿情况，减弱了国家赔偿的监督功能。

如果将国家赔偿机构从法院划归人民代表大会，人民代表大会拥有对国家财政预算、决算的决定权和监督权。同级人大在审议预算时，发现赔偿费用未列入预算或数额显然过低的，应不通过对预算的审议。该地区经济确实困难的，国家财政可拨付赔偿补助金。同级人大及上级财政机关对该项资金的使用应加强监督。或者将单独列支的赔偿金设为独立的国家赔偿基金，赔偿请求人凭赔偿协议书、决定书或判决书直接从该基金中申领，或直接向财政机关申领，国家赔偿决定执行难的问题，或可基本解决。

综上所述，现行《国家赔偿法》将赔偿委员会设在人民法院的规定，是由当时历史条件决定的，既有其合理性，也存在理论和体制障碍。经过十余年司法实践，其存在问题日益显现，矛盾日益突出，现在到了将设在法院的赔偿委员会回归至国家相关机关的时候了，不要等到历时长久、问题成堆、积重难返时再着手改革。

在中国现行政治和司法架构下，值此《国家赔偿法》正在进行重大修改之际，将目前设立在审判机关的国家赔偿机构和人员成建制划归中央、省、市三级人民代表大会内务司法委员会，必将对促进国家机关及其工作人员依法行使职权、保障受害人基本人权、推进依法治国、构建和谐社会起到积极作用。

《国家赔偿法》修改：进步明显 遗憾尚存

专访原北京高级法院副院长、国家赔偿委员会主任陈春龙教授

一　归责原则

新法：第二条 国家机关和国家机关工作人员行使职权，有本法规定的侵犯公民、法人和其他组织合法权益的情形，造成损害的，受害人有依照本法取得国家赔偿的权利。

新京报：原来的《国家赔偿法》第二条规定了"违法原则"，即违法行使职权造成损害的才赔偿，这次修改为什么删掉了？

陈春龙：我国国家赔偿法与国外不同。国外国家赔偿法只包括行政赔偿，司法赔偿另外立法，叫冤狱赔偿法。我国则将行政赔偿与司法赔偿规定进一部国家赔偿法内。行政赔偿适用"违法原则"没有问题，但司法赔偿也用"违法原则"就不全面了。有的司法行为违法行使司法权当然要赔，但有的行使司法权虽然不违法，结果错了也得赔，应实行"结果责任原则"。原国家赔偿法把两个合为一体，均适用"违法原则"，不够科学。

新京报：为什么我们国家的赔偿法，要把行政赔偿和司法赔偿放到一个法里，而不是依据国外惯例分开立法？

陈春龙：国家赔偿是近五六十年在国际上兴起的法律领域，其理论和实践尚处初级阶段。将司法赔偿与行政赔偿规定在一部国家赔偿法中，是我国立法工作者在总结世界各国和地区司法赔偿立法经验基础上采取的一种立法方式。司法赔偿和行政赔偿均由国家承担赔偿责任的共同性质和我国的具体情况，决定二者在赔偿主体、赔偿标准、赔偿方式上适用相同规定。将二者规定在一部法律中，既符合立法原理，又便于公民了解掌握，具有中国特色。当然也就产生一个赔偿原则问题。

新京报：那现在修改后的国家赔偿法适用什么赔偿原则？

陈春龙：法条里没有明确宣示，应该是"违法原则"兼"有条件结果责任原则"。"违法原则"针对行政赔偿，"不违不赔"是国际通行规则。司法赔偿本来在三审稿中是"结果责任原则"，后来在四审时，又在刑拘赔偿方面做了限制，规定了条件，所以说是"有条件结果责任原则"。

二 刑拘赔偿

新法：第十七条 行使侦查、检察、审判职权的机关以及看守所、监狱管理机关及其工作人员在行使职权时有下列侵犯人身权情形之一的，受害人有取得赔偿的权利：（一）违反刑事诉讼法的规定对公民采取拘留措施的，或者依照刑事诉讼法规定的条件和程序对公民采取拘留措施，但是拘留时间超过刑事诉讼法规定的时限，其后决定撤销案件、不起诉或者判决宣告无罪终止追究刑事责任的；

新京报：为什么在刑拘赔偿上留了个尾巴，合法的错误刑拘只有在超期羁押时才赔？

陈春龙：据我了解，在过去国家赔偿司法实践中，只要是错误刑拘，不管程序是否合法，一律赔偿。举个例子，杀人现场一个尸体躺着，你就在现场，身上有血，甚至手上还拿着凶器，警察一到肯定把你抓了。依据刑事诉讼法这种情况一定要拘留。但后来深入侦查，原来你是路过的，救死扶伤，见义勇为，或者中圈套被陷害。但到最终弄清事情原委时，你已被羁押相当时日，已给你造成物质和精神损害。如果不赔偿，于情于理于法都说不过去。

新京报：为什么这次要改为不赔偿？

陈春龙：立法机关也有它的道理。有常委会委员在审议时提出突发事件、群体性事件和严重打砸抢烧事件时的紧急情况下，该抓的抓了，抓了以后，通过甄别，该放的就放，最后受法律制裁是很少一部分，如果都赔那还了得。这么规定是为了维护祖国统一、民族团结和稳定大局。

新京报：应该怎么看这个问题？

陈春龙：个人认为，从现代国家法律体系看，对付大规模突发性骚乱等紧急状况应以紧急状态法加以规范，届时依法暂时剥夺公民人身自由不产生赔偿问题。而对于规范正常社会状态下的国家赔偿法而言，程序正确结果错误的剥夺公民人身自由必须给予赔偿，否则即不公正。

新京报：但现在新法这样规定了，会不会导致大量的错误刑拘不予赔偿？

陈春龙：法律已经通过了，只能想办法补救。个人建议：第一，在国家赔偿法修正案尚未生效前，立法或司法机关尽快作出相关解释，将程序正确结果错误剥夺公民人身自由不予赔偿的情况，严格限定在极小范围内（仅限于分裂国家、分裂民族、危害国家安全等极个别情况），以保证此种情况的绝大多数能得到国家赔偿。第二，抓紧在突发事件应对法基础上制定紧急状态法。紧急状态下国家有权暂时限制公民人身自由不予赔偿，此乃世界通例。

三　精神损害赔偿

新法：第三十五条　有本法第三条或者第十七条规定情形之一，致人精神损害的，应当在侵权行为影响的范围内，为受害人消除影响，恢复名誉，赔礼道歉；造成严重后果的，应当支付相应的精神损害抚慰金。

新京报：精神损害赔偿写入了赔偿法，您怎么评价？

陈春龙：精神损害赔偿写入赔偿法意义重大，是尊重民意以人为本的体现。人之所以不同于动物，在于他有头脑、意识和精神。任何外力在作用于其肉体同时，通过其神经、视觉、听觉，同时、甚至预先作用于其精神，使其处于严重的恐惧、焦虑、羞辱、悲愤状态以至精神失常者，屡屡可见。致人死亡后给其家属、子女造成的精神痛苦，更是沉重深远。而且对受害人的此种侵害，不是来自普通公民，不是来自受到道德谴责和法律制裁的违法犯罪分子，而是来自代表人民行使公权力的国家，来自以道德和法律的神圣名义给予的非法压力。这种压力对当事人的精神摧残远非其他痛苦可比。因此，当侵权行为纠正以后，仅给受害人物质损害赔偿，不给其精神损害赔偿的做法是不公正的。比如佘祥林蒙冤入狱，屈打成招，妻离女散，家破母亡，牵连无辜，身心俱碎，其造成的各种有形和无形损失，岂是仅按照羁押天数计算的二十几万元就能赔偿得了的！仅仅赔偿有形的物质损失，不赔偿看似无形、实则在4009个日日夜夜形影不离地压抑在佘祥林本人及其亲属、压抑在善良无辜出具"良心证明"的邻县乡亲身上的沉重精神枷锁所造成的精神损失，是既不合人情，又不合法理的！何况民事赔偿中已有精神损害赔偿。

新京报：现在精神损害赔偿的规定是否足够？

陈春龙：现在关于精神损害赔偿的这一规定比较原则，随意性大，操作性差，法官的自由裁量与当事人的请求之间存在扯皮空间。对于精神损害赔偿的具体标准，哪一些构成"造成严重后果"，现在赔偿法中没有做出具体规定。这主要是由于精神损害和财产损失不一样，看不见、摸不着，认定比较困难，现实情况复杂，案件千差万别。在实践经验不足情况下，一时很难在法律中作出抽象统一的规定。留待以后具体案件中由司法机关进行认定，由最高人民法院根据审判实践中出现的具体问题，适时作出司法解释。

四　赔偿费用

新法：第三十七条，赔偿义务机关应当自收到支付赔偿金申请之日起七日内，依照预算管理权限向有关的财政部门提出支付申请。财政部门应当自收到支付申请之日起十五日内支付赔偿金。

新京报：这一次明确了取得赔偿费用时间，您觉得能真正解决理赔难吗？

陈春龙：比过去进步的地方就是明确了七天、十五天的期限，真正解决理赔难还任重而道远。

新京报：过去由赔偿义务机关先行垫付，经常出现因为单位没钱就拖延的情况，这次明确由财政部门支付赔偿金，是不是能避免过去的弊端？

陈春龙：过去国家赔偿费用管理办法规定赔偿经费先由赔偿义务机关垫付，垫付之后再由国家财政进行支付。近年来推进的财政预算体制改革，细化了部门预算，国家机关已经没有这种垫付的资金了。这次修改规定了国家赔偿的费用要列入各级财政预算，但还应对此作出强制性规定，增加预算的刚性要求，同时明确要接受同级人大常委会的监督，否则，经费不保证，赔偿就会成为一句空话，很难取信于民。

新京报：这个问题应该怎么解决？

陈春龙：个人建议应单独设立一个赔偿基金，当事人凭赔偿决定书直接到基金会拿钱。或者就在财政局设立一个国家赔偿基金窗口，受害人拿着决定书直接到窗口领钱。设立赔偿基金沿海发达地区没有问题，中西部地区有困难应由国家财政补助。

五　取消确认程序

新法：第九条 赔偿义务机关有本法第三条、第四条规定情形之一的，应当给予赔偿。赔偿请求人要求赔偿，应当先向赔偿义务机关提出，也可以在申请行政复议或者提起行政诉讼时一并提出。

新京报：这次在赔偿程序方面，取消了赔偿义务机关的确认程序，您怎么评价？

陈春龙：取消国家赔偿程序中赔偿义务机关自己确认自己违法、错误的规定，是此次国家赔偿法修正案的一大亮点。当年佘祥林向公安机关提出"受到刑讯逼供造成身体损伤"的国家赔偿未能成立，其程序原因，在于刑讯逼供违法行为未得到公安机关确认。确认难，是受害人申请国家赔偿的"拦路虎"。原来规定申请国家赔偿，首先要向赔偿义务机关提出，赔偿义务机关对赔偿请求中涉及的行为是否违法进行确认。如果赔偿义务机关作出不确认的话，申请人只能向上一级国家机关进行申诉。实践中经常出现对于赔偿请求拖延不办，有的干脆不进行确认，有的是部分确认、部分不确认，变相剥夺了当事人赔偿请求权。把确认程序去掉，是对受害人权益很切实的保障，应该大书特书。

新京报：取消确认程序，就能畅行无阻吗？

陈春龙：还有不足。新法实际上将确认权赋予了法院赔偿委员会。但法院赔偿委员会是虚的，办案机构是赔偿办公室。赔偿办公室本来就工作繁重，现在又加上一个复杂的确认堪难重负。

个人建议，把法院赔偿办公室改为国家赔偿审判庭，同时改革现行赔偿决定程序。决定程序不公开进行，缺乏公信力；没有双方当事人的意见和辩论，当事人的诉权不能完全保障和实现。决定程序实行一决终局制，而不是两审终审制，如果决定有失公平，当事人不大可能获得及时有效的救济。如在法院设立专门国家赔偿审判庭，把国家赔偿案件作为一类法律纠纷案件，通过诉讼程序来审理和判决，并入统一的诉讼程序和审级制度系统之中，必将进一步有利于受害人的权益保护，进一步促进国家机关依法行使职权。

（《新京报》2010 年 5 月 8 日）

念斌宣告无罪后又被立案侦查的几个问题

陈春龙（中国社会科学院法学教授）

刑事诉讼法上的两种无罪

问：既然念斌已被宣告无罪，为什么又被立案侦查？

答：我国刑事诉讼法规定了两种无罪：

第一，《刑事诉讼法》第 195 条第（二）款规定："依据法律认定被告人无罪的，应当作出无罪判决"，即事实清楚、证据确实充分的无罪判决，如大家熟知的湖北佘祥林"故意杀妻案"和河南赵作海"故意杀人案"；

第二，《刑事诉讼法》第 195 条第（三）款规定："证据不足，不能认定被告人有罪的，应当作出证据不足、指控的犯罪不能成立的无罪判决。"最近宣判的福建念斌投毒致死人命案和广东徐辉强奸杀人案等被宣告无罪，即是此种证据不足、不能认定有罪的无罪。

问：这两种无罪判决的法律后果有什么不同？对有念斌何影响？

答：此两种无罪判决的相同点是，均具有法律既判力，均必须坚决执行。即立即恢复被告的人身自由并依法享有国家赔偿的权利。不同点则在于既判力的绝对性与相对性。

事实清楚、证据确实充分的无罪判决，具有绝对既判力。如曾被法院终审判决认定的被佘祥林、赵作海杀死之人生命健在、亡者归来。此一扎实证据，使宣告佘祥林、赵作海无罪的再审判决，具有铁板钉钉的绝对既判力，永无动摇。

而证据不足、指控的犯罪不能成立的无罪判决，则具有相对既判力。

尽管此一判决一经作出，必须立即恢复被告的人身自由、并给予国家赔偿，但最高法院关于执行刑事诉讼法的解释第117条规定："对于根据《刑事诉讼法》第162条（后修改序号为第195条）第（三）项宣告被告人无罪，人民检察院依据新的事实、证据材料重新起诉的，人民法院应当予以受理。"而检察院重新起诉的新的事实和证据，来源于公安机关的重新立案侦查。所以，福建平潭县警方"我们是按法律办事，依法依规在做"的回答，不是没有依据的，意味着念斌也可能是嫌疑人之一。

念斌案判决书经得起时间检验

问：念斌在监狱里8年警方未找到充足证据，8月22日福建高院宣告无罪、9月警方就重新立案侦查，仅十多天警方就找到充足证据了？

答：我国刑诉法规定，作为国家行政机关组成部分的公安机关，在刑事诉讼活动中享有侦查权。出于同犯罪斗争需要，公安机关的侦查权不得不带有隐蔽性，带有某种神秘色彩。取得犯罪证据的难易程度和速度快慢，必然和偶然因素很多，不一定同经历的时间成正比，局外人无法揣测。

但通常情况是，像念斌案这样当事人锲而不舍、社会关注度高且历经8年风波不断的疑难案件，在福建高院无罪判决宣告之前，应该在相关司法机关内部反复进行过研究磋商，如能出现关键证据，法院是不会作出无罪判决的。1996年修改后的刑事诉讼法第162条确立疑罪从无原则以后，受中国国情制约，十几年内大多数法院均不敢援引此条判案，只是近几年才有所松动。我们从福建高院宣告念斌再审无罪的判决书中亦能读出法院的小心谨慎，判决书逻辑严密、有理有据，经得起时间检验。

一般说来，公安机关对法院再审以证据不足宣告无罪的案件，通常会有些抵触情绪。当年宣告佘祥林无罪时，一些公安人员还以堰圹女尸案未破为由，提出质疑。客观地说，公安机关承担保一方平安的重任，在"命案必破"压力下出些纰漏不是情不可原，但像念斌这样经过反复锤炼仍证据不足的案件，还是从保障人权角度加深理解为好。

问：被宣告无罪，当地公安机关却对念斌限制出境并重新立案侦查，法院不能作点什么吗？

答：不能。依据我国宪法和相关法律规定，在刑事诉讼拥有的侦查权、检察权、审判权三权中，法院享有审判权，也仅仅是审判权。侦查权属于公安机关。法院不仅不享有侦查权，而且也不能对侦查权进行监督和制约。能对侦查权进行监督和制约的，是检察机关。

据报载，目前公安机关对念斌进行限制的内容，还仅仅是人身自由中的出境出国，尚未涉及其他方面。如果当事人对此有异议，可以向检察机关提出，申请检察机关就"立案侦查""布控对象""禁止出境"事项的合法性、合规性，从程序和实体两方面进行审查，并就"立案侦查"时限作出解释和说明。

另外，依据我国独特国情，当事人还可向党委政法委反映，希望其出面协调，维护法律权威。依据宪法，人民代表大会拥有对"一府两院"的任命权、罢免权、监督权，申请人大内务司法委员会进行干预，亦是一种途径。

当然，从广义上说，法院再审的无罪判决，实质上也是对公安机关行使侦查权不当、不力的一种监督。如果念斌所述遭受公安机关刑讯逼供情节查证属实，人民法院还可以依法追究相关责任人和机关的法律责任和赔偿责任。

另外，比较切实可行的是，念斌应以福建高院再审无罪判决书为依据，尽快向法院赔偿委员会申请国家赔偿，以解决当下治病燃眉之急。更为重要的是，取得国家赔偿，就从国家审判角度，将此案完全彻底地落实下来。

疑罪从无的理论与实践意义

问：听了您的分析，很有启发。能再谈谈念斌案疑罪从无的意义吗？

答：疑罪从无，是指现有证据既不能证明被追诉人的犯罪行为，也不能完全排除被追诉人实施了被追诉犯罪行为的嫌疑，根据无罪推定原则，从诉讼程序和法律实体上推定被追诉人无罪，从而终结诉讼的法律行为。

"疑罪"是司法实践中难以避免的常见现象。以往常常采取"疑罪从有"、"疑罪从挂"、"疑罪从轻"的做法，即对于事出有因又查无实据的疑难案件，大都采取反复适用补充侦查、司法机关内部协商、请示上级等办法，先挂起来拖着，对已经被逮捕的犯罪嫌疑人长期关押，既不定罪又不释放。严重侵犯了他们合法的人身权利和诉讼权利，造成恶劣社会影响，又长期耗费司法机关人力物力，浪费司法资源。

1996年修改后的刑事诉讼法确立了疑罪从无原则，但由于长期实行的严刑主义、"被告即罪犯"传统观念根深蒂固，公检法之间彼此照顾面子、利用被告人心虚、冒险摆平的做法常能"相安无事"，再加上一些司法人员法律修养和专业素质不高、执行疑罪从无的底气不足，"疑罪从无"原则在我国的有效执行，还任重而道远。令人欣慰的是，从近十年来披露的类似念斌、徐辉冤错案件看，疑罪从无原则的贯彻执行有了新的进展。一批事实不清、证据不足的"严重犯罪"案件，在真凶抓获之前甚至抓获无望的情况下，仍能依法果断地宣告无罪，并予以国家赔偿。

当然，疑罪从无是社会发展到一定时期的产物。在社会矛盾尖锐、治安情况复杂，严重犯罪频发，人民生命财产受到威胁，正常社会秩序难以维持的时期，依法从重从快严厉打击犯罪分子的嚣张气焰，维护社会秩序，保障人民利益，是司法机关的首要职责。只有在社会发展进入相对平稳以后，才能在法治建设进程中，对法律价值进行协调和平衡，在关注保护社会之外，加重对公民人权的保障和尊重。保障和尊重的程度是渐进的，立即实行法治发达国家的"禁止双重危险原则"，条件似未成熟。

世界上的事物是复杂的，具有两重性。在疑罪从无思想指导下，我们既要看到念斌、徐辉等重获人身自由，保障其人权的一面，也要看到念、徐二案真凶未获，二案受害人再次期盼无望、痛彻心扉的一面。既要严厉打击犯罪又要保护人权，既不能冤枉一个好人又不能放纵一个坏人，是司法永远追求的终极目标。

（《新京报》2014 年 12 月 2 日，刊登时有改动）

陈年冤案确认与平反之思索

陈春龙（法学教授）

背景资料

据报载，1973 年，海南文昌 3 名初中女生为能被推荐上高中，称遭到老师符福山奸污。40 年后 3 人出面承认诬告。据了解，符福山在"文化大革命"期间因卷入派系斗争被人搜罗罪名，其中即包括 3 名女生揭发的"奸污"罪。40 年来，符福山辗转各部门申诉平反，官方表示新证词不足以推翻原案。

符福山"强奸冤案"上访40年的辛酸经历，一下子又将人们带回到那个动荡不安的年代。最高决策者的失误给国家和民族带来的深重灾难，以致40年后的无辜小民仍旧挣扎在泥潭之中。

符福山的遭遇再次以一起具体个案，向人们昭示党中央关于若干历史问题决议中否定"文化大革命"的正确，再次印证中共十八届三中全会《关于全面深化改革若干重大问题的决定》中"完善党和国家领导体制，坚持民主集中制"，"加强和改进对主要领导干部行使权力的制约和监督"的必要性。

类似符福山"强奸冤案"的事例，在"文化大革命"中不是少数。在那无法无天的年代，当时认为绝对正确的"政治"压倒一切，法律和"四旧"一起被扫进历史垃圾堆。自由被随意剥夺，人权被任意践踏，冤假错案遍于国中，屈死冤魂游荡海内。像符福山这样能熬过劫难，活着至今吁请平反的，实属不易！

然平反谈何容易！40年时光荏苒，人事变动，时过境迁，证据灭失。在讲究"以事实为根据法律为准绳"的法治时代，尽管当年"诬陷者"勇于站出来澄清真相，但"言词"、"口供"须经查证属实，"唆使"之人能否找到？找到后作何陈述？为何"唆使"？当事人当年"自愿"或"被迫"供述"强奸事实"的时间、地点、情节，能否一一查证……在历经40年之后，谈谈容易，操作何难！

然就此知难而退，让符福山背着黑锅一辈子？牺牲一介平民事小，事关依法治国重大。在21世纪的今天，平等保护每一位公民的基本人权，是现代国家的基本职责，更何况事件起因缘于党和国家决策之失误。

是故，依敝人之见，当地司法机关应该积极主动受理此案，克服一切困难，尽量查清事实真相，给当事人和社会一个明白交代。当地政法委作为党委协调公安检察法院的专门机构，应充分发挥统筹协调作用，做好相关机关工作，使其彼此之间不推诿、不扯皮，不畏难，同心协力，攻克难关。

如果最终在事实和证据面前能还符福山一个清白，确实证明符福山"强奸冤案"为冤案，依据现行《国家赔偿法》，侵权行为发生在1994年12月31日以前，案件平反在1995年1月1日以后，此案很难属于国家赔偿范围，但不等于侵权机关不承担侵权责任。只是不适用赔偿法处理，应适用当时的法律、法规或政策处理。建议当地政府除给当事人消除影响、恢复名誉、赔礼道歉外，还应根据当事人具体情况给以切实、充分的物质救济，以尽快平复社会创伤。

（《新京报》2014 年 12 月 9 日，刊登时有改动）

《国家赔偿法》实施 20 周年（1995—2015）

专访原北京高级法院副院长、国家赔偿委员会主任陈春龙教授

及时纠正冤假错案　全面落实国家赔偿

背景资料：

△**中央决定**　中共十八届四中全会《关于全面推进依法治国若干重大问题的决定》："完善对限制人身自由司法措施和侦查手段的司法监督，加强对刑讯逼供和非法取证的源头预防，健全冤假错案有效防范、及时纠正机制。"

△**冤假错案**　2005 年湖北佘祥林杀妻案、河南胥敬祥抢劫案。2010年河南赵作海杀人案。2013 年披露 12 起冤假错案，如浙江张高平、张辉叔侄强奸杀人案，浙江陈建阳、田伟冬等 5 人抢劫杀害出租司机案，福建陈科云、吴昌龙等 5 人邮包爆炸致死人命案，安徽于英生杀妻案。2014年福建念斌投毒杀人案、广东徐辉强奸杀人案、内蒙古呼格吉勒图流氓杀人案、海南黄家光故意杀人案等。

△**国家赔偿**　1994 年 5 月 12 日《国家赔偿法》公布，1995 年 1 月 1日实施。2010 年《国家赔偿法》大幅修改，取消确认程序，增加相关规定。但对程序合法、结果错误的刑事拘留赔偿作了不当限定，预计国家赔偿案件大幅上升现象未曾出现。

陈春龙教授：

中国社会科学院法学教授，国务院政府特殊津贴法学专家。第八届、第九届全国政协委员。中国民主建国会第七届中央常务委员、法制委员会副主任。在国内外发表专著、译著、合著二十余部，论文百余篇，三次获得社会科学优秀著作奖。在国家赔偿理论与实务方面，1992 年参与《国家赔偿法（试拟稿）》、1993 年参与《国家赔偿法（草案）》立法研讨。

1994 年任北京高级法院副院长兼国家赔偿委员会主任，组建国家赔偿审理机构，主管全市国家赔偿审判工作。2009 年向立法机关提交"关于修改《国家赔偿法》的十项建议"。出版《中国司法赔偿》、《冤假错案与国家赔偿：佘祥林案法理思考》、《中国国家赔偿论》三部专著。

《国家赔偿法》的根本意义

《新京报》：为什么会产生冤假错案？

陈春龙：尽管从哲学意义上看，人们主观认识与客观世界不一致的矛盾永远存在，冤假错案无社会主义与资本主义之分，古今中外概莫能免。但就目前中国情形来说，冤假错案发生之频率与程度，也着实让人关注。正如舆论指出中国当前反腐败力度"数千年"罕见，是源于中国腐败态势创"数千年"之记录一样，处于政治、经济、社会急剧变革中的我国，司法领域不能独善其身，而处于保障公平正义最后关口的司法领域的权力寻租，其危害动摇国家根基。加大司法领域反腐力度、实行司法终身责任追究制、深入推进司法体制改革，十分必要。作为侵犯公民权利后补救措施的《国家赔偿法》的实施和落实，亦就十分迫切。

《新京报》：制定实施《国家赔偿法》的根本意义在哪里？

陈春龙：正如刑法产生于犯罪一样，国家赔偿来源于冤假错案。1995年 1 月 1 日，中华人民共和国历史上第一部《国家赔偿法》正式生效实施。以宪法规定为依据，以《国家赔偿法》为核心，以其他法律、法规相关规定为辅助的中国国家赔偿法律制度，自此在拥有数千年"官贵民轻"、"官无悔判"、"官官相护"封建传统的神州大地正式确立。

国家赔偿法的实施，是中国民主法治建设的一座里程碑。它不仅从法律上肯定了作为管理者的国家与作为被管理者的公民在法律地位上的平等，明确了违法侵权的国家与任何违法侵权的个人一样必须承担赔偿责任，改变了建国后数十年来习以为常的受害人向党和国家千恩万谢、感恩戴德、诚惶诚恐的思维定式，而由平反者以国家名义向被平反者承认错误、赔礼道歉、赔偿损失。如果说，1949 年中华人民共和国成立，使中国人民从政治上站立起来的话，那么，1995 年国家赔偿法实施，则使中国人民从法律上站立了起来。

国家是由人民产生的。人民既通过法律规定授予国家组织管理全社会事务的权力，又依据法律规定对国家进行监督和制约。国家赔偿就是人民根据法律对国家的否定和谴责，是国家因违反人民授权而承担的违约责任。

《国家赔偿法》的实施

《新京报》：最初实施《国家赔偿法》情况如何？

陈春龙：如同任何新生事物的成长不可能一帆风顺、一蹴而就一样，国家赔偿这一来自异域的法律制度适应中国独有气候和水土，需要一个过程。《国家赔偿法》实施数年后，立法缺陷纷纷暴露，司法困局难以破解，社会不满情绪高涨，专家批评建议频频。

《新京报》：如何破解这一局面？

陈春龙：《国家赔偿法》必须大修。2005 年开始经过 5 年举国上下努力，于 2010 年通过了《关于修改〈中华人民共和国国家赔偿法〉的决定》，肯定成绩，正视问题，创新修改：取消单独前置的确认程序，搬掉了国家赔偿的"拦路虎"；引进举证责任倒置原则，让公安机关举出未刑讯逼供之证据；增加精神损害赔偿，明确支付赔偿金时限，增加质证和监督程序。方便冤假错案受害人行使求偿权。

《新京报》：《国家赔偿法》修改得尽如人意吗？

陈春龙：事物总是一分为二的。修改后的《国家赔偿法》对程序合法、结果错误的刑事拘留只在超期羁押时才予以赔偿、未超期羁押一概不赔的限定，是很不适当的。

《新京报》：为什么会这样规定呢？

陈春龙：本来赔偿法（草案）一、二、三审稿规定程序合法、结果错误的刑事拘留一律赔偿，但在四审审议时有人大常委会委员提出突发事件、群体性事件和严重打砸抢烧事件时的紧急情况下，该抓的抓了，抓了以后，通过甄别，该放的就放，最后受法律制裁是很少一部分，如果都赔那还了得。这么规定是为了维护祖国统一、民族团结和稳定大局。

其实，从现代国家法律体系看，对付大规模突发性骚乱等紧急状况应以紧急状态法加以规范，届时依法暂时剥夺公民人身自由不产生赔偿问题。而对于规范正常社会状态下的国家赔偿法而言，程序正确、结果错误的剥夺公民人身自由必须给予赔偿，否则即不公正。

《新京报》：现在怎么办？

陈春龙：个人建议：第一，立法机关或司法机关尽快做出相关解释，将程序正确、结果错误剥夺公民人身自由不予赔偿的情况，严格限定在极小范围内，仅限于分裂国家、分裂民族、危害国家安全等极个别情况，以保证在此种情况下绝大多数人能得到国家赔偿。第二，抓紧在《突发事件应对法》基础上制定紧急状态法。紧急状态下国家有权暂时限制公民人身自由不予赔偿，此乃世界通例。中国国内面临的日益严峻的反恐形势，也促使紧急状态法必须迅速提上议事日程。第三，作为过渡办法，对于符合刑事诉讼法程序、条件、时限三要素的合法刑事拘留，其后决定撤销案件、不起诉或者判决宣告无罪终止追究刑事责任的，可参照《国家赔偿法》予以国家补偿。既维护司法权威，又给受侵害权利者以切实救济。

《新京报》：为何实施新《国家赔偿法》后赔偿案件未出现大幅上升现象？

陈春龙：本来预计在搬掉了确认这只"拦路虎"、让公安机关举出未刑讯逼供之证据、增加精神损害赔偿等重大修改以后，国家赔偿案件尤其在刑事赔偿和非刑事司法赔偿立案数量上会有一个大幅提升。但5年司法实践表明，国家赔偿案件数量与修改前基本持平，上升不大，其中缘由值得理论界和实务界深思。

个人认为，上述立法对程序合法、结果错误的刑事拘留赔偿作了不当限定，是一重要原因。此外，部分公检法司及相关行政机关知错"私了"，不走国家赔偿程序，以免影响形象；正规司法渠道不畅，公民对赔偿法了解不够，信"访"不信"法"；国家赔偿审理机构混淆请求权与胜诉权、立案审查标准与实体审查标准的区别，对立案标准的把握过于严格，等等，也许是重要因素。当然不可否认的是，经过长期不懈努力，我国司法水平确有明显提高，防范冤假差错案件意识显著增强，亦是国家赔偿案件数量未大幅上升的原因之一。

但总体看来，国家赔偿案件数量与我国司法实际状况并不相符，国家赔偿理论与实践在中国的发展与实行，还任重而道远。

全面落实国家赔偿

《新京报》：在目前现实下如何进一步保障公民权利、落实国家赔偿？

陈春龙：保障公民权利落实国家赔偿的根本方面，在于严厉惩治司法腐败，深入推进司法体制改革，切实提高司法水平，减少、杜绝冤假错案之发生，发生后诚恳、积极、热情，公正地发现一起，依法处理一起，用好、用足国家赔偿法律规定，切实保障公民权利，迅速平复社会创伤。

从《国家赔偿法》实施角度看，个人认为有三个问题急需解决：一要解决执行难，二要进行国家追偿，三要酌情予以国家补偿。

执行难一直是困扰中国司法的一大难题，国家赔偿决定执行亦逃不出此种窘境。而国家赔偿决定执行难，比起普通民事、经济纠纷执行难对当事人的伤害更深、更烈。尽管修改后的《国家赔偿法》在赔偿金的支付上增加规定了两个期限：赔偿义务机关收到申请之日起7日内应向财政部门申请，财政部门应在15日内支付赔偿金。但在实际工作中，某些财政部门要对赔偿决定正确与否进行审核，为向财政部门申请却让受害人在拿到赔偿金之前先写好收条，一些地方财政预算中赔偿资金不到位，少数领导干部不当干预等情况，经常给历经千辛万苦、终获平反改正、身心俱疲的冤假错案受害人以二次伤害。

为方便请求人早日领到来之不易的赔偿金，个人建议，赔偿请求人可以凭生效的判决书、复议决定书、赔偿决定书或者调解书，直接向相关财政部门领取赔偿金，减少不必要的中间环节。至于相关部门间的财经、纪律监督，应用其他方式解决，不可因此妨害受害人求偿权。对地方财政预算中赔偿资金作出硬性规定，确有困难的，由中央或省级财政补足。

《新京报》：曾被学者戏称多年的"休眠条款"国家追偿，还处于休眠休态？

陈春龙：《国家赔偿法》关于国家追偿的规定已有20年，内容包括国家行政追偿和国家司法追偿两部分。但由于各种原因，此一规定很难落到实处，成了被法学界戏称的"休眠条款"。尽管全国有少数法院曾作出《关于人民法院落实国家赔偿追偿制度若干问题的规定（试行）》，使国家追偿从纸面规定走向实际执行迈出了一步，但由于《国家赔偿法》本身对如何追偿规定不细，赔偿义务机关对下属迁就姑息，致使"休眠条款"在全国范围内基本未被唤醒，实际被追偿的具体事例鲜有耳闻。

社会各界对玩忽职守、滥用职权、刑讯逼供、徇私枉法导致冤假错案国家赔偿的司法人员未受到应有的经济追偿，十分不满。2013年12月19日，北京9名律师联合上书全国人大常委会；2014年7月24日，北京市人大代表、北京市律师协会副会长高子程等16名律师再次上书全国人大常委会，建议落实和完善《国家赔偿法》对错案责任人追偿制度，即是此种民意的集中体现。

国家追偿，指赔偿义务机关在向受害人履行赔偿义务后，依法责令负有责任的国家行政和司法工作人员，承担部分或全部赔偿费用的制度。对于赔偿义务机关来说，国家追偿既是权力，又是职责。只要符合法定条件，赔偿义务机关必须追偿，不得放弃。否则，即违反法定职责，因为此一职责是由国家授权并代表国家进行的。国家对具有故意或重大过失的国家工作人员追偿的目的，主要不在于挽回一定的经济损失，而在于严肃法纪，整顿队伍，使国家机器的运转保持正常、有序状态，有效实现国家的总体目标。

国家追偿是国家对国家工作人员进行监督和惩戒的一种方式，遏制国家工作人员行使职权的随意性、特权性、违法性，督促其奉公守法，兢兢业业，尽职尽责，努力学习，不断提高执法和司法水平，慎重行使法律赋予的职权。当然这种惩戒应控制在科学合理的范围内。《国家赔偿法》将国家司法追偿范围和对象，限定在刑讯逼供、殴打、虐待、违法使用武器、警械造成公民身体伤害或死亡，以及贪污受贿、徇私舞弊、枉法裁判等情形之内，是合适的。

个人认为，《国家赔偿法》关于国家司法追偿已有规定，问题在于如何落实。与其等待立法机关就此作出立法解释，不如由最高司法机关在总结20年经验基础上，尽快作出适用全国范围内的、操作性强的司法追偿的具体办法。在中央全面推进依法治国、深入进行司法体制改革、实行司法终身责任追究制的大环境下，此一司法解释的及时出台，更显得十分必要而迫切。

《新京报》：为什么要在国家赔偿之外酌情增加国家补偿呢？

陈春龙：现行《国家赔偿法》实行的是法定赔偿，法律未规定的一律不赔。而冤假错案受害人及其家人受到伤害的复杂情况和痛苦深度，不是法律能列举得了的。

仅凭法律规定获得的赔偿，有时不能弥补受害人的实际损失。现有赔偿范围不够宽，赔偿标准不够高。因此，在法律之外、情理之中酌情予以国家补偿很有必要。

《新京报》2014年12月25日，刊登时有改动

五　冤假错案与国家赔偿典型案例

有正义就有邪恶，有遵纪守法就有违法犯罪。人类本身固有的劣根性，很可能使得违法犯罪同理性良知一起伴随人类始终。

当然，在一个相对稳定的社会里，违法犯罪等非理性行为，在全社会的总体行为中，只占极少数。同样，在与违法犯罪作斗争的过程中，冤假错案的比例，亦然甚小，否则，该社会即不能稳定存在。

尽管如此，甚小比例的冤假错案对社会成员基本人权的伤害却是巨大的！它对社会和谐的强烈冲击、对为人民服务的国家权力异化为侵犯人民的可怕力量带给社会的激烈振荡，十分深刻而难以平复。

冤假错案带来的伤害，既有对个人、家庭和社会的摧残，同时严重破坏司法公信力。尽管从哲学意义上看，人们主观认识与客观世界不一致的矛盾永远存在，冤假错案古今中外概莫能免。在每年百万计的刑事案件中被发现的冤假错案仅有少数几例，比重不大，但它对公民人权的侵犯、对司法权威的损害是难以估量的。不断披露的冤假错案，尤其是其中掺杂令人发指的刑讯逼供情节，会使社会民众对司法产生反感和不信任，怀疑作为社会公正最后防线的司法裁判是否具有公正性、中立性、权威性，以至在自己遇到纠纷时不愿寻求司法解决，而选择法外方式，动摇社会稳定之根基。

因此，对于已经发现的冤假错案，国家和公民必须正确面对：公民应冷静看到大量案件正确裁决，冤错案件比例甚小。甚小的冤错比例，是国家维护社会秩序不得不付出的成本，且带有当时的社会历史痕迹，不必因此对国家权力失去信心。

而国家更必须深刻反省掌权、用权时的失误，检讨权力寻租导致冤假错案产生的根源，采取切实有效措施，整顿司法队伍，提高司法水平，改革司法制度，健全国家赔偿、补偿立法，严厉追究相关责任人和机构责任，给冤假错案受害人提供充分的司法救济，以尽量减少、杜绝冤假错案的发生，发生后不遮掩、不粉饰、不推诿、不袒护，诚恳、积极、热情、公正处理，迅速平复社会创伤。

如此，则受害人幸甚，百姓幸甚，社会幸甚，国家幸甚！

本书收录的 9 个冤假错案与国家赔偿案例，仅是近年来新闻媒体披露的一小部分。作者将其概括分为标准冤狱型、疑罪从无型与分歧争议型三类。其中标准冤狱型又依据司法机关纠错之方式，分为被动纠错与主动纠错两种。疑罪从无型则依据真凶查获情况，分为查获真凶与未获真凶两种。分歧争议型案例则重现还原了国家法治建设的艰难曲折历程，对今天法治中国建设极具警示意义。

需要说明的是，限于条件，9 个案例只能依据搜集到的各类新闻媒体报道综合而成，其中对事实的描述和判断恐有差池出入之处，其确切情况当以司法机关法律文书为准。

1. 标准冤狱型

被动纠错

湖北佘祥林故意杀妻案

佘祥林，又名杨玉欧，男，汉族，1966 年 3 月 7 日出生在湖北省京山县雁门口镇何场村一个农民家庭。父亲佘树生是老实巴交的普通农民，母亲杨五香是侍夫育子的家庭妇女。佘祥林初中毕业后在家务农，因为身材魁梧，又会些拳脚功夫，"三四个人近身不得"，被京山县公安局马店派出所聘为治安巡逻员。

治安员公务繁忙　　配偶受刺激出走

治安巡逻员配合派出所民警担负治安巡逻、维护社会秩序的重要职责，工作任务繁重，常常加班加点，再加上派出所离家十多公里，佘祥林不能经常回家，佘祥林的爱人张在玉精神上比较抑郁。据张在玉的三哥张在生讲："佘祥林在马店乡派出所当上治安员后，与别的女人产生了感情。在玉知道后，经常与佘祥林吵架，家庭生活也很困难，佘祥林又很少回家，多种打击才导致妹妹患精神病离家出走。"记者随后从马店乡派出所了解到，佘祥林在当治安员时确实与一名女青年产生感情谈恋爱，也知道张在玉因怀疑佘有外遇而发生争吵打架。雁门口镇派出所一名不愿透露姓名的警察讲，佘祥林在当初被抓时，所做的口供也提到有与女青年谈恋爱的事实。对于此事，记者还致电佘祥林的大哥佘锁林，佘锁林也称确有此事。①

当《新京报》记者问张在玉："有些媒体报道说你和佘祥林不和，说是因为他有外遇？"张在玉说："他是男人，在这方面对我来说，没有什么。""在我的记忆中，我们从不吵架。后来发生矛盾，主要是因为经济问题。""他在马店派出所当治安员，每个月能挣 300 多块钱，也都没有剩下。我问他，他说请人吃饭了，办案子花了。当时我们没有房子，我带着孩子住在我工作的雁门口镇机械厂宿舍，祥林住在 10 多公里外的马店。机械厂效益不好，撵我们走，我心理压力很大"，"我都没有跟他说，自己憋在心里。到现在他都不知道我为什么得病，为什么出走。我们相互封闭，在保护着对方。""实际上我心里憋的东西太多了。我们之间没有相互沟通过，后来我的精神就有问题了。""病了有两个月吧，我感觉不到他对我的关心，我的心里全是阴影，后来也没什么感觉了。"（问："你的哥哥说，你病时谁都不认识，佘祥林一直喂饭给你吃，你记得吗？"）"我不知道，我就想走，走得远远的。我走了很多次，出了门就被人拉了回去，还被看管着。后来，大概是腊月初八吧，祥林不在，我就走了。""我记得出走那天，女儿抓着我的手说，妈妈你别走，爸爸马上就回家了。"②

堰圹中女尸浮现　未鉴定埋下祸根

1994 年 1 月 20 日晚，张在玉失踪。佘祥林和张在玉两家人几天几夜到处寻找，无有结果。张在玉的表姐于 1 月 22 日报案。

1994 年 4 月 11 日上午 11 时，京山县雁门口镇派出所接到报案：在吕

① 视频：中央电视台《社会记录》节目："佘祥林的 11 年"。文字记者李宪锋、摄影记者巢晓。何大林："当年我为佘祥林一审辩护"，《法制日报》2005 年 5 月 19 日。

② "那个错误判决伤害了两个家庭"，《新京报》2005 年 4 月 5 日，记者刘炳路、吴学军。

冲村附近一个堰圹里发现一具女尸浮在水面上。报案人是该村九组组长罗东官和村民程爱平，是程爱平在送孩子上学回家时发现的。

下午2点45分，雁门口镇派出所民警赶到现场。下午5时，京山县公安局刑警大队指导员任朝斌、刑警毕超和技术员李甫泽等赶到现场。

张在玉的三哥张在生回忆：当日他被警方叫去认尸。尸体当时已高度腐烂，死者面目浮肿难辨，但身高、胖瘦、头发扎法和妹妹很像，认为死者是张在玉。

当时专案组成员曾忠介绍：张在玉的母亲当时一口咬定死者为张在玉。在未见到死者的尸体前，即说出了身体上的一些特征，如身上有生小孩做手术时留下的刀疤等等，与此后尸检情况一致。

确认死者身份的科学手段，是进行DNA检测。据张在生说，当时他们不知道有DNA鉴定，就到县公安局申请对尸体进行颅相复合，但警方称要张家拿办案费才行。张在生说，办案费本来就是公安掏的，我们张家为何要出这笔钱？加上当时2万元是巨款，就放弃对尸体进行颅相复合。[①]"当时条件不好，但也应该进行DNA检测。"谈及当时认尸过程，京山县公安局一位负责人后来接受媒体采访时非常懊悔。

几乎与对女尸进行现场勘验的同时，京山县公安局就确定犯罪嫌疑人为佘祥林，成立专案组对佘祥林进行突审。时任京山县公安局副局长的韩友华任专案组组长，刑警大队大队长卢定成任副组长，成员有任朝斌、何泽亮、毕超、曾忠、唐开斯、吴中华、李义忠、潘余均等人。

1994年4月12日，佘祥林被京山县公安局监视居住，4月22日被京山县公安局刑事拘留，同月29日被逮捕。

据佘祥林回忆，1994年4月11日下午，当时在马店派出所当治安巡逻员的他"正在上班，外面的油菜花开得正旺。来了几个警察，说要跟我下棋，下到晚上也不让我回家。天黑后，我就被警车带走了。"被带至一家宾馆后，时任京山县公安局刑警大队大队长的卢定成告诉佘祥林："你的妻子已经找到，是属他杀，你要接受我们的审查。"

"当我听说妻子已找到，是属他杀的消息时，如五雷轰顶，强忍着巨大的悲痛，再三向侦查员提出要去见我妻子的要求，但一直没有如愿。"

---

① 视频：中央电视台《社会记录》节目："佘祥林的11年"。文字记者李宪锋、摄影记者巢晓。

在佘祥林1998年写就的一份申诉材料中写道，"直到今天，依然不知道死者究竟是不是我的妻子张在玉。"

佘祥林的哥哥佘锁林介绍，当时他们并未看到尸体，在问派出所凭什么认定时，警察的回答是，这个不由你说了算，政府肯定没错。

11天后，由京山县公安局法医出具的鉴定书显示：死者系佘祥林妻子张在玉，1994年1月20日晚上从家出走，系被钝器击伤后沉入水中溺水窒息而亡，并从腹内提取有硅藻之类①。

准警察难熬刑讯　　民愤大判处极刑

确定了犯罪嫌疑人后，让嫌疑人如实供出作案方式，是公安机关预审时的首要任务。

从佘祥林案的卷宗中可以看到，1994年4月11日至4月22日，11天的审讯中，佘祥林供出了四种作案方式。

第一种作案方式：1993年腊月初九（1994年1月20日）晚上，佘祥林将张在玉带出门，顺手在大门边拿出一根板车撬棒，将张带至雁门口镇红旗碎石厂山坡，将张打死埋入水沟。

第二种作案方式：腊月初九，佘祥林看到魏太平（佘的好友，当时在雁门口镇交通管理站上班）在雁门口镇兽医站门口对面打桌球，佘便将张在玉交给魏太平让其带走，魏将张带至长岗村二组抽水机房。腊月十二，佘祥林和魏太平用石头将张打死，沉入水中。

第三种作案方式：1993年腊月初九，佘祥林在雁门口镇兽医站碰到魏太平，让魏太平晚上11点到家里说点事情。当晚，佘和魏将张在玉带到长岗村二组抽水机房外，给张换好衣服，再带至吕冲九组窑凹坝山用石头将张打死，然后用装有四块石头的蛇皮袋将张沉入水中。

警方认为第一种是假口供，因为张的尸体不在水沟，是佘祥林试探性地看警方能否找到尸体。第二、三种作案方式随后也被否定。证据是，长岗村二组胡明德（男，65岁）讲述，这几天晚上他都在抽水机房睡觉，没有间隔一天，且机房白天上锁。另外，张在玉也不可能和魏单独出走。此后，当地医院也出具证明，张在玉失踪那几天，魏太平正在医院打针吃

---

① 见"佘祥林案有罪推定全记录"，《新京报》2005年4月14日，记者刘炳路、吴学军湖北京山报道。"我曾想去发现尸体的地方安家"，《新京报》2005年4月4日，记者吴学军。

药，不具备作案时间。

这样，佘祥林供述的第四种作案方式，被警方认定"符合案件客观事实"：

1994 年 1 月 20 日晚 10 时许，佘将精神失常的妻子从床上拉起来，带到一处瓜棚里关起来。第二天凌晨两点半，佘将六岁的女儿抱到父母房内，谎称妻子出走了，然后以外出寻找妻子为由，拿着手电筒、麻绳和张在玉的毛裤，推着自行车出门，来到瓜棚内，给妻子换了一身衣服。然后他把妻子带到吕冲村九组那处池塘边，趁张不备，用石头猛击张的头、面部至张不能动弹，将张拖到堰塘的东北角，用麻绳将装有四块石头的蛇皮袋绑附其身沉入水中。次日下午将从张身上换下的衣服全部放在自家灶里烧毁。

此供述的时间为 1994 年 4 月 20 日。佘祥林的说法是，这些供述是在警方的诱供和刑讯逼供下被迫做出的："他们把我带到一个山庄，要我承认谋杀了自己的妻子。我说没有，他们不信。他们一天给我两顿饭吃，不让喝水，不让睡觉。有个警察还用枪顶着我的胸膛说：'相信我可以一枪毙了你。'我说：'你厉害你就毙了我。'他说他完全可以以抢夺枪支为由把我毙了。"

（《新京报》记者问："这种日子持续了多久？"）"11 天。后来我都不知道发生了什么。当时我看每个人都是重影的，看一个人就像是三五个人。我被带到看守所时，看守所都不敢收，因为我身体到处是伤。因为腿肿，裤子都穿不进去。"（问："等你清醒后，你又看到了什么？"）"等我清醒后，我发现自己已经在一份份文件上画押，承认自己杀害了妻子。对笔供记录上的一些话，我都不敢相信是自己说过的。"

"我敢说那 10 天 11 夜的痛苦滋味并不是每个人都能理解的，鼻子多次被打破后，他们竟将我的头残忍地摁到浴缸里，我几次因气力不足喝浴缸里的水呛得差点昏死……长期蹲马步，还用穿着皮鞋的脚猛踢我的脚骨。"这是佘祥林申诉材料中的一段文字。对这 11 天的审讯，他多次在申诉材料中提及。

"你把尸体埋在土里，我们可以挖地三尺，你把尸体沉在水里，我们可以把水抽干，你懂吗？把水抽干。"佘祥林在 1998 年的申诉材料中写道，"从那位指导员语气十分突出地'把水抽干'及'那个水库是雁门口水库吗？'的问话中，我已经猜到了在关桥水库杀人后将尸体沉在水库的经过。""就这样，他们不停地对我进行毒打、体罚、提示，为避免酷刑的折磨，我再次编造了当晚寻找妻子回家途中在关桥水库碰到我妻子作的案。"

湖北省高级法院后来在撤销原判、发回重审时指出："被告人佘祥林的有罪供述多达四五种，内容各不相同，在没有充分证据和理由的前提下，仅择其一种认定不妥。"

但在案件卷宗中，京山县公安局给出的解释是，佘祥林在派出所当过治安员，从审查他的整个过程来看，他具有反侦查和反审讯能力，不可能一次性彻底交代清楚，佘是试探性的供述、挤牙膏式的交代，故有多种供述。

指认作案现场是公安机关印证犯罪嫌疑人口供是否属实的基本做法，是案件能否认定的关键环节。

案卷显示，1994 年 4 月 21 日晚，佘祥林曾被警方带去指认作案现场。

"佘祥林能够在夜间带着专案组的民警拐来拐去爬过两座山绕到案发的池塘边，准确地指认出现场，让专案民警相信案件确实是佘祥林所为。"2005 年 4 月 5 日，湖北省荆门市中级人民法院宣传处处长李燕林如此转述原案件负责人韩友华的看法。

案卷中京山县公安局的一份材料描述了当日辨认现场的经过："在公安局副局长韩友华的组织下，由检察院批捕科科长彭涛、公安局预审科科长邓年高、预审员马文祥等 12 人组成的专班，由佘祥林引着沿其作案的路线行走。晚上八点从何场村九组出发，佘祥林把我们引到一件放过蛇皮袋、关过张在玉的瓜棚，门朝东，门上无锁，内有木床，和佘祥林交代的一样。

经过雁门口镇街上，沿着汉宜公路向东走 500 米，沿一土路往吕冲九组走到一岔路口，继续走了 1 里，佘发现错了，返回岔路口，又往东走看到一座山，走完这座山又顺路走上另一山，然后到一池塘，佘说在离堰（池塘边）30 米处将张打死的，然后沉尸。"

京山县公安局材料证明，此段路程共 11 公里，且经过两个山顶，当日下着小雨，佘祥林能找到现场，并附有一份行走路线图，因此认定佘祥林作案真实可信。

但对此段经过，佘祥林回忆说，在 1994 年 4 月 15 日刑警大队民警对他审讯时，刑警队指导员见他实在说不出死者的方位，就将他拉到写字台旁，边讲解如何走边给他画了一张"行走路线图"，佘说当时另有两名侦查员在场。之后，该指导员还叫他仿画了一张给刑警大队长卢定成看。

"尽管他们曾给我画了行走路线图，我还是无法带他们去。因我从来没去过那地方，被带到关桥下车，他们就将双腿被毒打的高度浮肿根本无法行走且处于昏睡状态的我架下车。"佘祥林在1998年的申诉材料中记录了指认现场的经过。在两次走错了方向之后，一名刑警给了佘祥林一个手电筒，"并再三叮嘱我往回走注意左边的路口……实在找不到路口时，天下起了雨，刑警队的曾忠和雁门口镇派出所一民警直接架着我朝山上走，在我的前面50米左右还有两个人带路，一个是何泽亮，一个记不清名字了。"按照佘祥林的叙述，两名民警架着佘祥林翻过了两座小山，来到一池塘边。

在此后对佘祥林的审讯笔录中也曾提到过相似情节，但并未引起司法机关的注意。在1995年10月京山县公安局对佘祥林的一次突审中，佘的笔录显示，对杀人现场和沉尸点的指认，他是"随便指了一个地方，但现场并没有石头"，之后有人抬着他的胳膊指着池塘一个方向照的相。

查找、取获凶器是公安机关侦破案件的重要内容。

在佘祥林被刑拘之前接受审查的11天中，即供述了三种作案工具：一种是用棍棒将张打死，一种是用绳子将张勒死，最后一种是用石头将张砸死。最后，京山县公安局采信用石头砸死的说法。

佘祥林解释，他曾供述用木棒杀人，但因为警方非要他交代木棒来源和去向，无法交代便改称用石头行凶，他联想到池塘边应该到处都是石头。但此后，佘祥林指认现场时，发现现场并无石头。此后，这块被用来行凶的石头，一直未能找到。

在退回补充侦查时，原荆州地区检察院也专门要求京山县检察院补充杀人现场和杀人凶器的有关材料。

在补充侦查的材料中，京山县公安局的解释是，被告人佘祥林多次交代使用的是石头，根据法医鉴定死者张在玉头部有六处创缘不规则的伤口，佘祥林用石头作案符合案件客观实际，故认为凶器为石头。

对于始终未能找到用于行凶的石头，京山县公安局提出，"作案在深夜，遍山都是石头，就地取材，佘祥林现在也不能确认。交代的作案时间和发案时间已有三月之久，所以无法寻找凶器。"

经过约 1 年的补充侦查，1996 年 2 月 7 日，京山县人民检察院送原荆沙市检察院起诉，同年 5 月 8 日，原荆沙市中级法院以"退查后均无解决实际问题，疑点无法排除"为由，将此案再次退查。

案卷显示，1996 年 10 月，京山县公安局组成以副局长韩友华挂帅的 11 人调查小组，在 10 月 7 日将佘祥林带到"温泉山庄"进行审讯。

"我没有杀人，精神和肉体上都受不了当时的压力，就承认了杀人。"这是佘祥林当时审讯笔录中的一句话，由时任京山县公安局副局长的韩友华、民警吴运江讯问，民警吴志明记录。

1996 年 10 月 14 日，由京山县公安局作出的"补充侦查报告"对为期一周的审讯定为"没有结果"。[①]

1994 年 9 月 22 日，原湖北省荆州检察院以"荆刑起第 129 号"起诉书，就佘祥林故意杀人向荆州地区中级法院提起公诉。同年 10 月 13 日，原荆州地区中级法院一审判处佘祥林死刑，佘提出上诉。

"良心证明"不采信　主观武断铸错成

就在公安、检察、法院三机关为佘祥林"杀妻"案的成立是否扎实，从实体和程序上在相互配合的前提下进行相互制约的期间，一份"良心证明"出现，证明有人曾见过一个与张在玉相貌特征相像的疯女子。这一情节对于佘祥林案来说相当关键，但遗憾的是，这份证明未获得司法机关的认真查证，或者查而未实，甚至与事实相左。

这份证明的出具者倪乐平，时任天门市石河镇姚岭村党支部副书记。2005 年 4 月 7 日，他回忆说，佘祥林的母亲杨五香听说村子里曾有一个 30 来岁的女子，跟张在玉非常相像，便和儿子佘锁林跑来询问。"她拿着儿媳的照片给我们看，确实跟村里出现的神经病女子像。"

在此情况下，倪乐平出具了这份证明，并盖上了"中共天门市石河镇姚岭村支部委员会"的印章。具体内容为："我村八组倪新海、倪柏青、李青枝、聂孝仁等人于 10 月中旬在本组发现一精神病妇女，年龄 30 岁左右，京山口音，身高 1.5 米左右，油黑脸，她本人说她姓张，家里有一六岁女孩，因走亲戚而迷失方向，其神情状况与（杨）五香反映的基

---

① 见"佘祥林案有罪推定全记录"，《新京报》2005 年 4 月 14 日，记者刘炳路、吴学军湖北京山报道。"我曾想去发现尸体的地方安家"，《新京报》2005 年 4 月 4 日，记者吴学军。

本一样，关在该组倪新海家中两天一夜，而后去向不明，特此证明，请查证。"

1995年年初开始，一封落款日期为1994年12月29日的申诉状和上述的"良心证明"被寄送到湖北省高院、湖北省检察院等诸多部门。

"出了那个证明后，我以为公安会来村里调查核实这件事，但是他们没有来。"倪乐平说。[①] 相反，与这份证明相关的四人后来均以涉嫌"包庇"等罪名被羁押和监视居住。

2005年4月5日，《新京报》记者在荆门市政法委一份关于佘祥林案的内部材料上看到，京山县公安局在办理佘祥林案时，曾以涉嫌共同犯罪和包庇对杨五香、聂麦青、佘锁林、倪新海等人监视居住、羁押等。

1996年2月7日，湖北省荆沙市人民检察院以"鄂荆检刑（1996）第17号"起诉书，向荆州中级人民法院起诉佘祥林故意杀人、杨五香犯包庇罪。该起诉书指控："被告人杨五香为使其子逃避司法机关的严惩，指使天门市农民聂麦青和倪新海为其出具虚假证明，捏造了张在玉尚活在人世的事实，为其子佘祥林开脱罪责，违犯司法公正，犯包庇罪。"

1996年6月，杨五香被取保候审离开看守所三个多月后，在家中病逝。杨去世后两年，1998年4月3日，京山县公安局才对她撤案。

佘锁林也被羁押。他回忆自己拿着这份证明和申诉材料去找办案民警时，得到的答复是："你们这种事情我们见得多了。"张在玉的一个弟弟后来说："如果他们调查一下，也许就不会发生这样的事情了。"[②]

省高法力排众议　政法委协调从轻

1994年10月13日，原荆州地区中级人民法院作出一审判决，认定佘祥林杀害其妻，犯故意杀人罪，判处其死刑并剥夺政治权利终身。佘祥林不服，向湖北省高级人民法院提起上诉。

湖北省高级人民法院刑事审判第一庭组成合议庭审理此案。该庭认为该案起诉和原判决的事实不清，证据不足，并将该案提交审判委员会讨论。

---

① 但时任佘祥林专案组组长事后对记者说，他们当时下去查了，结果无有此事，是证人有意捏造。

② 见"佘祥林案有罪推定全记录"，《新京报》2005年4月14日，记者刘炳路、吴学军湖北京山报道。"我曾想去发现尸体的地方安家"，《新京报》2005年4月4日，记者吴学军。

参加讨论的各审判委员会委员仔细听取汇报后，一致认为此案疑点重重。主持审判委员会讨论的副院长首先发表意见："一审法院按被告人的第四种（口供）认定凭什么呀，没有证据。"出席会议的其他审委会成员一致赞同这个意见，在各自发表的意见中详细列举了本案的矛盾及不能认定的理由，并且明确提出了不排除"死者"自行出走或随他人出走的可能。

审委会最后认为，该案存在五个方面的问题。在发回一审法院重审的指导函中，明确具体指出：

1. 被告人佘祥林的交代前后矛盾，时供时翻，间接证据无法形成证据锁链。仅凭佘祥林有作案时间、有作案动机和法医鉴定，不足以定案。

2. 被告人佘祥林杀妻的有罪供述多达四五种，内容各不相同，仅择其一种认定没有依据。

3. 该案的凶器没有找到，仅凭被告人佘祥林的口供认定凶器是石头，依据不足；被告人佘祥林供述将张在玉换下的衣物放在家中灶里烧毁，既无残片，又无证人证言佐证，衣物去向不明。

4. 不能否定张自行出走或跟随别人出走的可能性。

5. 原审定罪量刑的重要依据是公安机关出具的"提取笔录"，该笔录记载"4 月 16 日根据被告人佘祥林的交代在沉尸处提取蛇皮袋一个，内装四块石头。"高院二审时讯问京山县公安局承办该案的侦查员了解到，公安机关的"提取笔录"与事实不符，不能作为证据使用。

湖北省高级法院二审期间承受了来自外界的巨大压力：死者的亲属上访，并组织 220 名群众签名上书，要求从速处决佘祥林。湖北省高级法院不为"民愤"所左右，于 1995 年 1 月 10 日作出（1995）鄂刑一终字第 20 号刑事裁定：该案事实不清，证据不足，撤销原判，发回重审。

现在，当地干部、群众在议论冤判佘祥林一案时，都称赞湖北省高院法官分析判断正确。①

在这份"（1995）鄂刑一函字第 2 号"的裁定书上，湖北省高级人民法院列举了五方面主要问题，事后看来，这些问题均切中要害。

除供述内容反复、证据锁链无法形成及无法排除张在玉自行出走的可

---

① "湖北省高级法院严格把关　避免无辜者佘祥林被冤杀"，《人民法院报》2005 年 4 月 1 日，记者李国清、陈群安。

能外，省高院特别提出了两个疑点，即凶器的去向和蛇皮袋提取笔录的证明力问题。

省高院指出，在荆州地区中院的定案量刑中最重要依据是，根据被告人佘祥林的交代在沉尸处提取蛇皮袋一个，内装四块石头。但从卷内材料看，被告人佘祥林供述这一情节，是在警方提取蛇皮袋等物证之后。

湖北省高院指出，1994 年 4 月 16 日，佘仅供述在三轮车上捡一蛇皮袋，并未供述用蛇皮袋和石头沉尸。4 月 20 日，佘祥林才交代是自己用蛇皮袋装四块石头沉尸。但提取笔录却记载：根据佘的交代，4 月 16 日抽堰塘水，4 月 17 日提取蛇皮袋。

湖北省高院载明，曾就此疑问在二审时调查京山县公安局承办该案的毕超，毕回忆，当时的情况是一边在审讯佘，一边在组织人员抽干堰塘，抽堰塘是因为发现尸体腹部有索痕且无青苔，故推断水中可能有沉尸物。因此，实际情况与提取笔录所记载的不符。

对此，湖北省高院最后下的结论是，"这一证据的证明力值得研究"。

佘祥林在申诉材料中则陈述了供述蛇皮袋"作案"的过程：当时，那位指导员问"那个袋子是麻袋吗？"佘便猜到肯定是用袋子装着沉尸，最后说到蛇皮袋时，民警便不再发问。

对蛇皮袋子如何装尸，佘祥林又猜测了多种说法。佘在申诉材料中写道，他供述袋子中装了一块石头，两块，三块，"在我说到第四块石头时，他们才停止了对我的折磨"。

关于用作沉尸的蛇皮袋的另一疑点是，对佘祥林所交代的蛇皮袋的来源，司法机关一直无法查证。

在佘祥林一审判决时，荆州检察院的起诉中认定蛇皮袋的来源为：1994 年 1 月 17 日，被告人佘祥林从马店镇乘坐三轮出租车回雁门口镇何场村下车，见车上有一蛇皮袋，袋内装有几件衣物，便将袋子提下车放到白湾一瓜棚内回家。

在湖北省高院发回重审后，1995 年 5 月 8 日，荆沙市中级人民法院以"主要事实不清、证据不足"，退回原荆州地区检察院补充侦查。5 月 15 日，原荆州地区检察院将此案退回京山县人民检察院补充侦查。其中专门提出，要求其查清被告人佘祥林所捡蛇皮袋及衣物的来源。其后，京山县检察院要求京山县公安局补充侦查。

对于蛇皮袋失主的查找，京山县公安局在补充侦查材料中表示：

"1994 年 4 月 20 日到 4 月 22 日，我们专门安排专人调查雁门口跑熊店的三轮客运车共计 45 辆，逐一走访，无人发现坐车旅客在 1993 年腊月初丢失过衣服鞋子和蛇皮袋。同一时间，又安排专人对雁门口和何场九组公路沿线涉及的三个村庄调查走访，也没有人反映在此期间丢失过装衣鞋的蛇皮袋。"

而佘祥林在 1998 年的申诉材料中写道，当时他实在无法供出蛇皮袋来源及杀人情况，就说"我确实没有杀人，确实说不清楚，你们干脆把我打死算了。"佘祥林所述审讯人员的答复是："打死你了还不是个畏罪自杀，再说成你想抢我们的枪拒捕，将你就地正法。"佘祥林说，在此情况下他才作了"违心供述"，并编造了在车上捡到蛇皮袋的情况。

"其实从马店回雁门口坐班车（回何场村）都要转两次，哪里有什么三轮出租车？那个地方的车我都认识，司机也都认识我。为什么我都敢承认人是我杀的，而捡到蛇皮袋的三轮车和司机到现在都没有？" 1998 年，佘祥林在监狱服刑所写的申诉材料中作出如此解释。

对于公安、检察、法院三家意见不一，社会反响强烈的疑难案件，我们有一个独具中国特色、目前还有效可行的办法——由同级中共党委的政法委员会出面协调。

1996 年 12 月 29 日，由于行政区划调整，案发地京山县由荆沙市划归荆门市管辖，原湖北荆沙市人民检察院将卷宗邮寄到京山县政法委。约半年之后，京山县政法委报请荆门市政法委协调。据一位知情法官介绍，这个案件因为证据不足，办不下去，也销不了案，最后才由政法委协调。

1997 年 10 月 8 日下午，关于佘祥林案的协调会在京山县人民检察院五楼会议室召开。组织者为中共荆门市委政法委员会，荆门市中级法院、荆门市检察院以及京山县政法委、京山县法院和京山县检察院的负责人均出席参加。因为省高级法院提出的问题中，至今有三个无法查清，会议决定：将案件从荆门中院降格到基层法院处理，由京山县检察院向京山县法院提起公诉，要求京山县法院"一审拉满"，也就是判处有期徒刑最高刑 15 年，中院二审维持原判。

这次高规格的协调会本应成为佘祥林洗清冤屈的一个机会，但在当时的认识水平、法治意识、制度安排和社会环境下，却只能产生出一个折中的处理办法：既不可能依照"疑罪从无"的现代法治原则、果断地宣布佘祥林无罪①，也不可能在矛盾重重、无确凿证据的情况下判处佘祥林死刑，而是在相当大的程度上采纳了法院看法，在死缓和无期之下从轻判处有期徒刑，从而才有了今天佘祥林大难不死的奇妙结局。

会后约半年，1998 年 3 月 31 日，京山县人民检察院诉至京山县法院，指控佘祥林犯故意杀人罪。

在诉讼材料中，佘祥林写道：1998 年 6 月 9 日，审判长朱源英和代理审判员段洪兵提审他时，发现两位法官并没有按照佘所说的话去记录，便拒绝签字。"这时朱源英审判长就说：'你签不签字都一样，这都是和上面商量好了的。'我不清楚他们所说的'上面'是指什么？为了尊重法官，尊重他们所说的'上面'，所以签了字。"

1998 年 6 月 15 日，佘祥林被京山县人民法院以故意杀人罪判处有期徒刑 15 年，附加剥夺政治权利 5 年。佘不服，向荆门市中级法院提起上诉。

在上诉书中，佘强调自己并无作案时间。他提到，在京山县警方对他进行提审时，他反复交代在他妻子出走的当晚，他从凌晨两点半到六点钟一直在外面寻找妻子，其间曾经搭乘过两次路过的汽车，而通过警方调查，佘祥林搭车的司机证实了佘的说法。

但此后的判决中，没有提到当晚见过佘的两名司机的证词。

1998 年 9 月 22 日，荆门市中级人民法院作出（1998）荆刑终字第 082 号刑事裁定，驳回佘祥林上诉，维持原判，投入湖北沙洋苗子湖监狱服刑。

此时，佘本人已被剥夺自由 4 年 5 个月。从这一天开始，到佘祥林前妻张在玉 2005 年 3 月 28 日回到京山县家乡，其间相隔 6 年 6 个月零 6 天。

2005 年 4 月 7 日，新华社在通讯《冤案是怎样造成的？——湖北佘祥林"杀妻"案追踪》中，披露了荆门市中院在一份总结材料中谈到的佘案教训："要排除一切干扰，依法独立行使审判权。佘祥林案件的处理结果是经过市、县两级政法委组织有关办案单位、办案人员协调，并有明确处理意见后，由两级法院作出的判决。这种近似于'先定后审'的做法，违背了刑事诉讼法的有关规定，是导致冤案发生的重要原因。审判机

---

① 参见《有所思网站》2005 年 4 月 9 日登刊吴隰"假如当年宣告佘祥林无罪"一文。

关应严格依法办案，即使有关部门组织协调，法院也必须依法独立审判。"

十一年囹圄心冷　破天荒"亡妻"再生

1998 年 9 月 22 日，荆门市中级法院驳回佘祥林上诉、维持原判的裁定生效后，佘祥林随即被送往沙洋监狱农场劳动改造。

根本没有杀害妻子的佘祥林，对自己被无辜背上"杀妻"罪名并被判处重刑，觉得十分冤屈，极力申诉。

佘祥林回忆说："大哥到看守所一次次看我，我都要他帮我在外面申冤。大哥和母亲在外面张贴寻人启事，还在电视台刊登寻人广告。因为这些，大哥被关了起来，母亲也进了看守所，和我关在同一个看守所。当时我听到所里有女人痛苦的哭声，现在想来，可能是我母亲的。"

《新京报》记者问：你何时知道母亲去世的消息？

答：大概是 1998 年。那时母亲已经去世好久，是妹妹在一次探监中说漏嘴的。其实，我之前也怀疑过，因为母亲很长时间没来看我了，都是父亲或者大哥、妹妹来看我（激动状）。

问：知道母亲的死讯后你是什么感受？

答：我不敢相信这是真的，但又不得不接受事实。我想到了自杀。我知道母亲是因为我而死的。她身体一直很好，没生过什么病．

问：现在看来，你认为是什么造成了母亲的死？

答：腐败，司法腐败。如果那些掌管司法权力的人对党和政府，对人的生命，对法律足够负责的话，就不会发生这种情况。

问：母亲的死对你打击很大吗？

答：（沉默）因为申诉，母亲忧郁而死。（沉默）母亲死后，我想申诉也不敢了。

（佘祥林的哥哥佘锁林回忆道："以前他不知道母亲死讯时，每见一次，他都要我们申诉。我说我们家一没钱，二没权，你难道还想把我搞进'号子'不成？后来他就不提这个要求了。"）

问：你一个人默默忍受了？

答：（佘祥林沉默一会儿说）曾经跟一个狱友私下说过一些。

问：你真的不想申诉了？

答：不想了。虽然监狱领导曾鼓励我申诉，但我还是不敢，怕家人再出事。因为我的事，母亲去了，父亲差一点疯了，说话前言不搭后语。

问：监狱里的生活是什么样的？

答：劳动，写思想汇报。监狱领导和警察对我都很好。我头疼、腰疼，领导还让医生来给我检查身体。我的视力后来急剧下降，原来两个眼睛都是1.5，现在分别是0.1和0.12。我在劳动时断了一根指头，领导就让我干轻活。

问：听说你在狱中还写日记？

答：是的，这是我的精神支持，也是我坚持下去的动力之一。

问：你的日记都写些什么？

答：主要是日常生活琐事，自己所经历的，以及对一些经历的想法。主要是消磨时光。

问：还有其他动力吗？

答：我的女儿、父亲，还有兄弟、妹妹，他们都是我的动力。我进去时，女儿才6岁，我不能撇下她一个人不管。老父亲每次骑车来看我，叫我一定要坚强地活下去，说我不回来他就不闭眼（哽咽）。

问：这些因素使你勇于面对现实？

答：应该是的。但在监狱里，我的心情始终是压抑的，感觉孤独。我写思想汇报，总感觉很勉强、很委屈，但还是得写。因为我身在监狱，自己是个"罪犯"。

问：如果张在玉不回来，你能想象今天这一幕吗？

答：如果她不回来，说实话（停顿），我也不知道自己到底能否背起这个"黑锅"。有可能背不下去，因为我在监狱中不止一次想到过自杀。

问：思想压力很大吗？

答：我在监狱里获得减刑，本来也快出来了。可在乡亲们看来，我是杀人凶手。家里人已经遭遇了十多年冷眼歧视，跟着背黑锅，千夫所指啊！我不敢想回到家后，我能否过上正常人的生活。

问：突然出来，对监狱外的生活感到害怕吗？

答：是的。怕出来后，没有能力继续背这个黑锅。我曾想过去警察发现尸体的地方搭个棚子，安个家，住在那里，以证明自己的清白。①

佘祥林漫长难耐的囚禁生涯，终于被从天而降的"亡妻"张在玉的

---

① "我曾想去发现尸体的地方安家"，《新京报》2005年4月4日，记者吴学军。

出现而打破。

2005 年 3 月 28 日，早在 11 年前被佘祥林"用石头砸死"并"沉尸堰圹"的张在玉，突然出现在人们面前。张在玉的三哥张在生说："当我们看到她时，一下子惊呆了，发现真是冤枉了佘祥林，我们立刻想到要给公安局报案。"

3 月 28 日中午，佘祥林的哥哥佘锁林接到好几个电话，都说张在玉回来了。为了核实消息，他拨通了张在玉哥哥的电话，当真真切切地得到证实时，佘锁林立刻想到了还在狱中的弟弟，于是，他马上报了警。当佘锁林、江银喜夫妇出现在张在玉面前时，张在玉马上喊了江银喜一声"大嫂子"，江银喜含泪应声，百感交集。①

张在玉，这个消失了 11 年的女人，重新出现在湖北省京山县雁门口镇这个僻静的山村时，面对茫然不知所措的乡亲和蜂拥而至的记者，脸上并没有半点惊惶。她在接受《新京报》记者采访，讲述 11 年前出走的情况、外乡的生活和回来的动机，时而流泪大哭，时而抿嘴笑个不停：

问：当时离家出走时，你想去哪里？

答：我不知道，没有目标。那天晚上，我只穿着秋裤、棉鞋和毛衣走的，应该很冷吧，可是我不知道。后来有人送了我衣服。

问：你在路上吃些什么？

答：还是好人多，经常有人给我吃的，我也要，但是从不捡路上的。我一直在提醒自己，不要让自己的神经出问题，我要保持清醒。

问：你不觉得自己当时精神有问题？

答：有些事情我不清楚了，但是一直告诫自己神经不能乱。有时候我一个人走在大山里，不管白天黑天，但是不怕，也没有目标，只是不停地走。有两户人家收留过我。一个是老太太，我在她家住了两天；另一个是信天主教的妇女，我在她家也住了几天。人家问我结婚没，女儿叫什么，家住哪里，我都说了。我当时精神很不好，也没有说让他们送我回去，后来我就又走了。

问：你一直走到山东？

答：后来我被人拉上了车。车上还有很多人，我也不知道他们拉我们

① "'杀妻'入狱 11 年 妻子突然'复活'"，《新京报》2005 年 3 月 31 日，据《荆门晚报》。

去哪里，只看到在这里放下一个在那里放下一个。

问：你最后是怎么到了山东的？

答：大概是在江苏吧，有两个人说要帮我，带着我坐了很长时间的车，可能就到了山东。我觉得不对劲，问他们要带我到哪里去？其中一个说他老家有个哥哥，想……当时我心里想，坏了，碰上人贩子了，但是嘴里答应他说行。后来见到来接我的男子，我悄悄地跟他们说，你们别给他钱，给了我也不和你过。他害怕了，后来还帮我逃跑了，我一直想找到他谢谢他，但没找到。

问：逃跑之后，就遇到了你现在的丈夫？

答：是的。那天他在地里干活，好像是三四月份吧，他把我领回了家。他的家人对我很好，总是问我喜欢吃什么，我说喜欢吃肉，他们就天天给我吃肉。我说你们吃什么我就吃什么，别客气。

答：那时候我还是有防备心理的，有时候装成疯疯癫癫的样子给他们看。那时候我还想回来，同时也在试探他是不是真心对我。范某有兄弟四个，他排行老四，就他没有结婚，我看他人不坏，心里就……

问：你就看上他了是吗？你们多长时间走到一起的？

答：半年吧。他们天天换着样给我做吃的，我精神和身体恢复得很快，半年时间就好了，我们就好了。

问：你和范某结婚时有没有想到佘祥林？

答：想过，但是我绝对不会再回去。我受不了那种压力，回去也会被别人瞧不起。

问：你们办了结婚证？

答：开始没有。当时乡里负责计划生育的人经常去找我们，说我们是非法同居，要罚款，我们不给，他们就把我拉到乡计生服务站。我借去厕所的时候溜回了村，跑到村支书那里，我说，你们村要管不起我一个要饭的，我就走，要不就给我上户口办结婚证。我缠了很长时间，他给我上了户口，办了结婚证。

问：当地派出所知道你的身世吗？

答：知道，我一到程庄村（山东丈夫家村名），就把自己的事情全说了，外人也都知道，所以后来办准生证时又遇到了麻烦。

问：政府不给你办准生证？

答：是的。我当时都生过半年多了，还没有给我办。乡计生站的人说，你在湖北结过婚还有一个孩子，属于重婚，不能办准生证，但最后还是给我办了。

问：然后你就踏踏实实地在山东过起日子了？

答：是的。他们家里很穷，也没什么能耐。我看到那里地很多，就鼓动他承包了很多地。闲的时候我还养蚕、养羊、养猪。我还不把钱放在家里，总要让钱动起来，哪怕利润很低。

问：你在那边的日子过得很好，后来怎么想起来要回湖北看看？

答：我从到山东就经常想起湖北的事，尤其是闲暇时，想得多了就容易犯病。

问：所以你就一直这样忙着，不想回忆以前？

答：不全是。以前比现在还要忙，我闹病就是在闲下来的时候。

问：这次为什么有勇气回来了？

答：今年3月底，我把养的猪卖了，准备再买几头，养到麦收的时候。可是就在这时，我心里真的受不了了，不能吃饭，不能睡觉。

问：你用了多长时间下定回湖北的决心？

答：三天。

问：你丈夫当时同意你来湖北吗？

答：这是我自己的事情，我自己决定。公公、婆婆、嫂子、哥哥都不愿意我回湖北，但没说出来，都说你可得回来啊。儿子表面上无所谓，心里还是希望我放暑假时能够带他一起来。前两天，堂弟给他哥哥打电话，问是她自己回去还是一块回去，我接过电话说一块回。

我怕他们不放心。

问：现在山东那边知道这边的事情吗？

答：知道了。我说我处理完事情就回去，但是他们一天不解决我就一天不回去。我本来安排的时间很紧，就回来看看，现在猪可能养不了了。（张在玉说自己口渴，她的丈夫范某给她倒了一杯水。他先吹了几口，然后自己轻轻地尝了一小口，才把水杯递给了张在玉。）

问：你是不是感觉家乡变化很大？

答：是的，我找不到家了，他们见了我都吓得跑。有的人看了我半天，说你是人啊还是鬼。他们说再多看我两眼就会晕倒了。后来，我才知道原来在他们看来我已经死了。

问：在你家里人看来也是这样吗？

答：我妈妈见了我很久没说出话来，那种感觉我是说不清的。我知道在他们心里也许盼望我没死。我哥哥马上就报案了，我才知道发生了什么事情。

问：我们来这里之前刚见过你女儿，她说很想见你。

答：我那天来的时候见过女儿一次，有很多人跟着，我没有和她说很多话。

问：你们都说了些什么？

答：我跟她说只要你忘不了妈妈就行，我希望你去我那边玩，但我不强求。现在你爸爸身体不好，你一定要照顾好他。她说我就怕你不想见我，我说我怕你不想见妈妈。我女儿很懂事，她见到我现在的丈夫，还说她很高兴妈妈有人陪伴。

问：你女儿什么时候生日？记得她多大了吗？

答：她的生日好像是二月初一吧，年龄我记错了，我记得今年应该是20岁，回来才知道是18岁。

问：你出走后，你的女儿辍学了，你的丈夫后来进了监狱。你现在怎么想？

答：我女儿不怪我，我也不知道我走后会发生这样的事情。如果知道，我肯定早就回来了。我以为祥林有了家，过得也很好，没想到……

问：你现在想见佘祥林吗？

答：今天荆门电视台的人告诉我，他们录了一段祥林的录像，说要给我看，我说我不看。

问：为什么？如果有可能，你会回到佘祥林身边吗？

答：绝不可能。如果他心态很好，我不想见他。如果他调整不过来，我愿意去安慰安慰他。事已至此，我宁可自己保持在10年来忘却的那种状态。我希望这件事情解决了，和他见上一面，我就回山东。我曾经对祥林这样说过，我们不是骄傲者，在我们短暂的共同生活的时间里，我们度过了酸甜苦辣。对于一个人生舞台，有的人从这个角度看，有的从那个角度看，意义是不一样的。要么战死沙场，要么烂在花园。我对自己很骄傲。

问：那你从什么角度评价你们的这场经历？

答：我很乐观。我现在考虑的不是我失去了什么和自己怎样伤心，我考虑的是政府能不能解决好祥林的事情，我哥哥会不会受到牵连。我觉得都是那个错误的判决造成了这一切，伤害了我们两个家庭。我希望祥林能过好自己的生活，希望他坚强起来。

问：你说想给佘祥林送束花，我们可以帮你。

答：我还想给他写封信呢。

问：能告诉我们你准备怎么写吗？

答：我已经写好了（这封信以诗的形式写成），能通过你们报道出去吗？

问：好啊。

张在玉写给佘祥林的诗：

风嗖嗖，雨淋淋/

借宿一片碎瓦/

回顾往日的春天/

刹那间/

亮出一束玫瑰花的路标/

向着路标努力吧/

在你迷茫的时候/

请摘一片枫叶/

点缀在玫瑰花上/

这里有它光辉灿烂的一天/

翻过去的一页已是废墟/

请爱惜生命/

我们不是幸运者/

但是我们是骄傲者/

在我们短短的岁月里/

尝尽了人生的酸甜苦辣……

注：张在玉解释，这首诗里包含了祥林、爱青（张在玉的别名）、桦枫（女儿）三人的名字。①

在监狱渡过 11 年漫长岁月的佘祥林，是如何得知其妻子张在玉还活在人世的消息呢？

---

① "那个错误判决伤害了两个家庭"，《新京报》2005 年 4 月 5 日，记者刘炳路、吴学军。

2005 年 4 月 2 日上午 10 许,《南方都市报》记者在佘祥林体检间隙与之进行了短暂对话:

问: 对于现在的结局, 可能向你表示祝贺会让你更感到悲凉。你是什么时间得知要重获自由的?

答: 这几天我本来就没在监狱里。我们监区有个犯人要做肾移植手术, 我被领导安排在那里陪护。可不知怎么回事, 这几天一直睡不好觉, 心里好乱, 饭也不想吃。昨天一大早, 我就被管教干部带出医院, 先是上了一辆警车, 而后又转了一辆警车。我不知有什么事儿, 还以为要枪毙我呢, 但我不是死刑呀, 我也不敢乱问, 心里扑通扑通乱跳。警车一直把我拉到监狱门口后, 才停下来告诉我 "可以回家了", 我当时就不敢相信自己的耳朵, 以为听错了。可就在这时, 有人拉开车门, 我看见了围在车门外的我的家人和那么多记者。下车后, 又没怎么停留就上了另一辆车, 一直把我拉到了医院, 说是要给我做全面检查。

问: 当你得知你的妻子又活着回来时, 你感到惊讶吗?

答: 一点也不感到惊讶。因为自己杀没杀她难道连我自己也不清楚吗? 要不是有这个意念支撑着我, 我怕是早就没命了。我活着就是要为自己翻案。再说, 当时发现那具女尸穿的衣服跟她穿的衣服都不一样, 身上还有好多特征都与她不同, 可当时就是没人听我的。

我在监狱里这些年一直就没想着她会死, 总想着有一天她会回来的。但随着时间的推移, 我认为她也有可能死了, 因为她有精神病, 不定遇到啥事也会死在外面, 我这一辈子就真的是跳进黄河也洗不清了。①

律师界积极参与 众媒体报道新闻

自张在玉 "死" 而复生、返回湖北省京山县雁门口镇的消息, 由《荆门晚报》等披露以后, 佘祥林 "杀妻" 已成冤案的铁定爆炸新闻, 瞬间便吸引了国内一百余家媒体、二百余名记者齐聚湖北这个僻静的县城。佘祥林和张在玉两家的亲人, 被平生从未见过的阵势弄得筋疲力尽, 目瞪口呆。佘祥林和张在玉本人, 更是被各路媒体穷追不舍, 疲于应付。

《时报》记者以 "百家媒体京山打响新闻战" 为题报道:

---

① "今早出来还以为要枪毙我呢",《南方都市报》记者贾云勇,《新京报》2005 年 4 月 3 日。

《时报》记者在 2005 年 4 月 11 日，来到京山县雁门口镇何场村采访时，佘祥林的父亲佘树生已连续接受了中央电视台、新华社、法制日报、湖北日报、武汉晚报、广州日报等共 50 家媒体的采访。也不知带各大媒体的记者，到老伴的墓前有多少次了。

在台岭村张在玉的三嫂家中门前的空地上，刚下过雨后的黄土地，被前来采访的车辆碾得没有一处是平整的。张的三嫂说，每天都有记者前来采访，一见到摄像机就吓得心中直跳。

此外，在记者住宿的京山宾馆，原本十分清静的宾馆，在记者们的帮衬下，现已人满为患。前台的服务员称，宾馆开业几年来，从来没有来过这么多的人！

截至昨晚 8 时，为了今天前来京山县人民法院采访佘祥林案开庭一事，上百家媒体齐聚京山，100 多名记者都想亲眼目睹佘祥林宣判无罪的那一刻。[①]

到了 4 月 13 日，湖北省京山县人民法院开庭重审佘祥林"杀妻"案时，"来自全国 120 多家传媒的 200 多名记者聚集在京山县法院门前这条 20 米宽的街道上，同样希望见证这个冤案昭雪过程者，还包括数千名当地群众。"[②]

客观、真实、及时、有效地报道社会事件，协助公民行使知情权，是新闻媒体和记者的天职，也是媒体和记者赖以生存和发展的基石。然而，如何减轻因激烈的职业竞争而强加给社会事件当事人过重的额外负担，则是需要认真思考的一个问题。

与蜂拥而至的记者相映成趣的是，佘祥林"杀妻"冤案的铁定爆炸性，吸引了不少有志于刑事案件和国家赔偿的大牌律师。

首先赶赴现场的是北京一家律师事务所的律师。该律师找到佘祥林的大哥佘锁林。从未见过从北京来的大牌律师的佘家，对来自首都的律师尊敬有加、待为上宾，主动提供所能找到的全部材料。但当佘锁林问能得到多少国家赔偿时，该律师依据他所掌握的《国家赔偿法》据实回答：现行规定没有精神赔偿，只能按被限制人身自由的时间来计算赔偿金，这样

①　视频：中央电视台《社会记录》节目："佘祥林的 11 年"。文字记者李宪锋、摄影记者巢晓。

②　见"佘祥林案有罪推定全记录"，《新京报》2005 年 4 月 14 日，记者刘炳路、吴学军湖北京山报道。"我曾想去发现尸体的地方安家"，《新京报》2005 年 4 月 4 日，记者吴学军。

就可能只有二三十万元。佘锁林听后沉默了，并有意无意地收回其拿出的材料。该律师见状，也就很知趣地离开佘家，打道回府。

接踵而至的律师，吸取该律师的教训，在遵循现行法律规定的前提下，答应全力争取法律尚无明文规定的精神赔偿。这样空泛承诺的赔偿数额，暂时满足了佘家的主观愿望，也成就了律师承接这一旷古奇案的目的。

据《经济犯罪——法律服务网》报道，佘祥林家属经朋友介绍，通过网络查询到曾经为中央电视台著名主持人赵忠祥代理案件的北京天溢律师事务所张成茂律师，请求其为佘祥林再审案辩护。

早在媒体刚刚披露佘祥林"杀妻"冤案时，张成茂就特别关注此案。面对受害者家属的恳求，他毫不犹豫地答应了。"这是一起罕见的冤案。"张成茂律师对《法制早报》记者说："我们做律师的应当站出来，为他们提供法律帮助。"

2005年4月5日，张成茂赶到湖北沙洋监狱总医院。在那里，他和湖北大可律师事务所周峰律师接受了佘祥林的委托。当天，张、周二律师即到京山县法院办理了相关手续，要求查阅三级法院四次审理的卷案材料。卷案材料达数十卷上千页，只是复印工作，张、周二律师就忙活了两天。

2005年4月13日早上6时，湖北省沙洋监狱管理局在佘祥林住院的沙洋监狱总医院病房内，为佘祥林举办了一个简短的换衣仪式。佘祥林平静地脱掉穿了11年的囚服，穿上家人为他精心准备的黑色夹克和藏青色长裤，脚穿一双发亮的新皮鞋，在家人的簇拥下，坐警车赶赴京山县法院。

上午8点半，车到法院门口。佘祥林在女儿佘华容和弟弟佘梅林的搀扶下走下车。法院门前聚集的群众人山人海，人群中不断呼喊："佘祥林，你终于可以申冤了，你应该高兴！""佘祥林，你要多保重！"面对人们真诚的鼓励，佘祥林脸上露出一丝喜色。由于现场拥挤，从停车场到法院门前的百余米路程，佘祥林足足走了20分钟。

上午9时，佘祥林"杀妻"重审案在京山县法院开庭。京山县法院刑事审判庭庭长胡多盛担任审判长，与审判员杨云、审判员熊华滨组成合议庭。京山县检察院指派检察员秦川、刘朝阳出庭，湖北大可律师事务所周峰律师、北京天溢律师事务所张成茂律师，担任佘祥林辩护人。佘祥林的兄弟佘锁林、佘贵林、佘梅林及其女儿佘华容参加旁听。张在玉及张家其他人未到庭旁听。

庭审开始后，审判长胡多盛首先宣读了荆门市中级人民法院刑事裁定书和再审决定书。接着就本案的焦点问题——原生效判决认定的被害人、佘祥林妻子张在玉是否被佘祥林杀害进行举证和质证。

举证阶段，控方京山县检察院出具了4份证据证明佘祥林无罪：

第一份是张在玉的哥哥张在生的证词。证明张在玉还活着，并于3月28日突然回到家中。当年张在玉出走时神志不清，全家四处寻找，后来发现女尸。法医说，女尸死了80多天，身高、身上的疤痕、和门牙特征与张在玉相符合，以为死者就是张在玉，就没再寻找；

第二份是张在玉的证词。证明她是佘祥林的妻子，其于1994年的一天晚上因病后神志不清外出。当年农历三月十五日流浪到山东省枣庄市峄城区古邵镇范明亮家，后一直在范家生活。因为想家于2005年3月28日中午，回到京山县雁门口镇台岭村八组其兄张在生家中；

第三份是京山县公安局户籍证明。证实何珍英系张在玉的母亲，杨斯寒（即佘华容）是张在玉的女儿；

第四份是湖北省公安厅（2005）第126号、第181号刑事科学技术鉴定书。经过对杨斯寒、张在玉、何珍英DNA血样检测，杨斯寒是张在玉的生物学后代、张在玉是何珍英的生物学后代的直接血缘关系的可能性为99.99%。

随后，佘祥林的辩护律师当庭宣读了张在玉2005年3月28日的公安询问笔录。张在玉在笔录中说，佘祥林的家人经常虐待她，有时甚至不让她吃饱饭，使得她"只有一个念头，那就是尽快离开这个地方（佘家）"。但张在玉也表示，她与佘祥林的感情并不像人们想象的那么糟，相反，佘祥林在喝了酒以后，还常常流露出对她的歉疚心情。

1993年11月初，她带着女儿杨斯寒来到佘祥林工作的派出所，希望佘祥林能够为女儿的学费想想办法，但佘祥林并没有解决这一问题。再加上自己的工作单位京山县雁门口镇机械厂要搬迁，心里很着急。一来为赌气，二来怕人要学费，她这才离家出走。在山东安下家以后，她一直思念女儿，为此还给哥哥张在生写过两次信，还给雁门口镇机械厂的同事唐小青（音）写过信，但都没有回音。

在庭审过程中，佘祥林一直很平静。陈述、举证、质证，都由辩护人代理。只是在审判长的一再坚持下，佘祥林才作了自我辩护。他拿出事先准备好的一张纸念道："我没有犯罪，更没有杀人。希望因此给我和我的家人带来的巨大伤害，给予赔偿。"

佘祥林的辩护人称，这起案件原审的最终裁决是荆门市中级人民法院。因此，此案应放在荆门市中级人民法院审理。审判长认为，这起案件由荆门市中级人民法院发回重审，因此具有管辖权。

辩护人对记者说，案件发回京山法院重审，有滥用重审权的嫌疑，审判委员会裁定发回一审法院审理，不利于此案早日审结，是司法资源的浪费。因为一审生效后被告有可能上诉，检方也可能提出抗诉，这个过程是大大打了个问号。但我们没有纠缠于此，因为尽快还佘祥林以清白，是整个案件的基础。

辩护人还对记者说，当年判决佘祥林15年有期徒刑并剥夺5年政治权利的，正是京山县法院。按回避原则，京山县法院也应回避。当年指控佘祥林犯有"故意杀人罪"的京山县检察院，也应在重审中回避。但作为公诉人出庭的京山县检察院称："公诉人不仅代表国家行使公诉的权力，同时也有监督的权力。并且，公诉人对被告人既可以公诉有罪，也可以公诉无罪。"

当记者询问为何律师未提出回避请求时，辩护人表示："如果我们提出回避请求并获准的话，那么就不会有今天的重审。因此，我们不得不向现实妥协。但这也说明，当前的司法制度还有许多需要完善的地方。"

佘祥林的辩护律师，指出再审案不应由京山县法院而应由最终裁决此案的荆门市中级人民法院审理的意见，符合法律明文规定。荆门市中级法院不管出于何种考虑（如尽量缩小此案的负面效应、来自有关方面的指示等），将此案发回京山县法院重审的做法，是不合法的。而辩护律师从尽快平反冤案、尽早恢复佘祥林清白的大局出发，既指出其违法之处、又屈从于现实的做法，相当明智。但如果新闻报道准确的话，律师要求法院和检察院回避的做法不妥（也许记者将有无管辖权问题与回避问题混为一谈），因为回避只能针对司法人员个人，不能针对司法机关。

在法庭辩护阶段的末尾，佘祥林的辩护律师着重指出：审理佘祥林案件的意义远大于证明佘祥林个人无罪。佘案经过三级公检法系统的办理和三级法院的审理，最后制造了一起冤假错案，其中也有部分部门没有及时纠错和滥用发回重审权方面的原因。"一个和谐的社会，必须建立公开、公正、良性的司法制度与环境"，希望更多的审判能够在阳光下进行。佘祥林是不幸的，曾经背上了杀人的罪名，亲人受到了牵连，甚至付出生命的代价；但他又是幸运的。希望这样的悲剧不再重演！

随后，法庭休庭 15 分钟。15 分钟后，审判长当庭宣判：被告人佘祥林无罪，当庭释放！并告知佘祥林，根据《中华人民共和国国家赔偿法》的规定，他有申请国家赔偿的权利。庭审共进行了 1 小时 40 分钟。

庭审结束后，庭外的记者蜂拥而入。当各路记者争相请佘祥林回答各种提问时，佘祥林嘴角不停地颤抖，憋了好一阵，才蹦出一句话："公道自在人心！"[1]

重新获得自由的佘祥林，第一件要做的事就是给母亲上坟。佘的母亲杨五香曾因提供张在玉仍在人世的证明，被控犯"包庇罪"受到羁押，回家后不久即亡故。

穿过一片绿油油的小麦地，来到母亲坟头，佘祥林"扑通"一声跪下，一边用手扶弄坟边的土，一边点香烧纸。亲人们事先准备的鞭炮也随之响起，佘祥林的眼睛很快湿润。在转身离开坟头的一刹那，佘祥林突然停住脚步，回过头对着坟头说："母亲……我已讨回清白，您在九泉之下安息吧！"

随即佘祥林来到离别 11 年的老家，看见站在家门口的 64 岁的父亲佘树生老人，猛地跑上去一把抱住，父子俩相拥而泣。佘祥林低声对父亲说："等我身体好些了再回来看您！"[2]

法院知错立即改　赔偿过程耐寻味

张在玉再现，使得佘祥林"杀妻"案不攻自破，但再审平反、恢复佘祥林人身自由依据法定程序尚需时日。为避免佘祥林继续服刑，司法机关采取变更强制措施为取保候审的变通办法。2005 年 4 月 1 日，佘祥林被取保候审，在沙洋监狱总医院体检治疗。

4 月 2 日到 4 月 4 日，中共荆门市委书记袁良宽在沙洋县和京山县调研期间，专门看望了佘祥林的父亲佘树生老人表达歉意。他拉着老人的手

---

[1] "佘祥林洗冤，仍待彻底还以公正"；《中华一家人网站》：佘祥林被当庭无罪释放，来源：京华时报。

[2] "11 年冤狱昭雪，佘祥林无罪释放"，《新京报》2005 年 4 月 14 日。

说：“今天我代表市委、市政府来看望您和佘祥林同志，向你们表示歉意。”

中共湖北省委书记俞正声就佘祥林冤案作出相关批示，要求中共荆门市委政法委对此案的纠错追责进行督办，并每日向湖北省政法委汇报情况。湖北省检察院也派员进驻京山县，对此案中的渎职违法行为展开调查。当年涉及此案的公安、检察、法院的相关人员被予停职，接受湖北省委政法委等组成的联合调查组的审查。①

2005 年 4 月 13 日，京山县人民法院开庭重审佘祥林“杀妻”案、当庭宣判佘祥林无罪后，佘祥林的辩护律师周峰、张成茂即马上准备佘祥林的国家赔偿问题。由于对京山县人民法院重审判决的上诉期有 10 天，他们至少在 4 月 22 日才可提起国家赔偿。

佘祥林国家赔偿案委托代理人、湖北诚明律师事务所褚中喜律师和湖北大可律师事务所周峰律师，经过紧张的法律和材料准备，并与佘祥林和相关申请人员反复商量后，于 2005 年 5 月 10 日，以佘祥林名义，向湖北省荆门市中级人民法院和湖北省京山县公安局正式提出国家赔偿申请。其中：

佘祥林自 1994 年 4 月 12 日至 2005 年 3 月 30 日，被非法限制人身自由 4009 天。按《国家赔偿法》规定以国家公职人员 2004 年日平均工资 63.83 元计算，应由荆门市中级人民法院赔偿 25.6 万元，精神抚慰金 385 万元；

佘祥林要求京山县公安局赔偿伤残赔偿金、医疗费、被抚养人生活费、误工费、精神损害赔偿金等总计 126 万元；

以上共计 430 多万元。

2005 年 5 月 11 日，佘祥林国家赔偿案委托代理人向湖北省京山县公安局提出佘祥林的哥哥佘锁林、母亲杨五香、证人倪新海、聂麦清 4 人的赔偿申请共计约 170 万元。其中：

佘锁林被非法限制人身自由 41 天，应赔偿 2600 多元。精神抚慰金 20 万元。退还违法收取的取保候审金 510 元。

杨五香被非法限制人身自由 285 天，应赔偿 1.8 万多元。死亡赔偿金

---

① “荆门市委书记向佘父道歉”，《新京报》2005 年 4 月 6 日；“11 年冤狱昭雪，佘祥林无罪释放”，《新京报》2005 年 4 月 14 日。

32万多元。给丈夫和5个子女精神抚慰金90万元。退还违法收取的取保候审金600元，外加被限制人身自由抚慰金，共计120多万元；

倪新海被非法限制人身自由22天，应赔偿1400多元。精神抚慰金15万元。退还违法收取的取保候审金300元；

聂麦清被非法限制人身自由95天，应赔偿6000多元。精神抚慰金15万元。伤残补偿金16万元。退还违法收取的取保候审金及利息，6000元。

2005年9月2日，湖北省荆门市中级人民法院作出（2005）荆法赔字第3号《赔偿决定书》，决定"由本院依法支付赔偿请求人佘祥林人身侵权赔偿金256994.47元（含无名女尸安葬费1100元）"。佘祥林申请撤回向荆门中院提出的其他赔偿请求事项。

2005年10月27日，赔偿义务机关湖北省京山县公安局与赔偿请求人佘祥林、佘树生、佘锁林、佘翠娥、佘桂林、佘梅林经过协商，达成《国家赔偿协议书》。

《协议书》载明："由于双方对案件事实、性质及法律适用存在分歧，为便于赔偿纠纷解决，双方决定不再考虑案件事实、性质及法律适用问题。协商确定参照《国家赔偿法》之规定赔偿项目、标准计算赔偿，解决纠纷。"决定：

1. 赔偿请求人佘祥林在赔偿请求书中提出赔偿伤残赔偿金、医疗费、被抚养人生活费、误工费、精神损害赔偿金共计126万元，双方协商确定由京山县公安局一次性赔偿佘祥林226000元。

2. 赔偿请求人佘锁林在赔偿请求书中提出赔偿限制人身自由赔偿金、取保候审金、精神损害赔偿金共计203127元，双方协商确定由京山县公安局一次性赔偿佘锁林4000元。

3. 赔偿请求人佘祥林、佘树生、佘锁林、佘翠娥、佘桂林、佘梅林因近亲属杨五香死亡，提出赔偿丧葬费、死亡赔偿金、限制人身自由赔偿金、精神损害赔偿金共计1238671元，双方协商确定由京山县公安局一次性赔偿220000元。

4. 本协议签订后，赔偿请求人表示放弃其他赔偿请求，不再依本案事实主张任何权利。

2005年11月4日，京山县公安局分别与佘祥林、佘树生、佘锁林、佘翠娥、佘桂林、佘梅林协商，达成《补偿协议书》。决定：

1. 1994 年 4 月 12 日，佘祥林被京山县公安局监视居住 10 天。佘祥林以其在监视居住期间受到刑讯逼供造成身体损伤为由，向京山县公安局申请国家赔偿。由于双方对案件事实性质及法律适用存在分歧，为便于纠纷解决，双方决定不再考虑案件事实性质及法律适用问题，根据实际情况，双方自愿协商，参照《国家赔偿法》及有关规定，由京山县公安局一次性补偿佘祥林 226000 元。

2. 1995 年 5 月 4 日至 6 月 7 日，佘锁林因佘祥林案件被京山县公安局监视居住 35 天。佘锁林申请国家赔偿不符合受案范围。双方自愿协商，由京山县公安局一次性补偿佘锁林 4000 元。

3. 1995 年 5 月 8 日至 1996 年 2 月 22 日，杨五香因佘祥林案件被京山县公安局监视居住 285 天，1996 年 2 月 22 日被取保候审。1996 年 6 月因病在其家中死亡。因不符合国家赔偿受案范围，经自愿协商，由京山县公安局一次性补偿佘树生、佘锁林、佘祥林、佘翠娥、佘桂林、佘梅林共六人 220000 元。

4. 本补偿协议签订后，补偿请求人表示自愿放弃其他一切赔偿请求，不再依本案事实向补偿机关主张任何权利。

综上，经过佘祥林本人、相关家属和国家赔偿案代理人同法院、公安、政府等有关机关艰苦、反复地研究、协商、力争之后，佘祥林本人的实得赔偿、补偿款项，加上京山县雁门口镇政府给予的 20 万元生活困难补助款，加上其父亲、兄弟的补偿款项，总计 70 余万元。

关于赔偿问题，佘祥林多次表示：这么多年的损失，再多的钱也买不回来。青春买不回来，母亲的生命买不回来，女儿的前途买不回来……买不回来的东西太多了！但是，对于最终这样一个结果，佘祥林还算基本满意。他说："虽然与我在今年 5 月 11 日提出的 437 万元的国家赔偿申请有着很大的差距，但能够走到今天这一步，还是应该值得高兴。""我需要这些钱来盖房子，为将来能工作而治好病。如果可能的话，还要娶老婆，过一个正常人的生活。"[1]

对于佘祥林的赔偿问题，有读者评论说："对一个无辜公民来说，错坐一天牢，只得一个工作日的工资来弥补，无论如何也难称公平。更何

---

[1] "佘祥林获赔近 46 万元，想治病娶妻过正常生活"，《北京晨报》综合《广州日报》、《武汉晨报》2005 年 9 月 3 日。

况，国家赔偿的范围仍不包括间接损失和精神损失。佘祥林及其家人为申冤所支付的人力、物力和财力，很可能被拒之于赔偿门外，至于所遭受的精神损害就更不可能得到赔偿了。为申冤，佘祥林的母亲惨离人世，哥哥曾被拘留，15 岁的女儿被迫辍学，全家债台高筑，损害程度之深，损害范围之广，远非赔偿弥补得了的。"①

　　然而，从法院、公安和相关政府机关来看，在遵守《国家赔偿法》现行规定并综合考虑诸多因素的情况下，能够最终作出这一赔偿结果，也算是尽心尽力，勉为其难了。当然，公安机关对刑讯逼供的认识和经济补偿，仍然存在争议之处。

　　值得一提的是，佘祥林案正式结束后，他的再审案辩护人、国家赔偿案代理人湖北大可律师事务所周峰律师，拒收任何办案费用。他说，这是一起非常明显的冤假错案，应该引起全社会的警觉和重视。只有让所有的司法权力在阳光下运行，才能真正做到保护、尊重和捍卫公民的人身权利。②

冷静从容面挫折　从头开始再新生

　　佘祥林不愧是一个意志坚强的男子汉，面对 11 年的牢狱之灾，虽然也有彷徨、脆弱的时候，但总体上表现出的是在苦难中的顽强坚韧和对自己清白的执着信念；佘祥林不愧是一个通晓世事的男子汉，虽然偶尔情绪难控、话语不周，但从他重获自由的第一天起，就始终抱着一种平和、淡定的态度，来对待所发生的一切：既没有因戏剧般地喜从天降而忘乎所以，也没有因屈辱遭遇而愤世嫉俗；既没有在从未见过的百余媒体面前失态，也没有得理不饶人地斤斤计较赔偿数额。佘祥林在律师陪同下与相关机关就赔偿问题的谈判中，"表现出惊人的冷静和淡定。该表态的时候就表态，从无争执和过分激动。"张成茂律师将此归功于佘祥林本人的聪明和牢狱生涯历练出的成熟。③

　　此种聪明与成熟，在 2005 年 4 月 18 日佘祥林与《南方都市报》记者的对话中得到具体生动的体现：

---

①　"佘祥林求偿路'山高水长'"，王琳，《新京报》2005 年 4 月 4 日。

②　"佘祥林的日常生活"，邱焰、王兵，《中国青年报》2005 年 11 月 30 日。

③　"佘祥林在 2005"，由珊珊、赵蕾，《南方周末》2006 年 1 月 5 日。

佘：忽然不当犯人，我倒觉得不习惯了。

记：出来 12 天了，你最大的感受是什么呢？

佘：十天像十年。

记：为什么？

佘：身份的反差太大了，让我无法适应。

记：为什么这么说呢？

佘：以前我是一个犯人，现在忽然成为一个正常的公民。

记：你觉得忽然受人关注、受人尊重了，是这个感觉吗？

佘：是的，我好像已经习惯了低着头，忽然要我抬起头来，每个人都对我很友好，每个人都对我笑，我倒觉得很不习惯。

记：其实这是你完全应该得到的权利，现在却变成了让你无法适应的一种奢侈。

佘：对。

记：你今天看起来很精神。如果你走在街上，没人看得出你在监狱里生活了 11 年。

佘：因为我现在看到了希望。如果一个人充满了希望的话，他看起来就是像阳光一样的。

记：以前的你看不到？

佘：以前的我，都是很孤独的。

记：为什么呢？张在玉即使不回来，你的刑期也还有几个月就满了。

佘：这是完全不同的两种感觉。

记：当时你一定也在盼着刑满那一天的到来？

佘：（当时我的心情）很复杂。我是背着黑锅进监狱的，我还会背着黑锅出来。我知道我自己没有杀人，可是别人不知道。

记：你不渴望得到自由吗？

佘：我渴望得到自由，可是我渴望清白地得到自由。如果我出狱了，可是我仍然没有清白，我的心一样非常沉重。

记：当时你是怎么设想你出狱后的生活的呢？

佘：我没有设想，或者说，我不敢设想。对。很难想象。

记：你既盼望那一天到来，又害怕那一天的到来？

佘：对。快出来了，我忽然很害怕。

记：你已经习惯了里面的生活？

佘：有时候我忽然想就在里面过下去算了。自由，人人都向往，但是这个黑锅是很沉重的。这个黑锅我已经背了十几年，在监狱就像一种逃避，我出来要面对更多的人的眼光，我觉得很难承受。

记：你觉得别人都不会相信你的清白？

佘：我不知道。

记：是这么多年的经历磨失了你的这种信心？

佘：应该是。

记：包括你的亲人？

佘：他们会相信。可是他们更多的是无奈。我很清楚，能够证明我的，只有张在玉回来。

记：我相信这么多年，萦绕在你心里千百次的一个问题就是：张在玉还活着吗？那个尸体到底是不是张在玉的？

佘：对，对，对。

记：这是最困惑你的一个问题？

佘：对。

记：你当时的想法是什么呢？

佘：如果死的是张在玉，我的黑锅这辈子估计也不会摘下来了。

记：即使不是你杀的？

佘：是这样。

记：所以你非常希望张在玉活着。

佘：对。但是这不是唯一的理由。这不是我希望张在玉活着的唯一的理由。（他又重复了一遍）我希望张在玉活着，这不是唯一的理由。

记：其他的理由是什么？

佘：因为我对她，毕竟是有感情的。

记：你不希望她遭受不幸。

佘：是的。

记：关于死者是不是她的问题，当时你给自己的答案是什么？你觉得那个死者是她吗？

佘：这是有个过程的。一开始，我根本不相信是张在玉死了。

记：你觉得她只是走掉了，有一天就忽然回来了。

佘：对，所以当时我并没有绝望。可是时间长了，她并没有回来。

记：你觉得你的希望慢慢磨灭了？

佘：没有磨灭。可是，我已经对自己，对这件事产生怀疑了。尸体是不是张在玉？我原来坚信不是，可是后来，我开始觉得也许是了。

记：你开始不相信自己最初的判断了？

佘：对。

记：你放弃你原来的信念了么？

佘：慢慢地，好像变成了一个幻想。毕竟，时间太长了。11 年了。基本上，我的黄金岁月就在里面，这么过去了。

记：你有一段被判死刑等死的经历，你想过自己的生命快结束了吗？

佘：肯定想过。

记：你怕死吗？

佘：我不怕死。每个人的死都是一个历程。我什么时候死，可能并不是很重要，但是，背着一个黑锅死，我是很不甘的。

记：你不怕死，但是你怕以这种方式死？

佘：是的。在很长时间里，死对于我来说，都是一种解脱。这种念头在我心里已经不是一次两次了。我想你可以明白。因为这样活着，真的是很痛苦，很累。可是，要死，就要清清白白地死。

记：所以你最后选择坚持活下来？

佘：对。

记：这么多年，我知道你受了很多的苦……你坚持的动力是什么呢？

佘：很多。（他沉默了一会，忽然问我）如果你跟我换个角度，你被人冤枉成为杀害妻子的杀人犯，被判了死刑，后来又在监狱里待上十几年，如果是你，能够支持你活下去的理由是什么？

记：我活着，还有希望得到清白，不管这个希望多么渺茫；但是我死了，就等于一点希望都没有了。你是这种感觉吗？

佘：是的。我不是很在意（生死），但是它给我带来的创伤，给我的亲人，包括我死去的母亲，带来了太大的创伤。我想我要活着，我要出去，尽快出去，再想办法证明我的清白，我要去寻找张在玉，尽一切可能。

记：但是你要出来了，你又害怕那一天到来了？

佘：所以我的思想是很矛盾的，反反复复。

记：这个矛盾伴随着张在玉的回来，一下子消失了。当你知道她回来了的时候，那天你有预感么？

佘：没有。但是我并不感到十分惊奇。（他重复了一遍）并不感到十分惊奇。

记：我以为你会不相信自己的耳朵。

佘：不。这是我自己经历过的事，她跟了我这么多年，第一我没有杀她，第二我没有看到她的尸体，所以我知道她没死。

记：你不是已经对这个判断产生怀疑了么？

佘：那仅仅是我不自信的时候的一种怀疑。

记：你从内心里还是相信她没死？

佘：对。

记：你当时是什么感觉？

佘：悲喜交加。我想的是，她终于回来了。这一天终于来了。

记：你哭了么？

佘：肯定不会哭。

记：为什么？

佘：哭就是苦，代表了泪。我已经不会再哭了。我的泪水已经流干了。

记：偏偏在你马上服刑期满的时候，告诉你这样一个结果。就像生活跟你开了一个残酷的玩笑。

佘：没错。

记：你心里有恨么？

佘：曾经恨过。十多年了，慢慢地，我已经接受了，不会恨了，淡化了。

记：你还相信法律么？

佘：我还是相信的，我相信国家的法律章程，只是我对某些人性产生了怀疑……

记：你希望当初那些让你遭受不白之冤的那些人得到处理么？

佘：我当然希望。我在等待着那一天。

母亲的死是我又一个包袱

记：你知道你母亲的死是什么时候？

佘：1999 年的时候，当时她已经去世 3 年了。我妹妹看我的时候，无意中透露出来的。

记：你当时什么感觉？

佘：她是我母亲啊。我的母亲给了我生命，又为了我，为了她儿子的清白，丧失了她的生命。我必须坚持下去，找到我的清白。

记：你觉得内疚？

佘：我身上背着一个杀人的黑锅，母亲的死又让我背上了另外一个沉重的包袱。我害死了我的母亲。

记：你觉得这是你的错。

佘：这是我从来没有对任何人讲过的……

记：现在这个包袱放下了么？

佘：放不下，永远都放不下了。

记：现在你已经清白了，你该放下它。

佘：但是我的母亲已经永远没有了。这个是永远无法挽回的。

记：昨天上坟，你对你母亲说了些什么？

佘：任何的语言都是苍白无力的。

记：我知道你心里一定对她说了些什么。

佘：我的确说了。

记：能告诉我么？

佘：这是我心里的话，憋了很久很久了，既然是心里话，那就永远放在心里吧……

记：你觉得她昨天看到你，会不会很高兴？

佘：（沉默）

记：为什么到现在才去？你回来十多天了。

佘：我在等法律彻底还我清白。

记：昨天你在法庭上只说了一句话："我是清白的，我没有杀人"，这句话是你准备好的？

佘：是的。我不想多说，我担心我的心情会很激动。

记：你觉得这句话足够了？

佘：足够了……这句话，是我这么多年一直想说的。

记：这句话，你终于可以大声向天下人宣告了。

佘：能够有这一天，我真的很幸运了，我从来没有想过这一天。

记：你不是说，你一直在监狱里幻想这一天，幻想某一天张在玉会回来证明你的清白？

佘：幻想毕竟只是一种幻想。

记：你开心吗？

佘：很沉重。

记：你可以重新开始你的人生。

佘：当然再困难，也不会有我在监狱经历的那些日子困难。可是我现在很迷惘。

记：觉得自己已经跟这个社会脱离太远？

佘：我已经被这个社会抛弃了11年。

记：你举个例子？

佘：太多的例子，随处都是例子。11年前跟现在，已经是两个世界。比如说，手机。我看到过别人用，看到电视上有，可是我没有摸过它，也不明白它是什么。

妻子　我从来没有恨过她

记：你在监狱里，想起张在玉，你是怎么样的感觉呢？

佘：很难表达。我很怀念跟她以前一起的生活。

记：现在也是？

佘：尽管她的回来给了我清白，尽管法院会给我相应的赔偿，但是我这11年的青春回不来了，我母亲的生命回不来了。

记：你觉得这一切还是跟她有着关系？

佘：并不跟她完全有关，可是跟她的确有关系。

记：所以这次她回来，你心里一定百感交集？

佘：（沉默）

记：你恨她么？

佘：不恨她。毕竟她也没有想到会发生这一切。

记：你还是原谅了她。

佘：我从来没有恨过她。我没有必要去恨她。

记：她成家的消息是谁告诉你的？

佘：媒体。

记：你当时的第一个感觉是什么？

佘：我为她高兴。

记：是吗？

佘：因为我知道孤独的滋味。我已经孤独了 11 年。

记：是真心话？

佘：是心里话。也许很多人都不会相信，可是我的的确确这么想的，我经历过了，我完全明白她的感受。

记：如果你还爱她，你一定会觉得难过。

佘：难过。我怎么不难过？我背着黑锅的时候难过，我被判死刑等死的时候难过，我被刑讯逼供十天十夜不能睡觉的时候难过，我母亲死了我难过，我弟弟因为我的事情到现在未能成家我难过，我女儿没有一个完整的家庭，我难过。我难过的事情，太多太多了，已经麻木了。

记：你已经经受了太多类似的打击。

佘：是的。她毕竟也是无辜的，她也不是故意给我带来伤害。我跟她分开了 11 年多了，她的儿子已经 10 岁了。也就是说她走了不久就嫁人了。她至少有 10 年是幸福的。所以我愿意为她高兴。人世间肯定有痛苦，可是并不需要人人痛苦。

记：你宁可选择自己去承受。

佘：对，我经受得起。我已经经受得太多了，不在乎多这一个。这么多年，回来这么多天，你是听我说心里话最多的一个人。

记：你一直没有见到她？

佘：没有。

记：你不想见她么？

佘：想肯定想。怎么不想？十几年（没见）了。在监狱里，她是我最思念的人之一。

记：在报纸上也没有看到她的样子？

佘：没有。没人给我看报纸。

记：想看么？我可以给你拿登着她照片的报纸。

佘：想。（忽然转过头，坚决地）算了，我不看了，就这样过去吧。

记：其实，只在脑子里留下她十多年前的样子，也是一件很好的事情。

佘：对。也许这样是最美好的。

记：你们都重新开始可以找到自己的幸福。

佘：但愿如此吧。

记：如果你们两个见了面，你想跟她说什么呢？

佘：我想说的还有很多。因为我知道她肯定对我这件事情还抱有愧疚。我想告诉她，不要紧的。

记：你觉得她该放下这个包袱？

佘：她应该放下，因为我背的包袱太沉重了，我不希望她也有这样的包袱。

记：你是个宽容的人。是你本来如此，还是因为这么多年的经历教给你学会宽容？

佘：这是我的本性。①

佘祥林被宣告无罪之后，多次表示："不管遇到多大困难，对生活都要充满信心。""我将珍惜每一天，一家人和和气气，快乐生活。我是一个乐观的人，我相信我能过得幸福。同时，很多人都对我伸出了援手，我不能让他们失望，我要好好活下去。"②佘祥林是这样说的，也是这样做的：他自由后专程到武汉当面感谢曾艰难帮助过他的律师，感谢在绝境中鼓励他申诉的法官，感谢主动为他免费治疗的医院，感谢所有帮助过他的人！他要为这些好心人好好地活下去。

当然，生活是现实的。有着好好活下去的愿望，还必须有直面现实的耐心和勇气。佘祥林从监狱回到阔别 11 年的家乡，三间土坯房已是破损不堪，无法立足，佘祥林只得租住在小镇西郊一座基本废弃的宿舍楼里。这里的房间大多空着，灰尘和蜘蛛网布满了楼道。

陈设简单却收拾得整整齐齐。饭桌上摆放着上一顿没有吃完的两碗青菜和已经打开的一瓶白酒。唯一的电器是摆在客厅东头的大彩电。佘祥林说，这是他刚出狱时，两个哥哥凑钱买来供他"解闷"的。

"眼睛没有治好，我连出个门都难。"佘祥林说，他每天只睡三个多小时就再也无法入眠，总是感觉夜晚太长，可到了白天又不知道干些啥。恍惚之间，过去 11 年的生活片断，总会杂乱无章地闪现在脑海中，其中有人在大声地说话，也有人悲声地哭泣，但具体是谁，在什么地方，又记不起来了。

说话间，佘祥林不时伸手捂住双颊："多说几句，这里都生疼生疼

---

① "对话佘祥林"。《南方都市报》2005 年 4 月 18 日。

② 《新京报》2005 年 4 月 14 日。

的。"即便一言不发，佘祥林的双颊也止不住颤动，口里吐出一些含混不清的话，但具体是什么，他自己也闹不明白。

"现在的生活，我一点儿都不习惯。"与服刑时的劳动强度相比，现在突然轻松了，他反倒显得很不自在。

床前书桌上，整齐地摆放着一摞摞已经拆阅的信件，约有三百来封，来自黑龙江、福建、云南等全国各地。写信的人中，有农民、大学生，还有法律工作者。他们在对冤案表示遗憾的同时，希望佘祥林能走出阴影，振作起来，更加坚强地与困难作斗争，重新创造美好的生活。

华中师范大学一位研究生对佘祥林昂首出狱的镜头念念不忘，她在信中鼓励他："挫折让我们快速成长，磨难让我们成熟坚韧。相信你会战胜所有的不适，成为生活的强者。"一名残疾人讲述自己的奋斗经历后提出与佘祥林共勉："人生没有过不去的坎儿。你都是死过两次的人，还有什么不能面对！"尤其令佘祥林感动的是，还有六七封来自各地的女青年敬佩佘祥林面对挫折没有倒下的男子汉精神、如果可能愿与佘祥林组建恩爱家庭的表白爱慕的信件，他都一一亲笔回信，表示会珍惜来之不易的新生活。①

2005年10月，佘祥林拿到法院、公安、政府的总计约90多万元的赔偿、补偿、补助金后，在他旧居旁盖起一栋平房，给年迈的父亲居住。给弟弟在县城买了一套房子，送女儿到宜昌读书。

12月8日，佘祥林与张在玉正式办理了离婚手续。离婚后，他们通过几次电话，互相问个好，商量一些女儿的教育问题。佘祥林说："她对我为什么还未成家特别关心，总在电话里劝我快点找一个。"

2006年3月，考虑到女儿在宜昌读书，佘祥林来到三峡工程所在地湖北省宜昌市。一直跟踪报道佘祥林的《新京报》记者吴学军，对佘祥林又作了一次朋友式的采访：

我想和女儿一起成长

吴：收到你的短信，说要在宜昌生活，为什么不想留在京山了？

佘：主要考虑到女儿在宜昌读书，她十几年都没和我在一起了，我需要努力做好一个父亲。另外，我脱离社会这么久，对社会关系一窍不通，所以，我想和女儿一起成长。

---

① 2005年11月30日《中国青年报》，邱焰、王兵。

吴：你觉得自己还不够成熟吗？

佘：我现在40岁，可我的思想还停留在二十七八岁，对社会的一些看法和认识还停留在当年水平。

吴：有没有计划把父亲也接过来？

佘：他不愿意离开老家。我们在老家给他盖了房，还在想办法给他找个老伴。这么多年他都是一个人过的，肯定很孤独。他说，你们兄弟过得不好，我能好到哪儿去？现在我们家三条光棍，弟弟和我，还有我父亲。他希望我兄弟俩快点结婚。

如果有合适的人就结婚

吴：有报道说，你今年准备结婚。

佘：是这样打算的，如果有合适的就考虑。但现在心思还不是完全放到这上面来。我出来的时候，想首先给父亲找个老伴，但他希望我兄弟俩先解决。我们不为自己活，也该为父亲着想。我们成家了，父亲就少了一份担心。

想学人们之间的交往

吴：搬到一个陌生的城市，能适应吗？

佘：还有些困难。这里的人不像农村人那样随便，我不太习惯。

吴：想好怎么去适应吗？

佘：找些事情去做。人要去适应社会，不能让社会适应你。我自己是个平常人，那就去做平常人该做的平常事。

吴：有没有找到一份工作？

佘：还没有。我刚到宜昌，有些热心人，我都不认识，他们找我谈，教我去适应外界。

吴：他们是怎么找到你的？

佘：他们的嗅觉很灵的。（笑）

吴：去年你被放出来的时候也是油菜花开的季节，这一年感觉自己有变化吗？

佘：是啊，但我想我还没有完全适应这个社会，很多事情，并非自己想实现就能实现的。

吴：一年中你做过什么事？

佘：父亲住进新房，弟弟在县城里有了一套房子，女儿又读书了。

吴：平时你主要在做什么？

佘：我一般不出家门的，买东西时，我才出来。一个人在家，有时候啥都不想，就这样坐着，一坐能坐很长时间。我怕光，在监狱里，视力变差了。

吴：有没有想过改变这种状况？

佘：必须改变，社会不可能来适应你，我得适应这个社会。

吴：怎么改变？

佘：要学一下人们之间的交往，还要学计算机，（要学）好多东西啊，太多了。

只希望母亲能回来团圆

吴：案子结束后，你获得了几十万赔偿金，有了这些钱，你对现在的生活满意吗？

佘：不满意。

吴：为什么？

佘：我就讲个事儿吧。今年春节，我和父亲一起吃团圆饭。12 年前，我进监狱前最后一次团圆饭，是 5 口人，当时母亲也在。这次就我和他一起做饭。饭还没吃完，我说，我们其实不需要这个钱，不需要新房子，只希望母亲能回来团圆。当时父亲就哭了。哎，现在很后悔说这个话。

吴：父亲现在身体好吗？

佘：他在我心目中很硬的。但那次看到他难受的样子，我很后悔，所以在他面前，不敢再提以前的事情。

吴：这一年来，你觉得家庭有没有变化？

佘：我的家人能够抬起头来和别人说话，抬起头来走路了。我回来后，据他们讲，他们之前从来没有抬过头。我想这是唯一的变化。

很感谢让我上诉的胡法官

吴：你的经历已使你成为社会关注的对象，以前的事情你还愿意谈吗？

佘：不愿意再说了，不过我还是得感谢一个人。

吴：是谁？

佘：胡汉贤。当时我不想上诉，有冤无处申诉，有苦说不出，一心只想求死。胡法官鼓励我上诉，说生命就一次，有什么话尽快说。我记得当时天气很冷，他还在监狱里借了一件大衣给我穿。作为法官来说，他可能感觉到这个案子有不公之处。我很感激他。①

佘祥林重获自由之后，理所当然地成为诸多媒体和社会各界关注的悲剧明星。刚一出狱，因为患有高血压、心脏病、风湿病，眼睛视力低下，被广东佛山一家医院接去免费治疗。全国各地的热心人寄来数百封信件，给他打气，为他的将来出谋划策。

2005年5月，他应凤凰卫视之邀，到北京录制节目，平生第一次坐上飞机。11月11日，他应邀出席《新京报》创刊两周年庆祝会，佘祥林作为特邀嘉宾发表演讲："虽然我只是个普通人，却感受到中国民主法制进步的脉动。"

会后，他还专门拜会了北京大学法学教授贺卫方和中国社会科学院法学教授陈春龙，感谢他们在该案平反和赔偿过程中从法理上给予的帮助。

佘祥林说，眼疾和全身伤病使他不可能再干农活，11年的监狱生活又耽误了学习其他谋生技能，想做点小生意，又怕摸不透现在的人怎么想。在他的时间世界里，"现在"的参照系是1994年。"爸爸与外界隔绝那么多年了。在我眼里，他现在就是个小孩子，我不希望他再受到任何伤害。"佘祥林的女儿告诉记者。②

好在好人还是多数。在朋友的帮助下，佘祥林找到了一份推销啤酒的工作。生平第一次当上推销员的他，不知如何是好。当他手足无措地走进一家餐馆时，餐馆老板眼前一怔，看了他半天，问你是佘祥林吗？当佘祥林木纳地点头称是时，悲剧明星效应出来了，老板爽快地答应买两箱啤酒，并让他以后再按时送来。

佘祥林的正常生活，就这样平凡又而琐碎地开始了！

抽空，佘祥林还会看一本名叫《中国司法赔偿》的书，当然是在放大镜的帮助下。这是本由中国社会科学院法学教授、原北京高级法院副院

---

① "我的思想还停留在二十七八岁"，吴学军，《新京报》2006年4月3日。

② "佘祥林出狱以后"，由珊珊、赵蕾，《南方周末》2006年1月5日。

长、国家赔偿委员会主任陈春龙写的专业书，陈教授在其来北京时特意送给他的。但眼睛的疼痛使他不知道什么时候才能将这本三四厘米厚的书看完。可佘祥林固执地说："我一定会想办法看完的，并会力所能及地多学一些法律知识，以帮助更多需要帮助的人，最起码能开导开导那些孤立无援的人们。"

在冤案得到平反赔偿、卸却冤屈烦恼之后，佘祥林又陷入另一种欲罢不能的新烦恼："那么多找我的求助者，让我疲于应付。"

江苏一妇女说，她的地被人占了，四处告状又被当作精神病多次关起来。她偷偷跑出来讨饭找到佘祥林，想向他取经。可佘祥林除了安慰她，别无良方。黑龙江一少年说，父亲和兄弟被人杀死家中，凶手被抓后因证据不足又放了，案子至今未破。经人指点借钱坐车来找佘祥林……

类似的求助者，佘祥林接待了不下 20 个。他知道仅凭他一人力量，想要帮助这些人简直是痴人说梦。他曾有过一个念头：用这笔国家赔偿创办一个专门为人申冤的基金会，但他感觉与此宏大目标相比，这些钱可能只是杯水车薪。[①]

2015 年 3 月 12 日，在冤案致 10 年之后，佘祥林接受了《法制晚报》记者的采访。佘祥林说，他在电视上看了全国"两会"直播，对于李克强总理说的"要全面推进依法治国，加快建设法治政府、创新政府、廉洁政府和服务型政府，大道至简，有权不可任性"印象深刻。他觉得杜绝冤假错案，就是要依法办事。对于象他自己、浙江叔侄等遭受冤案的人，除了得到国家应有的赔偿之外，还要追究当年那些执法人员的责任。

"适应社会比适应监狱要难得多。最主要的还是政府如何保障我们回归社会。"佘祥林说，因为在监狱里待久了，而且社会高速发展，导致他们与社会脱节很严重，变成一个弱势群体，"希望政府和社会主动接触我们，并提供一些帮助，比如就业培训和指导，因为牢狱也导致我们失去了一些社会关系，这就需要心理疏导，使我们逐渐融入这个社会，而不是孤立我们"[②]。

---

① "佘祥林走出冤狱一年称常梦到冤死的母亲"，朱长振。《大河报》2006 年 3 月 30 日。

② 《法制晚报》2015 年 3 月 12 日。

（一）佘祥林有罪法律文书

京山县人民检察院起诉书

京检刑起字（1998）第 26 号

被告人佘祥林，又名杨玉欧，现年三十二岁，一九六六年三月七日
生，湖北省京山县雁门口镇何场村九组人，汉族，初中文化，系本县马店
镇派出所原治安巡逻队员。因涉嫌故意杀人罪，一九九四年四月十二日被
京山县公安局监视居住，同月二十二日被刑事拘留，经京山县人民检察院
于一九九四年四月二十八日批准逮捕，次日由京山县公安局执行。

被告人佘祥林故意杀人一案，由京山县公安局侦查终结，移送本院审
查起诉。现查明：

一九九三年十月至十二月期间，被告人佘祥林因与某女青年关系暧昧
而与妻子张在玉不和，引起其妻精神失常，佘见其妻患有精神病，遂起杀
害妻子另娶他人之心。

一九九四年元月十七日，被告人佘祥林从马店镇乘三轮车回雁门口乡
和场村下车时，见车上有一蛇皮袋，袋内装有几件衣物，便将该袋提下车
放到白湾一瓜棚内后回家。同月二十日晚十时许，被告人佘祥林将妻子张
在玉从床上拉起来后，引到白湾瓜棚内关好门，自己返回家中睡觉，次日
凌晨二时许，被告人佘祥林抱着小孩杨斯寒到父母房内谎称张出走了，然
后拿出手电筒、麻绳和张穿的毛裤推自行车出门。佘来到白湾瓜棚给张换
上蛇皮袋内的衣服、鞋子以及带去的毛裤，将换下的衣物放在棚内。尔
后，被告人佘祥林拿着蛇皮袋带着张在玉行至雁门口镇吕冲村九组窑凹堤
堰边时，趁张不备，用石头猛击张的面部，将张打倒在地后，又朝张的头
部乱打一阵。直至张不再动弹，接着被告人佘祥林将张拖到堰塘的东北
角，沉入水中。同年四月十一日，吕冲村九组程爱平发现堰塘内的尸体后
报案。经法医鉴定：张在玉系被他人用钝器打击头部至昏迷后又抛入水中
溺水死亡。

上述犯罪事实清楚，足以认定。

本院认为，被告人佘祥林故意杀害妻子，其行为触犯了《中华人民
共和国刑法》第二百三十二条，构成故意杀人罪。根据《中华人民共和

国刑事诉讼法》第一百四十一条之规定，对佘祥林提起公诉。

此致
京山县人民法院

检察员 曾斌
一九九八年三月三十一日
京山县人民检察院印

附项：

1. 被告人佘祥林现押于京山县公安局第一看守所；
2. 主要证据复印件、证据目录及主要证人名单随案移送。

湖北省京山县人民法院
刑事判决书

（1998）京刑初字第 048 号

公诉机关京山县人民检察院。

　　被告人佘祥林，又名杨玉欧，男，生于一九六六年三月七日，汉族，初中文化，湖北省京山县人，捕前系京山县公安局马店派出所治安巡逻队员，家住京山县雁门口镇何场村九组。因涉嫌故意杀人罪于一九九四年四月二十二日被刑事拘留，同月二十九日被逮捕。现押于京山县公安局第一看守所。

　　京山县人民检察院以被告人佘祥林犯故意杀人罪，向本院提起公诉。本院受理后，依法组成合议庭，公开开庭审理了本案。京山县人民检察院检察员曾斌出庭支持公诉，被告人佘祥林到庭参加诉讼。本案经合议庭评议、审判委员会进行了讨论并作出决定，现已审理终结。

　　起诉书指控：一九九三年十月至十二月期间，被告人佘祥林与某女青年关系暧昧而与妻子张在玉不和，引起其妻精神失常，佘见其妻患有精神病，遂起杀妻另娶之心。一九九四年元月十七日，被告人佘祥林从马店镇乘车回家下车时，见车上有一蛇皮袋，袋内装有几件衣物，便将该袋提下车放到白湾一瓜棚内后回家。同月二十日晚十时许，被告人佘祥林将妻子张在玉从床上拉起来，引到白湾瓜棚内关好门，自己返回家中，次日凌晨二时许，被告人佘祥林抱着小孩杨斯寒到父母房内谎称张出走了，然后拿着手电筒、麻绳和张穿的毛裤，推着自行车出门，来到白湾瓜棚给张换上蛇皮袋内的衣服、鞋子及带去的毛裤，将换下的衣物放在棚内，尔后，拿着蛇皮袋带着张在玉行至雁门口镇吕冲村九组窑凹堰边，趁张不备，用石头猛击张的头、面部，至张不再动弹，将张拖到堰塘的东北角，沉入水中。

被告人佘祥林辩解，与女青年陈×长期保持不正当两性关系并要与陈结婚属实，但未杀害张在玉。

经审理查明：一九九〇年七月，被告人佘祥林在高关水库治安队工作期间，与未婚女青年陈×长期保持不正当两性关系，并先后多次向陈提出结婚，因此，与妻子张在玉不和，引起其妻精神失常，被告人佘祥林见其妻患有精神病，遂起杀妻另娶之心。一九九四年元月十七日，见车上有一蛇皮袋，袋内装有几件衣物和一双保暖鞋，便将该蛇皮袋提下车，放到离家不远的白湾瓜棚内后回家。同月二十日晚十时许，被告人佘祥林将妻子张在玉从床上拉起来，带到白湾瓜棚内关好门后，自己返回家中。次日凌晨二时许，被告人佘祥林将小孩杨斯寒抱到其父母房内，谎称张出走了，然后以外出寻找张为由，拿着手电筒、麻绳和张穿的毛裤，推着自行车出门，来到白湾瓜棚给张换上蛇皮袋内的衣服和鞋子，并穿上带去的毛裤。将换下的衣物放在棚内，尔后拿着蛇皮袋带着张在玉到雁门口镇吕冲村九组窑凹堰边，趁张不备，用石头猛击张的头、面部，至张不再动弹，将张拖到堰塘的东北角，用麻绳将装有四块石头的蛇皮袋绑附其身沉入水中。次日下午将从张身上换下的衣服全部放在自家灶里烧毁。同年四月十一日，张的尸体被人发现后报案，公安机关侦查，将被告人佘祥林抓获归案。

上述事实有下列证据予以证实：

1. 证人程爱平、陈霞、杨五香等证言证实。

2. 用于沉尸的石头、蛇皮袋和麻绳等物证予以佐证。

3. 被告人佘祥林画的行走路线图及其领着公安人员找到杀人、沉尸的现场记录印证。

4. 有现场勘查笔录、尸检照片及法医鉴定死者系被他人用钝器打击头部致昏迷后沉入水中溺死的结论予以印证。

5. 被告人佘祥林曾作过供认，且其口供与上述证据一致。

本院认为，被告人佘祥林无视国家法律，为达到另娶之目的，杀害妻子，其行为已构成故意杀人罪。据此，依照《中华人民共和国刑法》第十二条和一九七九年《中华人民共和国刑法》第一百三十二条、第五十一条第一款、第五十二条之规定，判决如下：

被告人佘祥林犯故意杀人罪，判处有期徒刑十五年，附加剥夺政治权利五年。

如不服本判决，可在接到判决书的第二日起十日内，通过本院或直接向湖北省荆门市中级人民法院提出上诉。书面上诉的，应交上诉状正本一份，副本两份。

审　判　长　　朱源瑛
审　判　员　　李彪
代理审判员　　段红兵

京山县人民法院印
一九九八年六月十五日

书　记　员　　田先波

湖北省荆门市中级人民法院
刑事裁定书

（1998）荆刑终字第 082 号

原公诉机关京山县人民检察院。

上诉人（原审被告人）佘祥林，又名杨玉欧，男，出生于一九六六年三月七日，汉族，初中文化，湖北省京山县人，捕前系京山县公安局马店派出所治安巡逻队员，家住京山县雁门口镇何场村九组。因故意杀人一案，于一九九四年四月二十二日被刑事拘留，同月二十九日被逮捕。现羁押于京山县公安局第一看守所。

京山县人民法院审理被告人佘祥林故意杀人一案，作出（1998）京刑初字第 046 号刑事判决，被告人佘祥林不服，提出上诉。本院依法组成合议庭审理了本案，现已审理终结。

原判认定，一九九〇年七月，被告人佘祥林在高关水库治安队工作期间，与未婚女青年陈某长期保持不正当两性关系，并先后多次向陈提出结婚，因此与妻子张在玉不和，引起其妻精神失常。被告人佘祥林见妻患有精神病，遂起杀妻另娶之心。一九九四年元月二十日晚十时许，被告人佘祥林将妻子张在玉从床上拉起来，带到离家不远的白湾瓜棚内关好门后，自己返回家中。次日凌晨二时许，被告人佘祥林将小孩杨斯寒抱到其父母房内，谎称张出走了，然后以外出寻找张为由，来到白湾瓜棚拿着蛇皮袋带着张在玉到雁门口镇吕冲村九组窑凹堰边，趁张不备，用石头猛击张的头部、面部至张不再动弹，将张拖到堰塘的东北角，用麻绳将装有四块石头的蛇皮袋绑附其身沉入水中。同年四月十一日，张的尸体被人发现后报案，公安机关经查，将被告人佘祥林抓获归案。原判认定被告人佘祥林犯故意杀人罪，判处有期徒刑十五年，附加剥夺政治权利五年。被告人佘祥林以"根本没有杀人"为由提出上诉。

经审理查明，原判认定被告人佘祥林犯故意杀人罪的事实和情节有法医鉴定书、尸检照片、现场勘查笔录、证人程爱平、陈雨霞、杨玉香等证言证实；被告人佘祥林画的作案行走路线图及其将公安人员带到作案现场的记录印证；被告人曾作过的供词与其上述证据一致，事实清楚，证据充分，足以证实。

本院认为，被告人佘祥林故意杀人，其行为已构成故意杀人罪，原判事实清楚，定性准确，审判程序合法，被告人佘祥林的上诉理由不能成立。依照《中华人民共和国刑法》第十二条和一九七九年《中华人民共和国刑法》第一百三十二条、第五十二条和《中华人民共和国刑事诉讼法》第一百八十九条第一项之规定，经本院审判委员会讨论决定，裁定如下：

驳回上诉，维持原判。

本裁定为终审裁定。

审判长　熊道瑜

审判员　张鄂生

审判员　赵征兵

一九九八年九月二十二日

湖北省荆门市中级人民法院印

书记员　黄　勇

（二）佘祥林无罪法律文书

湖北省京山县人民法院
刑事判决书

（2005）京刑再初字第 7 号

原公诉机关京山县人民检察院。

原审被告人佘祥林，又名杨玉欧，男，出生于 1966 年 3 月 7 日，汉族，初中文化，湖北省京山县人，捕前系京山县公安局马店派出所治安巡逻队员，住京山县雁门口镇何场村九组。因涉嫌犯故意杀人罪于 1994 年 4 月 12 被京山县公安局监视居住，1994 年 4 月 22 日被京山县公安局刑事拘留，同月 29 日被逮捕，1998 年 6 月 15 日被京山县人民法院以故意杀人罪判处有期徒刑十五年，附加剥夺政治权利五年，判决生效后，投入湖北沙洋苗子湖监狱服刑。2005 年 4 月 1 日被取保候审。

辩护人周峰，湖北大可律师事务所律师。

辩护人张成茂，北京天溢律师事务所律师。

湖北省京山县人民检察院以京检刑起字（1998）第 26 号起诉书指控原审被告人佘祥林犯故意杀人罪一案，本院于 1998 年 6 月 15 日作出（1998）京刑初字第 046 号刑事判决。原审被告人佘祥林不服，提出上诉。湖北省荆门市中级人民法院于 1998 年 9 月 22 日作出（1998）荆刑终字第 082 号刑事裁定，驳回上诉，维持原判。2005 年 3 月 29 日荆门市中级人民法院院长发现原判决、裁定确有错误，提请该院审判委员会讨论决定再审。该院于 2005 年 3 月 29 日、3 月 30 日分别作出 2005 荆刑监字第 9 号再审决定书及（2005）荆刑再终字第 2 号刑事裁定书，撤销荆门市中级人民法院（1998）荆刑终字第 082 号刑事裁定和京山县人民法院（1998）京刑初字第 046 号刑事判决，发回京山县人民法院重新审判。本院依法另行组成合议庭，于 2005 年 4 月 13 日公开开庭审理了本案。京山县人民检察院指派检察员秦川、刘朝阳出庭履行职务。原审被告人佘祥林及其辩护人周峰、张成茂到庭参加诉讼。现已审理终结。

原审判决认定，被告人佘祥林为达到另娶之目的，于1994年1月21日凌晨2时许，将其妻张在玉带到雁门口镇吕冲村九组窑凹堰边杀害，并用石头沉尸于堰塘中。原审判决被告人佘祥林犯故意杀人罪，判处有期徒刑十五年，附加剥夺政治权利五年。原审被告人佘祥林及其辩护人周峰、张成茂辩称，原审被告人没有杀害张在玉。

经再审查明，京山县雁门口镇何场村九组村民张在玉（系原审被告人佘祥林之妻）于1994年1月20日晚上外出，后流浪至山东省枣庄市峄城区古邵镇。2005年3月28日中午12时许，张在玉回到京山县雁门口镇台岭村八组其兄张在生家中。

上述事实，有公诉机关及辩护人提交，并经庭审质证、认证的下列证据予以证实：

1. 证人张在玉证实，其于1994年的一天晚上因病后神志不清外出，当年的农历3月15日流浪到山东省枣庄市峄城区古邵镇范明亮家，后一直在范家生活，因为想家于2005年3月28日中午回到京山县雁门口镇台岭村八组。

2. 证人张在生证实，其妹张在玉因病后神志不清于1994年1月的一天晚上失踪，直到2005年3月28日中午12时许才回家。

3. 京山县公安局户籍证明证实何珍英系张在玉的母亲、杨思寒系张在玉的女儿。

4. （2005）第126号、第181号湖北省公安厅刑事科学技术鉴定书证实，张在玉是何珍英的生物学后代，杨思寒是张在玉的生物学后代。

本院认为，原审被告人佘祥林之妻张在玉并未被杀害，京山县人民检察院京检刑起字（1998）第26号起诉书指控原审被告人佘祥林犯故意杀人罪不能成立。原审被告人佘祥林及其辩护人辩称佘祥林没有杀害张在玉的辩护意见成立，本院予以采纳。依照《中华人民共和国刑事诉讼法》第一百六十二条第（二）项的规定，判决如下：

被告人佘祥林无罪。

如不服本判决，可在接到判决书的第二日起十日内通过本院或者直接向湖北省荆门中级人民法院提出上诉。书面上诉的，应当提交上诉状正本一份，副本二份。

审判长　胡多盛

审判员　杨　云

审判员　熊华滨

京山县人民法院印

二〇〇五年四月十三日

书记员　王海燕

（三）佘祥林赔偿法律文书

湖北省荆门市中级人民法院
赔偿决定书

（2005）荆法赔字第 3 号

赔偿请求人佘祥林，又名杨玉欧，男，1966 年 3 月 7 日出生于湖北省京山县，汉族，初中文化程度，住京山县雁门口镇何场村九组。

委托代理人褚中喜，湖北诚明律师事务所律师。

委托代理人周峰，湖北大可律师事务所律师。

赔偿请求人佘祥林于 2005 年 5 月 10 日以再审改判无罪为由向本院申请国家赔偿。

本案在审理过程中，雁门口镇人民政府考虑到佘祥林家庭生活困难，给予了佘祥林家庭生活困难经济补助费 20 万元。

本院经与赔偿请求人佘祥林协商，由本院依法支付赔偿请求人佘祥林人身侵权赔偿金 256994.47 元（含无名女尸安葬费 1100 元），赔偿请求人佘祥林向本院申请撤回其提出的其他赔偿请求事项。

经本院审判委员会讨论并作出决定：由本院支付赔偿请求人佘祥林人身侵权赔偿金 256994.47 元（含无名女尸安葬费 1100 元）。

湖北省荆门市中级人民法院印

二〇〇五年九月二日

国家赔偿协议书

赔偿请求人：佘祥林　佘树生　佘锁林　佘翠娥　佘桂林　佘梅林

赔偿义务机关：京山县公安局

赔偿请求人佘祥林、佘树生、佘锁林、佘翠娥、佘桂林、佘梅林申请国家赔偿案件，赔偿请求人与赔偿义务机关经过协商，达成如下赔偿协议：

一、赔偿请求人与赔偿义务机关自愿协商解决赔偿事宜。

二、由于双方对案件事实、性质及法律适用存在分歧，为便于赔偿纠纷解决，双方决定不再考虑案件事实、性质及法律适用问题。协商确定参照《国家赔偿法》之规定赔偿项目、标准计算赔偿，解决纠纷。

三、赔偿请求人佘祥林在赔偿请求书中提出赔偿伤残赔偿金、医疗费、被抚养人生活费、误工费、精神损害赔偿金等赔偿请求总计126万元，双方协商确定由赔偿义务机关京山县公安局一次性赔偿请求人佘祥林226000元。

四、赔偿请求人佘锁林在赔偿请求书中提出赔偿限制人身自由赔偿金、取保候审金、精神损害赔偿金等共203127元。双方协商确定由赔偿义务机关京山县公安局一次性赔偿请求人佘锁林4000元。

五、赔偿请求人佘祥林、佘树生、佘锁林、佘翠娥、佘桂林、佘梅林因近亲属杨五香死亡提出赔偿丧葬费、死亡赔偿金、限制人身自由赔偿金、精神损害赔偿金等共计1238671元。双方协商确定由赔偿义务机关京山县公安局一次性赔偿220000元。

六、上述赔偿款项在2005年11月7日前付清。

七、本协议签订后，赔偿请求人表示放弃其他赔偿请求，不得再依本案事实主张任何权利。

八、本协议经双方签字后生效。

赔偿请求人：　　　　　　　　　　　佘祥林（签字）

委托代理人：　褚中喜（签字）　　周峰（签字）

赔偿义务机关：　　　　　　　　　　（签字）

委托代理人：　彭仁峰（签字）　　何德明（签字）

二○○五年十月二十七日

补偿协议书

被补偿人：佘祥林，男，1966 年 3 月 7 日出生，住京山县雁门口镇何场村九组

补偿机关：京山县公安局

1994 年 4 月 12 日至 4 月 21 日，被补偿人佘祥林被补偿机关京山县公安局监视居住 10 天。

2005 年 5 月 14 日，被补偿人佘祥林以其在监视居住期间受到刑讯逼供造成身体损伤为由，向京山县公安局申请国家赔偿。

由于双方对案件事实性质及法律适用存在分歧，为便于纠纷解决，双方决定不再考虑事实性质及法律适用问题，根据实际情况，现经被补偿人与补偿机关自愿协商，达成以下补偿协议：

一、参照《中华人民共和国国家赔偿法》及有关规定，补偿机关京山县公安局一次性补偿被补偿人佘祥林人民币贰拾贰万陆仟元整。

二、本协议签订后，补偿请求人表示自愿放弃其他一切赔偿请求，不再依本案事实向补偿机关主张任何权利。

三、上述补偿款项在 2005 年 11 月 7 日前付清。

四、此前双方签订的任何赔偿和补偿协议一律作废。

被补偿人：　　佘锁林（代）（签字）

补偿机关：　　　　　　（签字）

京山县公安局印

二〇〇五年十一月四日

补偿协议书

被补偿人：佘锁林，男，1961 年 8 月出生，住京山县雁门口镇何场村九组

补偿机关：京山县公安局

1995 年 5 月 4 日至 6 月 7 日，被补偿人佘锁林因佘祥林案件被补偿机关京山县公安局监视居住 35 天。2005 年 5 月 14 日，被补偿人佘锁林向京山县公安局申请国家赔偿，经审查，不符合国家赔偿受案范围。经被补偿人与补偿机关自愿协商，达成补偿意见：

一、参照《中华人民共和国国家赔偿法》及有关规定，补偿机关京山县公安局一次性补偿被补偿人佘锁林人民币肆仟元。

二、本协议签订后，补偿请求人表示自愿放弃其他一切赔偿请求，不再依本案事实向补偿机关主张任何权利。

三、上述补偿款项在 2005 年 11 月 7 日前付清。

四、此前双方签订的任何赔偿和补偿协议一律废除。

被补偿人：佘锁林（签字）（捺指纹）

补偿机关：　　　　　　　　（签字）

京山县公安局印

二〇〇五年十一月四日

补偿协议书

被补偿人：佘树生，男，1941 年出生，住京山县雁门口镇何场村九组，杨五香之夫。

佘锁林，男，1961 年 8 月出生，住京山县雁门口镇何场村九组，杨五香之子。

佘祥林，男，1966 年 3 月出生，住京山县雁门口镇何场村九组，杨五香之子。

佘翠娥，女，1968 年 3 月出生，住京山县雁门口镇街道，杨五香之女。

佘桂林，男，1963 年 5 月出生，住京山县雁门口镇街道，杨五香之子。

佘梅林，男，1971 年 8 月出生，住京山县雁门口镇何场村九组，杨五香之子。

补偿机关：京山县公安局

1995 年 5 月 8 日至 1996 年 2 月 22 日，杨五香（女，1942 年出生）因佘祥林案件被补偿机关京山县公安局监视居住 285 天，1996 年 2 月 22 日被取保候审。1996 年 6 月因病在其家中死亡。2005 年 5 月 14 日，被补偿人向京山县公安局申请国家赔偿，经审查，不符合国家赔偿受案范围。经被补偿人与补偿机关自愿协商，达成补偿意见：

一、参照《中华人民共和国国家赔偿法》及有关规定，补偿机关京山县公安局一次性补偿被补偿人佘树生等六人人民币贰拾贰万元。

二、本协议签订后，补偿请求人表示自愿放弃其他一切赔偿请求，不再依本案事实向补偿机关主张任何权利。

三、上述补偿款项在 2005 年 11 月 7 日前付清。

四、此前双方签订的任何赔偿和补偿协议一律废除。

被补偿人：佘锁林（签字）（捺指纹）

补偿机关：　　　　　　　（签字）

京山县公安局印

二〇〇五年十一月四日

佘祥林案专家和网民评论

★人民日报评论：怎样才能不再出现佘祥林、聂树斌

http：//www. qianlong. com　　作者：吴兢 2005 - 04 - 20。来源：人民日报

★剖析佘祥林案　力推司法公正

陈光中（中国法学会诉讼法学研究会会长、中国政法大学教授）

《新京报》2005 - 04 - 10。本报时事访谈员 王爱军 陈宝成

★佘祥林冤案的侦查错误剖析

http：//www. dffy. com　2006 - 01 - 09　作者：毛立新。来源：东方法眼

★对佘祥林杀妻冤案的反思

http：//www. qlbh. net　作者：于一夫　2005 - 04 - 21。来源：南方周末

★对佘祥林冤案的十点思索

http：//www. ynift. edu. cn　网友：杜兆勇、张星水。文章来源：本站原创

★佘祥林案引出法学争议 法律如何面对冤假错案

http：//www. china. org. cn　作者：王晓东　2005 - 04 - 11。文章来源：《北京青年报》

★滥用发回重审是致冤案主因

人大博导、中国诉讼法学会副会长陈卫东认为，佘案是违反司法程序办案的典型

《新京报》2005 - 04 - 04　记者　谢言俊

★"佘祥林案件"的宪法学思考研讨会综述

http：//www. mingaoguan. com　作者：夏正林　2005 - 04 - 29。出处：本站首发

★佘祥林案能否助推司法改革——访北京大学法学院教授陈瑞华

http//www. chinanewsweek. com. cn　本刊记者　杨中旭

★关注佘祥林案，我们需要注意什么？

http：//www. ccluojia. com　作者：秦前红　2005 - 4 - 26。出处：本站首发

★无罪推定与我国的刑事诉讼现状

http：//www. dffy. com　2005 - 12 - 05。作者：许红飞。来源：东方法眼

★"无罪放人"——爱你不容易

http：//www. dffy. com　2005 - 08 - 09。作者：李富成　来源：东方法眼

★假如当年宣告佘祥林无罪

http//www. yousuosi . com　2005 - 04 - 09。作者：吴隈

★佘祥林，你为什么不生气

http：//www. dffy. com　2005 - 04 - 15。作者：高一飞

★ 谁对佘祥林母亲的死负责？

法的精神之蔡定剑专栏。《南方都市报》2005 - 05 - 15

★拿什么纪念佘祥林的母亲

http：//www. dffy. com　2006 - 04 - 02，作者：毛立新。来源：东方法眼

★ 当年我为佘祥林一审辩护

《法制日报》2005 – 05 – 19。湖北京源律师事务所 何大林

★湖北省高级法院严格把关 避免无辜者佘祥林被冤杀

http：//www. chinacourt. org，作者：李国清、陈群安。2005 – 04 – 01
来源：人民法院报

★拿佘祥林冤案往脸上贴金？

http：//www. hinews. cn，作者：王威，2005 – 04 – 15。来源：《法制
日报》

★佘祥林冤案昭雪追问：没被冤杀是经验还是教训

http：//www. sina. com. cn，作者：邹汉歌，2005 – 04 – 05。文章来
源：《中国青年报》

★没有错杀佘祥林确实值得标榜

http：//www. chinacourt. org，作者：刘伟成，2005 – 04 – 11。来源：
人民网

★佘祥林冤案重审程序四大质疑

崔敏（中国诉讼法学研究会副会长、中国人民公安大学法律系教授）

http：//www. nanfangdaily. com. cn，2005 – 04 – 21，《南方周末》

★潘余均为何失去法律的救赎？

http：//www. chinacourt. org，作者：王琳，2005 – 05 – 30。来源：人
民网

★从"佘祥林冤案"到"警察自杀"看程序正义的缺失

http：//www. law-lib. com，作者：郑建军，2005 – 06 – 08。来源：中
国网

★国家赔偿法应是人权保障法

本报时事访谈员 陈宝成，北京报道。《新京报》2005 年 9 月 11 日

陈春龙（中国社会科学院法学教授、北京高级法院原副院长、国家
赔偿委员会原主任）

杨小军（中国法学会行政法学研究会副会长、国家行政学院法学部
副主任）

★佘祥林蒙冤赔偿不该低于 120 万，25 万是混账算法

http：//news. sohu. com 2005 – 09 – 04，来源：《南方都市报》

★专家评国家赔偿佘祥林：政府给予补贴是良好开端

http：//cn. news. yahoo. com　2005 – 09 – 05，来源：中国新闻网

★美国怎样纠正"佘祥林案"

http：//www. xinhuanet. com，作者：石渝　2005 – 06 – 22。来源：《世界知识》

河南赵作海故意杀人案

案情简介

1998 年 2 月 15 日，河南省商丘市柘城县老王集乡赵楼村赵振晌的侄子赵作亮到公安机关报案称，其叔父赵振晌于 1997 年 10 月 30 日离家已失踪 4 个多月，怀疑被同村的赵作海杀害。公安机关迅即调查，将赵作海作为嫌疑对象羁押 20 余天，因证据不足释放。

1999 年 5 月 8 日，赵楼村在挖井时发现一具高度腐烂的无头、膝关节以下缺失的无名尸体，公安机关遂把赵作海作为重大嫌疑人于 5 月 9 日刑拘。1999 年 5 月 10 日至 6 月 18 日，赵作海做了 9 次有罪供述。

2002 年 10 月 22 日，商丘市检察院以赵作海犯故意杀人罪向商丘市中级法院提起公诉。12 月 5 日商丘中院作出一审判决，以故意杀人罪判处被告人赵作海死刑，缓期二年执行，剥夺政治权利终身。河南省高级法院经复核，于 2003 年 2 月 13 日作出裁定，核准商丘中院上述判决。

"被害人"回家

2010 年 4 月 30 日，赵振晌回到赵楼村。其本人陈述：1997 年 10 月 30 日（农历九月二十九日）夜里，其对赵作海到杜某某家比较生气，就携自家菜刀在杜某某家中照赵作海头上砍了一下，怕赵作海报复，也怕把赵作海砍死，就收拾东西于 10 月 31 日凌晨骑自行车，带 400 元钱和被子、身份证等外出，以捡废品为生。因 2009 年得偏瘫无钱医治，才回到了村里。

赵振晌和赵作海是前后院邻居，关系不错，两人曾一块到陕西延安打工三年。后来，因为赵作海私吞他的 1000 多元工钱，两人关系恶化，加上两人同与杜某某有私情而结怨。这些年，赵振晌去过安徽、陕西、湖南等地，但大部分时间在家乡周边 100 公里的地区活动，其中在太康县就生

活了六七年。13 年来，他以捡破烂为生，一直没有回过家，也没有换二代身份证。

他的一代身份证曾经用过两次。一次是 1999 年，他在郸城县住旅店时，被郸城县南丰镇派出所查过。另一次是 2003 年"非典"期间，他作为流动人口，被鄢陵县马栏镇派出所查过。但公安机关都未发现他是一名已经"死亡"的人。

赵作海被判死缓后，其妻赵小齐改嫁，将与赵作海生的 4 个小孩 3 个送人，家中房屋也已垮塌，家破人散，一片凄凉。

再审平反

2010 年 5 月 5 日，河南省高级法院听取商丘中院关于赵作海案件情况汇报后，启动再审程序。5 月 7 日，商丘中院递交对赵振响身份确认的证据材料。5 月 8 日，省高院张立勇院长亲自主持召开审委会，河南省人民检察院副检察长贺恒扬列席审判委员会，对案件进行了认真研究，认为赵作海故意杀人案是一起明显错案。

审委会决定：一、撤销省法院（2003）豫法刑一复字第 13 号刑事裁定和商丘市中级人民法院（2002）商刑初字第 84 号刑事判决，宣告赵作海无罪。二、省法院连夜制作法律文书，派员立即送达判决书，并和监狱管理机关联系放人。三、安排好赵作海出狱后的生活，并启动国家赔偿程序。

国家赔偿

赵作海在狱中度过 11 个年头，被羁押共计 4019 天，商丘中院确定对其国家赔偿金额 50 万元。

法院同时考虑到，11 年的牢狱之灾，使赵作海家破人散，妻子改嫁，精神方面受到很大伤害，有权要求精神损害赔偿。但由于精神损害赔偿的法律条文尚未实施，法院最终决定给予赵作海生活困难补助金 15 万元。

2010 年 5 月 13 日，赵作海签字领取商丘市中级法院支付的 65 万元支票，认为太少，没有体现精神赔偿，后经工作，赵作海公开对媒体表示，对赔偿协议很快履行很满意，今后会好好种地、好好生活。

当地政府为解决赵作海生活困难所盖的 6 间新房已建好；政府还决定在赵作海的老宅上，为其孩子再建 6 间新房。

抓获真凶

导致赵作海被判刑的无头尸体的身份及案件侦破，成为社会各界关注的焦点。河南省公安厅组织全省刑侦、技术和审讯专家到一线指导。2010年5月24日，犯罪嫌疑人李海金在天津被抓获；经DNA鉴定，死者身份确定为1998年9月12日晚外出后失踪的商丘市睢阳区包公庙乡十字河村东五组村民高宗志。

经进一步侦查，专案组认定柘城县老王集尹楼村人李海金、商丘睢阳区张庄村人杨明福、商丘睢阳区张庄村人张祥良有重大作案嫌疑。三人在媒体报道赵作海无罪释放后，分头潜逃外地。专案组立即展开追捕。5月14日，犯罪嫌疑人杨明福在商丘市区被抓获；5月22日，犯罪嫌疑人张祥良在辽宁省沈阳市被抓获。

经审讯和调查证实，李海金因与受害人高宗志在山东菏泽做月饼生意期间产生矛盾，便怀恨在心，预谋将其杀死。1998年9月12日晚，李海金指使杨明福、刘院喜（此人于2006年5月24日因抢劫杀人被判处死刑）先到李海金所在的手巾李村村边等候，李海金、张祥良将高宗志约至离李海金家不远的本村西地，几人将高杀害、肢解并抛尸。为掩盖尸体不被发现，四人在作案后又将三块石碌推入扔放尸体躯干的机井内。

在此次案件的审理中，专家组侦查人员对涉案人员审讯过程全程录音录像，并于5月26日押解3名犯罪嫌疑人依次对作案、抛尸、埋尸现场进行了现场指认，3人指认相同。5月27日，公安机关在指认现场发现了被害人头颅，案件顺利告破。

经验教训

据商丘市警方介绍，之所以一直将赵作海列为杀死赵振晌的重点嫌疑人，是因为他们坚信在基层工作的经验：农村犯罪一般因果关系很简单。具体到这一案件，赵振晌的一位堂兄弟曾经杀了赵作海的弟弟，两个家族有仇；两人都和同村妇女杜某某相好，是情敌；赵振晌失踪当天，有人曾看到两人曾在这名妇女家打斗，而赵作海却想隐瞒打架情节；包裹无名尸的编织袋片，经赵作海的妻子和儿子辨认，是赵作海家的。

但在这起案件中，有些疑点确实没引起足够重视：

一是警方确认无头、无四肢尸体为赵作海所杀后，没有追查凶器，也没有确定凶器所能造成的伤痕是否与尸体的伤痕相符。不符合我国法律对杀人罪定性的要求。

二是当时尸体已经高度腐败，警方先后做了四次 DNA 都未确定死者身份。DNA 检测当时存在技术局限，当时得出的结论是无法比对，没有下最终结论。所以，警方把尸体确定为赵振晌，有主观色彩。

三是当时警方根据残尸，对死者身高确定为 1.70 米。但实际上，失踪的赵振晌身高只有 1.65 米左右。这些，都没有纳入警方的考虑范围。

此后，警方两次将该案移交商丘市检察机关后，都因"事实不清，证据不足"被退卷，要求"补充侦查"。

赵作海被羁押 3 年零 3 个月后，该案被上级政法机关列为重点清理的超期羁押案件，要求迅速结案，或释放，或判刑。

由于证据不足，商丘市检察院在两次退卷后，拒绝再次接卷。而警方坚持认为赵作海是杀人凶手，不能放人，造成赵作海在看守所长期羁押。在清理超期羁押的案件时，商丘市政法委等多次就该案召集开会，研讨案情。检察院后提出：公安向检方移卷，要提供 DNA 的鉴定。但由于 DNA 鉴定没有结果，检察院最后放弃了这一疑点，进行了公诉。

对于这一点，商丘市检察院检察长王广军说："我们检察院最大的错误，就是没有坚持自己的意见。"

2002 年秋一天，时任商丘市公诉处副处长的宋国强向当时任商丘市检察院公诉处助理检察员的郑磊安排了一项任务：接手赵作海的案子。郑磊说，这个案子到了他手里后，他发现案卷中，还附着一封柘城县委政法委写给商丘市委政法委的信，内容大致是：赵作海的案子之所以成为积案，是商丘市检察院的原因造成的，由于尸体身份确定不了，检察院不接案卷。现在的问题是尸体 DNA 鉴定不具备技术条件，但这个案子也不能一直这样压着不起诉。郑磊了解到的情况是，当时是柘城县委政法委到商丘市委政法委告状，商丘市委政法委召集公检法部门开了协调会，做出了"20 天内提起公诉"的决定。

郑磊仔细阅读了案卷，提出 4 点意见：第一，尸体身份没有确定。虽然有些证据能证明是赵作海所为，但尸源是最重要的证据，而案卷中无法证明尸源；第二，案卷中说，在从井中捞尸体的时候，上边还压着 3 个大石磙，每个石磙重达 500 斤，凭赵作海一人不可能把这么重的石磙推到井里；第三，这个案件中，刑讯逼供和诱供的可能性不能合理排除。郑磊去见赵作海的时候，赵作海一直在说自己遭受了刑讯逼供，一个人如果真的犯了罪，其口供一般不会一会儿这样说，一会儿那样说，甚至把杀人地点也说得五花八门，诸多矛盾。但奇怪的是，到最后，居然又都对到一起了；第四，作案凶器一直没有找到，这是一个杀人碎尸案，案犯在杀人之后肢解了尸体，应该有凶器，而柘城县公安局一直没有找到这个凶器。郑磊说，这四点都是赵作海案件的致命伤。他将自己的这些疑问向宋国强汇报时，宋国强说："政法委要求20天之内起诉，你起诉就完了。"

接着，郑磊去见了在押的赵作海，赵作海不认罪，说警察打他了，自己是被屈打成招的。郑磊让他拿出被打的证据，但当时赵作海已经被羁押3年多，就算曾经有什么伤也都好了。而赵作海也说不出是谁打的他，只知道是几个警察打他。"然后，我就制作了起诉书。"郑磊说，制作起诉书的时候，他带着满肚子疑问，不过，按照刑诉法的要求，只要案件符合两个基本要求，即基本事实清楚，基本证据充分，就可以起诉。

2002年10月22日，商丘市人民检察院以被告人赵作海犯故意杀人罪向商丘市中院提起公诉。

2002年11月25日，法院开庭审理此案。公诉处派助理检察员郑磊和处里一个新人出面支持公诉。在法庭上，郑磊说得很少，基本上没有答辩。

此案公诉人郑磊描述政法委当年那次协调会说："柘城县公安局办案人员汇报案情，检察院代表对案件发言，法院代表对案件发言，最后由政法委书记总结发言。当时主持会议的是当年商丘市委政法委书记王师灿。"王师灿在接受采访时表示："我平时都不问案件，我不是学法律的，我学煤矿和矿山机电。"赵作海案判决后的第二年，2003年，王师灿便退休了。

从法院环节看，从2002年11月11日公诉，到12月5日判决，该案的审理在法院仅经过20多天。法院全部采信了公诉人的意见，而公诉人的意见其实就是公安部门的意见。在法院庭审时，赵作海和他的辩护律师都否认杀人一事。但法院认为，赵作海曾经在公安环节做了9次杀人的笔录，所以当庭否认未杀人不可信。这样，"赵作海"案失去了最后一次纠错的机会。

责任追究

河南商丘市中级人民法院副院长杜建华向媒体通报，当年审理"赵作海案"的审判长张运随、审判员胡选民、代理审判员魏新生已停职接受调查。

当年在办案过程中对赵作海组织、实施了刑讯逼供的 6 人，其行为已构成刑讯逼供罪。2011 年 6 月 26 日，龙亭区法院一审判决王松林、郭守海被判处有期徒刑两年，丁中秋、罗明珠被判处有期徒刑一年六个月，司崇兴被判处有期徒刑一年，周明晗被免予刑事处罚。

法院"警示日"

河南省高级法院院长张立勇要求全省法院以赵作海案件为反面教材。河南省高院还决定，把无罪释放赵作海的 5 月 9 日定为全省法院"警示日"。今后每年的这一天，全省法院都要组织广大干警围绕这起案件深刻反思，并作为一项制度长期坚持下去。

河南省高院要求结合各自实际，积极查找漏洞，举一反三，制定整改措施。今后对于刑事法官的监督力度要更大，凡是合议庭意见不一致的案件，一定要先上庭里审判长联席会进行研究，然后再上审委会研究；对重大、复杂、疑难案件，合议庭人员要人人阅卷、交叉阅卷，各自写出阅卷笔录及对案件的处理意见；今后凡是事实不清、证据不足的案件，上级法院一般要直接宣告无罪，不能多次发还重审。

"赵作海案件的主要责任还是在法院，是我们纵容，导致了公安机关刑讯逼供。我们决不能回避这个问题。"张立勇说，"对事实不清、证据不足的案件，我们要敢于宣告无罪。宣告无罪也是对公安、检察环节的监督，督促他们继续调查补充新证据。"

（注：根据同期《法制日报》、《新京报》、《大河报》、《河南商报》、《鲁中晨报》和新华网、凤凰网、新浪网、腾讯网等相关报道综合写成。）

主动纠错

浙江张高平叔侄强奸杀人案

案情简介

2003 年 5 月 18 日晚上 9 点左右，张高平和侄子张辉驾驶皖 J-11260

解放牌货车去上海。17 岁的王某经别人介绍搭他们的顺风车去杭州。

　　王某本来是到杭州西站，她姐夫来接她。张氏叔侄一般到上海都走绕城高速，但不放心小女孩一人，就把她送到杭州西站。结果到了杭州西站没人来接，对方又叫她自己再打的到钱江三桥一个地方，再与他联系，张氏叔侄到那个立交桥让她下车后，就去上海了。

　　几天后，张氏叔侄二人突然被警方抓捕。原来，2003 年 5 月 19 日杭州市公安局西湖区分局接到报案，在杭州市西湖区一水沟里发现一具女尸，而这名女尸正是 5 月 18 号搭乘他们便车的女子王某。公安机关初步认定是当晚开车搭载被害人的张辉和张高平所为。在公安侦查审讯中，张高平与张辉交代，当晚在货车驾驶座上对王某实施强奸致其死亡，并在路边抛尸。

　　2004 年 4 月 21 日，杭州市中级人民法院以强奸罪判处张辉死刑，张高平无期徒刑。半年后，2004 年 10 月 19 日，浙江省高院终审改判张辉死缓、张高平有期徒刑 15 年。

　　此后，狱中的张高平、张辉均坚称自己无罪。张高平认为这么多年的经历，熬了 10 年都没有说过自己犯罪，说过一次给我减刑都不要，要我写个犯罪事实出来，不要说给我减刑，你把我放出去我也没法写。是有减刑的机会，他也坚持不认罪、不减刑，坚持自己是清白的。张高平称，杭州另一起杀人强奸案中的凶手勾海峰系此案嫌疑人。而张辉称，曾在狱中遭遇牢头狱霸袁连芳的暴力取证。

　　既然坚称无罪，那么当初张氏叔侄为什么做出有罪供述呢？张高平说，这些供述并不真实，因为在被羁押期间，他遭到了公安部门特别方式的询问。

　　在监狱中，张高平发现了自己案件的若干疑点，经过他本人及家属的申诉，2012 年 2 月 27 日，浙江省高级人民法院对该案立案复查。

　　杭州市公安局将 "5·19" 案被害人王某指甲内提取的 DNA 材料与警方的数据库比对，发现了令人震惊的结果：该 DNA 分型与 2005 年即被执行死刑的罪犯勾海峰高度吻合，可能的真凶叫勾海峰。

　　2013 年 3 月 26 日，浙江省高级人民法院依法对张辉、张高平强奸案再审公开宣判，认定原判定罪、适用法律错误，宣告张辉、张高平无罪。至此，两名被告因发生在杭州的一起 "强奸致死案" 被错误羁押已近 10 年。

国家赔偿

2013 年 5 月 2 日，张辉、张高平分别以再审改判无罪为由向浙江省高级人民法院申请国家赔偿，两人共申请国家赔偿金 266 万元。其中，限制人身自由赔偿金 120 万元，精神损害抚慰金 120 万元，律师费 10 万元，低价转让的解放牌大卡车赔偿 15 万元，扣押的两部三星牌手机赔偿 1 万元。浙江省高级人民法院同日立案。案件审查期间，张辉、张高平分别要求增加限制人身自由赔偿金 5 万元、精神损害抚慰金 5 万元，并增加 3 万元的医疗费赔偿请求。

浙江省高级人民法院听取了张辉、张高平的意见，依法进行审查后认为，张辉、张高平自 2003 年 5 月 23 日被刑事拘留，至 2013 年 3 月 26 日经再审改判无罪释放，共被限制人身自由 3596 日。根据《中华人民共和国国家赔偿法》第三十三条"侵犯公民人身自由的，每日赔偿金按照国家上年度职工日平均工资计算"之规定，决定分别支付张辉、张高平侵犯人身自由权赔偿金 65.57306 万元。同时，根据《中华人民共和国国家赔偿法》第三十五条的规定，综合考虑张辉、张高平被错误定罪量刑、刑罚执行和工作生活受到的影响等具体情况，决定分别支付精神损害抚慰金 45 万元。至于赔偿请求人张辉、张高平提出的律师费、医疗费、车辆转卖差价损失等其他赔偿请求，依法均不属于浙江省高级人民法院国家赔偿范围。

2013 年 5 月 17 日，浙江省高级人民法院对张辉、张高平再审改判无罪作出国家赔偿决定，分别支付张辉、张高平国家赔偿金 110.57306 万元，共计 221.14612 万元人民币。

张高平不满赔偿金额称，十年冤案，回家房子都破败了，如今连房子都没得住。110 多万能干什么，买一套房子就没有了。

10 年光阴，221 万赔偿是否合适？律师表示，对国家赔偿的金额并不感到意外，与自己按照法律规定所计算的结果大致不差。走国家赔偿程序，所有的账都明摆在那里，怎么定、怎么算，按照法律规定都是能算清楚的，"尽管 221 万多元的国家赔偿金不足以抚平冤狱 10 年给张高平、张辉叔侄两人带来的苦痛，但法不容情。"

该律师说，按照《国家赔偿法》的有关规定，对赔偿请求人作出的赔偿项目，"主要限于俗称的'误工费'、精神损害抚慰金这两大块。这也是浙江高院未将张辉、张高平提出的律师费、医疗费、车辆转卖差价损失等项目纳入赔偿请求范围的主要原因"。他告诉记者，假如张高平、张辉对赔偿数额有异议，他们可以自期间届满之日起三十日内向其上一级机关申请复议。倘若他们要求确认赔偿范围，而浙江省高院不予确认的话，他们还有权向最高人民法院提出申诉。

经验教训

浙江省公安厅官方微博"浙江公安"发布消息称："这起错案的发生，公安机关的侦查工作作为刑事诉讼活动中的一个环节，是有责任的，我们深感痛心，对当事人及家属深表歉意。浙江省公安厅已要求杭州市公安局配合有关部门，认真做好相关执法问题的调查，做到有错必纠，有责必查，绝不掩盖、绝不袒护。"

张高平叔侄走出监狱的第二天，浙江省高院回应称，该案侦查机关违法使用狱侦耳目袁连芳采用暴力、威胁等方法参与案件侦查，获取张辉有罪供述，同时又以袁连芳的证言作为证据，直接导致了这起冤案。并称根据 DNA 物证，不能排除勾海峰作案的可能。

"今天你们是法官、检察官，但你们的子孙不一定是法官、检察官。如果没有法律和制度的保障，你们的子孙很有可能和我一样被冤枉，徘徊在死刑的边缘。"张氏叔侄的话发人深省。

2014 年 1 月 18 日，浙江省十二届人大举行第二次全体会议，听取省高级人民法院院长齐奇作省高级人民法院工作报告，听取省人民检察院检察长陈云龙作省人民检察院工作报告。"两张叔侄强奸案"和"萧山 5 青年抢劫杀人案"两件冤错案案件也被写入工作报告。为了深刻反思冤错案件的病灶病根，浙江高级法院剖析了发生冤错案件的 7 个特点、5 条教训，提出了 6 项对策、11 条建议。齐奇说："按照习近平总书记对浙江法院反思冤错案件的重要批示，贯彻保障人权、疑罪从无原则，推动各级法院与公安、检察机关完善预防冤错案件的工作机制，联合出台关于死刑案件证据收集审查、证据补查等规定，共同坚守纠正预防冤错案件的法律底线。"

2014 年 2 月 12 日，杭州市中级人民法院院长翁钢粮在做法院工作报告时再次提到上述案件。他表示，错案无论发生在何时，无论有何种客观原因，作为两错案的一审法院，法院负有不可推卸的责任，深感痛心与内疚，他代表杭州中院向杭州人民表示深深的歉意。翁钢粮说，两起错案的发生，给当事人及其家庭带来无法弥补的损失，对司法公信力造成巨大冲击。"面对错案，我们坚持实事求是，有错纠错，有责担责，认真配合案件复查与国家赔偿，严肃追究相关人员责任。"

参加宪法日活动

2014 年 12 月 4 日，最高人民法院举行第一个国家宪法日主题宣传暨"12·4"公众开放日活动。最高法院邀请了 9 位公众代表，以"法治中国·我的故事"为主题分享他们的故事。张辉、张高平作为代表应邀参加活动。

张辉说："当我那天接到来自最高法院电话的时候，我当晚激动得没有睡觉。我以前在监狱里做梦都想一定要来北京申诉、喊冤，当我出来以后，我就不想再来了。"张高平也说："其实我怕来法院，也怕来参观，但是我今天来法院参观了，我不怕。因为法院是一个讲法律的地方，没干坏事，为什么怕来法院？"对于未来的打算，他们表示，对将来没有什么特别的打算，想过普通百姓的正常生活。

（注：根据同期《新京报》、《东方早报》、《亚太日报》、《中国日报》、《时政新闻现代金报》、《安徽商报》、中国广播网、中国日报网、极热网、河南站长网、凤凰网、中国新闻网、人民网、360 法网、腾讯网、央视网、中安在线等相关报道综合而成。）

浙江陈建阳等 5 人抢劫杀人案

案情简介

1995 年 3 月 20 日和 8 月 12 日，在萧山农垦一场 16 队四号桥南的机耕路、坎山镇青风加油站东侧路段，分别发生抢劫出租车司机并致出租车司机死亡的事件。经公安机关侦查认定，是萧山籍男青年陈建阳、田伟冬、王建平、朱又平、田孝平所为。陈建阳、田伟冬还于 1995 年 9 月 2 日盗窃价值 1600 余元的财物。

1996 年 9 月 28 日，陈建阳、田伟冬、朱又平、王建平、田孝平等 5 人被批捕。

杭州市检察院以陈建阳、田伟冬犯抢劫罪、盗窃罪，王建平、朱又平、田孝平犯抢劫罪，向杭州市中级人民法院提起公诉。1997 年 7 月 11 日，杭州市中级法院分别以抢劫罪判处陈建阳、田伟冬死刑，以盗窃罪判处其有期徒刑二年，两罪并罚执行死刑；以抢劫罪分别判处王建平死刑，朱又平死刑、缓期二年执行，田孝平无期徒刑。陈建阳、田伟冬、王建平、朱又平提出上诉，田孝平未提出上诉。1997 年 12 月 29 日，浙江省高级人民法院改判陈建阳、田伟冬、王建平三人死刑、缓期二年执行，核准朱又平死刑、缓期二年执行。

平反赔偿

2011 年 7 月 27 日，杭州警方在组织命案攻坚战中，发现一盗窃前科人员"项古顶"的指纹信息与 1995 年 3 月 20 日发生在萧山的抢劫杀人案现场提取的指纹信息认定同一。经侦查，杭州警方于 2012 年 12 月 18 日以涉嫌故意杀人罪对犯罪嫌疑人项生源（即"项古顶"）立案侦查。2013 年 1 月 4 日，杭州市人民检察院以涉嫌故意杀人罪批准逮捕犯罪嫌疑人项生源。2013 年 5 月，嘉兴市中院一审以故意杀人罪判处项生源死刑，缓期两年执行。

浙江省高级法院发现原对陈建阳等人判决确有错误，即于 2013 年 1 月 4 日对该案进行立案复查，并另行组成合议庭调阅案卷，调查核实有关证据，提审原审被告人。2013 年 1 月 11 日，田伟冬刑满释放；2013 年 2—4 月朱又平、陈建阳、田孝平、王建平先后假释。

2013 年 5 月 21 日，经浙江省高级法院审判委员会讨论认为，该案符合《中华人民共和国刑事诉讼法》第二百四十三条第一款，《最高人民法院关于适用〈中华人民共和国刑事诉讼法〉的解释》第三百七十八条之规定，决定进行再审。2013 年 7 月 2 日，浙江省高级法院再审改判，5 青年两起抢劫杀人罪不成立，撤销原判，宣告无罪。

此后 5 人申请国家赔偿。田伟冬、田孝平抢劫杀人的事实虽被否定，但田伟冬仍保留盗窃罪，田孝平仍保留抢劫罪，能否给予国家赔偿，经多次征询有关部门，解决了问题。根据国家赔偿的计算公式，媒体曾保守估算，陈建阳等 5 人将可能获得总计超过 530 万元的赔偿款。530 万？陈建阳对此只是含糊表达："差不多吧。"他不想让大家只关心赔偿："再多的钱又怎样？我父亲说过，就算赔我再多他都不接受，唯一可以接受的，是赔给他一个十二三岁的孙子。"关于赔偿具体数额，当地政府与萧山 5 人之间达成了默契：没有人透露这笔赔偿金的准确数字。

刑讯逼供

2013 年 4 月 28 日，田伟冬决定曝光杭州警方刑讯逼供的真相，张开嘴展示证据：他的舌头没有舌尖，田伟冬说："这是我不堪刑讯逼供留下的证据。"5 名当事人都指控，在派出所审讯和收容审查阶段，他们均遭刑讯逼供。

田伟冬说，1995 年 11 月 28 日下午，他被萧山公安局刑警队带走。在萧山城南派出所，被刑警要求"老实交代干的大事"。3 个刑警一边质问，一边扇巴掌、用脚踢。田伟冬说，一米八几个头的刑警大队长进门，用右手叉住他的脖子，拎起抵在墙上，说："你要是不死，可以回来找我！我叫×××。"

讯问当中已提到有没有抢劫、杀人。田伟冬回忆，遭长时间拳打脚踢至深夜时，"头开始晕了，意识模糊"，他用头撞向审讯室一扇玻璃门，"撞出一个足球大的洞，头直接撞穿过去，当场晕倒"。田伟冬被送至医院。清创包扎后，田伟冬被带回审讯室继续遭受殴打和电击。

田伟冬说，他从民警讲述中第一次听说"3·20"案。一直不让睡觉，"一睡觉巴掌就打过来"。当时正值冬季，他的衣服裤子被脱掉，只剩下一条内裤，被铐在椅子上。将近 29 日中午，实在难以忍受，他用牙齿咬掉舌尖，把咬掉的舌尖吞进肚子。咬掉的舌尖大约 1 厘米。他又被送进医院，在牙科手术台上缝了五针。拉回审讯室后，他被反复询问，要求讲案件具体细节。第三日上午，他用牙齿把舌尖的 5 根缝合线咬断，满嘴是血。当时家属每次见律师，都会询问田还能不能说话。

1995 年 11 月 30 日上午，田伟冬被送到菊花山收审所。田伟冬说，刑具换成了细竹片，"用一捆细竹片，抽打我的腿部。每抽一次，就是一条条血痕"。

12 月 5 日，田伟冬被转送杭州三堡收审所。他说，"牢头说，上面讲，你不老实，要做规矩"。在收审所，首先是"喝啤酒"，牢头要求田伟冬喝下两碗"啤酒"——洗过衣服的脏水；接着"红烧蹄膀"——用膝盖直接顶胸脯；"辣子鸡丁"——用手指敲头，"大家都来敲"……田伟冬说，办案警察也在换花样。一个年轻警察用包着毛巾的木棍敲打他的头部，一直敲到头部红肿。他回忆，在刑讯过程中，警察要他承认干过

"3·20"、"8·12" 两案。田伟冬说，近 50 天收容审查后，他被送到萧山看守所。他盼着检察院早点来，"检察院来了不打人"。

获释之后

尽管获得了高额的国家赔偿，但如何忘记过去，生活在当下，规划未来，对萧山 5 人而言，仍是一个又一个难解的谜题。田伟冬回忆出狱那刻的感受："就像从坟中爬出来。在里面很压抑，出来却瞬间失重。"人说四十不惑，但面对现实，他们却更加困惑。陈建阳始终觉得他们 5 个人即将迈入四十岁的躯壳里，包裹着与年龄不相匹配的心理状态。"我们也会遭遇中年危机"，陈建阳说，但比起同龄人，在应对家庭和事业遭遇的危机时，他们的经验简直为零。

怎样使用赔偿金，为今后生活提供保障，是萧山 5 人面临的难题。此前，萧山案工作组和他们协商的结果是，经过 5 人同意，直接扣除一部分国家赔偿金，以低于市场价的价格，置换萧山的一套房产和一间商铺。按照工作组的说法，这套房产和商铺发展前景良好，两三年后即可出租使用，保证每个月有一定的收入来源。但陈建阳和朱又平的一致看法是，这点国家赔偿金，相对萧山的经济水平来说，并不算高。

工作组再次提出方案，可以在萧山的风景区为他们谋一份管理员的差事，月薪 3000 元左右，工作只是骑着自行车在景区内巡视。"其实就是闲差，去养老的。"陈建阳说。5 人都拒绝了这份差事："这不能体现人生价值。"陈建阳说："希望政府能给个就业的机会，工作好点。但脱离社会这么久，不知道哪个机会可以信任。"高不成，低不就，他们不甘心平淡，却也无力面对更复杂的挑战。对他们来说，面对这个变化太快的世界，他们倾向于依赖政府，似乎这才能安心。

除了生活保障，陈建阳和田伟冬将更多的目光，投向了追责。这似乎成了他们生活的一个念想。2013 年 7 月，被宣判无罪的第二天，在杭州市公安局萧山分局，负责接待的副局长向陈建阳等 5 人当面道歉。但 5 人更希望有另一种形式的道歉：萧山案牵扯到的所有相关人员，能集中在一个公开场合和他们见面，道歉。他们说，并不是要追究这些人的责任，只是觉得这样的方式才能真正接受。

（注：根据同期《新京报》、《法制日报》、新浪网、法制网等相关报道综合而成。）

2. 疑罪从无型

查获真凶

安徽于英生故意杀妻案

案情简介

1996 年 12 月 2 日，于英生早上带着 7 岁的儿子去上学。中午时分，其岳父接外孙回到于英生家，发现门是虚掩的，进卧室后发现屋内放着一只煤气罐，阀门打开，满屋煤气味，还在角落里发现一根点燃过的蜡烛。"可能是因为煤气量不足，屋内没有发生爆炸。"岳父分别给女儿韩某的单位和于英生打电话，确认韩某没有上班后，掀开床上的被子，发现女儿韩某的尸体。20 天后，于英生涉嫌故意杀人被批捕。

于英生说，在公安局接受讯问的 7 天 7 夜里，直到最后他也没承认杀人。那 7 天警察分成 4 班，24 小时轮流审问，不让睡觉，不让休息，"就这样我也没承认"。警察问他死者体内的精液是谁的，于英生说不知道，警察就反复问，直到 DNA 鉴定报告显示，样本 99.99999% 与于英生不符，他们才作罢。连续审问让于英生神志不清，警察就让他假设，假设你了解案情，过程应该是怎样的？让他给警察分析一下。按照当年警方的说法，现场除了于英生一家三口的指纹，再没有外来指纹信息。但后来省检察院复查案件，到蚌埠搜集证据时，却发现了两枚陌生的指纹。

于英生说，关进看守所后，管教安排在押的诈骗犯劝他，承认杀人就能不判死刑。于英生不配合，被换到另一间号房里。时值冬天，号房里的牢头给他洗冷水澡，一盆一盆地往头上浇，浇了两个多小时，看于英生实在吃不消了才住手。于英生说，他曾想过死，但一想到妻子不明不白地遇害，心里就放不下。"妻子比我还冤，我要是死了就对不起她，也让凶手逍遥法外。我给自己打气，必须活下去。"

2002 年，随着案件终审裁定，于英生被押解到阜阳监狱服刑。从第一天到阜阳监狱，于英生就说自己没犯罪。监狱分监区指导员张旭告诉他，可以通过正当途径申诉。牢房里，于英生给检察院、法院写申诉信。张旭让他把信交给自己，开始于英生不放心，担心指导员不会帮忙寄出去。后来从父亲口中得知，检察院和法院都收到信了，"我到现在都感激他"。

于英生在监狱里自学法律，托家人、狱警帮忙买书。他自考了法律专科，拿到了法律专科毕业证，还学会了用电脑。2005 年 8 月，《法制日报》和司法部举办"我与法的故事"征文大赛，于英生拿了安徽省唯一一个三等奖。于英生做勤杂犯，担任监区宣鼓员，向狱友宣传法律政策。他在监狱里看报纸时，看见赵作海的新闻，觉得自己也有盼头了，"司法环境在变好"。

判决情况

1996 年 12 月 22 日，于英生涉嫌故意杀人被批捕。随后，蚌埠市中级法院以故意杀人罪判处于英生无期徒刑，剥夺政治权利终身。2002 年，安徽省高级法院终审裁定维持原判。

2013 年 5 月 31 日，安徽省高级法院根据《刑法》第 243 条第一款规定，对于英生杀妻案立案复查。8 月 13 日，安徽省高级法院公开宣判，根据检察机关和辩护律师提供的新证据，认为原审认定于英生故意杀人的证据不确实、不充分，在案证据之间的矛盾没有得到合理排除，犯罪证据"不具有唯一性和排他性"。决定撤销原一审判决、二审裁定，宣告于英生无罪。

当年于英生案的辩护律师认为，该案事实不清，证据不足，还存在刑讯逼供的情节："首先，死者的体内有其他男人的精液，这本身就是一个很大的疑点。另外，我详细计算了于英生从单位到家的时间，计算的结果是他当时根本没有时间回家杀老婆，再说还有证人证明于英生当天是什么时候回家的。"

抓获真凶

于英生无罪释放后，蚌埠市公安局立即启动再侦程序，抽调 40 多名精干力量组成专案组，安徽省公安厅派出刑侦专家，全力指导侦破此案。专案组对原案卷材料和物证资料进行全面细致梳理，获得了案发现场犯罪嫌疑人 DNA 关键证据。由于案发时间久远，摸排工作困难重重，专案组通过缜密分析、大胆设想，联系全国多家刑事科研单位进行反复比对、分析，运用高科技手段成功检测出犯罪嫌疑人 DNA 样本中的独特信息，经江苏、安徽等多地警方密切协查，最终从排查的数千名犯罪嫌疑人中锁定武钦元，并于 11 月 27 日将其拘传到案。

武钦元供述了 17 年前强奸杀害韩某的犯罪事实：武钦元为该市一名交警。1996 年 12 月 2 日早晨，他窜至韩某家中，见被害人韩某身着睡衣且独自在家，遂心生歹意，对其实施强奸。作案过程中，武钦元用枕头捂住韩某面部，导致韩某死亡，伪造现场后逃离。得知真凶被抓获，于英生说："这不仅还我清白，也告慰了妻子的亡灵。"

2015 年 5 月 15 日，安徽省芜湖市中级法院一审认定被告人武钦元的行为构成强奸罪，判处死刑，剥夺政治权利终身，赔偿附带民事诉讼原告于英生等经济损失 52300 元。

平反以后

52 岁的于英生自由了，但没了完整的家，没了仕途。17 年前事发时 34 岁的他，任蚌埠市东市区（现龙子湖区）区长助理，是市委组织部重点培养的跨世纪干部，有地位，有前途。当年和于英生一起被重点培养的干部，其中两个人当上了副市长。出狱后，于英生的行政级别恢复为正科级，和案发前一样。当年于英生在看守所时，一位领导来视察。他冲到门口大声喊冤。这个领导是他以前的同事，前同事望着他，对同行的人说："这个人杀妻子，该杀！"

于英生的儿子和姥姥在一起住。刚开始警察上门告诉老人，说于英生无罪释放了，老人不接受，认为他还是凶手："你们拿张判决书，说他杀人就杀人，说没杀就没杀了？"直到真凶落网，岳母才认他。老人哭了，说女婿怎么受了这么多年委屈，代别人坐了这么多年牢。岳母亲自下厨作菜，一家人团圆了。

出狱后，于英生极少接受媒体采访，他说讲一次，就像把自己身上的伤口扒开一次，淌着血给别人看。作为一个有素养的公务员，于英生能相当理性地对待其不幸遭遇。他说："法律本身没有问题，只是运用法律的人，有时还有着私念和偏见。希望我的遭遇能让执法者把视野放得更远，让与我有相似苦难的人获得自由。如果我的经历能换来司法的进步，我愿意做一块铺路石。这不是摆高姿态，是心里话。"于英生说，人总是要面对苦难，如果被苦难压垮，希望就没了。如果战胜苦难，这就是一笔人生财富。"好在我挺过来了！"

于英生获释后，获得国家赔偿并补发了 17 年的公务员工资，共计百余万元。他用这笔钱交了 17 年的党费，还买了一套两室两厅的房子。目前他正在诉请追究当年公检法系统相关人员的法律责任。

（注：根据同期《新京报》、《京华时报》、《法制晚报》、新华网、新浪网等相关报道综合而成。）

未获真凶

福建念斌投毒杀人案

案情简介

2006 年 7 月 27 日晚 6 时，福建省平潭县澳前镇澳前村村民陈炎娇及其女儿和租住在其家中的丁云虾及其三个孩子一起吃晚饭。当晚 9 时许，丁云虾的 10 岁的大儿子俞攀和 8 岁的女儿俞悦首先出现腹痛、呕吐、全身抽搐等中毒症状。与此同时，陈炎娇 16 岁的女儿念福珠也出现了头痛症状。送医院抢救后，俞悦、俞攀分别于 28 日凌晨 2 时和 5 时先后死亡。

平潭县公安局于 7 月 28 日凌晨 6 时许便封锁了丁云虾、陈炎娇家厨房，进行现场勘查，并于 7 月 28 日当天做出（2006）080017 号《立案决定书》，对俞攀、俞悦中毒死亡案立案侦查。8 月 1 日，福州市公安局首先从呕吐物中检验出氟乙酸盐，同时在念斌食杂店外面靠近卫生间的门把上检出"疑似"氟乙酸盐毒物的物质，便出具了门把上"倾向于认定"存在氟乙酸盐的《分析意见书》。该分析意见书令平潭县公安局将视线转移到念斌身上。8 月 6 日福州市公安局在检验了数十件物品之后，从被洗刷干干净净的炒菜铁锅里检验出氟乙酸盐毒物。据此，念斌被平潭县公安局认定具有投毒作案的重大嫌疑。

8 月 7 日念斌被平潭县公安局刑侦大队以"留置盘问"的方式留置审讯，8 月 8 日被拘传，8 月 9 日被拘留，8 月 18 日被平潭县检察院批准逮捕。10 月 11 日平潭县公安局以念斌犯故意杀人罪将案件移送平潭县检察院审查起诉。平潭县检察院以被告人念斌涉嫌投放危险物质罪于 2006 年 11 月 6 日转至福州市检察院审查起诉。2007 年 2 月 6 日福州市检察院以念斌犯投放危险物质罪向福州市中级法院提起公诉。庭审中，念斌在法庭上喊冤，称自己没有干投毒的事，自己做预审中的口供是被警方刑讯逼供所致。念斌在法庭陈述中控诉办案人员游经飞和翁其峰对他刑讯逼供，翁其峰用竹签往他的肋骨之间插，用小榔头垫书敲他，"隔山打牛"，让他痛不欲生。翁其峰还扬言将他老婆也抓进来，这让他极为恐惧。念斌还说，警方曾引诱他承认放老鼠药只是想让对方拉肚子，"顶多判你两三年"。念斌还称，因为扛不住刑讯，自己一度咬舌自尽。

判决情况

2008 年 2 月 1 日，福州市中级法院以投放危险物质罪，判处念斌死刑，剥夺政治权利终身。念斌不服判决提出上诉。

2008 年 12 月 18 日，福建省高院在开庭审理该案后，以"事实不清，证据不足"将案件发回福州中院重审。

2009 年 6 月 8 日，福州中院再次以投放危险物质罪判处念斌死刑，剥夺政治权利终身。念斌不服再次提出上诉。

2010 年 4 月 7 日，福建省高院做出终审裁定，驳回上诉，维持原判。案件依法报请最高人民法院进行死刑复核。

2010 年 10 月 28 日，最高法院以"第一审判决、第二审裁定认定被告人念斌投放危险物质罪的事实不清、证据不足"，裁定不核准福建省高级法院维持死刑的裁定，并撤销福建省高级法院维持死刑的裁定，将案件发回福建省高院重新审判。

2011 年 5 月 5 日，福建省高院也撤销了福州市中级法院对念斌的死刑判决，该案件发回福州中院重新审判。

2011 年 9 月 7 日，该案在福州中院再次开庭审理，在没有新事实新证据的情况下，福州中院于同年 11 月 24 日再次对念斌判处死刑，剥夺政治权利终身。

2014 年 8 月 22 日，福建高院作出终审判决：一、撤销福州市中级人民法院（2011）榕刑初字第 104 号刑事附带民事判决。二、上诉人念斌无罪。三、上诉人念斌不承担民事赔偿责任。

观点聚焦

（一）关于被害人中毒原因

原判认定，被害人俞乙、俞丙系氟乙酸盐鼠药中毒死亡。主要依据是原审庭审中公诉机关举证的法医学鉴定意见、俞乙的呕吐物的理化检验报告、被害人陈述和证人证言。

检方认为，原判采信的上述证据和检方在二审庭审中新出示的被害人俞乙、俞丙的尿液和心血的理化检验报告、俞乙心血的质谱图、检验电子数据、鉴定人证言、侦查机关的情况说明等证实，在俞丙的心血、尿液、俞乙的心血、尿液和呕吐物中检出了氟乙酸盐鼠药成分，与其中毒症状相符；俞丙的尿液与标样的质谱图、俞乙的心血与呕吐物的质谱图相同的问题，鉴定人出庭说明系归档时弄混导致，并且重新提供了俞乙心血的质谱图和相关检验电子数据、补充的尿液实验，可以予以解释。因此，可以认定二被害人死于氟乙酸盐鼠药中毒。

辩方认为，辩方在二审庭审中新出示的理化检验报告的质谱图和检方出示的上述证据，以及鉴定人出庭说明，证实本案检验过程未进行"空白"对照检验，不能排除检材被污染的可能；根据提取的质谱图，均不能判定检出氟乙酸盐鼠药成分；由于质谱图出现错误，被害人心血、尿液和呕吐物的理化检验报告不能作为认定死因依据。现有证据不能认定被害人死于氟乙酸盐鼠药中毒。

终审认为，检辩双方出示的上述证据能够证实，被害人俞乙、俞丙系中毒死亡。但原判认定系氟乙酸盐鼠药中毒，证据不确实、不充分。第一，检材与标样的质谱图不应相同。标注为被害人俞丙尿液和标注为标样的二份质谱图相同，有悖常理。同时，标注为俞丙尿液的质谱图、检验电子数据的文件名，与俞丙尿液检材的名称也不相符。检方聘请的专业人员提出，该质谱图是否为俞丙尿液的质谱图存疑。辩方聘请的专业人员提出，该质谱图就是标样而非尿液的质谱图。鉴定人出庭说明二者质谱图相同，系将俞丙尿液的质谱图当作标样的质谱图归入档案造成；检验电子数据的文件名与检材的名称不相符，系因命名规则不统一造成。该解释不足以采信。补充的尿液实验因检验条件不相同，缺乏证明价值。因此，俞丙尿液检材的检验结果的真实性存疑。第二，分别标注为被害人俞乙心血、呕吐物的二份质谱图也相同，同样有悖常理。同时，标注为俞乙呕吐物的质谱图、补充所称的俞乙心血的质谱图以及检验电子数据的文件名，与俞乙呕吐物、心血检材的名称也不相符。鉴定人出庭说明二者质谱图相同，系因文件名近似误把呕吐物的质谱图当成心血的质谱图归入档案造成；检验电子数据的文件名与检材的名称不相符，系因命名规则不统一造成。该解释亦不足以采信。因此，俞乙心血、呕吐物检材的检验结果的真实性也存疑。第三，鉴定机构在对俞丙的尿液、心血和俞乙的尿液、心血和呕吐物检材的检验过程中，均未按照专业规范要求进行"空白"对照检验，以防止假阳性检验结果，因此难以排除检材被污染的可能。第四，根据俞丙心血、俞乙尿液检材的检验数据，能否判定检出氟乙酸盐鼠药成分，双方聘请的专业人员提出的意见严重分歧。因此，从俞丙心血、俞乙尿液中检出氟乙酸盐鼠药成分的检验结论可靠性存疑。此外，与被害人共进晚餐的俞甲、念某珠有中毒症状，但未做相应检验，无法认定中毒原因；丁某虾、陈某娇自述并无明显中毒症状，也未做相应检验，是否中毒不明。综上，据以认定二被害人中毒原因的理化检验报告不足以采信，其他共进晚餐人员认定中毒原因或有无中毒缺乏充分依据，原判认定二被害人死于氟乙酸盐鼠药中毒的事实不清，相关证据不确实、不充分。

（二）关于投毒方式

原判认定上诉人念斌将鼠药投放在被害人家厨房铝壶水中，致使二被害人食用了使用壶水烹制的食物中毒死亡。主要依据是原审庭审中原公诉机关举证的被害人陈述和证人证言，现场勘验检查笔录、现场照片和提取痕迹、物品登记表，铝壶水、高压锅和铁锅的理化检验报告，铝壶的侦查实验笔录，上诉人念斌的有罪供述和指认现场录像等证据。

检方认为，原判采信的上述证据和检方在二审庭审中新出示的理化检验报告的检验电子数据、侦查机关的情况说明等证实，从铝壶水、高压锅、铁锅表面残留物中，均检出与被害人生物检材中相同成分的氟乙酸盐鼠药，与上诉人念斌供述将鼠药投放在铝壶水中能相印证；提取送检铝壶及壶水、高压锅和铁锅过程的程序瑕疵，鉴定人和侦查人员出庭作了说明补正。因此，可以认定念斌将氟乙酸盐鼠药投放在铝壶水中。

辩方认为，辩方在二审庭审中新出示的检验鉴定委托书、鉴定受理登记表、分析检验记录表、质谱图、现场照片光盘、侦查机关的情况说明和检方出示的上述证据，以及鉴定人、侦查人员出庭所作说明，反映现场勘验检查工作及笔录制作不规范，铝壶及壶水、高压锅和铁锅的提取送检程序不合法，物证来源不清，应予排除；鉴定机构对铝壶水、高压锅和铁锅的检验过程不规范，根据检验数据均不能认定检出氟乙酸盐鼠药成分，理化检验报告不能作为定案依据，故不能认定念斌将鼠药投放在铝壶水中。

终审认为，第一，铝壶、高压锅的提取送检问题。现场勘验检查笔录记载的提取送检时间为"7月28日"，与检验鉴定委托书记载的"8月9日"相矛盾。侦查人员出庭说明系"8月8日傍晚"提取送检，与庭前说明提取送检时间是"8月9日"前后不一，而且现场照片、指认现场录像显示，8月9日晚现场厨房还存在相同的高压锅，此无法合理解释。第二，铁锅的提取送检问题。现场勘验检查笔录记载的提取送检时间为"7月28日"，与检验鉴定委托书记载的"8月1日"相矛盾，检验时间又载明是"7月31日"，送检与检验的时间前后倒置。侦查人员出庭说明提取送检时间是"7月31日"，前述问题系因事后综合制作现场勘验检查笔录和补办检验鉴定委托手续造成，此合理性依据欠缺，不足以采信。第三，鉴定受理登记表记载，侦查机关送检铝壶及里面的3500毫升水，但现场勘验检查笔录未记载提取铝壶时壶中有水。侦查人员出庭说明笔录记载原物提取铝壶即包括壶中的水，缺乏充分依据；出庭说明将铝壶水分装到矿泉水瓶中送检，缺乏笔录记载，且与庭前说明记不清具体送检情况不一致；侦查实验笔录也不能说明提取时铝壶中的水量。因此，该3500毫升壶水检材与提取的铝壶之间的关联性缺乏确实依据。第四，鉴定机构在对铝壶水、高压锅和铁锅表面残留物检材的检验过程中，未按照专业规范要求进行"空白"对照检验，以防止假阳性检验结果，因此难以排除该3份检材被污染的可能。第五，根据铝壶水、高压锅和铁锅表面残留物检材的检验数据能否判定检出氟乙酸盐鼠药成分，双方聘请的专业人员提出的意见严重分歧。因此，从铝壶水、高压锅和铁锅中检出氟乙酸盐鼠药成分的检验结论可靠性存疑。此外，证人陈某娇证实是使用丁某虾家铝壶的水还是红桶的水捞鱿鱼，说法不一，难以采信系使用铝壶的水捞鱿鱼。综上，铝壶水、高压锅和铁锅的提取送检过程不清，检材来源相关证据间的矛盾和疑点得不到合理解释，检验过程不规范，检验结论可靠性存疑，理化检验报告不足以采信，因此，认定铝壶水有毒缺乏确实依据，原判认定念斌将鼠药投放在铝壶水中事实不清，关键证据链条中断。

（三）关于毒物来源

原判认定上诉人念斌投放的鼠药系在平潭县医院附近向摆地摊的杨某

炎购买。主要依据是原审庭审中原公诉机关出示的证人杨某炎等人证言及辨认笔录、查获的杨某炎配制鼠药工具的照片、理化检验报告、鼠药包装袋、搜查证、搜查笔录、扣押物品清单及照片，念斌的有罪供述及指认购买鼠药地点笔录和录像等证据。

检方认为，原判采信的上述证据和检方在二审庭审中新出示的理化检验报告的检验电子数据、证人杨某炎指认卖鼠药地点照片、证人刘某印证言、侦查前期查找鼠药来源材料、侦查人员所作说明和侦查机关的情况说明等证实，根据上诉人念斌供述的购买鼠药地点找到了卖鼠药的杨某炎，并从杨某炎配制鼠药的工具中检出了与被害人中毒相同成分的鼠药氟乙酸盐，念斌供述购买鼠药的时间亦得到证人证言印证；念斌与杨某炎相互不能辨认，供述的卖鼠药人的年龄与杨某炎不相符，供述的鼠药包装袋规格与实物不相符，是凭其个人主观感受进行描述，不影响鼠药来源的认定，可以认定念斌投放的鼠药系从杨某炎处购买。

辩方认为，辩方在二审庭审中新出示的理化检验报告的质谱图、侦查机关的情况说明和检方出示的上述证据等证实，上诉人念斌与证人杨某炎相互不能辨认，也未能供述杨某炎的外貌特征，供述卖鼠药人的年龄与杨某炎不相符，供述的鼠药包装袋规格与查获的实物不相符；配制鼠药工具的检验过程不规范，根据检验数据不能认定检出氟乙酸盐鼠药成分，理化检验报告不能作为定案依据，故没有证据证实念斌购买杨某炎卖的氟乙酸盐鼠药。

终审认为，第一，侦查机关找到卖鼠药的证人杨某炎，但上诉人念斌与杨某炎相互不能辨认；供述的卖鼠药人的特征及年龄，与杨某炎情况差异明显；供述的鼠药包装袋规格，与从杨某炎住处查获的实物差异较大；供述在购买鼠药时到过商店批发香烟，时间约为7月中旬，与证人证实其批发香烟时间为7月初不一致。第二，鉴定机构在对配制鼠药工具塑料盆、铁盆检材的检验过程中，未按照专业规范要求进行"空白"对照检验，以防止假阳性检验结果，因此难以排除该2份检材被污染的可能。第三，根据配制鼠药的工具碗、塑料盆和铁盆检材的检验数据，能否判定检出氟乙酸盐鼠药成分，双方聘请的专业人员提出的意见严重分歧。因此，从碗、塑料盆和铁盆中检出氟乙酸盐鼠药成分的检验结论可靠性存疑。综上，念斌与杨某炎相互不能辨认，供证存在不吻合之处，配制鼠药工具的理化检验报告不足以采信，原判认定念斌投放的鼠药系从杨某炎处购买依据不充分。

（四）关于有罪供述

原判认定上诉人念斌作过多次有罪供述，供述作案过程没有矛盾之处，所供作案动机和手段亦客观、真实，在检察机关审查批捕提讯和律师两次会见时亦承认作案，其有罪供述可以采信。检方认为，念斌的有罪供述稳定，并与在案证据能相印证。辩方认为，念斌的有罪供述内容不真实，与客观证据不相符，系违法取证所得。

经查，上诉人念斌到案之初未承认犯罪，在侦查阶段和检察机关审查批捕提讯时曾经作过多次有罪供述，审查起诉起则始终否认作案。念斌第一次有罪供述的笔录内容与在案的审讯录像内容不完全一致，且审讯录像内容不完整。念斌庭前多次供述的鼠药来源一节，其中关于卖鼠药人的特征、年龄、鼠药包装袋规格以及批发香烟的时间等情节，与证人证言不相符；供述的将鼠药水投放在铝壶水中一节，如上所述认定铝壶水有毒依据不确实，形不成印证；供述把鼠药放在货架上毒老鼠一节，从货架表面与旁边地面上提取的灰尘中均未能检出鼠药成分，亦形不成印证；供述的作案工具、剩余鼠药，均未能查获。本院认为，念斌的庭前供述和辩解存在反复，庭前供述与其他证据不能相互印证，不足以采信。

综上，终审认为，二被害人系中毒死亡，但原判认定致死原因为氟乙酸盐鼠药中毒依据不足，认定的投毒方式依据不确实，毒物来源依据不充分，与上诉人的有罪供述不能相互印证，相关证据矛盾和疑点无法合理解释、排除，全案证据达不到确实、充分的证明标准，不能得出系上诉人念斌作案的唯一结论。因此，原判认定上诉人念斌犯投放危险物质罪的事实不清，证据不足，原公诉机关指控上诉人念斌所犯罪名不能成立。原审判决上诉人念斌赔偿附带民事诉讼原告人丁某虾、俞甲的经济损失无事实依据。

平反之后

念斌恢复自由后觉得自己还在牢里：半夜醒来，他发现自己身体蜷曲，手腕交叉在胸前——这是常年戴手铐脚镣形成的姿势。前列腺炎、脂肪肝、肠胃炎、小腿萎缩，8 年牢狱之灾带来的一系列疾病依旧折磨着他。2014 年 9 月，他和姐姐念建兰第一次坐飞机来到北京进行治疗，适逢十八届四中全会召开。2014 年 10 月 23 日，谈及昨日发布的四中全会公报，念斌对记者说，出狱至今已有两月，没有福建任何相关部门任何一个人联系他。对于这个案件他还有诸多疑问：为什么这些公安的证据最终在法庭上都被证实是伪证？真正的凶手在哪里？"我被关了8年，需要一个真相。只有真相才能解开我的心结。"念斌说，现在的他每天晚上依旧睡不着，脑子里还都是这8年发生的事情。希望四中全会之后政府能尽快启动对这些失职、渎职人员的追责，等养好身体后，自己也会提出国家赔偿。

福建高院做出终审判决之后，受害者家属怎么也不愿意相信，他们等待了八年竟是这样一个结果。在村里的超市门口，他们摆了一台电视，将念斌供述投毒过程的录像反复播放。

念斌说："丁云虾家里我很同情她，她毕竟去了两个孩子，她毕竟是受害者，而我念斌也是受害者，也弄得家破人亡啊，以前还背着莫须有的罪名啊。我真的很希望抓到真正的凶手还他一个公道，也还我念斌一个清白。"

时至今日，念斌仍然是有家不能回，他在平潭老家的房子，至今还保留着八年前被打砸的原状，为了避免与受害者的家人发生冲突，念斌现在只能暂住在朋友的家中。

警方重新布控

2014年11月14日下午，念斌和姐姐念建兰前往福州市出入境服务大厅办理港澳通行证。念建兰称，8年冤狱使念斌身心受到很大伤害，留下一身疾病。在北京治疗的一个多月的费用都是网友募捐和家中举债筹来的。"曾经帮助过我们的香港律师知道我们的困境，帮我们在香港找到知名的专家，免费帮我们看病。所以我们才从北京医院回来，只是为办理港澳通行证。"当天念斌被告知，他的身份信息在出入境管理系统中显示为"犯罪嫌疑人"，不能办理。出入境的一名工作人员称："念斌的身份应该是信息更新滞后所致。"

11月22日上午，念斌和念建兰再次来到福州市出入境服务大厅。念建兰向南都记者转述，工作人员依然称念斌出入境管理系统中显示为"犯罪嫌疑人"，不符合护照办理条件。一名陈姓科长对念斌说，9月份平潭公安已重新立案调查，将念斌列为"犯罪嫌疑人"，目前是布控对象，依法不允许出境。念建兰随即与平潭公安局法制大队吴警官联系，问念斌案是不是重新立案了？吴警官称"我们这样做有法律依据，是按程序在办"。念建兰接着问以什么罪名立案，答曰："你自己心里清楚。"

对此，念斌的辩护律师张燕生认为，福建省高院宣判念斌无罪后，平潭县公安可以给这个案子重新立案，来追查真正的凶手。但在没有新的证据、新的事实的情况下，不能将念斌确定为嫌疑人，因为念斌已经被法院宣告了无罪。张燕生认为，鉴于平潭公安、福州公安此前在侦查念斌案中的表现，如果要重新启动案件的侦查，平潭公安、福州公安应该回避。念建兰表示，念斌下一步将起诉平潭县公安局的违法行为。

11 月 22 日，念斌发了一份声明，在声明中对福建省高级人民法院正式宣告自己无罪表达了感激之情，并称将终身不忘。同时，念斌在自己被宣判无罪后，平潭公安局仍把他当做犯罪嫌疑人，表示愤怒。他在声明中首先强调自己是清白无辜的，平潭县公安局对其的所有刑事追究都是错误的。同时，念斌要求对在查案中严重违法者启动党纪和刑事追责程序。此外，念斌认为平潭公安根本不可能查清案件真相，强烈要求他们回避，请公安部委派其他省市的侦查专家到平潭深入案发现场进行刑事侦查和调查尽快查明真相。

（关于念斌被法院宣告无罪后又被警方重新立案调查问题，参见本书第 503 页："念斌宣告无罪后又被立案侦查的几个问题。"）

国家赔偿

2014 年 12 月 25 日，念斌及其律师向福州中院提交国家赔偿申请书，申请福州中院赔偿念斌侵犯人身自由赔偿金、医疗费、精神损失费及其他物质损失共计人民币 15321605.15 元。其中包含念斌精神损害抚慰金 500 万元，父母双亲在错案期间去世的精神损害抚慰金 500 万元。同时要求在《人民日报》、《东方早报》、《海峡都市报》、新浪网、新华网等媒体公开向其赔礼道歉，消除影响。

2015 年 2 月 15 日，福州市中级法院作出国家赔偿决定，决定先支付赔偿请求人念斌人身自由损害赔偿金 58.9 万元，精神损害抚慰金 55 万元，在侵权行为影响范围内为念斌消除影响、恢复名誉、赔礼道歉。由于2014 年度侵犯公民人身自由权每日赔偿金标准尚未公布，待最高法院公布标准后 15 日内，再决定支付念斌人身自由损害赔偿金的差额部分，金额为每日赔偿金的差额乘以 2936 天。

关于念斌提出健康权受到侵害，要求支付医疗费、误工费等赔偿请求。福州中院认为，根据《国家赔偿法》确立的"谁侵权、谁赔偿"原则，该院在审理刑事案件期间，并未实施侵犯其健康权的行为，对该项赔偿请求不予支持。关于念斌提出财产权受到侵害的赔偿请求，福州中院认为，根据《国家赔偿法》规定，只有国家机关及其工作人员在行使职权时，实施侵犯公民财产权的行为并造成损害的，才由国家承担赔偿责任。关于念斌提出 8 年申冤期间支付的交通费、住宿费、律师费、材料费以及自家房屋损毁等赔偿请求，福州中院指出不属于国家赔偿范围。关于念斌提出关于其姐姐误工费、其儿子心理治疗费的赔偿请求，福州中院指出，根据《国家赔偿法》规定，其姐及其儿子并非本案原错误刑事审判行为的受害人，对该项赔偿请求依法不予支持。关于念斌提出伤残赔偿金、被抚养人生活费问题，福州中院指出，侵犯公民健康权、造成身体伤害、部分或者全部丧失劳动能力或者死亡的，才产生支付残疾赔偿金、被扶养人生活费等问题，福州中院未侵犯念斌的健康权，此项赔偿请求于法无据，不予支持。

2015 年 3 月 18 日，念赋姐姐向媒体透露，念斌不满赔偿，将申请复议，"为申冤所借的外债近有 100 多万没还清。"

控告公安办案人员

2014 年 12 月 25 日，念斌及其律师向福建省检察院提交控告书，控告 8 年前办理念斌投毒案的平潭公安局民警翁其峰、游经飞在念斌案中涉嫌刑讯逼供罪、徇私枉法罪及帮助毁灭、伪造证据罪的犯罪行为立案调查，依法追究其刑事责任。

念斌还将继续控告平潭公安局局长等其他制造这起冤案的相关人员。

（注：根据《福建省高级人民法院刑事附带民事判决书》（2012）闽刑终字第 10 号和同期《法制晚报》、《南方都市报 》、《法制日报》、《新京报》、《北京晨报》和新华网、凤凰网、新浪网、京华网、腾讯等相关报道综合而成）

广东徐辉强奸杀人案

案情简介

1998 年 8 月 25 日凌晨零时许，被告人徐辉见邻居 19 岁女青年严某独自一人站在路口，即窜至严某身后，持砖头将她击昏并强奸。严某苏醒后呼救，徐辉用一根电线勒住她的脖子，致其当场死亡。徐辉作案后，将严某的尸体抛于附近小巷内，逃离现场。

最初侦查阶段，公安机关发现徐辉和严某的男朋友周某均有作案嫌疑。但经进一步调查，周某有案发时不在现场的证明，没有作案时间，从而排除了作案嫌疑。

而案发后，侦查人员带警犬赶赴现场时，警犬曾沿气味追踪到被害人严某家对面徐辉家中，并对徐辉的凉鞋气味有明显反应。同时，据 DNA 鉴定结论，徐辉的 DNA 与被害人严某体内生物物质 DNA 的吻合度较高。此外，据查，案发当晚徐辉的妻子回娘家，徐辉具有作案时间。徐辉被刑拘，先认罪后翻供。

申诉情况

2001 年 5 月 9 日，珠海中院宣判徐辉有罪。徐辉不服，向省高院提出上诉。

2001 年 12 月 3 日，省高院刑事裁定，驳回上诉，维持原判。徐辉不服，向省高院申诉。

2005 年 11 月 11 日，省高院驳回徐辉申诉。徐辉不服，继续向最高人民检察院提出申诉。

2008 年 6 月 16 日，最高检收到申诉材料后，将此案移交省检察院办理。省检察院作出检察意见书，建议省高院启动再审程序。

2008 年 10 月 4 日，省高院作出再审决定。

2011 年 7 月 22 日，省高院刑事裁定，撤销珠海中院刑事附带民事判决及省高院此前的刑事裁定，发回珠海市中院重审。

2012 年 8 月 10 日，珠海市中院组成合议庭，到新疆奎屯监狱开庭重审此案。

2014 年 9 月 9 日，珠海市中院作出刑事判决书。

2014 年 9 月 15 日，珠海市中院宣判，徐辉恢复自由。

检察院督办

2006 年 12 月，最高检刑事申诉检察厅受理了徐辉的申诉。

2007 年 1 月，最高检刑事申诉检察厅在审查申诉材料后，认为该案有错误可能，遂交办广东省检察院依法复查，此后一直跟踪督办。交办函指出原审裁判采信的徐辉的有罪供述与在案证据存在矛盾、DNA 检验报告不具排他性等疑点，要求广东省检察院依法立案复查，在全案复查基础上，重点查清案件事实是否清楚、申诉人所提疑点能否合理排除、认定徐辉为犯罪嫌疑人是否具有排他性等。

在收到最高检交办材料后，广东省检察院高度重视，指定刑事申诉检察部门迅速对徐辉申诉案立案复查。办案人员除调阅该案的全部案卷和查阅相关文件资料外，多次往返广州、珠海实地调查核实原案证据，到监狱提审徐辉核实在案口供，并咨询了相关技术专家，进而发现原审据以定案的主要证据存在重大缺陷。

2008 年 6 月，广东省检察院向该省高级法院发出《检察意见书》。意见书认为，广东省高级法院及珠海市中级法院对徐辉定罪量刑的证据不足，即徐辉的有罪供述与在案客观证据存在矛盾，徐辉在被拘留前已多次被侦查人员询问，有可能从中获知部分案情，且侦查机关没有查获作案工具。警犬气味鉴别结论不能作为定案依据。警犬鉴别书的结论"弃尸现场提起的足迹气味与徐辉的拖鞋气味同一"，是原审裁判认定徐辉犯罪的重要证据，但并没有法律、法规、司法解释明确将警犬鉴别书列为刑事证据种类。特别是被害人体内提取物的 DNA 鉴定结论，表述为"经 DNA 检验，严娟阴道内提取物含有两个不同个体成分"，不具有排他性、唯一性。而且 2007 年的 DNA 技术鉴定要求至少采用 15 个位点进行鉴定，1998 年时该技术可以采用 9 个位点，但当时仅采用 4 个位点。这一结论不能肯定徐辉为犯罪行为人，只能认定其存在作案嫌疑。因此该院建议省法院启动再审程序，重新审理该案。2008 年 10 月，广东省高院作出再审决定。

此后，最高检申诉厅多次与广东省检察院沟通，高度关注徐辉申诉案件进展情况。广东省检察院刑事申诉检察部门也一直安排专人跟踪法院办理情况。在案件办理期间，该院也多次督促法院尽早对该案进行审理并作出判决，并与法院就该案的改判及善后工作等问题充分交换了意见。在珠海市中级法院重审此案时，珠海市检察院派员出席法庭，履行法律监督职责，保证了该案依法改判。2014 年 9 月 9 日，珠海市中级法院再审改判徐辉无罪。法院表示，将根据徐辉的申请尽快落实国家赔偿工作。

法院通报

珠海市中级人民法院通报：9 月 15 日，珠海市中级人民法院对被告人徐辉涉嫌故意杀人、强奸犯罪一案进行再审宣判，以所指控的犯罪事实不清、证据不足为由宣告徐辉无罪，当场释放。

通报回顾了基本案情后，解释了改判的依据：一是被告人徐辉的口供不稳定。徐辉虽然承认了强奸、杀人的事实，但后翻供，称被公安机关刑讯逼供。且在徐辉的有罪供述中，其对作案工具等重要情节的描述前后不一致。二是公安机关将徐辉列为犯罪嫌疑人主要根据是警犬气味鉴定，但在司法实践中，警犬的气味鉴别只能用作侦查手段，而不作为定案的证据。三是 DNA 鉴定没有得出确定唯一的结论。四是徐辉的有罪供述与其他证据存在矛盾，这也是该案改判无罪的最主要的原因。

通报称，对于这种"疑案"，法院遵守疑点利益归被告的原则，不能为了防止"错放"而导致"错判"。随着我国法治建设的发展，尊重和保障人权的观念逐步深入人心，在司法过程中坚持无罪推定原则成为现代法治发展的必然趋势。综上，该案经珠海中院审判委员会慎重讨论，决定对被告人徐辉改判无罪。

珠海中院强调的是，本案的改判并不像佘祥林、赵作海等案那样，发生了"真凶出现"、"亡者归来"的情况，只是证据的证明程度尚未达到刑事案件的证明要求，根据"疑罪从无"、"有利于被告人"的刑法原则改判被告人无罪。

据通报，根据国家赔偿法的规定，依照审判监督程序再审改判无罪，原生效判决已经执行的，受害人有获得赔偿的权利。据悉，法院将及时启动国家赔偿程序，确保赔偿款及时到位。国家赔偿法规定，侵犯公民人身自由的，每日赔偿金按照国家上年度职工日平均工资（每日 200.69 元）计算。此外，徐辉还可依法获得一定数额的精神损害赔偿金。

谁是真凶

徐辉被宣判无罪，那么谁才是奸杀严某的真凶？16年过去了，严某的死留给父母的伤痛至今仍未消弭。

2014年9月16日下午2时30分许，在得知徐辉已经无罪释放回家的消息后，死者的父亲和母亲都不敢置信地眼睛瞪大，足足呆了四五秒才回过神来。"不……不……可……能。"严父说话直哆嗦，用半信半疑的语气问。得到肯定答复后，夫妻两人变得非常激动。严父用力挥舞双手，说他（徐辉）都被抓了十六年，怎么现在才说不是凶手。

老人用毋庸置疑的口吻说，"一定是他太狡猾了，骗了法院、公安局"。老人的妻子在一旁气愤地指责，他们两口子没法接受这个结果，徐辉现在放出来，说不定还会害别人，"如果他没杀人，怎么以前不还他清白，偏偏现在才释放他？"

19岁的女儿当年裸死街头，不仅让严父和老伴承受了中年丧女之痛，旁人和邻居的议论也让他们面临巨大的心理压力。严父家的房屋是女儿死后改造的，原本敞开式的结构加建了围墙圈起来，与周围一栋栋房屋对比鲜明，似乎在保护自己。老人早些时候在接受《南方都市报》记者采访时说，他在一所学校从事后勤工作，女儿遇害后，很多人当面不说，背后都在议论，他一度不想出门，很多时候想起女儿都感到伤心难过，"后来眼泪都流不出了，都流干了"。

为了避免触景生情，严父和家人平时不愿提及女儿，有关女儿的照片等容易勾起回忆的物品除了交给警方，其余都扔掉了。

严父承认，他和徐辉都是本地人，徐辉所在的小林劳动服务站就在他家对面，两家人经常照面，但彼此并没有交情，在女儿出事前他从未发现徐辉和女儿有什么关系，或有意图不轨的痕迹，直到警方锁定徐辉才是凶手，他才彻底恨上徐辉，"否则那么多人，警方为什么偏偏认定徐辉是凶手，肯定有证据"。

严父说，当年为了争取让法院判处徐辉死刑，本来法院判徐辉要赔偿他一笔损失，但他和老伴坚决不要，担心拿了钱，就会减轻徐辉身上的罪过。

因为不能接受徐辉无罪释放的结果，严父在怒斥几句后，要记者离开，不愿再接受媒体采访。

《南方都市报》记者走之前，仍能听到两个老人在大声斥责徐辉。徐辉恢复了自由，正在积极拥抱新的生活。但两个老人仍没有走出来，或许只要真凶仍未找到，已经记恨徐辉 16 年的老人就无法放下这份仇恨。

申请赔偿

2014 年 10 月，徐辉向广东省高级人民法院申请共计 327 万元国家赔偿，其中包括失去自由 16 年的 117 万元，以及冤狱给他和家人造成的精神损害赔偿 210 万元。徐辉说："法院的赔偿委员会已经立案，法官告诉我叫我回家等消息。"此外，他告诉记者，已经准备好材料将递交给金湾区人力资源和社会保障局，希望能恢复公职、待遇和住房。

广东省高级人民法院立案后，在 52 天内作出国家赔偿决定，依法赔偿徐辉人身自由赔偿金 1172631.67 元，支付精神损害抚慰金 40 万元。驳回徐辉提出的赔偿其妻子、女儿精神损害抚慰金各 70 万元的请求。

2014 年 12 月 25 日，广东省高级人民法院赔偿办负责人赶赴珠海市金湾区人民法院，将《国家赔偿决定书》交给徐辉，并当面赔礼道歉。

（注：根据同期《法制日报》、《北京晨报》、《南方都市报》、新华网、宿迁律师网、新浪网、人民网、凤凰网、中国新闻网等相关报道综合而成。）

3. 分歧争议型

河北聂树斌、王书金强奸杀人案

案情简介

聂树斌，男，1974 年 11 月 6 日出生，汉族，河北省鹿泉市下聂庄村人，原鹿泉市综合职业技校校办工厂（鹿泉市冶金机械厂）工人。

1994 年 10 月 1 日，聂树斌被刑事拘留；1995 年 3 月 3 日，石家庄市人民检察院以聂树斌犯故意杀人罪、强奸妇女罪，向石家庄市中级人民法院提起公诉。石家庄市中级人民法院不公开开庭审理了此案，并于 1995 年 3 月 15 日作出（1995）石刑初字第 53 号刑事附带民事判决。

石家庄市中级人民法院认定："聂树斌于 1994 年 8 月 5 日 17 时许，

骑自行车尾随下班的石家庄市液压件厂女工康菊花，至石郊孔寨村的石粉路中段，聂故意用自行车将骑车前行的康菊花别倒，拖至路东玉米地内，用拳猛击康的头、面部，致康昏迷后，将康强奸。尔后用随身携带的花上衣猛勒康的颈部，致康窒息死亡。"判决聂树斌"犯故意杀人罪，判处死刑，剥夺政治权利终身；犯强奸妇女罪，判处死刑，剥夺政治权利终身。决定执行死刑，剥夺政治权利终身。"

聂树斌不服，向河北省高级人民法院提出上诉。河北省高级人民法院1995 年 4 月 25 日作出（1995）冀刑一终字第 129 号刑事附带民事判决。河北省高级人民法院认为"上诉人聂树斌拦截强奸妇女、杀人灭口，情节和后果均特别严重。原判决认定事实正确，对被告人聂树斌犯故意杀人罪的量刑及民事赔偿数额适当；对强奸妇女罪量刑重"，判决"维持石家庄市中级人民法院（1995）石刑初字第 53 号刑事附带民事判决以故意杀人罪判处聂树斌死刑，剥夺政治权利终身及原判决第（二）项赔偿附带民事诉讼原告人丧葬费及其他费用贰千元整；撤销石家庄市中级人民法院（1995）石刑初字第 53 号刑事附带民事判决对被告人聂树斌犯强奸妇女罪的量刑部分；上诉人聂树斌犯强奸妇女罪，判处有期徒刑十五年。与故意杀人罪并罚，决定执行死刑，剥夺政治权利终身。"

1995 年 4 月 27 日，未满 21 岁的聂树斌被执行枪决。

王书金供述

2005 年 1 月 18 日，河南省荥阳市公安局索河路派出所干警抓获河北省公安厅网上通缉逃犯王书金。王书金供述其曾经多次强奸、杀人，其中一起是 1994 年 8 月，在其打工的石家庄市液压件厂旁边的一块玉米地里，奸杀了一个 30 多岁的妇女。

2005 年 1 月 19 日，河南省荥阳市警方将王书金移交给河北省广平县警方。1 月 22 日，河北省广平县警方押着王书金，来到石家庄市液压有限责任公司（即原石家庄市液压件厂）旁边鹿泉市孔寨村村民马振才承包的玉米地，指认他当时的作案现场。3 月 17 日，河北省公安厅新闻发言人向媒体公布：河北省公安厅领导注意到了媒体关于该案的报道，并且给予了关注。公安部、河北省政法委领导对此事也极为关注。河北省公安厅组织专门力量进行调查复核。聂树斌的母亲张焕枝多次前往河北高院寻求调查结果，四年间得到的答复如出一辙："正在复查，很快出结果。"

　　2007 年 4 月，一审宣判后，王书金以未起诉他在石家庄西郊玉米地的奸杀案为理由之一，向河北省高院提出上诉。他在上诉状中说："我在 2005 年 1 月 18 日向河南省荥阳市索河路派出所供述自己在河北省犯罪过程中，包括石家庄西郊玉米地里强奸杀人的经过……对于这些河北广平县公安机关的警察进行了确认……警察还带领我对作案现场进行了指认，现场是凭着我对当时的记忆找到的。"王书金的上诉心理中，有一点是微弱地期望通过主动坦白这个案子，获得可能的宽大处理。他说："我是一个罪孽深重的人，不在乎是否多一起案子或者少一起案子，而是不愿意看到因为我的原因而使他人替我承担严酷的刑罚……我希望上级法院对（我坦白）这个案子能够按照重大立功认定，更希望给我一次重新做人的机会。"

　　2013 年 6 月 25 日上午，河北省高院在邯郸市中级人民法院开庭审理上诉人王书金强奸、故意杀人一案。参加旁听的有人大代表、学者、律师、新闻媒体记者及当地各界群众二百余人。聂树斌的母亲张焕枝和聂树斌的姐夫申请旁听庭审，法庭予以准许。王书金的上诉理由是：原判认定的三起故意杀人、强奸犯罪事实属自首，应从轻处罚；所供述的在石家庄市西郊强奸、杀人，是对国家和社会的贡献，属重大立功，应从轻处罚。但河北省人民检察院检察员答辩认为，王书金的上诉理由不成立。石家庄西郊强奸杀人案并非王书金所为。王书金的供述与石家庄西郊强奸杀人案的实际情况在关键情节上存在重大差异。

　　庭审中，出现了中国诉讼史上罕见一幕：被告人及辩护律师称这桩犯罪行为是本方当事人所做，公诉方称被告人没有实施某桩犯罪行为。辩护人要求查阅检察员在庭审中出示的证据材料，要求休庭做辩护准备。合议庭认为辩护人的要求符合法律规定，同意辩护人的请求，宣布休庭。开庭时间再行确定。

　　2013 年 9 月 27 日，河北省高级人民法院在邯郸市中级人民法院审判庭公开宣判上诉人王书金强奸、故意杀人一案，驳回王书金上诉、维持原判。

　　宣判结束后，王书金代理律师朱爱民表示，这一结果在意料之中，但在最高人民法院死刑复核阶段，他仍将继续发表辩护意见。"1994 年石家庄西郊玉米地奸杀案，我坚持认为，王书金作案的证据链条比聂树斌的证据链条要更完整。"对于二审判决在相关细节采纳检方意见，而不支持辩方意见，此案案发时间较早，"河北高院采用了双重标准，既然公诉人的推测可以认定，那么王书金的记忆误差，为什么不能作一个客观的评估和理解"。朱爱民说，在死刑核准结果出来前，他们将会向最高法提交意见材料。

案件疑点

公诉方河北省人民检察院举出大量新证据，指证"1994 年石家庄西郊玉米地奸杀案"非王书金所为。辩方律师没有直接回应，而是对证据来源和合法性提出质疑。

1. 被害人尸体是否有衣服？

王书金（当庭陈述）：作案离开现场时被害人身体是光着的，顺手拿走了被害人的连衣裙。

公诉方：出示的"1994 年石家庄西郊强奸杀人案"现场勘查笔录及尸检报告显示，被害人尸体身穿白色背心，足穿尼龙袜，颈部压有玉米秸，拿开玉米秸后，可见一件花衬衣缠绕在颈部。

2. 被害人如何死亡？

王书金：强奸后，我跳起来踩被害人的胸部，踩了好多次，听见被害人骨头咯嘣地响，我觉得肋骨都骨折了。

公诉方：出示的法医鉴定结果显示，该案中被害人尸体除颈部有花衬衣缠绕外，全身未发现骨折；被害人系窒息死亡。

3. 被害人遇害是什么时候？

王书金：作案时间是在中午一两点钟。

公诉方：出示的被害人同事证言显示，被害人下午 5 点下班以后才遇害。

4. 被害人身高多少？

王书金：被害人的身高和自己差不多。

公诉方：尸检报告称，被害人身高 1 米 52，但王书金身高 1 米 72，双方身高差距很大。

检方回应，1994 年 8 月，石家庄西郊玉米地强奸杀人案案发时，王书金就在案发现场附近的工地打工。该工地距离现场直线距离 100 米左右。据王书金供述，在打工期间，他中午不休息，经常在工地周围闲逛，对现场周围的环境、道路、地形比较熟悉。该案案发后，公安机关曾找过王书金及其工友了解情况。8月5日，被害人下班失踪后，其家属即向公安机关报案，并组织人员进行查找。被害人衣服和尸体被找到后，不少群众围观。所以，王书金供述了石家庄西郊玉米地强奸杀人案的现场部分情况，不足为奇。

2014年3月，河北省高级人民法院卫彦明院长在全国"两会"小组会上说：王书金案仍在最高法院死刑复核程序之中。

案中生案

2014年4月8日，聂树斌案中死者康某的父亲，起诉聂树斌母亲、聂母律师刘博今、王书金辩护律师朱爱民及媒体侵权案二审，在石家庄中级人民法院开庭。康某父亲认为，聂树斌案申诉期间，聂树斌案代理人通过网络及视频访谈节目，外泄了1995年时的两份判决书，还通过网络发表律师工作日记，将被害人家属的姓名、职业、工作单位、住址等个人信息公布并反复提及，侵犯了被害人的名誉权和隐私权。

康父认为，17年间，网络、媒体、律师等曾反复侵权，造成其家人抬不起头，无颜面对社会。涉案文章和视频通过网络传播后，多家媒体记者打电话来询问，17年前的丧女之痛又一次被勾起。康父说："不管聂、王谁是真凶，原告及被害亲人都是受害者，任何单位和个人均无权公示隐私案件的判决书，更无权公开原告及亲人的姓氏、名字、隐私案情、个人信息。"

此案一审判决康父败诉。

最高法院指令山东高院复查

2014年12月12日，最高人民法院根据河北省高级人民法院申请和有关法律规定的精神，决定将河北省高级人民法院终审的聂树斌故意杀人、强奸妇女一案，指令山东省高级人民法院进行复查。最高法审监庭负责人就此回答了记者提问。

记者： 为什么要指令异地复查？

负责人： 复查工作是人民法院确定案件是否应该重新审判的必经程序，是审判监督程序的有机组成部分。聂树斌案是一起社会高度关注的重大复杂案件。为确保司法公正，切实回应人民群众关切，最高法根据河北高院申请和有关法律规定精神，决定对聂树斌案指令山东高院异地复查，并要求复查过程依照法律规定公开，充分体现客观公正。

记者：山东高院将适用什么程序进行复查？聂树斌案是否可以聘请律师？律师是否可以阅卷？

负责人：山东高院将按照刑事诉讼法及《最高人民法院关于适用〈中华人民共和国刑事诉讼法〉的解释》的相关程序要求复查聂树斌案。具体复查工作严格按照公开、公平、公正的原则依法开展。刑事诉讼法规定，当事人及其法定代理人、近亲属，对已经发生法律效力的判决、裁定，可以向法院或者检察院提出申诉。《最高人民法院关于适用〈中华人民共和国刑事诉讼法〉的解释》规定，申诉可以委托律师代为进行。因此，聂树斌的近亲属可以聘请律师代为申诉。根据刑事诉讼法相关规定精神，聂树斌近亲属委托代为申诉的律师可以查阅、摘抄、复制相关的案卷材料。

记者：山东高院何时会让律师阅卷？

负责人：最高法已经责成山东高院根据复查工作进展情况通知律师阅卷，依法保障律师阅卷、提出代理申诉意见等诉讼权利。复查过程中，被告人及被害人的近亲属均可以委托律师。山东高院将抽调精干力量组成合议庭复查此案，为确保司法公正，法院将依照法律规定公开复查此案。

2014年12月15日，聂树斌母亲及家属的代理律师向山东高院递交相关材料，并申请阅卷。山东高院回复，目前案件交接手续还没有完全办完，卷宗还在移交过程中，合议庭也在组建之中。建议等法官先阅卷了解案情后，合适时机律师再阅卷。

聂树斌案律师申请再审并依法宣告无罪

2015年3月17日，聂树斌案申诉代理律师李树亭、陈光武进入山东高级法院阅卷，并被允许拍摄和复印聂树斌案及与该案有关的全部原始案卷材料，共计17本，其中聂树斌案侦查卷1本，中院一审卷1本，高院二审卷1本；王书金案侦查卷5本，一审卷1本，二审卷2本。另有河北高院、河北公安复查卷6本。

律师称，这次阅卷范围之广，远远超出他们的预期。复查的6本卷完全可以不给律师阅，仅作为法院内部资料处理，没想到这次能够列入阅卷范围。若阅卷顺利，10天之内他们将形成一个完整的申诉代理词，递交给山东高院。也许本月月底前聂案复查将有一个初步结果，看是否会进入再审程序。

律师认为，依据阅卷内容，可以初步判断"聂案程序存在严重错误"。

2015年4月8日，聂树斌案律师李树亭和陈光武就聂案复查向山东省高级法院提交代理意见，申请再审并依法宣告聂树斌无罪。他们认为，聂案定罪无直接人证、物证，依赖口供，且口供前后矛盾，勒死受害人的花上衣来源存疑。

2015年4月28日，聂树斌案复查听证会在济南举行。包括专家学者、全国人大代表、政协委员、基层群众代表在内的15名听证人员，聂树斌的亲属和申诉代理律师，以及河北原办案单位代表参与听证。山东高级法院官方微博就听证情况进行了图文直播。听证围绕王书金是否为真凶、是否存在刑讯逼供、证据是否确实充分、是否违反法定程序等问题展开，双方观点针锋相对。听证会进行了将近10个小时。

法学专家洪道德是聂树斌案听证会成员。会后《焦点访谈》在其节目中引用了洪道德对于此案的部分观点，引发了聂树斌案代理律师陈光武的不满。2015年5月2日，陈光武发表了"洪道德教授无道无德"的文章，称"一个把道德镶嵌进名字里的洪道德，竟然完完全全丧失了道德。"为此，洪道德将陈光武以诽谤罪名起诉至北京市海淀区法院。据洪道德证实，海淀区法院已于2015年6月16日正式受理此案。

2015年6月11日，聂树斌案合议庭审判长朱云三告知聂树斌亲属和申诉代理律师，因案情重大、疑难、复杂，需要进一步开展调查核实工作，相关工作涉及面广，不能在法定期限内复查终结。经最高人民法院批准，决定延长聂树斌案复查期限三个月，至2015年9月15日。

2015年9月15日上午，山东省高级人民法院聂树斌案复查合议庭会见了聂树斌案申诉人张焕枝及其申诉代理律师李树亭。山东高院法官向张焕枝、李树亭介绍了案件复查情况，告知因复查工作需要，经最高人民法院批准，决定再次延长聂树斌案复查期限三个月，至2015年12月15日。张焕枝签收了山东高院延长复查期限通知书。

（注：根据同期《法制日报》、《新京报》、《河南商报》、《中国青年报》、《法制早报》、《法制晚报》、《南方周末》、《北京青年报》、《京华时报》、央视网、和讯网、网易、新华网、人民网、凤凰网、中国新闻网等相关报道综合写成。）

内蒙古呼格吉勒图、赵志红流氓杀人案

案情简介

1996 年 4 月 9 日，呼和浩特卷烟厂工人呼格吉勒图和闫峰向警方报案，在烟厂附近的公厕内发现一下身赤裸的女尸。48 小时后，呼和浩特市公安局新城分局侦查后认定，呼格吉勒图是在女厕对死者进行流氓猥亵时，用手掐住死者的脖子导致其死亡，死后奸尸。

1996 年 5 月 23 日，呼和浩特市中级人民法院认定呼格犯流氓罪、故意杀人罪，判处死刑，同年 6 月 5 日内蒙古自治区高级人民法院二审"维持原判"，核准死刑。同年 6 月 10 日，呼格吉勒图被执行枪决，距离案发仅 62 天。

赵志红供述

2005 年 10 月 23 日，系列强奸、抢劫、杀人案的犯罪嫌疑人赵志红落网后，主动交代了其 1996 年犯下的第一起强奸杀人案，就在呼和浩特赛罕区邻近卷烟厂的公厕里，并准确指认了早就被拆除重新建设的案发地点。赵志红甚至说出了诸如"南北朝向，女厕在南"的厕所方位、内部结构、被害人身高、年龄、当时扼颈杀死被害人的方式、尸体摆放位置等其他作案细节，都有清晰、肯定的记忆。赵志红对案件表述的准确程度远远超过了 1996 年就已经被执行枪决的呼格吉勒图。

羁押期间，赵志红向检察机关写了一封"偿命申请"称："1996 年 4 月发生在呼市一毛家属院公厕杀人案，不知何故，公诉机关在庭审时只字未提！因此案确实是我所为，本着'自己做事、自己负责'的态度，积极配合政府彻查自己的罪行！现特向贵院申请派专人重新落实、彻查此案！还死者以公道！还冤者以清白！还法律以公正！还世人以明白！让我没有遗憾地面对自己的生命结局……"该案经媒体报道后，引起中央领导的高度关注，原本押赴刑场执行死刑的赵志红被"枪下留人"。赵志红案于 2006 年开庭审理后，一直休庭。

2015 年 1 月 5 日，赵志红故意杀人、强奸、抢劫一案，在呼和浩特市中级人民法院开庭审理。

案件疑点

第一份笔录"不支撑其杀了人"

新京报记者采访18年前呼格吉勒图案案发时参与询问呼格吉勒图、看到过此案的第一份笔录的警察。该警察说，案发当晚他接指令赶到案发地，见到了呼格吉勒图和另一位当事人闫峰。当时正是这两个小伙子报警，说在附近公厕发现一具女尸。他称，呼格吉勒图就在案发地附近第一毛纺厂的治安岗亭里接受了警方询问，当时他神情比较自然，作为第一报案人，他详细介绍了报案经过。

"他被问到了案发前后都在做什么？都是什么时间？听到了啥？看到了啥？"嫌疑人的第一份笔录非常重要，"因为在短时间里，他来不及串通、来不及组织、来不及思考"，因而可信度很高。他担心这份笔录已不在呼格吉勒图的案卷里，"可以肯定，这份笔录不支撑呼格吉勒图杀了人"。

他称，当时他和同事出警，看到这第一份笔录后，就没再过问这事。后来呼格吉勒图被判死刑，"当时心里有点打鼓"，"案发地离呼格吉勒图家很近，当事人年纪不大，且没有前科"，"当时总觉得有些不对劲儿"。2005年赵志红案发，赵志红亲口供称"4·9命案"是他所为，这位警察回想才觉得"自己当初的疑问还是有根据的"。

"死者身体未破损"疑犯指缝血样从何而来？

另一位案发后第一时间赶到现场的警察对新京报记者表示，他勘验了案发现场，"现场比较简单，没有打斗痕迹，受害者身上没有伤口"。后来因不是具体经办人，他没再过问此案。但案发后不久一天晚上，他在公安局加班，听到局长在办公室大声喊隔壁的办案民警，"让他们去剪呼格吉勒图的指甲"，"我当时就不理解，因为现场勘查没发现受害者身上哪块破了。"

这位警察之后从当地媒体上看到了有关呼格吉勒图指甲的文字。新京报记者查实，该报道刊登在1996年4月20日的当地晚报上："为了证实呼格吉勒图交代的真实性，由分局刑警队技术室对他的指缝污垢采样，进行理化检验。市公安局技术室和内蒙古公安厅进行了严格的科学的鉴定。最后证明呼格吉勒图指缝余留血样与被害人咽喉处被掐破处的血样是完全吻合的。杀人罪犯就是呼格吉勒图。"这位警察介绍，这是呼格吉勒图案不多的"铁证"之一。但他说，自己当初就在案发现场，没有发现受害者身上有伤口或者破损的地方。

日前呼格吉勒图的母亲尚爱云介绍，2005 年赵志红落网后，她对当时警方公布的呼格吉勒图案证据存疑，于是向法院提出希望能重新鉴定儿子指缝污垢采样，但一位工作人员告知，这份证据已不在该案案卷里，"对方说保管条件有限，加上搬家什么的，可能弄丢了"。

此案正逢"严打"期间

杀人、抢劫、强奸等严重暴力犯罪的死刑核准权，自 1983 年"严打"开始，从最高人民法院下放至省级高院。1996—1997 年、2000—2001 年，全国又先后进行了第二次与第三次"严打"。这期间类似的暴力犯罪案件，处理程序一般由一审法院迅速下判、二审法院书面审理，且二审审理与死刑复核程序合二为一。

呼格吉勒图案正逢"严打"期间，其办案速度正符合当时"从严、从重、从快"的政治要求。1996 年 5 月 23 日，呼和浩特市中级人民法院认定呼格吉勒图犯流氓罪、故意杀人罪，判处死刑，同年 6 月 5 日内蒙古自治区高级人民法院二审"维持原判"，核准死刑。1996 年 6 月 10 日，呼格吉勒图被执行枪决，距离案发仅 62 天。

精斑未比对又丢失

呼和浩特市公安局一退休领导说，警方曾提取了受害者体内凶手留下的精斑，但并未提取呼格吉勒图的精液进行比对。为何如此漠视这一关键证据？呼市一公安分局老领导说，这中间固然有办案人员的素质问题，即当时的要求是从严从快，具体办案人员认为其他证据足以支撑结论，精斑鉴定做不做就无所谓了，因而存在失误。另一方面，当时办案经费非常紧张。最常见的例子是：如果某个警察需要配备警用装备，都要自己掏钱向公安厅买。是否有经费支撑作精斑鉴定就可想而知。而且"当时呼市没有条件做，要做鉴定的话，只能去北京、上海，经费不足不说，一次鉴定还要耗费几个月时间，这与当时快速结案的要求是不符的。"这位当时公安局分局领导介绍，"严打"期间，领导对各分局的破案率等都有排名，如果自己辖区内发生命案，迟迟未破就会落后，这使得几乎每个基层干警身上都有破案压力。

检察机关把关不严

检察机关在呼格吉勒图案的处理中也有不当之处。公诉人员在讯问呼格吉勒图时，当事人曾诉称自己是无辜的，且反映公安机关存在诱供的可能，这些都是疑点，作为公诉机关显然不能放过。在这份口供中，呼格吉勒图表示："今天我说的全是实话，最开始在公安局讲的也是实话……后来，公安局的人非要让我按照他们的话说，还不让我解手……他们说只要我说了是我杀了人，就可以让我去尿尿……他们还说那个女子其实没有死，说了就可以把我立刻放回家……"

呼和浩特市公安局原主要领导、上述不愿公开姓名的那位退休警察证实有这份口供存在，"我亲眼见过"。这份笔录形成于 1996 年 5 月 7 日晚上 9 时 20 分，讯问人为呼市检察院检察官刘某和彭某。

但这些疑点当年都未被重视，呼格吉勒图很快通过侦查、批捕环节，站到法庭的被告席上，并以流氓罪、故意杀人罪判处死刑。案发 61 天后，刚满 18 岁不久的呼格吉勒图被执行死刑。

从"疑罪从无"角度看二案

2005 年，在内蒙古境内接连作案 21 起、身负 10 条人命的赵志红落网。赵供述称，9 年前卷烟厂附近公厕内的奸杀案系他所为。这一情况立刻在全国引起震动。当时呼和浩特市警方有意见认为，赵志红的一面之词缺乏有力的证据支持，但 10 年前的案件寻求证据已很难再有可能。

当时法律界及社会各界人士，亦对当年呼格吉勒图被判死刑的证据提出质疑，认为从"疑罪从无"角度看，对赵志红的供认如果不能认定，对于呼格吉勒图的指控和审判同样存在严重的问题。

案件复查

新华社内蒙古分社政法记者汤计，自 2005 年赵志红案发生后曾 5 次以内参形式报道呼格吉勒图案件疑点，并得到中央领导重视。汤计说："赵志红终于在 2007 年 1 月 1 日前保住了性命，这也是呼格吉勒图案件目前看到的唯一希望和最大信心。不过这种信心正在被内蒙古公检法三家办案的 4 年拖拉中慢慢消磨，受害者家属甚至已经重新拾起了屡屡上访的老路。"《瞭望》杂志根据汤计的内参形成报道公开发表在网络上，成为第一篇关于案件详细的公开报道。呼格吉勒图案在全国范围内引起关注。

长期关注此案的两名公安部刑侦技术专家曾接受采访时表示，呼格吉勒图绝非凶手。其中一名专家在赵志红落网后，曾亲自赶赴内蒙古对赵志红做了包括测谎、心理和精神鉴定等技术测定，最后的结果证实赵志红确系 1996 年"4·9"女尸案的真凶。

2006 年 3 月，内蒙古自治区政法委组成了案件复核组对案件进行调查。同年 8 月复核得出结论，"呼格案"确为冤案，政法委某主要领导曾向媒体表示："我们的调查结论显示，当年枪决呼格吉勒图的证据不足，用老百姓的话说就是杀错了。"此后该案进入重新调查程序 8 年之久，长期没有启动再审程序。

2014 年 11 月 4 日，内蒙古自治区高级法院新闻发言人、办公室主任李生晨召开新闻通气会，就呼格吉勒图案表示，目前该案正在依法按程序积极地复查中，法院将坚持"实事求是、有错必究"的原则，依法公正处理此案。至于该案何时启动再审，要视复查的具体情况决定。李生晨还就舆论关心的法院在复查此案的过程中是否遇到阻力的问题说："我可以很明确告诉大家，法院没有遇到任何障碍和阻力。"

同日，内蒙古高院院长胡毅峰在办公室受访时，指着厚厚的呼格吉勒图案的案卷复印件说："此案的每一个细节都深深印在我的脑海里，我们将以事实为根据，以法律为准绳，把这起案件复查好。"并特别强调："复查过程中，法院并没有遇到障碍和阻力，一切都在严格按照法律程序进行。"

此处所指"复查"，法律上应为申诉审查。申诉审查是指在案件判决已生效情况下，怀疑判决有误，在正式提起审判监督程序（简称再审）之前进行的审查。申诉审查后可能有两种结果：一种是认为判决确实有错，需要提起审判监督程序来纠正；另一种结果是经过审查认为没有错误，驳回申诉。

案件再审

2014 年 11 月 20 日，内蒙古自治区高级人民法院召开新闻发布会，通报备受关注的"呼格吉勒图案"复查进展情况。

该院新闻发言人宣布，呼格吉勒图案已经进入再审程序，今早已经向呼格父母送达再审决定书。法院将严格依法按程序公正及时审理此案，让人民群众感受到司法的公平正义。经过审理，如果认定该案确有错误，将严格依照法定程序，坚决依法予以纠正。

新闻发言人说，高院之所以作出再审决定，主要是根据呼格父母提出的申诉，经复核审查，该案符合刑事诉讼法第 242 条第二项规定，即发现原审定罪量刑的证据不确实、不充分，人民法院应该重新审判。自收到呼格吉勒图近亲属的申诉以来，内蒙古高院一直高度重视，并认真组织复查。其间，相关的公检法机关也分别进行复查。但由于此案时间过长，给复查工作带来很大难度，特别是对一些证据的补查极其困难。此案事关命案，必须坚持十分慎重的态度，必须坚持以事实为根据、以法律为准绳，确保严谨细致、客观公正、高度负责地予以审查。法院将会本着对当事人负责、对事实负责、对法律负责的精神，严格依法公正审理此案，以严格依法办事的实际行动，回应社会各界和人民群众的关切。

有记者问：为何不开庭而采用书面形式审理？新闻发言人表示，因为本案原审被告人已经死亡，根据刑诉法司法解释相关条款规定，经过研究决定，此案不开庭审理，而是采取书面形式审理本案。

有记者问：书面审理律师如何履职？新闻发言人表示，虽然是书面审理，但代理律师可以通过阅卷、提交辩护意见等方式履职。我们也一定会严格依法保护所有诉讼参与人的权利，包括代理律师的权利。

新闻发言人还强调，自治区高院在复查此案期间，没有遇到阻力和障碍。将认真贯彻落实党的十八届四中全会精神，坚决贯彻推进依法治国的总要求，严格依法按程序、公正及时审理此案，让人民群众感受到司法的公平正义。经过审理，如果认定该案确有错误，将严格依照法定程序，坚决依法予以纠正。

2014 年 12 月 4 日，《法制日报》记者从内蒙古自治区高级法院了解到，呼格吉勒图案依法决定再审后，内蒙古高院已另行组织合议庭，并已于 12 月 3 日告知检察机关和申诉人的代理律师，尽快向法院提交检察意见和代理意见。申诉人的代理律师已经完成阅卷工作，并复印了卷宗中的有关资料。本案再审工作正依法按程序顺利开展。

再审判决无罪

2014 年 12 月 15 日，内蒙古自治区高级人民法院召开新闻发布会，向社会通报案件审理结果。

该案因呼格吉勒图的父母申诉，内蒙古自治区高级人民法院于11月19日决定启动再审程序，另行组成合议庭并依法进行审理。审理中，合议庭查阅了本案全部卷宗以及相关材料，听取了申诉人、辩护人和检察机关意见，经合议庭评议并提交审判委员会讨论，作出如下判决：

一、撤销本院（1996）内刑终字第199号刑事裁定和呼和浩特市中级人民法院（1996）呼刑初字第37号刑事判决，二、原审被告人呼格吉勒图无罪。

1996年4月9日晚19时45分左右，被害人杨某某称要去厕所，从呼和浩特市锡林南路千里香饭店离开，当晚21时15分后被发现因被扼颈窒息死于内蒙古第一毛纺织厂宿舍57栋平房西侧的公共厕所女厕所内。原审被告人呼格吉勒图于当晚与其同事闫峰吃完晚饭分手后，到过该女厕所，此后返回工作单位叫上闫峰到案发女厕所内，看到杨某某担在隔墙上的状态后，呼格吉勒图与闫峰跑到附近治安岗亭报案。

呼和浩特市人民检察院指控被告人呼格吉勒图犯故意杀人罪、流氓罪一案，呼和浩特市中级人民法院于1996年5月17日作出（1996）呼刑初字第37号刑事判决，认定呼格吉勒图犯故意杀人罪，判处死刑，剥夺政治权利终身；犯流氓罪，判处有期徒刑五年，决定执行死刑，剥夺政治权利终身。

宣判后，呼格吉勒图以没有杀人动机，请求从轻处理等为由，提出上诉。内蒙古自治区高级人民法院于1996年6月5日作出（1996）内刑终字第199号刑事裁定，驳回上诉，维持原判，并根据当时有关死刑案件核准程序的规定，核准以故意杀人罪判处呼格吉勒图死刑，剥夺政治权利终身。1996年6月10日呼格吉勒图被执行死刑。

呼格吉勒图的父亲李三仁、母亲尚爱云提出申诉。内蒙古自治区高级人民法院于2014年11月19日作出（2014）内刑监字第00094号再审决定，对本案进行再审。

再审中，申诉人要求尽快公平公正对本案作出判决。辩护人辩称，原判事实不清、证据不足，应宣告呼格吉勒图无罪。内蒙古自治区人民检察院认为，原判认定呼格吉勒图构成故意杀人罪、流氓罪的事实不清，证据不足，应通过再审程序，作出无罪判决。

经审理，内蒙古自治区高级人民法院认为，原审认定呼格吉勒图犯故意杀人罪、流氓罪的事实不清，证据不足，对申诉人的请求予以支持，对辩护人的辩护意见和检察机关的意见予以采纳，依照《中华人民共和国刑事诉讼法》第245条、第225条第（三）项、第231条、第233条、第195条第（三）项及《最高人民法院关于适用〈中华人民共和国刑事诉讼法〉的解释》第384条第三款、第389条第二款的规定，判决呼格吉勒图无罪。主要理由：

一是原审被告人呼格吉勒图供述的犯罪手段与尸体检验报告不符。呼格吉勒图供称从杨某某身后用右手捂杨某某嘴，左手卡其脖子同时向后拖动杨某某两三分钟到隔墙，与"死者后纵隔大面积出血"的尸体检验报告所述伤情不符；呼格吉勒图供称杨某某担在隔墙上，头部悬空的情况下，用左手卡住杨某某脖子十几秒钟，与"杨某某系被扼颈致窒息死亡"的尸体检验报告结论不符；呼格吉勒图供称杨某某担在隔墙上，对杨某某捂嘴时杨某某还有呼吸，也与"杨某某系被扼颈致窒息死亡"的尸体检验报告结论不符。

二是血型鉴定结论不具有排他性。刑事科学技术鉴定证实呼格吉勒图左手拇指指甲缝内附着物检出O型人血，与杨某某的血型相同；物证检验报告证实呼格吉勒图本人血型为A型。但血型鉴定为种类物鉴定，不具有排他性、唯一性，不能证实呼格吉勒图实施了犯罪行为。

三是呼格吉勒图的有罪供述不稳定，且与其他证据存在诸多不吻合之处。呼格吉勒图在公安机关侦查阶段、检察机关审查起诉阶段、法院审理阶段均供认采取了卡脖子、捂嘴等暴力方式强行猥亵杨某某，但又有翻供的情形，其有罪供述并不稳定。呼格吉勒图关于杨某某身高、发型、衣着、口音等内容的供述与其他证据不符，其供称杨某某身高1.60米、1.65米，尸体检验报告证实杨某某身高1.55米；其供称杨某某发型是长发、直发，尸体检验报告证实杨某某系短发、烫发；其供称杨某某未穿外套，尸体检验报告证实杨某某穿着外套；其供称杨某某讲普通话与杨某某讲方言的证人证言不吻合。原判认定的呼格吉勒图犯流氓罪除其供述外，没有其他证据予以证明。

15日上午，受内蒙古自治区高级人民法院院长胡毅峰委托，该院常务副院长赵建平代表内蒙古自治区高级人民法院到申诉人家中，向呼格吉勒图的父母表达真诚道歉，对呼格吉勒图的错判并被执行死刑深感痛心，希望呼格吉勒图的父母多多保重。

"对此案的发生，我们将汲取深刻教训，在今后的审判工作中，严格依法办事，严把案件质量关，坚决守住防止冤假错案的底线，坚决避免类似情况的发生，让人民群众在每一个司法案件中都感受到公平正义。"内蒙高院新闻发言人说。

血的教训

现为内蒙古自治区人大内务司法委员会副主任萨仁，是内蒙古高院呼格案封闭复查组原副组长，参与了 2011 年 3 月内蒙古高院开始的内部封闭复查；其后，2011 年年底，内蒙古公检法组织对此案联合调查，萨仁代表内蒙古高院参加。熟悉呼格案几乎每一个细节，一直积极推动此案再审。2014 年 12 月 15 日下午，她接受了《新京报》记者的专访，讲述了呼案诸多不为人知的内幕。

两当事人到案发现场时间相差一小时

新京报：您复查过程中，最先发现有什么问题？

萨仁：作案时间的问题。原审判决记载非常清楚，呼格吉勒图是 8 点 40 分作案。依据卷宗显示：呼格吉勒图当时上的是夜班，中途调整出来吃晚饭，8 点 45 分得回去上班，换下一班出来吃饭，两人掐着表吃饭，离开餐馆的时间非常清楚，8 点 40 分；而被害人在附近餐馆打工，当天人不多，也就是 7 点 40 分的时候，厨师看了下表，说"客人不多、我们吃饭"，此时被害人说要上厕所。

新京报：您的意思是说，两者到案发现场的时间不一样？

萨仁：是的。被害人离开餐馆，到厕所的时间，证人证明得非常清楚；呼格离开餐馆走的时间也非常清楚。而被害人出发的时间是 7 点 40 分，餐馆距离厕所 160 米，也就是一分钟多的路程；呼格所在的餐馆到案发地相距 150 米，也是一分钟多的路程，从法院认定的作案时间到被害人去现场的时间，作案时间相差了一个小时。

新京报：为什么会对这一点产生怀疑？

萨仁：当时是 4 月份的内蒙古，非常冷，又是简陋的旱厕，加上餐馆又要开饭了，被害人没有穿外套，判断她应不会在厕所逗留太长时间。

原审没有分析里面的问题，被害人刚到这家餐馆打工，查了下她的社会关系，也没有其他可能的去处，难道被害人就在厕所等了一个小时，直到呼格出现吗？这是一个疑点。

失效的证据和程序

介入呼格吉勒图案以后，萨仁很快就发现对呼格吉勒图定罪的一系列证据都存在严重漏洞。

新京报：呼格吉勒图的口供如何？

萨仁：呼格吉勒图做了 16 份口供，大部分做了有罪供述，少部分是无罪供述。但问题是，有罪供述的过程中，几乎每次供述的都不一样。

新京报：您举个例子？

萨仁：比如说被害人的身高，呼格的供述前后差距较大，最多差距 10 厘米，被害人身高 155 厘米，他说是 165 厘米。

呼格供述称，被害人是长发、直发，但实际上被害人是短发；呼格的卷宗还提到有跟被害人对话，说被害人说的是普通话，但被害人亲友说，被害人一直说的是方言。

新京报：物证方面是否也有缺陷？

萨仁：这方面确实存在一定的问题。本案发生后，公安机关第二天提取了被害人阴道的分泌物，但一直到 6 月 3 日二审，也即临执行死刑很近的时候，高院向公安要这份报告，你检验了没？报告在哪儿？像这样的犯罪，女厕发生的犯罪，很容易让人联想到性侵犯罪。

但是公安出具了一份报告，说没有检测出东西，这多少让人怀疑，因为你没检测出东西，也是一个结论，应该归入卷宗。但是，现在这些物证都没保存，重新做 DNA 鉴定也不可能。

新京报：公安当时不是做了血型比对吗？

萨仁：呼格左手拇指指甲里遗留的血迹，经检验是 O 型血，与被害人血型一致，但这个证据没有排他性。生活中，O 型血的人太多了。

新京报：既然有这么多疑点，为什么公检法都是一路绿灯就通过了？

萨仁：这跟当时的严打形势有关，办案标准是两个"基本"（基本事实清楚，基本证据确凿），要求从重从快。按刑事诉讼法的规定公检法三家是分工负责，互相配合也要互相制约，但这个案子，在"严打"的形势下，制约作用非常弱了。可谓配合有余、制约不足。

新京报：为什么没有制约？

萨仁：当时，还是侦查中心主义，侦查阶段取得的证据，经检察院审查起诉移送到法院来，三阶段的证明标准是一样的，都是证据确实充分，合议庭采信的都是侦查阶段形成的证据。并不像现在，是以庭审为中心，检察院负有举证的义务，所有定案的证据都要经过法定程序查证属实。一直以来刑事程序中还是配合太多，制约不足。配合很重要，但制约更是应有之义。

新京报：那法院呢？

萨仁：到审判阶段，庭审非常重要，应当把所有的证据一一在法庭上举证、质证，法庭认真听取辩护意见，但本案非常仓促，开庭同一天就判了，如要把这些证据好好去思考一下，特别是排除证据间的疑点和矛盾，对于法官来讲，这个时间太短。

新京报：实际上，公检法在这个案子中都有失分的地方？

萨仁：不仅是公检法，律师辩护也存在辩护错误、能力不强的问题。开庭的前一天，呼格父亲才聘请律师，第二天就开庭，律师介入的时间太晚，太匆忙，被告的辩护权没有得到充分的保障。

律师的辩护也有问题，本身做的是有罪辩护，律师无视案卷里讲的那么多疑点，辩护只是说，被告年轻、是初犯，认罪态度好，希望法庭从宽处理。上诉状也是律师代为起草，上诉理由思路不清，依据不足，逻辑混乱。律师辩护能力上确实存在问题，专业性不够。

案子要放在当时的背景下去看

呼格吉勒图被宣布无罪后，萨仁坦言，分析认识呼案一定要放到当时的大背景下去看。

新京报：这是否跟当时的有罪推定的观念也有关系？

萨仁：有罪推定的思想当时确实根深蒂固，很多陈旧的司法观念，起了相当大的作用。比如呼格翻供了，检察官也不相信他，给他做思想工作，给他讲政策、讲刑事诉讼法；到了法院，你还是应该坦白从宽、抗拒从严等。

新的刑诉法就明确规定，不能强迫任何人自证有罪，但这也是2013年才有的规定，以前还是坦白从宽。

新京报：社会上一直关注这个案子，就是因为迟迟得不到处理，为什么会拖这么久？

萨仁：这个案子社会影响这么大，不光涉及自治区法院，还涉及公安、检察院等部门；公安部、最高检、最高法、自治区政法委、中央政法委都高度关注这个案子；被告人已经被判处死刑案件的复查和启动再审也鲜有前例，影响巨大；加之这个案子案情本身很复杂，诸多原因造成。

新京报：这个案子本身就很复杂？

萨仁：得把这个案子放在当时的时代背景下去看，我们现在能认识到疑罪从无，但是在当时，一旦命案发生，公安抓了人，检察院起诉了，到了法院你把人放了，那时被害人家属干吗？社会能答应吗？公安答应吗？检察院答应吗？

你说不是他干的，但是确实有一些证据指向是他，你怎么能把他放了？我们现在是理念先进了，我们觉得程序正义更重要了，权利保障更重要了，但在当时不是这样。

血淋淋的教训

呼案给我们的教训是必须完善刑事诉讼的制度。

新京报：如今，我们该如何总结这个案子？

萨仁：这个案子的教训非常惨痛，有好多点。比如在公安机关的侦查阶段，物证的搜集，不够及时，被害人衣物没有进行提取、固定，对提取的阴道分泌物，没有及时检验，侦查初期的工作不到位，包括现场勘查，应该更细一点。

新京报：所以应该充分保护律师的辩护权？

萨仁：新刑事诉讼法规定，嫌疑人自被侦查机关第一次传讯或采取强制措施之日起，有权委托辩护人。这个很有必要，因为之前的侦查阶段，公安机关太强大，侦查程序相对封闭、不公开，律师介入后，一能促进它公开；二能增加一定的对抗力量，保证案件真正做到公平公开公正。

新京报：这个案子对我们今后的依法治国有什么样的意义？

萨仁：我们国家的刑事诉讼制度的每一个进步和人权保障理念的推进，都经过了艰难的努力，甚至是血的教训换来的。法律面前人人平等、无罪推定、疑罪从无、证据裁判、控辩平等、正当程序、非法证据排除等，这些先进的司法理念，不能只停留到口头上，而是要不折不扣地贯彻到每个案子上去。呼格吉勒图这个案子，对法律人是一个司法理念的再教育。

新京报：具体怎样理解？

萨仁：新的这些制度得建立起来，不能流于形式。十八届三中、四中全会都强调了新的司法理念和制度，进一步强调了司法的人权保障问题，确立了以庭审为中心和以审判为中心的制度，这些需要得到切实的贯彻落实，从而保障当事人，特别是被告人的合法权益，杜绝冤假错案的发生。

新京报：也就是说公检法从这个案子中可供吸取的经验很多？

萨仁：不仅是公检法，法治是需要全社会参与，民众的法治观念也需要与时俱进。不能说你是嫌疑人、被告人或是他们的亲友，你就说保障嫌疑人和被告人的诉讼权利多重要，而如果你是受害者或者他们的亲友，你就希望从重从快，恨不得几天就判了他。现在说要用法治的思维，法治的方法看待和解决问题，前提是你要知晓和理解法律的基本原理和精神。

新京报：不能指望每一起冤假错案都是真凶出现后采取纠错？

萨仁：我觉得下一步，应该完善冤错案件纠错的启动和审查机制。类似呼格案出现了之后怎么办，应该有一个及时而公开的审查机制。聂树斌案异地审查，就是一个很好的开头。纠错应该有个正当程序，比如说最高院直接审查，还可以指定异地法院审查，审查应该提高效率，以前没有完善这方面的纠错机制，得有这样的机制。

新京报：制度层面如何设计？

萨仁：必须完善刑事诉讼的制度，我们说刑事诉讼法，是打击犯罪、保护人权的工具，但是对被告人和犯罪嫌疑人来讲，这部法律犹如宪法一样，是保障诉讼权利的大宪章。维护程序正义有可能放纵个别犯罪，但是追求程序正义的独立价值，符合法治发展和进步的方向。

呼格案再审未与赵志红案相联系

2014 年 12 月 15 日下午，内蒙古高院呼格吉勒图案再审合议庭审判长孙炜接受新京报记者专访。

新京报：外界认为呼格案的再审与赵志红案有密切的关系，你作为审判长如何看待？

孙炜：我们在再审呼格案过程中，主要是研判原审认定的呼格案事实是否清楚、证据是否确实充分的问题，并没有和赵志红案相联系。赵志红案目前还没有法律上的结论，不能作为呼格案的相关依据。在审理过程中，律师曾要求调取赵志红案的相关材料，我们都做了答复。

12 月 16 日，内蒙古自治区人民检察院官方网站宣布，呼和浩特市人民检察院经对1996年"4·9"案进行审查，已就赵志红的该起犯罪事实向呼和浩特市中级人民法院追加起诉，指控赵志红构成故意杀人罪、强奸罪。

国家赔偿

2014年12月15日的发布会上，内蒙古自治区高级人民法院新闻发言人说，呼格吉勒图案因事实不清，证据不足，被改判无罪，符合申请国家赔偿的条件。根据《中华人民共和国国家赔偿法》的规定，受害的公民死亡的，由其继承人或其他有抚养关系的亲属提出申请，启动国家赔偿程序。在合议庭送达再审判决书时，已经向呼格吉勒图的父母告知，在判决发生法律效力后可以依法申请国家赔偿。呼格吉勒图父母提出申请后，法院将立即启动国家赔偿程序，并严格依照法律的规定，尽快依法做出赔偿决定。

12月17日傍晚，李三仁夫妇与律师签订代理协议，正式启动申请呼格吉勒图案的国家赔偿，其家人希望能在春节前结束这一工作。

有媒体报道，呼格家属至少可获104万元国家赔偿，对这一数目，呼格吉勒图母亲尚爱云表示不会接受。尚爱云表示，申请国家赔偿，一切依据国家的相关条款，不会漫天要价。但如果是网上所说的140万或者104万，"肯定不会接受"。

对于国家赔偿的具体数额，呼格家属有比照的标准，分别是海口故意杀人冤案、浙江叔侄奸杀冤案以及发生在内蒙古包头的王本余奸杀冤案。三案当事人，海口的黄家光入狱17年，获赔160多万元；浙江张氏叔侄入狱10年，获赔220余万元；包头王本余入狱18年，获赔150万。"这些人都还活着，关键是我儿子都死了！"尚爱云表示，如果呼格吉勒图还在，以他在烟厂的工作，现在一家人的生活会很好。

呼格吉勒图的大哥昭格力图表示，希望能在今年春节前完成国家赔偿，以便这件事早点了结，一家人过上普普通通老百姓的生活。

2015年2月3日，呼格吉勒图的父母李三仁、尚爱云，从内蒙古自治区高级法院领取了国家赔偿金205万余元，其中死亡赔偿金、丧葬费共计1047580元，限制人身自由赔偿金12041.40元，精神损害抚慰金100万元。

责任追究

2014 年 12 月 15 日，内蒙古自治区高级人民法院新闻发言人在发布会上称，将对错案责任问题进行调查，严肃追究责任。

新闻发言人表示，内蒙古自治区党委高度重视，已经责成有关部门组成调查组，就错案责任问题进行调查。总的原则是：实事求是，有责必究，有错必罚。"我们将严格落实自治区党委的要求，严肃追究责任，有关责任追究情况也会及时公布"。

12 月 16 日，内蒙古自治区检察院发布消息称，内蒙古检察院决定成立调查组，对检察系统造成呼格吉勒图错案负有责任的人员展开调查。

内蒙古检察院成立呼格案调查组也意味着，继 12 月 15 日内蒙古公安厅和内蒙古高级法院宣布对呼格案相关人员启动调查后，呼格案当年办案的公检法相关人员已全部被启动调查。

《新京报》记者盘点了近年 10 起曾引起关注的冤案发现，赵作海案、浙江叔侄案、萧山 5 青年抢劫杀人案等 3 起冤案已经进行追责，安徽于英生冤案已启动追责程序，暂无下文。其他案件如佘祥林案、李怀亮案、赵艳锦案、王本余案、念斌案、徐辉案等均未明确启动追责程序。

据新华社 2014 年 12 月 18 日晚消息，呼格吉勒图案专案组组长、呼和浩特市公安局副局长冯志明，因涉嫌职务犯罪，已于 17 日下午被检察机关带走，接受调查。

1996 年，呼格案发时，时任呼和浩特新城区公安分局副局长的冯志明是该案专案组领导成员。后因此案告破，包括冯志明在内多名警官，荣获集体二等功，获通报嘉奖。在内蒙古警界，冯志明以作风强悍著称，多年获评自治区公安系统模范警察。冯任职呼市公安局禁毒大队时，曾因"勇斗毒贩、智擒毒枭"，而被授予呼和浩特市劳动模范、内蒙古自治区十大特级民警、全国劳动模范等荣誉称号。

直至此次被调查，冯志明已从警 34 年，多次荣立一、二、三等功，先后获得各级单位表彰。知情人士透露，2012 年冯志明升任呼和浩特市公安局副局长时，曾因呼格案而备受质疑。

呼格母亲鼓励聂树斌母亲勿放弃

2014 年 12 月 15 日，聂树斌母亲张焕之得知呼格吉勒图宣判无罪后，对尚爱云打电话祝贺。张焕之说：如今你终于给儿子讨回了清白。我的儿子还没希望呢。尚爱云回答：要相信法律，要坚持下去。2011年，我俩在北京相见，抱头痛哭。别人可能都觉得我们可怜啥的，但是母亲的心，不是谁都能理解的。你也要保重身体，坚持下去，我相信你跟我一样，会看到那天的。

呼格案真凶赵志红一审被判死刑

2015年2月9日上午，呼和浩特市中级人民法院对被告人赵志红故意杀人、强奸、抢劫、盗窃一案进行公开宣判，以故意杀人、强奸、抢劫、盗窃罪并罚，对赵志红判决死刑剥夺政治权利终身，并处罚金人民币53000元，同时，判决赵志红赔偿附带民事诉讼原告人经济损失共计102768元。

受到社会公众及媒体广泛关注的呼和浩特"4·9"杨某某被害案，公诉机关于2014年12月16日追加起诉，认为该起犯罪系赵志红所为，其行为构成故意杀人罪、强奸罪，赵志红对该起事实当庭予以供认。其辩护人提出，认定该案系赵志红所为的证据不足。一审法院认为，赵志红始终供认该起事实，且有证人证言、现场勘察笔录，尸体鉴定意见，指认现场录像等证据在案佐证，供证能相互印证，足以认定。但是，赵志红故意杀死被害人后奸尸构成故意杀人罪，不构成强奸罪。

赵志红辩护律师认为"4·9案"事实不清证据不足

据赵志红律师提供的《关于"4·9案"的辩护意见》，该案只有赵志红口供证明系其所为，而赵的口供疑点众多，公诉机关指控证据不足，赵志红口供中对案件信息的描述有可能来源于其他渠道，"这个案子的证据有被告人供述、大量的证人证言、现场勘查、检验报告、书证以及尸验报告。一起犯罪出现的两个案件，如果把呼格吉勒图和赵志红的口供除去的话，其他客观证据基本上是一样的，尤其是直接证据"。因此，律师请求法院就"4·9案"依法做出事实不清、证据不足的无罪判决。

2015年2月26日，呼和浩特市中级人民法院发布消息，被告人赵志红在上诉期内书面向呼和浩特市中级人民法院提出上诉。

2015年4月30日，内蒙古高级人民法院对赵志红故意杀人、强奸、抢劫、盗窃上诉一案进行了公开宣判、驳回赵志红的上诉，维持呼和浩特市中级法院于当年 1 月 26 日作出的刑事附带民事判决。对于赵志红提出有自首、立功情节等辩解，内蒙古高级法院一相关人士分析称，赵志红在 9 年中对于"4·9 案"没有一次翻供，坚持自己是真凶的行为，确实对纠正呼格吉勒图案、侦破"4·9"女尸案发挥了重要作用。但根据我国法律规定，赵志红的这个行为应定性为坦白情节，而不是立功。

呼格案法律适用和"4·9"案真凶问题

关于呼格吉勒图再审案的法律适用问题，有一种观点认为，呼格吉勒图案发生于 1996 年 4 月 9 日，审结并执行于 1996 年 6 月 10 日。当时实施的是 1979 年《刑事诉讼法》，该法并无"证据不足，不能认定被告人有罪的，应当作出证据不足、指控的犯罪不能成立的无罪判决"的规定，有此规定的 1996 年《刑事诉讼法》当时尚未生效，2012 年《刑事诉讼法》更无从谈起。

而 2014 年 12 月 13 日《内蒙古自治区高级人民法院刑事判决书》(2014) 内刑再终字第 00005 号，再审终审判决呼格吉勒图无罪引用的法律依据，却是 2012 年《刑事诉讼法》关于"证据不足，不能认定被告人有罪的，应当作出证据不足、指控的犯罪不能成立的无罪判决"的规定，这似乎与"法律不溯及既往"原则相冲突，尽管我国 1979 年《刑法》关于溯及力问题采行"从旧兼从轻"原则，但《刑事诉讼法》是否采行同样原则并不明确。

在此案再审过程中，不少人将呼格案与赵志红是否"4.9"案真凶相联系。该案审判长明确表态："我们在再审呼格案过程中，主要是研判原审认定的呼格案事实是否清楚、证据是否确实充分的问题，并没有和赵志红案相联系。赵志红案目前还没有法律上的结论，不能作为呼格案的相关依据。"

问题在于，如果赵志红是"4.9"案真凶（在呼格案审结后认定为真凶），呼格吉勒图案则与赵作海案、张高平叔侄案、陈建阳等 5 人案的案情和性质一样，真凶查获，无辜被冤，呼格吉勒图百分之百无罪，绝不是"证据不足、指控的犯罪不能成立的无罪"；如果赵志红不是"4.9"案真凶，呼格吉勒图案发生和执结于 1996 年《刑事诉讼法》生效之前，依据

"法律不溯及既往"原则，亦不能适用"证据不足、指控的犯罪不能成立的无罪"规定。除非权威机关就再审甚至呼格个案的法律适用问题作出专项决定。

（注：根据同期《新京报》、《法制日报》、《法制晚报》、《北京晨报》和新华网、中国广播网、新浪网、光明网、搜狐网、人民网、凤凰网、乐视网、闽南网、如皋新闻网、南风窗、正北方网、印象网、网易相关报道综合而成。）

跋

　　为纪念中国国家赔偿法律制度创立 20 周年，本书于 2015 年 1 月 1 日完稿。后为追踪内蒙古呼格吉勒图、赵志红流氓杀人案和河北聂树斌、王书金强奸杀人案的审理，资料引用时间延至 2015 年 9 月 16 日。

2015 年 9 月 16 日